TEMAS DE
DIREITO PROCESSUAL
(Nona Série)

Autor

JOSÉ CARLOS BARBOSA MOREIRA

Professor na Faculdade de Direito da Universidade do Estado do Rio de Janeiro

Desembargador (aposentado) do Tribunal de Justiça do Estado do Rio de Janeiro

Coordenadores

ALUISIO GONÇALVES DE CASTRO MENDES

CARLOS ROBERTO BARBOSA MOREIRA

LUIZ PAULO DA SILVA ARAÚJO FILHO

TEMAS DE DIREITO PROCESSUAL

(Nona Série)

2ª Edição

Atualizadores

ALUISIO GONÇALVES DE CASTRO MENDES

CAROLINA PAES DE CASTRO MENDES

GZ EDITORA

Rio de Janeiro

2023

2ª edição – 2023

Coordenadores: *Aluisio Gonçalves de Castro Mendes / Carlos Roberto Barbosa Moreira / Luiz Paulo da Silva Araújo Filho*

Atualização: *Aluisio Gonçalves de Castro Mendes / Carolina Paes de Castro Mendes*

Diagramação: *Olga Martins*

CIP-BRASIL. CATALOGAÇÃO NA PUBLICAÇÃO
SINDICATO NACIONAL DOS EDITORES DE LIVROS, RJ

M837t
2. ed.

Moreira, José Carlos Barbosa, 1931-2017
Temas de direito processual : (nona série) / José Carlos Barbosa Moreira ; coordenação Aluisio Gonçalves de Castro Mendes [atualizador], Carlos Roberto Barbosa Moreira, Luiz Paulo da Silva Araújo Filho ; atualizadora Carolina Paes de Castro Mendes. - 2. ed. - Rio de Janeiro : GZ, 2023.
516 p. ; 24 cm. (Temas de direito processual ; 9)

Inclui bibliografia e índice
ISBN 978-65-5813-068-0

1. Direito processual civil - Brasil. I. Mendes, Aluisio Gonçalves de Castro. II. Moreira, Carlos Roberto Barbosa. III. Araújo Filho, Luiz Paulo da Silva. IV. Mendes, Carolina Paes de Castro. V. Título. VI. Série.

23-82743 CDU: 347.91/.95(81)

Meri Gleice Rodrigues de Souza - Bibliotecária - CRB-7/6439

28/02/2023 02/03/2023

GZ EDITORA

e-mail: contato@editoragz.com.br
www.editoragz.com.br
Estrada do Capuava, nº 1325 - Box Q - CEP 06715-410
Bairro Barro Branco - Município de Cotia - SP
Tel.: (0XX21) 99585-0737 / 99755-0737

Impresso no Brasil
Printed in Brazil

Aos colegas e amigos que se empenham, no Brasil e fora dele, em fazer progredir a nossa ciência e aprimorar o funcionamento da Justiça.

APRESENTAÇÃO

Por iniciativa do Instituto Brasileiro de Direito Processual- IBDP, muito bem acolhida pela família do autor e pela Editora GZ, as nove "séries" dos *Temas de Direito Processual*, que José Carlos Barbosa Moreira escreveu ao longo de três décadas, são agora reeditadas, em versão atualizada por estudiosos do direito processual – em sua maioria, ex-alunos e amigos do saudoso mestre. A atualização manteve intacto o texto original do ciclo: ao final de cada estudo, encontram-se as observações dos atualizadores, que fornecem ao leitor dados sobre a evolução do direito brasileiro, na matéria ali versada, até os dias atuais.

Qual a utilidade que o leitor de hoje pode extrair da obra, escrita na vigência do Código de Processo Civil de 1973 e dedicada, em muitos pontos, ao exame de normas e institutos que não foram reproduzidos no diploma que o substituiu?

Em primeiro lugar, vários dos trabalhos de Barbosa Moreira abordaram temas até então *inéditos* (ou, ao menos, pouco explorados) na doutrina brasileira. Para nos limitarmos, aqui e agora, à indicação de um único, mas significativo exemplo, permitimo-nos chamar a atenção do leitor para os estudos sobre *interesses difusos*, um dos quais publicado já no volume inaugural da coleção ("A ação popular do direito brasileiro como instrumento de tutela jurisdicional dos chamados 'interesses difusos'"). A reedição desses e de outros textos, igualmente marcados pelo ineditismo das questões de que o autor se ocupou, permitirá ao processualista da terceira década do século XXI o contato direto com a fonte inspiradora de extensa e fecunda elaboração doutrinária que se seguiu, desenvolvida igualmente por outros autores, e de relevantes inovações na legislação do país.

Em segundo lugar, como bem observou um dos mais destacados processualistas de atual geração, a obra de Barbosa Moreira "versa sobre praticamente todos os grandes temas de Direito Processual".[1] Isso é certo em relação ao conjunto de seus escritos (que inclui, entre outros, suas teses para concursos e seus substanciosos *Comentários* ao Código de 1973, além de seu maior êxito comercial, *O Novo Processo Civil Brasileiro*, o qual teve nada menos de vinte e nove edições, *todas* cuidadosa e verdadeiramente "revistas e atualizadas"), mas também o é no tocante à coleção que ora se reedita, em cujos nove volumes o autor não se furtou a examinar e reexaminar temas "clássicos": coisa julgada, prova, competência, poderes do juiz, pressupostos processuais, causa de pedir, contraditório, classificação das sentenças ... Em qualquer campo da ciência ju-

1 DIDIER JUNIOR, Fredie Souza. *Sobre Academia, Memória e Imaginação*: uma vida em processo. Universidade Federal da Bahia, 2021, p. 84. No juízo desse autor, a coleção de *Temas* "está para o Direito Processual Civil brasileiro como o *Tratado de Direito Privado* [de Pontes de Miranda] está para o Direito Privado" (ob. cit., loc. cit.).

rídica, sempre há espaço para um retorno ao que já foi amplamente estudado; e o estudioso de agora e do futuro poderá enxergar mais longe se se dispuser (a imagem pode soar batida, mas é expressiva) a subir nas costas de gigantes do passado.

Em terceiro lugar, o jurista de hoje poderá apreciar as qualidades *didáticas* de Barbosa Moreira. No concurso, realizado em 1979, com o qual o autor conquistou a titularidade na UERJ, um de seus eminentes examinadores reprovou-lhe o emprego, na tese submetida à banca, do adjetivo "didático", por lhe parecer depreciativo do livro (de outro insigne processualista) a que Barbosa Moreira supostamente se referira. Em verdade, o adjetivo, no excerto criticado, qualificava apenas um *exemplo* extraído do livro que Barbosa Moreira citara; porém, como bem observou, em sua resposta, o então candidato, ainda que se tratasse de qualificativo atribuído à obra, que maior elogio se lhe poderia fazer, senão chamá-la didática? Afinal, "didático" qualifica o que é "destinado a instruir", "que facilita a aprendizagem", "que proporciona instrução e informação, assim como prazer e divertimento" (Houaiss). Em qualquer desses sentidos, é possível afirmar que os *Temas* constituem um conjunto extremamente didático – e o processualista da terceira década do século XXI, ao ler qualquer de seus diferentes textos, certamente poderá se beneficiar da clareza expositiva de Barbosa Moreira e, por óbvio, do fato de ter sido ele "senhor absoluto dos meandros e mistérios da nossa tão maltratada última flor do Lácio".[2]

São razões mais que suficientes para justificar a reedição dos *Temas de Direito Processual* – sem prejuízo de muitas outras, que o leitor atento provavelmente encontrará.

Aluisio Gonçalves de Castro Mendes
Carlos Roberto Barbosa Moreira
Luiz Paulo da Silva Araújo Filho

2 FABRICIO, Adroaldo Furtado. Apresentação. *In* FABRICIO, Adroaldo Furtado (coord.) *Meio de Impugnação ao Julgado Civil:* estudos em homenagem a José Carlos Barbosa Moreira.1ª ed. Rio de Janeiro: Forense, 2007, p. VIII (destacado no original).

NOTA DOS ATUALIZADORES

Os *Temas de Direito Processual* tornaram-se obra jurídica de referência no cenário jurídico brasileiro e internacional. Por certo, o saudoso Professor, Desembargador e Jurista José Carlos Barbosa Moreira não poderia imaginar a importância e o sucesso que os artigos reunidos nas nove séries fossem ter para as gerações do passado, do presente e do futuro. Escritas e lançadas ao longo de trinta anos (de 1977 a 2007), foram conquistando corações e mentes dos que tiveram a oportunidade de ler e aprender com o grande Mestre do Direito Processual. Os ensaios foram sendo elaborados, reunidos e publicados em uma cadência que refletia o olhar atento, a postura crítica, o equilíbrio, a reflexão e o carinho com os afilhados que o homenagearam sucessivamente na Faculdade de Direito da Universidade do Estado do Rio de Janeiro (UERJ) e com os colegas e amigos do Direito Processual, a quem amavelmente foram dedicados os volumes. Depois da primeira série em 1977 (cuja segunda edição data de 1988), vieram a segunda em 1980 (também com segunda edição em 1988), a terceira em 1984, a quarta em 1989, a quinta em 1994, em 1997 a sexta, no ano de 2001 a sétima, a oitava em 2004 e a nona série em 2007. Como se pode constatar, a maioria foi editada dentro de uma sequência de três anos, dois deles após quatro e outros dois depois de cinco anos. Representam, assim, a ampla, contínua e profunda produção intelectual e as concorridas exposições orais ministradas por um dos maiores juristas de todos os tempos.

Muitos textos tinham como base conferências, palestras e intervenções orais efetuadas em eventos nacionais e internacionais. Portanto, o encanto com a lucidez, a honestidade intelectual, o rigor (na melhor acepção da palavra) acadêmico, a leveza das suas palavras, a fineza do seu humor, a criatividade na construção das imagens didáticas, a fluidez do raciocínio, o equilíbrio das suas ponderações, a sinceridade das suas impressões e a bondade dos seus sentimentos sempre estiveram a encantar os seus ouvintes, alunos e admiradores.

O primeiro autor desta atualização teve a felicidade e a sorte de ser aluno do Professor José Carlos Barbosa Moreira ao longo dos três anos do curso de graduação na Faculdade de Direito da Universidade do Estado do Rio de Janeiro (UERJ). Eram aulas sensacionais. Iniciava-as pontualmente e nunca faltava. Quando se encontrava impossibilitado de comparecer, em razão de algum evento internacional, em regra, escalava, com a devida antecedência, algum professor da casa, dentre os seus antigos alunos, para ministrar a aula. Cumpria integralmente o programa. Ele conversava com a turma, intercalando a matéria com as mais interessantes observações. A didática primorosa era recheada de imagens, como a das comportas que se fechavam, indicando a preclusão para a prática de algum ato processual. Não faltavam, também, menções a casos pitorescos, a doutrinadores importantes do mundo afora e aproveitava, igualmente, para fazer referência a países, culturas, lugares bonitos, históricos ou para se fazer uma boa viagem. Por sinal, confessava que a sua vocação era mais para turista do que para jurista. Naturalmente, esta afirmação devia ensejar alguma preocupação, porque se ele não detinha a vocação de jurista, quem mais poderia tê-la? Contudo, a turma recebia a modéstia com a devida graça e simpatia! Os ensinamentos dele não se restringiam ao espaço, horário e temática das aulas. Por sinal, ele mesmo se colocava à sempre à disposição de todos os alunos, inclusive para assuntos não relacionados ao direito. Era comum que a prosa com o professor se prolongasse depois das classes, em conversa animada e que reunia quase sempre um grupo que o acompanhava até a saída do prédio ou mesmo que aceitava a carona gentilmente ofertada.

Os aconselhamentos na graduação tiveram sequência e foram se transformando em uma profunda admiração, amizade e respeito por parte do primeiro atualizador. Nos anos seguintes, as recomendações dele, na condição de orientador ou coorientador, foram fundamentais na especialização, no mestrado, no doutorado e no pós-doutorado. A dissertação de mestrado e a tese de doutorado foram publicadas com os generosos e honrosos prefácios do querido Professor José Carlos. Registre-se, ainda, que o eminente Mestre se fazia presente e solidário em todos os momentos. Foi por seu intermédio que o autor destas linhas foi apresentado e conheceu grandes processualistas do país[1] e do mundo[2], que começou a participar de jornadas e seminários nacionais e internacionais e que passou a tomar gosto, cada vez mais, pela vida acadêmica.

A amizade foi se ampliando também no âmbito familiar e no privilégio de visitas recíprocas às residências. O Professor José Carlos era casado, desde 1959 com Gilka, com quem teve quatro filhos: Luís Eduardo, Carlos Roberto, José Henrique e Mário Celso. Laços foram se estabelecendo com Gilka e com os filhos, especialmente com Carlos Roberto, que patrocinou com o seu brilho causa que propiciou importante garantia constitucional em prol da magistratura e do primeiro atualizador, e Luís Eduardo, que foi colega de turma da Marjorie, ouvindo-se sempre as melhores referências dirigidas igualmente a Mario Celso e José Henrique. A segunda atualizadora pode não se lembrar, mas recebeu de José Carlos e de sua esposa Gilka a visita e um dos mais lindos vestidos, por ocasião do seu nascimento, em 1997. Isso depois de ter passado, na barriga da sua mãe, Marjorie, o segundo semestre de 1996 assistindo as últimas aulas ministradas pelo Professor Barbosa Moreira na graduação da UERJ. Não poderia imaginar que, vinte e cinco anos depois do seu nascimento, na condição de mestre e doutoranda na linha de Direito Processual da UERJ, estaria participando da atualização deste livro, que procura, em alguma medida, perpetuar e manter à disposição da comunidade jurídica uma obra de leitura recomendada para todos e obrigatória para aqueles que procuram conhecer o universo jurídico e o Direito Processual com amplitude e profundidade.

1 Como Ada Pellegrini Grinover, Cândido Rangel Dinamarco e Kazuo Watanabe, para mencionar alguns.

2 Dentre outros, Peter Gilles e Peter Gottwald.

O Professor, Desembargador e Jurista José Carlos Barbosa Moreira faleceu no dia 26 de agosto de 2017, no Rio de Janeiro.

Considerado o maior expoente do Direito Processual brasileiro de todos os tempos, um dos maiores juristas brasileiros da história e referência internacional no âmbito processual, José Carlos Barbosa Moreira nasceu na cidade do Rio de Janeiro, no dia 17 de setembro de 1931. Filho dos professores Antonio de Sousa Moreira e Zenaide Barbosa Moreira, foi aluno da Escola Francisco Cabrita e do Colégio Militar.

Realizou, nos anos de 1950 a 1954, o curso de direito na Faculdade Nacional de Direito, da antiga Universidade do Brasil, atual Universidade Federal do Rio de Janeiro (UFRJ). Na mesma instituição, no período entre 1959 e 1961, cursou o doutorado, em Direito Penal, e obteve a sua primeira livre-docência, defendida em 1967. Na então Universidade do Estado da Guanabara (hoje Universidade do Estado do Rio de Janeiro – UERJ), no ano de 1968, conquistou o seu segundo título de livre-docente, defendendo a tese intitulada "O juízo de admissibilidade no sistema dos recursos civis".

Foi aprovado e classificado, em primeiro lugar, no concurso público para o cargo de Procurador do Estado do Rio de Janeiro, que exerceu no período entre 1963 e 1978. Em seguida, foi nomeado, pelo quinto constitucional, Desembargador do Tribunal de Justiça do Estado do Rio de Janeiro, onde permaneceu em atividade até o ano de 1992. Os seus pareceres e votos destacam-se pela escrita elegante, clara e objetiva, bem como pelo raciocínio lógico e profundo.

Foi um exímio professor em todos os níveis, tendo ministrado aulas nos cursos primário, secundário, superior e de pós-graduação. Lecionou, dentre outras, no ensino primário e secundário, as disciplinas de português e matemática. No magistério superior, ministrou, inicialmente, a disciplina Direito Judiciário Penal, na Faculdade Nacional de Direito. Em 1976, desenvolveu estudos com o Professor Mauro Cappelletti, na Universidade de Florença. No ano de 1979, tornou-se Professor Titular na Faculdade de Direito da Universidade do Estado do Rio de Janeiro (UERJ), exercendo a Cátedra das disciplinas Teoria Geral do Processo e Direito Processual Civil até o ano de 1996, quando se aposentou.

Foi também professor visitante nas Universidades de Bolonha (em 1993) e Lisboa (em 1996).

Autor de inúmeras obras jurídicas, dentre livros e artigos publicados em periódicos. Dentre os seus trabalhos publicados, destacam-se verdadeiros clássicos da literatura processual brasileira: "O Novo Processo Civil Brasileiro", "Comentários ao Código de Processo Civil" e os "Temas de Direito Processual Civil" (em nove volumes), objeto desta atualização. Além de suas obras, o autor é frequentemente citado pela doutrina e por inúmeras decisões.

Foi Secretário, Tesoureiro e Presidente do Instituto Ibero-americano de Direito Processual, recebeu o título de Vice-Presidente Honorário da International Association of Procedural Law, em 1995, e tornou-se membro honorário da Associazione Italiana fra gli Studiosi del Processo Civile, em 1993.

Barbosa Moreira foi, ainda, membro de diversas entidades jurídicas internacionais, tais como: Wissenschaftliche Vereinigung für Internationales

Verfahrensrecht (Associação Científica de Direito Processual Internacional), desde 1980; o Instituto Comparado Luso-Brasileiro, desde 1982; a International Association of Procedural Law, desde 1984; Association Internationale de Méthodologie Juridique, desde 1986. E, em 1992, tornou-se membro da Academia Brasileira de Letras Jurídicas.

Além disso, participou ativamente na elaboração de leis processuais, em congressos no Brasil e no exterior, bem como nas Jornadas de Direito Processual promovidas de dois em dois anos pelo Instituto Brasileiro de Direito Processual, do qual o grande mestre foi diretor, membro do Conselho Consultivo e, por fim, membro honorário.

Não só pelo notório saber jurídico, Barbosa Moreira é lembrado por sua dedicação em toda a sua carreira profissional. É tido como um dos melhores (senão o melhor) dentre os procuradores, magistrados e professores de Direito Processual que o Estado do Rio de Janeiro teve e lembrado com carinho e afeto por suas gerações de alunos, a quem ele tanto se devotou. Prova disso é que ainda figura na sala dos professores da Universidade do Estado do Rio de Janeiro placa que lhe foi concedida quando de sua aposentadoria pelos alunos e alunas das turmas de 1972/1974/1976/1978/1980/1983/1986/1989/1992 e 1996. Suas palavras ainda hoje ressoam, no momento de sua eterna aposentadoria: "*Nossa gratidão ao Professor José Carlos, na ocasião de sua aposentadoria, pela sua devoção ao magistério, pelos ensinamentos que ministrou, pelo carinho e o respeito sempre demonstrados, pelos caminhos que apontou, pela simplicidade e pela grandeza, exemplo para as novas gerações*".

A nona série dos *Temas de Direito Processual* foi o derradeiro e o mais volumoso tomo da coleção, com mais de quatrocentas páginas de densa cultura, refino acadêmico e visão pragmática. Perpassando pelos assuntos mais palpitantes e centrais do Direito Processual, oferece aos leitores a oportunidade de conhecer e acompanhar a comparação do ordenamento nacional com o estrangeiro, descortinando as possibilidades de acesso à Justiça e de efetividade para o ordenamento jurídico. Os ensinamentos de José Carlos Barbosa Moreira são atemporais na sua essência, representando um desafio de enorme responsabilidade a tentativa de atualização empreendida. De qualquer modo, o importante é que se faça a leitura, ou releitura, do texto original. Os comentários dos "atualizadores" são muito mais uma oportunidade para a reiteração das reverencias daquele que representa o paradigma fundamental do Direito Processual no Brasil.

Fevereiro de 2023.

Aluisio Gonçalves de Castro Mendes
Carolina Paes de Castro Mendes

SOBRE OS ATUALIZADORES

ALUISIO GONÇALVES DE CASTRO MENDES

Eterno discípulo e amigo do Professor José Carlos Barbosa Moreira, tendo sido seu aluno na graduação da Faculdade de Direito da Universidade do Estado do Rio de Janeiro (UERJ) por três anos, seu orientando na especialização em Direito Processual Civil pela Universidade de Brasília (UnB), no mestrado e no doutorado em Direito pela Universidade Federal do Paraná – UFPR. Autor de livros, dentre os quais dois (Competência Cível da Justiça Federal e Ações coletivas no direito comparado e nacional) foram prefaciados por Barbosa Moreira. Pós-Doutor em Direito pela Universidade de Regensburg (Alemanha), sob a supervisão do Professor Peter Gottwald, que aceitou o encargo por recomendação de Barbosa Moreira. Doutor em Direito pela Universidade Federal do Paraná – UFPR, em cooperação com a Johann Wolfgang Goethe-Universität – JWG (Frankfurt, Alemanha). Mestre em Direito pela Johann Wolfgang Goethe-Universität, sob a orientação do Professor Peter Gilles, que lhe foi apresentado por Barbosa Moreira. Professor Titular de Direito Processual Civil na Faculdade de Direito da UERJ; no Programa de Mestrado e Doutorado da Universidade Estácio de Sá – UNESA e no Ibmec. Graduado em Comunicação Social pela Pontifícia Universidade Católica do Rio de Janeiro (PUC-RJ). Desembargador Federal, exercendo atualmente a Vice-Presidência do Tribunal Regional Federal da 2ª Região (TRF-2). Diretor do Instituto Brasileiro de Direito Processual (IBDP), do Instituto Ibero-Americano de Direito Processual (IIDP) e da Academia Brasileira de Letras Jurídicas (ABLJ). Membro da Associação Teuto-Brasileira de Juristas (DBJV) e da International Association of Procedural Law (IAPL). Foi membro da Comissão de Juristas do Senado Federal para o acompanhamento da redação final do Código de Processo Civil (CPC) de 2015. Membro do Conselho de Relações Internacionais da Revista de Processo (RePro), do Conselho de Redação da Revista de Processo Comparado (RPC), do Conselho Editorial do Centro de Estudos da Justiça Federal (CEJ) e do Editorial Board da Civil Procedure Review. Editor internacional da Revista Eletrônica de Direito Processual (REDP). Consultor ad hoc e ex-bolsista da Coordenação de Aperfeiçoamento de Pessoal de Nível Superior (Capes), do Serviço Alemão de Intercâmbio Acadêmico (Deutscher Akademischer Austauschdienst DAAD), do Conselho Nacional de Pesquisa (CNPq) e da Fundação Alexander von Humboldt (AvH). Membro do Grupo de Trabalho para o aprimoramento das ações coletivas no Conselho Nacional de Justiça. Membro do Comparative Procedural Law and Justice Project (CPLJ), projeto mundial "Justiça e Direito Processual Comparado), desde 2019, organizado pelo Max Planck Institute Luxembourg for Procedural Law em conjunto com a International Association of Procedural Law (IAPL). Participante do International Visitor Leadership Program: Judicial Cooperation - A Project for Brazil, promovido pelo Departamento de Estado dos Estados Unidos da América. Foi Membro do Conselho Superior da Escola

Nacional de Formação e Aperfeiçoamento de Magistrados (Enfam) no biênio 2014-2016 e Diretor da Escola da Magistratura Regional Federal da 2ª Região (EMARF) nos biênios 2011-2013, 2013-2015 e 2015-2017. Coordenador da Comissão de Processo Civil da Associação de Juízes Federais do Brasil (AJUFE).

CAROLINA PAES DE CASTRO MENDES

Formada em Direito pela Pontifícia Universidade Católica do Rio de Janeiro, Mestre em Direito Processual pela Universidade do Estado do Rio de Janeiro (UERJ) e Doutoranda em Direito Processual pela UERJ. Advogada. Membro da Comissão de Processo Civil da OAB-Barra no Triênio de 2022-2024.

SUMÁRIO

O NOVO CÓDIGO CIVIL E O DIREITO PROCESSUAL[1]

1. Grande número de ordenamentos jurídicos, pelo menos no universo do denominado *civil law,* possui um Código Civil e um Código de Processo Civil. Em alguns até coexistem dois ou mais códigos desta e/ou daquela espécie: é o que sucede em Estados de estrutura federativa, onde a competência para legislar sobre matéria civil, sobre matéria processual ou sobre ambas se acha partilhada entre o todo (União, Nação) e as unidades político-administrativas fracionárias (Estados-membros, Províncias). O caso mais frequente é o da pluralidade de códigos processuais, apesar da unidade legislativa em matéria civil: a Suíça ministra exemplo bastante conhecido.

Pois bem: ainda quando o Código de Processo Civil não contenha apenas normas aplicáveis a processos relacionados com litígios civis em sentido estrito – e é o que se dá no Brasil[2] –, pode acontecer, e não raro acontece, que surjam questões atinentes à distribuição da matéria entre os referidos diplomas. Nem sempre é fácil determinar a melhor localização de tal ou qual dispositivo, e o legislador se deixa guiar muitas vezes por critérios que variam de um país para outro[3], ou que relegam a plano

---

1 Trabalho destinado ao volume em homenagem ao Professor Cândido Dinamarco e publicado in *Rev. For.,* v. 364, *Rev. Síntese de Dir.* Civ. *e Proc. Civ.,* nº 19, *Rev. do Min. Público* (do RJ), nº 17, e *Rev. Jurídica* nº 304.

2 Como frisava JOSÉ FREDERICO MARQUES. *Instituições de Direito Processual Civil.* 1ª ed. atualizada. Campinas, 2000, v. I. p. 15, "não é acertado dizer-se, no Direito brasileiro, que o Direito Processual Civil tem por objeto a composição de lides de Direito Privado. Pretensões baseadas em normas do Direito Público são tratadas e resolvidas na jurisdição civil e, por isso mesmo, regulado o respectivo processo pelo Direito Processual Civil".

3 Na Itália, *v.g.,* encontram-se no *codice civile* numerosas disposições acerca das provas (43 artigos, de 2.697 a 2.739) – tema de que se tratará especificamente: *vide infra,* nº 8 –, e todo um título (o IV do Livro VI) consagrado à *"tutela giurisdizionale dei diritti",* onde se cuida das sentenças constitutivas (art. 2.908), da coisa julgada material e seus limites subjetivos (art. 2.909) e, em parte considerável da execução forçada (arts. 2.910 e s.). A questão da classificação das normas em materiais e processuais suscitou, naquele país, debate doutrinário, no qual sustentou DENTI, com o apoio, em substância, de CAPPELLETTI, que os problemas concretos de aplicação da lei deveriam resolver-se à luz de critérios não necessariamente fundados na atribuição das regras sobre prova a um ou a outro daqueles ramos da ciência

inferior preocupações de índole científica. Daí a ocorrência de intromissões e de superposições: regras pertinentes ao direito civil insinuam-se em códigos processuais, ou vice-versa (a doutrina chama-lhes *heterotópicas),* ou então certos assuntos se veem tratados a um só tempo no Código Civil e no Código de Processo Civil.

Convém registrar que semelhante fenômeno é capaz de gerar questões de índole constitucional. Se a Constituição divide com rigor a competência normativa de órgãos situados em níveis político-administrativos diversos, por exemplo atribuindo exclusivamente à entidade maior a possibilidade de editar normas de direito civil, e às entidades menores a de editar normas de direito processual, qualquer lei federal (ou nacional) que vise a disciplinar o processo estará eivada do vício de inconstitucionalidade; e outro tanto se dirá de qualquer lei estadual (ou provincial) que tenha por objeto matéria civil. Se, ao contrário, o mesmo órgão está autorizado pela Constituição a legislar sobre direito civil e sobre direito processual, terão de conviver as normas que ele edite em ambos os terrenos; e eventuais discrepâncias serão resolvidas, no plano *infra*constitucional, mediante a aplicação de princípios tradicionais, como o de que a norma posterior revoga a anterior, e o de que a norma especial afasta, no seu âmbito próprio, a incidência da norma geral. É o sistema vigente em nosso país, onde a Constituição da República, a exemplo de suas antecessoras, outorga competência legislativa ao Congresso Nacional seja quanto ao direito civil, seja quanto ao direito processual (art. 48 c/c o art. 22, nº I).

2. O Brasil demorou a ter um Código Civil. Enquanto o Império codificou o direito penal em 1830, não mais de oito anos após a independência, foi preciso aguardar quase um século para que, ao cabo de várias tentativas malogradas, chegassem a bom termo os trabalhos de codificação do direito civil. Nessa ocasião, conforme se sabe, tomou-se por base projeto redigido por CLÓVIS BEVILÁQUA e submetido a uma comissão revisora, o qual, com várias modificações, viria a ter lenta tramitação no Congresso

jurídica: *vide,* do primeiro autor, o relatório apresentado ao VIII Simpósio nacional da *Associazione italiana fra gli studiosi del processo civile,* de 1968, e publicado, sob o título *La natura giuridica delle norme sulle prove,* in *Dall'azione al giudicato,* Pádua, 1983, p. 263 e s.; do segundo, o texto da intervenção no mesmo simpósio, publicado, sob o título *Un avvenimento metodológico, in Processo e ideologie,* Bolonha, 1969, p. 253 e s.

Nacional, para afinal converter-se, passadas quase duas décadas, na Lei nº 3.071, de 1º-1-1916, que entraria em vigor um ano depois[4].

Volvido pouco menos de um século – período em que a humanidade em geral e o Brasil em particular experimentaram mudanças radicais do ponto de vista social, econômico, científico, técnico, ético –, era natural que o Código Civil, em boa parte de seu texto, viesse a mostrar sinais de envelhecimento e deixasse de corresponder às necessidades e aos anseios da comunidade nacional. Abstraindo-se de alterações puramente tópicas, de escassa ou nenhuma relevância sistemática, dois tipos de reação suscitou esse fenômeno. Um deles consistiu na edição de uma série de leis extravagantes, destinadas a regular matérias de que o legislador, tantos anos atrás, não havia cogitado (e, em alguns casos, *não podia sequer cogitar),* ou versara de maneira que já não se ajustava à realidade. Assim se deu, exemplificativamente, com o Código de Águas (Dec. nº 24.643, de 10-7-1934), com a disciplina do reconhecimento de filhos ilegítimos (Lei nº 883, de 21-10-1949), dos efeitos civis do casamento religioso (Lei nº 1.110, de 23-5-1950), da situação jurídica da mulher casada (Lei nº 4.121, de 27-8-1962), da legitimação adotiva (Lei nº 4.655, de 2-6-1965), da dissolução da sociedade conjugal e do casamento (Lei nº 6.515, de 26-12-1977, conhecida como "Lei do Divórcio"), da aquisição, por usucapião especial, de imóveis rurais (Lei nº 6.969, de 10-12-1981), da situação jurídica de crianças e adolescentes (Lei nº 8.069, de 13-7-1990, conhecida como Estatuto da Criança e do Adolescente), da proteção ao consumidor (Lei nº 8.078, de 11-9-1990, conhecida como Código de Defesa do Consumidor), da locação de imóveis (sucessivas "leis do inquilinato", das quais a mais recente é a de nº 8.245, de 18-10-1991), dos direitos resultantes da chamada "união estável" (Lei nº 8.971, de 29-12-1994, e Lei nº 9.278, de 10-5-1996), da arbitragem (Lei nº 9.307, de 23-9-1996). Quase desnecessário sublinhar que figuram nessa lista diplomas legais já revogados ou modificados em momentos posteriores. Por outro lado, é oportuno acrescentar referências à legislação trabalhista, à Lei de Introdução ao Código Civil (Dec.-Lei nº 4.657, de 4-9-1942), que substituiu a antiga Introdução ao Código, e ao próprio estatuto processual de 1973, que não deixou de interferir aqui e ali na esfera civil.

---

4 Para a cumprida exposição dos trabalhos preparatórios, *vide* CLÓVIS BEVILÁQUA, *Código Civil dos Estados Unidos do Brasil comentado* (atualizado por Achilles Beviláqua e Isaías Beviláqua), Rio de Janeiro-S. Paulo-Belo Horizonte, vol. I, 11ª ed., p. 17 e s.

O segundo tipo de reação, mais radical, manifestou-se em iniciativas ordenadas à elaboração de um novo Código Civil, que viesse a ocupar o lugar do diploma visto como obsoleto, em bloco, por setores doutrinários. Tal atitude não deixou de provocar a impugnação de alguns que simplesmente negavam a conveniência da empresa, por entenderem inadequada ao estádio atual da evolução do direito civil, sujeita à vertiginosa sucessão de mudanças no panorama da sociedade, a ideia mesma de codificá-lo. No extremo oposto, havia quem, favorável à tese do Código novo, preconizasse a incorporação, em seu texto, da disciplina do direito comercial, ou pelo menos de parte dela, na perspectiva do movimento a que se chamou, com expressão de duvidosa propriedade, de "unificação do direito privado". Venceu a ideia do novo Código e, parcialmente, a da inclusão de matéria comercial em seu texto.

Extravasaria do objeto do presente estudo a recapitulação das vicissitudes por que passou, ao longo de várias décadas, o trabalho renovador. Bastará recordar os antecedentes mais próximos do diploma que em data recente chegou ao termo de sua gestação. Ele se baseia em anteprojeto redigido por uma comissão de juristas, sob a supervisão do Professor Miguel Reale. Publicou-se o texto no *Diário Oficial* da União, de 7-8-1972 (suplemento ao nº 149) e, após revisão, no de 18-6-1974 (suplemento ao nº 114). Enviado pelo Presidente da República ao Congresso Nacional em meados de 1975, teve o projeto, tanto na Câmara 995 Deputados (sob o nº 634/75) quanto no Senado Federal (sob o nº 118/84), tramitação morosa, para resultar afinal na Lei nº 10.406, de 10 de janeiro de 2002, que deverá viger a partir de igual data de 2003 (art. 2.044, onde se estatui *vacatio* de um ano).

No que tange à estrutura, o novo Código em geral mantém as características básicas do anterior, de inspiração, bem se sabe, germânica. Há uma Parte Geral e uma Parte Especial, dividida em cinco Livros. Aí as inovações consistem: *a)* na mudança da ordem, pois, enquanto a Parte Especial do Código de 1916 principia pelo Direito de Família (Livro I), seguindo-se o Direito das Coisas (Livro II), o das Obrigações (Livro III) e o das Sucessões (Livro IV), no diploma que o vai substituir o Livro I versa o Direito das Obrigações, o Livro III o Direito das Coisas, o Livro IV o Direito de Família e o Livro V o Direito das Sucessões; *b)* na introdução de um Livro (nº II) dedicado ao Direito de Empresa – vitoriosa, no particular, a corrente "unificadora". Livro Complementar reúne em dezenove artigos (2.028 e s.) as disposições finais e transitórias; no diploma de 1916 as disposições finais limitavam-se a dois artigos (1.806 e 1.807).

Não sendo nosso propósito comentar o novo Código, mas tão somente as suas mais importantes repercussões no universo processual, os" dados acima alinhados parecem-nos suficientes para desenhar uma imagem global do quadro em que pretendemos situar-nos.

3. Começaremos a nossa pesquisa pelos tópicos que nos parecem, à primeira leitura, menos problemáticos. Segundo já vinha acontecendo, mais de um assunto acha-se tratado em ambos os códigos, o civil e o de processo civil. Vamos limitar-nos a dois exemplos. Encontram-se no Código de Processo Civil regras sobre os bens de ausentes (arts. 1.159 e s.), mas também as deparamos nos arts. 22 e s. do novo Código Civil. Diga-se outro tanto do inventário e da partilha: arts. 982 do Código de Processo Civil e arts. 1.191 e s. do novo Código Civil. Compreende-se com facilidade que, em casos desse tipo, nem todos os textos de um dos códigos tenham correspondente no outro. Há questões de que somente um deles se ocupa, assim como as há enfrentadas em ambos. Em geral, as disposições são complementares, e o estudo cabal de cada instituto terá de levar em conta o conjunto delas. Descobrem-se superposições, nem sempre harmoniosas: devemos dar-nos por felizes quando os dois códigos, no tratamento desta ou daquela matéria, adotam posições coincidentes. É o que acontece, *v.g.*, no tocante à abertura da sucessão provisória: a relação dos "interessados" *(rectius:* legitimados) a requerê-la, constante do art. 27 do novo Código Civil, repete quase *ipsis litteris* o teor do art. 1.163, § 1º, do estatuto processual- o qual, por sua vez, copiara o art. 470 do diploma de 1916. Vale notar que no inciso In se aprimorou a técnica da redação: enquanto os diplomas anteriores aludem aos "que tiverem sobre os bens do ausente direito subordinado à condição de morte", faz menção o novo Código aos "que tiverem sobre os bens do ausente direito dependente de sua morte". Abandonou-se o *nomen iuris* "condição", na verdade incompatível, aí, com o conceito de condição adotado quer no art. 114 do estatuto ainda em vigor, quer no art. 121 do novo: a morte, com efeito – ai de nós! –, será tudo que se queira, menos um evento "incerto"...

Outra superposição, esta parcial, é a que se verifica em tema de arguição de sonegação de bens. Lê-se no art. 1.784 do Código Civil de 1916: "Só se pode arguir de sonegação o inventariante depois de encerrada a descrição dos bens, com a declaração, por ele feita, de não existirem outros por inventariar e partir, e o herdeiro, depois de declarar no inventário que os não possui". O Código de Processo Civil – na esteira de seu antecessor de 1939 – reproduziu, no art. 994, a primeira parte daquele dispositivo, atinente ao inventariante, omitindo a referência ao herdeiro[5]. Não muda a situação com o advento do novo Código Civil, que repete *in totum* o disposto no anterior, com alteração formal, de nulo alcance prático, na redação da parte final ("assim como arguir o herdeiro, depois de declarar-se no inventário que não os possui"). Subsiste em ambos os diplomas, no civil e no processual, a cláusula relativa ao inventariante.

4. Merecem atenção duas figuras jurídicas que, pertinentes embora ao direito material, têm mais de um ponto de contato com o processo. Referimo-nos à prescrição e à decadência, cuja relevância na órbita processual pode ser desde logo aferida pela frequência com que os termos aparecem no Código de Processo Civil[6]. O Código Civil de 1916, como é notório, absteve-se de distinguir entre os institutos. Ao cuidar dos prazos prescricionais, nos arts. 177 e 178, juntou hipóteses vistas como heterogêneas pelo ângulo científico. Usou quase sempre a expressão "prescreve a ação", ao que parece rendendo tributo a uma ideia que ganhou certa difusão na literatura civilística, a saber, a de que a prescrição se caracterizaria por ferir de morte a ação[7].

Não pretendemos envolver-nos aqui na discussão doutrinária que se vai prolongando, no Brasil e alhures, sobre o assunto. O que nos interessa, neste ensejo, é pôr em relevo a opção tomada pelo novo Código Civil. O texto básico é o do art. 189, assim redigido: "Violado o direito, nasce para o titular a pretensão, a qual se extingue, pela prescrição, nos prazos a que se referem os arts. 205 e 206". Nas várias disposições es-

---

5 Com o aplauso de PONTES DE MIRANDA, *Comentários ao Código de Processo Civil* (de 1939), v. III, 2, 1ª ed., Rio de Janeiro, 1949, p. 35, para quem só a parte relativa ao inventariante seria de direito processual.

6 ALCIDES CONEJEIRO PERES. *Vocabulário do Código de Processo Civil,* 2ª ed., Rio de Janeiro, 1998, aponta treze dispositivos com a palavra "prescrição" (arts. 37, 219, 219, § 1º, 219, § 4º, 219, § 52, 269, nº IV, 295, nº IV, 617, 741, nº VI, 746, 777, 810, 811, nº V) e cinco com a palavra "decadência" (arts. 37, 269, nº IV, 295, nº IV, 810, 811, nº V).

7 Em época ainda não mui to remota, escrevia, por exemplo, WASHINGTON DE BARROS MONTEIRO, *Curso de Direito Civil,* 1º vol. *Parte Geral,* 3ª ed., S. Paulo, 1962, p. 297: "[...] a prescrição atinge diretamente a ação e por via oblíqua faz desaparecer o direito por ela tutelado".

pecíficas do art. 206, distribuídas por cinco parágrafos, coerentemente, está dito que o que prescreve é "a pretensão", não a ação[8].

Inspira-se tal entendimento, sem sombra de dúvida, no direito alemão. O § 194 do *Bürgerliches Gesetzbuch*, com toda a clareza, aponta a pretensão *(Anspruch)* como o objeto da prescrição *(Verjährung)*. E conceitua a pretensão como "o direito de exigir de outrem um fazer ou um não fazer"[9]. Na ideia de pretensão está ínsita a de exigência: o titular da pretensão exige que alguém faça ou deixe de fazer algo[10]. Essa consideração traz à mente, de imediato, a classificação dos direitos subjetivos em duas grandes categorias: a dos direitos a uma prestação e a dos direitos tendentes à modificação do estado jurídico existente (direitos potestativos)[11]. Deve-se recordar que só os direitos da primeira categoria são suscetíveis de lesão, a qual ocorre todas as vezes que o sujeito passivo da relação jurídica adota comportamento diferente do esperado, isto é, recusa a prestação, deixando de fazer o que devia ou fazendo o que não devia. Quanto aos direitos potestativos, "por sua própria natureza, já que não se dirigem contra uma obrigação, mas se exaurem no poder jurídico de produzir um efeito jurídico, e se exercitam com uma simples declaração de vontade, com ou sem o concurso da sentença judicial, não podem ser *lesados* por ninguém[12]. A esse respeito, não há cogitar de pretensão, nem portanto de prescrição: os prazos para o exercício do direito serão, tipicamente, de decadência. Deles não se ocupa o art. 206 do novo

---

8 Nota dissonante no art. 1.601, *caput*, onde se fala de "ação imprescritível", a propósito da contestação, pelo marido, da paternidade dos filhos nascidos de sua mulher".

9 Eis o texto original: *"Das Recht, von einem anderen ein Tun oder ein Unterlassen zu verlangen (Anspruch), unterliegt der verjährung". "Nur Ansprüche verjähren* (Somente pretensões prescrevem)", lê-se no comentário de JAUERNIG *et alii*, Munique, 1979, p. *127*. *"Die Verjährung besteht nur Ansprüchen gegenüber* (A prescrição existe apenas em relação a pretensões)", dizia por sua vez LANGE, *BGB – Allgemeiner Teil*, 10ª ed., Munique, 1968, p. 105. De resto, o asserto é corrente em toda a literatura alemã.

10 "Pretensão é a posição subjetiva de poder exigir de outrem alguma prestação positiva ou negativa", ensinava PONTES DE MIRANDA, *Tratado de Direito Privado*, t. V, Rio de Janeiro, 1955, p. 451. Cf., sinteticamente, no âmbito penal, HÉLIO TORNAGHI, *Instituições de processo penal*, 1º vol., 2ª ed., Rio de Janeiro, 1977, p. 242: "pretensão (ou exigência)".

11 Nessa classificação, conforme se sabe, fundava CHIOVENDA sua proposta de enquadrar entre os potestativos o direito de ação: *vide Instituições de Direito Processual Civil*, trad. de J. Guimarães Menegale, 2ª ed., S. Paulo, 1965, v. I, p. 10 e s.

12 CHIOVENDA, ob. e v. cit., p. 20.

Código Civil, nem se descobre lista análoga em qualquer outra de suas disposições; preferiu o legislador estabelecer os prazos decadenciais em dispositivos específicos: sirva de exemplo o do art. 178, que fixa em quatro anos o prazo de decadência para a anulação do negócio jurídico.

A posição adotada parece-nos fundamentalmente correta. Ela retira, antes de mais nada, toda e qualquer base ao grave equívoco de supor que a prescrição extinga a ação. É certo que a tese já não se compadecia com o nosso direito positivo: bastará lembrar que, consoante o art. 269, nº IV, do Código de Processo Civil, encerra-se o processo *com julgamento de mérito* "quando o juiz pronunciar a decadência ou a prescrição" – sinal claríssimo de que a ação foi exercitada, e o foi regularmente, tanto assim que se atingiu o resultado normal do processo de conhecimento, a saber, o julgamento do *meritum causae.* De qualquer modo, porém, é confortador ver corrigido o erro do diploma de 1916.

Formularemos duas observações. Na parte inicial do art. 189, diz-se que, "violado o direito, nasce para o titular a pretensão". No rigor da lógica, não é exato supor que a violação *efetiva* do direito (a uma prestação) constitua pressuposto necessário do nascimento da pretensão. Se esta consiste na *exigência* de que alguém realize a prestação, duas hipóteses, na verdade, são concebíveis: uma é a de que aquele que exige realmente faça jus à prestação, mas há outra: a de que se esteja exigindo sem razão – ou porque o direito inexista, ou porque não haja sofrido violação, ou ainda porque a prestação, por tal ou qual motivo, não seja exigível. Afinal de contas, há pretensões *fundadas* e pretensões *infundadas.* Mas compreende-se que o legislador se haja expressado como se expressou: a regra tem como pressuposto a existência de fundamento para a pretensão, e assim há de ser entendida.

O outro reparo concerne à declaração, constante da parte final do art. 189, de que a pretensão "se extingue" pela prescrição. É curioso como a ideia de *extinção* reluta em sair de cena. O novo Código Civil, que acertou em afastar a tese da extinção *da ação,* deixa entrar pela janela o que havia expulsado pela porta. Não é só a ação que a prescrição se revela impotente para extinguir: a pretensão também. Se assim não fosse, soaria incompreensível o disposto no art. 194 ("O juiz não pode suprir, de ofício, a alegação de prescrição, salvo se favorecer a absolutamente incapaz"), tal como já soaria, sob o diploma de 1916, o art. 166 ("O juiz não pode conhecer de prescrição de direitos patrimoniais, se não foi invocada pelas partes"). Sustentará alguém que o órgão judicial, diante de fato que *ex hypothesi* "extinguiu" a pretensão do autor, haja de dar-lhe ganho de causa, unicamente porque o réu deixou de argui-lo? Pretensão que se "extinguiu" pode levar alguém à vitória no pleito? Caso se configure realmente a prescrição alegada pelo réu, o órgão judicial julgará improcedente o pedido, mas não porque o autor já nada pretenda, e sim porque o réu, ao alegar a prescrição, tolheu eficácia à pretensão manifestada[13] ". Se a pretensão na verdade se houvesse "extinguido", jamais seria razoável, omisso que permanecesse o réu, a desconsideração desse fato pelo juiz, com a eventual emissão de sentença favorável ao autor.

Talvez nos possamos valer, aqui, de uma imagem – aproximativa, como todas as imagens. Não se afigura despropositado dizer que a prescrição não subtrai arma alguma ao credor: cinge-se a fornecer ao devedor um escudo, do qual ele poderá servir-se ou não, a seu talante. Ao órgão judicial só incumbe extrair as consequências de semelhante opção, para decidir a favor do réu ou do autor, desde que outros fatores não o induzam a conclusão diversa.

5. Cabem aqui duas anotações que têm certa relação com o tópico anterior. Uma que se prende à redação do art. 501, concernente ao prazo dentro do qual, na venda *ad mensuram,* toca ao vendedor ou ao comprador, conforme o caso, exercitar a ação destinada a corrigir a discrepância nas dimensões ou na área do imóvel vendido, ou a modificar o preço, ou ainda a resolver o contrato. Eis o texto: "Decai do direito de propor as ações previstas no artigo antecedente [art. 500] o vendedor ou o comprador que não o fizer no prazo de um ano, a contar da transcrição do título".

A rigor, o "direito de propor" as aludidas ações – *rectius:* o de propor *qualquer* ação – não se sujeita a decadência. Propor uma ação é algo que cada qual pode fazer quando bem entenda. Não é do direito de ação, e sim do direito material invocado, que se: decai. Por exemplo: o comprador pode decair do direito à complementação da área. Proposta que seja a ação, apesar da decadência, nem por isso deixará o juiz de julgar o *meritum causae* (Código de Processo Civil, art. 269, nº II), conquanto em sentido desfavorável ao autor. É inegável, porém, que a este assistia o

13 Expressivo este passo de PONTES DE MIRANDA, *Tratado,* t. VI, p. 101: "Os prazos prescricionais servem à paz social c à segurança jurídica. Não destroem o direito, que é: *não cancelam, não apagam as pretensões;* apenas, *encobrindo a eficácia da pretensão,* atendem à conveniência de que não perdure por demasiado tempo a exigibilidade ou a acionabilidade" (sem grifo no original).

"direito de propor" a ação e que, ao propô-la – mesmo a destempo –, ele simplesmente exerceu tal direito; a consequência de sua inércia situa-se toda no plano do mérito. Vale aqui, *mutatis mutandis,* a observação feita no item *4, supra,* 4º parágrafo.

Dirige-se o segundo reparo ao art. 636, *verbis:* "O depositário, que por força maior houver perdido a coisa depositada e recebido outra em seu lugar, é obrigado a entregar a segunda ao depositante, e ceder-lhe as ações que no caso tiver contra o terceiro responsável pela restituição da primeira". "Ceder ações" não é expressão tecnicamente exata; o que se pode ceder são direitos, ou pretensões com eles relacionadas. O fenômeno passa-se no nível do direito material. Não é sem razão que a doutrina processual tem criticado o uso do adjetivo "intransmissível" para qualificar "ação" no art. 267, nº IX, do estatuto de 1973[14].

6. O novo Código herdou de seu antecessor uma impropriedade terminológica que andaria melhor em repudiar. A propósito do pagamento em consignação, reza o art. 340: "O credor que, depois de *contestar a lide* ou aceitar o depósito, aquiescer no levantamento, perderá a preferência e a garantia que lhe competiam com respeito à coisa consignada, ficando para logo desobrigados os codevedores e fiadores que não tenham anuído". Por sua vez, o art. 827, relativo aos efeitos da fiança, assim dispõe no *caput:* "O fiador demandado pelo pagamento da dívida tem direito a exigir, até a *contestação da lide,* que sejam primeiro executados os bens do devedor". E mais: cominadas nos arts. 939 e 940 as sanções a que se sujeita o credor por demandar o pagamento de dívida ainda não vencida, fora dos casos em que a lei o permite, ou o de dívida já paga, estatui o art. 941: "As penas previstas nos arts. 939 e 940 não se aplicarão quando o autor desistir da ação antes de *contestada a lide,* salvo ao réu o direito de haver indenização por algum prejuízo que prove ter sofrido".

Não nos deteremos no emprego infeliz da palavra "penas", que conviria reservar para as sanções criminais. Interessam-nos aqui as expressões "contestar a lide", "contestação da lide" e "contestada a lide", que figuram, a primeira no art. 340, a segunda nos arts. 827 e a terceira no art. 941, sendo oportuno registrar que a esses dispositivos respectiva-

14 MONIZ DE ARAGÃO, *Comentários ao Código de Processo Civil.* v. II. 9ª ed. Rio de Janeiro, 1998, p. 412: menos categórico, ERNANE FIDÉLIS DOS SANTOS, *Manual de Direito Processual Civil.* v. l, 6ª ed., S. Paulo. 1998, p. 518.

mente correspondiam, com redação semelhante, os arts. 979, 1.491 e 1.532 do estatuto de 1916.

"Contestação da lide" é a tradução literal da locução *litiscontestatio,* com a qual se designava, no processo romano clássico, o ato (de natureza contratual) por que as partes, comparecendo perante o pretor, acordavam, com a colaboração deste, submeter-se ao *iudicium*[15], seguindo-se a emissão da fórmula dirigida ao *iudex.* O posterior abandono do sistema formular subtraiu à *litiscontestatio* a antiga significação. Com as subsequentes alterações da estrutura e da concepção mesma do processo, a expressão "contestação da lide" esvaziou-se de sentido, tanto mais quanto a palavra "lide", na ciência processual latina, veio a adquirir acepção própria, incompatível com o contexto romanístico, em que se teima em inseri-la.

Com efeito. Por influência da doutrina italiana, e em particular da obra de CARNELUTTI[16], tomou-se usual denominar "lide" o conflito de interesses entre as partes; tal conflito, no processo de conhecimento, caracteriza- se pela resistência que o réu, no comum dos casos, opõe à pretensão formulada pelo autor. É essa pretensão, e não a lide, que o réu geralmente contesta - abstraindo-se, *commoditatis causa,* de preliminares que ele porventura argua. Com isso bem se coaduna a dicção do art. 300 do Código de Processo Civil, *verbis:* "Compete ao réu alegar, na contestação, toda a matéria de defesa, expondo as razões de fato e de direito, com que impugna o pedido do autor e especificando as provas que pretende produzir". Seria aconselhável, por conseguinte, que os mencio-

15 *Vide,* por todos, WENGER, *Istituzioni di procedura civile romana,* trad. ital. de Orestano, Milão, 1938, p. 100 e *s.,* 118, 205/6.

16 CARNELUTTI chegou a incluir uma espécie de definição da *"lite"* no art. 87 do Projeto de Código de Processo Civil apresentado, em 1926, à Subcomissão Real encarregada da reforma do processo civil italiano. Eis o teor do dispositivo: *"Due persone sono in lite quando l'una pretende che il diritto tuteli immediatamente un suo interesse* in *conflitto con un interesse dell'altra e questa contrasta la pretesa o, pur non contrastandola, non vi soddisfa".* Cf., em nosso país, entre outros, JOSÉ FREDERICO MARQUES, *Manual de Direito Processual Civil,* v. I, 13ª ed., S. Paulo, 1990, p. 7: o litígio ou lide "pode ser definido como o conflito intersubjetivo derivado de uma pretensão insatisfeita". Pouco importa, aqui, que a doutrina haja exagerado a importância do conceito, como sustenta CÂNDIDO DINAMARCO, *Instituições de Direito Processual Civil,* v. I, S. Paulo, 2001, p. 296: o que nos interessa, no momento, é pôr em evidência a difusão que aquele obteve e a impropriedade em que se cai ao falar de "contestação da lide". Aliás, o mesmo autor aceita a definição carneluttiana e não deixa de reconhecer que o conceito é "preciso e inegavelmente útil".

nados dispositivos do novo Código Civil pura e simplesmente dissessem "depois de contestar", "até a contestação" ou "antes da contestação", suprimido o complemento impróprio e, além do mais, desnecessário.

7. É tempo, no entanto, de deixar de lado a terminologia e dirigir o olhar ao conteúdo de algumas disposições que se relacionam com o processo. Gritantemente heterotópica é a do art. 77, assim redigido: "O agente diplomático do Brasil, que, citado no estrangeiro, alegar extraterritorialidade designar onde tem, no país, domicílio, poderá ser demandado no Distrito Federal ou no último ponto do território brasileiro onde o teve". Mal se compreende a inserção dessa norma no Código Civil – e no título referente ao domicílio. A matéria aí regulada não é o domicílio do agente diplomático brasileiro, senão a competência territorial para as ações em que, sob determinadas circunstâncias, ele seja réu. Assunto, como salta aos olhos, tipicamente processual. É verdade que nada mais se fez, no particular, que repetir, com ligeiras alterações de redação, dispositivo que já constava do estatuto de 1916 (art. 41); mas nada justifica a reincidência no erro de localização.

Questão interessante é a que suscita o art. 391 do novel diploma, à luz do qual "pelo inadimplemento das obrigações respondem todos os bens do devedor". O tema da responsabilidade patrimonial é versado extensamente no Capítulo IV do Título I do Livro II (arts. 591 e s.) do Código de Processo Civil. Reza o primeiro desses dispositivos: "O devedor responde, para o cumprimento de suas obrigações, com todos os seus bens presentes e futuros, salvo as restrições estabelecidas em lei". Explica-se a ressalva final pela existência de regras que excluem determinados certos bens da área coberta pela responsabilidade. Várias dessas regras situam-se no próprio estatuto processual: *ex vi* do art. 648, "não estão sujeitos à execução os bens que a lei considera impenhoráveis ou inalienáveis"[17]; e os arts. 649 e 650 enumeram, respectivamente, os bens

17 Note-se a redundância: se são "absolutamente impenhoráveis" os bens inalienáveis (art. 649, nº 1, *principio),* era desnecessária a alusão a estes no art. 648, por já compreendidos na classe dos "impenhoráveis". Não convence a defesa da dualidade de normas que faz CELSO NEVES, *Comentários ao Código de Processo Civil,* v. VII, 6ª ed., Rio de Janeiro, 1994, p. 17/8. Esse autor reconhece que "da inalienabilidade resulta a impenhorabilidade", o que basta para tomar dispensável no art. 648, a cláusula "ou inalienáveis". A abrangência da impenhorabilidade sem dúvida "é maior que a simples impenhorabilidade *Resultante* da inalienabilidade" _ Quer isso

que em nenhum caso podem ser penhorados e aqueles que o podem ser "à falta de outros bens". Há mais exceções, previstas em leis especiais, como o "bem de família", definido na Lei nº 8.009, de 29-3-1990, o qual, com as ressalvas do art. 3º, "não responderá por qualquer tipo de dívida civil, comercial, fiscal, previdenciária ou de outra natureza, contraída pelos cônjuges ou pelos pais ou filhos que sejam seus proprietários e nele residam" (art. 1 º, *caput).*

A ausência de ressalva no art. 391 do novo Código Civil, após a menção a *"todos* os bens do devedor", porventura significará que se eliminam as exceções? Deve ser negativa a resposta. À luz do art. 2º, § 2º, da Lei de Introdução ao Código Civil, "a lei nova, que estabeleça disposições gerais ou especiais a par das já existentes, não revoga nem modifica a anterior". O citado art. 391 contém regra geral, que deixa intactas as disposições especiais – as do Código de Processo Civil e as constantes de outros diplomas. A expressão "todos os bens do devedor" há de ser lida com a ressalva implícita das hipóteses nelas contempladas.

Por não aspirarmos, obviamente, à exaustividade, vamos restringir-nos neste tópico a mais uma observação, concernente ao art. 1.585. O dispositivo anterior regula a guarda dos filhos, após a separação judicial ou o divórcio, na falta de acordo entre os cônjuges, e o de que agora cuidamos manda aplicar as mesmas disposições "em sede de medida cautelar de separação de corpos". Entende-se o que induziu o legislador, aí, a *qualificar* a medida: é que a separação de corpos pode decorrer da sentença de separação judicial (art. 1.575) ou, *a fortiori,* do divórcio. Ela pode igualmente, contudo, ser decretada a requerimento da parte interessada, "antes de mover a ação de nulidade do casamento, a de anulação, a de separação judicial, a de divórcio direto ou a de dissolução de união estável" (art. 1.562). Quis-se deixar certo que, na hipótese de concessão *anterior,* será também aplicável o disposto no art. 1.585. A ela é que se pretendeu aludir com a qualificação de "cautelar".

A terminologia aí empregada tem precedentes: já aparecia na Lei nº 6.515, de 26-12-1977, arts. 7º, § 1º, e 8º. Nem por isso nos parece feliz, nesse contexto, o adjetivo "cautelar". No consenso da melhor doutrina, o critério básico para que uma providência judicial se qualifique como

---

dizer que nem todos os bens impenhoráveis são inalienáveis: a impenhorabilidade pode ter outra causa. Todos os bens inalienáveis são, entretanto, impenhoráveis; logo, não se justifica o "ou" do art. 648.

cautelar consiste em que ela se destine a assegurar a eficácia prática da tutela jurisdicional, cognitiva ou executiva, pleiteada no processo principal - ou, em outras palavras, o resultado útil desse processo. Tem-se mesmo criticado o Código de 1973 por incluir no Livro III medidas que não apresentam semelhante característica[18].

Pois bem: a separação de corpos, requerida e decretada antes do processo principal (de nulidade ou anulação do casamento, de separação judicial, de divórcio), não tem por finalidade assegurar a eficácia prática (ou o resultado útil) de tal feito. Tanto é assim que nenhuma dessas sentenças depende, para ser praticamente eficaz e útil, da prévia separação de corpos. Tomemos o exemplo da separação judicial. A sentença que a decreta, tipicamente constitutiva, tem por efeito precípuo pôr termo à sociedade conjugal. Esse fenômeno ocorrerá quer estejam separados, quer não – e seja qual for o sentido em que se entenda o termo "separados" –, os corpos dos cônjuges. A eficácia prática da sentença de separação judicial não se vê tolhida, ou sequer dificultada, pela inexistência da prévia separação de corpos, que por isso mesmo não é obrigatória, mas facultativa. Nem se argumente em contrário com o disposto no art. 8º da Lei nº 6.515, por força do qual aquela sentença retrotrairá seus efeitos à data da decisão que tiver concedido a separação de corpos: aí se trata exclusivamente de determinar a partir de quando se produzem os efeitos, não a consistência destes.

Medida como a separação de corpos, que se decrete previamente, tem maior afinidade, a rigor, com a antecipação da tutela do que com as verdadeiras cautelares. É certo que aquela, a julgar pelo teor do art. 273, § 5º, do estatuto processual, com a redação dada pela Lei nº 8.952, de *13-12-1994, pressupõe* a pendência do feito ("Concedida ou não a antecipação da tutela, *prosseguirá o processo até final julgamento").* No particular, todavia, a lei contempla a possibilidade de uma antecipação (parcial) *prévia* da eficácia da sentença que venha a dar ganho de causa *ao* autor, Realmente: segundo o art. 1.575 do novo Código Civil, a sentença de separação judicial importa, entre outras coisas, a separação de corpos; e o mesmo se dirá da sentença de nulidade ou anulação do casamento e da de divórcio. Esse efeito é *antecipado* pela medida a que se refere o art. 1.585.

18 *Vide,* entre outros, CALMON DE PASSOS, *Comentários ao Código de Processo Civil,* v. X., t. I, S. Paulo, 1984, p. 62/3.

8. Deixamos para o fim, de caso pensado, as observações atinentes à prova. É nesse domínio, com efeito, que surgem as questões mais delicadas. Em perspectiva tradicional, teríamos de começar por discutir qual a *sedes materiae* mais apropriada, o que nos levaria de volta à criticada maneira de equacionar o problema em função da pertinência das normas sobre prova ao direito material ou ao direito processual (cf. *supra*, nº 1 e, aí, nota 2). Preferimos não embrenhar-nos em tão intrincado cipoal dogmático. De resto, é muito provável que as incertezas e a oscilação constante entre as duas concepções tenham concorrido para que diversos ordenamentos importantes repartam entre o Código Civil e o Código de Processo Civil os dispositivos a respeito do assunto[19].

O novel estatuto dedica à prova o Título V do Livro III, cuja rubrica é "Dos fatos jurídicos". O Título compreende os arts. 212 a 232 e não tem subdivisões. Depara-se no primeiro dispositivo uma relação das provas em tese admissíveis para o fato jurídico, ressalvado "o negócio a que se impõe forma especial". Seguem-se disposições esparsas, relativas a cada uma das espécies de provas enumeradas no art. 212, na ordem que neste se adota, mas sem preocupação de exaustividade.

Parece-nos francamente assistemático e fragmentário o tratamento da matéria. Determinados tópicos de que cuida o Código de Processo Civil são retomados em algumas disposições, outros não, sem que fique perfeitamente claro o critério pelo qual se orientou o legislador para repetir, em certos casos, o que já constava do diploma processual, e não proceder de igual modo em outros.

Antes de passar ao exame pormenorizado das questões mais relevantes, e para que ninguém nos acuse de má vontade, apressamo-nos em registrar um aperfeiçoamento terminológico. Lê-se no art. 352, *caput*, do Código de Processo Civil que a confissão, "quando emanar de erro, dolo ou coação, pode ser revogada". A dicção é defeituosa: não se trata aí, na verdade, de *revogação*, mas de *anulação*[20]. O art. 214 do novo Código

---

19 Por exemplo: França *(code civil*, arts. 1.315 e s.; *code de procédure civile*. arts. 9 e s., 132 e s.); Itália *(codice civile*, arts. 2.697 e s.; *codice di procedam civile*, arts. 191 e s., 281 *ter)*; Portugal (Código Civil, arts. 341 e s.; Código de Processo Civil, arts. 513 e s.). Na Espanha, a *"disposición derogatoria única"* da nova *Ley de Enjuiciamiento Civil* (Lei nº 1, de 7-1-2000) revogou expressamente a maioria (não a totalidade) dos artigos do *Código Civil* sobre prova.

20 Procedente a crítica de PONTES DE MIRANDA, *Comentários ao Código de Processo Civil* (de 1973), 3ª ed., atualizada por Sergio Bermudes, Rio de Janeiro, 1996,

Civil corrige o defeito, dizendo: "A confissão é irrevogável, mas pode ser anulada se decorreu de erro de fato ou de coação". Só não se sabe por que foi omitido o dolo.

Questão que desde logo se põe é a de saber se pretende ser taxativa a enumeração constante do art. 212, que abrange: confissão, documento, testemunha, presunção e perícia. No caso positivo, seria preciso ver se e como se harmonizaria essa disposição com a do art. 332 do diploma processual, que consagra a tese da não taxatividade das provas especificamente reguladas, *verbis:* "Todos os meios legais, bem como os moralmente legítimos, ainda que não especificados neste Código, são hábeis para provar a verdade dos fatos, em que se funda a ação ou a defesa". Quer isso dizer que o direito processual admite, além das provas "típicas", as "atípicas", para as quais não existe previsão expressa nem regulamentação legal. A rigor, em nossa opinião, a "atipicidade" não diz respeito *às fontes* de que o juiz pode extrair elementos para formar sua convicção: não se concebem outras que não as pessoas, as coisas e os fenômenos naturais ou artificialmente provocados – e todas elas estão cobertas pelo texto legal. O que se tem em vista, ao falar de provas "atípicas", é o *modo* pelo qual chegam ao órgão judicial as informações ministradas por essas fontes: por exemplo, uma declaração escrita de terceiro, em vez de seu depoimento colhido na forma do art. 416 do Código de Processo Civil[21]. Em tal perspectiva, não haverá propriamente conflito entre os dispositivos deste e do novo Código Civil, que poderão manter coexistência pacífica.

Desconforto real, em compensação, é o que nos assalta diante de textos como o do art. 215, *caput,* e o do art. 225, que empregam a expressão "prova plena" a propósito, respectivamente, da "escritura pública, lavrada em notas de tabelião" e das "reproduções fotográficas, cinematográficas, (...) registros fonográficos e, em geral, quaisquer outras reproduções mecânicas ou eletrônicas de fatos ou de coisas, (...) se a parte,

---

p. 330/1, e *Tratado da ação rescisória,* 5ª ed. Rio de Janeiro, 1976, p. 330, 331, 345, à qual manifestamos nossa adesão: *vide* BARBOSA MOREIRA, *Comentários ao Código de Processo Civil,* 9ª ed. Rio de Janeiro, 2001, p. 142.

---

21 Remetemos o leitor ao nosso ensaio *Observaciones sobre las llamadas pruebas atípicas* (comunicação ao XVI Congresso Mexicano de Direito Processual (Guanajuato, 1999), *in Temas de Direito Processual (Sétima Série),* S. Paulo, 2001, p. 39 e s., espec. 44 e s.

contra quem forem exibidos, não lhes impugnar a exatidão". "Prova plena" é locução que não aparece no Código de Processo Civil, nem aparecia no texto originário do Código Civil de 1916: neste foi inserida pela Lei nº 6.952, de 6-11-1981, que acrescentou vários parágrafos ao art. 134. Lê-se no § 12: "A escritura pública, lavrada em notas de tabelião, é documento dotado de fé pública, fazendo prova plena (...)". Tais dizeres veem-se agora reproduzidos no art. 215, *caput,* do novo Código Civil.

Bem antiga é a expressão, e frequentemente a usavam os velhos praxistas, que falavam de "prova plena" e de "prova semiplena" para assinalar uma gradação da força persuasiva das provas: seria "plena" aquela que, por si só, trouxesse uma carga de convencimento bastante para fundar a decisão da causa; "semiplena" aquela que, não suficiente em si mesma, teria de conjugar-se com outros adminículos para servir de base à convicção do juiz. A semelhante classificação falta manifestamente qualquer dose de rigor científico. Os escritores que a acolhiam limitavam-se a ecoar textos legislativos de seu tempo; mas desde época já distante a classificação foi criticada em sede doutrinária[22]. Não era possível, de resto, continuar a prestigiá-la apesar do progressivo descrédito em que modernamente caiu o chamado sistema da "prova legal", no sentido de aprioristicamente tarifada. O princípio da livre valoração da prova pelo juiz predomina de modo significativo nos ordenamentos processuais contemporâneos e, segundo autorizada doutrina, "provavelmente representa o mais importante entre todos os pilares do direito probatório"[23]. É pena que o novo Código Civil insista aqui em coarctá-lo: no particular, se é lícito repetir locução um tanto desgastada pelo abuso, a Lei nº 10.406 trafega na contramão da História.

9. Chegamos aos dois últimos dispositivos do Título concernente à prova: os arts. 231 e 232, que por sua relevância merecem exame num item especial. Reza o primeiro: "Aquele que se nega a submeter-se a exame médico necessário não poderá aproveitar-se de sua recusa"; e o outro dispõe: "A recusa à perícia médica ordenada pelo juiz poderá suprir a prova que se pretendia obter com o exame". Enfrenta-se aí questão de

22 Sobre tudo isso, *vide* AMARAL S ANTOS. *Prova judiciária no cível* e *comercial.* 5ª ed., S. Paulo, 1983. p. 60 e s. com fartas abonações. A conclusão do autor é a de que a divisão da prova em plena e semiplena "não tem razão explicável, é repelida pela lógica".

23 CÂNDIDO DINAMARCO. *Instituições de Direito Processual Civil,* S. Paulo, 2001, v. III, p. 102.

gravidade inegável, que vem sendo posta sobretudo, no terreno civil, em matéria de investigação de paternidade e, em termos mais específicos, quanto à resistência do investigado em sujeitar-se a exame como o chamado DNA, cujo resultado permite certeza praticamente total, com grau de confiabilidade superior a 99,98%. O problema decorre da necessidade de obter-se algum fragmento do tecido corporal do indigitado pai e da recusa deste a fornecê-lo voluntariamente.

Ainda sob o ordenamento vigente, o assunto não é desconhecido na esfera judicial. Em decisão de 10-11-1994, tomada por maioria de votos, no julgamento do *Habeas corpus* nº 71.373, o Supremo Tribunal Federal negou a possibilidade de conduzir-se pela força o investigando ao laboratório de análises clínicas, para a retirada de quantidade suficiente de sangue[24]. Ao ver do Ministro Marco Aurélio, cuja opinião prevaleceu, a providência ofenderia a "preservação da dignidade humana, da intimidade, da intangibilidade do corpo humano, do império da lei e da inexecução específica e direta de obrigação de fazer". Salta aos olhos que nem todos esses argumentos têm o mesmo peso; e alguns decerto o têm menor que os invocados pelos Ministros que se pronunciaram em sentido contrário, buscando apoio principalmente no caráter indisponível do direito personalíssimo do investigante ao reconhecimento do estado de filiação (e, por conseguinte, à declaração da paternidade real), consagrado no art. 27 do Estatuto da Criança e do Adolescente, bem como no dever de todos, sancionado pelo art. 339 do próprio Código de Processo Civil, de "colaborar com o Poder Judiciário para o descobrimento da verdade".

Seja como for, o acórdão não foi claro no tocante à consequência da atitude do réu, que se negara a colaborar. Nos termos da ementa, a situação resolve-se no plano jurídico-instrumental, considerada a dogmática, a doutrina e a jurisprudência, no que voltadas ao deslinde das questões ligadas à prova dos fatos". A linguagem usada, com a devida vênia, nem é cristalina, nem concludente. A pergunta capital seria esta: admitida a impossibilidade de compelir *manu militari* o investigado recalcitrante à extração do material indispensável, que corolário será lícito tirar daí

24 Fonte: <http://www.stf.gov.br>, *sub* "DNA"; vale a pena ler o comentário de MARIA CELINA BODIN DE MORAES, no substancioso artigo *Recusa à realização do exame de DNA na investigação de paternidade e direitos da personalidade*, in *Rev. For.*, v. 343, p. 157 e s. Também no sentido de considerar imprescindível a aquiescência do investigado, "dada a natureza da prova", o STJ, 9-5-2000, REsp nº 248.277 (fonte: <http://www.stf.gov.br>, *sub* "DNA".

para a formação do convencimento do juiz? Há decisões que, com maior ou menor precisão e largueza, equiparam a força persuasiva da recusa à de uma presunção *hominis:* o órgão judicial estaria autorizado a inferir do comportamento do réu conclusão a ele desfavorável, aceitando como veraz a afirmação de sua paternidade[25].

O novo Código Civil tomou posição a respeito do assunto. Se bem compreendemos o texto do art. 231, caso o juiz ordene a extração de material orgânico para pesquisa do DNA, e a parte não aquiesça, impossível será compeli-la pela força a sujeitar-se à diligência; em compensação, não lhe adiantará argumentar com a falta do elemento probatório cuja obtenção sua resistência impediu. O art. 232 vai além: permite que se equipare a própria recusa à prova que se pretendia conseguir mediante o exame. A lei autoriza o juiz a fundar a sentença no resultado de uma prova que não se fez, mas *é como se se houvesse feito,* com sucesso desfavorável à parte recalcitrante. Particularizando o discurso: poderá o juiz considerar o panorama probatório idêntico ao que seria caso a pesquisa do DNA se realizasse e concluísse pela afirmação da paternidade. Não fica excluída, convém advertir, a possibilidade de que o investigado traga prova em sentido contrário, por exemplo a de sua infertilidade. Deixa-se ao julgador certa margem de flexibilidade: para ela aponta o emprego da locução "*poderá* suprir", que conduz a interpretação diferente daquela que caberia se a lei dissesse "suprirá". De qualquer maneira, torna-se muito precária a posição do investigando que recusa submeter-se ao exame. Pode-se, é óbvio, simpatizar ou não com a opção do legislador; o que não seria justo é taxá-lo de omisso, ainda que se entenda que a sede própria para a disciplina da matéria seria o Código de Processo Civil, e não o Código Civil.

10. Certamente muito ficou por ser dito nas observações feitas até agora. Exame mais demorado e cuidadoso do texto do novel diploma revela-

25 *V.g.:* STJ, 6-4-1999. REsp nº 55.958, e 8-6-2000, REsp nº 141.689, este com a ressalva de aliar-se a reiterada recusa do réu "à comprovação do relacionamento sexual" (fonte: <http://www.stj.gov.br>, *sub* "DNA"; TJSP, 2-3-1988, A. I. nº 97.983, *in Rev. dos Trib.*, v. 633. p. 70: 7-12-1994, Ap. Cív. nº 225.649, *in Rev. do Trib. de Just.*, v. 168, p. 104; 3-2-1998, A. I. nº 53.311, *ibid.*, v. 210, p. 203; TJAC, 24-3-1997, Ap. nº 96.000228-6, *in Rev. dos Trib.*, v. 746, p. 297. Afim dessa posição é a sustentada, já há vários anos, e em termos genéricos, por MONIZ DE ARAGÃO, *Exegese do Código de Processo Civil,* v. IV-I, Rio de Janeiro, s. d., p. 136, onde se diz que a "negativa [da parte] de submeter-se a certos exames (...) redundará em elemento de formação do convencimento do julgador".

rá outros pontos de contato com o ordenamento processual e reclamará esforços dos estudiosos para a solução de vários problemas. Não se poderá prescindir deles, por exemplo, para verificar como se conciliarão as disposições dos arts. 247 a 251, que parecem ater-se, na substância, à tese clássica segundo a qual as obrigações de fazer e não fazer, quando descumpridas, se resolvem pura e simplesmente em perdas e danos, com os textos do Código de Processo Civil que, a partir da reforma levada a cabo pela Lei nº 8.950, de 13-12-1994, e na esteira do Código de Defesa do Consumidor, dão prioridade, na medida do possível, à efetivação da tutela específica: vejam-se, sobretudo, o art. 461 e seus parágrafos, na redação atual. Entretanto – reitere-se mais uma vez – não se pretendeu, nem seria razoável que se pretendesse, nesta ocasião, esgotar o tema, senão apenas provocar a reflexão dos leitores sobre alguns tópicos de manifesta importância.

A quem espere um juízo de valor, só podemos dizer que, na perspectiva do presente trabalho, há na Lei nº 10.406 o que louvar e o que criticar. O novo Código Civil decerto invadiu aqui e ali a área do processo. Em mais de um caso, reconheça-se, veio suprir – com maior ou menor felicidade – deficiências do ordenamento processual. Na interpretação e aplicação do novel diploma, dúvidas e controvérsias inevitavelmente surgirão. Fazemos votos de que a jurisprudência as resolva com sabedoria e com a rapidez necessária para que não se prolonguem demais as perplexidades dos jurisdicionados. Em todo caso, seria imprudente formular desde já pronunciamentos categóricos. À guisa de fecho, não nos resta senão pedir licença para repetir o velho chavão: decididamente, a perfeição não é deste mundo.

Abril de 2002.

COMENTÁRIOS DOS ATUALIZADORES

O NOVO CÓDIGO CIVIL E O DIREITO PROCESSUAL

Aluisio Gonçalves de Castro Mendes/Carolina Paes de Castro Mendes

O artigo foi escrito por José Carlos Barbosa Moreira em abril de 2003, ou seja, logo após a entrada em vigor, em 11 de janeiro de 2003, do Código Civil de 2002, diante da *vacatio legis* de um ano, prevista no respectivo art. 2.044, da Lei n. 10.406.

O texto, como de costume e embora centrado, principalmente, em exemplos retirados da comparação entre o novel estatuto civil e o Direito Processual, está muito além do tempo em que foi escrito, mantendo-se extremamente relevante para o momento atual e, muito provavelmente, para o futuro, no contexto nacional e mundial.

Trata-se das denominadas normas *heterotópicas*, que são inseridas em um código específico, ou em uma lei voltada para determinada matéria, mas contendo disposições que se situam em outra área ou concomitantemente em estatutos que regulam assuntos diversos. A ocorrência de intromissões e de superposições pode se dar também em termos de normas editadas por entes federativos diversos, sendo capaz de gerar dúvidas quanto à constitucionalidade dos dispositivos, diante da repartição dos poderes firmada em nível supralegal. Por vezes, os princípios e as regras guardam uniformidade, mas podem, por outro lado, destoar no seu conteúdo ou redação, de modo integral ou parcial, ensejando dúvidas quanto à prevalência e interpretação.

No ensaio, Barbosa Moreira reconhece as dificuldades para se determinar, de modo científico, a melhor localização para determinadas regras em tal ou qual matéria. Entretanto, a tarefa não tem importância somente teórica. É de se registrar que, ao longo do tempo, inúmeras normas são editadas no âmbito internacional, nacional, federal, estadual, municipal e institucional. O que vem sendo qualificado como um emaranhado de normas legais e infralegais, pois muitos são também os regulamentos, regimentos, decretos, portarias e outras espécies de atos que procuram dispor sobre as regras a serem seguidas pelos partícipes de cada comunidade. Portanto, para que haja o mínimo de organização, transparência e inteligibilidade do respectivo sistema jurídico, a coerência na distribuição dos assuntos regulados pode ajudar, ou atrapalhar, significativamente no acesso, ciência, interpretação e conduta lógica e de acordo com as normas estabelecidas.

O cipoal legislativo deixou de ser uma característica peculiar dos sistemas de *civil law*. Os textos do saudoso José Carlos já apontavam para a confluência entre institutos inicialmente relacionados a uma ou outra família jurídica. Nesse sentido, os países tradicionalmente formados dentro do direito costumeiro também passaram a editar, cada vez mais, normas escritas para regular as relações jurídicas, mesmo no âmbito do Direito Processual, como ocorreu no Reino Unido, com as *Civil Procedure Rules* (CPR), introduzidas em 1997, para a Inglaterra e o País de Gales.

Ressalte-se que a organização do sistema legal e o refinamento na classificação das matérias podem ser muito relevantes para a transparência, a localização e o bom funcionamento do sistema jurídico. Nos Estados Unidos da América, por exemplo, com o objetivo de se facilitar e simplificar a organização, busca, aprimoramento e interpretação dos atos legislativos, foi criado o *United State Code* (USC), aprovado pelo Congresso em 1926, contendo 53 títulos. Embora tenha se buscado uma organização eficiente e simples da legislação, a subdivisão interna dos títulos já demonstra uma certa falta de uniformidade, na medida em que não há um padrão único adotado. As versões impressas passaram a conviver com versões digitais e eletrônicas, facilitando o acesso aos estatutos legais norte-americanos. Normalmente, uma nova edição é produzida a cada seis anos. Entretanto, são produzidos suplementos anuais, com a identificação das mudanças legislativas ocorridas desde a última edição principal.

No Brasil, a edição de normas heterotópicas tomou proporções ainda maiores nas duas últimas décadas. No texto sob comento, o problema talvez tenha surgido a partir de posicionamentos diversos sobre o enquadramento de uma matéria, e respectivamente da norma editada, em um ordenamento ou outro, como no caso do Código Civil ou de Processo Civil, ou mesmo de uma errônea classificação, desprovida de rigor científico. Entretanto, a genialidade de Barbosa Moreira parecia pressentir a gravidade que o uso indevido poderia atingir no processo legislativo.

O alerta serviu para colocar o foco no que se começou a fazer com certa frequência: a introdução indevida de dispositivos heterotópicos, como modo de se burlar o devido processo legal. No jargão político, foram denominadas de jabuti, expressão cunhada pelo falecido parlamentar Ulysses Guimarães, ex-presidente da Câmara dos Deputados. Para explicar a introdução de temas não relacionados com a proposta originalmente tratada, mencionava que jabuti não sobe em árvore. Se está lá, ou foi enchente, ou foi mão de gente.

Em 2015, o tema, ainda que de modo amplificado, foi apreciado pelo Plenário do Supremo Tribunal Federal, na Ação Direta de Inconstitucionalidade n. 5.127, que proferiu pronunciamento com caráter prospectivo, preservando os fatos passados[26]:

> "EMENTA: DIREITO CONSTITUCIONAL. CONTROLE DE CONSTITUCIONALIDADE. EMENDA PARLAMENTAR EM PROJETO DE CONVERSÃO DE MEDIDA PROVISÓRIA EM LEI. CONTEÚDO TEMÁTICO DISTINTO DAQUELE ORIGINÁRIO DA MEDIDA PROVISÓRIA. PRÁTICA EM DESACORDO COM O PRINCÍPIO DEMOCRÁTICO E COM O DEVIDO PROCESSO LEGAL (DEVIDO PROCESSO LEGISLATIVO). 1. Viola a Constituição da República, notadamente o princípio democrático e o devido processo legislativo (arts. 1º, caput, parágrafo único, 2º, caput, 5º, caput, e LIV, CRFB), a prática da inserção, mediante emenda parlamentar no processo legislativo de conversão de medida provisória em lei, de matérias de conteúdo temático estranho ao objeto originário da medida provisória. 2. Em atenção ao princípio da segurança jurídica (art. 1º e 5º, XXXVI, CRFB), mantém-se hígidas todas as leis de conversão fruto dessa prática promulgadas até a data do presente julgamento, inclusive aquela impugnada nesta ação. 2. Em atenção ao princípio da segurança jurídica (art. 1º e 5º, XXXVI, CRFB), mantém-se hígidas todas as leis de conversão fruto dessa prática promulgadas até a data do presente julgamento, inclusive aquela impugnada nesta ação. 3. Ação direta de inconstitucionalidade julgada improcedente por maioria de votos. 3. Ação direta de inconstitucionalidade julgada improcedente por maioria de votos."

26 STF, ADIN 5.127-DF, Julgado pelo Plenário em 15/10/2015, por maioria, Redator para o Acórdão Min. Edson Fachin.

Por fim, é de ressaltar que a situação central apontada por José Carlos Barbosa Moreira, ou seja, as normas advindas especialmente pelo Código Civil de 2002 em relação ao Código de Processo Civil de 1973, passou por alteração formal, a partir da edição do estatuto processual de 2015.

A EMENDA CONSTITUCIONAL Nº 45 E O PROCESSO[1]

1. Introdução. **2.** A Emenda Constitucional nº 45. **3.** Alterações de competência. **4.** Normas de caráter propriamente processual. **5.** A impropriamente chamada "súmula vinculante". **6.** O panorama global e algumas observações críticas.

1. INTRODUÇÃO

Característica marcante do processo civil brasileiro em nosso tempo é a sua progressiva constitucionalização. Não me refiro só à crescente atenção dada pela doutrina e pela jurisprudência contemporâneas aos vínculos entre o direito processual e a Constituição, e especialmente à necessidade de avaliar ou reavaliar à luz dela as soluções de problemas jurídicos relacionados com o processo. Aludo ao próprio ordenamento positivo.

Com efeito: a Carta da República de 1988 elevou ao patamar constitucional preceitos de ordem processual até então enunciados apenas em nível de legislação ordinária, ou quando muito, em Constituições anteriores, no tocante ao processo *penal,* para o qual elas se preocupavam em conferir à defesa certos direitos e garantias. Do processo civil cuidavam pouco, com ressalva de alguns instrumentos ordenados à proteção de direitos e interesses peculiares, como o mandado de segurança e a ação popular, ou à persecução de fins ligados à índole federativa da estrutura do Estado brasileiro, como o recurso extraordinário.

Em 1988, enriqueceu-se notavelmente o repertório de disposições concernentes *também* ao processo civil. Para começar, o acesso ao Poder Judiciário passou a ver-se assegurado não apenas em caso de alegada *lesão,* mas igualmente no de *ameaça* a direito (art. 5º, nº XXXV). Recebida a ação popular (art. 5º, nº LXXIII), colocaram-se-lhe ao lado novos instrumentos de tutela de direitos e interesses difusos e coletivos: a ação civil pública, que antes se situava no plano puramente legal (Lei

---

1 Texto de conferência pronunciada em 10-10-2005, em Brasília, nas VI Jornadas Brasileiras de Direito Processual Civil, e em 13-10-2005, no Rio de Janeiro, no VII Congresso Nacional do Instituto de Direito. Acrescentaram-se as notas. Publicado *in Rev. de Proc.,* nº 130, *Rev. Dialética de Dir. Proc.,* nº 33, *Rev. Magister de Dir.* Civ. *e Proc. Civ.,* nº 11, *Rev. do Min. Público* (do RJ), nº 23.

nº 7.347, de 24-7-1985), revestiu-se de dignidade constitucional, mercê da referência expressa contida no art. 129, nº III; e criou-se modalidade coletiva do mandado de segurança (art. 5º, nº LXX). Forjaram-se outros instrumentos processuais específicos, quais o mandado de injunção (art. 5º, nº LXXI) e o *habeas data* (art. 5º, nº LXXII). E, em matéria de princípios, muito se ampliou o rol dos constitucionalmente consagrados: o do juiz natural (art. 5º, nº XXXVII e LIII), o do "contraditório e ampla defesa, com os meios e recursos a ela inerentes" (art. 52, nº LV), o da inadmissibilidade de provas obtidas por meios ilícitos (art. 5º, nº LVI), o da publicidade dos atos processuais (arts. 5º, nº LX, e 93, nº IX), o da obrigatoriedade de motivação das decisões judiciais (art. 93, nº IX), e – à guisa de cláusula de encerramento – o do "devido processo legal" (art. 5º, nº LIV), expressão pela primeira vez incorporada à terminologia de nosso direito positivo.

É forçoso reconhecer que a realidade do foro nem sempre vem refletindo com fidelidade esse vistoso panorama. A utilização prática de alguns institutos, como o mandado de injunção e o *habeas data,* ficou muito aquém do que se poderia esperar à luz dos textos. E, para ferir outro ponto, longe estamos de ver cumprido *in concreto* de maneira eficiente o preceito do art. 5º, nº LXXIV, segundo o qual "o Estado prestará assistência jurídica integral e gratuita aos que comprovarem insuficiência de recursos". São mazelas, no entanto, pelas quais não seria razoável culpar o legislador constituinte: elas nada fazem senão confirmar uma velha e triste noção, a da distância a que quase sempre ficam de realizar-se plenamente as expectativas suscitadas pelas mais belas promessas normativas.

2. A EMENDA CONSTITUCIONAL Nº 45

A generalizada insatisfação com o desempenho da máquina judiciária tem provocado uma série de reformas legislativas, que já modificaram em muitos pontos o Código de Processo Civil de 1973. Entendeu-se, todavia, que não bastavam novas regras no plano da legislação ordinária: era preciso alterar a própria Constituição. Exato ou inexato que fosse, tal entendimento levou à edição de uma Emenda Constitucional, de nº 45, promulgada em 8 de dezembro de 2004.

Cabe desde logo notar que, embora se haja tornado conhecida pela denominação de "Reforma do Poder Judiciário" ou "Reforma da Justiça", a Emenda nº 45 na verdade tratou de múltiplas e variadas matérias, aqui e ali estranhas ao âmbito delimitado por aquela designação. Assim é, por exemplo, que nela se deparam normas concernentes a tratados e convenções internacionais sobre direitos humanos e à submissão do Brasil à jurisdição do Tribunal Penal Internacional (§§ 32 e 42, respectivamente, acrescentados ao art. 5º da Carta da República), bem como ponderável número de disposições atinentes ao Ministério Público.

A fim de imprimir alguma sistematização ao conjunto heterogêneo de regras constantes da Emenda, parece adequado distribuir as mais relevantes em quatro grupos ou categorias: 1º) modificações estruturais, do Poder Judiciário e do Ministério Público; 2º) alterações de competência; 3º) disposições sobre a disciplina jurídica da magistratura (ingresso na carreira, promoção, remoção, férias, número de juízes em cada unidade jurisdicional etc.: incisos do art. 93); 4º) normas de caráter pura ou predominantemente processual, incluídas aí as referentes a aspectos do funcionamento dos órgãos judiciais. Deixarei de lado, neste ensejo, as disposições do 1º e do 3º grupo, para cuidar apenas das principais alterações de competência e normas processuais, compreendidas entre estas as relativas à chamada "súmula vinculante", sem embargo da relevância que assumem também na esfera administrativa.

3. ALTERAÇÕES DE COMPETÊNCIA

São quatro as mais importantes alterações de competência efetuadas pela Emenda:

1ª) a homologação de sentenças estrangeiras e a concessão de *exequatur* às cartas rogatórias passaram do Supremo Tribunal Federal para o Superior Tribunal de Justiça (art. 105, nº I, i). Ao que se pode imaginar, a providência teve por objetivo aliviar a carga de trabalho da Corte Suprema, a expensas, porém, do Superior Tribunal de Justiça, não menos sobrecarregado; vem à mente a expressão popular "despir um santo para vestir outro";

2ª) inclusão de mais um caso entre os de competência originária do Supremo Tribunal Federal: "ações contra o Conselho Nacional de Justiça e contra o Conselho Nacional do Ministério Público" (art. 102, nº I, *r)*, órgãos criados pela própria Emenda;

3ª) acréscimo de uma hipótese, no art. 109, nº V-A, às de competência da Justiça Federal: "as causas relativas a direitos humanos a que se refere o § 5º" acrescentado ao mesmo artigo; aí se fala de "grave violação de direitos humanos" previstos em "tratados internacionais (...) dos quais o Brasil seja parte", caso em que o Procurador-Geral da República "poderá suscitar, perante o Superior Tribunal de Justiça, em qualquer fase do inquérito ou processo, incidente de deslocamento de competência para a Justiça Federal". No que tange a esta, aumentando-lhe a carga de trabalho, a disposição, sem prejuízo de alguma justificativa que talvez encontre de outro ponto de vista, em nada contribuirá para acelerar-lhe o ritmo, já notoriamente muito lento em vários Estados da federação;

4ª) ampliação da competência da Justiça do Trabalho, mediante alteração do art. 114, com a introdução de vários incisos cujo entendimento tem dado margem a grandes divergências doutrinárias. Elas dizem respeito, sobretudo, à cláusula inicial (inciso I), que alude, genericamente, a "ações oriundas da relação de trabalho", dicção abrangente, para alguns, de causas atinentes a contratos de atividade em geral[2]. Outros dispositivos incluem na área da competência da Justiça do Trabalho as ações "sobre representação sindical" (inciso III), "de indenização por dano moral ou patrimonial, decorrentes de relação de trabalho" (inciso VI), "relativas a penalidades administrativas impostas aos empregadores pelos órgãos de fiscalização das relações de trabalho" (inciso VII) etc.

4. NORMAS DE CARÁTER PROPRIAMENTE PROCESSUAL

Passemos às normas de índole propriamente processual. Nesse grupo, a primeira com que nos defrontamos é o novo inciso LXXVIII, aditado ao art. 52, com o seguinte teor: "A todos, no âmbito judicial e administrativo, são assegurados a razoável duração do processo e os meios que garantam a celeridade de sua tramitação". Não se trata de novidade absoluta no ordenamento brasileiro: o art. 8º da Convenção Interamericana

2 Assim, *v.g.*, ESTÊVÃO MALLET, *Apontamentos sobre a competência da Justiça do Trabalho após a Emenda Constitucional* 45, no volume coletivo *Reforma do Judiciário* (coord. André Ramos Tavares *et alii)*, S. Paulo, 2005, p. 357/9; AMAURI MASCARO NASCIMENTO, *Novas competências da Justiça do Trabalho,* no volume coletivo *Reforma do Judiciário* (coord. Sérgio Rabello Tamm Renault e Pierpaolo Bottini), S. Paulo. 2005, p. 200 e s.; HUGO MELO FILHO, *in* Flávio Dino *et alii, Reforma do Judiciário,* Niterói, 2005, p. 17 e s. Em sentido contrário, propugnando por interpretação restritiva da expressão "relações de trabalho", SERGIO BERMUDES, *A reforma do Judiciário pela Emenda Constitucional nº* 45. Rio de Janeiro. 2005, p. 81/2: JORGE TOSTA, *A nova competência da Justiça do Trabalho, in Rev. Dialética de Dir. Proc.,* nº 30, p. 53 e s.

de Direitos Humanos, aprovada pelo Pacto de San José de Costa Rica, de que é signatário o nosso país, estabelece, na parte inicial, que "toda pessoa tem direito a ser ouvida, com as devidas garantias e dentro de prazo razoável, por um juiz ou tribunal competente". Importa verificar que significa a elevação da norma ao nível constitucional. Para não relegá-la ao plano das simples normas "programáticas", sem impacto direto na realidade, deve-se cogitar, ao meu ver, de pelo menos duas consequências primaciais: 1ª) será incompatível com a Carta da República, e portanto inválida, qualquer lei de cuja aplicação haja de decorrer claro detrimento à garantia instituída no texto; 2ª) a violação da norma, por parte do Poder Público, acarretará a responsabilidade deste pelos danos patrimoniais e morais ocorridos[3]. Só haverá o risco de que, multiplicando-se os pleitos desse gênero, fiquem ainda mais congestionadas as vias judiciais e, com isso, mais se entorpeça o andamento dos processos...

Duas novas disposições visam a assegurar o funcionamento ininterrupto, sem soluções de continuidade, da máquina judiciária. Uma delas é a do novo inciso XII do art. 93, que proíbe férias coletivas nos juízos e tribunais de segundo grau; outra é a do novo inciso XV, que faz obrigatória a "distribuição imediata de processos, em todos os graus de jurisdição". Ambas merecem aplausos. A primeira, vazada infelizmente em linguagem censurável do ponto de vista gramatical (defeito aliás encontradiço ao longo do texto da Emenda), atende à óbvia consideração de que o direito dos juízes ao gozo de férias não pode prejudicar o interesse dos jurisdicionados na continuidade dos trabalhos judiciais durante todo o ano. A dúvida cabível respeita ao motivo pelo qual se terá limitado o preceito aos órgãos «de segundo grau», com exclusão de todos os tribunais superiores. Quanto à obrigatoriedade da distribuição imediata, cuida-se de inovação destinada a coibir a abusiva prática do

---

3 LEONARDO A. DE ANDRADE BARBOSA, *in* Flávio Dino *et alii, Ref. do Jud.,* p. 10, alude à "possibilidade de que o novo dispositivo estimule o ajuizamento de ações reclamando indenização pela demora de procedimentos judiciais cuja duração extrapole o razoável". Admitem expressamente a responsabilização do ente público por descumprimento do novo inciso LXXVIII, entre outros, FLÁVIO LUIZ Y ARSHELL, *A Reforma do Judiciário e a promessa de "duração razoável do processo", in Rev. do Advogado,* nº 75, p. 33; ANTONIO DE PÁDCA NOTARIANO JUNIOR, *Garantia da razoável duração do processo,* no volume coletivo *Reforma do Judiciário* (coord. Teresa Arruda Alvim Wambier *et alii),* S. Paulo, 2005, p. 62, e JORGE DE OLIVEIRA VARGAS, *A garantia fundamental contra a demora no julgamento dos processos, ibid.,* p. 347.

"represamento", adotada em alguns tribunais estaduais, onde os feitos têm demorado, às vezes, vários anos para ser distribuídos. Parece estranho, diga-se de passagem, que seja necessário inserir *no texto constitucional* disposição relativa a assunto tão miúdo: deveriam bastar normas de hierarquia inferior, insertas em leis processuais ou até em regimentos internos.

Outra modificação concerne ao âmbito de cabimento dos recursos especial e extraordinário. Nos termos do art. 105, nº III, *b,* da Constituição, tal como vigia, o recurso especial era o remédio próprio para impugnar decisões de tribunais que julgassem "válida lei ou ato de governo local contestado em face de lei federal". A Emenda nº 45 dividiu ao meio esse campo: transferiu para o âmbito do recurso extraordinário a hipótese de julgamento de validade de *lei* local contestada em face de lei federal (art. 102, nº III, *d),* deixando remanescer na área do recurso especial a de julgamento de validade de *ato* de governo local contestado em face de lei federal (art. 105, nº III, *b).* Pode entender-se a inovação como medida consentânea com o papel constitucional do Supremo Tribunal Federal: com efeito, ao menos em regra, eventuais conflitos entre leis locais e leis federais resolvem-se em questões de invasão da competência legislativa da União por Estados ou Municípios. Ora, essas são questões de ordem *constitucional*[4], e por isso é natural que se haja considerado mais próprio atribuir competência para o julgamento do recurso ao Supremo Tribunal Federal, ao qual incumbe, "precipuamente, a guarda da Constituição" (art. *102, caput).*

Mais uma novidade atinente ao recurso extraordinário aparece no § 3º acrescentado ao art. 102: "o recorrente deverá demonstrar a repercussão geral das questões constitucionais discutidas no caso, nos termos da lei, a fim de que o Tribunal examine a admissão do recurso, somente podendo recusá-lo pela manifestação de dois terços de seus membros". A norma, de clara inspiração norte-americana, encontra um antecedente

4 Já o notava, sob o regime anterior à Emenda nº 45, JOSÉ AFONSO DA SILVA, *Curso de Direito Constitucional positivo,* 9ª ed., S. Paulo, 1992, p. 490. Cf., agora, FREDIE DIDIER JR., *Reforma constitucional do Poder Judiciário: observações sobre duas novas regras de competência,* in *Ref. do Jud.* (coord. Teresa Arruda Alvim Wambier *et alii,* p. 257; RODOLFO DE CAMARGO MANCUSO, *Súmula vinculante e a EC nº 45/2004, ibid.,* p. 710; OLAVO AUGUSTO VIANNA ALVES FERREIRA, *Competências do Supremo Tribunal Federal e do Superior Tribunal de Justiça na Emenda Constitucional 45/2004,* in *Ref. do Jud.* (coord. André Ramos Tavares *et alii,* p. 204/5; ANDRÉ RAMOS TAVARES, A *repercussão geral no recurso extraordinário, ibid.,* p. 210; FLÁVIO DINO, in Flávio Dino *et alii, Ref. do Jud.,* p. 71.

no próprio direito brasileiro: tempo houve, sob outro regime constitucional, em que a admissibilidade do recurso extraordinário se subordinava, em certas hipóteses, à demonstração da então denominada "relevância da questão federal". A ideia é a mesma, se bem que consagrada agora sob forma algo diversa. O que se pretende é evitar que o Supremo Tribunal Federal tenha de ocupar-se de questões de interesse visto como restrito à esfera jurídica das partes do processo, em ordem a poder reservar sua atenção e seu tempo para matérias de mais vasta dimensão, para grandes problemas cuja solução deva influir com maior intensidade na vida econômica, social, política do país.

O texto do novo § 3º – e, como se verá, não é o único – faz vaga menção a uma futura lei, em cujos termos o recorrente precisará demonstrar a "repercussão geral" das questões discutidas. Não fica esclarecido se a incidência da disposição inovadora depende do advento dessa lei[5], e menos ainda que sentido e alcance ela terá: mais uma obscuridade, entre tantas que pontilham a Emenda.

5. A IMPROPRIAMENTE CHAMADA "SÚMULA VINCULANTE"

Vale a pena abrir item especial para aquela que é talvez a mais propalada e ambiciosa inovação da Emenda Constitucional nº 45: a impropriamente chamada "súmula vinculante". Digo impropriamente porque a palavra "súmula" sempre se empregou – em perfeita consonância com a etimologia e os dicionários – para designar o *conjunto* das proposições em que se resume a jurisprudência firme de cada tribunal, a começar pela Corte Suprema, onde ela foi criada, em 1963, sob a denominação correta de *Súmula da Jurisprudência Predominante* (no singular), com a qual se incorporou ao Regimento Interno. Agora, ela aparece no texto constitucional emendado com referência a *cada uma* daquelas proposições, consoante ressalta do

5 Inclina-se a maior parte da doutrina a reputar necessária a lei regulamentadora, negando autoaplicabilidade ao parágrafo em foco: SERGIO BERMUDES, ob. cit., p. 54; CÂNDIDO DINAMARCO, O *processo civil na reforma constitucional do Poder Judiciário,* no volume coletivo, *Reforma do Judiciário* (coord. Sérgio Rabello Tamm Renault e Pierpaolo Bottini), S. Paulo, 2005, p. 301; HUMBERTO THEODORO JÚNIOR, *Alguns reflexos da Emenda Constitucional* 45, *de* 8-12-2004, *sobre o processo civil, in Rev. de Proc.,* nº 124, p. 30; ARRUDAALVIM, A *EC nº 45 e o instituto da repercussão geral, in Ref. do Jud.* (coord. Teresa Arruda Alvim Wambier *et alii),* p. 99 (com a ressalva de que a lei "deverá cingir-se à disciplina procedimental").

teor do novo art. 103-A e também do art. 8º da Emenda, que alude às "atuais súmulas do Supremo Tribunal Federal".

Eis o texto do art. 103-A, *caput,* que consagra a inovação: "O Supremo Tribunal Federal poderá, de ofício ou por provocação, mediante decisão de dois terços dos seus membros, após reiteradas decisões sobre matéria constitucional, aprovar súmula que, a partir de sua publicação na imprensa oficial, terá efeito vinculante em relação aos demais órgãos do Poder Judiciário e à administração pública direta e indireta, nas esferas federal, estadual e municipal, bem como proceder à sua revisão ou cancelamento, na forma da lei". Estatui, por sua vez, o § 1º: "A súmula terá por objetivo a validade, a interpretação e a eficácia de normas determinadas, acerca das quais haja controvérsia atual entre órgãos judiciários ou entre estes e a administração pública, que acarrete grave insegurança jurídica e relevante multiplicação de processos sobre questão idêntica". Adita o § 2º: "Sem prejuízo do que vier a ser estabelecido em lei, a aprovação, revisão ou cancelamento de súmula poderá ser proposta por aqueles que podem propor a ação direta de inconstitucionalidade". E o § 3º comina sanções para a inobservância da súmula, nos dois casos concebíveis: "Do ato administrativo ou decisão judicial que contrariar a súmula ou que indevidamente a aplicar, caberá reclamação ao Supremo Tribunal Federal que, julgando-a procedente, anulará o ato administrativo ou cassará a decisão judicial reclamada, e determinará que outra seja proferida com ou sem a aplicação da súmula, conforme o caso". Impende notar, de passagem, que o uso do instrumento da reclamação poderá conviver com a interposição do recurso cabível segundo a lei processual contra a decisão reclamada: basta atentar em que, no julgamento da reclamação, a Corte Suprema terá de cingir-se à apuração da existência ou não de contrariedade à súmula, sem estender sua cognição a outros aspectos, como a ocorrência de *errores in procedendo* ou *in iudicando* estranhos àquele âmbito. Para pleitear, por exemplo, a anulação da decisão, por incompetência do órgão julgador, ou a respectiva reforma, por má apreciação da prova, o interessado precisará recorrer pelo meio legalmente previsto. A tramitação paralela do recurso e da reclamação será capaz, sem dúvida, de gerar problemas práticos, dos quais não é possível tratar aqui.

A redação dos textos em foco, escusado ressaltar, não chega a ser um primor de precisão e elegância: sem dificuldade alguma percebe-se, por exemplo, que na validade, interpretação e eficácia de normas não reside o "objetivo", mas o "objeto" – coisa diferente – da "súmula vinculante". Mais grave é nova alusão, um tanto enigmática, no *caput* e no § 2º, a futura lei cujo objeto (empreguemos o termo correto) ora se aponta na "forma" a ser observada na edição da súmula *(caput)*, ora na disciplina da "aprovação, revisão ou cancelamento de súmula" (§ 2º). Indagação relevantíssima, a que a Emenda não dá resposta clara, é esta: fica a utilização de todo o mecanismo engendrado na dependência do advento dessa futura lei? Noutras palavras: só depois dela, e *na forma* que ela determinar, é que o Supremo Tribunal Federal poderá editar súmulas vinculantes?[6] Ou a lei só será necessária no tocante à revisão e ao cancelamento?[7] É possível entender assim a parte final do *caput* – impressão todavia desmentida, ao que parece, pela dicção do § 2º, onde a cláusula "sem prejuízo do que vier a ser estabelecido em lei" inequivocamente diz respeito aos três atos (aprovação, revisão e cancelamento). Limitar-se-á o § 2º à questão da legitimação para provocar qualquer dos atos, em ordem a alongar o elenco dos legitimados, já aumentado por força da nova redação dada pela própria Emenda aos incisos IV e V do art. 103?[8]

Adiante-se que raia pelo absurdo o entendimento segundo o qual estaria a Corte Suprema desde já, independentemente do advento da misteriosa lei, autorizada a editar súmulas – *só* a editá-las –, não porém a revê-las ou a cancelá-las. Não se afigura razoável que, se o Tribunal vier a convencer-se de haver errado na edição de uma súmula, fique impedi-

---

6 Nesse sentido: LUIZ FLÁVIO GOMES, *Eficácia e extensão das súmulas vinculantes, in Síntese,* nº 102, p. 6; SÉRGIO SEIJI SHIMURA, *Súmula vinculante, in Ref. do Jud.* (coord. Teresa Arruda Alvim Wambier), p. 764; ao que parece, também HUMBERTO THEODORO Junior, art. cit., p. 35. Contra, pela aplicabilidade imediata do art. 103-A, JOSÉ MIGUEL GARCIA MEDINA, LUIZ RODRIGUES WAMBIER e TERESA ARRUDA ALVIM W AMBIER, *Repercussão geral e súmula vinculante, in Ref. do Jud.* (coord. Teresa Arruda Alvim Wambier *et alii)*, p. 389; RODRIGO JANSEN, *A súmula vinculante como norma jurídica, in Rev. For.*, v. 380, p. 211.

7 Ao ver de SERGIO BERMUDES, ob. cit., p. 123, a cláusula da "forma prevista em lei" diz respeito, exclusivamente, "à revisão e à revogação da súmula"; mas por "lei" deve entender-se "a norma baixada pelo Legislativo, ou pelo STF, no regimento ou alhures, já que é ele o editor da súmula".

8 À possibilidade de acréscimos no rol dos legitimados, em relação aos três casos, referem-se MARCELO LAMY e LUIZ GUILHERME ARCARO CONCI, *Reflexões sobre as súmulas vinculantes, in Ref. do Jud.* (coord. André Ramos Tavares *et alii)*, p. 311; GILMAR FERREIRA MENDES e SAMANTHA MEYER PFLUG, *Passado e futuro da súmula vinculante: considerações à luz da Emenda Constitucional nº 45/2004, in Ref. do Jud.* (coord. Sérgio Rabello Tamm Renault e Pierpaolo Bottini), p. 346, parecem limitar a possibilidade aos casos de "cancelamento ou revogação" (haverá diferença?); FLÁVIO DINO, *in* Flávio Dino *et alii, Ref. do Jud.*, p. 81, unicamente à revisão.

do, na falta da lei, de revê-la ou cancelá-la. Até porque, em última análise, a proibição não seria difícil de contornar por meio da aprovação de nova súmula de teor diverso ou mesmo oposto ao da anterior...

Complica-se o problema da lei anunciada à vista do disposto na primeira parte do art. 7º da Emenda, assim redigido: "O Congresso Nacional instalará, imediatamente após a promulgação desta Emenda Constitucional, comissão especial mista, destinada a elaborar, em cento e oitenta dias, os projetos de lei necessários à regulamentação da matéria nela tratada". Antes de mais nada, o texto deixa de pé as dúvidas sobre onde a Emenda depende e onde não depende de regulamentação: que é exatamente que, na "matéria nela tratada", incide desde logo, ou se subordina ao advento da lei regulamentadora? Ademais, já se esgotaram os 180 dias fixados para a elaboração dos mencionados projetos, sem que se tenha notícia do funcionamento da comissão especial mista incumbida de elaborá-los. E nada assegura, à luz do que se está passando há meses no Congresso Nacional, que o assunto venha a ocupar tão cedo a atenção dos nossos parlamentares. A lei regulamentadora bem poderá ter a mesma sorte de tantas outras anunciadas pela Constituição, desde 1988, e jamais concretizadas. Tudo isso justifica dúvidas sobre o destino que afinal espera, em tais circunstâncias, a súmula vinculante.

6. O PANORAMA GLOBAL E ALGUMAS OBSERVAÇÕES CRÍTICAS

Que conclusão se há de extrair da visão panorâmica da Emenda nº 45, no que tange à sua possível contribuição para o aprimoramento da Justiça brasileira?

A quem passe em revista as principais inovações, decerto não escapará que a atenção do legislador se concentrou, acima de tudo, no aspecto da duração dos processos, vista como excessiva. Não são numerosas as medidas destinadas a melhorar a *qualidade* da prestação jurisdicional: um dos poucos exemplos é a nova redação do art. 93, nº IV, mais explícita que a anterior na "previsão de cursos oficiais de preparação, aperfeiçoamento e promoção de magistrados", com a obrigatoriedade de "participação em curso oficial ou reconhecido por escola nacional de formação e aperfeiçoamento de magistrados", como etapa do processo de vitaliciamento. O novel Conselho Nacional de Justiça poderia desempenhar papel importante na empresa, mas a leitura das atribuições que lhe são cometidas (art. 103-B, § 4º) não deixa dúvida de que a maior preocupação da

Emenda diz com a repressão de eventuais ilegalidades e irregularidades praticadas por juízes no exercício de suas funções; trata-se, principalmente, de um órgão disciplinar: basta ver os incisos II, III, IV e V.

A lentidão da máquina judiciária inegavelmente constitui problema sério, que aliás nada tem de peculiar ao Brasil, senão que aflige até países do chamado primeiro mundo, alguns dos quais talvez não desfrutem, no particular, situação melhor que a nossa. Aqui, entretanto, cabem duas ou três observações de princípio. Uma delas é a de que não parece razoável sobrepor obsessivamente a tudo mais o açodamento em inventar soluções, às vezes simplistas, para debelar o mal. As que se vêm tentando padecem do pecado original da falta de base empírica: não dispondo de dados concretos, de estatísticas abrangentes e confiáveis, que revelem com alguma precisão os pontos de estrangulamento, as causas mais relevantes da disfunção[9], atira-se a esmo, com o grave risco de investir quixotescamente moinhos de vento, deixando em paz e sossego os verdadeiros inimigos. Ao contrário do que se costuma apregoar, muito provavelmente nem sequer serão as leis as maiores vilãs da história: há um fator de que pouco se cuida, e no entanto pode estar influindo negativamente, de modo mais intenso, no rendimento do aparelho judicial – a má gestão administrativa de juízos e tribunais. Por outro lado, é hora de aceitarmos, com suas inevitáveis consequências, uma verdade fundamental: a de que jamais se logrará construir um sistema de Justiça que concilie de maneira perfeita a rapidez do funcionamento com a preservação de garantias de que, no presente momento histórico, dificilmente se poderia abrir mão. Alguma concessão sempre se terá de fazer, e é mister boa dose de prudência para buscar o necessário equilíbrio entre valores não raro contrapostos.

---

9 Nem no Banco Nacional de Dados do Poder Judiciário, nem nos relatórios do seminário "A Justiça em números" – um e outro acessíveis no sítio do Supremo Tribunal Federal (consultado em 4-9-2005) – se deparam elementos reveladores do *tempo* empregado na tramitação de feitos. De acordo com resolução do então Presidente da Corte *(Diário da Justiça* da União de 24-3-2004. p. 1), no mencionado Banco de Dados deveriam figurar os chamados "indicadores judiciários", entre os quais o "tempo médio para O julgamento final na instância, contado do recebimento do processo", e o "tempo médio da data do julgamento até a publicação da sentença ou acórdão". Pelo visto, decorrido ano e meio, a resolução ainda não passou de letra morta. Perfeitamente se aplicam a certas afirmações sobre reformas legislativas as palavras de RUSSELL HARDIN, *Liberalism, Constitutionalism, and Democracy*, Oxford. 2003, p. 123, a denunciar *«the political tradition of making empirical argllnents)A» ithout empirical support».*

Seja como for, assente que a aceleração do ritmo processual representou a prioridade da Emenda, impende verificar as estratégias de que ela se valeu para perseguir tal resultado. Voltemos os olhos, antes de mais nada, para o que se modificou na cúpula do Poder Judiciário, aparentemente privilegiada na reforma. Digo "aparentemente" porque, como procurarei demonstrar, a Emenda nº 45 não está isenta aí de certa ambiguidade. Atente-se no caso do Supremo Tribunal Federal, órgão a cujo respeito com frequência se ouvem recomendações enfáticas de minorar-lhe a carga de trabalho. É certo que se deslocou para o Superior Tribunal de Justiça a atribuição de homologar sentenças estrangeiras e conceder *exequatur* a cartas rogatórias (art. 105, nº I, i); em compensação, porém, estendeu- se a duas novas hipóteses a competência originária da Corte Suprema: as das ações contra o Conselho Nacional de Justiça e contra o Conselho Nacional do Ministério Público (art. 102, nº I, *r)*, e para ela também se transferiu parte dos antigos recursos especiais, agora extraordinários, interpostos contra decisões que julguem válida lei local contestada em face de lei federal (art. 102, nº III, *d)*. Ajunte-se a fonte suplementar de encargos representada pela reclamação contra a inobservância da súmula vinculante (art. 103-A, § 3º)[10]. Isto é: subtraiu--se de um lado, somou- se de outro. Só o tempo – se nos resolvermos a apurar com métodos apropriados a repercussão prática das inovações – dirá se é positivo ou negativo o saldo.

Mencione-se aqui outra disposição que não deixará de influir nos trabalhos do Supremo Tribunal Federal: o art. 103-B, § 1º, *fine,* consoante o qual o Ministro da Corte Suprema que presidir o Conselho Nacional de Justiça ficará excluído da distribuição de processos naquela Corte. Se continua a ser matematicamente exato que a diminuição do divisor aumenta o quociente, semelhante providência sobrecarregará os restantes Ministros, e não é despropositado temer que lhes prejudique a produtividade.

Decerto se conta, como fator de alívio para o Supremo Tribunal Federal, com a exigência da "repercussão geral das questões discutidas" no recurso extraordinário (art. 102, § 3º). Raciocinemos, contudo, em perspectiva prática e com os pés firmes no chão. O recurso terá de sub-

10 Perceptível em GILMAR FERREIRA MENDES e SAMANTHA MEYER PFLUG, trab. cit., p. 372/3, o receio de que a multiplicação de reclamações venha a constituir "nova e adicional sobrecarga de processos (...) para o Supremo Tribunal Federal", como a "substituir a crise numérica ocasionada pelo recurso extraordinário".

meter-se à apreciação do plenário do tribunal[11], visto que, para negar-lhe conhecimento, serão necessários os votos de, no mínimo, dois terços dos Ministros. Com isso já se introduz uma complicação no processamento, em confronto com o regime atual, em que a competência para julgar o recurso extraordinário cabe, em princípio, a qualquer das Turmas (Regimento Interno, art. 9º, nº III), e só por exceção sobe ele ao Tribunal Pleno. Adite-se que, à luz do alto 93, nº IX, da Carta da República, não alterado pela Emenda, será, por força, pública e motivada a decisão sobre o cumprimento ou descumprimento do requisito da "repercussão geral". Fica pois afastada a vantagem- se na verdade é lícito (ponto mais que duvidoso) chamar-lhe assim – de que goza, no particular, a *Supreme Court* norte-americana, onde é secreta e em regra sem motivação divulgada a deliberação sobre se a *petition for certiorari* será examinada no mérito[12]. Em resumo: sempre que se mantiverem aquém do *quorum* especial os votos no sentido de não se conhecer do recurso, por falta do requisito da "repercussão geral", a tramitação compreenderá dois julgamentos, em vez de um único – e ambos realizados em sessão pública e devidamente fundamentados: o do Plenário, de rejeição da preliminar, e, em princípio, o da Turma, sobre a restante matéria. Pelo menos no particular, portanto, não se afigura exagero de pessimismo vaticinar que aumentará o trabalho do Tribunal e demorará mais a solução do problema.

No concernente ao Judiciário, em geral, é certo que algumas inovações da Emenda podem exercer influência benéfica na duração dos pleitos. Assim, por exemplo, as medidas, já citadas, tendentes a evitar hiatos no exercício das funções de juízos e tribunais: proibição de férias coletivas (art. 93, nº XII), obrigatoriedade da distribuição imediata de processos, em todos os graus de jurisdição (art. 93, nº XV). Na mesma ordem de ideias, merece referência à disposição do art. 93, nº II, *e,* onde se nega a possibilidade de promoção ao juiz "que, injustificadamente,

11 De acordo: CÂNDIDO DINAMARCO, trab. cit., p. 301; ARRUDA ALVIM, trab. cit., p. 99; RODRIGO BARIONI, O *recurso extraordinário e as questões constitucionais de repercussão geral, in Rev. do Jud.* (coord. Teresa Arruda Alvim Wambier), p. 726; igualmente, mas em termos explicitamente críticos, ANDRÉ RAMOS TAVARES, trab. cit., p. 217/8, a cujo ver se deveria conferir a cada uma das Turmas, pelo voto da maioria absoluta de seus membros, a possibilidade de rejeitar o recurso, por falta do requisito da "repercussão geral".

12 Sobre o procedimento observado na apreciação das *petitions for certiorari, vide* por todos STERN-GRESSMAN, *Supreme Court Practice,* 5ª ed., Washington, 1978, p. 343 e s.

retiver autos em seu poder além do prazo legal", embora a eficiência prática de regras desse tipo costume sofrer a erosão da complacência tantas vezes manifestada pelos órgãos fiscalizadores.

Mas a maior aposta da Emenda nº 45, em tema de desobstrução dos canais judiciais, e por conseguinte de agilização processual, é sem sombra de dúvida a chamada "súmula vinculante". Simples o raciocínio subjacente: convencendo-se os potenciais litigantes (ou melhor, seus advogados) de que não vale a pena postular em sentido contrário ao adotado na súmula, dada a enorme improbabilidade de vitória, muitas ações deixarão de ser propostas, e muitos recursos de ser interpostos. Consideravelmente aligeirada a carga de trabalho, juízes e tribunais poderão dar conta de suas tarefas com mais celeridade.

Oxalá se concretize essa rósea expectativa. Permitam-me entretanto, aqui também, alguns reparos, nos quais deixarei de lado questões teóricas importantes, como a relativa à própria ideia de vinculação uniformizadora[13], para cingir-me aos aspectos práticos do assunto. Primeiro reparo: sucessivas reformas do Código de Processo Civil, em nível de legislação ordinária, já vêm atribuindo grande peso aos precedentes jurisprudenciais, tomando-os, em certos casos, pouco menos que vinculativos: basta um rápido olhar aos arts. 120, parágrafo único, 544, § 3º, 557, *caput* e § 1º-A, do estatuto processual, na redação em vigor, bem como a mais de um dos projetos de lei em tramitação no Congresso Nacional. A influência por assim dizer decisiva da jurisprudência, notadamente dos Tribunais Superiores, exerce-se, por sinal, em âmbito mais vasto que o reservado à "súmula vinculante": não se restringe a matéria constitucional, nem pressupõe deliberações cercadas das cautelas que o novo art. 103-A e seu § 1º requerem para a edição da "súmula vinculante" pelo Supremo Tribunal Federal. Os textos soem contentar-se com a alusão, um tanto vaga, à "jurisprudência dominante", consagrada ou não em súmula[14]. E, na mesma onda, os tribunais brasileiros, inclusive os

---

13 Ao propósito, merecem leitura e reflexão as considerações de FÁBIO CARDOSO MACHADO, *Da uniformização jurídico-decisória por vinculação às súmulas de jurisprudência: objeções de ordem metodológica, sociocultural e político-jurídica*, in *Rev. de Proc.*, nº 124, p. 123 e s.

14 Por tudo isso escrevemos em artigo que já data de mais de seis anos: "Emenda constitucional, para estabelecer que as Súmulas, sob certas condições, passarão a vincular os outros órgãos judiciais? Ora, mas se já vamos além, e ao custo – muito mais baixo – de meras leis ordinárias (será que somente na acepção técnica da

superiores, mostram fortíssima tendência a limitar a motivação de suas decisões à pura e simples indicação de precedentes.

Nessa óptica, e levando em conta os condicionamentos da Emenda nº 45, não parece que ainda sobre espaço muito grande para a incidência das súmulas vinculantes. O principal efeito da respectiva edição poderá talvez consistir na obrigação, imposta aos órgãos da Administração Pública, de respeitá-las[15]. Realmente, muitas queixas têm-se feito ouvir acerca da insistência de órgãos do Poder Executivo em sustentar teses divergentes das esposadas por decisões dos Tribunais Superiores, inclusive da Corte Suprema. Atribui-se a esse inconformismo boa parcela de responsabilidade pelo ingurgitamento das vias judiciais, conquanto nem sempre a imputação se acompanhe de dados objetivos capazes de ministrar-lhe a desejável base empírica. De qualquer sorte, não há negar a probabilidade de que venha a reduzir-se o vulto do contencioso com a Administração Pública, e com isso a diminuir em medida ponderável a massa dos pleitos.

Seria algo imprudente, a meu ver, formular prognósticos categóricos. Muitos invocam o exemplo, que se diz animador, dos Estados Unidos. É notório que lá as teses jurídicas consagradas em decisões da *Supreme Court* devem ser, em princípio, observadas pelos outros órgãos do Poder Judiciário, independentemente de pressupostos especiais e formalidades como as previstas na Emenda nº 45[16]. Há quem aponte nisso fator relevante de contenção da litigiosidade em níveis aceitáveis, dado o efeito dissuasório exercido sobre advogados e litigantes potenciais, que se

palavra?). O mingau está sendo comido pelas beiradas, e é duvidoso que a projetada emenda constitucional ainda encontre no prato o bastante para satisfazer seu apetite... " (BARBOSA MOREIRA, *Algumas inovações da Lei nº* 9.756 *em matéria de recursos civis, in Temas de Direito Processual (Sétima Série),* S. Paulo, 2001, p. 82).

15 Nesse sentido. CELSO DE ALBUQUERQUE SILVA, *Do efeito vinculante: sua legitimação e aplicação,* Rio de Janeiro, 2005, p. 179.

16 É vastíssima a literatura relativa ao sistema dos *binding precedents* nos países anglo-saxônicos. Especificamente sobre o direito norte-americano, resumida mas correta explanação no artigo de RE, *Stare Decisis,* (red. de Ellen Gracie Northfleet, *in Rev. de Proc.,* nº 73, p. 47 e s. O ordenamento inglês vem experimentando modificações importantes, de que não é possível dar conta aqui; vamos limitar-nos a advertir que as exposições atinentes à *House of Lords* não terão, em futuro próximo, senão interesse puramente histórico, pois o *Constitutional Reform Act* de 2005, em medida ainda por implementar-se, transferiu para uma *Supreme Court* agora criada as atribuições judiciais daquela Casa do Parlamento.

absteriam de levar a juízo pretensões incompatíveis com qualquer dos *binding precedents.*

Registre-se, em todo caso, que nem todos subscrevem tal suposição. Dois cientistas políticos, Saul Brenner e Harold J. Spaeth, procederam a meticuloso levantamento da jurisprudência da Corte, e em particular de suas alterações, no período compreendido entre 1946 e 1992 – cerca de meio século. Apuraram que nada menos de 115 vezes ela repudiou *("overruled")* precedentes; e publicaram a pesquisa em livro a que deram o título *Stare Indecisis*[17] – ironizando, é óbvio, a expressão correntia *stare decisis,* habitualmente empregada para designar o apego aos precedentes. Ora, reflitamos: a Corte não atua de ofício, mas somente por provocação dos interessados. Por outro lado, não é crível que, dentre as tentativas de obter resultado contrário a algum precedente, hajam constituído maioria as bem-sucedidas: consideravelmente superior deve ter sido o número das malogradas. Daí se infere, com boa dose de verossimilhança, que muito mais de 115 vezes, naquele período, se recorreu ao Judiciário *apesar da existência de precedente em sentido desfavorável ao demandante.* O efeito dissuasório não parece haver-se produzido com a intensidade que em geral se imagina. Pode ser que os advogados brasileiros venham a mostrar-se mais obsequiosos em relação às futuras súmulas vinculantes e se abstenham de desafiá-las com pleitos que delas se desviem. Mas com isso entramos no puro reino das conjecturas.

Em todo caso, ao menos uma previsão não se afigura temerária. Faltam-nos, repito, dados estatísticos abrangentes e confiáveis sobre duração de processos. Em regra, os juízos que se emitem não têm outra base senão as impressões colhidas, em hipótese otimística, na experiência pessoal de cada opinante – experiência, ocioso frisar, extremamente variável de caso a caso, além de sujeita a mil distorções impostas pelo filtro da subjetividade. Ainda que, daqui a algum tempo, se modifique o panorama, e passemos a contar com elementos de aferição menos aleatórios, muito dificilmente poderemos saber ao certo em que medida as inovações terão repercutido na prática do foro: toda comparação pressupõe o conhecimento das duas realidades confrontadas, e a nossa ignorância do que ocorre hoje não permitirá qualquer conclusão que aspire

17 BRENNER-SPAETH, *Stare Indecisis – The Alteration of Precedent on the Supreme Court,* 1946-1992, Cambridge, 1995.

a um mínimo de seriedade científica[18]. Isso de maneira alguma impedirá, é claro, que muitos externem certezas tanto mais peremptórias quanto menos fundadas. Continuaremos provavelmente a patinhar, como sempre fizemos, no lodaçal dos "palpites". E, antes que alguém me censure por abusar do direito de dar os meus próprios, creio chegado o momento de pôr um ponto final nestas considerações.

Outubro de 2005.

COMENTÁRIOS DOS ATUALIZADORES

A EMENDA CONSTITUCIONAL Nº 45 E O PROCESSO

Aluisio Gonçalves de Castro Mendes/Carolina Paes de Castro Mendes

Em conferência pronunciada em outubro de 2005, José Carlos Barbosa Moreira analisou, com a maestria de costume, a Emenda Constitucional nº 45, promulgada em 8 de dezembro de 2004.

Inicialmente, o autor ressaltou que a Constituição da República de 1988 elevou ao patamar constitucional preceitos de ordem processual até então enunciados apenas em nível de legislação ordinária. Nesse sentido, a Emenda Constitucional nº 45/2004, denominada de "Reforma do Poder Judiciário" ou "Reforma da Justiça", embora tenha tratado de temas que não se enquadravam de modo estrito na desig-

18 Inteira razão assiste a RODRIGO JANSEN, art. cit., p. 218: "É impossível prever o sucesso ou insucesso desses mecanismos. Como sói acontecer, as reformas são feitas sem estudos prévios – especialmente estudos estatísticos – que sirvam de base a identificar onde de fato estão os problemas a serem resolvidos, Não se encontram, por exemplo, estudos estatísticos amplos sobre a utilização dos mecanismos que dão eficácia quase normativa às súmulas e jurisprudência dominante previstos no Código de Processo Civil; não se sabe qual a efetividade das súmulas não vinculantes, isto é, não se têm dados sobre a quantidade de casos em que são descumpridas (o que responderia à questão de se as súmulas não vinculantes já não poderiam fazer papel idêntico ao das novas súmulas vinculantes)". Para quem há décadas insiste nesse ponto – em regra, com a desconfortável sensação de clamar no deserto –, é consolador verificar que tais ideias já ecoam no espírito de estudiosos mais jovens.

nação, procurou enfrentar a insatisfação com o desempenho da máquina judiciária. Entendeu-se que as modificações empreendidas no âmbito do Código de Processo Civil (CPC) de 1973 e da legislação ordinária não eram suficientes, sendo necessária a alteração da própria Constituição. Registre-se que esta foi praticamente a última mudança constitucional[19], relacionada ao Direito Processual, empreendida entre o final do ano de 2004 e o de 2022.

Em seguida, os olhos se voltaram novamente para o âmbito infraconstitucional, especialmente para a produção de um novo Código de Processo Civil. Quase cinco anos depois, em setembro de 2009, iniciaram-se os trabalhos da Comissão de Juristas instituída no Senado Federal, presidida pelo Ministro e Professor Luiz Fux, discípulo de Barbosa Moreira. Em 2010, houve a apresentação do Projeto de Lei nº 166/2010, aprovado no Senado neste mesmo ano, seguindo para a Câmara dos Deputados, na qual tramitou e recebeu aprovação no dia 26 de março de 2014, retornando ao Senado, em razão das modificações implementadas na casa revisora. No Senado, foram designados juristas para acompanhar a redação final do novo Código de Processo Civil: Ministro Luiz Fux (presidente), do Supremo Tribunal Federal e da Universidade do Estado do Rio de Janeiro (UERJ); Teresa Arruda Alvim (relatora), da Pontifícia Universidade Católica de São Paulo (PUC-SP); Paulo Cezar Pinheiro Carneiro, da UERJ; José Roberto dos Santos Bedaque, da Universidade de São Paulo (USP); Ministro Bruno Dantas, do Tribunal de Contas da União (TCU) e, atualmente, da UERJ; e Desembargador Federal Aluisio Gonçalves de Castro Mendes, do Tribunal Regional Federal da 2ª Região (TRF-2) e da UERJ. O texto-base foi aprovado no Senado, em dezembro de 2014. Por fim, no dia 16 de março de 2015, recebeu a sanção presidencial, com vetos em sete dispositivos, tendo sido publicado no dia seguinte, 17 de março de 2015, e entrado em vigor no dia 18 de março de 2016.

Registre-se que, na palestra e no texto em comento, o autor expressamente enunciou que cuidaria apenas das principais alterações de competência e de normas processuais, compreendidas entre estas as relativas à denominada "súmula vinculante".

---

19 No ano de 2009, foi editada a Emenda Constitucional nº 61, que estabeleceu normas relacionadas à composição do Conselho Nacional de Justiça (CNJ).

Dos temas tratados no artigo, pode-se indicar que a previsão introduzida no inciso LXXVIII do art. 5º da Constituição, assegurando a todos, no âmbito judicial e administrativo, a duração razoável do processo e os meios que garantam a celeridade de sua tramitação, não apenas continua sendo uma aspiração generalizada, no país e no mundo. Nos últimos anos, a ideia de celeridade passou a adquirir uma importância ainda maior no mundo contemporâneo, no qual as inovações tecnológicas acabam ensejando ou autoalimentando uma demanda e exigência crescente em relação ao tempo nas mais diversas dimensões. Nos meios de comunicação e informação, no transporte de pessoas e bens, na criação e desenvolvimento de produtos, o fator tempo passa por uma corrida desenfreada que possui repercussão, naturalmente, na esfera dos serviços judiciais e administrativos de solução de conflitos. Os atos processuais passam por grandes inovações[20] deixam de ser realizados ou registrados de modo presencial ou físico, dando lugar a autos eletrônicos, audiências virtuais[21] e cortes e serviços *on line*[22], bem como com a enunciação de uma utilização crescente da tecnologia de informação e de mecanismos de inteligência artificial[23], que poderiam realizar em fração de segundos o trabalho empreendido por muitos seres humanos ao longo de um tempo muito maior. No entanto, como este tema não é o central do ensaio sob comento, os atualizadores remetem aos artigos específicos sobre o assunto contidos nesta e em ou-

---

20 MENDES, Aluisio Gonçalves de Castro. Inovações tecnológicas, acesso à Justiça, Poder Judiciário, Advocacia e Direito, in: FUX, Luiz, MARTINS, Humberto e SHUENQUENER, Valter. *O Judiciário do futuro: Justiça 4.0 e o processo contemporâneo*. São Paulo: Revista dos Tribunais, 2022. LUCON, Paulo Henrique dos Santos; WOLKART, Erik Navarro; LAUX, Francisco de Mesquita; e RAVAGNANI, Giovani dos Santos. *Direito, Processo e Tecnologia*. São Paulo: Revista dos Tribunais, 2020. FERRARI, Isabela. *Justiça digital*. São Paulo: Revista dos Tribunais, 2020.

21 MENDES, Aluisio Gonçalves de Castro e SILVA, Larissa Clare Pochmann. As sessões de julgamento virtual e a videoconferência. In: BARATA, Bruno; ALMEIDA, Laryssa e FROTA, Leandro. *Ensaios sobre a transformação digital do Direito*. Brasília: OAB Editora, 2021.

22 SUSSKIND, Richard. *Online courts and the future of Justice*. Oxford: Oxford University Press, 2019.

23 NUNES, Dierle; LUCON, Paulo Henrique dos Santos; e WOLKART, Erik Navarro. *Inteligência artificial e o Direito Processual: Os impactos da virada tecnológica no Direito Processual*. Salvador: JusPodivm, 2020.

tras séries dos *Temas de Direito Processual*[24], onde poderão se deparar com observações mais focadas sobre o desenvolvimento da noção da duração razoável dos processos ao longo das últimas décadas.

Ressalte-se, também, que a então "novidade" da repercussão geral, exigida por força do §3º incluído no art. 102 da Constituição da República, pela Emenda Constitucional nº 45, não se encontrava regulada ainda por lei, ao tempo da palestra proferida por Barbosa Moreira. A Lei nº 11.418, editada em 2006, introduziu os artigos 543-A e B, no Código de Processo Civil de 1973, tratando o primeiro dispositivo da referida repercussão geral e o segundo da sistemática denominada pela doutrina de "recursos repetitivos", diante da hipótese de "multiplicidade de recursos com fundamento em idêntica controvérsia" (leia-se, no caso, questão de direito comum". Por sua vez, a Lei nº 11.672, introduziu o art. 543-C no CPC de 1973, ampliando o tratamento "repetitivo" para os recursos especiais. Em seguida, com a edição do Código de Processo Civil de 2015, a "repercussão geral" passou a ser regulada no art. 1.035 e a sistemática do julgamento dos recursos extraordinário e especial repetitivos nos artigos 1.036 a 1.041.

A "maior aposta da Emenda Constitucional nº 45, em termos de desobstrução dos canais judiciais e, por conseguinte de agilização processual", nas palavras do saudoso José Carlos Barbosa Moreira, é sem sobra de dúvida a chamada "súmula vinculante". De fato, a inovação advinda em 2004 foi um marco fundamental para uma construção que vem sendo desenvolvida historicamente no Direito Processual brasileiro, mas que pode ser um ponto de reflexão amplo tanto para países com base no *common law* quanto no *civil law*. O assunto foi tratado pelo grande Mestre, de modo específico, em outro texto publicado nesta nona série dos *Temas de Direito Processual*: "Súmula, jurisprudência, precedente: uma escalada e seus riscos". Portanto, a abordagem neste tópico estará restrita a indicar alguns dados e observações mais diretamente relacionadas com os enunciados vinculantes da súmula do Supremo Tribunal Federal.

Quando da publicação da nona série dos Temas de Direito Processual, ainda não havia sido editada a Lei nº 11.417/2006, não

24 Vide, em especial, os textos O problema da duração dos processos: premissas para uma discussão séria, nesta série, e O futuro da Justiça: alguns mitos, na oitava série dos *Temas de Direito Processual*, com a respectiva atualização (no prelo), Rio de Janeiro: GZ, 2023.

obstante o prazo fixado, na própria Emenda Constitucional nº 45/2004, que previa, no art. 7º, o prazo de 180 dias para a elaboração dos "projetos de lei necessários à regulamentação da matéria nela tratada", o que ensejava dúvidas quanto à própria dependência ou não, bem como quanto em que extensão, para a sua aplicabilidade, como indicado no artigo.

No período compreendido entre a promulgação da Emenda Constitucional nº 45, em 8 de dezembro de 2004, e a presente data, 07 de janeiro de 2023, foram editados 58 (cinquenta e oito) enunciados. O primeiro foi aprovado na sessão plenária do dia 30 de maio de 2007 e o último em 27 de abril de 2020.

Os enunciados da súmula vinculante possuíam, ao tempo da sua criação, um caráter cogente ao lado dos pronunciamentos proferidos em sede de ações diretas de constitucionalidade e das de inconstitucionalidade, em razão do caráter *erga omnes*, por determinação expressa da própria Constituição. Entretanto, com a edição do Código de Processo Civil de 2015, introduziu-se no ordenamento jurídico brasileiro o denominado sistema brasileiro de precedentes, a partir do rol indicado no respectivo art. 927. A redação do dispositivo indicava, de modo expresso, que os "juízes e os tribunais observarão" os chamados precedentes qualificados.

Com a entrada em vigor do CPC de 2015, houve, de certo modo, uma ampliação nas possibilidades de serem firmados precedentes vinculativos por parte do Supremo Tribunal Federal, mediante pronunciamentos firmados nos acórdãos em recursos extraordinários repetitivos e, também, com a edição de enunciados na sua súmula em matéria constitucional. Por certo, esta ampliação de possibilidades pode ter sido a causa para a não edição de novos enunciados na denominada "súmula vinculante" ao longo dos últimos dois anos.

O PROCESSO CIVIL CONTEMPORÂNEO: UM ENFOQUE COMPARATIVO[1]

1. CONSIDERAÇÕES INTRODUTÓRIAS

Todo estudo comparativo deve, antes de mais nada, indicar o objeto da comparação: isso é verdade para o direito processual, como para qualquer outro ramo da ciência jurídica. São naturalmente várias as perspectivas que se oferecem ao comparatista em matéria de processo. Ele pode situar-se em plano generalíssimo, para pôr em confronto, digamos, os princípios fundamentais de dois ou mais sistemas de funcionamento da Justiça. Pode, em vez disso, escolher tema específico: por exemplo, cotejar os efeitos da revelia, ou os limites subjetivos da coisa julgada, em ordenamentos distintos. Entre esses extremos há uma linha contínua, onde fica livre ao estudioso colocar-se em ponto de grau mais ou menos alto de generalidade.

Múltiplos, é claro, são os fatores que influem na opção. Bem se compreende que eles variem de acordo com o objetivo que o comparatista tem em mira: a escolha de determinado assunto pode assumir maior interesse quando se cuida de trabalho puramente científico do que no caso de estarem a colher-se elementos para uma proposta de reforma legislativa, e vice-versa. Outro fator a levar em conta é a maior ou menor afinidade entre os ordenamentos que se vão confrontar: a comparação entre aspectos particulares da disciplina do procedimento será provavelmente mais interessante e mais útil se se trata de sistemas próximos do que na hipótese de sistemas opostos por desigualdades radicais.

Costumam os ordenamentos jurídicos ser agrupados em famílias, em cada uma das quais se reúnem ordenamentos ligados entre si por laços mais estreitos. A pertinência a esta ou aquela família explica-se, basicamente, por circunstâncias históricas: sistemas oriundos de um tronco comum apresentam traços também comuns, distintos dos traços característicos de sistemas de diferente ascendência. Ocioso notar que a distinção tem alcance relativo, até porque os vaivéns da História deram (e continuam a dar) ensejo a infiltrações e contaminações recíprocas en-

---

1 Texto (com o acréscimo de notas) de conferência pronunciada no Rio de Janeiro, em 5-9-2003, no XII Congresso Internacional de Direito Comparado. Publicado *in Rev. For.*, v. 370, *Rev. Bras. de Dir. Comp.*, nº 26, *Rev. da EMERJ*, nº 24.

tre ordenamentos de origens diversas. Se quiséssemos assinalar cada família por uma cor típica, teríamos de reconhecer a existência de um sem-número de matizes e entretons, mercê dos quais pode acontecer que este ou aquele ordenamento de uma família, em determinada perspectiva, acabe por assemelhar-se mais aos de outra família que aos de sua própria. Com essa importante ressalva, a distribuição dos sistemas jurídicos em famílias conserva interesse sobretudo, embora não exclusivamente, como *diferenciação de tendências*.

2. FAMÍLIAS JURÍDICAS OCIDENTAIS

No panorama jurídico do acidente[2] é usual a contraposição entre dois grandes grupos (ou famílias): o dos ordenamentos romano-germânicos e o dos anglo-saxônicos, aos quais se aplicam respectivamente, em língua inglesa, as conhecidas denominações *civil law* e *common law*. Incluem-se no primeiro grupo, como o nome indica, os sistemas formados sobre base romana, com a contribuição trazida pelos povos germânicos que invadiram o império. A ele pertencem os ordenamentos da maior parte do continente europeu e os das regiões que países aí situados colonizaram, entre elas a América latina. O segundo grupo compõe-se do direito inglês e dos sistemas a ele filiados, com realce para o norte-americano.

A essas duas famílias acrescentava-se, até alguns anos atrás, a dos ordenamentos do chamado "bloco socialista". Sistemas de tal corte remanescem nos poucos países onde ainda vigoram regimes socialistas, mas a dimensão do fenômeno, é óbvio, encolheu notavelmente. Nos Estados do leste europeu, inclusive nos resultantes da dissolução da antiga União Soviética, as mudanças políticas refletiram-se, como não podia deixar de suceder, na paisagem jurídica: as respectivas legislações, a partir dos últimos anos do século XX, vêm experimentando profundas transformações, ainda não completadas, ao que consta sob a dupla e contrastante influência de europeus e de norte-americanos, que rivalizam no empenho de dar bússola aos novos rumos. Seja como for, a grande divisão é mesmo a que habitualmente contrapõe *civil law* e *common law*.

2 Será talvez desnecessário registrar que se emprega aqui a palavra "ocidente" em sentido que não coincide forçosamente com o geográfico. Do ponto de vista jurídico, e em particular do processual, a Turquia e o Japão, por exemplo, pertencem ao mundo ocidental.

Semelhante divisão, vale ressalvar, não há de ser concebida em termos estáticos. Tem o sabor do óbvio o asserto de que os ordenamentos jurídicos se acham em constante evolução – nos dias que correm, provavelmente, com maior rapidez do que noutros tempos. Ao estudioso não é lícito deixar de tomar em consideração esse dinamismo. Semelhanças e dessemelhanças podem aumentar e diminuir, quiçá desaparecer. Nem é necessária, às vezes, uma expressa reformulação de textos legais. À margem deles, mudanças culturais fazem sentir-se na maneira de compreender e valorar comportamentos humanos. A interpretação e aplicação das normas jurídicas não escapa a esse processo evolutivo. É oportuno, para não dizer indispensável, que de vez em quando se retomem as comparações, a fim de verificar se ocorreram modificações capazes de tornar obsoletas posições clássicas, ou se – e em que medida – ainda é possível reputá-las válidas.

3. "CIVIL LAW" E "COMMON LAW": PROCESSO "INQUISITORIAL" E PROCESSO "ADVERSARIAL"

O confronto entre *civil law* e *common law* tem sido feito por diversos prismas. No campo do processo, é critério recorrente o que se tira da "divisão do trabalho" entre juiz e partes *(rectius:* entre juiz e advogados das partes) na instrução probatória. Adverte-se aí uma diferença de acentuação: os ordenamentos anglo-saxônicos atribuem a tarefa principalmente aos advogados, enquanto nos da família romano-germânica assume relevância maior o papel do órgão judicial. Cunharam-se até denominações, no âmbito do *common law,* para assinalar o contraste: ao processo do tipo dominante na família romano-germânica chama-se *"inquisitorial",* ao outro tipo *"adversarial".* À evidência, jamais existiu e com certeza jamais existirá ordenamento processual «quimicamente puro»: todos combinam, em variável dosagem, elementos de ambos os tipos[3]. Apesar do generalizado reconhecimento desse fato, porém, subsistem

3 De tão trivial, a observação a rigor dispensa abonações. *Vide,* em todo caso, as referências bibliográficas em BARBOSA MOREIRA, *Notas sobre alguns aspectos do processo (civil e penal) nos países anglo-saxônicos, in Temas de Direito Processual (Sétima Série),* S. Paulo, 2001, p. 161, nota 9, às quais se pode acrescentar, recentissimamente, JOLOWICZ, *Adversarial and Inquisitorial Models of Civil Procedure, in International and Compara tive Law Quarterly,* v. 52 (abril de 2003), p. 281 *("... a purely adversarial process is no more capable of existing in the real world than a purely inquisitorial one").*

na literatura a noção da diversidade e o uso das expressões tradicionalmente empregadas para indicá-la.

Os estudiosos têm visto correlação entre as características do processo no mundo de *common law* e o uso do júri em matéria civil, datado na Inglaterra de época já longínqua e, conquanto reduzido naquele país a casos excepcionais[4], ainda vigente nos Estados Unidos. Realmente, desde que se outorgou ao júri a função soberana e indelegável de "juiz do fato", era natural que se houvesse por indébita qualquer interferência do órgão judicial na preparação e apresentação, pelas partes, do material fático destinado a dar suporte às respectivas pretensões. Não é desprezível a hipótese de uma persistente incrustação histórica: ainda onde hajam cessado as razões do fenômeno, continuariam a fazer-se sentir suas consequências – não só, aliás, o predomínio das partes sobre o juiz na atividade instrutória, mas igualmente a concentração desta na sessão de julgamento *(trial)* e a preferência, hoje parcialmente atenuada, pelas provas orais.

Cumpre recordar que também a doutrina dos países de *civil law* costuma aludir, neste contexto, ao "princípio inquisitivo" (ou "inquisitório") e ao "princípio dispositivo". Na verdade, semelhantes locuções veem-se utilizadas, de forma bastante equívoca, a propósito de questões heterogêneas, como a iniciativa da instauração do feito, a delimitação do objeto do julgamento, a possibilidade de dar-lhe fim mediante ato unilateral ou bilateral de composição do litígio, a abrangência do efeito devolutivo dos recursos... No momento, interessa-nos o emprego das locuções em matéria de obtenção de provas. Fala-se de "princípio inquisitivo" em relação com a ideia de que é função do juiz obtê-las; e de "princípio dispositivo" com a ideia de que esse trabalho incumbe às partes[5].

Mudanças recentes põem na ordem do dia o reexame da questão. Em ambos os territórios, no anglo-saxônico e no romano-germânico,

---

4 Indicações doutrinárias em BARBOSA MOREIRA, art. cit. na nota anterior, p. 162/3, nota 13. *Vide* também a nota 27, *infra.*

5 Cf., em nossa literatura recente, JOSÉ ROBERTO DOS SANTOS BEDAQUE, *Poderes instrutórios do juiz,* 3ª ed., S. Paulo, 2001, p. 86. O autor não deixa de pôr em evidência, nas páginas subsequentes, a equivocidade da expressão "princípio dispositivo" – o que já frisávamos em trabalho de há quase vinte anos: *vide* BARBOSA MOREIRA, O *problema da "divisão do trabalho" entre juiz e partes: aspectos terminológicos, in Temas de Dir. Proc., (Quarta Série),* S. Paulo, 1989, p. 35 e s., e voltamos a sublinhar em mais de um escrito, *v.g. Reformas processuais e poderes do juiz, in Rev. Jurídica, nº* 306, p. 7.

vêm ocorrendo inovações de manifesta relevância. Produzirão elas reflexos suscetíveis de justificar o abandono da imagem tradicional? Ou remanescem intactas características suficientes para que continuemos a admiti-la – eventualmente com retoques – como representação não muito distante da realidade? É nosso intuito aqui tentar responder, posto que sumariamente, a essas indagações.

4. O JUIZ E A INSTRUÇÃO DO PROCESSO: *COMMON LAW*

Muitas e muitas vezes se tem atribuído ao juiz anglo-saxônico, em obras doutrinárias, papel passivo em matéria probatória. Incumbe-lhe, sem dúvida, decidir objeções porventura feitas à admissibilidade de certas provas, fiscalizar a produção das provas orais no *trial* e, obviamente, valorar os elementos apresentados, para fundamentar a sentença – com ressalva, no particular, das hipóteses de competência do júri, hoje quase desaparecidas na Inglaterra, no terreno civil, mas subsistentes nos Estados Unidos, onde o julgamento pelo tribunal popular é garantia prevista na Constituição (art. III, seção 2, nº 3, e 6ª Emenda). Mas daí não se passa: ainda quando franqueada ao órgão judicial, em teoria, a possibilidade de tomar iniciativas probatórias, não se tem visto com bons olhos, na prática, a utilização dessa prerrogativa.

Narra-se, ao propósito, o caso de certo juiz inglês que, há décadas, teve anulado julgamento que presidira, por haver feito muitas perguntas às testemunhas – comportamento reprovado como violador da garantia do *fair trial.* Foi-se ao extremo de induzir o magistrado a renunciar ao cargo[6]. Aos advogados norte-americanos de modo nenhum lhes agrada que o juiz, participando ativamente da colheita das provas orais, "roube" a cena de que desejam ser, eles próprios, os protagonistas. Essa idiossincrasia é capaz de induzir numerosos magistrados a timbrar na autocontenção, notadamente nos Estados onde os juízes são eleitos: aqueles que se candidatam à reeleição não se dispõem com facilidade a alienar a simpatia da classe dos advogados, cuja influência eleitoral costuma ser apreciável.

Na Inglaterra, a situação está sensivelmente alterada. Não foi repentina a mudança: há algum tempo, vinham-se introduzindo na legislação modificações que deslocavam o ponto de equilíbrio entre as forças

6 O episódio é relatado por *Lord* DENNING, no volume *The Due Process of Law,* Londres, 1980, p. 58 e S., sob o título *The judge who talked too much.*

atuantes na arena judiciária. De início, o juiz incumbido de presidir o *trial* não tinha acesso, antes desse momento, a peças processuais; partia-se da premissa de que ele devia chegar à sessão de julgamento sem prévio conhecimento do assunto, a fim de conjurar o risco de que sua mente, em vez de ficar aberta às impressões colhidas ao vivo no *trial,* já sofresse alguma inclinação prematura. A ignorância era havida por garantia de imparcialidade e barreira contra o prejulgamento. Tal sistema foi alterado nos anos 90, em termos tais que, no pensamento de doutrina autorizada, já afastavam o direito inglês do modelo *adversarial*[7].

A evolução tomaria maior impulso com o advento das *Civil Procedure Rules* – em vigor desde 1999 – verdadeiro código de fisionomia parecida, em mais de um aspecto, com os diplomas análogos dos países de *civil law*[8]. Não se chegou aí a conferir ao órgão judicial, em termos expressos, o poder de determinar *ex officio* a realização de provas; mas decerto se lhe outorgaram amplas faculdades de controle da atividade probatória[9]. Pode o juiz, por exemplo, emitir instruções no sentido de especificar as questões para as quais deseja prova, a natureza da prova de que carece para resolvê-las e a maneira como deve ser ela apresentada em juízo *(rule* 32.1); pode também ordenar à parte, a qualquer momento, que esclareça matéria discutida no processo, ou ministre informação adicional a respeito *[rule* 18.1 (10)].

Tópico importante é o atinente à prova pericial. Na tradição anglo-saxônica, o perito nada mais era que uma testemunha qualificada

7 Para não multiplicar as citações, remetemos o leitor ao artigo de JOLOWICZ, publicado em tradução para o português (do autor deste ensaio), sob o título *A reforma do processo civil inglês: uma derrogação ao adversary system?, in Rev. For.,* v. 328. A leitura desse e de outros trabalhos da mesma pena é essencial, ao nosso ver, para o conhecimento e a compreensão do processo evolutivo que, nos últimos tempos, marcou o funcionamento da Justiça civil na Inglaterra: além do art. cit. na nota 2, *supra, vide,* em trad. ital. de Michele Lupoi, *Il nuovo ruolo del giudice del "pre -trial" nel processo civile inglese,* in *Riv. trim. di dir. e proc. civ.,* v. LVI (2002), p. 1.263 e s.

8 *Vide* nossa resenha, sob o título *Uma novidade: o Código de Processo Civil inglês, in Temas (Sétima Série),* cit., p. 179 e S. (especificamente sobre a disciplina da instrução probatória, p. 186/8).

9 Segundo JOLOWICZ, art. cit. na nota 2, *supra,* p. 287, o *"power to contrai evidence",* nos termos em que as *CPR* o conferem ao juiz, *"manifestly rules counter to the freedom of the parties to present their cases as they wish – which is inherent in the classic adversary system".*

(expert witness), que a parte convocava para depor a seu favor. As *Civil Procedure Rufes* colocam o perito na posição de auxiliar imparcial do juiz, enfatizando que seu dever para com o tribunal sobrepaira a toda obrigação para com a pessoa da parte *(rule* 35.3). Sempre que os litigantes pretendam que se realize perícia sobre determinada questão, dá-se ao órgão judicial a possibilidade de ordenar que ela seja levada a cabo por um único perito, o qual pode ser indicado mediante acordo das partes, mas, na falta deste, pelo próprio tribunal *(rule* 35.7); o órgão judicial tem o poder de emitir instruções sobre qualquer inspeção, exame ou experiência que o perito único deseje realizar *[rule* 35.8, (3), (*b*)][10].

É diferente o panorama nos Estados Unidos. Aí, a instrução probatória continua a depender em larga medida da iniciativa das partes *(rectius:* dos advogados). Uma das chaves mestras utilizadas nessa atividade consiste no procedimento denominado *discovery,* cuja substância reside na possibilidade, que se abre aos advogados, de pesquisar e explorar fontes de prova fora do âmbito judicial. Compreendem-se nesse poder, *v.g.,* a sujeição do adversário e de eventuais testemunhas a interrogatório sob juramento, sem a presença do juiz, o acesso a arquivos da parte contrária, a realização de exames médicos para determinar o respectivo estado de saúde físico ou mental[11]. A extensão do trabalho investigatório

---

10 As *CPR* inspiraram-se notoriamente nas propostas constantes dos relatórios que *Lord* Woolf elaborou, em 1995 e 1996, como resultado de pesquisa realizada por designação do então *Lord Chancellor.* Nesses documentos apontava-se, como uma das principais causas do mau funcionamento da Justiça civil inglesa, o caráter excessivamente adversarial do sistema. No resumo feito por GREENE, *The New Civil Procedure Rules,* Londres, 1999, p. 2, lê-se: *"Litigation will be less adversarial and more cooperative";* e, sob essa rubrica: *"Experts should not become part of the adversarial tool".*

11 *Vide rule* 26 e s. das *Federal Rules of Civil Procedure;* na doutrina mais recente, FRIEDENTHAL-KANE-MILLER, *Civil Procedure,* 3ª ed., St. Paul, reimpressão de 2001, p. 386 e s., onde se lê que a adoção das *discovery rules,* copiadas em quase todas as legislações estaduais, *"virtually revolutionized the practice of law in the United States"* e fizeram da *discovery "a vital part of the litigation process"* (p. 386). Cf. JAMES-HAZARD-LEUBSDORF, *Civil Procedure,* 5ª ed., Nova Iorque, 2001, p. 283 e S., espec. 290 e s., assim como o substancioso artigo de *CHASE American "Exceptionalism" and Comparative Procedure, in The American Journal of Comparative Law,* v. I. (2002), nº 2, p. 292 e s. (há tradução desse artigo para o português, feita pelo autor da presente palestra e publicada, sob o título *A "excepcionalidade" americana e o direito processual comparado, in Rev. de Proc.,* nº 110, p. 115 e s.),

atribuído aos advogados norte-americanos causa admiração até noutros países de *common law*[12].

Reformas legislativas dos últimos tempos confiaram ao juiz papel mais saliente no controle do mecanismo da *discovery*. Desse e de outros dados há quem conclua estar superada a caracterização tradicional do processo civil norte-americano como avesso a uma participação menos modesta do órgão judicial na atividade instrutória[13]. A conclusão não soa de todo convincente, quando nada à luz de exposições doutrinárias recentemente publicadas nos próprios Estados Unidos[14]. O que cumpre evitar é o simplismo das contraposições em preto e branco: decerto, reitere-se, muitos ordenamentos processuais aparecem hoje bem mais matizados do que noutros dias. Isso não elimina só por si a existência de linhas limítrofes, ainda que faça altamente desaconselhável o rigor excessivo com que às vezes se tem procurado traçá-las. Afigura-se ponderada a manifestação daqueles que, sem deixar de registrar a tendência moderna do processo civil norte-americano a resgatar o juiz da posição de mero "árbitro passivo", tampouco se abstêm de reafirmar a diretriz primacial do *adversary system*, que confia acima de tudo nos esforços dos próprios litigantes[15].

---

12 Já há quase vinte anos observava DAMASKA, *The Faces of Justice and State Authority*, New Haven-Londres, 1986, p. 133, nota 67, que *"American discovery practice sometimes appears 'exorbitant' – 'fishing expeditions' – to lawyers in other common law countries"*.

13 Nesse sentido, com ênfase digna de nota, DONDI, *Questioni di efficienza della fase preparatoria nel proceso civile statunitense (e prospettive italiane di riforma), in Riv. trim. di dir. e proc. civ.*, v. LVII (2003), p. 161 e s., espec. 162/3, 165. *Vide* aí a indicação das principais mudanças ocorridas a partir dos anos 80 no sistema norte-americano. Consulte-se ainda TARUFFO, *Il processo civile di civil law e di common law: aspetti fondamentali, in Sui confini*, Bolonha, 2002, p. 77/8 (também desse artigo há tradução para o português, feita pelo autor da presente palestra e publicada, sob o título *Observações sobre os modelos processuais de civil law e de common law, in Rev. de Proc.*, nº 110, p. 141 e s.).

14 Por exemplo: no artigo cit. na nota 8, *supra*, p. 294/6, enfatiza CHASE a correlação entre o *"party controlled pre-trail fact gathering"* e alguns valores apontados como básicos da cultura americana, nomeadamente o igualitarismo, o populismo, o *laissez faire*, o individualismo e o antiestatismo, tão fortes naquela cultura.

15 Assim, JAMES-HAZARD-LEUBSDORF, ob. cit., p. 8 e 5, respectivamente.

5. O JUIZ E A INSTRUÇÃO DO PROCESSO: "CIVIL LAW"

Voltemos os olhos, agora, para o universo de *civil law.* Nunca é demais ressaltar a impropriedade da qualificação de "inquisitório" para tipificar, com pretensão de generalidade, o modelo dominante nessa área em matéria de divisão do trabalho entre juiz e partes na instrução probatória. Entre outros inconvenientes, o uso indiscriminado da expressão tem o de pôr em falsa pista o estudioso desprevenido, dando a entender que existe *um único* modelo processual verdadeiramente comum a todos os países da família romano-germânica[16]. O certo é que, de par com vistosas semelhanças, sempre houve diferenças relevantes entre os vários ordenamentos que nela se incluem – e a observação das trajetórias por eles descritas em nossos dias só faz confirmar essa diversidade.

Senão, vejamos. A França, onde por largo tempo prevaleceu sistema fortemente marcado pelo domínio das partes sobre mais de um aspecto do processo, inclusive o de que estamos tratando, adotou em 1975 novo *code de procédure civile,* cujo caráter inovador, no particular, se evidencia à vista do art. 10, que autoriza o juiz a ordenar *ex officio* todas as medidas de instrução legalmente admissíveis[17]. Averba a doutrina que assim se erigiu em princípio geral um poder outrora limitado a casos excepcionais[18]. Já não seria cabível aludir, como se aludia noutra época, ao "papel passivo do juiz" no tocante à instrução probatória[19]. Aí se tem, pois, sugestivo exemplo de uma evolução em que se desloca o ponto de equilíbrio entre a atuação do órgão judicial e a das partes, aumentando o peso anteriormente atribuído àquela.

Outro exemplo de mudança orientada para o incremento dos poderes instrutórios do juiz é o que ministra a recente reforma da *Zivilprozessordnung* alemã, por lei de 27-7-2001. Assinalemos um ponto interessante. Ainda antes da reforma, podia o órgão judicial ordenar à parte a apresentação de documentos em seu poder, aos quais *ela* fizes-

---

16 Contra esse equívoco adverte com razão TARUFFO, trab. cit. p. 74/5, 87.

17 No original:. *«Le juge a le pouvoir d' OIdonner d 'office loures les mesures d 'instruction légalement admissibles».* Cf. o art. 143: *«Les faits dont dépend la solution du litige peuvent, à la demande des parties ou d'office, être l 'objet de tollte mesure d 'instruction légalement admissible».*

18 CADIET, *Droit Judiciaire Privé,* 2' ed., Paris, 1998, p. 483.

19 Assim, MOREL, *Traité élémentaire de procédure civile,* Paris, 1932, p. 463. *Vide,* nas p. 505/6, a indicação de algumas providências já então suscetíveis de ser ordenadas *ex officio* pelo órgão judicial.

se referência. Agora, a possibilidade vê-se ampliada em duplo sentido. De um lado, ela se estende aos documentos a que *a parte contrária* se refira; de outro, a ordem de apresentação pode ser dirigida igualmente *a terceiros,* desde que isso lhes seja possível e não ocorra qualquer dos casos de recusa legítima a depor como testemunha (§ 142, 1ª e 2ª alíneas)[20]. Já não afina pelo mesmo diapasão o direito espanhol. Na Exposição de Motivos, nº VI, da nova *Ley de Enjuiciamiento Civil* (nº 1, de 2000), lê-se que ela continua a inspirar-se no "princípio dispositivo", segundo o qual – tem-se o cuidado de explicitar – "não se entende razoável que incumba ao órgão jurisdicional investigar e comprovar a veracidade dos fatos alegados". Coerente com essa diretriz, a lei, na contramão da francesa, restringe às hipóteses expressamente previstas o poder do juiz de determinar de ofício a realização de provas (art. 282, 2ª parte). Eliminam-se as antigas *"diligencias para mejor proveer",* expediente de que se utilizava o órgão judicial para tentar preencher eventuais lacunas do material probatório. Em tal inovação não falta quem veja *"una regresión histórica verdaderamente increíble"*[21]; ela se harmoniza, todavia, com o pensamento de outra vertente doutrinária, cuja aversão ao ativismo judicial em matéria de prova chega ao ponto de identificar sintoma de "autoritarismo" na assunção de poderes instrutórios *ex officio* pelo juiz[22].

Também na Itália vêm-se notando sinais contrários à ampla participação do órgão judicial na colheita de provas. Eles aparecem até na esfera do processo penal: o art. 190, 2ª alínea, do *codice di procedura penale* de 1988 igualmente limita às hipóteses contempladas em lei a possibilidade, para o juiz, de determinar *ex officio* medidas instrutórias. Mas tra-

20 Cf. OBERHEIM, *Die Reform des Zivilprozesses,* Darmstadt, 2001, p. 9, onde se chega a vislumbrar na nova regulamentação da matéria certa tendência a aproximar o direito alemão da *"pre-trial discovery"* norte-americana.

21 VÁZQUEZ SOTELO. *El proceso civil y su futuro* (relatório apresentado às XVIII Jornadas Ibero-americanas de Direito Processual, de 2002), *in Cuadernos procesales* (México), nº 17/18, p. 41/2.

22 Assim, MONTERO AROCA, *La nueva Ley de Enjuiciamiento Civil española y la oralidad,* no volume *Relatorios y ponencias sobre Derecho Procesal* das XVII Jornadas Ibero-americanas de Direito Processual (San José, 2000), t. II, p. 332/3. A exemplificação do autor recorre a casos em que Estados totalitários abraçaram a orientação de aumentar poderes do juiz – o que somente mostra que o fenômeno não é exclusivo desta ou daquela ideologia. Ou teremos de entender que a Inglaterra, ao editar as *CPR,* optou por alguma forma de "autoritarismo"?

ta-se de aspecto particular de uma tendência geral, que se espraia pelo terreno civil, a repudiar a concepção publicística do processo[23].

Não se inclina para esse lado o direito brasileiro. No art. 130, 1ª parte, do Código de Processo Civil de 1973 já se consagrara a regra: "Caberá ao juiz, de ofício ou a requerimento da parte, determinar as provas necessárias à instrução do processo". À vista dela, devem considerar-se meramente explicitantes disposições em que se prevê a iniciativa probatória oficial, como as dos arts. 342, 355, 382, 399,416, *caput, initio,* 418,426, nº II, 437, 440 etc. Linguagem expressiva foi depois empregada no art. 5º, 1ª parte, da Lei nº 9.099, de 26-9-1995, que dispõe sobre os Juizados Especiais: "O juiz dirigirá O processo com liberdade para determinar as provas a serem produzidas".

Ainda se nota, às vezes, certa timidez na interpretação e aplicação dessas normas, cuja incidência, ao ver de alguns, ficaria limitada a hipóteses especiais, em que haja relevante interesse público, ou se trate de direitos indisponíveis, e assim por diante[24]. Na lei, porém, não se encontra base para tantas distinções. Claro está que, *de fato*, por óbvias razões, o material probatório virá aos autos sobretudo pelas mãos das partes, que têm ciência direta dos acontecimentos relevantes e dos elementos capazes de comprovar as alegações a eles relativas. Isso não se discute; a questão é saber se o juiz há de limitar-se a aguardar, passivamente, tal contribuição, e de dar-se por satisfeito com ela, ainda quando a repute insuficientemente esclarecedora e sinta desconforto em ter de lançar mão das regras sobre distribuição do ônus da prova para julgar sem saber ao certo o que sucedeu.

6. CONCLUSÕES

Que conclusões se podem tirar dos dados até aqui expostos? Uma coisa percebe-se com facilidade: em nenhuma das duas famílias é uniforme o sentido da evolução. Parecem mover-se os ordenamentos segundo linhas sinuosas, com fluxos e refluxos no interior de cada grupo.

---

23 *Vide,* por exemplo, na mais recente literatura, a diatribe de CIPRIANI, no artigo *Il processo civile italiano tra efficienza e garanzie, in Riv. trim. di dir. e proc. civ.,* v. LVI (2002), p. 1.243 e s.

24 Cf. o acórdão do Superior Tribunal de Justiça apontado *in* THEOTONIO NEGRÃO, *Código de Processo Civil e legislação processual em vigor,* 35ª ed. (por José Roberto Ferreira Gouvêa), S. Paulo, 2003, nota 2ª ao art. 130.

Com efeito. No universo de *common law,* é sensível o descompasso entre Inglaterra e Estados Unidos: o direito inglês distancia-se a passos largos das posições clássicas do *adversary system,* desloca a tônica – em matéria de prova como noutras – do controle do processo pelas partes para o comando do juiz[25]; o norte-americano, apesar de recentes reformas legislativas, permanece mais apegado à tradição *adversarial.* No mundo de *civil law,* França e Alemanha reforçam os poderes instrutórios do órgão judicial, enquanto Espanha e Itália caminham no sentido oposto.

Por outro lado, não há como deixar de registrar que a imagem colhida nos textos legais, e mesmo na doutrina que sobre eles trabalha, nem sempre (não poucos diriam: quase nunca) coincide perfeitamente com a que se desenha na prática do foro. Assim é que às vezes se afigura vão o desígnio dos legisladores e dos juristas de fomentar maior participação dos juízes na atividade instrutória: por uma série extensa de razões, que seria descabido analisar neste momento, costumam ser raras as iniciativas oficiais na colheita de provas[26]. Ora, a mera circunstância de atribuir-se ao órgão judicial, em teoria, o poder de tomá-las pouco valerá, como elemento de caracterização de um sistema jurídico, se a outorga do poder não passa, *in concreto,* de letra morta. O sistema acaba por não se afastar em grau apreciável de outro que reserve abertamente às partes a iniciativa na matéria.

Tudo isso concorre para esbater ainda mais as divisas entre famílias jurídicas, do ponto de vista em que nos colocamos aqui. Parece-nos exagero relegá-las à posição de "mito", como querem alguns[27] – até porque

25 Extremamente sugestivos os títulos de dois artigos – um anterior, outro posterior ao advento das *Civil Procedure Rules* –, da autoria de eminentes processualistas ingleses: ZUCKERMAN, *English Civil Procedure – The Shift Away from Party Control and Orality, in Zeitschrift für Zivilprozess International,* v. 1 (1996), p. 65 e s.; ANDREWS, *A New Civil Procedural Code for England: Party-Control "Going, Going, Gone ", in Civil Justice Quarterly,* v. 19 (2000), p. 19 e s.

26 Cf., no tocante à França, a observação de HÉRON, *Droit judiciaire privé,* Paris, 199 L p. 164: «... *en pratique, cependant, les juges n'usent que très peu de ce pouvoir*» [o de determinar *ex officio* diligências probatórias]. *La grande majorité des mesures d'instruction sont ordonnées à la demande des parties...* ". Sem dúvida, outro tanto se pode dizer do Brasil.

27 *V.g.,* CÂNDIDO DINAMARCO, *Instituições de Direito Processual Civil,* v. I, 2ª ed., S. Paulo, 2002, p. 172/3. Um crítico tão severo da simplificação com que não raro se fala da contraposição entre processo de *civil law* e processo de *common law,* como é TARUFFO, não deixa de reconhecer que a afirmação de haver ela cessado seria *"evidentemente assurda di fronte alle numerose e rilevanti differenze che tuttora*

se têm de levar em consideração outros aspectos, tão relevantes quanto o focalizado nesta oportunidade, ou talvez mais. Com efeito, em vários pontos, o ordenamento inglês - no campo do processo e fora dele - continua a parecer-se mais com o norte-americano que com qualquer dos vigentes na Europa continental e na América Latina, assim como o ordenamento espanhol ou o italiano continua a parecer-se mais com o alemão ou com o francês que com os do mundo anglo-saxônico. No âmbito da Justiça, basta recordar, a título exemplificativo, os seguintes tópicos:

a) a forma de recrutamento dos juízes - em regra, nos países de *civil law,* mediante concurso público ou alguma forma de prova de capacidade intelectual; nos de *common law,* por critérios de índole política, seja a nomeação pelo Executivo, aprovada por órgão legislativo, seja eleição popular[28];

b) a existência de uma carreira judiciária nos países de *civil law,* em contraposição aos de *common law,* onde, em princípio, o juiz nomeado para determinado cargo nele permanece, e só acidentalmente, nunca em

---

sussistono" (trab. cit., p. 87/8). Cf., em termos mais gerais, a obra recente e preciosa de VARANO-BARSOTTI, *La tradizione giuridica occidentale, v. I - Testo e materiali per un confronto civil law common law,* Turim, 2002, p. 33: apesar das convergências atuais, cada vez mais vistosas e relevantes, entre as duas tradições, *"restano tuttavia (...) delle differenze importanti, che marcano in maniera abbastanza profonda i due gruppi di ordinamenti".*

28 Para uma indicação sintética mas precisa da diferença fundamental entre a forma de recrutamento dos juízes na Inglaterra e nos países de *civil law, vide* VARANO, *Organizzazione e garanzie della giustizia civile nell'lnghilterra moderna.* Milão, 1973, p. 54. Cf., em MOCCIA, *Il sistema di giustizia inglese,* Rimini, 1984 (reimpr. de 1987), p. 75/6, um esquema das várias possibilidades existentes naquele mesmo país em matéria de recrutamento de juízes. Nos Estados Unidos, a nomeação para o cargo de juiz federal compete ao Presidente da República, com aprovação do Senado, ao passo que vários Estados adotam o procedimento eleitoral para a escolha dos juízes: ao propósito, extensamente, HAZARD-TARUFFO, *La giustizia civile negli Stati Uniti,* Bolonha, 1993, p. 73 e s. Boa informação sobre o assunto, igualmente, em MEADOR, *American Courts,* St. Paul, 2000, p. 5 1 e s. É natural que influa no modo de desenvolvimento do processo o modelo estrutural do Judiciário, assim como a forma de recrutamento dos juízes: sugestivas observações ao propósito em DAMASKA, *Professione legale e organizzazione dello Stato,* trad. ital. de Fabio Rota, no volume coletivo *Avvocatura e giustizia negli Stati Uniti* (ed. de Dondi), Bolonha, 1993, p. 59 e s., que compara o "modelo paritário", adotado no *common law,* com o "modelo hierárquico", característico do *civil law.*

virtude de promoção pura e simples, passa a ocupar outro de superior hierarquia[29];

c) a outorga ao júri de competência para julgar litígios não penais, tradição inglesa pluricentenária[30], - hoje, repita-se, quase extinta na Inglaterra, mas subsistente nos Estados Unidos, onde, já se registrou, constitui até garantia constitucional -, e estranha ao universo de *civil law*[31];

d) as principais características da audiência de julgamento, sobretudo quanto à colheita da prova oral, interrogadas que são as testemunhas, nos países de *common law,* diretamente pelos próprios advogados, ao contrário do que se dá nos de *civil law,* onde as perguntas são formuladas pelo juiz, ou por seu intermédio[32];

---

29 *«There is no regular practice in England of promoting judges»,* lê-se em JACKSON, *The Machinery of Justice in England,* Cambridge, 1970, p. 293. Que haja na Inglaterra *"uma professione o carriera giudiziaria"* trata de negar explicitamente JOLOWICZ, na exposição inserta, sob o título *L'amministrazione della giustizia civile: Inghilterra e Galles,* na valiosa obra coletiva *La giustizia civile nei paesi comunitari* (ed. por Fazzalari), Milão, 1994, p. 147. Acerca dos juízes norte-americanos, escreve por sua vez MEADOR, ob. cit.: *"once in the bench they do not, generally, follow a promotional pattern through lhe ranks of the Judiciary"* (p. 49); *"There is no system of promotion and no substantial sentiment among American lawyers, judges, or politicians that such a system would be desirable"* (p. 51).

30 Segundo informa SHAPIRO, *Courts - A Comparative and Political Analysis.* Chicago - Londres, s.d., págs. 84/5, *«by the fifteenth centuty the jury had become the standard judicial instrument for finding facts in both criminal and civil cases».* Quanto ao acentuado declínio da instituição, em matéria civil, na Inglaterra (e também, mas com menor intensidade, noutros ordenamentos de *common law), vide* as indicações bibliográficas em BARBOSA MOREIRA, ob. e lug. cit. na nota 3, *supra,* às quais se pode aditar JOLOWICZ, art. cit. na nota 2, *supra,* p. 282, e trab. cit. na nota 28, *supra,* p. 145: *"oggi, ['uso di una giuria nelle cause civili è estremamente raro".* Enquanto isso, nos Estados Unidos, em trabalho ainda recente, CHASE aponta o júri civil como um dos traços que configuram a "excepcionalidade" do processo norte-americano: *vide* art. cit. *(supra,* nota 10; o trecho relativo ao júri civil está nas p. 126 e s. da trad.). Diversamente, TARUFFO, trab. cit., p. 82, sustenta que seria impróprio, hoje, ver no júri um elemento fundamental do modelo norte-americano de processo civil.

31 Sobre a malograda tentativa, no período revolucionário, de introduzir o júri civil na França, *vide* ROYER, *Histoire de la justice en France,* Paris, 1995, p. 286 e s.

32 Para a descrição pormenorizada do procedimento inglês, no particular, *vide,* por exemplo, JACOB, *The Fabric of English Civil Justice,* Londres, 1987, p. 161 e s.; já na vigência das *Civil Procedure Rules* (que substancialmente não inovaram na matéria), DENNIS, *The Law of Evidence,* 2ª ed., Londres, 2002, p. 460 e s.; quanto ao *trial process* norte-americano, entre outros, FRIEDENTHAL-KANE-MILLER, ob. cit. na nota 10, *supra,* p. 472 e s.

e) *last but not least,* por sua manifesta significação para tema processual tão relevante quanto o da fundamentação das decisões, o valor do precedente judicial, normalmente vinculativo para os juízes e tribunais anglo-saxônicos[33], não porém nos ordenamentos romano-germânicos, sem embargo da influência exercida *de facto* (e, no Brasil, com crescente intensidade, também *de iure*[34]*)*, pela jurisprudência dos órgãos superiores.

Apesar de tudo isso, as diferenças tendem a tomar-se menos salientes do que já foram[35]. Se nos permitem uma imagem – aproximativa, como todas as imagens –, é como se assistíssemos à progressiva aproximação de dois círculos, a princípio separados por largo espaço. Chega a hora em que eles se tangenciam, ou mesmo se tomam secantes. Haverá uma área comum; mas também haverá, num e noutro círculo, grandes arcos para os quais subsistirá a separação.

Todo prognóstico é naturalmente arriscado. Não deve errar muito, contudo, quem vaticinar que o processo evolutivo continuará a desenvolver-se ao longo das linhas acima sucintamente descritas, sem que fique em absoluto excluída a hipótese de avanços e recuos, maiores ou menores, aqui e ali. A influência recíproca tende a intensificar-se: é uma das tantas manifestações do fenômeno da globalização. Hoje, por mo-

33 É vasta a literatura a respeito do assunto. O leitor brasileiro terá fácil acesso à exposição sintética de R.E, acerca do sistema norte-americano, sob o título *"Stare Decisis"*, em tradução de Ellen Gracie Northfleet, *in Rev. de Proc.*, nº 73, p. 47 e s. No que tange ao direito inglês, *vide*, por exemplo, KIRALFI, *The English Legal System,* 6ª ed., Londres, 1978, p. 71 e s.; JAMES, *Introduction to English Law,* 10ª ed., Londres. 1979, p. 17 e s. WALKER & WALKER, *The English Legal System,* 5ª ed., Londres, 1980, p. 128 e s. (repare-se na informação, constante da p. 19 da segunda obra citada e da p. 142 da terceira, de que, nos termos de anúncio feito em 1966 pelo *Lord Chancellor,* a *House of Lords* já não se julgaria, daquela data em diante, vinculada por seus próprios precedentes, reservando-se o poder de *"depart from a previous decision when ir appears right to do so"*; ressalve-se que a vinculação subsistiu para todos os órgãos judiciários inferiores).

34 Atente-se especialmente no ano 557 e seu § 1º-A do Código de Processo Civil, na redação da Lei nº 9.756, de 17-12-1998. Sobre a evolução do direito brasileiro na matéria, CÂNDIDO DINAMARCO, O *relator, a jurisprudência e os recursos,* no volume coletivo. *Aspectos polêmicos e atuais dos recursos cíveis de acordo com a Lei* 9.756/98 (coord. de Teresa Arruda Alvim Wambier e Nelson Nery Junior), S. Paulo, 1999, p. 128 e s.

35 Dignas de atenção e reflexão, a esse respeito, as considerações de TARUFFO, trab. cit., p. 87 e s.

tivos óbvios – e goste-se ou não se goste –, ela atua com mais força no sentido de certa "americanização" do resto do mundo, no território do processo como em tantos outros.

O Direito brasileiro tem assimilado ideias dessa procedência, na esfera processual não menos que noutras: nossas ações coletivas, por exemplo, devem bastante, em sua inspiração, às *class actions* norte-americanas, sem embargo de perceptíveis diferenças de disciplina. Já experimentamos, para o recurso extraordinário, filtro semelhante ao utilizado pela *Supreme Court* para as *petitions for certiorari:* houve tempo em que, para tornar admissível o recurso, em determinados casos, o recorrente precisava convencer o Supremo Tribunal Federal da "relevância da questão federal" suscitada[36]- e não falta quem preconize o restabelecimento de mecanismo desse tipo[37]. No terreno probatório, é patente a influência americana em certas disposições da Carta Política de 1988, *v.g.,* a que nega admissibilidade às provas obtidas por meios ilícitos (art. 5º, nº LVI)[38]. Outra proposta "americanizante" é a que consta de um dos projetos de reforma do Código de Processo Penal em tramitação no Congresso, a saber, o que visa a modificar o art. 212 para estatuir que, na prova testemunhal, as perguntas passem a ser feitas "pelas partes diretamente à testemunha", em vez de o serem, como hoje, por intermédio do juiz. Já no âmbito civil não se cogita, ao que consta, de medidas que transfiram para as partes *(rectius:* para os advogados) poderes instrutórios do órgão judicial.

Para quem não simpatize – e é o caso do autor desta palestra – com a ideia de reduzir o papel do juiz ao de um "convidado de pedra", o que se impõe é estimular o exercício dos mencionados poderes, proporcionando ao magistrado condições de trabalho capazes de permitir-lhe atuar com maior intensidade no particular, e acima de tudo promovendo um

36 O requisito, previsto em emendas ao Regimento Interno da Corte, de 1975 e 1985, tinha assento constitucional no art. 119, parágrafo único, da Emenda nº 1, de 1969 – na verdade, apesar do rótulo, uma nova Constituição, que substituiu a de 1967.

37 Nesse sentido dispõe o § 4º que o Projeto de Emenda Constitucional nº 9/2000 pretende acrescentar ao art. 102, ao prescrever que "o recorrente deverá demonstrar a repercussão geral das questões constitucionais discutidas no caso, nos termos da lei, a fim de que o Tribunal examine a admissibilidade do recurso, somente podendo recusá-lo pela manifestação de dois terços de seus membros".

38 *Vide,* ao propósito, *BARBOSA* MOREIRA, O *processo penal norte-americano e sua influência, in Rev. de Proc.,* nº 103, p. 104/5.

câmbio de mentalidade: o juiz tem de convencer-se de que podemos e devemos, sempre que necessário, cobrar-lhe maior contribuição na averiguação dos fatos. Isso, no entanto, já seria assunto para *outra* palestra.

Agosto de 2003.

COMENTÁRIOS DOS ATUALIZADORES

O PROCESSO CIVIL CONTEMPORÂNEO: UM ENFOQUE COMPARATIVO

Aluisio Gonçalves de Castro Mendes/Carolina Paes de Castro Mendes

José Carlos Barbosa Moreira foi a grande referência e elo do Direito Processual brasileiro com o desenvolvido mundo afora. Da sua cátedra na Faculdade de Direito da Universidade do Estado do Rio de Janeiro (UERJ), com a sua precisão e rigor científico, encantava não somente os ouvintes das suas aulas e palestras e leitores dos seus livros, pronunciamentos e textos no Brasil, mas colegas professores e juristas de todos os continentes.

Em 1976, já desenvolvia estudos com o Professor Mauro Cappelletti, na Universidade de Florença. Foi Secretário, Tesoureiro e Presidente do Instituto Ibero-americano de Direito Processual, recebeu o título de Vice-Presidente Honorário da *International Association of Procedural Law*, em 1995, e tornou-se membro honorário da *Associazione Italiana fra gli Studiosi del Processo Civile*, em 1993.

Barbosa Moreira foi, ainda, membro de diversas entidades jurídicas internacionais, tais como: *Wissenschaftliche Vereinigung für Internationales Verfahrensrecht* (Associação Científica de Direito Processual Internacional), desde 1980; o Instituto Comparado Luso-Brasileiro, desde 1982; a *International Association of Procedural Law*, desde 1984; *Association Internationale de Méthodologie Juridique*, desde 1986. Foi também professor visitante nas Universidades de Bolonha (em 1993) e Lisboa (em 1996).

Na conferência ministrada em 2003, por ocasião do XII Congresso Internacional de Direito Comparado, bem como em diversas outras oportunidades, nas suas aulas, palestras e artigos, enfatizou a importância do estudo comparativo no âmbito do Processo Civil contemporâneo, bem como para qualquer outro ramo da ciência jurídica. Poder-se-ia enfatizar que a troca de informações e a comparação são fundamentais em praticamente todas as áreas do conhecimento. E o correspondente intercâmbio vem se viabilizando cada vez mais em razão das facilidades e da redução dos custos para que a comunicação e o contato ocorram de modo cada vez mais amplo, frequente e intenso.

José Carlos Barbosa Moreira foi um visionário, como jurista do seu tempo e do futuro. Não por outro motivo, os seus textos são atemporais e perenes, porque lastreados na lógica e no conhecimento, liberto dos preconceitos e dos complexos de inferioridade. Conhecedor e mestre do português e de diversas outras línguas, efetuava a leitura e o estudo dos outros ordenamentos, normalmente submergindo nas fontes diretas, lendo os originais. Não continha o deslumbramento daqueles que consideram que tudo o que é externo seja melhor, somente porque é de fora. Pelo contrário, usava as mesmas lentes para pesquisar e analisar os textos jurídicos e normativos nacionais e do estrangeiro. Efetuava a comparação nos seus mais diversos aspectos: especialmente o histórico e internacional.

No início da instalação do Programa de Pós-Graduação em Direito da UERJ, lecionou para mestrandos e doutorandos a disciplina Direito Processual Comparado, trazendo à baila os ensinamentos sobre a importância e o objeto da comparação, a necessidade de escolha de boas fontes, bem como do Direito formal e do que se apresenta na realidade, assim como de uma análise calcada em dados científicos. Não descurava dos elementos históricos e culturais, atento às modificações que se desenvolviam ao longo dos tempos nas famílias e nos sistemas jurídicos, permitindo-lhe oferecer aos seus alunos, ouvintes e leitores sempre uma visão fundada na realidade em movimento. Sempre com muito equilíbrio, cautela e elegância.

O texto em comento condensa a magnitude do autor, que passeia pelas diversas línguas e países, discorrendo sobre famílias jurídicas e diversas experiências nacionais, apontando as distinções e os movimentos de aproximação entre *civil law* e *common law*, em torno de institutos jurídicos e de características como a do processo inquisitorial ou adversarial, o papel do magistrado e questões relacionadas com a essência da Justiça. Efetua incursões e comparações entre o sistema inglês, com as novas *Civil Procedure Rules* (CPR), e o norte-americano, para discorrer sobre as origens e os caminhos, comuns e diferenciados, que trilharam.

Barbosa Moreira efetua, ainda, o estudo do juiz e da instrução do processo na França, a partir do *code de procédure civile*, bem como das reformas da *Zivilprozessordnung* na Alemanhã, da edição da *Ley de Enjuiciamiento Civil* da Espanha e do *códice de procedura penale* italiano, em cotejo com o Direito Processual brasileiro, extraindo conclusões precisas, equilibradas, fundadas, criativas e que procuram construir um mundo melhor, tudo com a devida modéstia.

Portanto, tudo o que foi dito e escrito, no texto em comento, se encontra extremamente atualizado. Que o Projeto mencionado na nota 36, transformou-se na Emenda Constitucional nº 45/2004 ou que as normas contidas nos artigos do CPC-1973 estão agora inclusas no CPC-2015 são meros detalhes. Ricas e perene são as lições em torno do estudo comparativo, do sentido das mudanças no Direito Processual e dos valores a serem fortalecidos na Justiça.

CORRENTES E CONTRACORRENTES NO PROCESSO CIVIL CONTEMPORÂNEO[1]

1. Generalidades. **2.** Partes e juiz na atividade instrutória. **3.** Depoimentos: orais ou escritos? **4.** Significado dessas contraposições.

1. GENERALIDADES

O processo civil está atravessando período de intensa atividade reformadora. Só nos últimos oito anos surgiram três novos códigos importantes: o japonês, de 1996, em vigor desde 1998 (e já emendado em 2003), as *Civil Procedure Rules* inglesas de 1998 (na verdade um código processual[2] de traços próximos, em certa medida, aos dos códigos da Europa continental) e a nova *Ley de Enjuiciamiento Civil* espanhola de 2000. Reforma parcial, mas extensa, sofreu a *Zivilprozessordnung* alemã em 2001. Trabalhos do gênero acham-se em curso na França, e em Portugal dois decretos-leis de 2003 alteraram profundamente a disciplina do processo de execução. Na Itália, está em foco projeto de lei delegada tendente a introduzir numerosas modificações no ordenamento processual. E é ocioso recordar as sucessivas ondas de reformas que, sem dar repouso a juízes, advogados e doutrinadores, vêm atingindo, desde 1992, o nosso próprio código – para não falar das repercussões da emenda constitucional relativa ao Poder Judiciário, ora em fase conclusiva de tramitação no Congresso Nacional.

Quem se interesse pelo funcionamento da máquina judiciária não pode deixar de sentir-se curioso a respeito de todas essas mudanças e de interrogar-se acerca dos pontos de convergência e de divergência que emergem da comparação entre elas. Os problemas que afligem a Justiça civil – sobretudo o da excessiva duração dos pleitos, permanentemente em evidência nas preocupações gerais – não são, com efeito, exclusivos

1 Texto de conferência pronunciada no Rio de Janeiro, em 6-5-2004, no congresso comemorativo do centenário da Editora Forense. Acrescentaram-se as notas. Publicado *in Rev. de Proc.*, nº 116, *Gênesis – Rev. de Dir. Proc. Civil*, nº 33, *Rev. Bras. de Dir. Comp.*, nº 27, *Rev. de Dir. Renovar*, nº 29, *Rev. do Min. Público* (do RJ), nº 21, *Rev. da Acad. Bras. de Letras Jur.*, nº 25, *Rev. Ibero-amer. de Dir. Proc.*, nº 6, *Cadernos de Dir. Priv.* (Portugal), nº 7.

2 Assim reza o próprio texto: *"These Rules are a new procural code with the overriding objective of enabling the court to deal with cases justly"* [rule 1.1 (1)].

de tal ou qual sistema jurídico: manifestam-se com características mais ou menos semelhantes em todos ou quase todos. É natural, portanto, que os legisladores dos diferentes quadrantes se vejam desafiados a enfrentar as mesmas questões e tenham de proceder a escolhas análogas. Ora, no receituário disponível encontram-se com facilidade propostas diversificadas e até radicalmente conflitantes. Aos estudiosos importa confrontar as soluções preferidas, não só para identificar as tendências predominantes, mas também, na medida do possível, para desvendar os pressupostos políticos ou ideológicos em que elas lançam raízes.

São várias, evidentemente, as perspectivas adotáveis no confronto. Por outro lado, como ninguém ignora, o nó vital do processo civil localiza-se quase sempre na prova. Raríssimos, para não dizer excepcionais, os casos de pleitos que se decidem à luz de puras questões de direito. Em geral, as controvérsias que o juiz tem de enfrentar referem-se a questões de fato; e, para resolvê-las, o instrumento de que ele normalmente se vale são as provas. Bem se compreende, pois, que a disciplina dessa matéria sugira ao observador ponto de vista de especial relevância. A problemática da prova, contudo, desdobra-se ela mesma em diversos tópicos, cada um dos quais comporta exame em separado, sem embargo das recíprocas influências e implicações. Vamos deter-nos aqui em dois dos mais importantes: o atinente à repartição de atribuições entre partes e juiz na atividade instrutória e o relativo ao modo pelo qual se introduzem no processo as informações ministradas por terceiros e pelos próprios litigantes.

2. PARTES E JUIZ NA ATIVIDADE INSTRUTÓRIA

Que papéis devem caber às partes e ao juiz na atividade instrutória? Habitualmente se tem distinguido entre duas visões opostas dessa problemática: uma que reserva aos litigantes a iniciativa de reunir e apresentar as provas de suas alegações; outra que confere mais ativa função ao órgão judicial. Convencionou-se falar, ao propósito, de princípio dispositivo e princípio inquisitivo; em inglês, usam-se as expressões *adversarial* e *inquisitorial* para designar, respectivamente, o sistema tradicional dos países anglo-saxônicos, do chamado *common law*, em que protagonistas incontrastados seriam os litigantes (ou, mais exatamente, seus advogados), e o apontado como característico da Europa continental e dos ordenamentos dela tributários (entre outros, os da América Latina) – na expressão consagrada, do *civil law* – onde a atuação do juiz sobrelevaria à das partes.

Essa maneira de considerar o assunto tem sido criticada, com razão, por demasiadamente esquemática e, em boa medida, despistadora[3]. Ela pretende constranger em moldes de rigidez artificial uma realidade matizada e ondulante. Já se observou muitas vezes que nenhum ordenamento processual pode regular a instrução probatória em termos de exclusividade absoluta, quer em favor das partes, quer do juiz[4]: necessariamente se concede algum espaço àquelas e a este, e a respectiva dosagem varia até no interior de um mesmo sistema jurídico, ao longo do tempo, ou de acordo com a matéria.

O gume da crítica torna-se mais agudo à vista de evoluções recentes. Para começar, mudanças sensíveis vêm afastando o mundo anglo-saxônico do modelo clássico do *adversary system,* para dar ao órgão judicial função de maior relevo na atividade de instrução. A figura do juiz "passivo" que se limitava a receber dos litigantes os elementos de convicção sobre os fatos, já não corresponde, por exemplo, àquela que se desenha no vigente direito inglês. É certo que as *Civil Procedure Rules* não chegam a atribuir expressamente ao órgão judicial o poder de determinar de ofício a realização de provas; mas decerto lhe outorgam amplas faculdades de controle da atividade probatória, notadamente:

a) a de indicar às partes as questões a cujo respeito entende necessitar de provas *(rule* 32.1, (1), *a;*

b) a de especificar a natureza da prova de que carece para resolvê-las - *rule* 32.1, (1), *b;*

c) a de determinar o modo pelo qual a prova deve ser produzida - *rule* 32.1, (1), c;

d) a de excluir prova que de outra maneira seria admissível - *rule* 32.1, (2);

---

3 O reparo é tão difundido que a rigor dispensa citações. Em todo caso, na literatura contemporânea, *vide,* com ênfase aqui e ali talvez excessiva, TARUFFO, *Il processo civile di civil law e di* common law: *aspetti fondamentali, in Sui confini,* Bolonha, 2002, p. 73/5 (ou, em tradução do autor desta palestra, sob o título *Observações sobre os modelos processuais de* civil law *e de* common law, *in Rev. de Proc.,* nº 110, p. 144/5).

4 Categórico, entre outros, JOLOWICZ, *On Civil Procedure,* Cambridge, 2000: "... *no system of civil procedure can in the nature of things be wholly adversarial or wholly inquisitorial"* (p. 175); *"A balance between adversarial and inquisitorial elements in any system of civil procedure* is *inevitable, and that balance* is *reflected in the division of labour between the parties and the judge"* (p. 182).

e) a de limitar a chamada *cross-examination,* isto é, o interrogatório da testemunha pelo advogado da parte contrária à que a convocou - *rule* 32.1, (3);

f) a de ordenar, em qualquer tempo, que a parte ministre esclarecimentos sobre assunto controverso ou preste informação adicional a respeito - *rule* 18.1, (1);

g) a de emitir, no caso de perito único, instruções sobre inspeção, exame ou experiência que ele queira realizar - *rule* 35.8, (3), *b.*

De outra banda, adotam as *Civil Procedure Rules* disciplina mais minuciosa - e, em alguns aspectos, restritiva - da atuação dos advogados na pesquisa de material probatório. O mecanismo tradicional dessa pesquisa era a denominada *discovery,* mediante a qual cada advogado podia obter, fora do âmbito judicial, dados de fato para fundamentar suas alegações, nomeadamente examinar documentos do adversário. Antes do advento do novo código, abusos comuns tinham efeitos negativos na duração e no custo do processo. Advogados pouco escrupulosos, remunerados por horas de trabalho, alongavam e complicavam desnecessariamente o procedimento da *discovery,* que chegava às vezes a produzir uma "avalanche de papel[5], Isso podia também contribuir para acentuar a disparidade de armas entre litigantes de recursos financeiros muito diferentes. As *Civil Procedure Rules* trataram de pôr cobro a tais excessos, intensificando o controle judicial sobre a referida atividade - à qual se deu até denominação nova: *disclosure*[6]. Também nos Estados Unidos, onde se continua a empregar o termo *discovery,* reformas legislativas têm aumentado o peso daquele controle[7].

Seja como for, essa atuação extrajudicial dos advogados, em busca de elementos probatórios, vinha constituindo traço característico dos

5 A expressão é de ANDREWS, *English Civil Procedure,* Oxford, 2003, p. 601.

6 Sobre a atual disciplina da matéria, amplamente, ANDREWS, ob. cit., p. 595 e s.; ZUCKERMAN, *Civil Procedure,* Londres, 2003, p. 462 e s.; DENNIS, *The Law of Evidence,* 2ª ed., Londres, 2002, p. 288 e s.

7 *Vide* em FRIEDENTHAL-KANE-MILLER, *Civil Procedure,* 3ª ed., 1 ª reimpressão, St. Paul, 200 I, p. 437 e s. a exposição das reformas efetuadas ou propostas nos últimos anos. DONDI. *Questioni di efficienza della fase preparatoria nel processo civile statunitense (e prospettive italiane di riforma), in Riv. di dir. e proc. civ.,* v. LVII (2003), p. 161 e s., oferece útil resumo das principais modificações introduzidas a partir dos anos 80 no sistema norte-americano. Cf. ainda CORSINI, *Le proposte di "privatizzazione" dell'attività instruttoria alla luce delle recenti vicende della "discovery" anglosassone,* in *Riv. di dir. proc. civ.,* v. LVI (2002), p. 1.282 e s., espec. 1.293 e s.

ordenamentos de *common law;* no universo de *civil law,* toda a atividade instrutória leva-se a cabo em juízo, ou pelo menos sob a direção do juiz, e em regra na sua presença. É estranha ao nosso sistema, por exemplo, a ideia de um depoimento tomado, sob juramento, no escritório do advogado de uma das partes, na ausência do magistrado – prática familiar aos norte-americanos. Pois bem: o projeto italiano de lei delegada para reforma do *codice di procedura civile* pretende consagrar, no art. 20, algo de semelhante à *discovery:* a faculdade, para os advogados, de colher, antes mesmo do início do pleito, entre outras coisas, depoimentos escritos e laudos periciais, munindo-se assim de documentos depois utilizáveis no processo[8]. Ademais, o art. 22 contempla a possibilidade de que a produção das provas na audiência, se concordes as partes e mediante autorização do órgão judicial, se realize fora da sede do juízo[9].

O confronto entre essas propostas e a evolução do direito anglo-saxônico revela um duplo movimento de mão e contramão. O papel do juiz na atividade instrutória vê-se incrementado no mundo do *common law* e ameaçado de redução em ordenamento que historicamente vem ocupando posição central no âmbito do *civil law.* Fala-se, na Itália, de tendência à "privatização" daquela atividade; aliás, a rigor, não só dela, mas de vários aspectos do direito processual constituendo[10]. Não se sur-

8 A proposta da atividade instrutória sem a participação do juiz vem sendo criticada em sede doutrinária: *v.g.,* PROTO PISANI, *Attualità e prospettive per il processo civile, in Foro it.,* 2002, p. 7 da separata; CORSINI. art. cit. na nota anterior, p. 1.274, 1.301/3.

9 Eis os textos originais: *"Art.* 20 *(Attività istruttoria di parte) – Prevedere la possibilità che i difensori delle parti possano assumere, anche prima dell'inizio dei processo, dichiarazioni testimoniali scritte ed eventualmente autenticarle* o *farle autenticare da soggetti muniti di poteri di certificazione, nonché relazioni peritali e attestazioni di fatti e situazioni constatati da pubblici ufficiali, riconoscendo all'ufficiale giudiciario tale* potere *di attestazione. Prevedere l'utilizzabilità di tali documenti nel processo, con il potere per il giudice di disporre, anche su istanza delle parti, accertamenti istruttori". Art.* 22 *(Udienza di discussione) – Prevedere che l'udienza si svolga com discussione tale delle questioni trattate ovvero indicare dal giudice il quale, ove nel decreto abbia disposto in ordine all 'ammissibilità delle prove, conferma o revoca, in tutto o in parte,* il proprio *provvedimento e procede all'assunzione delle prove stesse, salvo che le parti concordemente non chiedano di assumerle in sede extragiuzidiaria ed il giudice le autorizzi dando le opportune disposizioni circa le modalità di assunzione e documentazione e fissando l'audienza di discussione con termine, anteriore all'udienza, per il deposito di memorie conclusionali".*

10 *Vide,* em termos específicos, o título do artigo de CORSINI, cit. na nota 6, *supra;* emprega genericamente a locução, a respeito do projeto de lei delegada (que submete

preende muito com isso o observador ciente da inclinação a minimizar o elemento publicístico do processo civil – movimento hoje em maré montante num setor da doutrina peninsular[11].

A Espanha é outro país do continente europeu onde ganha terreno a propensão a confinar em âmbito estreito a participação do juiz na instrução probatória. Já na Exposição de motivos da nova *Ley de Enjuiciamiento Civil,* nº VI, lê-se que ela se inspira no *"principio de justicia rogada o principio dispositivo, del que se extraen todas sus razonables consecuencias".* Uma dessas consequências consistiria em negar ao órgão judicial a função de *"investigar y comprobar la veracidad de los hechos alegados como configuradores de un caso que pretendidamente requiere una respuesta de tutela conforme a Derecho".* Em obediência a tal diretriz, eliminou- se um dos instrumentos de que, no direito anterior, podia valer-se o juiz para tentar, de ofício, preencher eventuais lacunas do material probatório: as chamadas *"diligencias para mejor proveer"*[12]. De acordo com o disposto no art. 282, só nas hipóteses taxativas previstas em lei será lícito ao órgão judicial determinar a produção de provas por sua própria iniciativa. O art. 435 confere-lhe o poder de ordenar *"diligencias finales",* mas em regra apenas a requerimento de parte; tão restrita é a possibilidade de serem elas ordenadas de ofício – *"excepcionalmente",* como reza o texto (nº 2) –, que a nova disciplina equivale na prática à abolição da iniciativa probatória *ex officio*[13]. Resta ao juiz, em todo caso, a faculdade de indicar às partes os fatos controvertidos a cujo respeito considere insuficientes as provas já colhidas e apontar as que ainda convém produzir (art. 429, nº 1, 2ª alínea).

---

a dura crítica), TARUFFO, em conferência pronunciada no simpósio florentino de dezembro de 2003, sob o título *Recent and Current Reforms of Civil Procedure in Italy* (texto não publicado na data em que se escreve).

11 Autêntico manifesto da posição antipublicística encontra-se em CIPRIANI, *Il processo civile italiano tra efficienza e garanzie, in Riv. di dir. e proc. civ.,* v. LVI (2002), p. 1.243 e s.

12 VÁZQUEZ SOTELO, *El proceso civil y su futuro* (relatório apresentado às XVIII Jornadas Ibero-americanas de Direito Processual de 2002), *in Cuadernos procesales* (México), nº 17/18, p. 41/2, enxerga nessa inovação *"una regresión histórica verdaderamente increíble".*

13 *Vide* os reparos constantes do volume coletivo *Los poderes del juez en materia probatoria* (coord. de Lluch e Picó i Junoy), Barcelona, 2003, p. 37, 56, 108, 114, 118.

Consta que, no curso dos trabalhos legislativos, se manifestou contraste entre os partidários de uma atuação mais intensa do órgão judicial na matéria e os defensores do sistema restritivo consagrado no projeto. Ao ver do mais ferrenho adversário daquilo a que chama a "concepção autoritária" do processo civil, ter-se-ia adotado "uma solução de compromisso"[14]. Vaticina ele que "o juiz espanhol não fará uso dos poderes outorgados pelo art. 429, 1, II, da nova LEC"[15]. Claramente se trata antes de um voto que de simples predição: quem assim se expressa é porta-voz de algo em que, conforme o ponto de vista, se enxergará corrente ou contracorrente do pensamento processual contemporâneo.

3. DEPOIMENTOS: ORAIS OU ESCRITOS?

A palavra "oralidade" tem servido de *Leitmotiv*, por muitas décadas, a sucessivas clarinadas da doutrina do processo civil. A primeira metade do século passado viu irromper na Itália enérgica pregação em favor do denominado processo oral[16]. Essa onda propagou-se a países, como o nosso, de portas sempre abertas, na matéria, à influência italiana. Na preparação do primeiro código nacional, de 1939, viu-se a oportunidade de consagrar os princípios relacionados com o ideário em voga[17]. A rea-

---

14 MONTERO AROCA, *I principi politici del nuovo processo civile spagnolo*, trad. ital. de Vittorio Bratelli e Nicoletta Magrino, Nápoles, 2002, p. 113 (na p. 112, a informação relativa aos debates parlamentares). Esse autor é notoriamente infenso à concessão de poderes instrutórios *ex officio* ao juiz: *vide*, anteriormente, a conferência pronunciada por ocasião das XVII Jornadas Ibero-americanas de Direito Processual (San José, 2000), sob o título *La nueva Ley de Enjuiciamiento Civil española y la oralidad*, no volume das *Relatorias y ponencias*, t. II, p. 285 e s., espec. 318 e s., 332 e s.

15 *Id. I princ. polit.*, cit., p. 113.

16 Obrigatória a referência, no particular, à campanha movida por CHIOVENDA: *vide*, especialmente, o projeto de reforma processual aprovado pela *"Commissione per il dopo guerra"* e o panegírico da oralidade contido na respectiva *relazione*, *in Saggi* di *diritto processuale civile*, Milão, 1993, vol. II, p. 1 e s. Mas o assunto continuou a ocupar espaço, ao longo da centúria, nas preocupações da mais autorizada doutrina: *vide*, por exemplo, o relatório geral de CAPPELLETTI sobre o tema *Procédure écrite et procédure orale* para o VIII Congresso da Academia Internacional de Direito Comparado (1970), publicado sob o mesmo título, Milão, 1971.

17 Na Exposição de Motivos com que o então Ministro da Justiça apresentava o projeto ao Presidente da República, todo um tópico é dedicado a justificar a adoção do princípio da oralidade e dos correlatos princípios da concentração e da identidade física do juiz (de passagem, também se alude à imediação), e outro a rebater as "críticas e objeções ao sistema oral". No plano doutrinário, *vide* por exemplo o

lidade forense não correspondeu às expectativas despertadas. O próprio momento emblemático do novo sistema – a audiência de instrução e julgamento – converteu-se, na maioria dos casos, em formalidade anódina e vazia de sentido: é compreensível a boa acolhida que teve o Código de 1973 ao dispensá-la nas hipóteses dos arts. 329 e 330.

O culto da oralidade, porém, subsistiu em mais de um reduto. No universo anglo-saxônico, onde por muito tempo reinou incontrastada[18], ela tem sido posta em correlação com uma peculiaridade histórica: a implantação, na Idade Média, do julgamento por júri no campo civil não menos que no penal. A prestação oral de depoimentos afeiçoava-se muito melhor a um sistema que confiava a decisão sobre os fatos a leigos, no começo predominantemente iletrados, incapazes de compreender (e talvez até de ler) documentos[19]. Já no terreno do *civil law,* a batalha em favor da oralidade assumiu mais o aspecto de uma reivindicação de ordem doutrinária, inspirada na pretensa superioridade prática do procedimento oral pelo ângulo da eficiência. Durante muito tempo exaltou-se, à guisa de símbolo do movimento, a audiência preliminar *(erste Tagsatzung)* da *Zivilprozessordnung* austríaca de 1895, fruto do gênio de FRANZ KLEIN. Já no fim do século XX, o Instituto Ibero-americano de Direito Processual elaborou um Código-modelo de processo civil para a América Latina, que tomou como padrão um procedimento "por audiências". Essa obra serviu de protótipo, no Uruguai, para o *Código Geral del Proceso* de 1988[20], de funcionamento, ao que se diz, coroado de êxito, e

artigo de MACHADO GUIMARÃES O *processo oral e o processo escrito,* publicado na *Rev. For.* em 1938 (v. 74) e incorporado ao volume *Estudos de direito processual,* Rio de Janeiro-S. Paulo, 1969, p. 117 e s.

18 Com a importante ressalva do processo da *equity,* como lembra TARUFFO, trab. cit. na nota 2, *supra,* p. 72 (ou, na tradução, p. 144).

19 Cf. JOLOWICZ. *A reforma do processo civil inglês: uma derrogação ao adversary system?,* trad. de Barbosa Moreira, *in Rev. For.,* v. 328, p. 62: "A inutilidade de exigir que os membros do júri formassem sua convicção à luz de provas escritas, sobretudo numa época em que era generalizado o analfabetismo, acarretou a preferência muito marcada do *common law* pela prova testemunhal".

20 Na respectiva *Exposición de Motivos,* item 4, lê-se que *"la moderna orientación es la de implantar un proceso de tipo oral"* (na realidade, *"mixto");* nele, *"la función más importante le está asignada a la AUDIENCIA PRELIMINAR"* (em maiúsculas no original), entre cujos antecedentes se menciona o austríaco (citamos o texto publicado em 1988, em Montevidéu, pela *Fundación de Cultura Universitaria,* onde os passos reproduzidos se encontram nas p. VII/VIII).

exerceu influência em subsequentes reformas processuais nesta região do planeta[21].

No entanto, a trajetória da oralidade, ainda modernamente, nem sempre se vem desenvolvendo sob céu límpido. Antes de mais nada, vale recordar que, na Inglaterra, o julgamento por júri, na esfera civil, acabou por ficar restrito a raríssimos casos[22]. Ele subsiste nos Estados Unidos, onde constitui até garantia constitucional (7ª Emenda à Constituição); mas esse fato perde muito de sua possível significação quando se atenta em que só pequena percentagem dos feitos chega, na prática, até o *trial:* a maioria deles extinguem-se antes, as mais das vezes em virtude de acordo das partes[23].

O direito inglês, adite-se, vem evolvendo, desde as últimas décadas do século XX, no sentido de mais larga utilização de peças escritas na atividade instrutória[24]. Para dar exemplo sugestivo: hoje em dia, cada uma das partes apresenta previamente ao tribunal e ao adversário declarações escritas *(witness statements)* que antecipam o que vai ser dito por suas testemunhas no *trial;* daí normalmente resulta a abreviação do depoimento oral, que se limitará à chamada *cross-examination* pelo advogado *ex adverso* e, eventualmente, a reperguntas de quem convocou a testemunha[25]. Em certos casos, tal prática pode até tomar dispensável

21 Ao propósito, BARBOSA MOREIRA, *Le Code-modele de procédure civile pour l 'Amérique Latine de l'Institut Ibéro-américain de Droit Processuel. in ZZP International,* nº 3 (1998), ou *in Temas de Direito Processual (Sétima Série),* S. Paulo, 2001, p. 191 e s.

22 *Vide* BARBOSA MOREIRA, *Notas sobre alguns aspectos do processo (civil e penal) nos países anglo-saxônicos, in Temas,* cit., p. 162, nota 13, para referências bibliográficas, às quais se pode acrescentar, na literatura posterior, JOLOWICZ, ob. cit. na nota 3, *supra,* p. 29: *"Today, and for a considerable period in the past, the number of civil cases tried by jury is an extremely small proportion of the whole".*

23 Remete-se ainda o leitor para indicações de doutrina, ao trab. cit. na nota anterior, p. 166, nota 21; cf., mais recentemente, JAMES-HAZARD-LEUBSDORF, *Civil Procedure,* 5ª ed., Nova Iorque, 2001, p. 43: *"... the great majority of suits are settled before trial".*

24 Sobre as sucessivas etapas dessa evolução, *vide* o art. de JOLOWICZ cit. na nota *18, supra,* e o de ZUCKERMAN, *English Civil Procedure – The Shift away from Party Control and Orality, in ZZP International,* nº 1 (1996), p. 65 e s.

25 Cf. ZUCKERMAN, *Civil Procedure.* Londres, 2003, p. 601: *«Today, witlless statements normally stand* in *place of oral evidence in chief, so that oral testimony in open court* is *usually confined to cross-examination of witnesses on the contents of their pretrial statements».* O capítulo 19 dessa obra (p. 600 e s.) é excelente fonte de informação acerca de toda a problemática referente aos *witness statements.* No texto das *CPR* (que não cobre inteiramente a matéria), *vide* sobretudo as *rules* 32.4 e 32.5.

a tomada do depoimento oral. Disciplina igual aplica-se aos peritos, que são considerados como uma espécie de testemunhas *(expert witnesses)*. Semelhantes inovações, registre-se de passagem, vieram proporcionar ao juiz oportunidades, que a tradição lhe recusava, de inteirar-se dos fatos da causa antes do *trial*[26].

Também na França é nítida a evolução da oralidade para a escritura em matéria de depoimentos de terceiros. Já há bastante tempo se registrava que a prática forense vinha abandonando o emprego da prova testemunhal em moldes tradicionais, vista como dispendiosa e causadora de retardamentos, em favor de declarações escritas – as chamadas *attestations*[27]. Trata-se de modalidade probatória utilizada sem apoio legal no direito anterior, à qual o código de 1975 veio dar foros de cidadania, regulando-a expressamente nos arts. 200 a 203. Informações recentes de fontes autorizadas confirmam a preferência do foro por essa forma de comunicação escrita, dirigida ao juiz[28].

Para surpresa de muitos, a oralidade foi golpeada no berço mesmo do instituto que, em boa medida, lhe servia de bandeira: a audiência preliminar. Com efeito, o legislador austríaco, persuadido de que em muitos casos a respectiva realização só concorria para diminuir a rapidez do pleito, sem vantagem que o compensasse, tornou-a facultativa, em determinadas condições[29]. É interessante registrar a coincidência entre essa oscilação e a verificada em nosso próprio ordenamento: a audiên-

26 Abandonou-se, pois, a regra, vigente até o início dos anos 80, segundo a qual *"a civil judge was expected (...) to know little or nothing about a case before triar* (ANDREWS, ob. cit. na nota 4, p. 777).

27 NORMAND, *I poteri del giudice e delle parti quanto al fondamento delle pretese controverse*, trad. ital. de Maria Francesca Ghirga, *in Riv. di dir. proc.*, v. XLIII (1988), p. 672.

28 CADIET, *Droit judiciaire privé*, 2ª ed., Paris, 1998, observa que a modalidade tradicional (ouvida das testemunhas pelo juiz) *«est assez peu utilisée en pratique»* (p. 525) e que sobre ela a *attestation «présente assurément l'avantage d'une plus grande souplesse et d'une plus grande économie»* (p. 527). Em conferência pronunciada no simpósio florentino de dezembro de 2003, sob o título *The Respective Role of the Judge and the Parties in the Preparation of the Case* in *France*, reitera FERRAND que, *"most of the time, witnesses are not directly heard by lhe judge of the preparation ar by the court during the final hearing"* e que a prática frequente é a do *"written testimony"* (trabalho ainda não publicado na data em que se escreve, mas gentilmente transmitido pela conferencista; o trecho cit. está no item 34).

29 *Vide* a 4ª alínea acrescentada ao § 243 pela *Zivilverfahrens-Novelle* de 1983. E não se parou aí: nova reforma, em 2002, pura e simplesmente aboliria a *erste Tagsatzung!*

cia a princípio denominada "de conciliação", depois preliminar, nasceu com feição obrigatória sempre que se cuidasse de relações jurídicas disponíveis, mas passou a ser dispensável, a critério do órgão judicial, "se as circunstâncias da causa evidenciarem ser improvável" a obtenção de acordo (Código de Processo Civil, art. 331, § 3º, acrescentado pela Lei nº 10.444, de 7-5-2002).

Como se vê, no confronto entre oralidade e escritura igualmente se podem discernir, no panorama atual, correntes e contracorrentes.

4. SIGNIFICADO DESSAS CONTRAPOSIÇÕES

Que cabe inferir de tudo isso? As questões atinentes à variável dosagem de oralidade e escritura têm significação predominantemente técnica, embora não se deva esquecer que a pregação em favor do processo oral esteve muitas vezes associada à valorização do elemento publicístico no fenômeno processual: basta recordar que o mais estrênuo defensor da oralidade na Itália no começo do século XX era também o estudioso que exaltava o "renovado conceito de jurisdição como função do Estado" e a "posição central" do juiz no processo moderno[30].

Já no que tange à repartição de atribuições entre o órgão judicial e os litigantes na atividade de instrução, nem ao mais superficial observador escapará a dimensão política – ou, se se preferir, ideológica – da problemática. Cercear a participação do juiz e confiar às partes (ou melhor: aos advogados) a condução do mecanismo probatório é opção que transcende com absoluta nitidez o plano da técnica: põe de manifesto a adesão a um ideário, ao ideário liberal, tomada a palavra no sentido individualístico – no sentido em que era costume usá-la para designar o pensamento dominante na maior parte do século XIX e atualmente é lícito usá-la para designar o pensamento dominante no início do século XXI[31].

Esse pensamento parte de uma premissa: a melhor solução para as questões da convivência humana é a que resulta do livre embate entre os interessados, com a presença do Estado reduzida à de mero fiscal da

30 Assim se manifestava CHIOVENDA na mesma *relazione* ao projeto de 1918 em que sustentava com energia a superioridade do processo oral: *vide* o v. II dos *Saggi* cit. na nota 15, *supra*, p. 38.

31 PROTO PISANI, trab. e lug. cit. na nota 7, *supra*, usa ao propósito a expressão *"liberismo sfrenato"*.

observância de certas "regras do jogo". Projetada na tela da economia, semelhante ideia leva à glorificação do mercado como supremo regulador da vida social. Projetada na tela da Justiça, fornece apoio a uma concepção do processo modelada à imagem de duelo ou, se se quiser expressão menos belicosa, de competição desportiva[32].

O grande problema é que, para funcionar de maneira eticamente aceitável, semelhante gênero de mecanismos pressupõe ao menos uma relativa paridade de forças. Infelizmente, a realidade nem sempre satisfaz esse pressuposto. É suficiente lembrar o fator de desequilíbrio com frequência resultante da possibilidade que tem a parte mais forte de contar com os serviços de melhor advogado. Maior habilidade na inquirição de testemunhas, sem a correção que um juiz atento e empenhado em fazer justiça pode trazer, é capaz de dar aparência enganosa ao resultado da prova[33].

Há nisso tudo aspecto curioso. Considera-se o universo anglo-saxônico, em geral, como o domínio por excelência do liberalismo individualístico, refletido na área da Justiça sob a figura do *adversary system.* Pois bem: justamente lá se vêm manifestando sinais - mais ostensivos na Inglaterra que nos Estados Unidos - de um deslocamento da ênfase posta de hábito no papel dos litigantes, ou de seus advogados, para o do órgão judicial. Ao mesmo tempo, paradoxalmente, países da Europa continental dão a impressão de deixar-se tentar pela ideia de um movimento em sentido oposto[34]. Nesse jogo de correntes e contracorrentes são sempre arriscados os prognósticos. Talvez não seja arbitrário, em

32 Seja-nos permitida a remissão ao nosso escrito *Duelo e processo, in Temas de Direito Processual (Oitava Série),* S. Paulo, 2004, p. 211 e s. A locução *"sporting theory of Justice",* de cunhagem atribuída a ROSCOE POUND, em conferência de 1906, sobre as *Causes of Popular Dissatisfaction with the Administration of Justice,* tomou-se encontradiça na literatura de língua inglesa.

33 Judiciosamente adverte DAMASKA, *Evidence Law Adrift,* New Haven-Londres, 1997, p. 101: *"... it is important to keep in mind that a competitively organized fact-finding enterprise requires a rough equality of the two sides in dispute in order to be fair. (...) Absent this condition, the resultant force of the two partisan vectors, so to speak, is likely to deviate from lhe correct view of reality. A weak case brought by a resourceful litigant can appear unduly strong».*

34 O ponto não escapou à argúcia de DAMASKA, ob. cit., p. 150: *"Ironically, in their search for new solutions. Continental lawmakers are frequently attracted to the Anglo-American procedural culture - including some aspects that are domestically falling out of favor".*

todo caso, divisar no que está acontecendo mais um sintoma de certa propensão à convergência das duas famílias tradicionais no universo processual do ocidente: bem pode suceder que um dia o processo de *civil law* e o processo de *common law* venham a caracterizar-se mais por aquilo em que se assemelham do que por aquilo em que contrastam.

Abril de 2004.

COMENTÁRIOS DOS ATUALIZADORES

CORRENTES E CONTRACORRENTES NO PROCESSO CIVIL CONTEMPORÂNEO

Aluisio Gonçalves de Castro Mendes/Carolina Paes de Castro Mendes

Em conferência proferida no ano de 2004, que ensejou o texto em comento, José Carlos Barbosa Moreira procurou discorrer sobre a intensa atividade reformadora do Processo Civil no Brasil e no mundo. Como exemplos, apontou o Japão, Inglaterra e País de Gales, Espanha, Alemanha, França, Portugal e Itália. Como o Direito Processual é uma ciência em constante evolução, os movimentos de reforma ensejaram novas alterações após a escrita do artigo. No direito anglo saxônico, as *Civil Procedure Rules* contaram com 152 alterações legislativas desde o seu advento em 1998. A *Ley de Enjuiciamiento Civil* espanhola foi substancialmente alterada em 2021 e 2022. A *Zivilprozessordnung* alemã vem sofrendo mudanças a cada ano. O processo civil francês foi objeto de relevantes reformas em 2016 e 2019. Já em Portugal, o novo Código de Processo Civil entrou em vigor em 2013. O Direito Processual civil italiano, por sua vez, foi objeto de modificações em 2009, 2012, 2014 e, mais recentemente, em 2022, com a finalidade de simplificação do processo e fortalecimento dos métodos adequados (ou alternativos), entre outras mudanças.

Dentre os problemas que afligem a Justiça civil e impulsionam as reformas processuais, Barbosa Moreira destacou o da duração excessiva dos pleitos, mas apontou, também, a prova como um nó frequente do processo civil. E, dentro da matéria instrutória, objeto da palestra e do artigo, procurou apontar as correntes e contracorrentes relacionadas com dois aspectos: a) o da repartição de atribuições entre partes e juiz na atividade instrutória; e b) o relativo ao modo pelo qual se introduzem no processo as informações ministradas por terceiros e pelos próprios litigantes. As duas nuances apontadas parecem continuar a dominar a pauta, e a divisão, entre as visões sobre os rumos a serem tomados por cada sistema jurídico, com idas e vindas.

O quadro não se modificou nas duas últimas décadas, sendo certo que o modelo norte-americano representa, com algumas exceções, como nas *class actions* (em que uma intervenção maior do magistrado é admitida e até mesmo preconizada), o fortalecimento da atuação das partes, privilegiando o princípio dispositivo e o denominado *adversarial system*. No entanto, há que se continuar destacando que o sistema inglês, como apontado no ensaio, embora não atribuam expressamente a prova de ofício para o órgão judicial, atribuiu-lhe amplas faculdades de controle da atividade probatório. Por outro lado, no universo do *civil law*, como anotado por Barbosa Moreira, "toda a atividade instrutória leva-se a cabo em juízo, ou pelo menos sob a direção do juiz"[35], não obstante certa tendência limitadora, na Espanha, com a *Ley de Enjuiciamiento Civil*, e certa tendência antipublicística na Itália.

No Brasil, o Código de Processo Civil editado em 2015 parece manter, nos artigos 369 e 370, claramente, no primeiro aspecto supramencionado, as diretrizes anteriormente adotadas nos artigos 332 e 130 do CPC de 1973, ainda que com certo reforço para as prerrogativas das partes e dos seus advogados para o exercício dos seus direitos. Portanto, as partes têm o direito de empregar todos os meios legais, bem como os moralmente legítimos, para provar a verdade dos fatos em que se funda o pedido ou a defesa e influir eficazmente na convicção. No entanto, continua cabendo ao juiz, de ofício ou a requerimento da parte, determinar as provas necessárias ao julgamento do mérito.

Quanto ao segundo aspecto, a dicotomia entre o processo oral ou escrito continua, do mesmo modo, representando divergências e paixões nas opções dos processualistas e sistemas adotados, também com fluxos e contrafluxos e contradições entre o previsto nas normas e o realizado na prática.

Registre-se, aqui, a título de atualização, pelo menos no sentido

35 No texto sob atualização, p. 59.

formal, que o art. 334 do Código de Processo Civil estabeleceu, de certo modo em substituição à audiência preliminar prevista no antigo art. 331 do CPC-1973, a denominada audiência de conciliação e mediação. Contudo, esta foi introduzida dentro de uma perspectiva diversa, fundada na premissa de que, como norma fundamental, prevista no art. 2°, §2°, do CPC-2015, o Estado deve promover, sempre que possível a solução consensual dos conflitos, e de que esta deve ser buscada antes da própria contestação, quando, em tese, a parte ré estaria ainda mais aberta para o diálogo com o demandante. Sendo assim, diferentemente da audiência preliminar, que era realizada depois da defesa, o réu seria citado para o comparecimento na audiência de conciliação e mediação, somente se cogitando e se abrindo o prazo para a contestação, se o réu não tiver comparecido à audiência ou não realizada a autocomposição.

É de se ressaltar, ainda, que, nos termos estritos do art. 334, §4°, do CPC-2015, a audiência não será realizada somente se ambas as partes manifestarem, expressamente, desinteresse na composição consensual, ou não se admitir a própria autocomposição. Junte-se a isso que o §8° do art. 334 estabeleceu, ainda, que o "não comparecimento injustificado do autor ou do réu à audiência de conciliação é considerado ato atentatório à dignidade da justiça e será sancionado com multa de até dois por cento da vantagem econômica pretendida ou do valor da causa, revertida em favo da União ou do Estado".

Portanto, a eliminação da possibilidade de dispensa da audiência pelo juiz, expressamente prevista no §3° do art. 331 do CPC-1973, por força de acréscimo realizado pela Lei n°10.444, de 7-5-2002, como apontado por Barbosa Moreira no texto, poderia, talvez, afastar a principal válvula formal de escape para o caráter cogente da audiência e do reforço da oralidade no processo civil brasileiro. No entanto, há que se aferir se a prática vem seguindo a literalidade da norma. A aparente inexistência de facultatividade para a realização da audiência de conciliação e mediação esbarra, por vezes, em outros fatores, como o número excessivo de processos, a falta de vontade prévia e efetiva do magistrados ou das partes na busca solução consensual, fortalecida por uma tímida cultura de diálogo entre as partes, traduzida em números reduzidos de casos resolvidos mediante acordos, o incremento de provas documentais apresentadas, inclusive mediante a gravação de áudios e imagens. Por fim, o art. 139, V, do CPC estabelece o dever do juiz de promover a autocomposição a qualquer tempo.

A realidade complexa acima apontada acaba reafirmando, quanto ao aspecto da oralidade e da escritura, a existência de correntes e contracorrentes. E que, ao invés das contraposições, possa haver mais convergência das duas famílias tradicionais, com a confluência das suas características, sem que haja uma predominância absoluta da oralidade ou da escrita. Do mesmo modo, também, a concepção de que o processo seja algo do interesse somente das partes ou do juiz deve ser substituída por um modelo cooperativo, em que o juiz conduz o processo com o auxílio e participação ativa das partes e dos seus advogados.

A REVOLUÇAO PROCESSUAL INGLESA[1]

1. O modelo inglês tradicional. **2.** Modificações progressivas do modelo tradicional. **3.** O advento das Civil Procedure Rules. **4.** O "objetivo primacial" (overriding objective). **5.** Deslocamento da tônica - dos poderes das partes para os do juiz. **6.** Os tipos de procedimento. **7.** Instrução probatória: a) o papel do juiz. **8.** Instrução probatória: b) da discovery à disclosure. **9.** Instrução probatória: c) testemunhas e peritos. **10.** Julgamento. **11.** Favorecimento de solução consensual. **12.** Uma reviravolta cultural. **13.** Efeitos das CPR.

1. O MODELO INGLÊS TRADICIONAL

A Inglaterra foi O berço do chamado *adversary system.* Na verdade, coexistiram no país, durante muito tempo, dois sistemas de administração da justiça: o do *common law* e o da *equity,* com características diferentes[2]. Aqui só nos ocuparemos do primeiro, em que o processo de índole *adversarial* dominou incontrastado ao longo de séculos. As notas básicas desse sistema podem assim resumir-se:

a) divisão nítida do procedimento em duas fases: a sessão de julgamento *(trial)* - em teoria[3], o ponto culminante do trajeto - e a fase preparatória *(pre-trial);*

b) atuação judicial limitada ao *trial,* sem prévio controle da atividade processual e até sem prévio conhecimento da causa por parte do juiz;

c) predomínio das provas orais e concentração da respectiva produção;

d) atribuição do controle do andamento do pleito e da coleta de provas aos próprios litigantes, ou mais exatamente a seus advogados (expressão- chave: passividade do juiz);

---

1 Publicado *in Rev. de Proc.,* nº 118, *Rev. Síntese de Dir. Civ. e Proc. Civ.,* nº 31.

2 Bom resumo da origem e evolução do sistema da *equity,* com indicação das principais diferenças entre o respectivo funcionamento e o dos tribunais de *common law,* em HANBURY-YARDLEY, *English Courts of Law,* Oxford, 1979, p. 93 e s.

3 *Em teoria:* impõe-se a ressalva porque, ao menos em tempos modernos, só pequena percentagem dos feitos estende-se até o *trial;* a maioria termina sem ele, em virtude de acordo ou por outros motivos. *Vide,* por exemplo, JACOB, *The Fabric of English Civil Procedure,* Londres, 1987, p. 71; JOLOWICZ, *On Civil Procedure,* Cambridge, 2000, p. 393.

e) por conseguinte, escassa (ou nenhuma) preocupação com a coincidência entre os fatos *tais como apresentados pelas partes ao órgão judicial* e os fatos *tais como realmente se passaram.*

Os estudiosos do assunto costumam estabelecer correlação entre vários desses traços e a prolongada utilização do júri em matéria civil: originária da Idade Média, ela só veio a declinar a partir da segunda metade do século XIX – tomando-se, em nossos dias, absolutamente excepcional[4]. Tem-se a impressão de que, embora morto (ou moribundo), o modelo do *trial by jury* continuou a imprimir sua marca no funcionamento da Justiça civil inglesa[5].

Por exemplo: a preferência pela oralidade e a feição concentrada da instrução probatória seriam condizentes com o tipo de pessoas a quem se confiava a decisão sobre os fatos – iletradas, dificilmente habilitadas para examinar e compreender documentos – e à maneira pela qual se desincumbiam da função – reunidas para a realização de tarefa que naturalmente preferiam ultimar com a maior rapidez possível, a fim de se liberarem para a volta aos respectivos lares e atividades habituais. Esse método de trabalho explicaria também a ausência de qualquer controle judicial anterior ao julgamento e a inibição do juiz na instrução probatória, considerada que era qualquer intervenção do magistrado em tal domínio como ofensiva à soberania do júri[6].

2. MODIFICAÇÕES PROGRESSIVAS DO MODELO TRADICIONAL

Generalizou-se, a partir de certa época, a insatisfação com o desempenho da Justiça civil inglesa. A máquina judiciária era criticada pelo custo exorbitante[7], pela excessiva lenti-

4 Para referências bibliográficas, remetemos o leitor a nosso artigo *Notas sobre alguns aspectos do processo (civil e penal) nos países anglo-saxônicos, in Temas de Direito Processual* (Sétima Série), S. Paulo, 2001, p. 162, nota 13: pode acrescentar-se JOLOWICZ, ob. cit., p. 29.

5 Como há poucos anos dizia JOLOWJCZ, *A reforma do processo civil inglês: uma derrogação do adversary system?*, trad. de Barbosa Moreira, *in Rev. For.*, v. 328, p. 61, "em suas grandes linhas, o processo civil inglês permanece fundado sobre a hipótese de um júri civil bem vivo".

6 Ainda aqui, *vide* JOLOWJCZ, art. cit. na nota anterior, p. 62.

7 Cf. os depoimentos de Lord DEVLIN, *The Judge*, Oxford, 1981, p. 69 *("... for the ordinary citizen... a lawsuit is financially quite out of question")*, e de J ACOB, *The Fabric*

dão[8] e pela complexidade do funcionamento. Pareceu a muitos que as causas de tais defeitos se originavam, em grande parte, da feição exageradamente *adversarial* do modelo tradicional, e em particular do fato de se deixarem aos cuidados das partes *(rectius:* dos advogados), com exclusão praticamente total do juiz, o andamento do pleito e a instrução probatória.

A tendência a uma correção de rumo refletiu-se em mudanças efetuadas nas últimas décadas do século passado, por meio de sucessivas leis, como por exemplo o *Civil Evidence Act* de 1972. Consequências dessas reformas foram, entre outras, a ampliação das oportunidades para a utilização de provas escritas, o aumento do controle judicial sobre os depoimentos de peritos *(expert witnesses)* e, de modo geral, a crescente possibilidade, para o juiz, de ter acesso, antes do *trial,* a elementos probatórios e à substância das razões que cada uma das partes pretende sustentar[9].

Considerou-se que tudo isso evitaria inútil perda de tempo e de energias no próprio *trial,* tomando possível à atividade desenvolvida neste concentrar-se nos fatos realmente controvertidos e nas questões jurídicas cruciais. Tal seria o resultado de já poder chegar a ele o juiz – contrariamente ao que impunha a tradição[10]- com alguma ideia, ainda que provisória, do peso dos argumentos dos litigantes; mas não se deixou de assinalar que semelhante inovação constituía algo antes incon-

---

of English Civil Justice, Londres, 1987, p. 47 *("The most serious blemish in the system of costs was and still is the excessive and prohibitive amount of the costs of resorting to the Courts for the determination or resolution of civil disputes or questions").*

8 Segundo ZUCKERMAN, *Comparative Analysis of the Reform of Civil Procedure – Civil Procedure in England* (relatório para o Simpósio de Tóquio, de 1992, no volume *The International Symposium on Civil Justice in the Era of Globalization,* Tóquio, 1993), p. 168, no ano de 1990 seria de 145,3 semanas (ou seja, 2,78 anos) a duração média dos processos, desde o *writ* inicial até a extinção, com *trial* ou sem ele.

9 Para uma informação pormenorizada, *vide* JOLOWICZ, trab. cit. na nota 4, *supra,* p. 63 e s., e ZUCKERMAN, *English Civil Procedure – The Shift Away from Party Control and Orality, in Zeitschrift fur Zivilprozess International,* v. I (1996), p. 67 e s.

10 Consoante a qual, no dizer de ZUCKERMAN, trab. cit. na nota anterior, p. 66, *"a judge would approach the trial without any prior knowledge of the dispute or its pre-trial history".* O argumento usado para justificar esse método consistia em exaltá-lo como garantia da imparcialidade do julgador, cuja preservação reclamaria a integral e exclusiva abertura de sua mente às impressões colhidas no *trial,* sem qualquer influência de fatores capazes de predispô-lo a favor de alguma das partes.

cebível[11]. Houve quem visse na evolução sinal de enfraquecimento do modelo *adversarial*[12].

3. O ADVENTO DAS "*CIVIL PROCEDURE RULES*"

O processo evolutivo acima sintetizado culminaria no advento das *Civil Procedure Rules* de 1998, em vigor desde abril de 1999. Convém recapitular, em termos também sintéticos, os antecedentes da empresa.

Em 1994, o *Lord Chancellor* encarregou ilustre magistrado, Lord Woolf of Barnes, de proceder a pesquisa sobre a situação da Justiça civil na Inglaterra. O trabalho, a que se após o título de *Access to Justice,* produziu dois extensos relatórios (o *Interim Report,* de junho de 1995, e o *Final Report,* de julho de 1996), nos quais se procurou identificar os principais problemas que perturbavam o funcionamento da máquina judiciária e recomendar modificações na disciplina da matéria, vistas como capazes de eliminar ou atenuar as dificuldades. As sugestões de Lord Woolf foram objeto de intensos debates, com numerosas manifestações favoráveis e desfavoráveis à respectiva adoção[13].

Entretanto, sobreveio o *Civil Procedure Act* de 1997, cujo art. 12 anunciava a próxima edição das *Civil Procedure Rufes,* a serem elaboradas por uma comissão constituída pelo *Master of the Rolls,* pelo *Vice-Chancellor* e por outras pessoas designadas pelo *Lord Chancellor* de acordo com critérios fixados no art. 22, (2). A mudança de governo, com a ascensão dos trabalhistas ao poder, não arrefeceu o ímpeto reformista: nomeado para reexaminar o assunto, Sir Peter Middleton elaborou novo relatório, que substancialmente encampou as recomendações de Lord Woolf. Essa a base sobre a qual se elaborou o texto das *CPR,* complementado por numerosas *practice directions.*

---

11 Para citar ainda uma vez ZUCKERMAK, *ibid.,* p. 76, "*this is something that until recently had been considered quite unthinkable*".

12 Sugere-o o título mesmo do trab. de JOLOWLCZ cit. na nota 4, *supra.* Lê-se aí, na p. 68, em vaticínio que os fatos viriam a confirmar: "Num futuro não tão remoto, a filosofia do *adversary system* terá pois menos vigor no espírito jurídico inglês do que teve no passado e ainda tem no presente".

13 Para uma resenha da literatura atinente aos relatórios, *vide* BARBOSA MOREIRA, *Uma novidade: o Código de Processo Civil inglês, in Temas,* cit., p. 180, nota 5.

4. O "OBJETIVO PRIMACIAL" (*"OVERRIDING OBJECTIVE"*)

Lê-se logo na primeira das *CP R* - 1.1 (1) - que o novo código tem "o objetivo primacial de habilitar o tribunal a tratar de causas de modo justo"[14]. A disposição subsequente - 1.1 (2) - enumera alguns dos tópicos em que se desdobra o princípio enunciado: assegurar a igualdade de tratamento das partes *(a)*, poupar despesas *(b)*, processar a causa de maneira proporcional à soma de dinheiro envolvida, à importância do caso, à complexidade das questões e à situação financeira de cada parte *(c)*, dar ao pleito tratamento expedito e equitativo *(d)*, atribuir-lhe porção adequada dos recursos do tribunal, levando em consideração a necessidade de destinar recursos a outros casos *(e)*.

A enumeração não é taxativa, como ressalta claramente da redação, segundo a qual o "objetivo primacial" *inclui* os tópicos arrolados - o que só pode significar que *não se limita* a eles. Apesar da inexistência de menção expressa, deve entender-se abrangida a apuração da verdade dos fatos[15].

Na tradição da Justiça inglesa, imperava na matéria orientação restritiva. A visão dominante é expressivamente ilustrada pela famosa decisão no caso *Air Canada* c. *Secretary of State for Trade.* O autor pretendia que se compelisse o réu a exibir certos documentos; o réu impugnava o requerimento alegando sigilo fundado no interesse público. Ao juiz pareceu que o conhecimento das peças lhe seria de utilidade para a melhor compreensão do problema, embora não fosse possível saber *a priori* se a exibição favoreceria o autor. Tanto na Corte de Apelação quanto na Câmara dos Lordes, todavia, prevaleceu o entendimento de que, se a parte não podia demonstrar a relevância dos documentos para a sustentação de suas razões, não cabia ao juiz determinar a exibição com o simples propósito de informar- se melhor[16]. Que assim se desse lugar à

---

14 No original: *"These Rules are a new procedural code with the overriding objective of enabling the court to deal with cases justly".*

15 Cf. GREENE, *The New Civil Procedure Rufes,* Londres, 1999, p. 20: *"... certainly one of the overriding obligations of the Court is to try and find out the truth of the matters in issue"*; Z UCKERMAN, *Civil Procedure,* Londres, 2003, p. 6: *"It is therefore obvious that in order to deal with a case justly the court must, amongst other things, reach a decision in accordance with lhe law* and the true facts" (sem destaque no original).

16 *Vide* o resumo do episódio em JOLOWICZ, trab. cit. na nota 4, *supra,* p. 63. Ou em *Adversarial and Inquisitorial Models of Civil Procedure, in International and Comparative Law Quarterly,* v. 52, p. 284/5 (há tradução para o português, do autor do

possibilidade de uma decisão não correspondente à verdade completa, e sabidamente tal, era algo que não repugnava ao sistema. Conquanto as *CPR* não confiram ao juiz, em termos expressos, o poder de ordenar *ex officio* medidas instrutórias, dificilmente se harmonizaria semelhante maneira de pensar com a enunciação do "objetivo primacial".

5. DESLOCAMENTO DA TÔNICA – DOS PODERES DAS PARTES PARA OS DO JUIZ

Em boa parte, as mazelas do antigo processo civil inglês decorriam dos excessos a que levava uma "cultura *adversarial*", principal responsável pelo alongamento do pleito além da medida razoável e pela elevação dos custos a níveis insuportáveis[17]. Não surpreende, pois, que as *CPR* hajam tratado, em medida considerável, de retirar dos litigantes *(rectius:* dos advogados) e transferir para o órgão judicial o controle do andamento do pleito. É mudança a que os expositores do novo sistema dão grande ênfase[18]. Compete agora essencialmente ao juiz o *"case management"*.

A Parte 3 das *CPR* ocupa-se de modo específico dos *"management powers"* atribuídos ao órgão judicial. Na *rule* 3.1 depara-se extensa lista de providências que o juiz pode tomar, no exercício da direção formal do processo: dilatar ou encurtar prazos; adiar ou antecipar audiências; ordenar à parte ou a seu representante que compareça ao tribunal; realizar audiência ou colher prova por telefone ou por outro meio de comunicação oral direta; determinar que se processe em separado

presente artigo, sob o título *Modelos adversarial e inquisitorial de processo civil, in Rev. For.,* v. 371: a passagem em questão está nas p. 137/8). JOLOWICZ transcreve estas palavras de Lord WILBERFORCE: *"There is no independent power in the court to say that, nevertheless, it would like to inspect the documents with a view to possible production to its own assistance".*

17 O *Foreword* do *Lord Chancellor* às *CPR* alude à *«widespread public dissatisfaction with the delay, expense, complexity and uncertainty of pursuing cases through the civil courts».* No dizer de ZUCKERMAN, *Civ. Proc.,* p. 5, *«parties were largely free to complicate and protract litigation».*

18 Por exemplo: ZUCKERMAN, *Civ. Proc.,* p. 1, 5, 30, 34, 352, 358, 619; ANDREWS, *English Civil Procedure,* Oxford, 2003. p. 37, 119 e s. Do *Interim Report* de Lord WOOLF, nº 18, 2, constava a afirmação de que *"there is now no alternative to a fundamental shift in the responsibility for lhe management of civil litigation from litigants and their legal advisers to lhe courts".*

parte da matéria litigiosa (por exemplo, reconvenção); suspender total ou parcialmente o curso do feito, quer em termos genéricos, quer até data ou acontecimento especificado; reunir processos; julgar duas ou mais causas na mesma ocasião; ordenar o julgamento separado de qualquer questão; estabelecer a ordem em que as questões serão decididas; excluir a apreciação de alguma; rejeitar ou proferir julgamento após a decisão de questão preliminar. A enumeração não é taxativa, conforme ressalta com toda a nitidez não só da letra *m ("take any other step or make any other arder for the purpose of managing the case and furthering the overriding objective"),* senão também do nº 3.1 (1), onde se diz que os poderes constantes da regra *se somam* aos conferidos alhures. A concessão de qualquer poder implica o de modificar ou revogar a ordem dada [3.1 (7)]. Salvo disposição em contrário, os poderes são exercitáveis *ex officio* pelo órgão judicial [3.3 (1)].

Outras regras esparsas merecem referência neste contexto. Assim, *v.g.,* a que autoriza o juiz a excluir do processo qualquer das pessoas que estejam ocupando a posição de parte, caso se afigure indesejável sua presença no feito *(rule* 19.1 (3)); e a que o habilita a consentir que a reconvenção, em vez de ser oferecida com a defesa, venha a sê-lo em outro momento *[rule* 20.4 (2) *(b)].*

6. OS TIPOS DE PROCEDIMENTO

As *CPR* contemplam três modelos procedimentais: o *small claims track,* o *fast track* e o *multi-track [rule* 26.1 (2)][19]. Em regra, a adoção de cada qual depende do valor da causa: o *small claims track* aplica-se a causas de valor não superior a 5.000 libras *[rule* 26.8.1 (1) *(a)];* o *fast track,* a causas de valor entre esse limite e 15.000 libras *[rule* 26.6 (4)]; o *multi track,* às causas restantes. O valor, porém, nem sempre constitui o fator decisivo: o tribunal pode determinar a aplicação do *multi-track* a causas de valor inferior a 15.000 libras, levando em conta outros aspectos; ademais, não está obrigado a aceitar o valor declarado pela parte. Para causas sem valor patrimonial determinado, cabe ao órgão judicial designar O procedimento que entenda conveniente, à luz de critérios vários, como por exemplo a natureza da providência pleiteada, a provável complexidade dos fatos e das provas, o número de partes, a importância

19 Para uma exposição minuciosa, *vide* ZUCKERMAN, *Civ. Proc.,* p. 422 e s.

do pleito para terceiros [rule 26.7 (2) e 26.8 (1)]. Há, pois, considerável flexibilidade na escolha do procedimento[20], a qual é sempre objeto de decisão expressa impugnável pela parte que dela discorde.

O *small claims track* é o mais singelo e rápido procedimento. Nele, pode ser limitada a atividade instrutória: *v.g.*, só se ouvem peritos *(expert witnesses)* mediante especial autorização do tribunal *(rule* 27.5), e este tem o poder de restringir o interrogatório de testemunhas *[rule* 27.8 (5)]. Concordando as partes (que não precisam ser representadas por advogado), é possível julgar a causa sem necessidade de audiência, com fundamento no material probatório escrito *(rule* 27.10). Quando se realize audiência, o órgão judicial deve conduzi-la informalmente, do modo que lhe pareça adequado *[rule* 27.8 (1) e (2)].

No *fast track*, o procedimento é basicamente governado por instruções que o tribunal emite quando o diz aplicável. Nessa ocasião, deve o órgão judicial fixar um cronograma para os atos que se praticarão até o *trial [rule* 28.2 (1)]. Pode desde logo marcar a data do *trial*, ou um período de três semanas no máximo, dentro do qual ele se realizará *[rule* 28.2 (2)]. Entre a emissão das instruções e o *trial* normalmente não será superior a 30 semanas *[rule* 28.2 (4)]. O bom resultado do processo depende muito da cooperação das partes – aqui como alhures, delas se espera que contribuam para a consecução do "objetivo primacial"[21].

Também no *multi-track* a efetivação do *"case management"* poderá assumir feições diversas, de acordo com o que o tribunal considere apropriado às circunstâncias do caso. Isso tanto mais se justifica aí quanto é certo que esse modelo procedimental é aplicável a causas relativamente simples e a outras de grande complexidade. O tribunal pode convocar uma *case management conference [rule* 29.3 (1) (a)], na qual, entre outras coisas, se tratará de questões relativas à instrução probatória, em particular à prova pericial, quando necessária. Mediante questionários dirigidos às partes *(rule* 29.6), verificará o órgão judicial se elas cumpriram as instruções antes emitidas. Logo que possível, o tribunal marcará a data do *trial* ou a semana dentro da qual ele começará *(rule 29.8)*. A visão de conjunto das regras procedimentais não deixa de impressionar

20 Corretamente o assinala um observador italiano: PASSANANTE, *La riforma del processo civile inglese: principi generali e fase introduttiva, in Riv. di dir. e proc. civ.*, v. LIV (2000), p. 1.379/80.

21 Nos termos da *rule* 1.3, *"the parties are required to help the court to further the overriding objective".*

pela amplitude da discrição concedida em qualquer caso ao órgão judicial no dirigir o itinerário do feito. Outro traço que chama a atenção é a medida em que se conta com a colaboração dos litigantes e de seus advogados. Bem transparece em tudo isso o propósito de atenuar, quando não de extirpar, no processo civil inglês, a "cultura *adversarial*".

7. INSTRUÇÃO PROBATÓRIA

A) O papel do juiz

A tradição anglo-saxônica atribuía ao juiz, em matéria probatória, papel predominantemente passivo: aos advogados das partes incumbia a coleta de provas, e a respectiva produção condicionava-se às necessidades e conveniências da tática advocatícia. Em resumo: os litigantes resolviam livremente *que* provas produzir e, em grande parte, *quando* e *como* produzi-las.

Aqui, como em tantos outros pontos, as *CPR* consagram nova orientação. Não chegam a autorizar o órgão judicial a determinar de ofício a realização de provas, mas decerto lhe conferem importantes poderes na matéria, por exemplo:

a) o de indicar às partes as questões a cujo respeito entende necessitar de prova- *rule* 32.1 (1) *(a);*

b) o de especificar a natureza da prova de que carece para resolver essas questões – *rule* 32.1 (1) *(b);*

c) o de determinar o modo pelo qual a prova deve ser produzida – *rule* 32.1 (1) *(c);*

d) o de excluir prova que sem isso seria admissível – *rule* 32.1 (2);

e) o de limitar a reinquirição da testemunha pelo advogado da parte contrária *(cross-examination)* – *rule* 32.1 (3);

f) o de ordenar à parte, a qualquer tempo, que preste esclarecimentos ou dê informação adicional acerca de qualquer ponto controvertido – *rule* 18.1 (1);

g) o de nomear assessores para assistir o juiz em assuntos de sua especialidade, inclusive preparando relatórios sobre questões discutidas e aconselhando o tribunal a respeito, no *trial- rule 35.15.*

Outros poderes conferidos ao juiz em tema de instrução probatória serão apontados nos itens subsequentes (8 e 9).

8. INSTRUÇÃO PROBATÓRIA

B) Da "discovery" à "disclosure"

Característico do ordenamento processual anglo-saxônico é o mecanismo tradicionalmente conhecido como *discovery,* mediante o qual cada uma das partes pode munir-se de provas a que de ordinário não teria acesso, principalmente documentos do adversário. Tal possibilidade abre perspectiva de êxito, por exemplo, a quem litigue contra grandes empresas e necessite inteirar-se de suas atividades; por outro lado, favorece a solução consensual do litígio, na medida em que permite aos litigantes avaliar com realismo a solidez de sua posição.

Na prática, todavia, a *discovery* revelou-se não raro fator de aumento do custo e da duração do processo. O avanço tecnológico na reprodução de documentos e o sistema da remuneração por hora dos serviços profissionais dos advogados combinaram-se para estimular a produção de enormes quantidades de papel, geralmente em proveito da parte mais dotada de recursos financeiros, e com a consequência de complicar a solução das questões e prejudicar a pesquisa da verdade pelo juiz[22].

Com o propósito de reprimir excessos, as *CPR* inovam bastante no tratamento da matéria, a começar pela terminologia: substitui-se o termo *discovery* por *disclosure.* Em termos gerais, a *disclosure* passa a ser, na maioria dos casos, menos ampla que a antiga *discovery*[23]. A limitação é mais notável no *small claims track*[24], mas também se faz sentir nos outros procedimentos, para os quais a disciplina se contém essencialmente na Parte 31 do código.

Na *rule* 31.6 fixam-se os contornos da chamada *"standard disclosure",* padrão a ser observado sempre que o tribunal não disponha diversamente [*rule* 31.5 (1)]. Ela abrange: os documentos em que se baseia a parte à qual se ordenou a *disclosure;* os documentos capazes de influir

22 ZUCKERMAN, *Civ. Proc.,* p. 464.

23 ZUCKERMAN, ob. e lug. cit. na nota anterior.

24 Assevera CORSINI, *Le proposte di "privatizzazione" dell' attività istruttoria alla luce delle recenti vicende della "discovery" anglosassone, in Riv. di dir. e proc. civ.,* V. LVI (2002), p. 1.285, que no *small claim track* não cabe *disclosure* alguma, invocando a *rule* 31.1 (2). Aí, porém, somente está dito que não se aplica ao *small claims track* a disciplina constante da Parte 31 – o que não exclui em termos absolutos a possibilidade da *disclosure.* Mais exata afigura-se a informação de ZUCKERMAN, *Civ. Proc.,* p. 464, consoante a qual *"more limited disclosure* is *provided for the small claims track".*

desfavoravelmente em sua própria posição ou na de outra parte; os que favorecem outro litigante; e aqueles que a parte está obrigada a exibir por força de alguma relevante *"practice direction"*. O dever de exibir só exsurge se (e na medida em que) o tribunal emita ordem nesse sentido. De acordo com a *rule* 31.10, que regula o procedimento da *standard disclosure,* cada parte deve redigir e comunicar às outras uma lista de documentos, na qual indicará aqueles a cujo respeito julga ter o direito ou o dever de recusar a exibição, bem como aqueles que já não se acham em seu poder (e o que aconteceu com eles). É lícito ao órgão judicial determinar uma *specific disclosure,* com vista à exibição de determinados documentos ou classes de documentos, ou a uma busca e à exibição dos documentos que ela revelar *(rule 31.12).*

Duas observações finais. Primeira: a ordem de *disclosure* pode dirigir-se, sob certas condições, a terceiros, desde que o requerimento seja baseado em prova, e haja probabilidade de que os documentos favoreçam o requerente ou desfavoreçam alguma das outras partes *(rule* 31.17). Segunda: o interessado pode requerer a *disclosure* mesmo antes do início do processo, caso: seja provável que requerente e requerido venham a ser partes em processo subsequente; na hipótese de instaurar-se tal processo, caiba a *standard disclosure* em relação aos documentos em jogo; e a *disclosure* pareça desejável para conduzir a bom julgamento o futuro pleito, ou para facilitar uma solução extrajudicial do litígio, ou ainda para evitar despesas *(rule 31.16).*

9. INSTRUÇÃO PROBATÓRIA

C) Testemunhas e peritos

Tradicionalmente, depoimentos de testemunhas ficavam, no processo de *common law,* reservados para o *trial;* e isso vale para as declarações de peritos, equiparados a testemunhas *(expert witnesses)* e como tais tratados. O sistema começou a modificar-se em 1972, com o *Civil Evidence Act,* que contemplava um intercâmbio prévio de laudos periciais *(expert reports).* O passo seguinte consistiu na concessão aos tribunais, em 1986, do poder de ordenar o intercâmbio de depoimentos de testemunhas.

Hoje, está convertida em regra a apresentação de depoimentos escritos, de sorte que a prova testemunhal no *trial* com frequência fica limitada à reinquirição de testemunhas pelo advogado da parte contrária *(cross examination)*[25]. Ressalte-se de passagem que semelhante procedimento abre ao juiz a oportunidade de antever muito do que se dirá na sessão de julgamento – o que com certeza o habilita a melhor controlar o *trial* e a evitar perda de tempo, ao passo que, por outro lado, repudia um dos princípios básicos do processo tradicional, em que o órgão judicial devia chegar àquela sessão sem qualquer conhecimento prévio da causa. Vale registrar, em todo caso, que a apresentação antecipada do depoimento por escrito não dispensa a parte que o apresenta de convocar a testemunha a depor no *trial,* a não ser que o tribunal assim disponha *[rule* 32.5 (5)].

A prova pericial constituía causa de grande e desnecessário encarecimento e procrastinação dos pleitos sob o regime antigo. Daí terem as *CPR* cuidado de pô-la sob estrito controle judicial, recomendando, logo no início da parte atinente à matéria, que ela deve "cingir-se àquilo que razoavelmente se exige para a solução do litígio" *(rule* 35.1). Acrescenta a *rule* 35.3 que o perito tem o dever de assistir o órgão judicial e que esse dever suplanta qualquer obrigação para com a pessoa que lhe deu instruções ou lhe paga os serviços. Aí se evidencia o propósito de despir a prova pericial do caráter "partidário" que a tradição lhe reconhecia.

O controle judicial manifesta-se em vários aspectos. Precisa a prova ser autorizada pelo tribunal *[rule* 35.4 (1)]. Pode este, se dois ou mais litigantes pretendem que ela se realize, ordenar que a leve a cabo perito único, designado mediante acordo das próprias partes ou, caso não o haja, nomeado pelo órgão judicial dentre os nomes constantes de lista preparada por aquelas, ou por outro meio *[rule* 35.7 (1) e (3)]. É lícito ao tribunal emitir instruções referentes a qualquer inspeção, exame ou experiência que o perito deseje efetuar *[rule* 35.8 (3) *(b)].* Também lhe é lícito ordenar uma discussão entre peritos, com o objetivo de induzi-los a identificar as questões relevantes e, se possível, chegar a acordo a seu respeito, bem como, no tocante aos pontos de divergência, expor um resumo das razões por que divergem *[rule* 35.12 (1) e (3) *(b)].*

10. JULGAMENTO

No modelo clássico, o julgamento da causa em primeira instância pressupõe a realização de sessão especial, em que os advogados expõem

25 ZUCKERMAN, *Civ. Proc.,* p. 600/1, 609.

suas razões, apresentam suas provas e se pronunciam sobre as provas do adversário. Reduzidos a exceções os casos de julgamento por júri em matéria civil, o *trial* continuou a ser o momento por excelência do contato entre o juiz e a causa, da qual não lhe era dado tomar conhecimento prévio. Todavia, de um lado, já há bastante tempo a maioria dos feitos não atinge esse momento: termina por acordo das partes ou de outro modo (julgamento à revelia, ou sumário)[26]; de outro lado, as novas oportunidades, que se abriram ao juiz, de informar-se sobre as questões controvertidas e as provas não podia deixar de influenciar o cenário do *trial* – restringindo, por exemplo, a produção oral de provas e a discussão da causa pelos advogados[27].

A possibilidade de controle judicial sobre o *trial* vê-se particularmente alargada pelo generalizado uso de *skeleton arguments* – resumos, que os advogados devem apresentar antes do *trial,* das razões que pretendem sustentar e das provas que vão produzir. O juiz que haja lido com atenção o material fornecido sabe o que deve esperar e tem condições de imprimir à sessão ritmo ágil e seguro, prevenindo inútil desperdício de tempo e energias. Não é raro que emita de início instruções específicas. Pode indicar as questões que quer ver debatidas e as que não precisam de discussão oral, apontar os documentos e os laudos periciais que dispensam explicações. Também pode interromper os advogados para fazer-lhes perguntas ou cortar arrazoados desnecessariamente longos, embora com o cuidado de evitar a impressão de que já se decidiu e não está dando a devida atenção aos argumentos e provas de qualquer das partes[28].

Com essas ressalvas, cabe dizer que a estrutura do *trial* permanece fundamentalmente igual à de antes[29]. Em princípio, atua primeiro o litigante a quem toca o ônus da prova – normalmente, o autor –, cujo advogado expõe a causa no *opening speech* e produz suas provas. As testemunhas que apresente podem ser reinquiridas pelo advogado da parte contrária *(cross-examination).* Em seguida, passa a este a iniciativa, com esquema análogo. Sucedem-se os *closing speeches,* nos quais os advogados procuram demonstrar que as provas produzidas corroboraram suas

---

26 Segundo informa ANDREWS, ob. cit., p. 773, dos 22.000 processos iniciados em 2001 na *High Court, Queen's Bench Division,* 81% terminaram sem *trial.*

27 ZUCKERMAN, Civ. *Proc.,* p. 643.

28 Sobre tudo isso, ZUCKERMAN, Civ. *Proc.,* p. 648.

29 *Vide* a didática exposição de ANDREWS, ob. cit., p. 779/80.

alegações e desenvolvem suas argumentações jurídicas. Registre-se que também aqui o tribunal goza de discrição para determinar que se proceda diversamente.

A sentença pode ser proferida de imediato ao fim da sessão *(ex tempore judgment)* ou em data posterior *(reserved judgment)*. Este será o caso, de ordinário, se a complexidade da causa tomar aconselhável reflexão mais demorada do juiz[30].

Em certas hipóteses, o julgamento prescinde do *trial:* é o que se dá se o réu permaneceu revel *(default judgment) (rule* 12.1) ou se o órgão judicial se convence de que a pretensão do autor ou a defesa do réu não tem perspectiva real de acolhimento *(summary judgment) (rule 24.2)*. Desdobra-se em dois o primeiro caso: o de pedido de condenação pecuniária, em que o autor pode em regra obter decisão favorável, por assim dizer automaticamente, mediante simples requerimento *(default judgment by request: rule* 12.5), e os outros, em que o juiz deve examinar a causa e sentenciar com base nos elementos trazidos pelo autor *(default judgment by application: rule* 12.11 (1)). Todas são situações em que se consideram desnecessários o trabalho e o custo que um *trial* implicaria; por esse aspecto, a disciplina legal atende a mais de um imperativo relacionado com o "objetivo primacial"[31].

11. FAVORECIMENTO DE SOLUÇÃO CONSENSUAL

A ideia – central nos relatórios de Lord Woolf – de que a cultura *adversarial* devia ceder o passo a uma visão mais cooperativa das relações entre as partes logicamente conduz ao favorecimento da solução consensual do litígio. Na verdade, sempre foi alta na Inglaterra (e no mundo de *common law* em geral) a percentagem de feitos que terminam por acordo. As *CPR* prestigiaram essa voga e trouxeram novos incentivos ao *settlement.* Tal orientação fica bem clara desde a enumeração de modalidades de *active case management* vistas como apropriadas à consecução do "objetivo primacial": entre os deveres do órgão judicial constantes da lista figura o de "ajudar as partes a acordar sobre todo o litígio ou parte dele" *[rule* 1.4 (f)).

30 Parece que também na Inglaterra a demora é às vezes excessiva... ANDREWS, ob. cit., p. 785, aponta quatro exemplos – qualificados como *"unexcusable and even shocking"* – em que o juiz só veio a sentenciar vários meses após o *trial.*

31 Cf. ANDREWS, ob. cit., p. 6/7.

Vários são os meios pelos quais se procura estimular a solução consensual. Eis dois exemplos importantes:

a) em certas matérias *(v.g.,* negligência clínica), o processo só pode ser instaurado depois que o autor em perspectiva dá ciência de sua pretensão ao futuro réu, que dispõe de prazo para investigar o caso e declarar sua posição[32]; espera-se que esse intercâmbio *(pre-action protocols)* faça propender a um acordo os titulares dos interesses em conflito;

b) se o devedor oferecer pagamento com vista à solução consensual do litígio *(payment into court),* a atitude que o credor tomar influirá na decisão do tribunal acerca das custas processuais; análoga situação ocorre, com inversão das posições, quando parte do autor a proposta de acordo contra pagamento de determinada importância *(rule* 36.1 e s.); elevadas que são as custas, o risco de ter de suportá-las estimula a parte a aceitar a proposta.

12. UMA REVIRAVOLTA CULTURAL

A fisionomia tradicional do processo inglês bem se harmonizava com a filosofia liberal individualista: larga autonomia dos interessados, limitada atuação do órgão estatal. Não lhe caía mal a divisa *laissez-faire.*

Vai no sentido oposto a trajetória da evolução recente, que culminou no advento das *CPR.* Predomina agora a ideia do *active case management,* que implica a concessão de amplos poderes de direção do processo ao juiz. Conta-se, a par disso, com a colaboração das partes e de seus advogados.

Se tal mudança importa o abandono do *adversary system,* ou apenas a respectiva atenuação, é questão para a qual a resposta poderá variar segundo as preferências (para não dizer os preconceitos) dos diversos observadores. Incontestável é que se está diante de *"fundamental change to civil procedure and litigation culture"*[33]. Nesse sentido, justifica-se a escolha do título do presente trabalho: trata-se de algo mais do que uma reforma – de uma autêntica revolução. O termo não parecerá exagerado a quem atentar no contexto histórico, ainda que algumas (ou muitas mais opções acima arroladas possam soar triviais para o jurista de *civil law.*

---

32 A respeito, *vide* ZUCKERMAN, Civ. *Proc.,* p. 44/6, 122/3; ANDREWS, ob. cit., p. 7/8, 541.

33 ZUCKERMAN, *Civ. Proc.,* p. 1.

É interessante notar que a guinada ocorre num dos dois principais ordenamentos do universo do *common law* ao mesmo tempo em que se assiste, em países da família romano-germânica, à emergência (ou à ressurreição) de certa tendência antipublicística[34]. Seja qual for o juízo – favorável ou desfavorável- que se faça ao propósito, uma coisa é certa no caso inglês não abona o argumento, com frequência brandido pelos porta-vozes de tal corrente, de que é *autoritária,* no pior sentido da palavra. A ideia de atribuir ao órgão judicial papel de maior relevo no processo. Ninguém de juízo são sustentará que a Inglaterra dos anos 90 se haja assinalado pela adesão a qualquer espécie de autoritarismo político.

13. EFEITOS DAS "CPR"

Ao contrário do que, lamentavelmente, ocorre entre nós, tem sido objeto de permanente apuração empírica e análise estatística o efeito produzido pelas *CPR* no quotidiano forense inglês. Material divulgado na internet pelo *Department for Constitutional Affairs* [35] contém dados de grande interesse.

Averbe-se de início que, após a entrada em vigor do novo código diminuiu o número de ações intentadas. Há provas de que estão funcionando a contento os *pre-action protocols* e os mecanismos de incentivo a acordo regulados na Parte 36 *(supra,* item 11, *a* e *b).* A prática tem aprovado igualmente o uso do perito único, observado, sob as *CPR,* em *46%* dos casos que envolvem perícia. A duração média dos pleitos, que em setembro de 1997 atingira 639 dias (21,3 meses), baixou para 498 dias (16,6 meses). 51% dos processos que percorrem todo o itinerário, até o *trial,* vêm terminando em menos de um ano.

Resultados menos positivos têm-se obtido quanto ao custo do processo. Há até quem afirme que, na vigência das *CPR,* o problema se agravou e só a partir de 2003, de modo lento e inseguro, vem sendo mitigado[36].

---

34 Representada, *v.g.,* na Itália por CIPRIANI *(vide* o artigo *Il processo civile italiano tra efficienza e garanzie, in Riv. di dir. e proc. civ.,* v. LVI (2002), p. 1.243 e s.) e na Espanha por MONTERO AROCA *(vide* a conferência *La Nueva Ley de Enjuiciamiento* Civil *española y la oralidad,* no volume *Relatadas y ponencias sobre Derecho Procesal* das XVII Jornadas Ibero-americanas de Direito Processual, San José, 2000, t. II, p. 285 e s., espec. 332/3, e o livro *I principi politici de! nuovo processo civile spagnolo,* trad. ital. de Vittorio Bratelli e Nicoletta Magrino, Nápoles, 2002, p. 71 e s.

35 No site <http://www.dca.gov.uk/civil/reform/ffreform.htm>.

36 Assim, PEYSNER, *Finding Predictable Costs, in Civil Justice Quarterly,* v. 22 (2003), p. 349.

Ainda que seja exata a informação, o balanço final parece nitidamente favorável. Pouco a pouco, afasta-se a Inglaterra de uma posição desconfortável no tocante à eficiência de sua Justiça civil e aproxima-se dos países europeus mais bem situados no particular.

Julho de 2004

COMENTÁRIOS DOS ATUALIZADORES

A REVOLUÇÃO PROCESSUAL INGLESA

Aluisio Gonçalves de Castro Mendes/Carolina Paes de Castro Mendes[37]

Em seu texto, Barbosa Moreira demonstrou, com a maestria e precisão que lhe são peculiares, o que levou o *common law* britânico, de feição tradicionalmente forjada no âmbito de precedentes judiciais e por meio de juízes mais distantes do processo, a verdadeiramente revolucionar o seu direito processual tanto juridica quanto culturalmente.

O artigo traçou linha evolutiva da Justiça civil inglesa, que, devido a fortes críticas sofridas em razão de custos exorbitantes, excessiva lentidão e alta complexidade, buscou, ao longo da segunda metade do Século XX, alternativas para melhorar o funcionamento de sua máquina judiciária, sendo o ápice desta empreitada o advento, em abril de 1999, das *Civil Procedure Rules* (*CPR*), que acabaram por codificar o direito processual britânico.

Como assinalado por Barbosa Moreira no artigo ora atualizado, as modificações processuais implementadas pelas *CPR* trouxeram, em geral, impactos positivos ao processo. Dados mostraram que, após a entrada em vigor do Código, diminuiu o número de ações intentadas e foram bem sucedidos os *pre-action protocols*[38] e os mecanismos de

37 A atualização do texto contou com a fundamental participação e colaboração de Maria Eduarda Moog Rodrigues da Cunha, doutoranda em Direito Processual na Faculdade de Direito da Universidade do Estado do Rio de Janeiro (UERJ).

38 Em pesquisa para revisar os *pre-action protocols*, iniciada no final de 2020, o *Civil Justice Council* estabeleceu um grupo de trabalho para analisar a recepção

incentivo a acordo regulados na Parte 36 das *CPR*. Segundo os dados mais recentes do *European judicial systems CEPEJ Evaluation Report*, analisados em 2022 e referentes ao ano de 2020, tais efeitos positivos ainda são sentidos no âmbito da Justiça Civil inglesa.[39]

Resultados menos positivos, no entanto, foram sentidos quanto ao custo do processo, que permaneceu bastante elevado mesmo após o advento das *CPR*. Com vistas a sanar este ponto, *Lord Justice* Jackson foi incumbido de propor recomendações para ampliar o acesso à justiça a um custo proporcional ao litígio. Após ampla revisão da máquina judiciária em 2009, *Lord* Jackson publicou suas recomendações em 14 de janeiro de 2010, ocasião em que propôs um novo regime para financiamento de litígios e outras modificações ao procedimento contencioso com o objetivo de reduzir os custos do processo. Suas recomendações, amplamente aceitas, acabaram por levar à implementação de reformas processuais em 1º de abril de 2013, as quais ficaram popularmente conhecidas comos as *Jackson Reforms*.[40] As principais modificações, abaixo elencadas, foram no âmbito (i) do financiamento do litígio; (ii) da forma de recuperação dos custos despendidos com a disputa; e (iii) da gestão do processo.

---

da medida pela comunidade jurídica. De acordo com os dados disponibilizados, verificou-se que a maioria dos jurisdicionados (72,66%) entendeu que os *pre-action protocols* se mostraram bem sucedidos em alcançar seus obejtivos e que, consequentemente, grandes reformas não seriam necessárias (*Pre-Action Protocols*, disponível em https://www.judiciary.uk/wp-content/uploads/2021/11/CJC-PAP-Interim-Report.pdf , dados a partir da p. 62. Acessado em 16 de janeiro de 2023).

---

39 Os Tribunais Superiores e a Corte de Apelação baixaram mais casos do que receberam, apresentando uma taxa de eficiência de, respectivamente, 103% e 104,2%. Em primeira instância, foram decididos menos casos do que o quantitativo que ingressou, o que indica aumento do acúmulo de processos pendentes, sendo a taxa de eficiência de 98,1%. Segundo a metodologia descrita no documento oficial, a taxa de eficiência é calculada dividindo-se o número de casos solucionados pelo número de casos que ingressaram, com a multiplicação deste resultado por 100. (*CEPEJ – Council of Europe. European Jusitce Systems. CEPEJ Evaluation Report*. 2022, p. 141. Disponível em https://rm.coe.int/cepej-fiche-pays-2020-22-e-web/1680a86276 . Acesso em 10 jan. 2023).

40 Neste sentido confira-se: https://www.judiciary.uk/18-the-application-of-the-amendments-to-the-civil-procedure-rules/, acessado em 16.01.2023.

Financiamento do Litígio

Antes das *Jackson Reforms*, as partes eram livres para celebrar Acordos de Financiamento Condicionais ("*CFA*s" – sigla inglês para *Conditional Fee Agreement*) em que os demandantes (predominantemente os usuários deste tipo de acordo, muito embora possa ser utilizado por qualquer das partes) podiam litigar praticamente sem custos, mas o réu perdedor acabava arcando com valores altíssimos.

Isso porque, se o caso fosse perdido, o autor não teria que pagar nada aos seus patronos nos termos do *CFA*, e nem tampouco os custos do oponente, uma vez que, em regra, estavam cobertos pelo seguro "Após o Evento" ("ATE" - acrônimo para o nome em inglês *After The Event insurance*).[41] Por outro lado, se ganhassem, o réu seria compelido a reembolsar não só os custos despendidos, como o prêmio do *ATE* e a taxa de sucesso acordada nos termos do *CFA*.

Segundo *Lord Justice* Jackson, isso colocava carga excessiva nas contrapartes, cuja responsabilidade pelos custos poderia se tornar significativamente desproporcional na eventualidade de o caso ser contestado, julgado e perdido. No âmbito destes arranjos, os valores sob a responsabilidade do réu poderiam chegar a até quatro vezes os custos "normais" de uma parte no litígio, eis que teriam que arcar com: (a) seus próprios honorários advocatícios e custas processuais; (b) honorários advocatícios usuais e custas judiciais da contraparte vencedora; (c) taxa de sucesso do vencedor de até 100% das taxas usuais; e (d) o prêmio do *ATE* do reclamante.

Lord Justice Jackson entendeu que estes custos seriam exorbitantes, razão pela qual recomendou pela irrecuperabilidade das taxas de sucesso do *CFA* e dos prêmios do *ATE*. O governo inglês adotou esta recomendação, como forma de restaurar uma maior proporcionalidade aos gastos dos processos cíveis e reduzir os custos injustos sofridos por muitas empresas, indivíduos e outras organizações (incluindo o *National Health System*), que foram confrontados com ações que possuíam um *CFA*.

Essas mudanças não constam das *CPR*, mas foram implementadas pela seção 44 e seção 46 da *Legal Aid, Sentencing and Punishment of Offenders Act 2012* (*LASPO*), que alterou as seções relevantes do *Courts and Legal Services Act 1990*.

---

41 Tipo de apólice de seguro de despesas legais contratada para fornecer cobertura para custos incorridos em litígio processual ou arbitragem.

Proporcionalidade (Proporcionality Test)

Tradicionalmente, a parte vencedora podia recuperar os custos processuais razoavel e necessariamente incorridos. No entanto, a partir das *Jackson Reforms*, não bastava que os custos fossem razoáveis e necessários, mas eles também tinham que ser [*rule* 44.3(5)] proporcionais à quantia envolvida (*a*), ao valor não monentário sob litígio (*b*); à complexidade das questões (*c*); ao trabalho adicional gerado em razão da conduta da parte vencida (*d*); à importância do caso (*e*) e ao trabalho e despesas adicionais suportados em razão da situação financeira ou vulnerabilidade da parte ou testemunha (*f*).

Procedimento

A partir de 1° de abril de 2013, os tribunais passaram a estar sujeitos a uma nova exigência: a de exercer uma gestão rigorosa dos processos [*rule* 3.9]. Isto é, lidar com casos a um custo proporcional e de maneira eficiente (*a*); e monitorar o cumprimento das decisões, leis e *practice directions* (*b*).

A emenda às *CPR*, na *rule* 3.9, seguiu as recomendações de *Lord* Jackson, que afirmou que *"os tribunais devem estabelecer cronogramas realistas para os casos e não prazos inatingíveis com o único fim de dar uma impressão de firmeza e autoridade. Em segundo lugar, os tribunais em todos os níveis tornaram-se demasiadamente tolerantes com atrasos e descumprimentos de prazos. Ao fazê-lo, eles perderam de vista os prejuízos que a cultura do atraso e do descumprimento está infligindo ao sistema de justiça civil. A balança, portanto, precisa ser corrigida"*.[42]

Muito embora *Lord* Jackson não defendesse a adoção de consequencias extremas para o descumprimento de prazos, exceto em circunstâncias excepcionais, ele reconheceu que era necessário implementar uma política mais rigorosa ao regime do que aquela que havia sido desenvolvida sob a redação original da rule 3.9. Para ele, a redação atual *"não impede que o tribunal leve em consideração todas as*

---

42 *Final Report* Ch 39, parágrafo 6.5. Texto original: *"First, the courts should set realistic timetables for cases and not impossibly tough timetables in order to give an impression of firmness. Secondly, courts at all levels have become too tolerant of delays and non-compliance with orders. In doing so, they have lost sight of the damage which the culture of delay and non-compliance is inflicting upon the civil justice system. The balance therefore needs to be redressed."*

questões listadas nos parágrafos atuais (a) a (i). No entanto, simplificar a regra evita a necessidade de juízes embarcarem em uma longa lista de fatores, além de também sinalizar a mudança de equilíbrio que estou defendendo".[43]

As menções explícitas em suas recomendações, reduzindo o dispositivo a apenas dois incisos, são uma referência também ao "objetivo primacial" (*"overriding objective"*) do Código, o qual impõe que o processo seja conduzido de forma justa, igualitária e célere.

Neste ponto, vale notar que o dispositivo 1.1(2) das *CPR*, citado por Barbosa Moreira em seu texto, e que enumera alguns dos tópicos em que se desdobra o princípio enunciado na *rule* 1.1(1) – de que o código tem *"o objetivo primacial de habilitar o tribunal a tratar de causas de modo justo"*, ampliou o escopo da sua primeira alínea. Onde antes restringia-se a *"assegurar a igualdade de tratamento das parte"*, hoje a redação foi complementada para determinar que essa igualdade de tratamento seja feita *"com amplo acesso à justiça e à instrução probatória por parte dos litigantes e testemunhas"*. Além disso, foi adicionada alínea (f) para fins de *"assegurar o cumprimento das leis, practice directions e decisões judiciais."*

Com relação aos modelos procedimentais contemplados nas *CPR* e detalhadamente elencados por Barbosa Moreira em seu artigo, vale apenas assinalar a atualização dos valores mínimos para a alocação da causa a cada tipo de procedimento. Quando da redação do texto ora atualizado, o regime de *small claims track* aplicava-se a causas de valor não superior a 5.000 libras. Atualmente, o valor é de 10.000 [rule 26.6.3 (1) (a)]; o *fast track* era aplicado a causas de valor entre esse limite e 15.000 libras, o qual foi hoje ampliado para 25.000 libras [*rule* 26.4 (b)(i)]; o *multi track,* às causas restantes. O valor, porém, nem sempre constitui o fator decisivo: o tribunal pode determinar a aplicação do *multi-track* a causas de valor inferior a 25.000 libras.

No que tange à instrução probatória, Barbosa Moreira discorreu detalhadamente sobre as grandes mudanças culturais e procedimentais trazidas com o advento das *CPR,* incluindo o desenvolvimento

43 *Final Report* Ch 39, parágrafo 6.5. Texto original: *"...does not preclude the court taking into account all of the matters listed in the current paragraphs (a) to (i). However, it simplifies the rule and avoids the need for judges to embark upon a lengthy recitation of factors. It also signals the change of balance which I am advocating."*

da *disclosure*. Neste ponto, é importante ressaltar que, ao longo dos últimos anos, os contornos da "*standard disclosure*" foram bastante ampliados, passando a ser a regra geral também as *multi-tracks claims* que não tratem de danos pessoais [*rule* 31.5(2)]. No âmbito das novas regras, dentro dos 14 dias que antecederem à primeira audiência de *case management*, cada parte deve apresentar uma declaração que [*rule* 31.5(3)]: descreva brevemente quais documentos existem ou possam existir e que sejam relevantes às questões incidentes ao caso (*a*); descreva onde e com quem estes documentos estão ou podem ser localizados (*b*); no caso de documentos eletrônicos, descreva como estes documentos estão armazenados (*c*); estime os custos gerais que podem estar envolvidos na *standard disclosure*, incluindo os custos de busca e apresentação dos documentos eletrônicos (*d*); e determine certas direções de como a *disclosure* deve ser perseguida, as quais podem ser limitadas pela corte [*rule* 31.7 e *rule* 31.8] (*e*).

O NEOPRIVATISMO NO PROCESSO CIVIL[1*]

1. Ao longo dos últimos anos, reformas processuais em vários países têm tratado de reforçar os poderes do juiz na direção do feito e na atividade de instrução. A ideia subjacente a essas reformas, ocioso ressaltar, é a de que o processo deve chegar a um resultado justo, de preferência com dispêndio mínimo de tempo e energias. Ora, o que normalmente quer cada uma das partes é sair vitoriosa, tenha ou não razão: pouco lhe importa, em regra, que se mostre justo o resultado, desde que lhe seja favorável; e, quando não tem razão, importa-lhe de ordinário retardar o desfecho do pleito. Há de existir alguém que atue imparcialmente no sentido de que o processo tenha marcha regular e venham aos autos todos os elementos necessários para que o julgamento corresponda, na medida do possível, à realidade. Esse alguém não pode ser outro senão o órgão judicial; por conseguinte, é mister provê-lo dos meios indispensáveis para que ele possa desincumbir-se cabalmente de sua função.

Como é natural, têm variado com o tempo e com o lugar os efeitos práticos das aludidas reformas. É um dado da experiência que, infelizmente, não basta editar normas para alcançar o objetivo que as inspira. Numerosos fatores influem na transfusão dos textos legais para o mundo dos fatos: alguns contribuem para torná-la efetiva, ao passo que outros, ao contrário a dificultam ou impedem. Será grande ingenuidade supor que, para assegurar o exercício eficaz dos poderes pelos juízes, basta que as leis lhos atribuam. Por outro lado, com frequência se reconhece que atribuir-lhos é condição necessária, embora não suficiente, para concretizar aquele propósito.

Há, porém, um setor da doutrina ao qual desagrada profundamente a ideia mesma da concessão de muitos poderes ao órgão judicial. Enxerga-se nela uma exacerbação indevida do elemento publicístico do processo e uma intolerável manifestação de autoritarismo. Para os que assim pensam, as coisas andarão tanto melhor quanto mais forem deixadas aos cuidados dos próprios litigantes: nenhum juiz, afirma-se, pode

---

1 Publicado *in Rev. de Proc.*, nº 122, *Rev. Bras. de Dir. Comp.*, nº 28, *Rev. Síntese de Dir. Civ. e Proc. Civ.* nº 34, *Rev. do Min. Público* (do RJ), nº 22, *Rev. da Acad. Bras. de Letras Jurídicas*, v. 26, *Rev. Ibero-amer. de Dir. Proc.*, nº 7, *Rev. de Dir. Proc.* (Argentina), nº 2/2005. *Cadernos de Dir. Priv.* (Portugal), nº 10, e no volume coletivo *Proceso civil e ideología* (coord. Juan Montero Aroca), Valencia, 2006.

saber mais do que os titulares dos interesses em conflito o que convém fazer (ou não fazer) para resolvê-lo. O incremento dos poderes do órgão judicial, assevera-se, é típico de legislações autoritárias, emanadas de governos antidemocráticos e indiferentes às garantias dos jurisdicionados. De acordo com esse pensamento, um modelo "garantístico" do processo repele juízes que não se contenham no estrito âmbito da passividade e, por exemplo, se aventurem a buscar, por sua iniciativa, dados capazes de propiciar-lhes conhecimento mais completo dos fatos relevantes para a decisão[2].

2. Antes de mais nada, cumpre esclarecer um aspecto importante das relações entre regime político e ordenamento processual. Afigura-se óbvio que a disciplina legal do processo (e não só do processo) sofre a influência das características do regime político sob o qual é editada. Mas, à luz da experiência histórica, também deveria ser óbvio que constitui exagero de simplificação conceber essa relação à guisa de vínculo rígido, automático e inflexível, para considerar que, se determinada lei (processual ou qualquer outra) surgiu sob governo autoritário, essa contingência cronológica fatal mente lhe imprime o mesmo caráter e a torna incompatível com o respeito às garantias democráticas. A realidade é sempre algo mais complexa do que a imagem que dela propõem interpretações assim lineares, para não dizer simplórias.

---

2 De tal corrente doutrinária são representantes autorizados e notórios CIPRIANI, na Itália, e MONTERO AROCA, na Espanha. Para poupar ao leitor uma tediosa multiplicação de citações, a cada passo do presente escrito, indicamos aqui, de ambos os autores, alguns dos principais trabalhos dedicados ao assunto: do italiano, *Nel centenario del Regolamento di Klein (il processo civile tra libertà e autorità), in Ideologie e modelli dei processo civile.* Nápoles, 1997, p. 27 e s.; *Il processo civile italiano tra efficienza e garanzie, in Riv. di dir. e proc. civ.* v. LVI (2002), p. 1.243 e s.: *Il processo civile tra vecchie ideologie e nuovi slogan, in Riv. di dir. proc.*, v. LVIII (2003), p. 455 e s.: do espanhol. *La Ley de Enjuiciamiento Civil española y la oralidad*, conferência pronunciada nas XVII Jornadas Ibero-americanas de Direito Processual, no volume de *relatorios y ponencias.* San José, 2000, t. II, p. 285 e s.: *I principi politici del nuovo processo civile spagnolo*, trad. ital. de Vittorio Bratelli e Nicoletta Magrino, Nápoles, 2002: EI proceso civil llamado "social" como instrumento de "justicia" autoritaria, in *Rev. Ibero-americana de Der. Proc.* nº 6, p. 15 e s. Tentaremos discutir os argumentos mais importantes expostos e reiterados nesses trabalhos, sem especificar, por desnecessário, os lanços em que aparecem. A fim de prevenir equívocos, deixamos claro que se trata de dois processualistas ilustres, em cuja produção científica há muito que admirar e louvar, e cuja amizade pessoal – superior a qualquer divergência – extremamente nos honra.

O direito brasileiro oferece exemplos sugestivos. Leis processuais insuspeitas de autoritarismo foram editadas ou preparadas sob governos militares: *v.g.*, respectivamente, a de nº 4.717, de 29-6-1965, que regula a ação popular, e a de nº 7.347, de 24-7-1985, que disciplina a ação civil pública. Ambas são diplomas de corte manifestamente democrático, onde nada se encontra que fira, de leve sequer, as garantias das partes. Nem foi autoritário, no (mau) sentido político da palavra, o Código de Processo Civil de 1939, editado sob o Estado Novo.

Fenômenos semelhantes ocorreram na Alemanha. Já se demonstrou quão equivocada é a suposição de que refletiriam a ideologia nacional-socialista todas as reformas introduzidas na ZPO após a subida dos nazistas ao poder[3]. Uma delas, levada a cabo em 1933, cuidou, significativamente, de reforçar os poderes judiciais de esclarecimento e direção do processo; pois bem, as raízes dessa reforma mergulhavam em trabalhos preparatórios desenvolvidos sob a Constituição de Weimar, e a respectiva orientação permaneceu inalterada mesmo depois de 1945[4] o que evidencia a sua perfeita compatibilidade com a redemocratização do país. De outra parte, é oportuno registrar que a ZPO de 1877, de origem claramente liberal-individualista, após a divisão da Alemanha continuou em vigor por muitos anos, na socialista DDR, que só em 1975 viria a adotar código novo.

O *codice di procedura civile* de 1940 tem sido alvo de críticas que o apontam como produto típico do fascismo. Melhores razões, todavia, parecem as invocadas pelos que lhe negam tal feição[5]. Nem se afigura exato, aliás, entender que esse código haja pretendido intensificar em grau sensível o exercício de poderes pelo juiz, notadamente no que concerne à atividade instrutória: o art. 115, 1ª alínea ("*Salvi i casi previsti dalla legge (...) il giudice deve porre a fondamento della decisione le prove proposte dalle parti o dal pubblico ministero*"), decerto não soa como estí-

---

3 Cf. POPP, *Die nazionalsozialistische Sicht einiger Institute des Zivilprozess – und Gerichtsveifassungsrechts*, Frankfurt-am-Main-Berna-Nova Iorque, 1986, p. 7

4 POPP, ob. cit., p. 11; BOHM, *Processo civile e ideologia nello stato nazionalsocialista*, trad. ital. de Marinelli, in *Riv. trim. di dir. e proc. civ.*, v. LVIII (2004), p. 639.

5 Assim, v.g., um escritor absolutamente insuspeito de qualquer simpatia pelo ideário fascista: TARUFFO, *La giustizia civile in Italia dal 700 a oggi*, Bolonha, 1980, p. 255. 281 e s., espec. 286/8. A exemplo desse autor, não nos deixamos impressionar por determinadas passagens da Relazione do Ministro Grandi, que não passam de "*clausole di stile apposte per esigenze politiche contingenti*" (p. 287).

mulo, na matéria, à iniciativa judicial *ex officio*. *Last but not least:* quanto ao Código austríaco, marco histórico da evolução para um processo civil social, se não se pode afirmar que haja nascido em berço democrático – ou, caso se prefira estoutra expressão, politicamente liberal –, tampouco se pode ignorar que resistiu à fragmentação do Império e sobrevive até hoje na Áustria democrática de nossos dias, onde se comemorou festivamente, há poucos anos, o seu centenário[6].

3. Convém pôr em evidência o equívoco fundamental da suposição de que governos autoritários costumem inclinar-se ao fortalecimento de juízes. Os poderes que eles se empenham em fortalecer são, geralmente, os do Executivo, não os do Judiciário.

Veja-se o que sucedeu no Brasil, após a chamada revolução de 1964. Logo no Ato Institucional nº 1, de 9 de abril daquele ano, autorizando-se o "Comando Supremo da Revolução" e, em seguida, o Presidente da República a demitir ou dispensar, "mediante investigação sumária", os titulares das garantias de vitaliciedade e estabilidade, cuidou-se de estatuir que o controle jurisdicional desses atos se limitaria "ao exame de formalidades extrínsecas, vedada a apreciação dos fatos que o motivaram, bem como da sua conveniência ou oportunidade" (art. 7º e § 4º). Mais radical foi o Ato Institucional nº 3, de 5-2-1966, que simplesmente excluiu da apreciação judicial os atos praticados com fundamento nele próprio e nos respectivos atos complementares (art. 6º). Aos juízes, portanto, os governos militares não concederam poderes novos – muito ao contrário.

Para interessar a regimes autoritários o exercício, por juízes, de poderes extensos, é preciso, em regra, que o Judiciário esteja inteiramente privado de autonomia e reduzido à mera posição de instrumento do

---

6 Como já se comemorara, em meados do século XX, o seu cinquentenário: *vide* o volume coletivo *Festschrift zur fünfzigjahrfeier der* Österreichischen *Zivilprozessordnung*, Viena, 1948. A contribuição de LEONHARD, sob o título *Zur Geschichte der* Österreichischen *Juztizreform vom 1898*, terminava justamente por lembrar que o código austríaco subsistiu a duas guerras mundiais e a convulsões de inimaginável extensão na vida política e econômica, mas seus fundamentos e princípios determinantes continuaram a representar uma realidade incontroversa na vida jurídica austríaca. (No original: "*Zwei Weltkriege hat* Österreichs *Zivilprozess* überdauert. *Erschütterungen des politischen und wirtschaftlichen Lebens von unvortellbarem Ausmasse sind eingetreten und trotzdem sind die Grundgedanken und massgebenden Grundsätze des Reformwerkes auch heute noch unbestritten und reale Wirklichkeit unseres Rechtslebens*".)

Executivo. Não precisamos cogitar aqui desse caso extremo, do qual terá havido exemplos históricos, inclusive no mundo ocidental, mas que hoje será exceção raríssima.

4. O próximo passo de nosso itinerário consiste em pôr à prova a afirmação de que é peculiar a regimes autoritários, imbuídos de desprezo pelas garantias dos jurisdicionados, a concessão ao juiz de poderes instrutórios exercitáveis de ofício. Vamos aplicar o teste a cinco casos: o suíço, o francês, o inglês, o alemão e o brasileiro.

A lei federal suíça que regula o processo civil federal, de 4-12-1947, dispõe no art. 37: «*Le juge n' est pas lié par les offres de preuve des parfies; il ne retient que les preuves nécessaires. Il peut ordonner des preuves que les parties n'ont pas offertes*». A ninguém de juízo são acudirá pensar que a Suíça vivia em 1947 sob regime despótico, ou que a autorização dada ao juiz para ordenar provas *ex officio* fosse eco de uma política autoritária.

A imagem tradicional do processo civil francês era fortemente marcada pelo domínio das partes sobre a iniciativa na instrução probatória. Em 1975, contudo, adotou-se novo code de procédure civile, cujo caráter inovador, no particular, se patenteia à vista dos arts. 16 («*Le juge a le pouvoir d'ordonner d'office toutes les mesures d'instruction légalement admissibles*») e 143 («*Les faits dont dépend la solution du litige peuvent, à la demande des parties ou d'office, être l'objet de toute mesure d'instruction légalement admissible*»). Consoante frisa a doutrina, assim se erigiu em princípio geral um poder outrora limitado a casos excepcionais[7]. Já não cabe falar, como noutros tempos, do "papel passivo" do órgão judicial nesse campo[8]. Suporá alguém que a alteração de rumo haja refletido a opção da França por um regime político autoritário?

Evolução ainda mais impressionante foi a que se produziu na Inglaterra, berço do chamado adversary system, que tradicionalmente confiava às partes, em termos exclusivos, a atividade probatória. Há algum tempo vinham-se notando, naquele país, sinais de mudança, nesse e noutros terrenos. Ela culminou na adoção, em 1998, das *Civil Procedure Rules*, que, se não chegaram a conferir ao juiz, expressis verbis, poderes instrutórios exercitáveis de ofício, sem dúvida lhe outorgaram amplas faculdades de controle da atividade probatória – por exemplo: a de emi-

7 CADIET, *Droit judiciaire privé*, 2ª ed., Paris, 1998, p. 483.

8 Assim falava MOREL, *Traité élémentaire de procédure civile*, Paris, 1932, p. 163.

tir instruções no sentido de especificar as questões para as quais deseja prova, a natureza da prova de que carece e a maneira por que ela deve ser apresentada em juízo (rufe 32.1); a de ordenar à parte, a qualquer momento, que esclareça matéria discutida no processo, ou ministre informação adicional a respeito [rufe 18.1 (10)]; a de determinar que a perícia seja feita por um único expert, bem como de dar-lhe instruções sobre inspeção, exame ou experiência que tenha de realizar [rules 35.7 e 35.8 (3) (b)]; a de nomear assessores para assistir o órgão judicial em assuntos de sua especialidade, inclusive preparando relatórios sobre questões discutidas e aconselhando o tribunal no trial (rule 35.15), Ampliou-se, por outro lado, o controle do juiz sobre a disclosure (nova denominação dada à *discovery*), isto é, sobre o mecanismo pelo qual cada uma das partes pode exigir do adversário elementos probatórios (principalmente documentos) a que de outro modo não teria acesso[9]. Generalizando o discurso, é possível resumir o sentido da transformação do direito processual inglês nesta fórmula: deslocamento, das partes para o juiz, do comando do processo[10]. Corresponderá porventura tal fenômeno a algum surto autoritário no regime político britânico?

Também a reforma da ZPO alemã, de 2001, ampliou a atuação do órgão judicial na esfera probatória. Antes, podia o juiz ordenar à parte a apresentação de documentos em seu poder, aos quais ela se houvesse referido. Agora, semelhante possibilidade vê-se alargada em duplo sentido: de um lado, a ordem de apresentação pode dizer respeito aos documentos a que o litigante adverso se refira; de outro, ela pode dirigir-

9 Sobre o câmbio de rota do processo civil inglês, permitimo-nos remeter o leitor a nossos artigos *Uma novidade: o código de processo civil inglês, in Temas de Direito Processual* (Sétima Série), S. Paulo, 2001, p. 179 e s., e *A revolução processual inglesa, in Rev. Síntese de Dir. Cív. e Proc. Civ.*, p. 31, p. 23 e s., onde tratamos do assunto com algum desenvolvimento.

10 Expressivos os títulos de dois artigos – um anterior, outro posterior ao advento das *Civil Procedure Rules* – de eminentes processualistas ingleses: ZUCKERMAN, *English Civil Procedure – The Shift Away from Party Control and Orality, in Zeitschrift für Zivilprozess International*, v. 1 (1996), p. 65 e s.; ANDREWS, *A New Civil Procedural Code for England: Party-Control "Going, Going, Gone", in Civil Justice Quarterly*, v. 19 (2000), p. 19 e s. Especificamente quanto à matéria probatória, *vide*, na literatura mais recente, JOLOWICZ, *Civil Procedure in the Common and Civil Law*, no volume coletivo *Law, Legal Culture and Politics in the Twenty First Century*, ed. Guenther Doeker-Mach e Klaus A. Ziegert, Stuttgart, 2004, p. 77: "*under the new rules of civil procedure in England, lhe parties have lost to the judge much of their power to control lhe evidence brought before the court*".

-se igualmente a terceiros, desde que isso lhes seja exigível e não ocorra qualquer dos casos de recusa legítima a depor como testemunha (§ 142, 1ª e 2ª alíneas). Não consta que a Alemanha vivesse, na época da reforma, sob regime político autoritário.

Enfim, no Brasil, a Lei nº 9.099, de 26-9-1995, estatui no art. 5º: "O juiz dirigirá o processo com liberdade para determinar as provas a serem produzidas, para apreciá-las e para dar especial valor às regras de experiência comum ou técnica". Observe-se que o art. 130 do Código de Processo Civil já autorizava o órgão judicial, "de ofício ou a requerimento da parte", a ordenar "as provas necessárias à instrução do processo". O Código, porém, foi editado sob um dos governos militares, e poderia incorrer por isso na suspeita de autoritarismo. Em 1995, vivia o país em pleno regime democrático, politicamente liberal.

É verdade que a História aponta exemplos de Estados autoritários cujas legislações processuais investiam o juiz de poderes amplos, na disciplina da prova e alhures. Isso demonstra somente que nenhum regime político, autoritário ou não, tem exclusividade absoluta nesse âmbito. O reforço dos poderes do órgão judicial é suscetível de conviver com estruturas políticas de cores variáveis, situadas em posições diferentes, quiçá opostas, no espectro político: arbitrário extrair daquele dado ilações categóricas sobre a índole do regime, como se um fosse consequência direta e inexorável do outro. Recorde-se aqui o que ficou dito acima (nº 2) sobre a dose de fluidez que caracteriza a relação entre regime político e ordenamento processual; confirmação inequívoca, na matéria de que estamos cuidando, ministra a experiência histórica, Só fechando os olhos a ela será possível sustentar que poderes maiores para os juízes constituem sinal certo de autoritarismo político.

5. É hora de passar a outra ordem de argumentos, ao nosso ver mais sérios[11]. Um deles respeita à definição precisa da função (*rectius*:

---

11 Nos itens que se seguem retomamos (e, em parte, reproduzimos) argumentação já exposta em vários trabalhos. Pela mesma razão indicada na nota 1, *supra*, vamos limitar-nos a enumerar os principais, omitindo citações particularizadas que tornariam ainda mais pesada a leitura: *A função social do processo civil e o papel do juiz e das partes na direção e na instrução do processo* e *Breves reflexiones sobre la iniciativa oficial en materia de prueba*, ambos *in Temas* (Terceira Série), S. Paulo, 1984, p. 43 e s. e 79 e s., respectivamente; *Os poderes do juiz na direção e na instrução do processo, in Temas* (Quarta Série), S. Paulo, 1989, p. 45 e s.; *O processo,*

das funções) que o órgão judicial é chamado a exercer no processo. Desnecessário sublinhar que lhe compete, acima de tudo, julgar o litígio submetido a seu exame. Igualmente óbvio é que, para julgar, lida o juiz com duas espécies de materiais: os fatos e o direito. Em última análise, reduzido o fenômeno à expressão mais simples, o que em substância faz o julgador é aplicar a fatos as normas jurídicas contidas no ordenamento jurisdição de legalidade) ou, quando e na medida em que lho permita a lei, formuladas por ele próprio jurisdição de equidade). Deixando de lado este segundo caso, que é excepcional, não há quem não reconheça ao juiz, ademais, a possibilidade de determinar as normas aplicáveis à causa, independentemente de qualquer colaboração das partes, e até em desacordo com as indicações que estas porventura façam (*iura novit curia*). Resta verificar como se põe o juiz diante dos fatos.

Na tradição jurídica ocidental, fica reservado à parte que toma a iniciativa da instauração do processo o encargo de especificar o(s) fato(s) a seu ver capaz(es) de fundamentar o pedido – para usar expressão clássica, a causa petendi. Ao órgão judicial incumbe averiguar se se deve ou não acolher o pedido à luz desse(s) fato(s): não lhe é lícito acolhê-lo invocando outro(s) fato(s), ainda que porventura esteja convencido da respectiva ocorrência (e da respectiva suficiência para produzir o resultado jurídico pretendido pelo autor). Quanto a fatos suscetíveis de justificar a rejeição do pedido, há os que podem (e devem) ser levados em conta *ex officio* (*v.g.*, no direito brasileiro, a decadência prevista em lei: Código Civil, art. 210) e os que somente podem ser considerados mediante alegação do interessado (exceções materiais ou substanciais; *v.g.*, sempre no direito brasileiro, a prescrição, salvo quando aproveite a pessoa absolutamente incapaz: Código Civil, art. 194).

Resta saber como agirá o juiz para certificar-se da ocorrência (ou não ocorrência) do fato invocado ou conhecível de ofício. Postas de lado hipóteses especiais, que não interessam aqui (por exemplo: a da notoriedade), constitui princípio assente que ao órgão judicial não é lícito valer-se do conhecimento privado que porventura tenha do fato; de maneira alguma poderia, *v.g.*, fundamentar sentença condenatória dizendo que assistira da janela de casa ao acidente de trânsito e sabia, por isso, que o réu o causara por sua imprudência. Os fatos precisam estar provados nos autos.

---

as partes e a sociedade e *Reformas processuais e poderes do juiz*, ambos *in Temas* (Oitava Série). S. Paulo, 2004, p. 29 e s. e 53 e s., respectivamente.

Pois bem: não há dúvida de que, no comum dos casos, a prova produzida o é pela parte a quem o fato aproveita. Bem se compreende: as partes é que se envolveram pessoalmente nos fatos, supõe-se que tenham documentos a eles relativos, saibam quem está em condições de testemunhá-los, e assim por diante. Falta enfrentar esta questão: *quid iuris*, se não vem aos autos a prova de algum fato relevante? Um modo de lidar com tal situação é lançar as consequências desfavoráveis da carência probatória sobre o litigante a quem aproveitaria o fato não provado. Nessa perspectiva, as leis costumam estabelecer regras sobre o chamado *onus probandi*: *v.g.*, no Código de Processo Civil brasileiro, o art. 333, cujo *caput* distribui o ônus entre o autor, para o fato constitutivo do alegado direito, e o réu, para os fatos impeditivos, modificativos ou extintivos dele.

É essa a única possível solução? Não poderá o juiz, por sua própria iniciativa, ordenar a realização de prova destinada a suprir a lacuna? Sempre nos pareceu, e parece a muitos outros, que a semelhante pergunta se há de responder afirmativamente. Julgar segundo as regras de distribuição do ônus não é atitude que tranquilize de todo o juiz consciente de sua responsabilidade: ele atira no escuro; pode acertar o alvo, mas pode igualmente errar, e sua sentença, injusta, produzirá na vida dos litigantes efeitos diversos dos queridos pelo ordenamento, quando não diametralmente opostos. Não será preferível que ele procure fazer jorrar alguma luz sobre os desvãos escuros da causa – e, se possível, baseie o julgamento numa ciência mais exata e completa do que realmente aconteceu?

6. Em sentido contrário soem brandir-se dois argumentos principais. Um deles é o de que, ao agir assim, estaria o juiz invadindo o campo de atuação reservado às partes. Não se afigura procedente a objeção. Se, conforme dito acima, para julgar precisa o órgão judicial utilizar duas espécies de materiais – o direito e os fatos –, então a apuração destes, nos lindes oportunamente indicados, entra por força na zona de competência do órgão judicial, como pressuposto do desempenho cabal de sua missão. Quem quer o fim, quer os meios. Se a lei quer que o juiz julgue, não pode deixar de querer que ele julgue, tanto quanto possível, bem informado; logo, não deve impedi-lo de informar-se, pelos meios que tenha à mão.

Quando o juiz determina a realização de prova para melhor esclarecimento dos fatos relevantes, não está, em absoluto, usurpando função da parte; não está agindo no lugar dela, fazendo algo que a ela, e só a ela, incumbia fazer. Sua iniciativa não é, a rigor, um sucedâneo da iniciativa da parte: é qualquer coisa de inerente à sua missão de julgador. Ele não atua como substituto da parte, atua como juiz – como juiz empenhado em julgar bem.

De outra banda, se levássemos às últimas consequências a separação entre direito e fatos, para excluir toda e qualquer participação do órgão judicial na colheita de dados relativos a estes, por igual razão teríamos de excluir toda e qualquer participação dos litigantes no que concerne àquele. Seria o caso de proibir as partes de invocar disposições legais e de expor argumentações jurídicas... Se o "bloqueio" vale para um lado, há de valer também para o outro!

O segundo argumento é o de que, ao determinar de ofício a realização de prova, o órgão judicial abandona a posição, que lhe é característica, de terceiro imparcial, toma partido por um dos litigantes – por aquele a quem a prova irá favorecer. Mas, primo, o juiz não é adivinho; não pode saber de antemão a qual dos litigantes será favorável o êxito da diligência probatória. Pense-se, por exemplo, numa perícia: se a ordena *ex officio* o órgão judicial, tanto pode acontecer que o laudo pericial favoreça o autor quanto pode acontecer que favoreça o réu. Conta-se, naturalmente, que a perícia – sob pena de frustrar-se – acabe por favorecer alguém, na medida em que esclareça o ponto obscuro; quem será esse alguém, no entanto, só depois de concluída a perícia é que se vai saber.

Há mais. A supor-se que o juiz se torna parcial por ordenar *ex officio* a realização de prova, assim beneficiando a parte a quem ela resulte favorável, ter-se-á logicamente de entender que também a omissão em determinar a prova compromete a imparcialidade do juiz. É evidente, com efeito, que a falta da prova beneficiará a parte a quem ela resultaria desfavorável, caso se realizasse. Estará o juiz, então, condenado em qualquer hipótese à pecha de parcialidade? O absurdo da consequência põe a nua falsidade da premissa.

O resultado da prova determinada de ofício, quando não se frustra, tem um efeito essencial: dar acesso a mais substanciosa porção da verdade. Não é ganho desprezível, desde que se parta da ideia de que interessa tentar descobri-la. Já se sabe, e talvez seja ocioso repetir, a esta altura, que é sempre imperfeito e incompleto o conhecimento humano da verdade. Mas os ordenamentos jurídicos nem por isso a afastam de sua cogitação, nem renunciam a utilizar quanto dela seja possível apreender[12]; do contrário, nem sequer cuidariam de disciplinar as provas, e adotariam com certeza maneiras mais simples e rápidas de decidir litígios, *v.g.*, o sorteio...

7. Alega-se ainda que a atribuição de poderes instrutórios ao órgão judicial é incompatível com a preservação das garantias processuais das partes. O argumento teria alguma consistência se o juiz, ao exercer tais poderes, comprimisse indevidamente o exercício dos direitos conferidos àquelas pela lei. Pode ser que em algum caso específico se incorra nesse grave erro; mas é claro que se tratará de um desvio, não de fenômeno inerente à existência dos aludidos poderes: acidente, nunca substância.

Determinar *ex officio* que se ouça o depoimento de alguém não significa necessariamente cercear o direito da parte de nomear e fazer ouvir suas testemunhas. Não fica tolhida a parte em seus direitos referentes à prova pericial pelo mero fato de ordenar o órgão judicial, *motu proprio*, a realização de perícia. Raciocinam alguns como se cada gesto do juiz houvesse de erguer obstáculo à atuação da parte: se ele se move, impede-a com isso de mover-se. O raciocínio é evidentemente ilógico.

O exercício de poderes instrutórios pelo órgão judicial perfeitamente se compadece com a preservação das garantias processuais das partes. Pressupondo-se que, como cumpre, elas sejam devidamente cientificadas das iniciativas oficiais, e que se lhes abra a possibilidade de participar das diligências, de impugná-las, caso lhes pareçam descabidas, e de manifestar-se sobre os respectivos resultados, não se descobre que garantia terá sido desrespeitada.

Dir-se-á que os litigantes hão de conservar o poder de dispor de seus direitos. Ora, ninguém é forçado a invocar um direito em juízo, nem, por conseguinte, a alegar o fato de que ele se originaria. Mas aí cessa o poder de disposição. Se a parte alega o fato, é porque quer que dele se extraia esta ou aquela consequência jurídica. Impedir o juiz de fazer o

12 Conforme averba ZUCKERMAN, *Justice in Crisis: Comparative Dimensions of Civil Procedure*, no volume coletivo *Civil Justice in Crisis*, ed. Zuckerman, Oxford. 1999, p. 5, «*at the foundation of procedure lies the objective of getting at the truth. This objective lies hehind the entire procural organization*". Nossa impotência para captar a verdade toda não desmerece a busca da parte da verdade que está ao nosso alcance, da mesma sorte que nossa impossibilidade de vencer por inteiro a escuridão da noite não torna menos importante o ato de acender uma lâmpada para iluminar o texto que desejamos ler.

possível – observados sempre os limites do pedido e da causa de pedir – para certificar-se de que o fato alegado realmente ocorreu (ou não ocorreu) será atitude manifestamente contraditória. Caso lhe resulte inconveniente, por tal ou qual motivo, a averiguação, tem ainda o litigante, no âmbito das relações jurídicas disponíveis, a opção de renunciar ao direito postulado, e com isso barrar o caminho à cognição judicial. O que de jeito algum se afigura razoável é pretender a tutela jurisdicional e, ao mesmo tempo, objetar a que o juiz se muna dos elementos necessários para verificar se deve ou não prestá-la nos termos requeridos.

8. Continua o mantra, todavia: "as partes, e não o órgão judicial, é que sabem o que melhor lhes convém". A esse argumento já se deu resposta em parte, no item anterior; mas há mais que dizer a esse respeito. Ponha-se de lado, aqui, o juiz, que em todo caso deve ter interesse em que seja justo o resultado do pleito, já que fazer justiça é uma das funções principais do Estado, do qual ele é órgão. E considere-se que:

a) em hipóteses cada vez mais numerosas, ficam sujeitas aos efeitos do julgamento e à própria autoridade da coisa julgada pessoas estranhas ao feito, não raro vastos setores da população; é o que se dá, *v.g.*, no Brasil, nos chamados processos coletivos (exemplo: ação civil pública – Lei nº 7.347, art. 16);

b) em certos casos, isso acontece com a totalidade dos jurisdicionados, como nas ações diretas de declaração da constitucionalidade (ou inconstitucionalidade) de lei ou de outro ato normativo (Carta da República, art. 102, § 2º; Lei nº 9.868, de 10-11-1999, art. 28, parágrafo único);

c) com bastante frequência, são atingidos reflexamente pelos efeitos da sentença terceiros titulares de relações jurídicas conexas com a deduzida em juízo, os quais, por isso mesmo, se veem autorizados (mas não obrigados) a ingressar no processo, na qualidade de assistentes da parte em cuja vitória têm interesse (Código de Processo Civil, arts. 50 e s.), e bem assim a recorrer das decisões a ela desfavoráveis (art. 499);

d) visto que sucessivas decisões no mesmo sentido vão formando um corpo de jurisprudência capaz de influir no julgamento de futuros casos análogos, o resultado do processo é capaz de afetar todos quantos se encontrem em situação semelhante à apreciada pelo juiz; o fenômeno alcança intensidade máxima, é óbvio, nos sistemas jurídicos que atribuam eficácia vinculativa a precedentes judiciais, mas não deixa de manifestar-se nos outros, conforme atesta, por exemplo, a proteção dada no Brasil à concubina, por criação jurisprudencial, muito antes que o legislador consagrasse a figura da "união estável";

e) mesmo fora desse âmbito, o fato de um julgamento adotar esta ou aquela tese jurídica pode produzir consequências relevantes para o ordenamento processual, na medida em que dê margem, *v.g.*, ao cabimento de recursos circunscritos a *quaestiones iuris* e a incidentes como o da uniformização da jurisprudência (Código de Processo Civil, arts. 476 e s., 555, § 1º).

Tudo isso justifica amplamente a convicção de que a simples dedução em juízo basta para cobrir de nova tonalidade qualquer conflito de interesses entre pessoas, seja qual for a natureza da relação jurídica que as liga. Litígio submetido ao exame e decisão do juiz deixa de ser, ipso facto, litígio cuja repercussão fique restrita ao âmbito puramente privado[13]. É o que explica que, salvo casos excepcionais, o julgamento – ao contrário do que sucede, por exemplo, na arbitragem – haja de realizar-se publicamente (Constituição da República, art. 93, nº IX; Código de Processo Civil, art. 155). É o que explica, também, que a imprensa divulgue decisões dos tribunais, que revistas especializadas lhes reproduzam os textos, que a doutrina as comente e discuta, que advogados, noutros pleitos, as invoquem – e assim por diante.

Não surpreende, a essa luz, ouvir de vozes autorizadas que hoje o papel primacial do processo civil se está deslocando da simples solução de litígios para a geração de benefícios sociais – numerosos e variados, inclusive o desenvolvimento do direito por meio de decisões judiciais[14].

---

13 Vejam-se estes dois passos de BERNHARDT. *Die Aufklärung des Sachverhalts im Zivilprozess, in Beiträge zum Zivilprozessrecht (Festgabe zum siebzigsten Geburtstag von Leo Rosenberg)*, Munique-Berlim, 1949, p. 30, que costumamos citar ao propósito: "*eine Streisache, die der staatlichen Gerichtsharkeit unterbreitet ist, keine Privatsache mehr ist* (uma lide submetida à justiça estatal deixa de ser matéria puramente privada"): e "*Durch die Anrufung des Gerichts ist die Streitsache aus dem privaten Bereich gezogen und zu einer* öffentlichen *Angelegenheit geworden* (Por força do recurso ao juiz, a lide afastou-se do terreno privado e converteu-se em assunto público").

14 Assim, recentissimamente, JOLOWICZ, art. cit., p. 76. No original: "*its [do processo civil] primary role has become the provision of the benefits to society that come from the operation of an effective system of civil litigation. These benefits are many and various – not only but including the development of lhe law through judicial decisions*».

9. Até agora, aludimos sempre a "partes", conformando-nos a um generalizado modo de dizer. É hora de ressalvar que esse tipo de discurso raia muitas vezes pelo irrealismo e pode resolver-se em perversa hipocrisia. Com efeito, na maioria dos ordenamentos processuais contemporâneos, as partes são, em regra, representadas em juízo por advogados. Quase todas as proposições em que a parte figura como sujeito referem-se, na verdade, a ações ou omissões do advogado. Sem dúvida, no rigor da técnica, este atua em nome da parte, e seu comportamento é havido, na maioria dos casos, como comportamento a ela imputável. Por trás desse biombo técnico, entretanto, abre-se profundo abismo.

O advogado pratica (ou deixa de praticar) no processo boa quantidade de atos de que a parte por ele representada nem sequer toma conhecimento pessoal; e, ainda quando o tome, nem sempre estará em condições de valorá-los de maneira adequada. Erros profissionais são capazes de repercutir com grande intensidade na sorte do pleito; vão influir na vida do litigante, apesar da nenhuma participação direta deste no episódio respectivo. Até sanções impostas pela chamada "litigância de má-fé" gravam a parte, não o advogado, embora seja este, as mais das vezes, o único verdadeiro responsável, como ocorre – para nos cingirmos a um exemplo – no oferecimento de embargos de declaração protelatórios (Código de Processo Civil, art. 538, parágrafo único).

Ora, se a atuação dos advogados é, por assim dizer, decisiva para o desfecho do pleito, não há desprezar a possibilidade de que a diferença qualitativa entre o serviço prestado por um deles e o prestado pelo outro redunde numa distorção de perspectiva que tem muito pouco que ver com a situação real das partes no que tange à matéria litigiosa. O litigante munido de maiores recursos, apto a contratar melhor advogado, goza desde logo de vantagem que desequilibra os pratos da famosa balança da Justiça. Nessas condições, sistema que confie plenamente no confronto de lutadores, ao jeito de competição desportiva, com suposto fundamento na ideia de que "as partes" sabem cuidar melhor que ninguém dos próprios interesses – reduzido o juiz ao papel de mero "árbitro" competente apenas para assegurar a observância de certas "regras do jogo" –, é sistema que anui de bom grado em sacrificar as expectativas de equanimidade no altar de uma quimera[15].

---

15 Vale a pena transcrever estas palavras de DAMASKA, *Evidence Law Adrift*, New Haven-Londres, 1997, p. 101: «Finally, it is important to keep in mind that a competitively organized fact-finding enterprise requires a rough equality of the two sides

Claro está que semelhante risco só impressionará quem atribua algum valor às noções de verdade e de justiça como ingredientes necessários da composição judicial dos litígios. Para aqueles a quem seja indiferente que se colha ou não a porção de verdade acessível ao espírito humano, e portanto que se faça ou não a justiça possível no plano terreno, tudo quanto ficou dito soará qual mero flatus voeis. Mas, se assim for, que necessidade haverá de movimentar – com o inevitável dispêndio de tempo, energias e recursos financeiros – a máquina judiciária? Será preferível confiar a sorte do pleito a algo mais simples, barato e rápido, como uma rinha de galos...

10. É duvidosa a designação que melhor convém ao pensamento criticado neste trabalho. Visto que seus representantes aludem, com aspas manifestamente depreciativas, a processo civil "social", talvez se pudesse cogitar de designá-la, com análogas aspas, como processo civil "antissocial". Mas não desejamos ferir, com tão antipático rótulo, as suscetibilidades de juristas ilustres, que nos merecem todo o respeito.

Outra opção, menos áspera, pode basear-se na pecha, que se lança, de exacerbação do elemento publicístico no processo civil. Pois bem: à orientação contrária não cairá mal, nessa perspectiva, a denominação de privatismo. Sejamos, porém, mais exatos: já que semelhante orientação nos remete à mentalidade dominante em tempos idos – e infelizmente, ao que tudo indica, reerguida da sepultura em que parecia jazer –, numa época em que o processo civil era tido e havido como "coisa das partes" (*Sache der Parteien*, segundo a conhecida expressão alemã), tomamos a liberdade de chamar-lhe neoprivatismo, na esperança de que isso não desagrade aos seus ardorosos propagandistas.

Novembro de 2004.

in dispute in order to be fail: Two one-sided accounts can be expected somehow to cancel out and expose the truth only on condition that the contestants can disburse roughly equal resources in readying their cases for tria!. Absent this condition, the resultantforce of the two partisan vectors, so to speak, is likely to deviate from the correct view of reality. A weak case brought by a resourceful litigant can appear unduly strong».

COMENTÁRIOS DOS ATUALIZADORES

O NEOPRIVATISMO NO PROCESSO CIVIL

Aluisio Gonçalves de Castro Mendes/Carolina Paes de Castro Mendes

José Carlos Barbosa Moreira foi de imenso brilhantismo em tudo o que escreveu. Os livros *O novo processo civil brasileiro* e o quinto volume dos *Comentários ao Código de Processo Civil* são exemplos da dimensão, profundidade e objetividade das suas lições. Os Temas de Direito Processual, por sua vez, trazem a lume assuntos variados de significativa importância e que fogem do lugar comum. Pelo contrário, são típicas do estudioso, pois ele não era somente um observador, atento, que conhecia a história e a doutrina processual, com muita propriedade, e procurava se manter informado do que estava se passando no cenário mundial, especialmente nos centros de excelência e de maior relevância para os estudos comparativos.

O resultado foi a elaboração de ensaios precisos sobre matérias relevantes. Em boa parte, inaugurando análises sobre aspectos ainda não descortinados, mas de extrema importância. Por isso, a partir das suas luzes, o mundo se tornava mais claro e compreensível. Os seus artigos passavam a ser o marco teórico e científico de várias questões e institutos jurídicos. As suas palavram conquistavam os corações e as mentes, especialmente daqueles que estavam, de fato, interessados no aprofundamento e na construção de análises e soluções que propiciassem, sob o prisma teórico e principalmente prático, um conhecimento mais efetivo e uma realidade jurídica, processual e judicial mais eficiente e justa para a sociedade.

Nesse sentido, o texto sob comento indica um setor da doutrina, constatado ao tempo da sua escrita, no ano de 2004, mas que se manteve ao longo das duas últimas duas décadas, que defende uma concepção liberal para o Estado sob o prisma do Poder Judiciário. O artigo oferece exemplos e discorre criticamente em relação à concepção supramencionada, de modo que se mantém atualizado. Parece apropriado, no entanto, se mencionar duas inovações legislativas dignas de registro.

A primeira diz respeito aos Estados Unidos da América. Embora o sistema processual norte-americano seja marcado pelo denominado *adversarial system*. Neste se atribui um papel fundamental para a atuação dos advogados, no qual o magistrado possui, em regra, uma atuação de coadjuvante, ou de supervisão, sob o ponto de vista da iniciativa e da produção da prova. As evidências ficam, na essência, sob a incumbência das partes. Entretanto, há exceções dentro do próprio sistema. Uma delas está geralmente relacionada às chamadas *class acions*. Nas ações coletivas norte-americanas, o juiz já exercia controle em relação à certificação (admissibilidade) da *class actions* e, também, na atividade probatória[16]. Contudo, a maioria das demandas se resolvia mediante acordos entre as partes. Em dezembro de 2018, houve modificação significativa na Regra 23(e)[17], exatamente para aumentar as possibilidades de controle em relação às soluções consensuais, com o objetivo de assegurar maior proteção aos interesses individuais homogêneos.

Os itens da Regra 23(e) foram bastante detalhados em comparação com a versão anterior à emenda de 2018. O primeiro aspecto a ser destacado é que haverá um duplo controle judicial em relação à proposta de acordo. Portanto, haverá uma aprovação preliminar, ou seja, prévia e autorizativa da própria notificação aos membros da classe, para que possam objetar ou se excluir da proposta de acordo, bem como uma aprovação final, após o prazo para o exercício do *opt-out*, levando em consideração a própria quantidade ou percentual de requerimentos de exclusão, como um fator ou termômetro da aceitação da solução consensual engendrada. É interessante notar que, no direito alemão, este dado (a taxa de exclusão) passou a ser um dado objetivamente considerado pelo legislador como elemento para a aprovação ou não dos acordos estabelecidos em torno do *Musterverfahren* (procedimento-padrão)[18].

Por fim, há que se consignar que, no Brasil, o Código de Processo Civil editado em 2015 parece conservar, nos artigos 369 e 370, clara-

---

16 Vide MENDES, Aluisio Gonçalves de Castro. *Ações coletivas e meios de resolução coletiva de conflitos no direito comparado e nacional*. 4ª. ed. São Paulo: Revista dos Tribunais, 2014.

17 Nesse sentido: MENDES, Aluisio Gonçalves de Castro/MENDES, Carolina Paes de Castro Mendes. As *class actions* e as últimas mudanças na regra 23 do estatuto processual federal norte-americano. In: *Revista Eletrônica de Direito Processual* (REDP). Rio de Janeiro, ano 15, volume 22, n. 1, jan. a abril 2021.

18 Nesse sentido, MENDES, Aluisio Gonçalves de Castro. *Incidente de resolução de demandas repetitivas: sistematização, análise e interpretação do novo instituto processual*. Rio de Janeiro: Forense, 2017, p. 50.

mente, as diretrizes anteriormente adotadas nos artigos 332 e 130 do CPC de 1973, ainda que com certo reforço para as prerrogativas das partes e dos seus advogados para o exercício dos seus direitos. Portanto, as partes têm o direito de empregar todos os meios legais, bem como os moralmente legítimos, para provar a verdade dos fatos em que se funda o pedido ou a defesa e influir eficazmente na convicção. No entanto, continua cabendo ao juiz, de ofício ou a requerimento da parte, determinar as provas necessárias ao julgamento do mérito. Sendo assim, o caráter publicista se manteve presente no Estatuto de 2015 no que diz respeito à prova e a outros elementos do Processo Civil brasileiro.

LA SIGNIFICACIÓN SOCIAL DE LAS REFORMAS PROCESALES[1]

1. En los años más recientes se viene asistiendo, en todo el mundo, a una impresionante proliferación de reformas procesales. Al menos tres códigos importantes surgieron en la última década: el japonés de 1996, ya reformado en 2003[2], la nueva *Ley de Enjuiciamiento Civil* española de 2000 y las *Civil Procedure Rules* inglesas de 1998. Estas merecen una atención particular por el cambio de rumbo que señalaron en la trayectoria histórica del derecho britânico, teniendo en cuenta no solamente la tradicional aversión que éste revelara, durante muchos siglas, a la codificación, sino también el distanciamiento, que el código tuvo la audacia de adoptar, en lo tocante a varias de las posiciones fundamentales del llamado adversary system[3]. En otros países, codificaciones de mayor o menor ancianidad fueron y siguen siendo objeto de una revisión, a veces profunda. Es lo que ocurre, por ejemplo, en Italia, donde una serie de reformas parciales han alterado en puntos relevantes la fisionomía del *codice di procedura civile* de 1940; en Portugal, con las innovaciones introducidas en 2003 en la disciplina del proceso de ejecución; en Alemania, cuya más que centenaria *Zivilprozessordnung* ya fue dos veces reformada en este comienzo de siglo (en 2001[4] y en 2004); en Holanda,

---

1 Texto de conferência (com o acréscimo de notas) pronunciada no XXIII Congreso Argentino de Derecho Procesal (Mendoza, 23-9-2005). Publicado *in Rev. de Proc.* nº 131, *Rev. Urug. de Der. Proc.*, nº 4/2004, *Rev. de Der. Proc.* (Argentina) nº 1/2006.

2 Sobre el código de 1996, v. TANIGUCHI, The 1996 Code of Civil Procedure in Japan – A Procedure for the Coming Century?, in *American Journal of Comparative Law*, v. 45, pp. 767 y ss. (hay traducción al português, del autor del presente trabajo, bajo el título *O Código de Processo Civil japonês de 1996: um processo para o próximo século?, in Revista Forense*, v. 350, pp. 150 y s.); acerca de la nueva reforma, id., *Japan's Recent Civil Procedure Reforms: Its Seeming Success and Left Problems, in The Reforms of Civil Procedure in Comparative Perspective* (ed. Trocker y Varano), Torino, 2005, pp. 91 y ss.

3 Las exposiciones más completas del nuevo sistema procesal inglês son las obras de ANDREWS, *English Civil Procedure*, Oxford, 2003, y de ZUCKERMAN, *Civil Procedure*, Londres, 2003. Para una información resumida en português, v. nuestros artículos *Uma novidade: o código de processo civil inglês, in Temas de Direito Processual* (Sétima Série), S. Paulo, 2001. pp. 179 y ss., y, con mayor desarrollo, *A revolução processual inglesa, in Rev. de Proc.* nº 118, pp. 75 y ss.

4 V. OBERHEIM, *Die Reform des Zivilprozesses*, Neuwied, 2001 (un útil estudio comparativo entre el sistema anterior y el posterior a la reforma): GEHRLEIN, Zivilprozessrecht nach der ZPO-Reform 2002, München, 2001.

donde el viejo código de la época pos-napoleónica ha sufrido sucesivas modificaciones, sobre todo desde fines del siglo pasado, y recién se cambió radicalmente el procedimiento de primer grado de jurisdicción, merced a una ley de 2001, en vigencia a partir de enero 2002[5].Y ni siquiera hablemos de la situación, todavia mal definida, en el este de Europa, especialmente en los países resultantes de la fragmentación de la antigua Unión Soviética[6].

En lo que concierne específicamente a Brasil, la ola reformadora ha avanzado en dos niveles. Una secuencia casi ininterrumpida de leyes viene produciendo en el Código de Processo Civil de 1973 modificaciones de diferente amplitud: algunas se limitaron a eliminar formalidades superfluas o a corregir pequenos defectos, pero, a medida que proseguía la empresa, su ámbito se fue dilatando; y cambios estructurales en la disciplina de ciertas materias, así como la introducción de nuevos instrumentos procesales – como la llamada acción monitoria y la anticipación de los efectos de la tutela jurisdiccional – acabaron por alterar sensiblemente las facciones del Código. A todo esto se agrega ahora, en un nivel superior, una reforma de la Constitución de la República, por la Enmienda nº 45, de 2004, con repercusiones de gran relieve en el ordenamiento procesal.

Es evidente el motivo básico de tan espectacular fenómeno. La mayoría de los países no se sienten satisfechos con el funcionamiento de sus sistemas de justicia. Aunque las razones de ese sentimiento puedan variar mucho de un caso a otro, hay seguramente puntos comunes. Por ende, junto a las naturales y comprensibles peculiaridades, en las distintas reformas se pueden observar convergencias interesantes. Sin embargo, no deja lugar a duda que, con frecuencia, los reformadores, para perseguir el mismo fin, se sirven de medios diferentes y a menudo contradictorios, cuando menos en apariencia, lo cual le presenta al observador algunas curiosas paradojas.

Les doy un ejemplo interesante. Una de las preocupaciones más constantes en este campo respecta al tiempo de duración de los proce-

5 V. RUTGERS-RUTGERS, Reform of the Code of Civil Procedure in the Nelherlands, in The Reforms of Civil Procedure (*supra*, nota 1), pp. 131 y ss.

6 Para algunas informaciones, v. el volumen *Reform des Zivil- und Wirtschaftsprozessrechts* in den Mitgliedstaaten der GUS (ed. Boguslawskij y Trunk), Bielefeld, 2004 (colección de las ponencias presentadas al congreso de Kiel, 15 al 20 de octubre de 2000).

sos, que una convicción muy generalizada tacha de excesivo. Casi todas las reformas, antiguas y modernas, han incluído y continúan incluyendo providencias destinadas a abreviar el curso de los pleitos. Ahora bien: un ejemplo emblemático de remedio de este tipo, desde que la concibió el genio de Franz Klein, padre de la Zivilprozessordnung austríaca de 1895, siempre fue la denominada "audiencia preliminar" (*erste Tagsatzung*), que tenía la virtud de brindarle al juez, en un momento todavía próximo del inicio del proceso, la oportunidad, por un lado, de promover su rápida extinción mediante el intento de conciliación de las partes, y por otro lado, si ello no fuera posible, de anticipar la resolución de una serie de cuestiones procesales. Así, se dividía en dos clases bien definidas la masa de los pleitos: la clase de los que a la vista serían aptos para conducir a una decisión sobre el fondo, y se veían oportunamente desembarazados con rapidez de los eventuales obstáculos a su marcha firme hacia la sentencia; y la clase de los que, al contrario, ninguna perspectiva ofrecían de alcanzar tal resultado, y por ende no merecían seguir provocando inútilmente el funcionamiento de la máquina judicial. La audiencia preliminar austríaca fue cantada y decantada en prosa y verso por la literatura procesal a lo largo de más de un siglo; hasta inspiró el Código-modelo de proceso civil para América Latina y la reforma brasileña de 1994, que la introdujera con el nombre bastante modesto de audiencia de conciliación, cambiado justamente por audiencia preliminar mediante otra ley, de 2002, la cual le ensanchó el objeto.

Curiosamente, el legislador austríaco, quien ya había dado un paso atrás en 1983, cuando hiciera facultativa la realización, originariamente obligatoria, de la audiencia preliminar, tomó en 2002 la iniciativa de extinguirla – y para así obrar se justificó precisamente (¿quien lo hubiera imaginado?) con la necesidad de acelerar el procedimiento[7]. En Brasil, la reforma de ese mismo ano había imitado el cambio de ruta al atribuir-le al juez la posibilidad de optar entre la celebración o la dispensa de la audiencia, en el segundo caso si, a su juicio, aunque se trate de derechos disponibles, las circunstancias hacen improbable el acuerdo de los litigantes (Código de Processo Civil, art. 331, § 3º, añadido por la Ley nº 10.444, de 7-5-2002). No parece creíble que la imitación se desarrolle hasta las últimas consecuencias, y la audiencia llegue a desaparecer del

7 V. RECHBERGER-SIMOTTA, Zivilprozessrecht, 6ª ed., Viena, 2003, prefacio, p. V. La modificación fue efectuada por el art. II Z 35 de la *Zivilverfahrens-Novelle 2002*. Cf. STOHANZL, *Zivilprozessgesetze*, 9ª ed., Viena, 2002, p. 334.

Código brasileño – o, sea dicho de paso, de cualquiera de las legislaciones procesales que han mirado hacia Áustria, sea directamente, sea por medio de un espejo como el Código-modelo latinoamericano. No obstante, las vicisitudes austríacas nos privan de un paradigma, de un punto de referencia y de apoyo que nos gustaba invocar en el plano del derecho comparado; y demuestran una vez más cuan aleatoria es la dirección del movimiento de las leyes humanas – de las procesales no menos que de las otras. No por casualidad dijo Chesterton que la única ley de la Historia es lo imprevisto...

2. En Brasil es muy difícil saber si las reformas procesales surten realmente, en la práctica del foro, los efectos pretendidos por el legislador. La causa principal de esta dificultad consiste sin duda en la carencia de datos estadísticos. Las estadísticas judiciales son escasas en mi país, y las que existen no siempre son dignas de confianza. En el Banco Nacional de Datas del Poder Judicial, accesible via internet, por ejemplo, se encuentran datos numéricos relativos a la cantidad de procesos y recursos, pero no al tiempo empleado para llegar a la resolución. Recientemente se realizó una investigación amplia, cuya finalidad, según su propio título, era reducir "la Justicia a números". Los resultados divulgados hasta ahora contienen muchos datos referentes a las costas de manutención del aparato judicial, al número de jueces, a la carga de trabajo de los tribunales etc.; lo que no se ve son indicaciones relativas a la duración de los pleitos.

Puesto que la preocupación central de los reformadores suele atañer a esa duración, la imposibilidad de saber con exactitud en qué medida se cumplieron sus deseos podría provocarles un sentimiento de decepción muy molesto. Algunos de ellos logran exorcizarlo por un mecanismo psicológico de proyección: creen – o más bien intentan hacer creer a los otros – que la imagen de la realidad coincide con la de sus esperanzas. De ahí tanta afirmaciones, infelizmente jamás acompañadas de pruebas, de que las reformas "están produciendo resultados excelentes"...

Sea como sea, no parece imposible, por más reservas que se impongan, evaluar talo cual reforma desde un punto de vista particular, como el de su significación social. Aquí es menester una aclaración, porque la palabra "social", como tantas otras, viene perdiendo, a fuerza de abuso, mucho de su nitidez semántica. En este momento, el criterio de valoración que nos interesa se relaciona con la capacidad de la reforma para hacer más favorables, en el proceso, las posibilidades y expectativas de los litigantes carentes, o de la misma sociedad mirada en su conjunto, cuando se vuelve necesario someter a la apreciación y decisión del juez intereses que no disfrutan del favor de las fuerzas económicas dominantes y por regla general se sujetan tradicionalmente, en los fueros políticos, a vicisitudes harto conocidas.

3. Lógicamente, debo empezar por una referencia al amplio espectro de problemas que en tiempos modernos acostumbramos mencionar bajo la denominación de «acceso a la justicia». Son notorias, y distintas entre sí, las dificultades, no solo de naturaleza económica, que se oponen al ejercicio del derecho de acción y de defensa. Varias hunden sus raíces fuera del campo específicamente procesal y no se combatirían de manera eficaz por leyes concernientes a la disciplina del proceso, quizás ni siquiera por otra clase de medidas legislativas, aunque, de algunas, los procesalistas no nos podemos desinteresar.

No me detendré mucho a examinar la situación de los que tienen derecho al beneficio de litigar sin gastos. Deseo solamente comentar un aspecto importante del ordenamiento jurídico brasileño. Desde casi dos décadas ya no se exige al requirente del beneficio la prueba de su imposibilidad de obtener recursos: una ley de 1986 estableció que la simple declaración del interesado crea en su favor una presunción, naturalmente relativa, de necesidad. La Constitución de 1988 suscitó algunas dudas, al disponer, en el art. 5, numeral LXXIV: "*O Estado prestará assistência jurídica integral e gratuita aos que comprovarem insuficiência de recursos*". Supusieron algunos que se estava dando marcha atrás, y de nuevo se haría indispensable la prueba a cargo del peticionario. Afortunadamente, prevaleció en la jurisprudencia – inclusive en la de la Corte Suprema – el pensamiento de que la subsistencia de la presunción no era incompatible con la disposición constitucional: en ésta se fijaba un límite mínimo, sin que ello impidiera la concesión por ley de una mayor ventaja[8].

8 De este modo había opinado desde el primer momento el autor de estas líneas: v. BARBOSA MOREIRA. *Les príncipes fondamentaux de la procédure civile dans la nouvelle Constitution brésilienne, in Festschrift für Karl Heinz Schwab*, München, 1990, pp. 30 y s., *in Temas de Direito Processual* (Quinta Série), S. Paulo, 1994, pp. 39 y s.; id., *O direito à assistência jurídica: evolução no ordenamento brasileiro de nosso tempo*, en el v. colectivo *As garantias do cidadão na Justiça* (ed. Sálvio de Figueiredo Teixeira), S. Paulo, 1993, *in Temas*, cit., pp. 49 y ss.

De la defensa judicial de los beneficiados por la concesión se encargan normalmente los llamados "defensores públicos", que se esfuerzan por desempenar de modo satisfactorio su alta misión institucional, a la cual alude en términos expresos el art. 134 de la misma Constitución de 1988: pero a decir verdad las carencias de la *infra*estructura administrativa y las condiciones de trabajo, muchas veces adversas, no les permiten, a pesar de su competencia y de su buena voluntad, cumplir cabalmente la hermosa promesa constitucional.

Mirándolo bien, no es suficiente, ni mucho menos, eximir a alguien de los gastos judiciales y honorarios de abogado para resolver todos los problemas. La excesiva duración de los procesos puede indudablemente acarrear perjuicios más graves al menos acaudalado de los litigantes: quizás lo induzca, bajo ciertas circunstancias, a aceptar un acuerdo inicuo, pero que le parezca preferible a la continuación del pleito. Desde ese punto de vista, y aparte de alguna incertidumbre justificada por la falta de datos precisos, hay que reconocer un aspecto socialmente positivo en varias de las reformas recientes o inminentes de la legislación brasileña, por ejemplo la simplificación de la prueba pericial por la Ley nº 8.455, de 1992.

Por otro lado, la preocupación misma con la abreviación de los pleitos no siempre le sugiere al legislador soluciones exentas de ambigüedad. En Brasil se ha generalizado la convicción de que la frondosidad del árbol de los recursos es una de las causas que influyen de manera más negativa en la duración de los procesos. Ya ha quedado dicho que solamente a la luz de datos concretos, extraídos de la realidad forense, seria posible determinar la dimensión de tal fenómeno; sin embargo, hay que reconocerlo, los litigantes (mejor dicho: los abogados) suelen abusar de las oportunidades que la ley les proporciona e interponen recursos inadmisibles o infundados, con la finalidad exclusiva de ganar tiempo y retardar la satisfacción del adversario. Ello ha inspirado diversas reformas del Código brasileño, cuyo título referente a esa materia viene constituyendo el blanco favorito al que apuntan los reformadores: basta señalar que más de la mitad de las disposiciones del texto originario del Código ya fueron modificadas, y no pocas más de una vez.

Ahora bien, entre las iniciativas tomadas por el legislador se incluye la conminación de una multa para quien haya interpuesto un recurso que el órgano *ad quem* venga a rechazar por "manifiestamente inadmisible o infundado" (art. 557, § 2º, añadido por la Ley nº 9.756, de 1998); y, para interponer otro recurso contra la resolución desfavorable, la parte necesita depositar previamente el valor de la multa. Como qui era que se valore la utilidad o la conveniencia de esa medida, es innegable que su aplicación puede implicar una especie de discriminación entre dos clases de litigantes: a los que poseen mayores medios no les será difícil efectuar el depósito y recurrir de nuevo, mientras que para los económicamente débiles la imposibilidad de depositar el valor de la multa significará privarlos, en el mismo supuesto, del ejercicio de un derecho otorgado a aquellos.

Otro aspecto del problema respecta a los procesos – o, dicho con mayor propiedad – procedimientos especiales. Los hay cuya institución atiende esencialmente a necesidades o conveniencias de este o de aquel sector de la actividad social; y normalmente son los sectores económicos o políticos más poderosos los que tienen la posibilidad de hacer aprobar por los órganos legislativos semejante gênero de instrumentos procesales. Lo mismo se dirá de la creación de títulos ejecutivos extrajudiciales, con los cuales ciertos acreedores quedan autorizados a buscar la satisfacción de sus créditos por una vía mucho más expedita que la abierta a otros: se les dispensa la previa obtención de una sentencia de condena, pronunciada al cabo de los trámites muchas veces complejos y lentos del proceso de conocimiento. Se ha llegado al extremo de atribuir fuerza ejecutiva a documentos creados por acto unilateral del acreedor, sin participación del deudor – fenómeno que la tradición reservaba a los créditos fiscales. Sirve de ejemplo, en mi país, la llamada "cédula de crédito bancário", introducida en 2001 para acudir a reclamos de las instituciones financieras. En tema de celeridad, viene al caso decir, cualquier observador descubre fácilmente, desde el punto de vista social, luces y sombras. Pero ¿ no ocurre así en todas las vicisitudes de la vida y la historia de los pueblos?

4. Una institución nacida del propósito de facilitar el acceso a la justicia son los llamados Juzgados Especiales, que pueden ser civiles o criminales; aquí sólo me ocuparé de los primeros. Trata del asunto el art. 98 de la Constitución de 1988, que hizo obligatoria, para la Unión Federal y para los Estados, la creación de tales órganos, dotados de competencia para la conciliación, la resolución y la ejecución de pleitos de pequena complejidad (numeral I). La materia fue reglamentada por la Ley nº 9.099, de 1995, para la Justicia de los Estados, y por la Ley nº 10.259, de 2001, para la Justicia Federal. El procedimiento obedece a los criterios de "oralidad, simplicidad, informalidad, economía procesal y celeridad", y al juez le corresponde orientar a las partes en el sentido de que se concilien o celebren una transacción (Ley nº 9.099, art. 2º). En rigor, la solución del litigio por medio de una sentencia debería representar una posibilidad meramente residual: a ella no se llega sino cuando, luego de malograrse el intento conciliatorio, las partes recusen someterse a un arbitraje (arts. 24 y 27).

La disciplina de los Juzgados Especiales está impregnada de la idea de facilitar las cosas para los litigantes, en más de un aspecto. La demanda puede ser presentada por escrito u oralmente, caso en que la Secretaría del Juzgado se encargará de reducida a escrito (art. 14 y § 3º). En las causas de pequeno valor, las partes tienen la posibilidad de actuar personalmente, sin patrocinio letrado (art. 9º), el cual se hará necesario si se interpone recurso (art. 41, § 2º). A excepción de esta hipótesis, no será exigible el pago de costas y gastos judiciales (art. 54).

La experiencia de los Juzgados Especiales ha sido, por decido así, ambivalente. Al comienzo, se obtuvieron resultados muy positivos en lo que atane a la rapidez. Con el andar del tiempo, en muchos lugares el panorama ha cambiado sensiblemente. Un autor norteamericano compara la construcción de un sistema de justicia a la de una ruta: cuanto mejor es la ruta, más aumenta el tráfico[9]; pero con el aumento del tráfico se van fatalmente empeorando las condiciones de la ruta. Un fenómeno análogo acaeció en un gran número de Juzgados Especiales, donde la realización de la audiencia viene llegando a ser fijada con una demora de varios meses.

Otra distorsión frecuente concierne a la clientela de los Juzgados Especiales. Varios de ellos fueron instalados en zonas pobres de las ciudades, por ejemplo junto a uma *favela,* presumiéndose, naturalmente, que los habitantes respectivos serían los clientes más numerosos. Eso no siempre ha ocurrido. En mi ciudad, uno de estos Juzgados Especiales tuvo que ocuparse casi exclusivamente con litigios entre personas de la llamada "clase media", residentes en el barrio adyacente de Ipanema: conflictos entre condóminos de edificios de departamentos, accidentes de circulación y cosas del género[10].

---

9 *"Building o court system is like building a road. The better the road, fhe more the traffic"* (NEELY, Why Courts Don't Work, New York, 1983, cit. por Mc CORMICK, Callada's Courts, Toronto, 1994, p. 44).

10 Esta y otras informaciones relativas ai funcionamiento de los Juzgados Especiales están bien documentadas en el libro de PAULO CEZAR PINHEIRO CARNEIRO, *Acesso à Justiça – Juizados Especiais Cíveis e ação civil pública*, 2ª ed., Rio de Janeiro, 2003, pp. 129 y ss., con base en los resultados de una investigación empírica.

Un proyecto de ley recién sometido por el Poder Ejecutivo ai Congreso Nacional mira a ampliar la competencia de los Juzgados Especiales, incluyendo en ella litigos entre particulares y la Administración Pública del Estado o del Municipio. La propuesta no puede dejar de causar cierta preocupación, habida cuenta de la sobrecarga que arrojará sobre órganos ya saturados. Una correcta política jurídica debería más bien aligerarles el trabajo, para proporcionarles condiciones de acercarse al ideal de justicia rápida que ha inspirado su creación.

5. Es de todos sabido que factores de orden cultural pueden agravar las incomodidades que tiene que soportar la gente común cuando toma contacto con el aparato de la Justicia. El "hombre de la calle" suele saber muy poco de lo que pasa en las salas de los tribunales: se ve frente a personajes extraños, que usan vestimentas extrañas, hacen gestos extraños y hablan un lenguaje extraño[11]. No sorprende que todo ello le infunda una gran desconfianza. Aceptará con mucha dificultad un fallo desfavorable, ante todo porque probablemente no comprenderá las razones expuestas por el juez para fundamentar su decisión. No es necesario añadir que este problema afecta principalmente a las personas de más bajo nivel socio-cultural. Por lo tanto, iniciativas tendentes a disminuir la sensación de distanciamiento entre ellas y la Justicia son aptas, en principio, para mejorar la situación.

Al hablar de distancia, la primera idea que se nos ocurre es en general la de distancia geográfica, sobre todo en lo que respecta a países de gran extensión territorial. Es cierto que el progreso tecnológico puede, em varios casos, aliviar la gravedad de la cuestión, permitiendo, por ejemplo, que el juez, desde su despacho, interrogue a un testigo que se encuentra lejos. Algunas leyes recientes prevén en términos expresos tal posibilidad así la *rule* 32.3 de *las Civil Procedure rules* inglesas, que autorizan o órgano judicial a tomar la deposición "through a video link or by other means". Va más allá la reforma de la ZPO alemana de 2001: según el nuevo § 128 a, la audiencia tradicional, si las partes se ponen de acuerdo, puede ser reemplazada por una video conferencia, en la cual se realiza ei debate mediante la transmisión de imagen y de sonido a partir

11 Según dice PERROT, *La justice de proximité, in Studi di diritto processuale civile in onore di Giuseppe Tarzia*, Milano, 2005. t. l, p. 16.314, «*pour beaucoup de nos concitoyens, la Justice apparaît bien sauvent comme un monstre froid et impersonnel, drapé d'un lourd mystere*», y el autor habla de un país del Primer Mundo...

de los lugares donde estén las personas que deben participar del acto. Fenómenos de ese género probablemente obligarán la doctrina a reexaminar viejos conceptos como el de inmediación.

De todos modos, los legisladores vienen experimentando medidas destinadas a acercar la Justicia al pueblo. Una iniciativa interesante es la reciente institución en Francia, por una ley de 2002, de la llamada *"juridiction de proximité"*, para decidir litígios de muy bajo valor (no más de 1.500 euros) entre particulares. Los jueces son nombrados directamente por el gobierno, por un plazo de 7 años. Pueden ser magistrados o funcionarios jubilados, pero también, más sencillamente, personas de 35 años o más que tengam competencia y experiencia para ejercer funciones judiciales. A fin de recalcar el carácter informal del funcionamiento del órgano, estos jueces no usan la tradicional "robe" de la Justicia francesa. Así se busca favorecer una "proximidad psicológica" entre ellos y los litigantes[12].

En Brasil, la Enmienda Constitucional nº 45/2004 trata de dos providencias ordenadas al mismo fin, aunque diferentes. Una es la descentralización de tribunales de segundo grado, con la constitución de Cámaras regionales (v. la nueva redacción dada a los arts. 115, § 2º, y 125, § 7º, de la Constitución), de manera que los interesados puedan asistir a las sesiones con mayor facilidad. La otra es la instalación de la llamada "Justicia itinerante", es decir, de un mecanismo de realización de audiencias y otras funciones jurisdiccionales fuera de la sede del tribunal, en sitios distintos del territorio bajo su competencia (v. los arts. 115, § 1º, y 125, § 6º, de la Constitución). Se presume que semejantes innovaciones contribuirán a que el público en general, y los litigantes en particular – especialmente los de las capas menos afortunadas – pasen a comprender mejor el funcionamiento de la Justicia y, sobre todo, se pongan en condiciones de participar de la actividad judicial, cuando necesario, con menores gastos y mayor provecho.

6. Permítanme ahora comentar un poco más despacio una innovación aún relativamente reciente de la legislación procesal brasileña, que puede cobrar relieve desde el punto de vista social. Me refiero a la llamada "anticipación de la tutela jurisdiccional", introducida por una ley de

12 PERROT, art. cit., p. 171/2, quien observa que es todavía demasiado temprano para una evaluación de la reforma.

1994, ya reformada en 2002. El juez, a petición de parte, está autorizado a anticipar, totalmente o parcialmente, los efectos de la tutela requerida en la demanda, siempre que, existiendo "prueba inequívoca", se convenza de la verosimilitud del alegato y haya razones para temer un dano irreparable o de difícil reparación, o se manifieste un abuso del derecho de defensa o el propósito del demandado de retrasar la marcha del pleito (CPC, art. 273, *caput*). Queda excluida la posibilidad de la anticipación, en principio, si de ella puede resultar una situación irreversible (art. 273, § 2º). Se comprende bien esa disposición con solo que se piense en la hipótesis de cambiar, con la continuación del proceso, el panorama probatorio: lo que al comienzo parecía verdadero acaba por revelarse falso a la luz de nuevos elementos recogidos. Opinan muchos que no es razonable tomar siempre la prohibición al pie de la letra, porque a veces no es la anticipación, sino la omisión de anticipar los efectos de la tutela, la que produce una situación irreversible[13].Sea lo que fuere, la ley permite expresamente que el juez revoque o modifique, en cualquier momento, la decisión concesiva de la anticipación (art. 273, § 4º).

La ratio de la anticipación de la tutela es obvia: mira a evitar que el tiempo consumido por el pleito substraiga al actor, que probablemente tiene razón, el goce del "bien de la vida", objeto de su derecho. Se presupone, huelga decido, que la demora de la prestación jurisdiccional pueda quitarle utilidad práctica. La anticipación de la tutela tiene más de un punto en común con las medidas cautelares, que también sirven para asegurar la eficacia del proceso. Sin embargo, una parte de la doctrina insiste en establecer una distinción basada en el hecho de que la misión de la tutela cautelar se cifra en aprestar medias para la consecución del resultado final, mas no pone el litigante en una situación equiparable a aquella que le proporcionaría el disfrute del derecho mismo. Es precisamente esto, en cambio, lo que le facilita, aunque a título provisorio, la anticipación de la tutela. Y cabe añadir que un anteproyecto de reforma del art. 273 pretende convertir en definitiva la providencia, si la otra parte no impugna la concesión.

No es este el momento adecuado para disertar sobre cuestiones teóricas, ni para analizar el texto, técnicamente imperfecto, de la ley bra-

13 *V.g.* ATHOS GUSMÃO CARNEIRO, Da antecipação de tutela. 5ª ed., Rio de Janeiro, 2004. Próprio. 81 y ss., con otras citas. En la jurisprudencia, por ejemplo, el fallo del Superior Tribunal de Justiça de 6-10-1997, Recurso Especial nº 144,656, *in Diário da Justiça* de 27-10-1997, p. 54.778.

sileña. Lo que aquí más interesa es considerar la posible significación social de este instrumento jurídico. Claro está que, para el actor provisto de razón, el efecto de disminuir el tiempo de espera ya constituye, de por sí, un beneficio no despreciable. Pero, a mi juicio, ello no es suficiente, ni mucho menos. Deberíamos averiguar quê derechos vienen siendo in concreto asegurados por la anticipación de la tutela. Si descubriéramos que se trata predominantemente de créditos pecuniarios, tendríamos que llegar a la conclusión de que la ley no había creado más que un instrumento rápido de cobranza.

La verdadera trascendencia social de la anticipación de la tutela hay que buscaria en otros casos, sobre todo en los relativos a derechos cuya satisfacción no soporta demora, como el derecho a la vida, a la salud, al honor, a la intimidad... Un ejemplo sugestivo de uso socialmente relevante de este mecanismo consiste en imponer a la Administración Pública el fornecimiento inmediato de medicamentos a personas carentes – pese a ciertas exageraciones en las que a veces incurren los jueces, como la orden de forzar los depósitos de los hospitales públicos para retirar los artículos necesarios, o la conminación de prisión para autoridades o funcionarios públicos que se opongan.

7. Son oportunas, en la parte final de esta exposición, algunas palabras sobre la cuestión del papel del juez en la instrucción probatoria. Bien se sabe que a este propósito están divididas las opiniones en la ciencia procesal. Piensan algunos que, en materia de prueba, toda iniciativa debe quedar en manos de las partes; el órgano judicial que asume una posición activa pone en jaque su indispensable imparcialidad. Contestan otros la real existencia del riesgo, puesto que, al ordenar *ex officio* la realización de una prueba, el juez no puede adivinar a cual de los litigantes será favorable el resultado. Pero se trata de una discusión que probablemente perdurará hasta el juicio final...

El panorama legislativo en este campo está lejos de ser unívoco. Con todo, es posible descubrir algunas señales de que, aún en ordenamientos jurídicos tradicionalmente adherentes a la idea de la pasividad del juez, las cosas van cambiando. El mejor ejemplo es el inglés: las *Civil Procedure Rules* de 1998, si no llegan a autorizar al órgano judicial a tornar de oficio iniciativas probatorias, sin duda le otorgan poderes importantes en este terreno, *v.g.*: el de indicar a las partes las cuestiones con respecto a las cuales necesita de prueba [rule 32.1 (1) (a)]; el de especificar la naturaleza de la prueba que desea [rule 32.1 (1) (b)]; el de determinar el modo en que la prueba debe ser producida [rule 32.1 (1) (c)]; el de excluir una prueba en principio admisible [rule 32.1 (2)]; el de limitar la *cross examination*, es decir, el interrogatorio de un testigo por el abogado de la parte contraria [rule 32.1 (3)]; de ordenar a las partes, en cualquier tiempo, que suministren aclaraciones o informaciones complementarias acerca de un punto controvertido [rule 18.1 (1)]; el de nombrar asesores para manifestarse sobre asuntos que requieren especialización y aconsejar al tribunal en el *trial* [*rule* 35.15]. La prueba pericial, además, queda sometida a un control estricto del juez, que puede, por ejemplo, designar un perito único, si las partes no se ponen de acuerdo al respecto [rule 35.7 (1) y (3)], y expedir instrucciones referentes a cualquier diligencia que el perito tenga que llevar a cabo [rule 35.8 (3) (b)]. Un ilustre jurista inglés resume en estas palabras el cambio de situación provocado por el advenimiento del código: "De hecho, bajo las nuevas reglas procesales inglesas, las partes han perdido para el juez mucho del poder de controlar la producción de pruebas ante el tribunal"[14].

También la reforma de 2001 de la ZPO alemana avanzó en el sentido de aumentar los poderes del juez en la instrucción probatoria. Anteriormente, él ya estaba facultado para ordenar a la parte la exhibición de documentos a los cuales ella se hubiera referido. Ahora, semejante posibilidad se ve ampliada en una doble dirección: por un lado, el deber de exhibición se extiende a los documentos en manos de la parte, mencionados por su adversario; por otro lado, la orden de exhibición *ex officio* puede dirigirse igualmente a terceros, siempre que estén obligados a ello y no ocurra ningún de los casos en que el tercero pueda negarse legítimamente a declarar como testigo (§ 142, 1 y 2).

Es probable que, las más de las veces, el ejercicio de poderes de tal género por el órgano judicial termine por beneficiar al litigante más carente. El motivo es obvio: a las personas menos acaudaladas, por regla general, les es más difícil proveerse de pruebas y utilizar los servicios de un abogado hábil, capaz de sacar de ellas el mayor provecho. Por consiguiente, la contribución del juez se hace ahí especialmente relevante, si la diligencia probatoria les resulta favorable.

---

14 JOLOWICZ, *Civil Procedure in the Common and Civil Law, in Law, Legal Culture and Politics in the Twenty First Century*, Stuttgart, 2004, p. 77 (En el original: «In fact, under the new rules of procedure in England, the parties have lost to the judge much of their power to control the evidence brought before the court»).

Algunos dirán que ello es incompatible con la exigencia de imparcialidad y de tratamiento igual de las partes. Ante todo, como ya quedó dicho, el órgano judicial, al ordenar la producción de la prueba, no tiene como prever su resultado, que tal vez favorezca, tal vez no, a la parte más necesitada. Aparte de ello, la visión de la crítica se detiene en la superficie de las cosas. El uso *ex officio* de poderes de instrucción por el juez no desequilibra la balanza de la Justicia: al contrario, puede concurrir, y con frecuencia concurre, para reequilibrarla. Recuérdese que al órgano judicial no debe serle indiferente el resultado del proceso. El juez consciente de su misión, que es la de impartir justicia, necesariamente quiere que salga vencedor el litigante que tiene mejor derecho, no el que tiene más recursos o mejor abogado.

Atribuirle al órgano judicial las facultades indispensables para conducir el pleito a una conclusión justa de manera alguna es senal de autoritarismo. Ni Inglaterra en 1998, ni Alemania en 2001, vivían bajo regímenes autoritarios, en el sentido peyorativo de la palabra. Lo que sí reluce es el carácter eminentemente público del proceso. El litigio puede ser privado; el proceso, jamás. Su resultado interesa en primer término a las partes, pero no exclusivamente. De lo contrario, no tendría sentido el principio de la publicidad de los actos procesales: sólo a las partes se les concedería la posibilidad de asistir a las audiencias, a ellas y a nadie más se les comunicaría la sentencia, los fallos no serían divulgados por la prensa, la doctrina no los comentaría, los abogados y jueces de otros pleitos no los invocarían como precedentes, y así en adelante. El valor que se da a la jurisprudencia sería totalmente incomprensible si cada proceso fuera, para emplear la expresión alemana, una mera "Sache der Parteien".

Por ende – y con esta profesión de fe, de mi fe procesal, termino – ninguna reforma substancial del ordenamiento del proceso debe ser valorada únicamente a la luz de su corrección técnica o de su utilidad práctica: debe serlo también, y principalmente, a la luz de su significación social.

Setembro de 2005.

COMENTÁRIOS DOS ATUALIZADORES

LA SIGNIFICACIÓN SOCIAL DE LAS REFORMAS PROCESALES

Aluisio Gonçalves de Castro Mendes/Carolina Paes de Castro Mendes[15]

Em conferência proferida em setembro de 2005, na Argentina, que ensejou o texto em comento, José Carlos Barbosa Moreira procurou discorrer sobre a intensa atividade reformadora do Direito Processual no mundo. Como exemplos, apontou o Japão, Inglaterra e País de Gales, Espanha, Alemanha, França, Portugal e Itália. Dentre os problemas que afligem a Justiça civil, destacou o da duração excessiva dos pleitos, mas apontou, também, a prova como um nó frequente do processo civil. E, dentro da matéria instrutória, objeto da palestra e do artigo, procurou apontar as correntes e contracorrentes relacionadas com dois aspectos: a) o da repartição de atribuições entre partes e juiz na atividade instrutória; e b) o relativo ao modo pelo qual se introduzem no processo as informações ministradas por terceiros e pelos próprios litigantes. As duas nuances apontadas parecem continuar a dominar a pauta, e a divisão, entre as visões sobre os rumos a serem tomados por cada sistema jurídico, com idas e vindas.

Somente para reforçar a "proliferação de reformas processuais" apontadas pelo saudoso amigo e mestre José Carlos, pode-se apontar que a tendência de mudanças se manteve nos anos seguintes. É o que se pode constatar em levantamento limitado aos países referidos no texto, que foram mencionados exatamente pelas recentes alterações.

No Japão, a Lei nº 36, de 2011, modificou os Capítulos I a VII da Parte I; os Capítulos I a VIII da Parte II; os Capítulos I a III da Parte III, além de alterar as Partes IV, V, VI e os Capítulos I e II da Parte VII[16], sen-

15 Na pesquisa para a atualização do texto, os atualizadores contaram com a fundamental participação e colaboração de **Larissa Clare Pochmann da Silva**, graduada e pós-doutora pela Faculdade de Direito da Universidade do Estado do Rio de Janeiro (UERJ), mestre, doutora, e professora do Programa de Pós-Graduação em Direito da Universidade Estácio de Sá (Unesa).

16 Vide https://www.japaneselawtranslation.go.jp/en/laws/view/2834/en. Acesso em 21/01/2023.

do que se costuma enfatizar, nestas alterações[17], a Seção III do Capítulo II, referente aos procedimentos para a produção antecipada de provas.

Na Espanha, a *Ley de Enjuiciamiento Civil*, de 2000, já passou por 70 (setenta) alterações legislativas[18], sendo a última em 23 de dezembro de 2022. Na Itália, o Código de Processo Civil italiano, de 1940, recebeu 71 (setenta e uma) transformações, sendo a última em razão da Lei nº 142, de setembro de 2022, como modificações que entrarão em vigor em junho de 2023[19]. Na Alemanha, a *Zivilprozessordnung*[20] sofreu a sua última mutação em outubro de 2021. Em Portugal, o Código de 2013, aprovado na Lei nº 41, já sofreu 14 (quatorze) mudanças. A Holanda tem, desde 1º de janeiro de 2023, uma legislação processual civil aplicável a litígios digitais[21] e outro texto para litígios não digitais[22].

No Reino Unido, as *Civil Procedure Rules* passaram por 152 (cento e cinquenta e duas) modificações[23]. Ressalte-se, contudo, que algumas não tiveram o objetivo de produzir mutações em normas judiciais ou processuais, propriamente ditas, como, por exemplo, as que somente adequaram as referências ao Rei Charles III, em substituição à Rainha Elizabeth II.

17 SUPREME COURT OF JAPAN. *Outline of Civil Procedure in Japan*. Em https://www.courts.go.jp/english/vc-files/courts-en/Material/Outline_of_Civil_Procedure_in_JAPAN_2022.pdf. Acesso em 22/01/2023.

18 Confira-se em https://www.boe.es/buscar/act.php?id=BOE=-A2000-323-&tn-1&p=20221223. Acesso em 22/01/2023.

19 Vide: https://www.gazzettaufficiale.it/sommario/codici/proceduraCivile. Acesso em 22/01/2023.

20 Disponível em https://www.gesetze-im-internet.de/zpo/. Acesso em 22/01/2023.

21 O texto está disponível em https://wetten.overheid.nl/BWBR0001827/2023-01-01. Acesso em 22 jan, 2023.

22 O texto está disponível em http://www.cahdidatabases.coe.int/Contribution/Details/423. Acesso em 22 jan. 2023.

23 De acordo com https://www.justice.gov.uk/courts/procedure-rules/civil . Acesso em 22/01/2023.

HARMONIZAÇAO DOS ORDENAMENTOS PROCESSUAIS CIVIS NA AMÉRICA LATINA[1]

1. Permitam-me começar por um truísmo: a nossa era é de globalização em quase todos os campos da atividade humana. O direito não está entre as poucas exceções. A crescente intensidade das relações internacionais ligadas a operações comerciais ou financeiras, ao turismo, e assim por diante, põe em contato sistemas jurídicos diferentes numa variedade de situações dificilmente imaginável no passado. Desnecessário dizer que isso dá origem a grande número de problemas e litígios que se resolverão, em princípio, consoante um dos sistemas envolvidos. Os litigantes normalmente preferirão vê-los resolvidos de acordo com o sistema que lhes é mais familiar. Contudo, tal solução nem sempre é acertada à luz das regras que disciplinam a competência internacional. Daí frequentes tentativas de *forum shopping* e fenômenos análogos.

Essa espécie de questões tem obviamente duas dimensões distintas. A primeira, atinente ao direito material, está fora do âmbito deste trabalho. Pretendo tratar apenas da segunda dimensão, que concerne ao direito processual. O resultado de um pleito depende às vezes, em larga medida, da maneira pela qual os órgãos judiciais lidam com a causa: por exemplo, de ser ou não admissível esta ou aquela prova, de caber ou não recurso contra determinada decisão. É possível, e em certos casos provável, que até em causas reguladas por normas substantivas idênticas o desfecho do pleito varie em função do processo aplicável. Isso escapa à compreensão de pessoas comuns e com frequência causa à parte vencida muita frustração e ressentimento. Sob certas circunstâncias, pode mesmo golpear seriamente a credibilidade da Justiça.

2. Juristas e legisladores em todo o mundo vão tomando cada vez mais consciência dos inconvenientes da situação atual e interesse em procura: modos de eliminar ou restringir pelo menos os mais indesejáveis. E objetivo que em teoria pode ser perseguido por diversos meios. Uma

1 Tradução do texto inglês da intervenção do autor em mesa-redonda de 28-4-2000, por ocasião do simpósio da Associação Internacional de Direito Processual realizado em Gand (Bélgica). O original foi publicado no volume coletivo *Discretionary Power of the hedge: limits and control*, Mechelen, 2003.

possibilidade consiste em incentivar tribunais de países diferentes a adotar técnicas hermenêuticas semelhantes, de sorte que regras jurídicas similares recebam, tanto quanto possível, igual interpretação e aplicação. Constitui lugar-comum em obras científicas sugerir que os tribunais nacionais adiram ao exemplo do estrangeiro, sempre que a regra em questão tenha correspondente no sistema legal do outro país, especialmente quando este haja sido na verdade tomado por modelo (assim como, é claro, quando o tribunal, por força de regra nacional sobre conflito de leis, tenha de aplicar lei estrangeira). Modestos e instáveis que possam ser os resultados, esse método tem a vantagem de dispensar atividade legislativa.

Outra possibilidade implica reforma da legislação. Este procedimento suscita muitas questões importantes, cujo tratamento é às vezes difícil. Permitam-me fazer soar uma nota de advertência a respeito de problema que costuma surgir quando os países envolvidos diferem largamente entre si no poder político e econômico. Em casos tais, tende a exercer-se num único sentido, e não reciprocamente, a influência sobre os órgãos legiferantes. A probabilidade é de que a tendência reformadora consiga modificar o direito do país menos poderoso, numa espécie de assimilação unilateral capaz de gerar efeito perturbador, talvez desorganizador, no sistema jurídico desse país, em tradições e costumes profundamente enraizados na história e na cultura locais.

Ainda que não seja esse o caso, dificuldades podem originar-se (e originam-se) de várias outras causas. Uma delas diz respeito ao papel desempenhado em cada sistema jurídico pelo direito legislado e pelo direito jurisprudencial. Semelhante questão até agora não assume importância particular na América Latina, onde é geral a predominância do direito legislado, e os precedentes judiciais não têm efeito vinculante *de iure* (sem prejuízo da influência de facto). Entretanto, o panorama está sujeito a mudanças. No processo de reforma constitucional em curso no Brasil, uma das propostas principais – e também das mais controvertidas – visa a atribuir efeito vinculante a decisões dos tribunais superiores, ao menos em certos campos do direito.

3. Passo a examinar mais de perto outros aspectos da situação latino-americana, que me é mais familiar. Antes de mais nada, há o fato de que o direito brasileiro, em seus traços básicos, foi modelado pela colonização portuguesa, ao passo que os sistemas jurídicos de quase todos os outros países da região descendem principalmente do direito espanhol.

(Estou de propósito deixando de lado, é claro, casos excepcionais como o do Haiti e seus vínculos com o sistema jurídico francês.) O que acabo de dizer tanto se aplica ao direito processual como ao material, sem prejuízo de quantas influências todos esses países podem haver absorvido de outras fontes ao longo de sua evolução histórica. Pois bem: o direito português e o espanhol pertencem ambos à mesma família e têm decerto muito em comum; todavia, entre eles há também significativas diferenças, que em boa medida subsistem nos ordenamentos atuais. Por exemplo, as normas brasileiras relativas aos recursos e a outros meios de impugnar decisões apresentam considerável número de particularidades desconhecidas na maioria dos países hispânicos.

Fator relevante é a estrutura política e administrativa do país. Diversos Estados latino-americanos – entre os quais o Brasil, a Argentina, o México – são Federações, o que cria problemas desconhecidos em outros, especialmente no terreno da organização judiciária. Os Estados federais em geral mantêm sistema judiciário dual; há um Judiciário federal, mas cada estado ou província autônoma tem, distintos, seus próprios tribunais. Essa característica não pode deixar de gerar diferenças importantes em matéria de competência e de reexame de decisões em grau superior. Complicação adicional pode derivar da distribuição da competência entre o legislativo federal e o local: em alguns Estados federais, como a Argentina, não só os órgãos legislativos federais, mas também os locais, são competentes para editar leis sobre direito processual: lá, por exemplo, cada província tem seu próprio código de processo civil (não é o caso do Brasil, onde desde 1939 existe um código único, aplicável em todo o país).

Sem dúvida, a América Latina está hoje consciente da necessidade de cooperação entre os Estados com referência a litígios internacionais e outros assuntos. Tal preocupação é mais transparente em países empenhados em formar e desenvolver organizações econômicas regionais, como o Mercado Comum do Sul (Mercosul), que une o Brasil, a Argentina, o Uruguai e o Paraguai. Manifestação dessa tendência é a crescente multiplicação de tratados sobre competência internacional, citação e coleta de provas no exterior, reconhecimento e execução de sentenças estrangeiras, e assim por diante. Entretanto, no contexto deste trabalho, há um aspecto ainda mais importante a considerar: a elaboração de regras processuais capazes de exercer a função de fonte comum de inspiração para reforma" legislativas nos países latino-americanos. Isso exige que volte agora minha atenção para o Código-modelo de Processo Civil.

4. O Código-modelo é a principal realização do Instituto Ibero-americano de Direito Processual, a que se filiam quase duas centenas de processualistas da Espanha, de Portugal e da maioria dos países latino-americanos. A história do Código remonta a um congresso de 1967, no qual se decidiu estabelecer as "bases" de projeto que pudesse servir ao *supra*mencionado propósito. Com observância das linhas dessas "bases", aprovadas no congresso de 1970, três eminentes membros uruguaios do Instituto – Adolfo Gelsi Bidart (que vinha atuando como seu primeiro Secretário-geral). Enrique Vescovi (que viria a ser seu Presidente) e Luis Torello – receberam a incumbência de redigir o projeto, que sofreu discussão em congressos subsequentes e se beneficiou da contribuição de muitos outros membros do Instituto. O projeto revisto foi finalmente aprovado no congresso do Rio de Janeiro, de 1988.

Não posso entrar aqui em pormenores acerca da orientação e da estrutura do Código-modelo. Bastará dizer que ele leva em conta as principais recomendações do moderno pensamento processual, que até então havia penetrado escassamente, se tanto, na legislação da maior parte dos países latino-americanos. Aumenta os poderes do juiz na condução do processo, inclusive na coleta de provas *ex officio*, favorece a solução consensual dos litígios, sobretudo por meio da conciliação ou da arbitragem, busca assegurar a *fairness* processual e a igualdade substancial (distinta da meramente formal) no tratamento das partes.

No tocante ao procedimento, o Código-modelo adere tão estritamente quão possível ao princípio da oralidade. Procura concentrar numa audiência única a essência do processo decisório. Em mais de um ponto é possível discernir certa afinidade entre essa marca do Código-modelo e a erste Tagsatzung austríaca, mas com importante ressalva: a Áustria tornou facultativa a audiência preliminar mediante reforma da ZPO no começo da década de 80, ao passo que o Código-modelo optou por manter obrigatória a realização.

5. Um tópico demanda aqui especial atenção: a influência exercida pelo Código-modelo sobre o direito processual dos países latino-americanos – noutras palavras, sua eficiência como instrumento da obra de aproximação dos respectivos sistemas. O Código-modelo não se destina a substituir qualquer código vigente de processo civil. Não se trata de texto legal a ser posto diretamente em vigor em lugar algum. O que ele na verdade pretende é inspirar os legisladores nacionais (ou provinciais) a adotar diretrizes comuns na reforma de seus sistemas processuais, naturalmente com o devido respeito a peculiaridades locais.

É certo que o Código-modelo foi além desse ponto ao menos num caso: o do Uruguai, cujas características nacionais, como o território pequeno, o número suficiente de juízes, a facilidade dos transportes, a homogeneidade econômica e cultural superior à ordinária, proporcionaram condições inusitadamente favoráveis à experiência. O texto do Código General del Proceso uruguaio, editado em 1988, é quase reprodução fiel do Código-modelo, com algumas modificações de pouca monta. Os uruguaios parecem muito satisfeitos com a nova legislação. Tem-se notícia de experiência similar na província argentina de Tierra del Fuego.

Significativos como são, tais casos provavelmente também permanecerão, por óbvias razões, excepcionais. Muito mais frequente tem sido a incorporação de princípios e/ou traços particulares do Código-modelo em legislações locais. Tal asserto pode ser facilmente ilustrado com alguns exemplos: os códigos da Costa Rica (1989, agora em curso de revisão), do Peru (1992), a recente reforma do código boliviano, para não falar de projetos argentinos de novo código nacional. No Brasil, uma série de leis têm reformado o Código de Processo Civil desde 1992. Entre as mais importantes inovações está a introdução de uma audiência preliminar, parcialmente inspirada no sistema do Código-modelo.

6. Se se quiser tirar uma conclusão do que ficou dito até aqui, ela poderá expressar-se sucintamente nos seguintes termos. A ideia de unificar ou uniformizar o direito processual beira a utopia, mesmo com referência a áreas relativamente homogêneas do ponto de vista jurídico. Na América Latina, pelo menos, parece extremamente improvável, quando não de todo impossível, eliminar certas diferenças. Isso não quer dizer que devamos sentir-nos desencorajados de todo esforço para aproximar os ordenamentos processuais; só que precisamos estar conscientes dos limites insuperáveis de semelhante intento. A meu ver, harmonização é a palavra que melhor traduz o sentido de um projeto viável. Nessa perspectiva realística, podemos apreciar em toda a medida o autêntico valor de instrumentos como o Código-modelo de Processo Civil para a América Latina e o projeto elaborado pela Comissão Storme para a União Europeia.

Abril de 2000.

COMENTÁRIOS DOS ATUALIZADORES

HARMONIZAÇÃO DOS ORDENAMENTOS PROCESSUAIS CIVIS NA AMÉRICA LATINA

Aluisio Gonçalves de Castro Mendes/Carolina Paes de Castro Mendes[2]

Em texto traduzido do inglês, da sua intervenção em mesa redonda realizada no dia 28 de abril de 2000, na Bélgica, por ocasião de Simpósio da Associação Internacional de Direito Processual, José Carlos Barbosa Moreira retrata a relevância da harmonização de ordenamentos processuais latino-americanos, diante dos caminhos cada vez mais interligados do mundo contemporâneo.

O Instituto Ibero-americano de Direito Processual foi fundado, no ano de 1957, em Montevidéu, por ocasião das Primeiras Jornadas Latino-americanas de Direito Processual, nas quais foi rendida homenagem à memória do eminente processualista uruguaio Eduardo Couture. Desde então, o grupo de juristas integrantes do Instituto vem se reunindo, em periódicas jornadas, trocando informações e debatendo sobre diversos temas científicos dentro do direito processual.[34]

Nas Jornadas de 1967, realizadas em Caracas e Valencia, na Venezuela, decidiu-se pela redação das "bases" de um projeto dedicado à orientação para as reformas legislativas processuais que fossem promovidas nos países latino-americanos.[5] As bases do projeto foram

---

2 A atualização do texto contou com a fundamental participação e colaboração de **Larissa Clare Pochmann da Silva**, graduada e pós-doutora pela Faculdade de Direito da Universidade do Estado do Rio de Janeiro (UERJ), mestre, doutora, e professora do Programa de Pós-Graduação em Direito da Universidade Estácio de Sá (Unesa).

3 Nesse sentido: MENDES, Aluisio Gonçalves de Castro. *Ações coletivas e meios de resolução coletiva de conflitos no direito comparado e nacional*. 4ª ed., revista, atualizada e ampliada. São Paulo: Revista dos Tribunais, 2014.

4 Sobre o surgimento e desenvolvimento do Instituto Ibero-americano de Direito Processual, bem como a formulação do Código Modelo, vide José Carlos Barbosa Moreira, *Le Code-Modèle de Procédure Civile pour l'Amérique Latine de L'institut Ibéro-américain de Droit Processuel*.

5 Como relata José Carlos Barbosa Moreira, ibidem, p. 192. Vide, também, o texto *"Aplicación del Código Procesal Civil Modelo en Iberoamerica"*, que antecede a 2.ª edição do Código, supervisionada e atualizada por Enrique Vescovi.

redigidas pelos professores Adolfo Gelsi Bidart e Enrique Vescovi e, nas Jornadas de 1970, aprovadas com pequenas modificações. Em seguida, com a incorporação do jurista uruguaio Luis Torello ao grupo inicial, iniciou-se a elaboração de um anteprojeto, que foi submetido a discussões nas duas jornadas seguintes. Por fim, o Código Processual Civil Modelo Ibero-americano[6] foi aprovado nas XI Jornadas, realizadas em 1988, no Rio de Janeiro.

Sintonizado com as necessidades e as novas perspectivas do direito processual moderno, o Código Modelo previu, nos arts. 53 e 194, duas normas voltadas para a problemática dos interesses coletivos, em sentido lato. Os dispositivos enfrentaram duas questões centrais para a consecução da tutela metaindividual: a legitimação e os efeitos da coisa julgada.

No art. 53, seguiu o Código fiel aos ensinamentos de Mauro Cappelletti, assumindo uma dimensão pluralista em termos de legitimação extraordinária, para atribuir o direito de ação coletiva, concorrentemente, ao Ministério Público, a qualquer interessado e às instituições ou associações de interesse social, que, segundo a lei ou a juízo do tribunal, garantam uma adequada defesa do interesse comprometido: "Art. 53 (Representación en caso de intereses difusos). En el caso de cuestiones relativas a la defensa del medio ambiente, de valores culturales o históricos y, en general, que pertenezcan a un grupo indeterminado de personas, estarán legitimados indistintamente para promover el proceso pertinente, el Ministerio Público, cualquier interesado y las instituciones o asociaciones de interés social que según la Ley o a juicio del Tribunal garanticen una adecuada defensa del interés comprometido".

Quanto aos limites da coisa julgada, estabeleceu a eficácia *erga omnes* para a decisão, ressalvando, entretanto, em conformidade com a regra adotada no direito brasileiro, em relação à ação popular,[7] a inocorrência da extensão dos efeitos quando o pedido for julgado improcedente por falta de provas: "Art. 194 (Efectos de la cosa juzgada en procesos promovidos en representación de intereses difusos). La sentencia dictada en procesos promovidos en defensa de intereses difusos

---

6 O projeto está disponível em http://www.iibdp.org///wp-content/uploads/2020/08/IIDP_Codigo_Procesal_Civil_Modelo_Iberoamerica.pdf. Acesso em 17 jan. 2023.

7 Vide art. 18.

(artículo 53) tendrá eficacia 'erga omnes' salvo si fuere absolutoria por ausencia de pruebas, en cuyo caso podrá volver a plantearse la cuestión en otro proceso, por otro legitimado".

O Código Modelo vem exercendo significativa influência sobre o direito processual latino-americano, como ressalta José Carlos Barbosa Moreira.[8] É de se ressaltar que o Uruguai, no mesmo ano de 1988, aprovou o seu Código de Processo Civil, mediante a Lei 15.982, de 18 de outubro, seguindo, no geral, basicamente o texto do Código Modelo. Porém, no que diz respeito aos interesses coletivos, o estatuto uruguaio reproduziu *ipsis litteris*, nos arts. 42 e 220, a redação dos arts. 52 e 194, respectivamente, do Código Modelo.

A harmonização das legislações apontada por Barbosa Moreira não se exauriu nos Códigos Modelo de Processo Civil e de Processo Penal[9], aprovados em 1988.

No âmbito dos países ibero-americanos, surge, no ano de 2004, um novo e verdadeiro marco para o direito processual coletivo, que é o Código Modelo de Processos Coletivos do Instituto Ibero-americano de Direito Processual[10]. Constituído com base na legislação brasileira, mas com várias modificações e inovações, e com a participação de quatro professores brasileiros,[11] o novel Código-Tipo, que começou a ser elaborado em 2002 e foi aprovado nas Jornadas de Caracas, na Venezuela, no ano de 2004, passou a ser uma importante fonte de inspiração para os países latino-americanos, servindo, também, como parâmetro para se repensar e aperfeiçoar o sistema brasileiro.

O Código Modelo está estruturado em quarenta e um artigos, reunidos em sete capítulos: I – Disposições gerais; II – Dos provimentos jurisdicionais; III – Dos processos coletivos em geral; IV – Da ação coletiva para a defesa de interesses ou direitos individuais homogêneos;

8 *Le Code-Modèle de Procédure Civile*..., cit., p. 197.

9 O Código está disponível em http://www.iibdp.org///wp-content/uploads/2020/08/IIDP_Codigo_Procesal_Penal_Modelo_Iberoamerica.pdf. Acesso em 17 jan. 2023.

10 O Código está disponível em http://www.iibdp.org///wp-content/uploads/2020/08/IIDP_Codigo_Modelo_de_Procesos_Colectivos_Para_Iberoamerica.pdf. Acesso em 17 jan. 2023.

11 Ada Pellegrini Grinover, Kazuo Watanabe, Antonio Gidi e Aluisio Gonçalves de Castro Mendes.

V – Da conexão, da litispendência e da coisa julgada; VI – Da ação coletiva passiva; e VII – Disposições finais.

O Código-Tipo adotou uma divisão bipartida, fundada na dicotomia entre interesses e direitos, essencialmente coletivos, porque indivisíveis, e acidentalmente coletivos, na medida em que apenas a defesa é coletiva, tendo em vista a homogeneidade dos direitos individuais em jogo, decorrentes de uma origem comum.

O caminho trilhado foi no sentido de democratizar o acesso à Justiça, fortalecendo as ações coletivas, a partir da ampliação do rol de legitimados. A proposição rompe, portanto, com sistemas tradicionais, que procuram atribuir com certa exclusividade à legitimidade ora para órgãos públicos, ora para associações e organizações não governamentais. Previu-se,[12] assim, que são legitimados concorrentemente para a ação coletiva: I – qualquer pessoa física, para a defesa dos interesses ou direitos difusos de que seja titular um grupo, categoria ou classe de pessoas ligadas por circunstâncias de fato; II – o membro do grupo, categoria ou classe, para a defesa dos interesses ou direitos difusos de que seja titular grupo, categoria ou classe de pessoas ligadas entre si ou com a parte contrária por uma relação jurídica base e para a defesa de interesses ou direitos individuais homogêneos; III – o Ministério Público, o Defensor do Povo e a Defensoria Pública; IV – as pessoas jurídicas de direito público interno; V – as entidades e órgãos da Administração Pública, direta ou indireta, ainda que sem personalidade jurídica, especificamente destinadas à defesa dos interesses e direitos protegidos pelo Código; VI – as entidades sindicais, para a defesa dos interesses e direitos da categoria; VII – as associações legalmente constituídas há pelos menos um ano e que incluam entre seus fins institucionais a defesa dos interesses e direitos protegidos no Código, dispensada a autorização assemblear; VIII – os partidos políticos, para a defesa de direitos e interesses ligados a seus fins institucionais.

A abertura, em termos de *legitimatio ad causam*, veio acompanhada do estabelecimento de requisitos específicos para a propositura da demanda coletiva, visando, assim, a um controle, em concreto, quanto à seriedade, viabilidade e importância da demanda coletiva que se pretende propor. Para as ações coletivas em geral, passariam a ser exigíveis a representação adequada do legitimado e a relevância social

12 Art. 3.º do Código.

da tutela coletiva. E, para a tutela dos interesses ou direitos individuais homogêneos, é também necessária a aferição da predominância das questões comuns sobre as individuais e da utilidade da tutela coletiva no caso específico. A falta de representação adequada não deve, todavia, levar o processo necessariamente à extinção sem o julgamento do mérito, como ocorreria, normalmente, diante da falta de uma condição da ação. Isso porque o Código Modelo previu que, em caso de inexistência do requisito da representatividade adequada, assim como de desistência infundada ou abandono da causa por pessoa física, entidade sindical ou associação legitimada, o juiz deverá intimar o Ministério Público e, na medida do possível, outros legitimados adequados para o caso, para que assumam, querendo, a titularidade da ação coletiva.

No âmbito da fixação do pedido e da causa de pedir, os autores do Código procuraram flexibilizar as normas pertinentes às ações coletivas, prevendo que o pedido e a causa de pedir devam ser interpretados extensivamente. Sem estabelecer limite temporal, o Código estabeleceu que, ouvidas as partes, o juiz permitirá a emenda da inicial para alterar ou ampliar o objeto da demanda ou a causa de pedir. Facultou, ainda, a alteração do objeto a qualquer tempo e em qualquer grau de jurisdição, desde que realizada de boa-fé, não represente prejuízo injustificado para a parte contrária e o contraditório seja preservado.

A citação válida, com efeito retroativo à data da propositura da ação coletiva, segundo o Código, deve interromper o prazo de prescrição das pretensões individuais e transindividuais direta ou indiretamente relacionadas com a controvérsia.

Incorporando regra advinda do sistema norte-americano, o Código Modelo previu, para o caso de não ser obtida a conciliação, sendo ela parcial, ou quando, por qualquer motivo, não for adotado outro meio de solução do conflito, bem como sendo positivo o juízo de admissibilidade da demanda coletiva, a possibilidade de desmembramento do processo. Poderá o juiz, portanto, separar os pedidos em ações distintas, voltadas à tutela, respectivamente, dos interesses ou direitos difusos e individuais homogêneos, ou tendo em vista peculiaridades existentes, ainda que esta causa não tenha sido expressamente mencionada, desde que a separação represente economia processual ou facilite a condução do processo. É o que se convencionou chamar de formação de subclasses.

Tratando-se de demandas coletivas, em que a rigor se poderia exigir a produção de inúmeras provas, principalmente diante da defesa de direitos individuais homogêneos, como em razão de vício de produto, consignou-se, no Código, a admissibilidade da prova estatística ou por amostragem.

Quanto ao ônus da prova, não se ateve o Código Modelo à tradicional distribuição prevista no art. 333 do Código de Processo Civil brasileiro,[13] mas, também, por outro lado, deixou de renovar a possibilidade de inversão contida no art. 6.º, VIII, do Código de Defesa do Consumidor. Optou por fórmula que atribui o ônus da prova à parte que detiver conhecimentos técnicos ou informações específicas sobre os fatos ou maior facilidade em sua demonstração. Caberia, assim, às partes revelar os conhecimentos científicos e as informações pertinentes ao caso, considerando não apenas as suas alegações, mas, também, as da parte contrária. A detenção dos conhecimentos técnicos ou das informações específicas e a maior facilidade na demonstração passam a ser matéria, em potencial, controvertida e, portanto, prejudicial, que pode, em si, demandar a colheita de prova ou aplicação das regras de experiência.

A redação inovou, também, ao estabelecer que cabe ao demandado informar o juízo da ação individual sobre a existência de ação coletiva com o mesmo fundamento, sob pena de, não o fazendo, o autor individual beneficiar-se da coisa julgada coletiva mesmo no caso de a demanda individual ser rejeitada.

O Código introduz significativa novidade ao dispor expressamente sobre a ação coletiva passiva. Não haverá dúvida, portanto, sobre a possibilidade de ações duplamente coletivas, ou seja, com a presença de interesses pluri-individuais nos dois polos: ativo e passivo. Pode-se pensar, por exemplo, em ações entre associações de pais e de mantenedoras de instituições de ensino; entre entidades de defesa dos consumidores e de fabricantes de determinados produtos; ou entre comerciantes e fabricantes.

Por fim, estabeleceu ainda, como marco importante, que, sempre que possível, as ações coletivas serão processadas e julgadas por magistrados especializados e que deverão ter prioridade no processamento.

---

13 Segundo o mencionado dispositivo, cabe ao autor o ônus da prova quanto ao fato constitutivo do seu direito e ao réu, quanto à existência de fato impeditivo, modificativo ou extintivo do direito do autor.

Foi produzido, ainda, o Código Modelo de Cooperação Inter jurisdicional para a Ibero-américa[14], entre os anos de 2005 e 2008, cujo texto final foi aprovado na Assembleia do Instituto Ibero-americano de Direito Processual, ocorrida no dia 17 de outubro de 2008, por ocasião das XXI Jornadas Ibero-americanas de Direito Processual, em Lima, no Peru.

Em 8 de junho de 2012, foi aprovado o Código Modelo de Processos Administrativos – Judicial e Extrajudicial[15], na Assembleia Geral do Instituto Ibero-Americano de Direito Processual, por ocasião das XXIII Jornadas Ibero-Americanas de Direito Processual, ocorridas em Buenos Aires. O Código Modelo de Processos Administrativos para Ibero-américa utiliza a expressão "processo" como gênero, referindo-se, no Título I, a processo administrativo extrajudicial, como equivalente a procedimento administrativo em contraditório, e, no Título II, a processo administrativo jurisdicional. Como consta em sua Exposição de Motivos: *"Evitou-se a nomenclatura "contencioso administrativo", para que o Código possa servir de modelo tanto para os países de jurisdição dúplice (que adotam tribunais administrativos) como para os de jurisdição una (em que o Poder Judiciário também soluciona os conflitos administrativos)"*.

Por fim, encontra-se em debate um esboço de projeto de Código Modelo de Arbitragem, também no âmbito do Instituto Ibero-americano de Direito Processual, mas que ainda não foi objeto de conclusão ou aprovação.

14 O texto está disponível em https://www.jfrj.jus.br/sites/default/files/revista-sjrj/arquivo/22-67-1-pb.pdf. Acesso em 17 jan. 2023.

15 Sobre o tema: https://www.e-publicacoes.uerj.br/index.php/redp/article/view/20362/14695. Acesso em 17 jan. 2023.

PROCESO Y CULTURA LATINOAMERICANA[1]

De acuerdo con una antigua y sabia tesis, a la que me adhiero, discursos deben ser pocos; si posible, buenos; en cualquier caso, breves. Intentaré mantener la mirada puesta en el tercer principio, al desempeñar la misión que me fue asignada por nuestro Presidente Marcel Storme: expresar el pensamiento y los sentimientos de los congresistas latinoamericanos en este momento final del primer Congreso Mundial de Derecho Procesal que se celebra, desde hace varias décadas, en tierras de América Latina – un honor que se explica únicamente por mi calidad de representante de esta parte del planeta en la directiva de nuestra Asociación.

¿Sería adecuado decir "representante de la cultura latinoamericana"? El tema de la cultura ha impregnado todas las sesiones del Congreso: no solamente la primera, cuya epígrafe se refería en términos expresos al derecho probatorio desde el punto de vista cultural, sino también las dedicadas a otros asuntos. Y las cosas no podrían ser diferentes: antes de constituir un fenômeno jurídico, el proceso ha constituido siempre un fenômeno social y por ende un fenômeno cultural. No obstante, alguien podrá preguntar: ¿existe una cultura latinoamericana? Si tomáramos tal expresión en un sentido genérico, parecería extravagante, por no decir ridículo, plantear la cuestión en un país multicultural como lo es México, en cuya historia se entrelazan importantes y distintas tradiciones culturales, algunas anteriores a la era cristiana.

Sin embargo, aquí nos estamos ocupando de la cultura jurídica, más específicamente de la cultura procesal; y en este sentido creo posible concebir una cultura latinoamericana, sin perjuicio de las diversidades particulares, perfectamente comprensibles, entre los ordenamientos de un conjunto de países cuyo número alcanza aproximadamente dos docenas, por no hablar del Estado norteamericano de Louisiana ni da la provincia canadiense de Québec. En esta vastísima región se pueden reconocer los frutos de una larga serie de vicisitudes históricas en buena medida comunes. Como nadie ignora, las raíces del árbol se hunden en la Roma de los grandes jurisconsultos, que han plasmado una construcción científica resistente al pasar de los siglos y – desde luego – enriquecida

1 Texto de discurso proferido na cidade do México, em 26-9-2003, na sessão de Encerramento do XII Congresso Mundial de Direito Processual. Publicado *in Rev. Urug. de Der. Proc.*, nº 1/2003.

por las valiosas aportaciones de los pueblos gelmánicos y de los canonistas medioevales.

Los latinoamericanos hemos recogido la herencia cultural y jurídica del continente europeo. Ello no significa que nos hayamos quedados inmunes a infiltraciones de otros linajes, las cuales han inspirado y siguen inspirando experiencias frecuentemente muy provechosas. Si fuera necesario indicar ejemplos, los encontraríamos con facilidad sea en el terreno civil, sea en el penal. Basta mencionar institutos como el *habeas corpus*, el amparo, el recurso extraordinario brasileño y argentino: en éstos y en varios otros son visibles las huellas anglosajonas. Al florecimiento de las llamadas acciones colectivas en países latinoamericanos no es ajeno el influjo de las *class actions* norteamericanas. Cabe notar que precisamente en estos días al Instituto Iberoamericano de Derecho Procesal se ocupa en preparar un proyecto de Código-modelo del proceso colectivo – obra que se añadirá a dos otras análogas, los Códigos-modelo de proceso civil y de proceso penal, que tanto interés han suscitado inclusive fuera del ámbito latinoamericano.

Por lo demás, nadie ignora que hoy en día, por razones harto conocidas, la influencia del *common law* se manifiesta con creciente y omnipresente intensidad. Hay que resaltar, por otra parte, que no se trata de un fenómeno totalmente unilateral, si es cierto, por ejemplo, que en Inglaterra el nuevo código procesal civil, en vigencia a partir de 1999, en alguna medida se ha alejado de las posiciones clásicas del adversary system para acercarse al derecho continental europeo, que surministrara la esencia de nuestros propios ordenamientos.

La observación atenta de la evolución, en estos últimos anos, de los dos grandes sistemas jurídicos occidentales permite verificar una propensión a la convergencia, que muchos comparatistas están cuidando de subrayar. Por cierto subsisten diferencias importantes, y no es probable que desaparezcan por entero, al menos si nos ceñimos a contemplar el horizonte del futuro próximo. Les doy un pequeno ejemplo, volviendo a la problemática de la prueba: es difícil imaginar, en lo que hace a la tarea de recoger elementos probatorios, que los abogados latinoamericanos lleguen a asumir una responsabilidad de proporciones semejantes a las que caracterizan el mecanismo de la discovery norteamericana.

Sea como fuere, la diversidad no representa de por sí una imperfección que se deba lamentar, sino más bien, en muchos casos, la señal de una riqueza. El mundo se está volviendo obviamente más homogéneo en virtud de la llamada globalización; empero, a mi juicio, sería trágico que ello desembocara en la eliminación de todas las diferencias.

La comunidad cultural explica el hecho de que sea igualmente común a los países latino americanos una serie de preocupaciones y inquietudes respecto dei funcionamiento, que está lejos de ser satisfactorio, de nuestros sistemas judiciales. Muchos de nosotros estamos intentando hacerlos avanzar hacia un régimen de prestación jurisdiccional más rápido y más eficaz; y propuestas muy parecidas surgen en los más distantes rincones de Latinoamérica. Se trata de forjar nuevos instrumentos para la protección de los derechos fundamentales consagrados en nuestras constituciones; de asegurar a los más carentes el acceso efectivo a la justicia; de remediar la excesiva demora de los pleitos con técnicas anticipatorias de los efectos de las sentencias; de estimular la utilización de los llamados medios alternativos de solución de litigios, como la mediación y el arbitraje. La eficiencia práctica de algunos de los mecanismos adoptados está todavía por ser comprobada; y es menester no perder de vista la necesidad de averiguar constantemente los resultados concretos de su aplicación. No podemos contentamos, como por desgracia ocurre en general, con meras impresiones: el impresionismo produjo frutos muy sabrosos en el campo del arte, pero en derecho, y sobre todo en derecho procesal, es un enemigo del cual tenemos que defendemos a toda costa.

Me doy cuenta de que me falta poco para incumplir el principio, que yo mismo empecé por enunciar, relativo a la duración de los discursos. Los latinoamericanos tenemos virtudes conspicuas y no menos conspicuos defectos, entre ellos el de hablar demasiado. Sírvanos de consuelo el pensamiento de que nuestros defectos, así como nuestras virtudes, provienen de una misma fuente: nuestro gran corazón.

Ahora bien: deseo concluir más con el corazón que con la mente. Y me sería imposile encontrar una fórmula más apropiada y más hermosa que la inventada por un jurista de méritos inmensamente mayores, Piero Calamandrei, quien, al final de un ciclo de conferencias dictadas, hace más de media sigla, en este mismo país y en esta misma ciudad, tal hospitalaria y tan agradable – a pesar de su tráfico... – se despidió de los mexicanos con esta frase inimitable: "Amicizia, tu sei la mia patria". Permítanme repetirlo: Amistad, tu eres mi patria.

Setembro de 2003.

COMENTÁRIOS DOS ATUALIZADORES

PROCESO Y CULTURA LATINOAMERICANA

Aluisio Gonçalves de Castro Mendes/Carolina Paes de Castro Mendes[2]

Em texto elaborado a partir de discurso proferido na Cidade do México em setembro de 2003, durante o encerramento do XII Congresso Mundial de Direito Processual, José Carlos Barbosa Moreira aborda o tema do processo e da cultura latino-americana.

O presente artigo está relacionado com outros que compõem as nove séries destes Temas de Direito Processual. Em especial, nesta série, podem ser apontados os textos "O processo civil contemporâneo: um enfoque comparativo", "Correntes e contracorrentes no processo civil contemporâneo" e "Harmonização dos ordenamentos processuais civis na América latina", para os quais se remete a atualização realizada.

O tema da cultura foi ponto central neste congresso realizado em 2003, refletindo uma preocupação marcante da doutrina processual[3] no final do século passado e início do presente, em contraposição com uma abordagem centrada somente em aspectos técnicos. Reflete, também, uma perspectiva de conjugar a análise dos fatores normativos formais com a realidade prática[4] e elementos culturais que acabam influenciando o Direito Processual, com ênfase no Direito Processual Comparado.

Como tratado pelo autor, os ordenamentos dos países latino-americanos possuem raízes comuns, mesmo que existam peculiaridades lo-

---

2 A atualização do texto contou com a fundamental participação e colaboração de **Larissa Clare Pochmann da Silva**, graduada e pós-doutora pela Faculdade de Direito da Universidade do Estado do Rio de Janeiro (UERJ), mestre, doutora, e professora do Programa de Pós-Graduação em Direito da Universidade Estácio de Sá (Unesa).

3 Por todos, vide TARUFFO, Michele. Cultura e processo. In: *Rivista trimestrale di diritto e procedura civile*. Milano. V.63, n.I, 2009.

4 Nesse sentido: GOTTWALD, Peter. *Comparative civil procedure*. In: *Ritsumeikan Law Review*, n. 22, mar./2005; MENDES, Aluisio Gonçalves de Castro. *Comparative procedural law in the contemporary world*. In: MENDES, Aluisio Gonçalves de Castro/GAMA, Guilherme Calmon Nogueira da. *O acesso à justiça e o Direito Processual Internacional/Acess to Justice and International Procedural Law*. Rio de Janeiro: *Lumen Juris*, 2020.

cais. E a existência dessa cultura latino-americana se torna mais latente diante dos caminhos cada vez mais interligados do mundo moderno. No entanto, a aproximação pode ser palco e resultado de outros fatores históricos e políticos. Na realidade próxima do momento atual, pode-se apontar, por exemplo, as idas e vindas em termos de fortalecimento do Mercosul, bem como as instabilidades internas e nas relações exteriores vividas no Brasil, Argentina, Peru e Colômbia, dentre outros países na América Latina.

Como decorrência da globalização, fortaleceu-se a ideia de harmonização das legislações, com a aproximação através de linhas norteadoras comuns, mas com respeito às peculiaridades locais. Houve a aprovação, em 2004, do Código Modelo de Processos Coletivos[5-6] nas Jornadas de Caracas, na Venezuela; do Código Modelo de Cooperação Interjurisdicional para a Iberoamérica[7], aprovado em outubro de 2008, por ocasião das XXI Jornadas Iberoamericanas de Derecho Procesal, Lima, Peru, na Assembleia Geral do Instituto Iberoamericano de Direito Processual e Código Modelo de Processos Administrativos – Judicial e Extrajudicial[8], que foi aprovado pela Assembleia Geral do Instituto Ibero-Americano de Direito Processual por ocasião das XXIII Jornadas Ibero-Americanas de Direito Processual, ocorridas em Buenos Aires, no dia 8 de junho de 2012.

E, como bem apontado por José Carlos Barbosa Moreira em seu texto, essa aproximação não se restringe aos ordenamentos latino-americanos, mas também com o cenário do *common law*, indicando o efeito vinculante de decisões judiciais como sinal de uma aproximação sobretudo do direito brasileiro com o sistema de precedentes, ou *stare decisis*. No cenário nacional, em 2004 com a Emenda Constitucional nº 45, diante da nova redação do § 2º do art. 102 da Constituição da

---

5 MENDES, Aluisio Gonçalves de Castro. *Ações coletivas e meios de resolução coletiva de conflitos no direito comparado e nacional.* 4.ed. São Paulo: RT, 2014, p. 184-187.

6 O projeto está disponível em http://www.iibdp.org///wp-content/uploads/2020/08/IIDP_Codigo_Modelo_de_Procesos_Colectivos_Para_Iberoamerica.pdf. Acesso em 17 jan. 2023.

7 O projeto está disponível em https://www.jfrj.jus.br/sites/default/files/revista-sjrj/arquivo/22-67-1-pb.pdf. Acesso em 17 jan. 2023.

8 Sobre o tema: https://www.e-publicacoes.uerj.br/index.php/redp/article/view/20362/14695. Acesso em 17 jan. 2023.

República, veio a previsão expressa que, tanto nas ações diretas de constitucionalidade quanto de inconstitucionalidade, as decisões definitivas de mérito proferidas pelo Supremo Tribunal Federal produziriam eficácia contra todos e efeito vinculante, relativamente aos demais órgãos do Poder Judiciário e à administração pública direta e indireta, nas esferas federal, estadual e municipal. A Emenda Constitucional nº 45 inseriu ainda o art. 103-A na Constituição Federal, instituindo a denominada Súmula Vinculante do Supremo Tribunal Federal, cujos enunciados possuem efeito vinculante em relação aos demais órgãos do Poder Judiciário e à administração pública direta e indireta, nas esferas federal, estadual e municipal. E, nesta caminhada, chega-se ao Código de Processo Civil de 2015, que contém, no rol das suas grandes inovações, o fortalecimento da jurisprudência e dos precedentes, especialmente manifestado nos artigos 926 e 927.

VICISSITUDES DA AUDIÊNCIA PRELIMINAR[1]

1. O art. 331 do Código de Processo Civil e suas modificações. **2.** Da obrigatoriedade à facultatividade: confronto entre os regimes da Lei nº 8.952 e da Lei nº 10.444. **3.** Análise do texto do § 3º do art. 331. **4.** Notas de direito comparado. **5.** A cláusula inovadora do art. 331, § 3º. **6.** Para uma valoração da reforma.

1. O ART. 331 DO CÓDIGO DE PROCESSO CIVIL E SUAS MODIFICAÇÕES

A trajetória do art. 331 do Código de Processo Civil, ao longo das recentes reformas desse estatuto, exibe um vaivém curioso. Na redação original, não se previa aí a realização de audiência alguma: ele se limitava a estabelecer que, fora das hipóteses dos artigos anteriores (isto é, de extinção imediata do processo com ou sem julgamento "antecipado" do mérito), o juiz proferiria o tradicionalmente denominado "despacho saneador". Adotava o direito brasileiro aquilo a que, em trabalho de já quase vinte anos atrás, havíamos chamado a "técnica escrita" de saneamento do feito[2].

Uma primeira modificação deveu-se à Lei nº 8.952, de 13-12-1994, que introduziu, no processamento das causas "sobre direitos disponíveis" audiência então intitulada "de conciliação". Ela se realizaria no prazo máximo de 30 dias após o cumprimento das "providências preliminares" dos arts. 323 e s., ou não havendo necessidade delas, e desde que não coubesse a extinção do feito segundo o art. 329, nem o "julgamento antecipado da lide" nos termos do art. 330. Sustentaram alguns que, apesar da letra da lei, a audiência seria obrigatória mesmo nas causas relativas a direitos indisponíveis: se bem que nessas não tivesse lugar a tentativa de conciliação, o juiz no ensejo resolveria questões processuais, decidiria sobre a produção (ou não produção) de provas e,

1 Publicado *in Rev. For.*, v. 374, *Rev. Dialética de Dir. Proc.*, nº 16, Gênesis – *Rev. de Dir. Proc. Civ.*, n º 32.

2 BARBOSA MOREIRA, Saneamento do processo e audiência preliminar (relatório para as IX Jornadas Ibero-americanas de Direito Processual realizadas em Madri, em 1985, *in Temas de Direito Processual* (Quarta Série), S. Paulo, 1989, p. 105 e s., espec. 112 e s.

sendo o caso, designaria audiência de instrução e julgamento[3].Tais atos, de acordo com o § 2º do art. 331, acrescentado pela Lei nº 8.952, se praticariam apenas no caso de não se conseguir conciliar as partes, pressuposta sempre, contudo, a disponibilidade dos direitos em litígio.

A disciplina instituída pela Lei nº 8.952 mostrava-se incompleta. Não dizia o texto como procederia o juiz na hipótese de não caber a "audiência de conciliação", porque indisponível o direito. Na prática do foro, continuou-se a observar, em tal hipótese, a "técnica escrita": o órgão judicial proferia nos autos o "despacho saneador", à semelhança do que se fazia antes da reforma. Sobreveio nova modificação, trazida pela Lei nº 10.444, de 7 -5-2002, que começou por substituir o nomen iuris de "audiência de conciliação" pelo de "audiência preliminar". No tocante à ressalva inicial do art. 331, *caput,* atinente aos casos regidos pelos arts. 329 e 330, nada mudou: não há cogitar de audiência, se o processo reclama extinção imediata, com ou sem julgamento ("antecipado") do mérito. Em vez de "direitos disponíveis", passou-se a falar em "direitos que admitam transação", e o § 3º, introduzido pela Lei nº 10.444, usou a mesma expressão, na forma negativa ("Se o direito em litígio não admitir transação, ...") para indicar o procedimento alternativo (saneamento do processo pela "técnica escrita").

2. DA OBRIGATORIEDADE À FACULTATIVIDADE: CONFRONTO ENTRE OS REGIMES DA LEI Nº 8.952 E DA LEI Nº 10.444

O regime estabelecido pela Lei nº 8.952 caracterizava-se, ao que nos parece, por dois traços essenciais:

a) limitação do cabimento da então chamada "audiência de conciliação" às hipóteses de causas sobre direitos disponíveis. Com efeito: ainda que, do ponto de vista da política legislativa, pudesse afigurar-se conveniente a realização da audiência também nas hipóteses restantes, para os outros fins contemplados no § 2º, era clara a opção, boa ou ruim, do legislador. O teor da norma não abria ao intérprete a mais estreita margem de flexibilidade no particular;

b) indispensabilidade, por outro lado, da audiência, sempre que – excluída a incidência dos arts. 329 e 330 – fossem disponíveis os direitos

3 Assim, CÂNDIDO DINAMARCO, *A reforma do Código de Processo Civil*, 3ª ed., S. Paulo, 1996, p. 124/5.

em litígio. Absolutamente reprovável era, em especial, a atitude de juízes que, abdicando do exercício de poder-dever que a lei lhes conferia, consultavam as partes para saber se desejavam ou não a realização da audiência. Tinha razão a corrente que enxergava motivo de nulidade na omissão indevida da audiência[4].

Quanto à disciplina instituída pela Lei nº 10.444, as notas características são:

a) ainda a limitação do cabimento em razão da matéria litigiosa, substituída a cláusula "direitos disponíveis" por "direitos que admitam transação"[5]. Semelhante limitação é hoje reconhecida inclusive por quem a repudiava sob o regime anterior[6];

b) a exclusão da audiência, embora suscetíveis de transação os direitos em litígio, no caso de "as circunstâncias da causa evidenciarem ser improvável" a solução consensual (§ 3º);

c) a previsão expressa do procedimento alternativo, isto é, do saneamento por ato escrito (§ 3º, *fine*), com o que se supriu a lacuna do texto anterior.

No item b, *supra*, está indicada a inovação mais relevante da Lei nº 10.444, ou quando nada aquela que mais severas críticas tem suscitado na doutrina[7]. Antes de examiná-las, é oportuno fixar o sentido do § 3º.

---

4 Estávamos de acordo, no particular, com CÂNDIDO DINAMARCO, ob. cit., p. 12.617, seguido por ATHOS GUSMÃO CARNEIRO, *Audiência de instrução e julgamento e audiências preliminares*, 9ª ed., Rio de Janeiro, 1999, p. 109/10, por CRISTIANO CHAVES DE FARIA, *Audiência preliminar no processo civil moderno, in Rev. For.*, v. 359, p. 76, e por JOSÉ ROGÉRIO CRUZ E TUCCI, *Horizontes da nova audiência preliminar, in Rev. For.*, v. 370, p. 10 (com indicações de jurisprudência nesse sentido).

5 Deixaremos de lado, aqui, a questão atinente à coincidência ou não coincidência semântica das duas expressões – questão que CÂNDIDO DINAMARCO, *A reforma da reforma*, 4ª ed., S. Paulo, 2002, p. 108, parece resolver pela afirmativa ("... quando a causa versar sobre direitos insuscetíveis de transação, ou seja, direitos indisponíveis" – sem grifo no original), e ATHOS GUSMÃO CARNEIRO, ob. cit., p. 109, resolve categoricamente pela negativa. De acordo com o art. 842 do novo Código Civil (que reproduz o art. 1.035 do antigo), "só quanto a direitos patrimoniais de caráter privado se permite a transação".

6 CÂNDIDO DINAMARCO, *A ref. da ref.*, p. 108 (na p. 109 tacha de "retrocesso" a disposição restritiva, naturalmente a partir da premissa, ao nosso ver inexata, de que houve na verdade alteração).

7 *V.g.*, HUMBERTO THEODORO JÚNIOR, *Curso de Direito Processual Civil*, v. I, 41ª ed., Rio de Janeiro, 2004, p. 376: CÂNDIDO DINAMARCO, *A ref. da ref.*, cit., p. 109/10;

3. ANÁLISE DO TEXTO DO § 3º DO ART. 331

Reza o § 3º do art. 331, introduzido pela Lei nº 10.444: "Se o direito em litígio não admitir transação, ou se as circunstâncias da causa evidenciarem ser improvável sua obtenção, o juiz poderá, desde logo, sanear o processo e ordenar a produção da prova, nos termos do § 2º". A redação não é um primor de clareza e precisão. Antes de mais nada, "ordenar a produção de prova" está aí, obviamente, por "ordenar a produção de prova ou deferir a que haja sido requerida por qualquer das partes". Um tanto melhor, posto que ainda imperfeita, é a dicção do § 2º: "... determinará as provas a serem produzidas". Seja como for, cumpre reconhecê-lo, dificilmente acudirá a alguém a ideia de que não se abra a alternativa ao órgão judicial: ele de jeito algum fica obrigado a ordenar (ou a não ordenar) qualquer prova (cf. o art. 130).

Fonte de possíveis perplexidades é o emprego do verbo "poder" na oração principal. Sanear o processo e ordenar (ou indeferir) a produção de prova constituirão meras faculdades do juiz? Abre-se aqui, também, alternativa? A interpretação sistemática aponta em sentido contrário. Nessa altura do itinerário processual, excluída que seja a audiência preliminar, que restará ao órgão judicial fazer, senão sanear o processo por ato escrito, decidindo sobre prova e, se for o caso, marcar audiência de instrução e julgamento? Sempre sustentamos que não é dado ao juiz, salvo quando expressamente lho permita a lei, diferir para outra oportunidade o exame das questões que integram o objeto do despacho saneador[8]. Seria contravir, mais que à pura letra do texto legal, ao princípio da economia processual, que o aplicador da lei nunca deve perder de vista. O "poderá", no texto de que se cuida, como em tantos outros, cria para o órgão judicial autêntico poder-dever.

Com isso não se nega o caráter facultativo que passou a ter a audiência preliminar, em causas atinentes a direitos suscetíveis de transação, desde a entrada em vigor da Lei nº 10.444. Não é lícito ao juiz, deixando

---

JOSÉ ROGÉRIO CRUZ E TUCCI, art. cit. na nota 3, *supra*, p. 73. Diversamente, porém, MARCELO ABELHA RODRIGUES, *Elementos de Direito Processual Civil*, v. 2, 2ª ed., S. Paulo, 2003, p. 362 ("... em boa hora surgiu o § 3º").

8 *Vide* BARBOSA MOREIRA, *O novo processo civil brasileiro*, 22ª ed., Rio de Janeiro, 2002, p. 53. O uso da expressão "despacho saneador", para designar ato que na verdade constitui decisão interlocutória, é abonado pela tradição e pelo próprio texto do Código, que ainda o conserva no art. 338.

de realizar a audiência, manter-se omisso no tocante aos pontos mencionados na parte final do § 3º. Sem dúvida lhe é lícito, no entanto, deixar de realizar a audiência, "se as circunstâncias da causa evidenciarem ser improvável" a solução consensual. Merece a cláusula que nela se detenha o olhar do intérprete; mas – por motivos que ficarão evidentes – primeiro vamos considerar a opção da Lei nº 10.444 pela facultatividade da audiência à luz do panorama legislativo contemporâneo.

4. NOTAS DE DIREITO COMPARADO

Vários são os modernos ordenamentos processuais que contemplam, com características mais ou menos semelhantes, a figura da audiência preliminar. Dentre os que nos são mais familiares, dois lhe atribuem caráter obrigatório, sem por outro lado limitar-lhe o cabimento às causas relativas a direitos disponíveis, ou suscetíveis de transação, nem o objeto à tentativa de acordo. São o *Código General del Proceso uruguaio*, de 1988, e a nova *Ley de Enjuiciamiento Civil* espanhola, de 2000. O código uruguaio, ao regular o "*proceso ordinario*" (L. II, Tít. IV, Cap. I), dispõe que, após a fase postulatória (demanda, prazo para contestação, eventual reconvenção e resposta do autor), o juiz convocará audiência preliminar (art. 338.3), na qual se realizam diversos atos: ratificação e complementação ou esclarecimento dos postulatórios, contestação das exceções porventura opostas, tentativa de conciliação, produção de provas a respeito das exceções, solução de questões preliminares, fixação definitiva do objeto do processo, decisão sobre provas e produção das que puderem ser colhidas desde logo (art. 341). É possível até mesmo o julgamento da lide, após a abertura de oportunidade às partes para alegações finais, caso se esgote a atividade probatória ou só haja questão de direito a ser resolvida (art. 342.6). Nessas hipóteses, a audiência preliminar será, na realidade, a única; fora delas, o órgão judicial designará uma audiência complementar", ao fim da qual, normalmente, se proferirá a sentença (art. 343).

Segue com fidelidade o diploma uruguaio, aí como alhures, o Código-modelo de Processo Civil para a América Latina, elaborado pele Instituto Ibero-americano de Direito Processual. Os dispositivos que citamos acima são mutuados, respectivamente, dos arts. 298.3, 301, 302, e 303 do Código-modelo.

A lei espanhola, por sua vez, regula nos arts. 414 e s. uma "*audiencia previa al juicio*", que deve ser convocada no tríduo subsequente à fase postulatória (art. 414, nº 1, 1ª alínea) e cujas finalidades são: tentar promover o acordo das partes, examinar as questões preliminares, fixar com precisão o objeto do litígio e os pontos controvertidos de fato ou de direito e, se for o caso, decidir sobre provas (art. 414, nº 1, 2ª alínea). Também no direito espanhol há a possibilidade de que se julgue a causa sem necessidade do "juicio", no prazo de 20 dias a contar da audiência prévia, se não subsistir discussão sobre fatos, restrita a controvérsia a questões de direito, ou se toda a prova pertinente já constar dos autos (arts. 428, nº 3 e 429, nº 8).

No direito português[9], a audiência preliminar tem igualmente diversos fins: tentativa de conciliação, discussão de várias questões (inclusive eventualmente, do mérito), fixação da matéria de fato relevante e assente e da que "constitui a base instrutória da causa", decisão sobre provas. Designação da audiência final (Código de Processo Civil, art. 508-A). Ao fim da audiência preliminar é normalmente proferido o despacho saneador, salvo quando, pela complexidade das questões a enfrentar, se reserve o juiz para proferi-lo por escrito, no prazo de 20 dias (art. 510, nº 2). A audiência preliminar, porém, não é obrigatória: pode o órgão judicial dispensá-la quando a simplicidade da causa permita a consecução dos fins a que se destina sem a realização da audiência (art. 508-B) – caso em que o despacho saneador se consubstancia em ato escrito, nos 20 dias seguintes ao término dos articulados (art. 510, nº 1). A lei não exclui a dispensa da audiência ainda quando disponível o direito litigioso; mas nem por isso deixa necessariamente de praticar-se nessa hipótese a tentativa de conciliação, pois, "em qualquer estado do processo", ela terá lugar "desde que as partes conjunta mente o requeiram ou o juiz a considere oportuna" (art. 509, nº 1).

Tampouco adotam o regime da obrigatoriedade os ordenamentos germânicos. Na Alemanha, desde a *Vereinfachungsnovelle* de 1976, compete ao órgão judicial determinar o caminho que se há de trilhar na preparação da audiência principal (*Haupttermin*), optando entre a realização de uma audiência preliminar (*früher erster Termin*, ao pé da letra primeira audiência prévia) ou um procedimento escrito (ZPO, § 272, 2ª alínea, não modificada pela reforma de 2001). O direito austríaco teve, até 1983, a *erste Tagsatzung* (primeira audiência) com caráter obrigató-

9 *Vide*, a respeito do assunto, TEIXEIRA DE SOUSA, *Estudos sobre o novo processo civil*, Lisboa, 1997, p. 304 e s.

rio, destinada essencialmente à tentativa de conciliação, à suscitação e solução de questões preliminares, à prática de atos de disposição, unilaterais ou bilaterais[10]; a ela constantemente se reportavam, qual modelo a ser imitado, os partidários de uma oralidade à outrance. Para surpresa de muitos, a reforma da ZPO naquele ano autorizou o órgão judicial (§ 243, 4ª alínea) a dispensar a audiência preliminar quando, à luz da petição inicial e sobretudo dos documentos que a instruem, fosse de presumir que o réu discutiria o mérito (*"dass sich der Beklagte in den Rechtsstreit einlassen wird"*); e outra reforma, em 2002, pura e simplesmente aboliu a *erste Tagsatzung*.

À vista desses dados, não parece exato dizer, *sic et simpliciter*, que a inovação trazida pela Lei nº 10.444, com o § 3º do art. 331 do nosso Código, haja contrariado a tendência predominante nas modernas legislações europeias[11]. Mais próximo da verdade estará quem afirmar que o abandono da obrigatoriedade da audiência e a concessão de maior latitude ao juiz na matéria refletem dois aspectos bem nítidos da evolução contemporânea do processo civil, perceptíveis até no mundo anglo-saxônico: o reforço dos poderes judiciais de direção formal do processo[12] e certo declínio da oralidade.

---

10 Um esquema bastante minucioso do conteúdo da *erste Tagsatzung* em HOLZHAMMER, Österreichisches *Zivilprozessrecht*, 2ª ed., Viena-Nova Iorque, 1976, p. 200/201.

11 Como fazem HUMBERTO THEODORO JÚNIOR. ob. e lug. cit. na nota 6, *supra*, e JOSÉ ROGÉRIO CRUZ E TUCCI, art. cit. na nota 3, *supra*, p. 73. Deixamos de lado, na resenha, a legislação italiana, em razão das diferenças de sistema, a começar pelo fato de que a atividade correspondente à das audiências preliminares passadas em revista lá se distribui entre duas audiências: a do art. 180 (*udienza di prima comparizione*) e a do art. 183: *prima udienza di trattazione*) do *codice di procedura civile*, na redação dada pelo Decreto-lei nº 432, de 18-10-1995. Ademais, segundo informa TARUFFO, em conferência pronunciada em Florença, em 13-12-2003, sob o título *Recent and current reforms of civil procedure in Italy*, a reforma projetada, nos termos da pertinente *legge-delega*, pretende modificar a disciplina da fase anterior ao julgamento no sentido de que a preparação deste seja confiada exclusivamente aos advogados das partes, *"without any intervention, control or management by the judge, by means of an exchange of an unlimited amount of writings"* (agradecemos ao ilustre autor e querido amigo a comunicação, via internet, do texto da conferência, ainda não publicado na data em que estamos escrevendo).

12 "Reforça-se também aqui o poder do juiz de adequação do regramento processual ao caso concreto", como bem observa FREDIE DIDIER JR., in FLÁVIO CHEIM JORGE-FREDIE DIDIER JR.-MARCELO ABELHA RODRIGUES, *A nova reforma processual*, S. Paulo, 2003, p. 113.

5. A CLÁUSULA INOVADORA DO ART. 331, § 3º

Conforme se viu, está hoje autorizado o órgão judicial, mesmo que suscetível de transação o direito litigioso, a omitir a realização da audiência preliminar, "se as circunstâncias da causa evidenciarem ser improvável" a solução consensual. Já se sustentou, com pretenso apoio nessa cláusula, que "a discricionariedade do juiz, quanto à designação de audiência, é, agora, absoluta"[13].

Não nos parece que seja tal o fenômeno. A lei não deixa ao critério irrestrito do órgão judicial a opção entre convocar e não convocar a audiência: limita-se a permitir que ele não a convoque na hipótese de entender presente determinado pressuposto: a improbabilidade da transação, à vista das "circunstâncias da causa". É certo que o pressuposto se vê caracterizado em termos muito elásticos; mas o que aí existe não configura propriamente discricionariedade, senão um conceito jurídico indeterminado[14], a ser concretizado caso a caso.

Atente-se em que o juiz não pode dispensar a audiência senão quando se tomar evidente a improbabilidade da solução consensual; e, se a dispensa, precisa justificar a opção, indicando os sinais que o convenceram de ser ela improvável. Erra o juiz que desde logo saneia por escrito o processo, sem motivar sua opção: é indispensável que, no começo do despacho saneador, esclareça por que não convocou a audiência preliminar, ou invocando a natureza do direito em litígio, insuscetível de transação, ou arrolando as "circunstâncias da causa" que a seu ver apontam no sentido da improbabilidade[15]. O silêncio a esse respeito é omissão que abre ensejo a embargos de declaração; e a motivação exposta é passível de controle pelo órgão de segundo grau, mediante agravo.

Não são muitos os que se têm debruçado sobre a nova cláusula, com o fito de precisar-lhe o sentido e o alcance. Assinale-se que o juiz brasileiro normalmente disporá de meios mais consistentes que o austríaco

---

13 ERNANE FIDÉLIS DOS SANTOS, *Manual de Direito Processual Civil*, v. 1, 10ª ed., S. Paulo, 2003, p. 431.

14 Tivemos ocasião de indicar as diferenças entre as duas figuras no ensaio *Regras de experiência e conceitos juridicamente indeterminados, in Temas* (Segunda Série), 2ª ed. S. Paulo, 1988, p. 61 e s.

15 Corretamente, JOEL DIAS FIGUEIRA JÚNIOR, Comentários à novíssima reforma do CPC. Rio de Janeiro, 2002, p. 184; CRISTIANO CHAVES DE FARIA, art. cit. na nota 3, *supra*, p. 7 ("após a justificação expressa do motivo ocorrido").

para fundar sua expectativa sobre a probabilidade ou improbabilidade da solução consensual: na Áustria, com efeito, a decisão de realizar ou não a *erste Tagsatzung* era tomada antes da contestação: por isso mesmo, rezava a lei que o órgão judicial devia basear-se no pedido do autor, e em especial nos documentos que instruem a inicial (§ 243, 4ª alínea: "*nach der Klage, besonders nach dem Inhalt ihr beigelegter Urkunden*"). Entre nós, a avaliação será mais fácil, normalmente, por já contar com os elementos extraíveis da resposta do réu.

Hipótese óbvia de improbabilidade é aquela em que o autor, na inicial, ou o réu, na contestação, categoricamente enuncie o propósito de não aceitar acordo. Mais: embora não figure na resposta declaração formal nesses termos, é concebível que transpareça do respectivo teor a firme disposição do réu contrária à viabilidade de transação. Outro exemplo, apontado em doutrina, é o de ilação tirada do comportamento das partes ou de uma delas, em processos semelhantes, nos quais sistematicamente a tentativa de conciliação se haja visto rechaçada[16]. Não fica excluída, em nossa opinião, a possibilidade de que agora o juiz, na dúvida, consulte os litigantes; todavia, de modo algum se pode arvorar a consulta em pressuposto necessário da decisão[17].

Quase desnecessário ajuntar que a dispensa da audiência preliminar, com fundamento na improbabilidade da transação, não impede que o juiz, percebendo que mudaram as circunstâncias, tente depois conciliar as partes (art. 125, nº IV). Tampouco pré-exclui a tentativa de conciliação no início da audiência de instrução e julgamento (art. 447).

6. PARA UMA VALORAÇÃO DA REFORMA

No relatório a que se fez referência (*supra*, nota 1), procuramos enumerar as vantagens e desvantagens da "técnica oral" e da "técnica escrita" do saneamento do processo[18]. Muito do que ali ficou dito vale ainda hoje para o confronto entre o regime da obrigatoriedade e o da

16 CLEANTO GUIMARÃES SIQUEIRA, As novíssimas alterações do Código de Processo Civil. Rio de Janeiro, 2003, p. 187, onde se figura o caso de empresa industrial de grande porte que, reiteradamente, rejeita a tentativa de conciliação com empregados que demandam ressarcimento de danos causados em acidentes de trabalho.

17 Como entendem LUIZ GUILHERME MARINONI-SÉRGIO CRUZ ARENHART, Manual de Processo de conhecimento, 2ª ed., S. Paulo, 2003, p. 287.

18 BARBOSA MOREIRA, trab. cit. na nota 1 *supra*, p. 135 e s.

facultatividade da audiência preliminar. Já naquela oportunidade, nossa conclusão, após o balanço dos prós e dos contras, era a de que se vinha delineando a preferência por uma disciplina alternativa, a permitir, conforme as peculiaridades do caso concreto, a opção entre o procedimento oral e o escrito. Foi decerto com os olhos postos na dose de utilidade, muito variável da *erste Tagsatzung* que o legislador austríaco reformou a ZPO, no particular, em 1983. Tendo em vista, sobretudo, o aspecto referente à tentativa de conciliação, entendeu praticamente supérflua a realização da audiência preliminar quando ficasse claro *ab initio* que não entrava em linha de conta, para as partes, a hipótese de solução consensual do litígio[19]. Na Alemanha, segundo opinião autorizada, a *früher erster Termin* melhor se justifica nas causas simples e rápidas, bem como naquelas em que é promissora a perspectiva de acordo; mas não se deixa de assinalar, significativamente, que a escolha entre o procedimento oral e o escrito depende em certa medida do "estilo pessoal de trabalho" do juiz[20].

Frisar que a realização da audiência tem consequências favoráveis nos casos em que se pode obter a solução consensual e é capaz de gerar mais inconvenientes que benefícios nos restantes é observação que se resolve num truísmo. O que importa, do ponto de vista prático, é verificar em que medida o ato funciona de modo positivo na realidade forense. É oportuno invocar aqui o depoimento de processualista que exercia a judicatura quando da entrada em vigor da Lei nº 8.952, criadora da então chamada "audiência de conciliação". Informa ele que, a princípio, todos acolheram a inovação com grande entusiasmo, mas dentro de pouco tempo a experiência fez que "a euforia cedesse lugar à decepção": "os acordos não surgiam; as agendas naufragavam ao peso das centenas de audiências designadas, e os juízes se estonteavam ante aqueles atos que se revelavam cansativos, frustrantes e enfadonhos, não raro se estendendo para além do expediente normal"[21].

Por interessante que seja, contudo, o depoimento não tem a virtude – nem lha atribui o autor – de substituir estatísticas fundadas em elementos concretos e elaboradas com boa técnica. Condição *sine qua*

19 Cf. FASCHING, *Zivilprozessrecht*, 2ª ed., Viena, 1990, p. 617.

20 MUSIELAK, Grzmdkurs ZPO, Munique, 2002, p. 44.

21 CLEANTO GUIMARÃES SIQUEIRA, ob. cit., p. 176/7. Equivoca-se o autor em pensar que a colheita de dados no fórum, pelo legislador, fica "à revelia da ciência" (p. 175). Ao contrário: gritantemente anticientífico é legislar sem apoio em "premissas empíricas".

non para que pudéssemos valorar com segurança o desempenho da audiência durante o tempo de sua obrigatoriedade (no âmbito próprio) e, por conseguinte, formar juízo sólido acerca da reforma que a tornou facultativa seria, ao nosso ver, o conhecimento de dados que não parece tenha interessado a quem quer que seja recolher (e divulgar). A pergunta capital, naturalmente – sem exclusão de outras –, seria esta: que percentagem de tentativas de conciliação vingou? Silêncio total guarda, ao propósito, a Exposição de Motivos do projeto que se converteu na Lei nº 10.444[22]. É de presumir que se haja levado em consideração a experiência do foro; não se sabe, entretanto, de que maneira e em que medida isso terá ocorrido.

De outra banda, tampouco se tem notícia de qualquer iniciativa tendente a registrar os efeitos práticos da introdução do § 3º do art. 331. Que uso (ou abuso) andarão os juízes fazendo da cláusula nova, atinente à improbabilidade da transação, à luz das "circunstâncias da causa"? A dispensa da audiência, com invocação da cláusula, estará sendo devidamente fundamentada nos autos? Acaso corrobora a realidade forense o temor, manifestado por alguns, de que o apego à rotina e a ojeriza a inovações – para não falar da lei do menor esforço – achariam na passagem ao regime da facultatividade alavanca poderosa para o sepultamento da audiência preliminar? São indagações de primacial importância, para as quais, ao que nos consta, por ora não há respostas, nem parece verossímil que as haja num futuro previsível.

Permanecemos imersos, nesse como em tantos outros assuntos, na mais espessa névoa. O confronto entre o regime obrigatório e o regime facultativo da audiência não é questão que possa ser discutida em plano puramente teórico. Não envolve grandes princípios filosóficos ou ético, nem sequer grandes princípios jurídicos. Trata-se de saber qual dos dois regimes funciona melhor na prática. O teste decisivo é o da experiência. Quem quer que sustente a superioridade de um sobre o outro há de utilizar argumentos empíricos. Mas argumentos empíricos precisam de

22 Aproveitamos o ensejo para esclarecer que a "orientação preconizada" por nós, à qual faz alusão o texto, se limitava à sugestão de consagrar-se *expressis verbis* – suprindo a lacuna deixada pela Lei nº 8.952, consoante exposto no item 1, *supra* – o saneamento do feito por ato escrito nas hipóteses de não cabimento da audiência. Diversamente do que talvez pareça a algum leitor inadvertido, não partiu de nós a sugestão de dispensar a realização dela mesmo em casos de litígio sobre direitos suscetíveis de transação, não dispúnhamos (e continuamos a não dispor) dos elementos necessários para avaliar com segurança a conveniência da modificação,

base empírica. No dizer de autor norte-americano, tem raízes antigas a tradição política de brandir aqueles sem dispor desta[23]. O que se dá na política em geral também se dá na política legislativa em particular. Ora, já é excessivo o número de "palpites" que circulam por aí, travestidos de razões. Que nos desculpem os leitores se, nas "circunstâncias da causa", preferimos abster-nos de contribuir com os nossos...

Abril de 2004.

COMENTÁRIOS DOS ATUALIZADORES

VICISSITUDES DA AUDIÊNCIA PRELIMINAR

Aluisio Gonçalves de Castro Mendes/Carolina Paes de Castro Mendes

O artigo sobre as vicissitudes da audiência preliminar demonstra bem o fino trato e a assertiva do autor na escolha dos temas, da atualidade, ou perenidade, e propriedade das suas observações. No caso, como indicado no primeiro item do texto, a trajetória do tratamento dado às audiências estava a exibir "um vaivém curioso".

Na redação original do Código de Processo Civil de 1973, o art. 331 não previa audiência alguma. Depois, com a primeira modificação, ocorrida em 13-12-1994, com a Lei nº 8.952, foi introduzida uma audiência "de conciliação", no processamento das causas "sobre direitos disponíveis", que se realizaria no prazo máximo de 30 dias após o cumprimento das 'providências preliminares" dos arts. 323 e s., ou não havendo delas, e desde que não coubesse a extinção do feito segundo o art. 329, nem o "julgamento antecipado da lide" nos termos do art. 330, tudo conforme a narrativa do saudoso e grande Mestre.

Em seguida, sobreveio nova alteração, com a denominada "audiência preliminar", em substituição à "audiência de conciliação", para os "direitos que admitam transação".

23 «*The political tradition ofmaking empirical arguments without empirical support has ancient roots*»: RUSSELL HARDTN, *Liberalism, Constitutionalism, and Democracy*, Oxford, 2003, p. 123.

Há que se ressaltar que o "vaivém" apontado continuou a se desenvolver mesmo depois da publicação do trabalho ora sob comento. O Código de Processo Civil de 2015 resgatou a designação de audiência de conciliação, acrescentando-lhe também a de mediação, no art. 334. Esta foi introduzida dentro de uma perspectiva fundada na premissa de que, como norma fundamental, prevista no art. 2°, §2°, do CPC-2015, o Estado deve promover, sempre que possível a solução consensual dos conflitos, e de que esta deve ser buscada antes da própria contestação, quando, em tese, a parte ré estaria ainda mais aberta para o diálogo com o demandante. Sendo assim, diferentemente da audiência preliminar, que era realizada depois da defesa, o réu seria citado para o comparecimento na audiência de conciliação e mediação, somente se cogitando e se abrindo o prazo para a contestação, se o réu não tiver comparecido à audiência ou não realizada a autocomposição.

É de se ressaltar, ainda, que, nos termos estritos do art. 334, §4°, do CPC-2015, a audiência não será realizada somente se ambas as partes manifestarem, expressamente, desinteresse na composição consensual, ou não se admitir a própria autocomposição. Junte-se a isso que o §8° do art. 334 estabeleceu, ainda, que o "não comparecimento injustificado do autor ou do réu à audiência de conciliação é considerado ato atentatório à dignidade da justiça e será sancionado com multa de até dois por cento da vantagem econômica pretendida ou do valor da causa, revertida em favo da União ou do Estado".

Portanto, a eliminação da possibilidade de dispensa da audiência pelo juiz, expressamente prevista no §3° do art. 331 do CPC-1973, por força de acréscimo realizado pela Lei n°10.444, de 7-5-2002, como apontado por Barbosa Moreira, poderia, talvez, afastar a principal válvula formal de escape para o caráter cogente da audiência e do reforço da oralidade no processo civil brasileiro. No entanto, há que se aferir se a prática vem seguindo a literalidade da norma. A aparente inexistência de facultatividade para a realização da audiência de conciliação e mediação esbarra, por vezes, em outros fatores, como o número excessivo de processos, a falta de vontade prévia e efetiva do magistrados ou das partes na busca solução consensual, fortalecida por uma tímida cultura de diálogo entre as partes, traduzida em números reduzidos de casos resolvidos mediante acordos, o incremento de provas documentais apresentadas, inclusive mediante a gravação de áudios e imagens.

O artigo demonstra que as audiências preliminares, conforme disposição do Código anterior, também encontravam previsão normativa em outros ordenamentos jurídicos. A legislação estrangeira mencionada (isto é, o Código uruguaio, a *Ley de Enjuiciamiento Civil* espanhola e as *Zivilprozessordnungen* alemã e austríaca) não sofreu alterações textuais neste aspecto. Somente em Portugal, passou-se a utilizar a denominação "audiência prévia", no Código de Processo Civil editado em 2013, sendo disciplinada nos artigos 591 e seguintes.

ANOTAÇÕES SOBRE O TÍTULO "DA PROVA" DO NOVO CÓDIGO CIVIL[1]

1. Generalidades. **2.** Âmbito de incidência do art. 212. Caráter exemplificativo do elenco legal. **3.** Referências à presunção no Título "Da prova ". **4.** Considerações sobre a enumeração do art. 212. **5.** Inspeção judicial e perícia. **6.** As presunções. **7.** Considerações finais.

1. GENERALIDADES

O Título "Da prova" (Título V do Livro III, arts. 212 a 232) é certamente dos menos felizes do Código Civil de 2002. Seria talvez adequado começar por questionar a propriedade mesma da inserção, no texto do Código, de um conjunto de regras concernentes à prova. Como é notório, muito se tem discutido em doutrina a pertinência desta ao direito material ou ao direito processual. O legislador de 1973 claramente optara pelo segundo termo da alternativa, conforme ressalta da existência, no vigente Código de Processo Civil, de um Capítulo (nº VI do Título VIII do Livro I, arts. 332 a 443) dedicado às provas[2], onde se contém disciplina bem mais minuciosa que a constante do novo estatuto civil. Admita-se que este tomasse outra opção; abstraindo-se das críticas a que se sujeitaria em razão dela, era de esperar que, tendo resolvido tratar do assunto, o fizesse de modo abrangente e sistemático, com revogação expressa, ao menos parcial, das disposições do diploma anterior.

Não é o que se vê; fica a legislação brasileira sobre prova dividida entre dois códigos. Há outros exemplos no direito comparado: assim a França (*code civil*, arts. 1.315 e s.; *code de procédure civile*, arts. 9 e s., 132 e s.), a Itália (*codice civile*, arts. 2.697 e s.; *codice di procedura civile*, arts. 191 e s., 281 ter), Portugal (*Código Civil*, arts. 341 e s.; *Código de Processo Civil*, arts. 513 e s.). Aliás, a divisão vem do próprio direito brasileiro antigo: por longo tempo coexistiram regras sobre prova no Código Civil de 1916 (Capítulo IV do Título I do Livro III) e no Código de Processo Civil

1 Publicado in *Rev. Trim. de Dir. Civ*, v. 22, *Rev. Síntese de Dir. Civ. e Proc. Civ.*, nº 36.

2 A bem da verdade, a localização não é incensurável. A disciplina das provas de modo algum interessa apenas ao processo de conhecimento (rubrica do Livro I), e menos ainda só ao procedimento ordinário (rubrica do Título VIII). Ficaria melhor numa parte geral, a que lamentavelmente não se reservou espaço na estrutura do Código.

de 1939 (Título VIII do Livro II), e depois no de 1973 (Capítulo VI do Título VIII do Livro 1). Nada disso, é óbvio, justificava que se persistisse no rumo[3].

Nem se compreende bem o critério adotado para a escolha dos tópicos que o novel diploma regularia, com preterição de outros. Para dizer diversamente: não fica muito claro o motivo por que o legislador de 2002 entendeu de levar para o Código Civil determinada porção da disciplina da prova e deixar de lado a porção restante. Não se terá seguido à risca, exemplificativamente, a orientação preconizada em obra clássica, segundo a qual pertencem ao direito substantivo "as disposições relativas à essência das provas, à sua admissibilidade, aos seus efeitos, às pessoas que devem ministrá-las" e ao direito processual "as regras propriamente relativas ao modo, tempo e cautelas da sua constituição e produção[4]. À luz da cláusula que grifamos, deveriam incorporar-se ao Código Civil, *v.g.*, as disposições que distribuem o ônus da prova entre as partes, à semelhança de que ocorre na Itália (*codice civile*, art. 2.697) e em Portugal (Código Civil, art. 342): entre nós, desprezou-se esse modelo, e a matéria continua versada exclusivamente no Código de Processo Civil, art. 333.

Tem consequência sobremodo inconveniente a técnica fragmentária e assistemática utilizada pelo legislador de 2002. Há no novo Código Civil disposições sobre tópicos versados no Código de Processo Civil; em alguns casos, mas não em todos, repetiu-se no mais recente diploma o que já constava do anterior: *v.g.*, o art. 225 deste praticamente nada acrescenta (exceto a imprópria qualificação de "plena" dada à prova[5]) ao que se lê no art. 383 daquele; o art. 227, *caput*, do primeiro reproduz quase ipsis verbis (com ociosa ressalva inicial e substituição de "contratos" por "negócios jurídicos") o art. 401 do segundo. A par disso, em cada um dos dois diplomas existem normas sem correspondente no outro. Destarte, nosso direito probatório de hoje é o resultado da superposi-

3 Também na França há quem censure o "*chevauchement entre le deux codes*": segundo VINCENT-GUINCHARD. Procédure civile, 27ª ed., Paris, 2003, p. 790, nele se depara «*tout ce qu 'il y a de plus critiquable en théorie comme en pratique*».

4 AMARAL SANTOS. *Prova judiciária no cível e no comercial*, 5ª ed. S. Paulo, 1983, p. 42/3 (sem grifo no original).

5 Para a crítica dessa terminologia, *vide* BARBOSA MOREIRA. *O novo Código Civil e o direito processual, in Rev. For.*, v. 364. p. 190/1: MONIZ DE ARAGÃO. *Regras de prova no Código Civil*, ibid., v. 376, p. 56/7.

ção de dois retículos normativos, com pontos e espaços que nem sempre coincidem. Os intérpretes e aplicadores da lei têm de precaver-se contra as ciladas que lhes prepara esse autêntico cipoal[6].

Se se quiser um exemplo, comparem-se os dizeres do art. 368 do diploma processual e do art. 219 do civil. O *caput* deste harmoniza-se com o daquele: abstraindo-se de ligeiras e irrelevantes diferenças de redação, estabelecem ambos que se presumem verdadeiras em relação aos signatários as declarações constantes de documento particular assinado. Outro tanto não se dirá, contudo, dos parágrafos. Nos termos do que acede ao art. 368 do Código de Processo Civil, "quando, todavia, contiver [o documenta] declaração de ciência, relativa a determinado fato, o documento particular prova a declaração, mas não o fato declarado, competindo ao interessado em sua veracidade o ônus de provar o fato". Já no parágrafo único do art. 219 do Código Civil (que repete o parágrafo único do art. 131 do Código Civil de 1916), é coisa diferente que se lê: "Não tendo relação direta, porém, com as disposições principais ou com a legitimidade das partes, as declarações enunciativas não eximem os interessados em sua veracidade do ônus de prová-las". Salvo engano, "declaração de ciência relativa a determinado fato" não significa o mesmo que declaração enunciativa sem "relação direta com as disposições principais ou com a legitimidade das partes". Que se há de concluir? Que o parágrafo único do art. 368 do Código de Processo Civil foi revogado pelo parágrafo único do art. 219 do Código Civil? Ou podem as duas disposições coexistir pacificamente, somando-se as declarações mencionadas numa e noutra, para o fim de excluir quanto a todas elas a presunção de veracidade e, por conseguinte, manter a normal distribuição do *onus probandi*?[7]

---

6 Fundadas as observações de CÂNDIDO DINAMARCO, *Instituições de Direito Processual Civil*, v. III, 4ª ed., S. Paulo, 2003, p. 46.

7 Inclinamo-nos para a segunda solução. Também ARAUJO CINTRA. *Comentários ao Código de Processo Civil*, vol. IV. 2ª ed. Rio de Janeiro, 2003, p. 107, rejeita a ideia da revogação, mas, ao que parece, por equiparar as "declarações enunciativas" do mais recente diploma às referidas no anterior. Assiste-lhe inteira razão, por sinal, quando censura a redação do Código Civil como "tortuosa" e de "sentido obscuro"; e mais, quando frisa que "a menção à legitimidade das partes (...) não faz sentido claro no contexto". É estranho o emprego do pronome em "prová-las": o ônus a que alude o texto não pode dizer respeito às próprias declarações (que o documento. por si, já prova), mas ao(s) fato(s) a que elas se referem. Merece apoio a conclusão do autor: "Seria pois preferível que o legislador não editasse a regra do artigo 219

2. ÂMBITO DE INCIDÊNCIA DO ART. 212. CARÁTER EXEMPLIFICATIVO DO ELENCO LEGAL

A enumeração das provas constante do art. 212 do novo Código Civil é precedida de uma advertência: "Salvo o negócio a que se impõe forma especial, o fato jurídico pode ser provado mediante... ". À vista dela vem à mente a conjectura de que o Código só se preocupa com a prova de fatos jurídicos, isto é, de fatos que, por estarem previstos em alguma norma jurídica, como pressupostos da respectiva incidência, são menos em tese e potencialmente – capazes de produzir efeitos no mundo do direito.

Entretanto, não são apenas esses fatos que podem necessitar de prova. É mister, com certa frequência, demonstrar a veracidade de alegações sobre fatos que, insuficientes por si mesmos para produzir efeitos jurídicos, assumem relevância, não obstante, para a formação do convencimento do órgão judicial; *v.g.*, acontecimentos naturais: a que horas o sol nasceu no dia x; qual a maior altura atingida pela maré em certo ponto di: litoral; até que distância da praia era audível, em determinado momento, o ruído das ondas do mar – e assim por diante. Não raro, embora um fato não baste, sozinho, para gerar efeitos jurídicos, o conhecimento que se tenha dele vai fornecer o ponto de partida para chegar-se, por meio de raciocínio, ao conhecimento de outro fato, gerador de tais efeitos. Tem essa feição o mecanismo intelectual a que se aplica o nome de presunção simples ou comum (*praesumptio hominis*): para aproveitar exemplo dado noutra obra clássica de nossa literatura processual, o fato de Tício passar empunhando um archote, pouco antes do incêndio, conquanto em si desprovido de efeitos jurídicos, bem pode interessar em processo no qual se queira promover a responsabilidade civil de Tício pelos danos que teria causado ateando fogo ao prédio[8].Talvez não seja possível demonstrar diretamente a veracidade da afirmação de que foi Tício quem provocou " incêndio, mas possa comprovar-se a sua passagem por perto, minutos antes, com o archote; e da certeza sobre esse fato, somada à certeza sobre outros fatos que apontem no mesmo sen-

do novo Código Civil que em nada melhorou a disciplina da prova feita por documento particular assinado" (no original, por manifesto cochilo de revisão, lê-se "assinada").

8 LOPES DA COSTA, *Direito Processual Civil brasileiro*, 2ª ed., Rio de Janeiro, 1959, v. II, p. 318. O autor assinalava terminologicamente a diferença entre as duas classes de fatos chamando jurídicos aos de uma e simples aos de outra.

tido, concluir, com segurança, que foi Tício o causador do sinistro. Em linguagem técnica, a presença de Tício, nas condições aludidas, servirá de indício, a ser valorado em conjunto com outros, porventura concordantes, para fundamentar a presunção da culpa de Tício.

À luz dessas considerações, desde logo se impõe uma pergunta: o elenco do art. 212 concerne unicamente à prova dos fatos jurídicos e não abrange a dos fatos simples? Argumentos de ordem textual seriam invocáveis para dar-se resposta afirmativa. Não só o teor literal do *caput* aponta nessa direção: vários dispositivos do Título V mostram que o legislador, ao redigi-los, sem dúvida tinha a mente voltada para o caso de prova de fato jurídico, e não falta até um ou outro (como o art. 227 e seu parágrafo único) em que nítida e categórica cláusula restritiva limita a incidência da regra aos negócios jurídicos. No entanto, parece injustificável, do ponto de vista lógico, a ideia de que as provas arroladas no art. 212 não possam referir-se a fatos simples. As consequências seriam disparatadas: para continuarmos a usar o exemplo acima invocado, não se poderia provar com testemunhas (inciso III) a presença de Tício, com o archote, pouco antes do incêndio, nas imediações do prédio, e menos ainda aplicar à eventual confissão de Tício quanto a esse fato a norma do art. 214...

Assente a premissa de que as provas arroladas no art. 212 do Código Civil são invocáveis, em princípio, acerca de quaisquer fatos, jurídicos ou simples, a indagação que se segue é sugerida pelo confronto entre esse texto e o do art. 332 do estatuto processual, *verbis*: "Todos os meios legais, bem como os moralmente legítimos, ainda que não especificados neste Código, são hábeis para provar a verdade dos fatos, em que se funda a ação ou a defesa". Aí se consagrou o princípio da não taxatividade das enumerações legais na matéria; o direito brasileiro não é refratário à utilização de "provas atípicas"[9]. Põe-se a questão de saber se esse princípio foi afastado pelo art. 212 do novo Código Civil; noutras palavras, se é ou não taxativa a enumeração nele contida. A doutrina tem sustentado,

9 Acerca do sentido que se deve atribuir a essa expressão, bem como de algumas questões pertinentes, *vide* BARBOSA MOREIRA. Observaciones sobre las llamadas pruebas atípicas (comunicação ao XVI Congresso Mexicano de Direito Processual, de 1999, publicada no respectivo volume de memórias. t. I p. 17 e s., e em *Temas de Direito Processual* (Sétima Série), S. Paulo. 2001, p. 39 e s.). Sobre a origem do art. 332, remetemos ao nosso escrito *Il codice di procedura civile dello Stato della Città del Vaticano come fonte storica del diritto brasiliano, in Studi in onore di Vittorio Denti*, Pádua, 1994, v. 1, p. 9, ou *in Temas* (Quinta Série), S. Paulo, 1994, p. 194/5.

ao nosso ver com acerto, o caráter exemplificativo do elenco legal e, por via de consequência, se bem que nem sempre em termos explícitos, a subsistência da admissibilidade de provas atípicas[10].

3. REFERÊNCIAS À PRESUNÇÃO NO TÍTULO "DA PROVA"

No Título "Da prova", a palavra "presunção" aparece, no singular, no art. 212, nº IV, onde se encontra a enumeração a que acima aludimos; no plural, no art. 230, verbis "As presunções, que não as legais, não se admitem nos casos em que a lei exclui a prova testemunhal". O verbo cognato "presumir" figura no *caput* do *supra*citado art. 219: "As declarações constantes de documentos assinados presumem-se verdadeiras em relação aos signatários". Não quer isso dizer que as outras disposições do mesmo título não tenham relação alguma com o assunto. Certamente a tem, por exemplo, o art. 232 ("A recusa à perícia médica ordenada pelo juiz poderá suprir a prova que se pretendia obter com o exame"); mas aí se cuida de matéria específica, da qual não nos ocuparemos neste trabalho[11].

O texto do art. 230 pressupõe a distinção correntia entre presunções legais (*praesumptiones iuris*) e presunções comuns ou simples (*praesumptiones hominis*), também chamadas judiciais, porque na prática adquirem relevância por obra do juiz. Conjuga-se a regra com a do art.

---

10 Não deparamos pronunciamento algum no sentido contrário. Cf., ao propósito, entre outros: SILVIO RODRIGUES, *Direito Civil*, v. I, 34ª ed., S. Paulo, 2003, p. 271, 280; HUMBERTO THEODORO JÚNIOR, *Comentários ao novo Código Civil*, v. III, t. II, Rio de Janeiro, 2003, p. 395/6; PAULO NADER, *Curso de Direito Civil*, Parte Geral, Rio de Janeiro, 2003, p. 591/2; GUSTAVO TEPEDINO-HELOISA HELENA BARBOZA-MARIA CEUNA BODIN DE MORAES, *Código Civil interpretado*, Rio de Janeiro-S. Paulo-Recife, 2004, v. I, p. 432; SÍLVIO DE SALVO VENOSA, *Direito Civil*, Parte Geral, 5ª ed., S. Paulo, 2005, p. 639; ARNALDO RIZZARDO, *Parte geral do Código Civil*, Rio de Janeiro, 2003, p. 688, 690; FREDIE DIDIER JR., *Regras processuais no novo Código Civil*, S. Paulo, 2004, p. 39; MONIZ DE ARAGÃO, Regras de prova no Código Civil, in Rev. For., v. 376, p. 53; CARLOS SANTOS DE OLIVEIRA, *Da prova dos negócios jurídicos, in A parte geral do novo Código Civil* (coord. de Gustavo Tepedino), Rio de Janeiro-S. Paulo, 2002, p. 431.

11 Dela tratamos *ex professo* noutro, em que procuramos mostrar como se articulam e que significação têm, interpretados em conjunto, os arts. 232 e 231: *La negativa de la parte a someterse a una pericia médica (según el nuevo* Código Civil *brasileño)* (comunicação ao XXII Congresso Argentino de Direito Processual, de 2003, publicada na Rev. de Proc., nº 113, p. 117 e s.).

227, *caput* (reprodução quase literal, reitere-se, do art. 401 do Código de Processo Civil), que restringe a admissibilidade da prova exclusivamente testemunhal aos "negócios jurídicos cujo valor não ultrapasse o décuplo do maior salário mínimo vigente no País ao tempo em que foram celebrados". Também a disposição do art. 230, pois, tem incidência limitada à área dos negócios jurídicos. Salvo na distinção pressuposta por esse artigo, nenhuma das duas normas se reveste de interesse geral para o presente estudo.

Não se descobre no estatuto civil (nem no processual, apesar de seu gosto por tal gênero de disposições) uma definição de presunção. Outras legislações têm-na formulado; dentre as mais singelas ressalta a do bicentenário Código Civil francês, art. 1.349: «*Les présomptions sont des consèquences que la loi ou le magistrat tire d'um fait connu à um fait inconnu*" traduzido quase ao pé da letra no art. 2.727 do *codice civile italiano*: "*Le prezunzioni sono le conseguenze che la legge o il giudice trae da un fatto noto per risalire a um fatto ignorato*"). O texto põe em relevo a *supra*mencionada classificação das presunções em legais e comuns ou judiciais.

A designação de "presunções legais", porém, é equívoca: abrange fenômenos de variável substância. Como esperamos haver deixado claro em escrito que já data de mais de duas décadas[12], as presunções legais "e [ativas (*praesumptiones iuris tantum*) constituem regras especiais de distribuição do *onus probandi*[13], ao passo que as presunções legais absolutas (*praesumptiones iuris et de iure*) nada têm que ver com a prova, e esgotam no plano do direito material seu significado e sua função. Recapitulando em apertada síntese o que ali se expôs: quando a lei consagra uma presunção absoluta – seja porque entenda maior a probabilidade de que as coisas se hajam passado de certa maneira, seja porque leve em conta a particular dificuldade que se encontraria em demonstrar que elas assim realmente se passaram –, o que na verdade faz é tornar irrelevante para a produção de determinado efeito jurídico, a presença deste ou daquele elemento ou requisito no esquema fático[14].

---

12 *As presunções e a prova, in Temas* (Primeira Série), 2ª ed., S. Paulo, 1988, p. 55 e s.

13 Sublinha-o a doutrina alemã: *vide*, em sede monográfica, LEIPOLD, *Beweislastregeln und gesetzliche Vermutungen*, Berlim, 1966, p. 99/100: na mais recente literatura, ROSEMBERG-SCHWAB-GOTTWALD, *Zivilprozessrecht*. 16ª ed. Munique, 2004, p. 783.

14 Cf. LEIPOLD, ob. cit., p. 102/4. Na doutrina brasileira contemporânea, acentua corretamente CÂNDIDO DINAMARCO, ob. e v. cit., p. 125, que, "ao interferir na estru-

Se não existe presunção, seria indispensável, para que se produzisse o efeito, o concurso de x, y e z; estabelecendo uma presunção absoluta em relação a z, a lei faz depender a produção do efeito somente do concurso de x e y. Dizer que, nesse caso, não se admite a prova da inexistência de z é usar fórmula oblíqua para expressar que semelhante prova nenhuma influência teria já que, com z ou sem z, a situação jurídica seria a mesma. A rigor, a existência ou inexistência de z fica fora do *thema probandum*, como fora dele fica a prova de todo e qualquer fato irrelevante: no processo, não devem praticar-se atos inúteis.

Exemplo típico era a disposição do art. 550 do antigo Código Civil, *verbis:* "Aquele que, por 20 (vinte) anos, sem interrupção, nem oposição, possuir como seu um imóvel, adquirir-lhe-á o domínio, independentemente de título e boa-fé que, em tal caso, se presume, podendo requerer ao juiz que assim o declare por sentença, a qual lhe servirá de título para transcrição no Registro de Imóveis". Noutras palavras: para consumar-se a aquisição por usucapião, bastam a posse e o tempo: não se necessita de título nem de boa-fé. O novo Código, com melhor técnica, prescinde do expediente da presunção e diz com simplicidade no *caput* do art. 1.238: "Aquele que, por 15 (quinze) anos, sem interrupção, nem oposição, possuir como seu um imóvel, adquire-lhe a propriedade, independentemente de título e boa-fé; podendo requerer ao juiz que assim o declare por sentença, a qual servirá de título para o registro no Cartório de Registro de Imóveis[15].

O atual art. 212 alude à presunção, no inciso IV, em termos genéricos, sem especificação alguma. Contudo, à vista do que acima ficou dito, mais vale excluir desde logo de nossas cogitações, na análise da enume-

tura da disciplina jurídico-material de um instituto, a presunção absoluta somente produz o efeito de definir os fatos aptos a constituir, impedir, modificar ou extinguir direitos e obrigações"; mas equivoca-se em equiparar as presunções absolutas às ficções legais (p. 116/7, *vide* a distinção que expusemos no trab. cit. na nota 11, *supra*, p. 64/6.

15 É estranhável que HUMBERTO THEODORO JÚNIOR, ob. e v. cit., p. 406, ainda enxergue presunção no art. 1.238; PONTES DE MIRANDA, *Tratado de Direito Privado*, t. XI. 3ª ed., Rio de Janeiro, 1971, p. 137, negava-lhe a existência no próprio art. 550 do estatuto de 1916. Ainda mais estranhável é ver perdurar em obras contemporâneas a arquisuperada concepção da coisa julgada como presunção absoluta de verdade: assim SILVIO RODRIGUES. ob. e v. cit., p. 278; SÍLVIO DE SALVO VENOSA, ob. cit., p. 651.

ração toda e qualquer referência às presunções legais absolutas – assunto, vale repetir, inteiramente estranho à matéria da prova, Não só: tampouco as presunções legais relativas merecem figurar no elenco das provas. Com efeito: o fato presumido não precisa ser provado (Código de Processo Civil, art. 334, nº IV); o contrário sim, mas obviamente de outro modo. Fica, pois, entendido que doravante, quando nos referirmos a presunções, teremos em vista unicamente as comuns, simples ou judiciais (*praesumptiones hominis*).

4. CONSIDERAÇÕES SOBRE A ENUMERAÇÃO DO ART. 212

Não é encontradiça, nas legislações estrangeiras, disposição como a do art. 212, que contenha enumeração das provas em tese admissíveis. Nas leis que pudemos consultar, o que disso mais se aproxima é o art. 1.316 do Código Civil francês, aliás situado em capítulo que se intitula, restritivamente, «*De la preuve des obligations et de celle du payement*»[16]; aí se lê que «*les règles qui concernent la preuve littèrale, la preuve testimoniale, les présomptions, l' aveu de la partie et le serment, sont expliquées duns les sections suivantes*». Trata-se, indiretamente, de uma enumeração, aliás como tal incompleta, já que – mesmo a abstrair-se da questão das provas atípicas –, é sensível a omissão de duas figuras tradicionais: a perícia e a "*descente sur les lieux*" (correspondente à nossa inspeção judicial)[17]. No direito brasileiro, todavia, é tradicional a inclusão, nas leis, de disposição enumerativa: ela existia no art. 136 do estatuto civil de 1916 e, antes, no art. 138 do Regulamento nº 737, de 1850. O novo Código Civil ateve-se à tradição.

Para aferir criteriosamente o valor da enumeração do art. 212, é necessário fixar de antemão algumas noções básicas. A função da prova no processo consiste em proporcionar ao juiz conhecimentos de que ele precisa a fim de reconstituir mentalmente os fatos relevantes para a solução do litígio. De ordinário, cada parte terá apresentado sua versão; ao órgão judicial incumbe averiguar se e em que medida espelham a realidade essas versões normalmente contraditórias, ou quando nada divergentes. Para tanto, há de valer-se das provas, uma vez que, por bem

16 Em sentido crítico quanto à localização, VINCENT-GUINCHARD, ob. e lug. *supra*, nota 2).

17 Observação também colhida em VINCENT-GUINCHARD, ibid.

conhecidas razões de política legislativa, não lhe é dado invocar, na fundamentação da sentença, o conhecimento direto e pessoal que porventura tenha: não pode, por exemplo, afirmar que assistira da janela de sua casa ao acidente de trânsito e, por isso, está convicto de que o responsável foi o réu. Por conseguinte, com ressalva das exceções legais (*v.g.*, fatos notórios: Código de Processo Civil, art. 334, nº I), as provas constituem as pontes através das quais os fatos passam para chegar, primeiro, aos sentidos, depois à mente do juiz (*nihil est in intellectu quod prius non fuerit in sensu*).

De onde podem partir essas pontes? À evidência, de tudo quanto seja acessível aos comuns sentidos humanos – já que, ainda a admitir--se (como pessoalmente admite o autor destas linhas) a possibilidade de uma relação sobrenatural, nenhum ordenamento jurídico moderno autorizaria o juiz a pô-la como fundamento da decisão. Logo, os pontos de partida concebíveis são: outras pessoas, coisas e fenômenos naturais (sucessão de dias e noites, precipitações atmosféricas, modificações do solo ou da passagem devidas a movimentos tectônicos e assim por diante) ou artificialmente provocados (*v.g.*, uma reação química em laboratório). Em terminologia rigorosa, a esses pontos de partida é que se deve aplicar, a nosso ver, a designação de fontes de prova[18].

Como passam das fontes ao órgão judicial as informações de que ele precisa? Colher provas significa essencialmente, para o juiz, exercitar seus sentidos em relação às outras pessoas, às coisas e aos fenômenos. Os mais importantes são, à evidência, a visão e a audição: por exemplo, o juiz vê os documentos (espécie do gênero coisas) e ouve os depoimentos das testemunhas e das próprias partes (as quais, em regra, igualmente vê). Mas de jeito algum fica excluída, embora menos frequente, a hipó-

18 A expressão, no entanto, tem sido usada equivocamente na doutrina: por exemplo, escrevia CHIOVENDA. Principii di diritto processuale civile. Nápoles. 1865 (reimpressão), p. 812: "*sono mezzi di prova le fonti da cui il giudice trae i motivi di prova*" (destaques do original). Estaríamos de acordo com a exemplificação: "a pessoa da testemunha, os lugares inspecionados", entendendo-se que podem funcionar como fontes, nestes, as pessoas e coisas encontráveis e os fenômenos observáveis. Já não nos inclinamos a subscrever a identificação, pelo menos aparente, entre fontes e meios de prova: *vide, infra*, nosso texto. Entre nós. CÂNDIDO DINAMARCO. ob. e v. cit. (*supra*, nota 5), escreve que "fontes de prova são pessoas ou coisas das quais se possam extrair informações capazes de comprovar a veracidade de uma alegação" (grifas do autor): parece que os fenômenos (naturais e artificialmente provocados) foram incluídos, a nosso ver forçadamente, no conceito de "coisas",

tese de que ele adquira informações por outros sentidos: provando um líquido, apalpando um objeto, utilizando o próprio olfato para verificar a intensidade das emissões de uma oficina. Pode empregar-se aqui, com maior propriedade, a expressão meios de prova, para designar os pontos de passagem entre as outras pessoas, as coisas, os fenômenos, de um lado, e a mente do juiz, de outro – a não ser que se prefira reservá-la para a operação psíquica que capta os dados sensoriais e os transmite à mente[19].

É fácil advertir que a enumeração do art. 212, como todas as outras que se encontram em disposições legais, peca ostensivamente pela heterogeneidade[20]. Nos três primeiros incisos, ela engloba referências a pessoas (inciso III: testemunha), a coisas (inciso II: documento), a atos (inciso I: confissão); nos dois últimos, menciona a presunção (entenda-se: a presunção simples, comum ou judicial) e a perícia. Acerca desta, faremos sem demora algumas observações; para a presunção, guardaremos o item subsequente.

Cingindo-nos por ora aos três primeiros incisos, logo se percebe que a confissão não poderia figurar ao lado da testemunha e do documento. A aceitar-se a definição do art. 348, 1ª parte, do Código de Processo Civil ("Há confissão, quando a parte admite a verdade de um fato, contrário ao seu interesse e favorável ao adversário"), assim como a respectiva divisão em judicial e extrajudicial (art. 348, 2ª parte), bem se vê que esta se corporifica num documento (cf. o art. 353), enquanto aquela se contém de ordinário no depoimento pessoal da parte (art. 349, *caput, fine*), excepcionalmente em peça processual, com lavratura de termo nos autos (art. 349, *caput,* 2ª alínea) – e de novo se recai, em última análise, na figura do documento.

Parece claro que a confissão não está para os sentidos do juiz na mesma relação que um documento. A fonte da prova, a rigor, não é a confissão, e sim a parte que confessa (quando presta seu depoimento), ou o documento em que ela admite o fato contrário ao seu interesse e favorável ao adversário. O juiz ouve (depoimento pessoal) ou vê (documento) as palavras da parte, que admite o fato. Fonte da prova é a parte; meio

---

19 Consoante fazia CARNELUITI, que, em todas as hipóteses apontadas até agora no texto, via na percepção o verdadeiro meio de prova: *vide La prova civile*, 2ª ed. Roma, s.d. (1949), passim, espec. p. 66 e s., 79, 234. Em sentido critico, porém, TARUFFO, *La prova dei fatti giuridici – Nozioni generali, in* CICU-MESSINEO-MENGONI, *Trattato de diritto civile e commerciale*, v. III, t. 2, seção 1, Milão, 1992, p. 427/8.

20 No mesmo sentido, FREDIE DIDIER JR., ob. cit., p. 37.

de prova (pelo qual a fonte se comunica com o órgão judicial) é o depoimento pessoal do confitente ou o documento que contém a confissão.

Há mais. O art. 212 coloca lado a lado a confissão e a testemunha como se houvesse analogia entre uma e outra. Na verdade, num caso estamos diante do conteúdo da informação, no outro, diante da pessoa que informa. Analogia existe, sim, entre os informantes (parte – testemunha) e entre as informações (confissão – conteúdo do depoimento da testemunha). Se quis falar em confissão, deveria o art. 212 falar em depoimento da testemunha, não em testemunha *tout court*. E inversamente: se quis falar em testemunha, deveria falar em parte, não em confissão.

O que ficou dito já basta para evidenciar quão imperfeita é a enumeração do art. 212. Não leva em conta a diferença entre fontes e meios de prova, e põe em pé de igualdade figuras diversas na substância e na função que exercem. Mais patente ficará a imperfeição à luz do que se vai expor nos itens subsequentes.

5. INSPEÇÃO JUDICIAL E PERÍCIA

O art. 212 faz menção expressa à perícia (inciso V); silencia acerca da inspeção judicial, entretanto regulada nos arts. 440 a 443 do Código de Processo Civil. Mal se justifica a desigualdade de tratamento, desde que se atente na similitude substancial entre ambas.

Com efeito. Já se disse que pessoas e coisas podem servir de fontes de prova, mediante o exercício, pelo juiz, de seus sentidos. Aqui, porém se impõe uma distinção. Em certos casos, o juiz vê o que alguém lhe mostra (ex.: documento) ou ouve o que alguém lhe diz (ex.: depoimento da testemunha): não é ele que dirige de propósito a visão ou a audição a determinado alvo, ainda que por iniciativa sua lhe haja chegado à presença a coisa ou a pessoa. Outros casos são marcados pelo traço de uma essencial intencionalidade: o juiz, para ver, olha; para ouvir, escuta. Acrescente-se que o objeto visado pode consistir num fenômeno, e que outros sentidos (olfato, tato, paladar) são exercitáveis, conquanto menos amiúde, mas sem prejuízo da feição intencional.

Pois bem. Às vezes, basta para fornecer a informação desejada o exercício pessoal, pelo próprio juiz, do sentido pertinente. Comparece: ao local do acidente e vê que a estrada faz ali curva perigosa; aproxima-se da oficina e ouve o ruído que produz o funcionamento da máquina, sente o mau odor que ela emana – e assim por diante. Outras vezes, para captar a informação, torna-se necessário algo mais: um conhecimento científico ou técnico que o juiz não tem, ou a utilização de métodos especializados, cujo manejo requer preparação também especializada, para revelar, na pessoa, na coisa ou no fenômeno, a realidade só perceptível por meio deles. É então que tem lugar a perícia, qualificada com acerto como "meio de integração da atividade do juiz"[21].

Em qualquer hipótese, fonte de prova será sempre a pessoa, a coisa, ou o fenômeno. Meio de prova será, conforme o caso, a inspeção judicial – ou a perícia – a menos, vale repetir, que se adote a opção carneluttiana e se identifique o meio de prova na percepção, direta na primeira figura, indireta na segunda[22].Seja como for, visto que mencionou a perícia, deveria o art. 212, por questão de coerência, mencionar também a inspeção judicial.

6. AS PRESUNÇÕES

Voltemos os olhos, de novo, para as presunções – simples, comuns ou judiciais (*praesumptiones hominis*), como são aquelas a que se refere, – usando o substantivo no singular, o inciso IV do art. 212. Do que ficou até agora já ressalta, com ofuscante nitidez, que a referência à presunção, no elenco legal, só faz agravar a heterogeneidade da enumeração. Ela quase nada tem em comum com os outros elementos arrolados. Não é fonte de prova, como o documento e a testemunha; nem meio de prova, no sentido em que o é a perícia[23].Tampouco seria exato afirmar que nela o juiz recebe a informação pelo exercício de um sentido, como sucede no caso da confissão. Decerto, a presunção ministra ao órgão judicial o conhecimento acerca de um fato; mas ela o faz de maneira absolutamente peculiar: mediante raciocínio[24] feito a partir do indício.

---

21 CARNELUTTI, ob. cit., p. 91. Menos exato parece identificar na perícia, em termos genéricos, um "sucedâneo da inspeção judicial" (SÍLVIO DE SALVO VENOSA, ob. cit., p. 654); antes resulta do art. 441 do estatuto processual ("Ao realizar a inspeção direta, o juiz poderá ser assistido de um ou mais peritos") que ela pode funcionar como complemento ou adminículo da inspeção.

22 Ao propósito, *vide* ainda a luminosa exposição de CARNELUTTI, ob. cit., p. 85 e s.

23 Para mais extensa elaboração, *vide* BARBOSA MOREIRA, trab. cit. na nota 10, *supra*, p. 57/8.

24 *Deduzione*, no dizer de CARNELUTTI, ob. cit., p. 81 e s.; *inferenza*, para TARUFFO, ob., v. e t. cit., p. 430. Em todo caso, nunca "indução", como equivocadamente diz

Essa característica da presunção justifica a qualificação, que se lhe atribui, de prova indireta, por oposição às chamadas provas diretas, como o documento e o depoimento da testemunha. É evidente que tal classificação não se confunde com a distinção entre percepção direta e percepção indireta, à qual se aludiu no item anterior. Igualmente claro é que a qualificação de prova indireta, atribuída à presunção, se baseia na função que ela exerce no *iter* cognitivo do juiz[25]. A nota característica reside aqui em que a aquisição do conhecimento se opera em duas etapas: primeiro, o juiz toma conhecimento do indício, para em seguida passar deste à presunção. Daí dizer-se que o indício funciona como fato probante (*factum probans*, enquanto a presunção é o fato a ser provado (*factum probandun*). Não se afigura clara a razão pela qual o art. 212 do novo Código Civil deixou de arrolar o indício junto com a presunção: se esta merecia um lugar na enumeração, por que não aquele?[26]

Convém sublinhar que o indício pode provir de qualquer fonte (pessoa, coisa, fenômeno) e chegar ao conhecimento do juiz por qualquer meio de prova. Retomemos o exemplo do incêndio (*supra*, nº 2): perfeitamente se concebe que da presença de Tício, a empunhar um archote, nas imediações do prédio incendiado, pouco antes do sinistro, tenha ciência o juiz pelo depoimento de pessoa ouvida como testemunha, ou por uma fotografia (documento), ou até pela confissão do próprio Tício. Caso já se cuidasse do fato relevante, em si, para a decisão, encerrada estaria a atividade probatória; o que interessa afinal, porém, não é simplesmente saber que Tício se encontrava nas aludidas circunstâncias, e sim se foi ele quem ateou fogo ao prédio. Se por certo prisma o

o defeituoso (também noutros aspectos) texto do art. 239 do Código de Processo Penal: Considera-se indício a circunstância conhecida e provada, que, tendo relação com o fato, autorize, por indução, concluir-se a existência de outra ou outras circunstâncias".

25 É "*funzionale* e *relazionale*", nas palavras de TARUFFO, ob. e lug. cit.

26 Mais de uma lei inclui o indício entre os meios de prova: o Capítulo VI do título "Das provas", no Código de Processo Civil de 1939, tinha como rubrica "Das presunções e dos indícios". Refere-se a estes como "medios de prueba" o Código de Procedimiento Civil colombiano, art. 175. Sustentava tal posição, compreensivelmente. DEVIS ECHANDÍA, principal autor do código: *vide Compendio de pruebas judiciales*, anot. por Alvarado Velloso, Santa Fe. s. d., t. II, p. 301/2: cf. a noção de meios de prova expostos pelo autor: *"métodos aceptados en cada ley procesal como vehículo de la prueba: l'ejemplo, el testimonio, el documento, el indicio, la confesión, la inspección por el juez mismo, el dictamen de peritos"* (t. I. p. 156).

indício já é ponto de chegada, mais importante ele se torna como ponto de partida[27].

Na passagem do indício à presunção, conta o juiz com o auxílio das chamadas "regras de experiência"[28], a que se refere o art. 335 do Código de Processo Civil, *verbis*: "Em falta de normas jurídicas particulares, o juiz aplicará as regras de experiência comum subministradas pela observação do que ordinariamente acontece e ainda as regras de experiência técnica, ressalvado, quanto a esta, o exame pericial". A redação é um tanto obscura, principalmente porque, ao traduzir-se o texto italiano do *codice di procedura civile* do Estado do Vaticano, cujo art. 78 é a fonte histórica do texto brasileiro, se omitiu parte indispensável para a boa compreensão da norma. Eis o teor da disposição inspiradora: "*Il giudice, nei casi in cui non siano statuite norma giuridiche particolari per la deduzione del fatto da provare dal fatto percepito, applica le regole di esperienza comune, date dall'osservazione di quanto comunemente avviene, ele regole di esperienza tecnica, salva, in questo ultimo caso, la facoltà di cui all'art. 121*". Pusemos em destaque, na transcrição, o trecho que elucida o significado da alusão às "normas jurídicas particulares". O Código vaticano quis deixar claro que o recurso às "regras de experiência comum" só é legítimo quando não exista alguma "norma jurídica particular" a que deva obedecer juiz na passagem do fato conhecido ("*fatto percepito*"), isto é, do indício – ao fato que se quer provar ("*fatto da provare*") a saber, à presunção[29].

Sob a etiqueta de "regras de experiência", na verdade, costumam reunir-se proposições muito diversas. Tamanha é a diversidade, que se

---

27 Sobre essa dupla feição do indício, remetemos ainda o leitor ao trab. cit. na nota II, *supra*, p. 58/9. Cf. SÍLVIO DE SALVO VENOSA, ob. cit., p. 652: "O indício é o ponto de partida de onde, por inferência, chega-se a estabelecer uma presunção" (grifado no original).

28 *Erfahrungssätze*, na linguagem jurídica alemã: registramos o ponto porque foi na Alemanha que primeiro se sistematizou a matéria, sobretudo por obra de STEIN, cuja clássica monografia *Das private Wissen des Richters* foi traduzida para o espanhol, por Andrés de la Oliva Santos, sob o título *El conocimiento privado del juez*, Pamplona, 1973, de espec. p. 23 e s.), Tivemos ocasião de tratar do assunto no artigo *Regras de experiencia e conceitos juridicamente indeterminados, in Temas* (Segunda Série), 2ª ed., S. Paulo, 1988, p. 61 e s.

29 Cf. MONIZ DE ARAGÃO, *Exegese do Código de Processo Civil*, v. IV, t. 1, Rio de Janeiro, s. d., p., 114/5. Melhor que a do nosso texto é a dicção do art. 141 do Código General del Proceso uruguaio: "A falta de reglas legales expresas, para inferir del hecho conocido el hecho a probar el tribunal aplicará las reglas de experiencia común extraídas de la observación de lo que normalmente acaece".

torna dificílimo estabelecer uma tipologia abrangente. Costumam ser enfiadas *pêle-mêle* nesse escaninho desde proposições que têm sólido fundamento científico (o calor dilata os corpos metálicos; a água corre naturalmente do plano superior para o inferior; a gestação do ser humano dura em média 267 dias) ou que expressam um dos chamados princípios fundamentais da razão especulativa (nada pode ser e não ser ao mesmo tempo; tudo que acontece tem uma causa), até simples juízos mais ou menos generalizados em certos meios, com apoio no denominado "senso comum", ou a rigor em meros preconceitos sem base empírica (as pessoas desta ou daquela nacionalidade ou etnia têm maior propensão para envolver-se em negócios ilícitos; as testemunhas do sexo masculino merecem mais crédito que as do sexo feminino)[30]. Ao longo desse amplo espectro acham lugar verdades matemáticas (a soma dos ângulos internos do triângulo é igual a 180°), sentenças relativas às artes (o movimento impressionista teve início na segunda metade do século XIX), a atividades profissionais (os militares em serviço vestem uniforme), a costumes negociais (ninguém exige recibo do pagamento da passagem de ônibus), sociais (o uso da gravata é obrigatório para os homens em cerimônias oficiais), religiosos (os muçulmanos não comem carne suína), culturais, linguagem empregada em ocasiões informais é menos atenta que a de trabalhos acadêmicos às regras gramaticais), ou observáveis no quotidiano "ordinário" (a frequência às praias da Zona Sul do Rio de Janeiro aumenta muito nas manhãs ensolaradas dos domingos de verão).

Como bem se compreende, o valor do indício varia extremamente de acordo com a proposição que fornece a base para a presunção judicial. Será decisivo, se se trata de proposição que não comporta dúvida: por exemplo, o álibi é indício negativo de absoluta força persuasiva: caso fique provado que o réu se achava noutra cidade, no preciso momento em que ocorreu o acidente, qualquer juiz concluirá com segurança que ele não pode havê-lo provocado, consoante se alega, por imperícia na condução do veículo. Com efeito, ninguém pode estar em dois lugares

30 Nessa ordem de ideias, não seria fora de propósito recordar ditados populares do gênero "cão que ladra não morde", "depois da tempestade vem a bonança", "o uso do cachimbo faz a boca torta" e por aí além. Cf. as observações fortemente críticas de TARUFFO, ob., v. e t. cit., p. 194/5, onde se sublinha que, com frequência, "le massime d'esperienza esprimono solo rozze generalizzazioni, generiche tendenze, opinioni e pregiudizi diffusi, alla cui base sta la cultura del senso comune senza alcuna convalida o conferma di tipo scientifico".

distintos ao mesmo tempo. Noutras hipóteses, a significação do indício é apenas relativa, ou até muito baixa: se recordarmos o exemplo do incêndio, dificilmente conceberemos uma regra de experiência dotada de credibilidade bastante, segundo a qual as pessoas munidas de archotes costumam atear fogo aos prédios em cuja proximidade se encontram. Parece óbvio que poderia haver várias explicações para a presença de Tício naquelas circunstâncias. Dito isso, não fica excluído que o órgão judicial possa fundar-se para decidir, num único indício, conquanto sejam provavelmente raras, na prática, as hipóteses em que tal se justifica.

7. CONSIDERAÇÕES FINAIS

Quanto se expôs é suficiente para justificar o juízo desfavorável expresso nas primeiras palavras deste trabalho. O Título "Da prova", no novo Código Civil, não faz qualquer contribuição digna de nota à sistematização da matéria; ao contrário, deixa-a mais desordenada que antes.

A impressão de desordem é particularmente forte à vista da enumeração do art. 212. Ainda na perspectiva (atécnica) que parece haver adotado, mostra-se arbitrária e lacunosa. Mistura alhos com bugalhos e esquece distinções fundamentais, como a que deveria levar em conta no tocante a presunções, para não induzir os menos familiarizados com o assunto a supor genérica, abrangente de todas as espécies, a menção feita no inciso IV. Muito preferível teria sido renunciar à pretensão enumerativa: num quadro normativo em que, para gregos e troianos – perdão, para civilistas e processualistas –, continua a viger o princípio da não taxatividade *supra*, nº 2 e, aí, nota 9), o melhor alvitre consistiria em deixá-lo reinar a plena luz, sem ameaçar toldá-lo com enumerações como a do art. 212, que em nada ajudam e podem atrapalhar.

No confronto com o Código de Processo Civil, os acréscimos importantes não dizem aqui respeito à prova, senão à forma – assunto do qual, diga-se de passagem, não tinha mesmo de tratar o diploma de 1973. Estão eles nos parágrafos do art. 215 e foram mutuados, na grande maioria, da Lei nº 6.952, de 6-11-1981. Curiosamente, afastando-se do diploma de 1916 (onde o capítulo pertinente se intitulava "Da forma dos atos jurídicos e da sua prova"), a rubrica do Título que vimos examinando, no de 2002, omite a referência à forma, que todavia assume, na substância, maior relevo.

Por questão de justiça, antes de concluir o trabalho, registrem-se dois pontos – os únicos, salvo engano – em que o texto do novo Código mostra progresso em relação ao Código de Processo Civil. Primeiro: a dicção do art. 213, *caput,* do estatuto civil, consoante a qual "não tem eficácia a confissão se provém de quem não é capaz de dispor do direito a que se referem os fatos confessados", afigura-se mais exata do que a do art. 351 do diploma processual ("Não vale como confissão a admissão, em juízo, de fatos relativos a direitos indisponíveis"). A hipótese é realmente de eficácia, não de validade; o texto mais antigo devia ser lido como se dissesse que a confissão, no caso indicado, não produz efeitos. Segundo: o art. 214 corrige o deslize em que incorrera o legislador de 1973, ao empregar, no art. 352, o particípio "revogada", a propósito da confissão viciada por "erro, dolo ou coação". Agora, se diz, com melhor técnica, que, "se decorreu de erro de fato ou de coação" (não se sabe por que foi desprezado o dolo), a confissão "pode ser anulada" (art. 214)[31]. Não será muito; mas antes pouco do que nada...

Maio de 2005.

COMENTÁRIOS DOS ATUALIZADORES

ANOTAÇÕES SOBRE O TÍTULO "DA PROVA" DO NOVO CÓDIGO CIVIL

Aluisio Gonçalves de Castro Mendes/Carolina Paes de Castro Mendes[32]

E Em texto escrito no ano de 2005, José Carlos Barbosa Moreira traz uma bem elaborada e cautelosa análise crítica sobre a distribuição do tratamento das provas no direito material e no direito processual, diante do então novo Código Civil, de 2002.

31 Cuidamos de assinalar a correção no devido tempo: *vide* o art. cit. na nota 4, *supra*, p. 190.

32 A atualização do texto contou com a fundamental participação e colaboração de **Larissa Clare Pochmann da Silva**, graduada e pós-doutora pela Faculdade de Direito da Universidade do Estado do Rio de Janeiro (UERJ), mestre, doutora, e professora do Programa de Pós-Graduação em Direito da Universidade Estácio de Sá (Unesa).

O tratamento das provas na legislação de direito material e do direito processual não é exclusivo da realidade brasileira, tendo se mantido até hoje nos países analisados pelo autor (França, Itália e Portugal). Na França apenas houve uma alteração formal na sua disposição no Código Civil, agora contemplada nos art.s 1353 a 1386-1, situado no Título IV bis, *De la preuve de las obligations*, no Livro III, *Des différentes manières dont on acquiert la propriété*, enquanto Portugal manteve o tratamento nas duas legislações, de direito material e processual, mesmo após o advento do Código de Processo Civil de 2013.

A detida análise do cenário brasileiro feita pelo autor merece, neste momento, considerações quanto às disposições sobre direito probatório do Código de Processo Civil de 2015, diante da previsão do tema no Código Civil. Em conformidade com as constatações do autor à época do vigente Código de Processo Civil de 1973, o tratamento conferido às provas no CPC-2015, no Capítulo XII do Título I – Do Procedimento Comum, do Livro I – Do Processo de Conhecimento e do Cumprimento de Sentença da Parte Especial, é mais minucioso do que o estabelecido no Código Civil, mantendo-se, contudo, o direito probatório como "*resultado da superposição de dois retículos normativos*".

O CPC-2015 trouxe revogações parciais à redação sobre provas, relacionadas à prova testemunhal, do Código Civil de 2002. Conforme consta do art. 1.072, inciso II, o novo diploma processual revogou, de modo expresso, os art.s 227, *caput*, 229 e 230 do Código Civil.

O art. 227, *caput*, do Código Civil dispunha sobre a prova exclusivamente testemunhal, nos negócios jurídicos cujo valor não ultrapassasse o décuplo do maior salário-mínimo vigente no país ao tempo em que foram celebrados. Porém, o Superior Tribunal de Justiça (STJ) já vinha decidindo, antes mesmo do advento do Código de Processo Civil de 2015, que a prova exclusivamente testemunhal só não deveria ser admitida quanto à existência do contrato em si, podendo ser aceita, qualquer que seja o seu valor, com relação aos efeitos decorrentes da avença[33]. Com o advento do CPC-2015, o legislador optou pela revoga-

33 Nesse sentido: "*Em verdade, não é permitido provar-se exclusivamente por depoimentos testemunhais a existência do contrato em si, mas a demonstração dos efeitos dos fatos que envolveram as partes, assim como da prestação de serviços, afigura-se perfeitamente admissível, conforme precedentes da Corte*" (STJ. REsp nº 185.823 – MG. Rel. Min. Luis Felipe Salomão. DJ: 14/10/2008) e "*Em interpretação edificante e evolutiva do art. 401 do Código de Processo Civil, este Tribunal tem entendido que só não se permite a prova exclusivamente por depoimentos no que concerne*

ção expressa da limitação da admissibilidade da prova exclusivamente testemunhal para negócios jurídicos de menor expressão econômica.

O art. 229 do Código Civil acabou revogado por ser, de fato, tratado de maneira mais específica no art. 388 do diploma processual vigente, prevendo, de modo mais completo, o acréscimo dos fatos criminosos ou torpes imputados e excluindo o risco de dano patrimonial imediato, além do dever de prestar o testemunho, nos arts. 447 a 449. Com a revogação, evitou-se o tratamento do tema nos dois diplomas.

Revogou-se, ainda, a inadmissibilidade das presunções comuns no caso em que a lei excluiria a prova testemunhal, que estava prevista na redação do art. 230 do Código Civil, até mesmo porque a regra do novo diploma processual é a da admissibilidade da prova testemunhal (art. 442).

Porém, há questionamentos sobre algumas disposições. Houve a revogação do art. 227, *caput*, do Código Civil, mas o legislador manteve o respectivo parágrafo único. O parágrafo único do art. 227 do Código Civil dispõe ser admissível a prova testemunhal como subsidiária ou complementar da prova escrita, qualquer que seja o valor do negócio jurídico. A manutenção desta disposição traz dois desafios. Do ponto de vista formal, tem-se uma estrutura de parágrafo único que não contém mais um *caput* e não foi reorganizada, proporcionando uma falta de sistematização do dispositivo. Em relação ao conteúdo do dispositivo, restou o questionamento se a subsidiariedade da prova testemunhal mantida no Código Civil seria mesmo compatível com o teor das disposições do CPC-2015.

Na doutrina, Nelson Nery Junior e Rosa Maria de Andrade Nery[34] defendem, a partir da inexistência de revogação expressa do parágrafo

à existência do contrato em si, não encontrando óbice legal, inclusive para evitar o enriquecimento sem causa, a demonstração, por testemunhas, dos fatos que envolveram os litigantes, bem como das obrigações e dos efeitos decorrentes desses fatos." (EREsp 263387/PE, Rel. Min. CASTRO FILHO, DJ 17.3.2003)" (STJ. AgRg no Ag nº 1.319.590 – MG. Rel. Min. Sidnei Beneti. Terceira Turma. DJ: 14/09/2010).

34 Nelson Nery Junior e Rosa Maria de Andrade Nery comentam, sobre a revogação do art. 227, *caput*, do Código Civil: que: *"Com a revogação deste dispositivo, a prova testemunhal passa a ser admissível exclusivamente como complemento dos demais meios de prova utilizados, ao mesmo tempo em que pode ser utilizada como prova de qualquer fato, respeitado esse caráter subsidiário"* (NERY JUNIOR, Nelson; NERY, Rosa Maria de Andrade. *Código de Processo Civil Comentado.* 19.ed. São Paulo: RT, 2020, p. 2.942)

único do art. 227, que se manteve a subsidiariedade da prova testemunhal a partir da vigência do CPC-2015. Por sua vez, Humberto Theodoro Júnior[35], à luz das disposições do CPC-2015, sintetiza que: *i*) a prova testemunhal é sempre admissível, salvo disposição diversa (art. 442); *ii*) somente não será cabível quando a lei expressamente vedar (art. 443); *iii*) na valoração, a prova testemunhal não é, como regra, nem mais nem menos importante do que outros meios probatórios (art. 371). Anderson Schreiber[36] comenta que não há mais o caráter subsidiário ou complementar da prova testemunhal em nosso ordenamento.

---

35 Humberto Theodoro Júnior defende que: "*Segundo o prisma histórico, a prova testemunhal é o mais antigo dos meios de convencimento utilizados pela Justiça. Explorada por muitos, dada à notória falibilidade humana, e pelo mau uso que não poucos inescrupulosos fazem do testemunho, a verdade é que o processo não pode prescindir do concurso das testemunhas para solucionar a grande maioria dos litígios que são deduzidos em juízo. Daí ver Bentham nas testemunhas 'os olhos e os ouvidos da Justiça'.*

Por isso mesmo, para o nosso Código, 'a prova testemunhal é sempre admissível, não dispondo a lei de modo diverso' (art. 442). A inquirição de testemunhas, assim, só não terá cabimento naqueles casos em que o próprio Código veda esse tipo de prova (art. 443).

Dentro do sistema de valoração das provas do Código (art. 371), a prova testemunhal não é mais nem menos importante do que outros meios probatórios, a não ser naqueles casos em que a lei exija a forma solene para reconhecer eficácia ao ato jurídico.

Nas hipóteses comuns, o valor probante das testemunhas será aferido livremente por meio de cotejo com as alegações das partes e com os documentos, perícias e mais elementos do processo".

(THEODORO JÚNIOR, Humberto. *Curso de Direito Processual Civil*. 64.ed. Rio de Janeiro: Gen/Forense, 2022, p. 966/967)

36 Anderson Schreiber, ao comentar o art. 227 do Código Civil, consigna que: "*O caput do art. 227 excluía a admissibilidade de prova exclusivamente testemunhal para os negócios cujo valor ultrapassasse o décuplo do maior salário-mínimo vigente no país ao tempo da celebração. Tratava-se de exemplo de forma ad probationem tantum invocado pela doutrina: a forma escrita ali não era necessária à validade do ato, mas apenas para sua prova. A norma era objeto de severas críticas pela doutrina, por restringir indevidamente o direito constitucional à produção de provas, sendo reiteradamente flexibilizada pela jurisprudência. Acertou, portanto, o Código de Processo Civil de 2015 ao revogar o preceito. Afastada a vedação à prova exclusivamente testemunhal, não há que se falar em caráter subsidiário ou complementar à prova escrita, como faz o parágrafo único do art. em comento, que deveria ter sido abarcado pela revogação da cabeça do art.*". (SCHREIBER, Anderson; TARTUCE, Flávio; SIMÃO, José Fernando; MELO, Marco Aurélio Bezerra de; DELGADO, Mário Luiz. *Código Civil Comentado*. Doutrina e Jurisprudência. Rio de Janeiro: Forense, 2019, *e-book*).

Por sua vez, o art. 228 do Código Civil dispõe sobre os que não podem ser admitidos como testemunhas. O tema é tratado de forma mais detalhada e completa no art. 447 do CPC-2015, que elenca, em seus parágrafos, os que não poderão figurar como testemunha por serem incapazes para prestar depoimento (art. 447, §1º), por serem impedidos de depor (§2º) ou por serem suspeitos (§3º), regulando, ainda, que, se for necessário ouvi-los, o juiz atribuirá o valor probatório que possam merecer. Ocorre que o CPC foi sancionado em março de 2015 e entrou em vigor em março de 2016, mas, em julho de 2015, o art. 228 do Código Civil teve seus incisos II e III revogados pelo Estatuto da Pessoa com Deficiência (Lei nº 13.146/2015). Excluiu-se, no Código Civil, a previsão de que não poderiam ser admitidos como testemunhas *"aqueles que, por enfermidade ou retardamento mental, não tiverem discernimento para a prática dos atos da vida civil"* e *"os cegos e surdos, quando a ciência do fato que se quer provar dependa dos sentidos que lhes faltam"*. Porém, o CPC-2015 mantém até hoje a previsão destes como incapazes de depor como testemunhas (§1º, incisos II e IV, respectivamente). Neste ponto, Anderson Schreiber[37], Nelson Nery Junior e Rosa Maria Nery de Andrade[38] inclinam-se por prestigiar o Estatuto da Pessoa com Deficiência em detrimento do CPC-2015, enquanto Elpídio Donizetti[39] consigna a necessidade de se interpre-

37 SCHREIBER, Anderson; TARTUCE, Flávio; SIMÃO, José Fernando; MELO, Marco Aurélio Bezerra de; DELGADO, Mário Luiz. *Op. Cit.*

38 NERY JUNIOR, Nelson; NERY, Rosa Maria de Andrade. *Op. Cit.*, p. 2.484

39 *"Ocorre que é necessário interpretar a lei processual em conformidade com as garantias conferidas pelo Estatuto, que claramente se propõe a dignificar a pessoa com deficiência e a promover, em condições de igualdade, o exercício de todos os direitos que são conferidos às pessoas que não possuem essa condição.*

Dessa forma, se a lei processual proíbe de depor 'o interdito por enfermidade ou deficiência mental', mas o Estatuto não traz essa limitação, o ideal é que o juiz se coloque diante da seguinte premissa: se a deficiência física ou mental não comprometer o ato processual, a pessoa, ainda que tenha sofrido processo de interdição, terá condições de servir como testemunha. Para tanto, devem ser oferecidos todos os recursos de tecnologia assistiva disponíveis para que ela tenha garantido o acesso à justiça (art. 80 do Estatuto).

Já em relação a 'o cego e o surdo, quando a ciência do fato depender dos sentidos que lhes faltam', apesar de o Estatuto ter revogado dispositivo que trazia redação semelhante no Código Civil (art. 123 da Lei nº 13.146/2015), não é

tar a lei processual em conformidade com as garantias conferidas pelo Estatuto.

possível afastar essa regra quando, por exemplo, a situação concreta demonstrar que a pessoa com deficiência visual não tinha como ter contato com o fato relatado, justamente por este depender de um sentido que lhe falta. A análise quanto à incapacidade para depor vai depender sempre do cotejo entre a situação concreta apresentada nos autos e a limitação apresentada pela pessoa que a parte ou o próprio juiz pretenda ouvir como testemunha". (DONIZETTI, Elpídio. *Prova testemunhal.* Disponível em https://genjuridico.jusbrasil.com.br/art.s/449336341/prova-testemunhal. Acesso em 03 fev. 2023)

LA NEGATIVA DE LA PARTE A SOMETERSE A UNA PERICIA MÉDICA[1] (Según el nuevo código civil brasileño)

1. El problema del valor probatorio de la conducta procesal de las partes suscita numerosas y serias cuestiones. Una de ellas atañe a la posibilidad de que sea necesaria, para averiguar un hecho relevante, una pericia médica[2] cuya práctica requiere de ordinario la colaboración del litigante. Por ejemplo: en una acción de investigación de paternidad suele tener gran relieve el examen del DNA del demandado, el cual, con todo, será imposible sin la obtención de un fragmento de su tejido orgánico. Si el demandado consiente en la extracción, *tollitur quaestio*; de no ser así, se puede considerar en teoria más de una solución: renunciar sencillamente a la prueba; tratar de obtener el material por la fuerza; sacar de la negativa uma consecuencia desfavorable al demandado.

La primera solución tiene el obvio inconveniente de privar al juez de un elemento que con extrema probabilidad sería muy valioso para la formación de su convencimiento. La segunda, en cambio, tropieza con dificultades de principio: someter a la parte a una agresión corporal, aunque sea por una buena razón, es un acto que la conciencia jurídica contemporánea no acostumbra mirar con buenos ojos, y hasta puede violar una disposición constitucional. Queda la tercera solución, que viene gozando en muchos casos de la preferencia de la ley o de los tribunales.

2. La cuestión no es nueva en la jurisprudencia brasileña. Los tribunales han tenido que enfrentarla varias veces en los últimos anos, sea

1 Comunicação ao XXII Congresso Argentino de Direito Processual (Paraná, 12-14 je junho de 2003). Publicada *in Rev. de Proc.* nº 118. *Rev. Urug. de Der. Proc.*, nº 1/2003, *Justicia,* 2003, e no volume coletivo *Debido proceso*. Buenos Aires, 2003.

2 Se emplea aquí esta expresión en sentido lato, incluyendo en el concepto de "pericia médica» cualquier examen científico cuya realización envuelva conocimientos biológicos relativos al ser humano. Explica PAULO NADER. *Curso de Direito Civil* – Parte Geral, Rio de Janeiro, 2003, p. 606, a propósito del art. 231 del nuevo Código Civil brasileño: "*Emboru o lexto se refira a exame médico deve-se entender não apenas o realizado diretamente por médico ou sob a sua supervisão, como ainda os exames laboratoriais em geral, inclusive os radiológicos*".

en el campo civil, sea en el penal. Existe un precedente importante del Supremo Tribunal Federal, del 10-11-1994, en el *habeas corpus* número 71.373: mediante una decisión tomada por mayoría de votos, el tribunal negó la posibilidad de compeler al demandado en una acción de investigación de paternidad a la extracción de una cantidad suficiente de sangre[3]. Se argumentó, entre otras cosas, con la necesidad de preservar la dignidad humana, la intimidad y la intangibilidad del cuerpo. Varios "ministros" (así se titulan los jueces del STF) discreparon: a su juicio, el actor tenía un derecho indisponible – consagrado en el Estatuto de la Infancia y de la Adolescencia – al reconocimiento de su estado y, por consiguiente, a la declaración de la paternidad real; además, según el art. 339 del Código de Processo Civil, todos, sin exclusión de las partes, tienen el deber de colaborar con el Poder Judicial para el descubrimiento de la verdad.

Si bien se mira, un fragmento del tejido orgánico puede ser en ciertos casos obtenible de tal manera que a muchos no les parecería intolerable el empleo de medios coercitivos. Ya se ha sostenido que aun la extracción de una pequena cantidad de sangre, con las cautelas indispensables, no constituye una ofensa a la integridad corporal tan grave que el ordenamiento jurídico deba rechazarla bajo cualquier circunstancia. Cabe añadir que ni siquiera ello es siempre necesario: puede bastar simplemente un pelo o un trozito de una, y no será imposible recoger uno u otro después que el litigante mismo lo haya cortado o hecho cortar por un tercero, incluso sin que aquél se de cuenta.

La sentencia del *Supremo Tribunal Federal* no fue clara en cuanto a las consecuencias de la actitud del demandado, que se había negado a colaborar. Quedó sin contestar la pregunta capital: admitida la imposibilidad de obligar al demandado, *manu militari*, a la extracción del material deseado, ¿que corolario se podrá inferir de la negativa? Algunos fallos, con mayor o menor precisión y amplitud, venían equiparando la fuerza persuasiva de aquélla a la eficacia de una presunción hominis: el órgano judicial estaría autorizado para inferir de la conducta del de-

3 Fuente: www.stf.gov.br. sub "DNA". También el Superior Tribunal de Justiça (órgano al cual compete velar por la observancia y la uniformidad de interpretación del derecho federal *infra*constitucional), en un fallo de 9-5-2000, Recurso especial nº 248.277, declaró imprescindible la aquiescencia del demandado, "habida cuenta de la naturaleza de la prueba" (fuente: www.stj.gov.br. sub "DNA").

mandado una conclusión desfavorable a éste, aceptando como veraz la afirmación de su paternidad[4].

3. Brasil tiene un nuevo Código Civil, en vigencia desde 11-1-2003. En él se encuentran muchas disposiciones relativas a las pruebas. Sea dicho de paso que no se trata de una singularidad: independientemente de las discusiones doctrinales acerca de la naturaleza de las normas sobre esa materia[5], lo cierto es que en varias legislaciones un gran número de ellas están ubicadas en el código civil; por no citar más que un ejemplo, el *codice civile* italiano contiene 43 artículos concernientes a las pruebas.

En el nuevo Código Civil brasileño nos interesan ahora particularmente las disposiciones de los artículos 231 y 232. Vamos a transcribirlos: "Art. 231. Aquele que se nega a submeter-se a exame médico necessário não poderá aproveitar-se de sua recusa. Art. 232. A recusa à perícia médica ordenada pelo juiz poderá suprir a prova que se pretendia obter com o exame

4 *V.g.:* Superior Tribunal de Justiça, 6-4-1999, Recurso Especial nº 55.958, y 8-6-2000, Recurso Especial nº 141.689, en el segundo con la salvedad de que a la reiterada negación del demandado se añadía la "comprobación de las relaciones sexuales" entre aquél y la madre del actor (fuente: www.stj.gov.br. sub "DNA"); Tribunal de Justiça de São Paulo, 2-3-1998, Agravo de Instrumento nº 97.983, *in Revista dos Tribunais,* v. 633, p. 70: 7-12-1994, Apelação Cível nº 225.649, *in Jurisprudência do Tribunal de Justiça,* v. 168, p. 104; 3-2-1998. Agravo de Instrumento nº 53.311, ibid., v. 210. p. 203; Tribunal de Justiça do Acre, 24-3-1997. Apelação nº 96.000228-6, *in Revista dos Tribunais,* v. 746, p. 297. Tiene manifiesta afinidad con tal posición la tesis sustentada hace ya varios años, en términos genéricos, por MONIZ DE ARAGÃO. Exegese do Código de Processo Civil, v. IV-1. Rio de Janeiro, s, d., p. 136: «a negativa [de la parte] de submeter-se a certos exames (...) redundará em elemento de formação do convencimento do julgador".

5 La cuestión de la clasificación de tales normas ha provocado en Italia un debate en el cual sostuvo DENTI – con el apoyo en substancia de CAPPELLETTI – que los problemas concretos de aplicación de la ley deberían resolverse a la luz de criterios no necesariamente fundados en la atribución de las reglas sobre prueba a esta o aquella rama de la ciencia jurídica: *vide,* del primer autor, la ponencia presentada al VIII Simposio nacional de la Associazione italiana fra gli sudiosi del processo civile, de 1968, y publicada bajo el título *La natura giuridica delle norme sulle prove, in Dall'azione al giudicato,* Padova, 1983, pp. 263 y ss.: del segundo, el texto de la intervención en el mismo simpósio, publicado, bajo el título *Un avvenimento metodologico, in Processo e ideologie.* Bologna, 1969, pp. 253 y ss.

4. Es evidente que la aplicación de tales reglas no se limita en absoluto a los casos en que se trata de averiguar la paternidad. La necesidad de uma pericia médica puede ocurár en una buena cantidad de hipótesis. Por ejemplo: si alguien demanda el resarcimiento de daños y perjuicios sufridos en virtud de un atropello, y afirma que éste le ha causado la parálisis de un miembro, el juez no podrá acoger la demanda sin cerciorarse de la verdadera condición del actor, y para tanto ordenará la práctica de una pericia médica.

A primera vista, la interpretación del art. 231 podría considerar que él se refiere a situaciones de ese tipo. Sin embargo, una reflexión menos ligera convence de que semejante entendimiento no se mantiene de pie. En efecto: para que alguien pudiera sacar provecho de su negativa al examen, sería menester – es lógico – que la comprobación a cargo del perito fuera de presumirse *desfavorable* a la parte que se niega a ser examinada. Si el litigante espera que el resultado de la pericia le favorezca, normalmente no se opondrá a su realización, ni pretenderá beneficiarse con una (improbable) negativa. La víctima de un accidente precisará probar los danos que alega haber sufrido; y, si a tal efecto se hace imprescindible una pericia médica, no es verosímil que él intente sustraerse al examen. De todos modos, seguramente no le aprovecharía la negativa.

No obstante, desde ese punto de vista, la norma dei art. 231 pareciera inútil. Los danos alegados forman parte del hecho constitutivo del derecho al resarcimiento. Ahora bien: si no se logra probar el hecho constitutivo, la demanda será rechazada sencillamente en vista de las reglas sobre la distribución de la carga de la prueba, contenidas en el art. 333 del Código de Processo Civil[6]. No es concebible que el legislador haya querido simplemente reiterar, en términos específicos, una disposición genérica en vigencia hace casi treinta años, y cuya aplicación es capaz de resolver el problema sin ninguna dificultado.

Alguien podrá objetar que el actor tal vez pretenda más de lo que le es debido, al describir con exageración los danos sufridos, y tema que la realización de la pericia le desenmascare. Por ejemplo: él demanda una indemnización por la pérdida del uso normal de ambas piernas, mien-

6 "Art. 333. O ônus da prova incumbe: I – ao autor, quanto ao fato constitutivo do seu direito; II – ao réu, quanto à existência de fato impeditivo, modificativo ou extintivo do direito do autor".

tras que en realidad una sola de ellas está paralizada en virtud del accidente. La pericia hará constar que hay un exceso en la pretensión, y para evitar lo él se niega a someterse al examen[7]. Sin embargo, es obvio que se trata de un supuesto altamente improbable, ya que la falta de la perícia no le quitará al actor únicamente la posibilidad de conseguir el exceso, sino también la de ser resarcido del *daño real*. No se concibe con facilidad que el legislador haya tenido a la vista situaciones tan claramente excepcionales y redactado una disposición destinada a tan escasa aplicación.

5. A mi juicio, para mejor razonar, conviene invertir el orden de los artículos y partir de la norma del art. 232. Ahí se dice que la negativa de la parte podrá suplir la prueba que se intentaba obtener por medio del examen. Volvamos al ejemplo de la acción de investigación de paternidad y supongamos que el demandado se niega a someterse a la pericia que determinará su DNA. La consecuencia más grave de su negativa consistirá en que el juez estime suplida la prueba y acoja la demanda, declarando que el demandado es el padre del actor. Ello es posible, pero no necesario: la ley no emplea la forma "suprirá", sino la forma "poderá suprir"; y le competirá al órgano judicial decidir si se debe ver en la negativa un indicio suficientemente grave para dar lugar a una presunción que de por sí justifique su conclusión. Quizá existan otros elementos de convicción en sentido opuesto, bastantes para contrabalancear el peso del indicio en la mente del juzgador. Hasta se puede concebir que el demandado demuestre cabalmente su imposibilidad de ser el padre – su infecundidad en el tiempo de la concepción. Claro está que la presunción no podrá prevalecer en contra de una prueba dotada de incontestable fuerza persuasiva.

Imagínese, entonces, que el demandado en la acción de investigación de paternidad se niegue a someterse al examen del DNA. Habida cuenta del panorama global del proceso, dos situaciones distintas pueden configurarse:

---

7 Esta es, al parecer – sobre todo si se toman en cuenta las últimas palabras del período –, la situación contemplada por JOÃO CARLOS PESTANA DE AGUIAR SILVA, As provas no cível. Rio de Janeiro, 2003, p. 395: "Com referência ao art. 231, recusando-se a parte a submeter-se a exame médico necessário, não pode beneficiar-se de sua recusa, para lograr indenização por danos físicos sofridos em valor maior preanunciado".

a) El juez queda convencido de que la única explicación plausible para la negativa es la certeza del demandado de que le sería desfavorable el resultado del examen. En tal caso, dará por suplida la prueba, es decir, considerará que la falta de esta equivale a su práctica con éxito propicio al actor.

b) Las pruebas existentes inclinan el juez a desestimar la demanda. No cabe duda de que él podrá fallar en contra del actor, mas en la motivación de la sentencia tendrá que buscar apoyo en aquellas pruebas. Lo que no le será lícito, en cambio, es fundar la decisión en el hecho de que no se comprobara la paternidad mediante el examen del DNA. Semejante fundamento queda excluido por la circunstancia de que fue la negativa del demandado la que hizo impracticable el examen. Si se pudiera invocar la falta de esa prueba, ello significaría atribuir a la negativa del demandado la aptitud para beneficiarle, lo cual es justamente lo que la ley no autoriza.

En suma: el actor puede salir vencido a pesar de la negativa del demandado, mientras que éste no puede triunfar a causa de su negativa. La interpretación propuesta permite atribuir al art. 232 un sentido útil, y por ende se pone en perfecta armonía con el principio según el cual no se presume que una disposición de ley sea superflua. Empero aceptarla implica sin duda una crítica a la técnica utilizada por el legislador. En efecto: no se comprende la razón de la dualidad de disposiciones con idêntico supuesta (la negativa de la parte) y consecuencias jurídicas distintas. Aun más grave es la circunstancia de que la primera solo será aplicable cuando no lo sea la segunda. Fuera mejor unificar las disposiciones y decir algo así como "*A recusa à perícia médica ordenada pelo juiz poderá suprir a prova que se pretendia obter com o exame; e, ainda quando não a supro, não poderá aproveitar à parte que se recusou*".

Los trabajos preparatorios del Código no nos ayudan a entender la opción legislativa. En el anteproyecto, redactado por una comisión de juristas, no aparece un texto correspondiente ni al art. 231, ni al art. 232. Ambos ya pasan a figurar, en cambio, en el proyecto número 634, de 1975, enviado por el Presidente de la República al Congreso Nacional. La redacción del primero es ahí idéntica a la del art. 232. En cuanto al art. 231 se notan algunas diferencias ligeras y nada relevantes: "*Quem se nega a submeter-se a exame médico necessário, não poderá aproveitar-se de sua oposição*"[8]. Se introduje-

8 Se puede leer la versión revisada por la misma comisión en el *Diário Oficial de la República*, suplemento al número 114, de 18-6-1974. El texto del proyecto fue

ron las disposiciones, por consiguiente, en el ámbito del Poder Ejecutivo, sin que haya sido posible averiguar el porqué y el cómo.

6. En todos estos casos la conducta procesal de la parte puede funcionar como un indicio[9] – denominación bien conocida de una clase de pruebas, la cual ya hemos empleado en este trabajo. El indicio, nadie lo ignora, es un hecho comprobado, que sirve de base a una presunción judicial y así conduce a la afirmación o a la negación de otro hecho.

Ahora bien: normalmente, eu ando en el proceso estamos frente a um posible indicio, a ambas partes se ofrece la oportunidad de manifestarse a respecto. Ello es un corolario ineludible del principio del contradictorio. Non se admite que el juez, al motivar su sentencia, declare simplemente que ha presumido la ocurrencia o la no ocurrencia de un hecho acerca del cual las partes no hayan podido pronunciarse. Alguna de ellas tal vez tuviera razones para negar la propia existencia del hecho, o su insuficiencia para basar la presunción, o la incorrección lógica del razonamiento, y así em adelante.

Hay que averiguar cómo es posible conciliar semejante exigencia con el carácter particular del indicio consistente en una actitud de la parte. Aquí no nos hallamos frente a un elemento que venga al proceso desde afuera, sino a algo que surge en su propio ámbito. Lo que sucede no es que alguna de las partes alegue un hecho a partir del cual se pueda llegar a la convicción de que las cosas pasaron de este o de aquel modo; el hecho de que se trata lo constituye la conducta misma de uno de los litigantes. No tiene sentido ofrecer a la parte que se negó a someterse a la pericia la oportunidad de manifestarse acerca de su negativa como

publicado en el *Diário do Congresso Nacional*, Sección I, suplemento al número 61, de 13-6-1975.

9 El art. 116, 2ª parte, del *codice di procedura civile* italiano autoriza al juez para "desumere argomenti di prova", entre otras cosas, de la negativa injustificada de la parte "a consentire le ispezioni che egli ha ordinate". Como se lee in CARPI-TARUFFO, *Commentario breve al codice di procedura civile*, 4ª ed., Padova, 2002, p. 363, una de las hipótesis alcanzadas por la previsión legal es "*l'ingiustificato rifiuto di sottoporsi agli esami ematologici, nel giudizio di acccertamento della paternità naturale*". Los "*argomenti di prova*" son comúnmente equiparados por la doctrina a "*fonti di presunzioni semplici*" – es decir, a indicios (ibid., p. 362). Ya se referia explícitamente a "*indizi*", a propósito de este tema, CAPPELLETTI, La testimonianza della parte nel sistema dell'oralità, Milano, 1962. v. I, p. 92 (y nota 27).

fuente eventual de una presunción del juez. Claro está que, al expresar su negación, ella puede intentar justificarla con la invocación de razones tendientes a demostrar que la prueba es impertinente o innecesaria. Sin embargo, la situación es obviamente distinta de la que ocurre cuando se faculta a los litigantes a pronunciarse, por ejemplo, sobre el hecho de que el semáforo no funcionaba en el momento del accidente, o de que el espectáculo teatral había sido cancelado en cierta noche. No sería razonable pretender que el juez proceda de igual manera en todos estos supuestos.

Lo esencial, en mi opinión, es que la parte se entere de las posibles consecuencias de su actitud. Cuando el órgano judicial, *ex officio* o a petición del otro litigante, ordena la realización de la pericia, debe agregar la advertencia de que, si la parte se niega a someterse al examen, su negativa podrá ser tomada como un indicio en su contra y hasta fundar una conclusión desfavorable a ella, equivalente a la conclusión a la cual llegaria el juez, si la pericia se realizara y tuviera el resultado esperado por el adversario.

Una observación importante: a diferencia de lo que ordinariamente acaece, aquí no es suficiente que se de conocimiento de la orden (y de la advertencia) al abogado de la parte. Esto basta, evidentemente, en caso de un acto cuya realización le corresponde al abogado; pero no será él, sino la parte, que se someterá o se negará a someterse al examen. Es menester que ella misma esté perfectamente consciente del riesgo que una negativa le acarreará y por ende apta para elegir libremente y manifestar, si lo quiere, las razones de su elección. Por consiguiente, aunque ninguna disposición legal lo imponga en términos expresos, la notificación será obligatoriamente personal; en su falta, no podrá el juez atribuir a la negativa los efectos previstos en el art. 232.

Março de 2003.

COMENTÁRIOS DOS ATUALIZADORES

LA NEGATIVA DE LA PARTE A SOMETERSE A UNA PERICIA MÉDICA

Aluisio Gonçalves de Castro Mendes/Carolina Paes de Castro Mendes[10]

Em texto escrito em março de 2003, José Carlos Barbosa Moreira analisa o valor probatório da conduta das partes em submeter-se a uma perícia médica, sobretudo a recusa de realização ao exame de DNA.

As ideias trazidas permanecem atuais e relevantes, até mesmo porque ainda se proliferam nas varas de família os processos em que se pretende a realização do exame de DNA.

Em outubro de 2004, o Superior Tribunal de Justiça (STJ), a partir dos julgamentos proferidos no REsp 135.361-MG (4ª T, 15.12.1998 – DJ 15.03.1999), REsp 55.958-RS (4ª T, 06.04.1999 – DJ 14.06.1999), REsp 141.689-AM (3ª T, 08.06.2000 – DJ 07.08.2000), REsp 256.161-DF (3ª T, 13.09.2001 – DJ 18.02.2002), REsp 409.285-PR (4ª T, 07.05.2002 – DJ 26.08.2002), AgRg no Ag 498.398-MG (3ª T, 16.09.2003 – DJ 10.11.2003) e REsp 460.302-PR (3ª T, 28.10.2003 – DJ 17.11.2003), editou o enunciado de súmula nº 301, sobre a recusa a submeter-se a exame de DNA, uma vez que não pode haver condução coercitiva, dispondo que "*Em ação investigatória, a recusa do suposto pai a submeter-se ao exame de DNA induz presunção juris tantum de paternidade*".

O referido enunciado foi consignado em diversos julgados, como, por exemplo, AgRg no Ag 520063 / SP. Rel. Min. Humberto Gomes de Barros. Terceira Turma. DJ: 12/04/2005; REsp 730566 / MG. Rel. Min. Jorge Scartezzini. Quarta Turma. DJ: 07/06/2005; REsp 721991 / CE. Rel. Min. Aldir Passarinho Júnior. Quarta Turma. DJ: 02/12/2008; REsp 1272691 / SP. Rel. Min. Nancy Adrighi. Terceira Turma. DJ: 05/11/2013; AgRg no REsp 1081828 / SP. Rel. Min. Maria Isabel Gallotti. Quarta Turma. REsp 1536395 / MG. Rel. Min. Moura Ribeiro. Terceira Turma. DJ: 25/08/2015; Rel. Min. Raul Araújo. Quarta Turma.

10 A atualização do texto contou com a fundamental participação e colaboração de **Larissa Clare Pochmann da Silva**, graduada e pós-doutora pela Faculdade de Direito da Universidade do Estado do Rio de Janeiro (UERJ), mestre, doutora, e professora do Programa de Pós-Graduação em Direito da Universidade Estácio de Sá (Unesa).

DJ: 02/02/2017; AgInt no REsp 1753574 / TO. Rel. Min. Marco Aurelio Bellizze. Terceira Turma. DJ: 01/07/2019; AgInt no AREsp 1908062 / MS. Rel. Min. Marco Buzzi. Quarta Turma. DJ: 25/04/2022.

Cumpre consignar que o Supremo Tribunal Federal já decidiu que a recusa a se submeter à realização do exame de DNA é uma questão infraconstitucional (Neste sentido: STF. ARE 1131409 AgR. Rel. Min. Luiz Fux. Primeira Turma. DJ: 31/08/2018).

No ano de 2022, a Segunda Seção do Superior Tribunal de Justiça reiterou a aplicação do Enunciado de Súmula nº 301, considerando que a existência de indícios pode somar-se à recusa para gerar a presunção de paternidade (STJ. EAREsp 1260418 / MG. Rel. Min. Antonio Carlos Ferreira. Segunda Seção. DJ: 26/10/2022).

Ademais, na aplicação do referido Enunciado de Súmula, no ano de 2011 foi decidido no Superior Tribunal de Justiça que, em ação de investigação de paternidade, os efeitos da recusa alcança não apenas o suposto pai, como os sucessores do autor da herança. (Nesse sentido: STJ. REsp 1.253.504/MS, Rel. Ministra Maria Isabel Gallotti, Quarta Turma, DJ: 13/12/2011).

Em 2021 esta interpretação foi sufragada pela Segunda Seção do Superior Tribunal de Justiça, ao decidir que: *"A recusa imotivada da parte investigada em se submeter ao exame de DNA, no caso, os sucessores do autor da herança, gera a presunção iuris tantum de paternidade à luz da literalidade da Súmula nº 301/STJ"*. (STJ. AgInt nos EREsp 1545257 / MG. Rel. Min. Marco Buzzi. Segunda Seção. DJ: 01/06/2021).

Porém, a recusa a que se referem os julgados é do suposto pai e de herdeiros vivos, pois o Superior Tribunal de Justiça já decidiu pela possibilidade de exumação cadavérica para a realização do exame de DNA, mesmo com a oposição dos herdeiros, como se destaca: *"Completa consonância do 'decisium' com a orientação jurisprudencial desta Corte, que reconhece a possibilidade de determinação de exumação cadavérica para fins de realização de exame de DNA, por ser providência probatória inserida no âmbito das faculdades instrutórias do juiz, nos termos do art. 120, do CPC/1973, atual art. 370, do CPC/2015. Precedentes"*. (STJ. RMS 67436 / DF. Rel. Min. Paulo de Tarso Sanseverino. Terceira Turma. DJ: 04/10/2022)

A NOVA DEFINIÇÃO DE SENTENÇA[1]

1. Notoriamente dado ao vezo de definir, o Código de Processo Civil de 1973 cuidou de consagrar, no art. 162, uma classificação dos atos (ou melhor: dos pronunciamentos) do juiz e fixar, nos três parágrafos, o conceito de cada um dos tipos enunciados. Aí se definiu a sentença como "o ato pelo qual o juiz põe termo ao processo, decidindo ou não o mérito da causa (§ 1 º), e a decisão interlocutória como "o ato pelo qual o juiz, no curso do processo, resolve questão incidente" (§ 2º). Em fórmula bastante equívoca, atribuiu-se a denominação de despachos a "todos os outros atos do juiz praticados no processo, a cujo respeito a lei não estabelecer outra forma" (§ 3º).

Na verdade, o legislador não conseguiu forjar uma nomenclatura isenta de imprecisões e ambiguidades[2]. Para nos limitarmos ao caso da sentença, basta apontar o exemplo do art. 790, onde se usa o termo para designar o deferimento do pedido de remição, que não põe necessariamente termo ao processo executivo. Inexatidões do gênero provocaram, entre outros inconvenientes, dúvidas sobre a identificação da via própria para a impugnação de certos pronunciamentos. Isso acabou por ter a consequência prática de restaurar em seu antigo prestígio a regra do aproveitamento, sob determinadas condições, do recurso erroneamente interposto – regra adotada em disposição expressa do Código anterior (art. 810), mas alvo de resistências, que viriam a dissipar-se com o tempo, por parte da juris- prudência, logo após a entrada em vigor do estatuto de 1973. De qualquer modo, feita abstração de deslizes, o conceito de sentença baseava-se em critério puramente topológico, não substancial. O que interessava não era o conteúdo do ato, mas a pura e simples posição por ele ocupada no itinerário do feito. Na arquitetura característica do Código, a sentença assinalava o ponto final de um processo. À vista da cisão formalmente estabelecida entre o processo de conhecimento e o de execução, nos casos em que este havia de seguir-se àquele, bem se compreende a significação da parte final do § 1º do art. 162: a cláusula

1 Texto de palestra proferida em Brasília, em 3-4-2006, no Seminário do Instituto Brasileiro de Direito Processual sobre *As novas reformas do processo civil.* Acrescentaram-se as notas. Publicado in *Rev. de Proc.*, nº 136, Rev. Dialética de Dir. Proc., nº 39, e IOB de Dir. Civ. e Proc. Civ. nº 41.

2 *Vide* a critica da terminologia do Código em BARBOSA MOREIRA, Comentários ao Código de Processo Civil, v. V, 12ª ed. Rio de Janeiro, 2005, p. 241 e s.

"decidindo ou não o mérito da causa" referia-se precipuamente as duas modalidades – distintas de julgamento no instante final da atividade cognitiva do órgão judicial.

Ressalve-se que, a rigor, não era nesse momento que o processo realmente terminava: ele continuava a fluir enquanto subsistisse a possibilidade de recorrer e – é claro – durante a pendência de recurso. Em termos mais exatos, o que cabia dizer é que a extinção do processo de conhecimento se dava com o trânsito em julgado da sentença[3]. Isso, porém, não chegava a perturbar a compreensão do parágrafo em foco.

Certa dificuldade causava a estrutura complexa de alguns procedimentos especiais, com divisão nítida em mais de uma fase. É o caso da ação para exigir contas, na hipótese de ter o autor direito à respectiva prestação (art. 914, nº I). Posto que ainda não esgotada a atividade processual em primeiro grau de jurisdição, o ato pelo qual o juiz condena o réu a prestar as contas recebeu a qualificação de sentença (cf. o art. 915, § 2º), "como se houvesse dois processos sucessivos"[4].

2. Reformas legislativas modificaram a estrutura do Código no tocante à relação entre a atividade cognitiva e a executiva: primeiro, quanto às obrigações de fazer ou não fazer (arts. 644 e 461) e de entregar coisa (art. 461-A); agora, com a Lei nº 11.232, de 22-12-2005, também para as pecuniárias. De acordo com a nova sistemática, os atos executivos devem praticar-se à guisa de prosseguimento do processo em que se julgou, sem solução de continuidade. Em outras palavras: passa a haver um só processo, no qual se realizam sucessivamente a atividade cognitiva e a executiva. Cumpre sublinhar que essa mudança em nada influi na distinção ontológica entre as duas atividades. Cognição e execução constituem segmentos diferentes da função jurisdicional. A lei pode combiná-los de maneira variável, traçar ou não uma fronteira mais ou menos nítida entre os respectivos âmbitos, inserir no bojo de qualquer deles atos típicos do outro, dar precedência a este sobre aquele, juntá-los, separá-los ou entremeá-los, conforme lhe pareça mais conveniente do ponto de vista prático. O que a lei não pode fazer, porque contrário à natureza das coisas, é torná-los iguais.

3 Com razão HÉLIO TORNAGHI. *Comentários ao Código de Processo Civil*, v. II. 2ª ed. S. Paulo, 1978, p. 328/9, 345.

4 Assim, expressivamente. ADROALDO FURTADO FABRÍCIO. *Comentários ao Código de Processo Civil*, v. VII, t. III, 8ª ed., Rio de Janeiro, 2002, p. 346 (grifado no original).

Vale recordar a proposta de LIEBMAN para conceituar a jurisdição – provavelmente a mais próxima da perfeição, dentre quantas vêm sendo sugeridas em doutrina: "atividade dos órgãos do Estado ordenada a formular e a atuar praticamente a regra jurídica concreta que, segundo o direito vigente, disciplina determinada situação jurídica"[5]. Da primeira função, a de formular a regra jurídica concreta, incumbe-se a atividade cognitiva; a segunda, a de atuar praticamente essa regra, cabe à atividade executiva. Ninguém ignora que, em certos casos, a primeira é suficiente para proporcionar ao litigante que tem razão toda a tutela a que faz jus assim, nas sentenças meramente declaratórias e nas constitutivas, cuja eficácia se exaure no plano jurídico. Noutros, torna-se necessária a realização de atos materiais, concretos, sensíveis, destinados a modificar o mundo exterior; em linguagem carneluttiana, dir-se-á: destinados a fazer que aquilo que deve ser realmente seja.

Ao conjunto desses atos, por meio dos quais se visa a "atuar praticamente a regra jurídica concreta", uma tradição multissecular chama "execução". Para distingui-los dos primeiros, efetuados simplesmente com o escopo de "formular" a regra, nada importa que entre eles se estabeleça ou não um distanciamento formal; que uns e outros se pratiquem no curso do mesmo processo ou em processos separados. Se a lei opta por aproximá-los ou juntá-los, diminuindo ou até eliminando o intervalo entre os atos executivos e os atos cognitivos, daí se pode tirar que ela prescinde de um processo de execução, formalmente diferenciado; mas lançará a barra longe demais quem concluir que a lei esteja abolindo a execução em si – coisa que com aquela de jeito algum se identifica.

Na medida em que, para prestar ao litigante dotado de razão a tutela integral a que faz jus, não bastar a sentença e for preciso levar a cabo atos jurisdicionais complementares, tendentes a modificar o mundo exterior, nessa medida haverá execução, sem que a essência do fenômeno se altere minimamente pelo eventual emprego de outro *nomen iuris*, por exemplo de cumprimento da sentença[6]. Mudança de rótulo não influi no conteúdo da garrafa: colar a esta uma etiqueta de *bordeaux* em absoluto

5 *Manuale di diritto processuale civile*, v. I, 4ª ed. Milão, 1980, p. 6.

6 No mesmo sentido, ARAKEN DE ASSIS, *Cumprimento da sentença*, Rio de Janeiro, 2006, p. 4. Noutro passo, frisa o autor, corretamente, "a diferença das operações realizadas na função executiva (ato), que incidem no mundo sensível, relativamente às atividades da função de conhecimento, que se passam no plano da inteligência e da vontade (enunciado)" (p. 35).

não transforma em vinho o refrigerante que ela porventura contenha, e vice-versa. De resto, o art. 475-N, nº I, na redação da Lei nº 11.232, enfeixa indistintamente as hipóteses de obrigação de fazer, não fazer, entregar coisa e pagar quantia, ao arrolar as sentenças que constituem títulos executivos judiciais; ora, só tem sentido falar em "título executivo" caso se reconheça que, em todas essas hipóteses, apesar de diferenças formais, há execução. A não ser assim, torna-se inexplicável o uso do termo "executivo" título executivo ou significa título hábil para execução, ou nada de inteligível significa.

Por outro lado, tampouco se justifica o abandono da qualificação de "condenatória" para a sentença, só porque a efetivação do *decisum* siga à respectiva prolação, no mesmo processo, sem solução de continuidade, ou só porque a iniciativa parta do mesmo órgão judicial que proferiu o julgamento. Atente-se em que, no campo trabalhista, de acordo com o art. 878, *caput,* da CLT, "a execução poderá ser promovida por qualquer interessado, ou *ex officio* pelo juiz ou Presidente ou Tribunal competente"; desse texto, ao longo de muitas décadas, jamais se pretendeu inferir, ao que nos consta, que não seja condenatória a sentença que impõe ao empregador o pagamento de alguma verba ao empregado, No próprio terreno civil, prevê-se a iniciativa do juiz em matéria de alimentos (Código de Processo Civil, art. 734, e Lei nº 5.478, de 25-7-1968, art. 17), sem que disso se haja tirado motivo para criticar a redação do art. 520, nº II, do estatuto processual, onde se usa o verbo "condenar" com referência à sentença que impõe ao devedor a prestação alimentar. Não há fundamento para preterir a denominação tradicional em favor da expressão "sentença executiva *lato sensu*", que logicamente faz esperar de quem a use um esclarecimento, todavia sempre omitido, sobre o que significaria, por oposição àquele conceito, "sentença executiva *stricto sensu*"[7].

Nem se argumente com a supressão da sentença condenatória civil na enumeração dos títulos executivos judiciais, constante do art. 584 e transferida pela Lei nº 11.232 para o art. 47S-N. De fato, o novo texto passa a falar da "sentença proferida no processo civil que reconheça a existência de obrigação de fazer, não fazer, entregar coisa ou pagar quantia". Não sabemos ao certo se a alteração visou a converter em título

7 Coincide com a nossa, no particular, a posição de EDSON RIBAS MALACHJNI, no substancioso ensaio *As ações (e sentenças) condenatórias, mandamentais e executivas, Estudos de Direito Processual Civil – Homenagem ao Professor Egas Dirceu Moniz de Aragão*, S. Paulo, 2005, p. 443/5.

executivo a sentença declaratória positiva, aderindo a uma proposta já conhecida na doutrina anterior[8]; é previsível que exsurjam ao propósito interpretações divergentes. Seja como for, visto que igualmente contém um demento declaratório, não terá a sentença condenatória perdido aí seus foros de cidadania: o mínimo que se pode afirmar é que a dicção modificada, se a ela não se limita, sem dúvida a abrange. A imaginar-se que algum golpe porventura se tramava para... condenar à morte a sentença condenatória. Felizmente o golpe malogrou. Bem andarão os juízes que continuaram a usar, como até agora, a fórmula tradicional: "Condeno o réu a fazer ou a não fazer isto ou aquilo, a entregar tal ou qual coisa, a pagar a quantia x ou y" – seguida ou não de determinação complementar. Estarão falando língua que o Código abona, mesmo depois da última reforma, em numerosos dispositivos: basta um rápido olhar aos arts. 20, 22, 28, 32, 80, 291, 267, § 2º, 466, *caput* e nº I, 735, 822, nº II, 897,915, § 22, e outros tantos, onde subsistem o verbo "condenar" e seus cognatos. Irrelevante, de qualquer ponto de vista, a curiosa antipatia que nutrem alguns por essa família de palavras.

3. Deixemos de lado, no entanto, modismos incapazes de empolgar quem não seja amante incondicional de novidades – científicas, acientíficas ou anticientíficas. Não vale a pena gastar mais tempo com eles.

A despeito das imperfeições que se possam apontar, a definição de sentença, no texto originário do Código de Processo Civil, afeiçoava-se a uma estrutura em que, nos casos de condenação, era em regra indispensável (e deixada à iniciativa do vencedor) a instauração de novo processo destinado a conferir eficácia prática ao julgamento: o processo de execução justamente. Modificada a sistemática, para suprimir o hiato entre a atividade cognitiva, que tem na sentença o seu ponto culminante, e a atividade executiva, ordenada à efetivação do julgamento, já não se poderia manter a redação do art. 162, § 1º. Coerentemente, no projeto de que se origina a Lei nº 11.232, propunha-se substituir esse texto pelo seguinte: "Sentença é o ato do juiz proferido conforme os artigos 267 e 269".

8 *Vide* TEORI ALBINO ZAVASCKI, *Sentenças declaratórias, sentenças condenatórias e eficácia executiva dos julgados, in Rev. de Proc.*, nº 109, p. 52. Na qualidade de Ministro do STJ, o autor já logrou ver consagrada a tese em sede jurisprudencial: v. g., REsp 588.202, julgado em 10-2-2004, in *DJ* de 25-2-2004, p. 123.

Impõe-se frisar que o conceito de sentença, à luz da nova sistemática, deixa de fundar-se em critério topológico para ligar-se ao conteúdo do ato[9]. Nessa perspectiva, a dualidade de referências, aos arts. 267 e 269, reflete a variação possível desse conteúdo. Registre-se de passagem que com isso se passa a harmonizar mais facilmente o conceito com as hipóteses, já lembradas, dos procedimentos especiais divididos em duas fases nítidas como a ação para exigir contas. O primeiro pronunciamento do juiz, que condena o réu à respectiva prestação, decide uma parte do mérito, e portanto fica perfeitamente coberto pela alusão ao art. 269, sem necessidade de recorrer-se, como antes, a um sutil expediente hermenêutico.

Seja-nos permitida aqui breve digressão. No art. 267, a Lei nº 11.23: cingiu-se a substituir, no *caput*, a expressão "julgamento de mérito" por estoutra: "resolução de mérito"; subsiste, entretanto, a cláusula inicial: "Extingue-se o processo...". Salvo engano, semelhante dicção não se compadece com a nova sistemática. É que, mesmo nas hipóteses de que cuida o art. 267, o juiz deve em regra condenar o vencido ao pagamento das custas processuais e dos honorários do advogado do vencedor (art. 20, *caput*). Ora, para tomar efetiva essa condenação, quando não voluntariamente cumprida, será imprescindível a prática de atos executivos. À luz das inovações trazidas pela Lei nº 11.232, tais atos ainda integrarão o mesmo processo em que se proferiu a sentença; mas isso desmente o enunciado do art. 267, *caput*, que proclama a extinção desse processo[10]. Parece haver ainda necessidade de um ajuste. Análogas observações, acrescente-se, cabem no que tange ao art. 329, onde se continua a ler: "Ocorrendo qualquer das hipóteses previstas nos arts. 267 e 269, nº II a V o juiz *declarará extinto o processo*", e no art. 515, cujo § 3º, introduzido pela Lei nº 10.352, de 26-12-2001, alude aos "*casos de extinção do processo sem julgamento do mérito*".

Retomemos, porém, o fio da meada. O projeto que viria a converter-se na Lei nº 11.232 foi aprovado na Câmara dos Deputados sem alteração no que tange à nova redação do art. 162, § 1º, do Código de Processo Civil. Por inescrutáveis razões, ela não agradou ao Senado Federal, que

9 Continua a ser exato, em todo caso, que "o elemento comum a todas as sentenças (...) é o pronunciamento conclusivo da fase cognitiva do processo" (LEONARDO GRECO, Primeiros comentários sobre a reforma da execução oriunda da Lei 11.232/05, *in Rev. Dialética de Dir. Proc.*, nº 36, p. 71).

10 O ponto não escapou à atenção de ARAKEN DE ASSIS, ob, cit., p. 19.

emendou o texto para dar-lhe o seguinte teor: "Sentença é o ato do juiz que implica em situações previstas nos arts. 267 e 269 desta Lei".

Redigir leis é tarefa de alta responsabilidade. O principal atributo de lei bem redigida é a correção técnica. Impõe-se que as palavras sejam empregadas em sentido tecnicamente incensurável. Ao lado desse, outro importante atributo é a clareza. A leitura do texto legal deve transmitir ao aplicador das normas ideias que correspondam com fidelidade àquilo que se teve em vista ao elaborá-las, prevenindo, tanto quanto possível, dúvidas e dificuldades interpretativas. Muitas complicações processuais seriam evitadas com grande benefício no concernente à duração dos pleitos, se os juízes não se vissem desafiados, a cada momento, a decifrar enigmas, como vem ocorrendo, com alarmante frequência, nos últimos tempos.

O ideal seria que a essas qualidades se somasse certa dose de elegância no dizer. Houve época em que tal característica era grandemente apreciada. Atribui-se a Stendhal a afirmação de que, quando queria apurar seu estilo, relia o *code civil* napoleônico. Entre nós, Ruy Barbosa esforçou-se por aprimorar a redação do Código Civil de 1916, e em inúmeros pontos o terá feito mais correto, mais claro e mais elegante que o projeto.

São considerações que não podem deixar de vir à mente de quem leia a nova definição de sentença, tal como a enuncia o art. 162, § 1 º, emendado pelo Senado Federal. Vamos repeti-la: "sentença é o ato do juiz que implica alguma das situações previstas nos arts. 267 e 269 desta Lei". O verbo "implicar" é polissêmico: pode ter vários significados. De alguns é obviamente descabido cogitar aqui: por exemplo, o de "causar pequeno aborrecimento ou zanga a" outrem – até porque, em semelhante acepção é de rigor um complemento iniciado pela preposição "com": "Fulano costumava implicar com os colegas". Dentre as acepções em que "implicar é transitivo direto, colhem-se nos dicionários duas em que se poderia pensar: uma delas é "dar a entender, fazer supor, pressupor"; outra, traz como consequência, envolver, importar"[11]. Nenhuma das duas, todavia, permite conclusão positiva sobre o teor emendado do art. 162, § 1 º.

A sentença não "dá a entender", não "pressupõe", nem "traz como consequência" ou "importa" as hipóteses arroladas nos arts. 267 e 269. Tome-se por exemplo o inciso I do art. 267, consoante o qual o processo se extingue sem resolução de mérito "quando o juiz indeferir a petição

11 Números 2 e 3, respectivamente, do verbete «implicar», *in Novo Aurélio*, 3ª ed. Rio de Janeiro, 1999.

inicial". Não se afigura adequado dizer que a sentença, aí, "pressupõe" indeferimento da inicial, ou o "traz como consequência". Nem uma coisa, nem outra: a sentença indefere, ela própria, a inicial: não se coloca depois nem antes do indeferimento, mas coincide com ele, temporal e logicamente. Não há supor que a sentença "dê a entender" o indeferimento da inicial nem que ela o "importe". O que na verdade se pode predicar da sentença é que ela se identifica com o indeferimento. O indeferimento está na sentença, ou melhor ainda, é a sentença, olhada em seu conteúdo.

Vamos a outro exemplo, tirado do art. 269. Nos termos do inciso I, haverá resolução de mérito "quando o juiz acolher ou rejeitar o pedido do autor". São inteiramente aplicáveis aqui os reparos críticos feito, acima. A sentença não "pressupõe" nem "traz como consequência" o acolhimento ou a rejeição do pedido. É ela mesma que o acolhe ou rejeita. Trata-se do conteúdo da sentença, não de um antecedente, nem de um corolário seu. A nova definição de modo algum espelha o fenômeno com fidelidade.

Passemos ao resto do texto emendado. Refere-se ele a "alguma das situações previstas aos arts. 267 e 269". Ignoramos se o autor da emenda pretendia aludir ao conceito doutrinário de "situação jurídica". Esse conceito foi introduzido na ciência processual em fins do século XIX, na Alemanha, pela mão de KOHLER, que usava a expressão para designar um conjunto de "elementos de relação jurídica presente ou futura", ou, em outras palavras, de fatores que atuam sobre seu curso e assim influenciam mais ou menos os direitos dela oriundos[12]. Na posterior literatura alemã viria o conceito de "situação jurídica" a ser utilizado

---

12 KOHLER, Gesammelte Beiträge zum Zivilprozess, Aalen, 1969, reimpressão da ed. de 1894, p. 219 (no original: "Diese Situationen sind keine Rechte, sie sind keine rechtsverhältnisse, sie sind vielmehr Elemente eines gegenwärtigell oder künftigen rechtsverhältnisses, Factoren, welche auf seinen Verlauf einwirken und daher die aus demselben entspringenden Rechte mehr oder minder beeinflussen"; cf., antes, Der Prozess alls Rechtsverhältnis, Aalen, 1969, reimpressão da edição de 1888, p. 62). Para um resumo a apreciação crítica da doutrina de KOHLER, na literatura pátria, *vide* o ensaio de TORQUATO CASTRO. *Teoria da situação jurídica em direito privado nacional*, S. Paulo, 1985, p. 54, cujo autor expõe longamente, nas p. 67 e s., sua própria concepção de "situação jurídica" por mais interessante que seja essa elaboração, temos de renunciar aqui à tentativa de reproduzi-la – tarefa não só difícil, mas sobretudo improfícua do ponto de vista em que nos colocamos, certo como é que tampouco nela se descobre a chave do enigma hermenêutico proposto pela nova redação do art. 162, § 1º.

por GOLDSCHMIDT para caracterizar o próprio processo[13]. Mas dele também se valeu a doutrina italiana: seguindo as pegadas de KOHLER, caracterizava CHIOVENDA a situação jurídica como uma circunstância que, com o concurso de outras sucessivas, pode conduzir a determinado efeito jurídico, ao passo que, sem tal concurso, permanece desprovida de eficácia[14].

Registre-se que o mestre peninsular apontava como exemplo de situação jurídica a sentença passível de recurso[15]. Semelhante concepção, vale notar, não se harmoniza com a tendência contemporânea a valorizar o julgamento em primeiro grau de jurisdição, atribuindo-lhe eficácia cada vez mais intensa. Basta pensar na proposta, que volta e meia se formula, de reduzir a casos excepcionais o impedimento à execução de sentenças apeláveis; na Itália, convém assinalar, uma reforma que já data de quase dezesseis anos converteu em regra a exequibilidade provisória da sentença de primeiro grau, antes restrita a determinadas hipóteses[16]. Parece-nos improvável, para dizer o menos, que o legislador brasileiro se haja abeberado em fontes doutrinárias estrangeiras para cunhar a linguagem da emenda senatorial ao art. 162, § 1º. Seria na verdade extremamente duvidoso identificar aí a marca de uma influência chiovendiana - ou, ainda mais, de uma influência alemã. A tentativa de justificar por essa via o emprego da palavra "situação" antes se afiguraria - pode-se afirmar sem grande temor de erro - capaz de causar surpresa aos próprios autores da emenda. De qualquer sorte, ela deixaria de fora várias das hipóteses de que cuidam os arts. 267 e 269. Naquele, para ficarmos num exemplo, o inciso VII alude à "convenção de arbitragem", à qual em absoluto não cairia bem, à luz da doutrina há pouco recordada, o nomen iuris de "situação jurídica". O mesmo vale, no tocante ao art. 269, para a transação (inciso III) ou para o reconhecimento judicial da

13 GOLDSCHMIDT, *Der Przozess als Rechztslage*, Aalen, 1962, reimpressão da ed. de 1925, *passim*, espec. p. 253 e s.

14 CHIOVENDA, *Principii di diritto processuale civile*, Nápoles, 1965, reimpressão, p. 859.

15 Id. ibid., *p. 952.*

16 Obra da Lei nº 353, de 26-11-1990, que modificou o art. 282 do codice di procedura civile. Ao propósito, *vide*, entre outros, LASAGNO, no volume coletivo *Le riforme del processo civile*, org. por CHIARLONI, Bolonha, 1992, p. 337 e s. No mesmo sentido, embora com diferenças de regime, caminhou a nova Ley de Enjuiciamiento Civil espanhola, de 2000: *vide* os arts. 526 e s.

decadência ou da prescrição (inciso IV). Ninguém de juízo são enxergará em qualquer dessas figuras simples "elemento" de relação jurídica ou "circunstância" com a qual precisem concorrer outras para produzir efeito jurídico.

Por outro lado, tampouco se encontrará justificativa bastante para o uso da palavra "situação" pensando na possibilidade, bem menos remota, de que ela tenha sido tomada na acepção comum, alheia a sutilezas técnicas. A "convenção de arbitragem", que não constitui "situação jurídica" do ponto de vista doutrinário, também não comporta semelhante designação na linguagem vulgar, dos leigos em matéria jurídica. Trata-se de ato, não de situação. Idêntica observação é cabível quanto a outros casos da enumeração legal, quer no art. 267, quer no art. 269. Em resumo, inevitavelmente acode à memória, aqui, o velho dito popular: "pior a emenda que o soneto"; em poucas ocasiões ele soará tão apropositado. A nova definição de sentença nem é tecnicamente correta, nem clara, nem – menos que tudo – elegante.

5. Resta verificar – e é o que mais importa – se a modificação do texto gera alguma consequência prática relevante. Crucial é a questão atinente à recorribilidade: como ninguém ignora, o Código prevê recursos diferentes – apelação e agravo – para a impugnação das decisões de primeiro grau.

O art. 522, *caput,* conserva a redação dada pela Lei nº 9.139, de 30-11-1995: "*Das decisões interlocutórias caberá agravo, no prazo de 10 (dez) dias, retido nos autos ou por instrumento*". Surge aí uma questão: se os atos executivos, diversamente do que ocorria antes, vão realizar-se no mesmo processo em que se julgou, a rigor o julgamento passará a estar contido em decisão situada dentro do âmbito desse feito, e não em seu ponto final: ele já não se extinguirá com o julgamento, mas prosseguirá os atos executivos. Tratar-se-ia, portanto, de uma decisão interlocutória como tal agravável.

Semelhante entendimento deve ser repelido, por incompatível com a definição (mesmo imperfeita) de sentença, constante do novo art. 162, § 1º. É mister conjugar os §§ 1º e 2º desse dispositivo, para traçar a linha divisória entre os conceitos de sentença e de decisão interlocutória. O critério discretivo, reitere-se, já não tomará por base a posição do ato no itinerário do processo: terá de levar em conta elemento relativo ao conteúdo. Embora ambas – a sentença e a decisão interlocutória – se situem no curso do processo", uma se distinguirá da outra em razão da matéria: a decisão interlocutória dirá respeito a mera "questão incidente". Desta noção devem logicamente excluir-se as impropriamente ditas "situações" do art. 269, para as quais o juízo proferirá sentença. Em tal perspectiva, a decisão interlocutória continuará a ser impugnável mediante agravo, e a sentença mediante apelação.

Chega-se a igual conclusão no que concerne às hipóteses do art. 267. No *caput* desse dispositivo, consoante se notou, subsiste a referência à extinção do processo – o que gera dissonância com a nova sistemática, à vista da necessidade da prática de atos executivos subsequentes, destinados a dar efetividade a condenações acessórias. Mas, seja como for, o ato judicial de que cuida o texto em foco merecerá a denominação sentença.

Finalmente, uma vez que até agora não se alterou o art. 520, a não ser para revogar-lhe o inciso III, continua a apelação a produzir, em regra, o efeito devolutivo e o suspensivo. Na pendência do recurso, portanto, salvo exceção legal, não se poderão praticar os atos tendentes à execução ou ao "cumprimento") da sentença.

Em suma: as recentes reformas não produzem mudanças substanciais na maneira pela qual se identificam os pronunciamentos judiciais e se caracterizam os respectivos regimes. Podem, quando muito, forçar o intérprete a tal ou qual manobra hermenêutica, para acomodar conceitos e flexibilizar arestas.

Não seria possível, à evidência, investigar de modo exaustivo, neste momento, todas as eventuais repercussões das novas fórmulas. A palavra "sentença", por exemplo, aparece em mais de duas centenas de disposições do Código de Processo Civil. Passá-las todas em revista, para ver como e em que medida se ajustam à emendada definição do art. 162, § 1º, ou dela porventura discrepam, é assunto não para uma palestra, mas para um curso. Ainda que não se pretendesse esgotar a problemática, ir muito além do que ficou dito já constituiria grave abuso contra a paciência do auditório. Preferimos cingir-nos ao essencial, e foi o que acabamos de fazer, deixando ao cuidado de outros preencher as lacunas da presente exposição.

Março de 2006.

COMENTÁRIOS DOS ATUALIZADORES

A NOVA DEFINIÇÃO DE SENTENÇA

Aluisio Gonçalves de Castro Mendes/Carolina Paes de Castro Mendes

O artigo, escrito por José Carlos Barbosa Moreira em março de 2006, reuniu as suas abalizadas considerações diante das alterações no Código de Processo Civil de 1973, advindas com a Lei nº 11.232, de 22-12-2005, especialmente no que diz respeito ao conceito de sentença. Como se sabe, a definição de sentença, na redação original do código anterior, estava relacionada à extinção do processo. Na verdade, à extinção do processo de conhecimento no primeiro grau de jurisdição, pois, havendo recurso, somente haveria o término com o trânsito em julgado. Em seguida, não havendo o cumprimento voluntário do julgado, poder-se-ia iniciar um outro processo, de execução, por iniciativa do exequente, para a satisfação efetiva do direito consignado na sentença.

Com a nova concepção de "processo sincrético", as atividades de cognição e de execução deixavam de estar separadas por processos distintos, para se entrelaçarem no mesmo processo. No entanto, as duas fases continuavam a existir, no plano teórico e prático. Sendo assim, se faz necessário ressaltar que os ensinamentos de Barbosa Moreira foram absorvidos na redação do art. 203 do Código de Processo Civil de 2015, que substituiu o antigo art. 162. Na novel dispositivo, após manter a enumeração em que se subdividem os pronunciamentos do juiz, em sentenças, decisões interlocutórias e despachos, efetua a definição destes nos três primeiros parágrafos. No primeiro, após a ressalvar as disposições expressas dos procedimentos especiais, enuncia que a sentença é o pronunciamento por meio do qual o juiz, com fundamento nos arts. 485 e 487, põe fim à **fase cognitiva** do procedimento comum, bem como **extingue a execução.** Sendo assim, a novel redação parece ter resolvido os principais problemas advindos das mudanças de 2005 quanto ao conceito de sentença e as suas respectivas consequências.

SENTENÇA EXECUTIVA?[1]

1. Vem-se difundindo na linguagem processual brasileira, de algum tempo para cá a expressão "sentença executiva *lato sensu*", e tem-se atribuído a respectiva cunhagem a PONTES DE MIRANDA[2]. Afirmada *sic et simpliciter*, a atribuição suscita reserva. O ilustre jurista versou *ex professo* o tema das ações executivas no tomo VII do Tratado das ações, sob o Código de Processo Civil de 1939, cujo Livro IV ("Dos processos especiais"), Título I, arts. 298 a 301, previa e disciplinava uma ação denominada "executiva". Sustentava PONTES DE MIRANDA que a denominação, do ponto de vista científico era igualmente aplicável a outras ações, e exemplificava com a ação de reivindicação, a de petição de herança, a de depósito, a de reintegração de posse etc.[3] – para não falar da ação de execução de sentença, a qual também aludia em termos expressos[4].

Seria compatível com essa construção o emprego da expressão "ações executivas *lato sensu*" (ações, frise-se) para designar o gênero. O t. I do Tratado das ações divide-se em duas partes, a primeira dedicada às "ações executivas em geral", a segunda, às "ações executivas especiais". Nesta o capítulo I intitula-se "Ações executivas típicas", e os subsequentes têm por títulos os nomes das várias ações incluídas na

---

1 Trabalho publicado no volume coletivo Estudos em homenagem à Professora Ada Pelegrini Grinover. S. Paulo, 2005, e também *in Rev. de Proc.* nº 114, *Rev. Síntese de Di. Civ. e Proc. Civ.*, nº 27, *Rev. da Acad. Bras. de Letras Jur.* nº 24.

2 Assim, explicitamente, em monografia de não pequenos méritos, EDUARDO TALAMINI, *Tutela relativa aos deveres de fazer e de não fazer.* S. Paulo. 2001, p. 192, cf. anteriormente do mesmo autor, *Tutelas mandamental e executiva lato sensu e a antecipação da tutela ex vi do art. 461, § 3º, do CPC*, no volume coletivo Aspectos polêmicos da antecipação de tutela. Coord. de Teresa Arruda Alvim Wambier, S. Paulo, 1997, 139),

3 Vide a exemplificação, que se estende a outras figuras, in ob. e t. cit. em nosso texto, S. Paulo, 1970, p. 4.

4 *V.g.*, ob. e t. cit., p. 3: "Há mais ações executivas do que as que entram nas subclasses das ações executivas de títulos judiciais e das ações executivas de títulos extrajudiciais. É evidente que, ao apontar as duas "subclasses", referia-se PONTES DE MIRANDA, respectivamente, à ação de execução de sentença e à ação dos arts. 298-301 do antigo Código. Registre-se que, para assinalar a distinção entre as "subclasses", houve quem propusesse, com grande autoridade, chamar "ação executória" à primeira e "ação executiva à segunda: LIEBMAN, *Processo de execução*, 4ª ed. S. Paulo, 1980, p. 2.214.

classe. Não fica muito claro, diga-se de passagem, quais seriam, ao menos no direito positivo brasileiro de então, as "ações executivas típicas". Poderia supor-se, *a priori*, que "típica" fosse a ação dos arts. 298 a 301, em relação às que o Código de 1939 usava o *nomen iuris* de "ação executiva" - merecendo as outras, em tal perspectiva, o rótulo de "atípicas". A linguagem de PONTES DE MIRANDA, contudo, não adotava esse padrão: em lugar nenhum se referia a ações executivas "atípicas", e entre as designadas como "típicas" (objeto do capítulo 1) não figurava nem a ação de execução de sentença nem a ação executiva de títulos extrajudiciais, analisadas, respectivamente, nos capítulos II e III.

As linhas da construção não se deixam apreender inteiramente com grande facilidade. Em todo caso, repita-se, não era usual na obra a expressão "ação executiva *lato sensu*[5]. Tampouco tinha PONTES DE MIRANDA - e é o que mais importa aqui, para desfazer o equívoco - o costume de usar a locução "sentença executiva *lato sensu*"[6]. Falava de sentença executiva, *tout court*.

Feito o registro, consideremos a expressão em si mesma. A nosso ver, só tem sentido acrescentar a qualquer denominação o complemento "*lato sensu*" caso se conceba a existência de algo a cujo respeito se pode usar a mesma denominação com o complemento "*stricto sensu*": ali se estaria aludindo ao gênero, aqui, a uma espécie. Quem quer que se refira a "sentença executiva *lato sensu*" deve, pois, esclarecer em que consiste a espécie "sentença executiva str*icto sensu*" e indicar a diferença específica que a caracterizaria. Sem tal cuidado, aquela expressão soa inexpressiva para não dizer carente de sentido.

2. Deixemos de lado, porém, a terminologia e passemos a aspectos substanciais da problemática. A doutrina tradicional, em nosso país e em muitos outros, tem adotado a mais que centenária classificação das ações em três espécies: ações declaratórias (às vezes, com o advérbio

---

5 Ela figura, com caráter ao que parece excepcional, no t. VII do Tratado das ações, S. Paulo, 1978, p. 9, onde se afirma que a ação de execução da sentença "é o protótipo ação executiva '*lato sensu*'" (grifado no original).

6 Nos trechos do Trat. das ações apontados por EDUARDO TALAMINI, ob. e lug. cit. no início da nota 1, *supra* - a saber: t. I, p. 212. e t. VII, p. 3-21 -, o que se lê é, só e sempre, "sentença executiva" (ou, no plural, "sentenças executivas"). Pesquisa mais meticulosa revela o emprego ocasional da qualificação "*lato sensu*" para a sentença executiva em passo do t. VII, p. 293.

"meramente" aposto ao adjetivo), ações constitutivas e ações condenatórias. Sói aplicar-se a classificação também às sentenças: as que julgam procedente o pedido situam-se cada qual na classe correspondente à ação proposta, as que o julgam improcedente, na das declaratórias[7]. Até hoje se mantém firme, na literatura estrangeira, essa classificação ternária, onde não acha espaço a figura da "sentença executiva[8].

Registre-se que, na doutrina alemã do início do século XX, aparecia a expressão *Vollstreckungsurteil*, cuja estrutura semântica poderia sugerir equivalência àquela figura, já que *Vollstreckung* significa execução, e *Urteil*, sentença. Mas a palavra era empregada noutro sentido, o de sentença condenatória[9]. Parece fora de dúvida que o elemento *Vollstreckung* se explicava pelo efeito visto como característico da sentença condenatória, a de servir de fundamento à execução. A "sentença executiva" - com a ressalva que a seu tempo virá (item 10, *infra*, nota 37) - não se vê referência nem nas leis processuais, nem na doutrina de que temos notícia.

Não seria isso, obviamente, que nos impediria de reconhecer autonomia à classe. De quem a proclame, todavia, cabe esperar que proponha conceito nítido de "sentença executiva", a cuja luz, segundo critério invariável (por exemplo: de acordo com o conteúdo, ou então de acordo com os efeitos), seja possível distingui-la com precisão de cada uma das outras espécies de sentenças. Só com essa condição é que se legitimará a proposta. Fora daí, corre-se o risco de falar (e discutir) acerca de algo que não se sabe bem o que é - aventura das mais temerárias.

---

7 Cf., por todos, JOSÉ FREDERICO MARQUES, *Manual de Direito Processual Civil*, v. III, 9ª ed., S. Paulo, 1987, p. 32. Fica esclarecido, se ainda é mister, que a sentença de improcedência proferida em ação declaratória positiva é sentença declaratória negativa, e vice-versa.

8 Nem, ajunte-se, a da "sentença mandamental", de que não nos ocuparemos neste trabalho, mas à qual já dedicamos estudo específico: *A sentença mandamental - da Alemanha ao Brasil, in Temas de Direito Processual* (Sétima Série), S. Paulo, 2001, p. 53 e s., e aludimos igualmente na conferência Questões velhas e novas em matéria de classificação das sentenças, in Rev. Dialética de Dir. Proc., nº 7, p. 34/5 - sempre em elaboração consciente e confessadamente assumida como não conclusiva.

9 Assim em HELLWIG, *System des deutschen Zivilprozessrechts*, Aalen, 1968 (reimpressão da ed. de 1912), p. 39, que usava *Vollstreckungsurteile* como sinônimo de *Verurteilende Urteile* e de *Leistungsurteile*. O último nome foi o que prevaleceu na doutrina posterior para designar as sentenças condenatórias.

3. Até onde pudemos verificar, não se encontra na obra de PONTES DE MIRANDA uma definição clara de "sentença executiva". No lugar presumivelmente apropriado, o t. I do Tratado das ações, que contém capítulo intitulado "Classificação das sentenças", com sucessivos parágrafos dedicados à sentença declarativa (§ 34), à sentença constitutiva (§ 35), à sentença de condenação (§ 36) e à sentença mandamental (§ 37), o § 38, reservado à sentença executiva, começa, à semelhança dos anteriores, por um item denominado "Conceito"; no entanto, a rigor nada se lê aí que cumpra a literal promessa da epígrafe. O passo que disso mais se aproxima não vai além de dizer que "a sentença favorável nas ações executivas retira valor que está no patrimônio do demandado, ou dos demandados, e põe-no no patrimônio do demandante"[10]. A afirmação é bastante vaga e imprecisa; dela pouco se extrai que aproveite à conceituação[11].

Senão, vejamos. Nenhuma sentença, seja qual for, é capaz, só por si, de produzir efeitos fora do mundo jurídico[12], para atingir o mundo dos fatos, necessita sempre de alguma atividade subsequente, que transforme a realidade para conformá-la àquilo que se julgou. Tome-se o exemplo da sentença que julga procedente o pedido em ação de despejo – exemplo pertinente, pois essa sentença figura entre as que PONTES DE MIRANDA incluía na classe em foco[13]. Decretado simplesmente o despejo, que "valor" se desloca, *ipso facto*, do patrimônio do réu para o do autor? Nem sequer se há de supor que o objeto da locação passe, como por golpe de mágica, das mãos do locatário para as do locador. Isso apenas virá a acontecer, de modo bastante prosaico e nada espetacular no momento em que o locatário, voluntariamente, entregue a coisa ao locador, ou naquele outro em que se cumpra o mandado de evacuando: antes, não, posto que a sentença transite em julgado. Quando quer que

---

10 Ob. cit.. t. I, S. Paulo, 1970, p. 212 (grifos do original). Pouco adiante escrevia o jurista: "As sentenças executivas ou restituem (sentenças restitutivas) ou extraem valor (sentenças extrativas de valor)" – lanço a que se aplicam, *mutatis mutandis*, os reparos formulados a seguir em nosso texto.

11 Procedente, em substância, a crítica de EDUARDO TALAMINI, ibid., p. 196.

12 Dá a impressão de admitir semelhante possibilidade OVÍDIO A. BAPTISTA DA SILVA, quando conceitua sentença executiva: «é toda aquela que contém, imanente em si mesma, como eficácia interna que lhe é própria, o poder de operar uma mudança no mundo exterior» (*Sentença e coisa julgada*, 4ª ed., Rio de Janeiro. 2003, p. 77). Mas talvez haja apenas má compreensão de nossa parte.

13 Ob., t. e p. cit. cf. t. VII, p. 317 e s. onde se estuda a ação de despejo num dos capítulos da Parte II, intitulado "Ações executivas especiais".

se perfaça a restituição do imóvel locado, a sentença já terá ficado para trás, reduzida à condição de mero pressuposto ou fundamento (não causa eficiente!) da "mudança no mundo exterior". Em outras palavras: já não se estará no plano da cognição (ou, caso se prefira, do julgamento), e sim no da efetivação da norma sentencial. É por meio dessa atividade jurisdicional complementar que se modifica o estado de fato – algo que à sentença, insista-se à exaustão, de maneira alguma é dado operar *ex marte proprio*[14].

Mais interessante é outra passagem do egrégio autor. A propósito da sentença favorável na reintegração de posse, incluída igualmente na classe das executivas[15], escrevia ele: "Não há *actio iudicati* de sentença favorável em ação possessória, para que se reintegre a posse; a sentença mesma já é sentença executiva, e não sentença de condenação"[16]. Aí se percebe um critério discretivo que ajuda a desenhar o conceito. Será condenatória a sentença que reclame, para efetivar-se a norma jurídica concreta, a propositura de nova ação (*actio iudicati*, na terminologia romana, de que se vale PONTES DE MIRANDA; ação de execução de sentença[17], em linguagem mais moderna); executiva será aquela que dispense tal propositura. A distinção preenche o requisito essencial de apoiar-se em critério homogêneo: num caso e noutro, a caracterização baseia-se nos efeitos da sentença[18].

4. Dúvidas, entretanto, subsistem. De um lado, será exato que a toda e qualquer condenação, para satisfazer praticamente o vencedor, haja de seguir-se ação nova? Fizemos menção noutra oportunidade[19] ao caso de sentença que imponha ao réu a perda de sinal pago. A não ser quanto

14 Merece toda a atenção, na mesma ordem de ideias, o que se lê em FLÁVIO LUIZ YARSHELL, *Reflexões em torno da execução para entrega de coisa no direito brasileiro*, no volume coletivo Processo civil (coord. de José Rogério Cruz e Tucci), S. Paulo, 1995, p. 129/30.

15 *Vide* a "tabela V" in ob. cit., t. VII, p. 393.

16 *Comentários ao Código de Processo Civil* (de 1939), v. III, 2, Rio de Janeiro, 1949, p. 424.

17 Ou, se assim se preferir dizer, com LIEBMAN, ação executória: *vide, supra*, nota nº 3.

18 Para sermos rigorosamente fiéis à nomenclatura de PONTES DE MIRANDA, teríamos de aludir, no caso da sentença executiva, não a efeito, senão a força – que era como chamava ele à eficácia preponderante: *vide*, entre muitos passos, *Trat. das ações*, t. 1, cit., p. 128.

19 *Questões velhas e novas em mat. de classif. das sent.*, cit., p. 33.

às verbas de custas e de honorários advocatícios, o autor vencedor não precisa, para satisfazer-se, demandar de novo, uma vez que a quantia do sinal já está em seu poder. Teremos, por isso, de excluir tal sentença da classe das condenatórias?

Mais: quando se fala na necessidade da *actio iudicati*, quer-se aludir – no rigor da técnica – a um processo executivo subsequente à sentença, instaurado por iniciativa da parte? Ou também se quererá abranger o caso de processo executivo posto em movimento por iniciativa do órgão judicial? A pergunta assume inegável relevância em hipóteses contempladas no ordenamento positivo, como a do art. 878, *caput,* 1ª parte, da Consolidação das Leis do Trabalho, segundo o qual "a execução poderá ser promovida por qualquer interessado, ou *ex officio* pelo próprio Juiz ou Presidente ou Tribunal competente". A lei abre uma alternativa no que tange à iniciativa da execução. Deverá entender-se que a ocorrência in concreto de uma ou de outra possibilidade influi na caracterização da sentença, de tal sorte que ela seria condenatória quando algum "interessado" tomasse a iniciativa, ao passo que seria executiva quando esta fosse tomada pelo órgão judicial? Estranha conclusão: para saber em que classe encontra lugar adequado a sentença, teremos de aguardar até que alguém lhe promova a execução: se for o "interessado", ela receberá o carimbo de condenatória; se for o órgão judicial, o de executiva. Nesse meio-tempo, a pobre sentença jazerá no limbo, presa de genuína "crise de identidade"...

Admitamos que se esteja pretendendo aludir, genericamente, à desnecessidade de um processo executivo, parta de quem partir a iniciativa. Nem por isso se dissipam todas as névoas. É que o próprio conceito de "processo executivo" não é absolutamente unívoco. Em regra, quando se trata do assunto, tem-se em mente a imagem da execução com as notas típicas previstas nas disposições do Livro II do Código de Processo Civil de 1973 (reportamo-nos à redação original, que já não subsiste in totum): processo distinto e autônomo em face do cognitivo, com demanda do vencedor, despacho da inicial, citação do executado, possibilidade de oferecimento de embargos e assim por diante. Adotada essa visão unilateral, é grande a tentação de negar a existência de verdadeira execução todas as vezes que falta alguma (ou mais de uma) dessas características. Será a melhor opção?

5. Conviria que nos detivéssemos a refletir com objetividade sobre alguns pontos capitais. A execução, enquanto atividade jurisdicional sem dúvida se distingue dessa outra atividade jurisdicional que é a cognição. Há, entre ambas, diferença de natureza: uma visa a formular a norma jurídica concreta que deve disciplinar a situação litigiosa, outra, a atuá-la praticamente mediante atos que modificam o estado de fato[20]. Agora, o modo por que ambas se conectam e se relacionam, essa é questão que o legislador tem ampla liberdade de disciplinar desta ou daquela maneira. O Código de 1973 optou por estabelecer, em linha de princípio, corte nítido entre duas séries de atos, uma representativa da atividade de cognição, outra da atividade de execução. Dedicou até a cada qual um Livro específico dando ao Livro I a rubrica "Do processo de conhecimento" e ao Livro II a rubrica "Do processo de execução", e fazendo pressuposto da aplicação deste, em regra, o exaurimento da atividade regulada naquele – a abstrair-se, quase ocioso ressalvar, dos casos de execução fundada em título extrajudicial.

Essa é somente uma das possíveis "arrumações" da matéria. Está longe de ser a única[21]. A lei é livre de esbater ou apagar as fronteiras entre as referidas séries de atos, dispensar a propositura formal de "ação nova" a quem queira fazer realizar a segunda série, outorgar ao mesmo órgão judicial o poder de passar *motu proprio* de uma série à subsequente, intercalar atos típicos de uma a atos típicos de outra, antecipar à formulação da norma concreta providências tendentes à modificação do estado de fato em princípio, na pressuposição de que a norma concreta será provavelmente formulada em tais ou quais termos, combinar, misturar, aglutinar, inventar mil esquemas variáveis de "arrumação", sem que disso resulte consequência alguma no plano da natureza dos atos: o que era cognição continuará sendo cognição, o que era execução não deixará de ser execução. Averbe-se que todas as mencionadas operações a lei não só pode fazer, mas de fato faz – e

20 Apoiamo-nos aqui na definição que dava LIEBMANN da jurisdição: "attività degli organi dello Stato diretta a formulare ed attuare praticamente la regola giuridica concreta che, a norma del diritto vigente, disciplina una determinara situazione giuridica" (Manuale di diritto processuale civile, v. I, 4ª ed., Milão, 1980, p. 6).

21 Logo na "introdução" a modesta obra de exposição sistemática do procedimento depois de aludir ao duplo aspecto da função jurisdicional (cognição e execução), nos termos recordados no texto *supra*, tivemos o cuidado – que a muitos parecerá supérfluo – de advertir: "Ressalve-se que as duas atividades não se contêm necessariamente em compartimentos estanques: há casos em que elas se conjugam no mesmo processo" (BARBOSA MOREIRA. *O novo processo civil brasileiro*. 22ª ed. Rio de Janeiro, 2002, p. 3).

nisso o Código de 1973 de jeito algum constitui exceção. Bastam dois exemplos para evidenciá-lo:

a) regula o Código certo número de ações de procedimento especial a que é inerente a intromissão, no curso da atividade cognitiva, de atos de índole executiva (modificações do estado de fato), consoante sucede, *v.g.*, nas ações de manutenção e reintegração de posse (expedição – e, obviamente, efetivação – da liminar: art. 928), na ação de nunciação de obra nova (embargo: art. 938), nos embargos de terceiro (expedição – e de novo, sempre obviamente, efetivação – de mandado de manutenção ou reintegração: art. 1.051);

b) a partir da reforma do art. 273, *ex vi* da Lei nº 8.952, de 13-12-1994, tomou-se possível, em termos genéricos, antecipar efeitos da tutela jurisdicional vista como de provável concessão na sentença de mérito, com a prática imediata de atos destinados a efetivá-la (art. 273, § 3º, de redação modificada pela Lei nº 10.444, de 7-5-2002).

Nessas e noutras hipóteses, entremeiam-se cognição e execução, sem que haja a separá-las parede visível. Contudo, isso em nada influi na natureza dos atos, que não perderão o caráter cognitivo ou o executivo, conforme o caso. Ora, o que se diz dos casos de execução embutida na atividade cognitiva também se dirá dos casos de execução atrelada à atividade cognitiva. Do ponto de vista em que estamos focalizando o fenômeno, tanto faz que ele se dê no meio como no fim de semelhante atividade. Intermezzo ou cada – se é lícito usar aqui expressões musicais: qual a diferença de substância?

Em qualquer das hipóteses examinadas, poderemos, sim, afirmar que tudo se passa no mesmo processo – tomada a expressão no sentido técnico-formal. *Quid inde*? Há os que dão mostras de alvoroçar-se com isso. Não deixam de causar certa inveja (benigna, acrescente-se depressa): uma grande capacidade de maravilhar-se é sinal de juventude – de algo que, para outros, já afundou nas trevas do passado remoto.

6. Tentemos raciocinar com os olhos postos na realidade objetiva, com mirada ao rés do chão. Por hipótese, o pedido foi julgado procedente: o juiz reconheceu que o autor tinha razão em pleitear o que pleiteava. Pode acontecer que a sentença esgote inteiramente a tutela concebível, ou, em outras palavras, que o autor, com ela, se satisfaça in totum. É o que se dá, por exemplo, quando ele tinha em vista unicamente fazer estabelecer a certeza oficial acerca de relação jurídica (de sua existência ou inexistência, de seu conteúdo, de suas características), ou então fazer criar, extinguir, modificar certa situação jurídica, São, respectivamente, os casos de ação e sentença) declaratória e de ação (e sentença) constitutiva – designações que não é perigoso empregar sem necessidade de explicação ou justificação especial, porque se trata de conceitos cujo núcleo, sem embargo de divergências sobre pontos acidentais, já não está posto em questão. Em casos tais, se quiséssemos usar linguagem carneluttiana, diríamos que basta a sentença para que aquilo que deve ser realmente seja.

Também pode ocorrer, porém, que o simples acolhimento do pedido ainda não baste para a satisfação integral do autor vitorioso. É o que geralmente se dá quando ele pretende haver um *quid* não meramente jurídico, senão físico: embolsar soma em dinheiro, apossar-se de coisa corpórea, ser erguida ou abatida uma construção, removido um objeto, realizado qualquer serviço de índole material... Nesse outro grupo de hipóteses, salta à vista que, para satisfazer o autor, não é suficiente a sentença de procedência. Seria ótimo que, v.g., com o respectivo trânsito em julgado ou noutro momento, acaso indicado na lei), o numerário devido se transferisse automaticamente para o bolso ou para a conta bancária do autor; infelizmente, o juiz não tem poderes sobrenaturais nem (mais modesta- mente) aptidão mágica e, se lhe é dado produzir efeitos por suas próprias forças no plano do direito, ele é impotente para repetir a façanha no plano dos fatos. Em consequência, para que o que deve ser realmente seja, aqui se toma indispensável uma atividade complementar, também de natureza jurisdicional, mas diversa daquela que o órgão judicial cumpriu no exercício da cognição. Será mister, por exemplo, obter dinheiro mediante a apreensão e alienação de bens do vencido, para entregá-lo ao vencedor, apanhar a coisa onde se ache e trazê-la até este, demolir a construção irregularmente erguida, e assim por diante: variável o plus de uma para outra hipótese, constante a necessidade dele.

Ora bem: concebem-se diferentes caminhos para a consecução desse plus. Um dos mais comuns é o que o Código de 1973, em sua redação originária, regulava basicamente no Livro II, a saber: realização de algo a que, na falta de melhor nome, vamos chamar processo executivo diferenciado, com seus traços clássicos, desde nova demanda do litigante vencedor e citação da outra parte. Mas é claro – e isso dificilmente provocará grande emoção – que o esquema comporta variações, a começar, exemplificativamente, pela dispensa da nova demanda e pela atribuição ao próprio juiz da iniciativa de promover, *ex officio*, a necessária atividade complementar. Não fica sequer excluída, vale recordar, a possibilidade de abrir-se alternativa como a prevista no *supra*citado art. 878 da Consolidação das Leis do Trabalho.

Seguir-se-á porventura que a qualificação da sentença forçosamente há de mudar em função dessa variedade de meios? Atente-se em que o próprio Livro II do Código, tal qual foi concebido, não traçou um único itinerário para a execução de quaisquer sentenças: a despeito de notas comuns, distinguiam-se, desde o início, um procedimento próprio da execução por quantia certa (suscetível, recorde-se, de assumir feitios específicos no caso de ser devedora a Fazenda Pública, ou no de estar em causa dívida alimentar), outro da execução para a entrega de coisa, ainda outro da execução em matéria de obrigações de fazer ou não fazer... Levada às últimas consequências a ideia de que influi na qualificação da sentença a maneira de atuar in concreto a norma sentencial, nunca haveria sido correto falar constantemente de sentença condenatória com referência tanto à que impusesse ao réu prestação pecuniária quanto à que lhe impusesse prestação de outra natureza (entrega de coisa, comportamento consistente num fazer ou não fazer). Teríamos de aplicar denominações distintas a essas várias sentenças – com que vantagem, teórica ou prática, é algo que não se percebe facilmente.

Vamos adiante. Reforma-se o Código, suponhamos, para determinar que o órgão judicial mesmo, em vez de aguardar a iniciativa da parte, assuma desde logo o comando da atividade destinada à efetivação da norma sentencial, em que se contém a exigibilidade de prestação pecuniária. Que mudou, em comparação com a disciplina anterior? Insistirão alguns, como quem recita um mantra: tudo passou a realizar-se no mesmo processo. Temos de confessar a nossa incapacidade de comover-nos a fundo com mudança desse gênero; podemos (e até devemos) louvá-la na medida em que ela constitua fator de efetividade, mas jamais nos animaríamos a reconhecer-lhe a importância científica de uma revolução copernicana.

Houve, sim, tecnicamente, modificação formal; se preferirem, modificação estrutural. Terá havido também modificação *substancial*? O que *in concreto* passou a acontecer é tão diferente assim do que acontecia antes? Permitimo-nos pô-lo em dúvida. Em qualquer caso, cuida-se de levar a cabo uma atividade jurisdicional complementar, tendente a conformar a realidade concreta àquilo que se julgou. A constância desse traço parece-nos muito mais importante que a eventual variação dos revestimentos externos do fenômeno; e tal variação por demais tênue para justificar a convicção de que, na sistemática anterior, se houvesse de qualificar de condenatória a sentença, ao passo que na consequente à reforma ela passe ali a merecer outro rótulo, o de executiva (com o esdrúxulo complemento "*lato sensu*" ou sem ele) – além do que, a seu respeito, já não se possa falar corretamente de execução.

7. Objeta-se que "a distinção entre a eficácia condenatória e a executiva *lato sensu* não reside apenas na circunstância de a primeira ensejar atividade executiva em processo subsequente e a segunda autorizá-lo no próprio processo em curso». Apontam-se outras diferenças, «na esfera dos poderes dos sujeitos processuais»; ressalta-se que, «na execução *ex intervallo* do provimento condenatório, o juiz submete-se a formas relativamente fixas", enquanto "a atuação executiva *lato sensu* não se subordina a modelo rígido e preestabelecido»; e ajunta-se que «é dado ao executado opor-se à efetivação do provimento condenatório mediante ação de embargos – faculdade essa que não se lhe apresenta quando atingido por medidas de execução *lato sensu*"[22]. As observações são feitas com seriedade e merecem ponderação, deixando-se de lado o emprego da locução "*lato sensu*", que nem aí nem alhures se cuida de justificar pelo único meio logicamente concebível (*supra*, nº 1, *fine*).

Tomaremos a liberdade de começar pela última observação. Parece fora de dúvida que o vencido nunca há de ficar ao total desamparo ante excessos ou outras irregularidades porventura ocorrentes quando da efetivação de quaisquer medidas de alcance material (ou de "repercussão física"). Constituiria rematado absurdo negar-lhe a possibilidade de reagir, seja qual for o caminho que para tanto se lhe abra. No processo de execução disciplinado no Livro II do Código, o instrumento forjado para acudir a essa emergência foi a ação de embargos do devedor (*rectius*: embargos à execução), conquanto, em notória construção doutrinária e jurisprudencial, se venha admitindo com certa largueza, cumpre lembrar, outra forma de impugnação, a impropriamente chamada "exceção de pré-executividade"[23]. Para os casos de efetivação da norma sentencial

22 EDUARDO TALAMINI, ob. cit., p. 194.

23 Para a demonstração da impropriedade, vide BARBOSA MOREIRA, *Exceção de pré-executividade: uma denominação infeliz, in Temas de Dir. Proc.* (Sétima Série), cit., p. 119 e s.

independente de processo executivo nos moldes originários do Livro II, não se poderá deixar, à evidência, de abrir ao vencido alguma via análoga[24]; que se lhe chame "embargos" ou se opte por dar-lhe outra denominação é ponto, a nosso ver, secundário.

A maior ou menor rigidez do modelo procedimental, como todo critério quantitativo, tem escassa relevância. Na própria sistemática do Livro II, conforme editado, jamais deixou de haver variações: primordialmente, em atenção à natureza da prestação a que faz jus o vencedor. Daí a diferenciação básica da disciplina: sempre seguiram modelos compreensivelmente desiguais a execução para a entrega de coisa, a execução em tema de obrigações de fazer e não fazer, a execução por quantia certa. Mesmo dentro de cada setor, contudo, a rigidez nunca é absoluta: na hipótese de prestação de fato, há pelo menos a alternativa entre as soluções dos arts. 634 e 637; quanto à de prestação pecuniária, basta recordar a possibilidade da instituição do "usufruto de imóvel ou de empresa", que eventualmente substituirá a expropriação de bens do devedor. De resto, se absoluta fosse a rigidez, nenhum sentido teria a norma do art. 620, de acordo com a qual, "quando por vários meios o credor puder promover a execução, o juiz mandará que se faça pelo modo menos gravoso para o devedor". E, afinal de contas, ao falar de "formas relativamente fixas" (nosso o destaque), claramente se reconhece que a rigidez não é absoluta. A alegada diferença fica, destarte, reduzida a uma diferença de grau[25] insuficiente para fundar classificação de autêntico valor científico.

---

24 Reconhece-o, como não podia deixar de ser, EDUARDO TALAMINI, ob. cit., o qual dedica ao assunto duas páginas (416/7), onde aliás trata em conjunto das hipóteses de efetivação de sentença executiva e de sentença mandamental. Interessante registrar que o autor, para marcar a "diferença crucial' entre a defesa aí passível de apresentação e o oferecimento de embargos de feição tradicional, indica a circunstância de que aquela "não suspenderá a efetivação da sentença" (p. 417; grifado no original). Ora, a suspensão da execução está longe de ser essencial à caracterização dos embargos – tanto assim que, no sistema primitivo do Código, só em determinados casos o recebimento dos embargos suspendia a execução, conforme dispunha *expressis verbis* o art. 741 e decorria também da conjugação de outros textos (arts. 623, 625, 680, 791, nº I). A Lei nº 8.953, de 13-12-1994, é que generalizou o efeito suspensivo dos embargos, entre outros meios pela introdução do atual § 1º do art. 739. A questão é, pois, de política legislativa, e a oscilante preferência do legislador por um ou por outro regime não autoriza ilações de maior envergadura.

25 Em diferente ordem de ideias, admite OVÍDIO A. BAPTISTA DA SILVA. *Teoria geral do processo civil,* Porto Alegre, 1983, p. 273, que "a distinção entre as [sentenças] condenatórias e executivas *lato sensu* (...) não passa de uma questão de grau ou de

Em reforço dessa conclusão, adite-se que, em mais de uma hipótese de conjunção, no mesmo processo, de atividade cognitiva e executiva, a lei preestabelece o procedimento a ser seguido, restando ao órgão judicial pequena (ou nula) margem de escolha. Assim, por exemplo, no despejo, serão de observar-se estritamente as disposições dos arts. 63 e s. da Lei nº 8.245, de 18-10-1991. Tudo isso leva a crer que, afinal de contas, sejam quais forem os acréscimos sugeridos, a essência da distinção entre a sentença condenatória e a chamada executiva, no pensamento dos fautores da autonomia desta classe, só pode residir mesmo na maneira pela qual se conjugam atividade cognitiva e atividade executiva – em outras e mais claras palavras: no fato de que lá se sucedem dois processos formalmente distintos, enquanto aqui (repita-se o mantra) tudo se passa no mesmo processo[26].

8. De acordo com autorizada opinião, entretanto, não seria ainda esse o tópico decisivo. Se bem que não se abandone o acima exposto[27],

---

intensidade do efeito executivo" (grifamos a expressão *lato sensu*, que no original está só entre aspas). O autor, vale ressalvar, não se refere aí ao modelo procedimental; em todo caso, o lanço é significativo e digno de particular atenção.

---

26 São expressivas, a esse respeito, outras passagens de EDUARDO TALAMINI, ob. cit., como a da p. 196, onde se aponta «o elemento identificador da eficácia executiva» nada mais, nada menos que no «de determinar providências de sujeitação independentemente de novo processo" (sem grifo no original). Cf., ainda, o confronto entre a sentença condenatória e a executiva, no capítulo "Conclusão", e o relevo dado aí à questão da dualidade ou unicidade de processos: "a decisão condenatória tem o condão de autorizar o emprego de mecanismos de sujeitação em processo subsequente ; a executiva traz em seu dispositivo a determinação de imediata atuação de meios de sujeitação (sub-rogatórios), independentemente de novo processo" (p. 478: grifos do autor, a quem se deve, salvo engano, o neologismo "sujeitação").

27 Comprova-o, por exemplo, o trecho subsequente ao reproduzido na nota 24, *supra*, onde o autor cujo pensamento estamos agora examinando alude a "execução posterior" quanto à sentença condenatória e a "realização do ato executivo final dentro da demanda de conhecimento" com relação à executiva "*lato sensu*". (Escusado sublinhar que aí se emprega "demanda" em sentido bem diferente do habitual na doutrina brasileira; a linguagem mais corrente falaria em "processo de conhecimento".) Cf. os ensinamentos da p. 267, bem como os contidos noutra obra, anterior, da mesma pena, A ação de imissão de posse, S. Paulo, 1981, p. 61: nas ações executivas *lato sensu*, "a atividade executória não é diferida para outro processo, como ocorre nas ações denominadas condenatórias": ao contrário, "o

procura-se captar em nível mais profundo o "critério científico" da distinção entre sentença condenatória e sentença executiva (com o complemento de costume). Para evitarmos o risco de involuntária infidelidade, é preferível transcrever o trecho mais importante – com todas as peculiaridades de redação, em português e em latim: "E o critério científico para determinar-se se uma certa demanda deve ser condenatória ou executiva *'lato sensu'* (...) está em que, nas primeiras, a demanda contida no processo de conhecimento, não decide sobre a legitimidade ou ilegitimidade da posse exercida pelo condenado sobre o bem que será afetado pela atividade executória, na demanda subsequente de execução forçada; enquanto nas executivas 'lato sensu' a questão da legitimidade da posse do demandado faz parte da *res in iudicio deducta* da ação que, se não fosse isso, seria condenatória"[28].

Desloca-se assim o problema para o campo do direito material – o que, obviamente, não se diz à guisa de objeção, e sim de mera constatação. Só nos permitimos acrescentar que, para assegurar a homogeneidade do critério – imprescindível a qualquer classificação que se preze –, teremos de caracterizar também com base no direito material a sentença declaratória, a constitutiva, a condenatória e, se quisermos reconhecer-lhe autonomia, a mandamental. Sem isso, não se passará de um arremedo torto de classificação – em linguagem mais desabrida, um aleijão classificatório.

Ponto que chama a atenção na proposta em foco é a constante referência à posse, considerada em si mesma ou como emanação da propriedade. Ela gera a impressão de que só nesse campo assume relevância a diferença entre sentença condenatória e sentença executiva (*"lato sensu"* que seja). A impressão fica reforçada à vista de outros assertos, como

---

ato final executório continua a ser ato do 'processo de conhecimento', sem distender-se até transformar-se numa nova ação subsequente à sentença" (grifado no original).

---

28 OVÍDIO A. BATISTA DA SILVA, *Teoria ger. do proc. civ.*, cit., p. 274. Fazemos questão de deixar claro que as únicas alterações por nós introduzidas na transcrição se resumem no uso do itálico, em que tomamos a liberdade de grafar a locução *"lato sensu"* e pelo qual substituímos o negrito (ou negrita) do original nas palavras "legitimidade ou ilegitimidade da posse". Em tudo mais, inclusive na pontuação, copiamos à risca o que se lê no livro. O passo suprimido "(...)" não contém mais que a remissão do autor a passagens de *A ação de imiss. de posse*, na qual já se expunha a matéria em termos semelhantes.

o de que são executivas, de modo geral, as sentenças de procedência em "ações pelas quais se procurem tomar efetivas as pretensões à restituição de coisas infungíveis, ou mesmo de universalidades, como pode ocorrer com as pretensões à entrega da herança"[29]. A partir daí, ter-se-ia de enfrentar a problemática atinente ao tipo (ou aos tipos) de relações jurídicas materiais suscetíveis de constituir objeto das chamadas sentenças executivas: para começar, a questão de saber se estas se limitam ao âmbito dos direitos reais, ou se estendem ao terreno obrigacional[30].

9. Não nos aventuraremos a semelhante exploração. E a razão é simples: quer-nos parecer que todo o esforço aplicado na construção sob exame visa, no fundo, a encontrar uma explicação ou justificação, no plano material, para as características formais do modo pelo qual se busca dar efetividade à norma concreta formulada na sentença. Em última análise, todavia, a diferença perceptível, ao ângulo processual, é a que consiste na contraposição entre a necessidade de dois processos consecutivos (sentença condenatória) e a suficiência de um único processo (sentença executiva «lato sensu») para a satisfação prática da parte vitoriosa. Pouco persuasiva soa a afirmação, lançada a tal propósito, de que a sentença condenatória se caracterizaria por uma "natural insuficiência" para conduzir à satisfação prática do vencedor[31]. A insuficiência – se com essa expressão se quer aludir ao fato de precisar-se, para satisfazê-lo, de processo executivo de molde "clássico" – decorre da lei; e é perfeitamente concebível que cesse *ex vi legis*: basta uma reforma legislativa a estatuir que a efetivação da norma sentencial se passe a fazer por via diversa da tradicional. Ora, isso não só é concebível, mas já está acontecendo: haja vista a mudança, operada pela Lei nº 10.444, de 7-5-2002, no regime da entrega de coisa pleiteada com fundamento em título judicial. A atual disciplina, tal qual se reflete na redação do art. 461-A do Código de Processo Civil, dispensa nova demanda, nova citação do vencido, e muito

---

29 *A ação de imiss. de posse*, cit., p. 61.

30 Como sustenta ARAKEN DE ASSIS. Manual do processo de execução, 8ª ed., S. Paulo, 2002, p. 93, no particular em divergência com OVIDIO A. BAPTISTA DA SILVA, de quem são citadas na nota 86, passagens onde a "força executiva" aparece constantemente ligada a ações (*rectius*: pretensões) de natureza real.

31 Assim, OVÍDIO A. BAPTISTA DA SILVA, *Curso de processo civil*, v. II, Porto Alegre, 1990, p. 150.

se avizinha, no essencial, do modelo da reintegração de posse[32]. Decerto, sublinhe-se, não é a sentença, por si só, que modifica o mundo fático em benefício do autor vitorioso: aqui, como em tantos outros exemplos apontados de sentenças executivas, é sempre necessária uma atividade jurisdicional complementar, e a circunstância de realizar-se essa atividade no mesmo processo ou em processo formalmente distinto não tem o magno relevo que se lhe pretende atribuir.

10. Até aqui, temo-nos ocupado em impugnar a proposta de criação de uma classe especial de sentenças com base na particularidade do modo pelo qual se torna efetiva a norma sentencial – sempre a reclamar, insista-se, o exercício de atividade jurisdicional complementar. Resumindo o que já foi dito, não nos parece que ofereça fundamento sólido a tal proposta o simples fato de dispensar-se nalguns casos a realização de processo executivo diferenciado, ou – em outras palavras – a aglutinação, num só processo, de toda a atividade jurisdicional, cognitiva e executiva. Com isso, porém, não fica excluída a possibilidade de empregar-se legitimamente a expressão "sentença executiva" (sem complemento), a propósito de figura cujas características na verdade a distingam com maior nitidez da condenatória. Se não basta a mera circunstância de realizar-se por outra forma a atividade complementar, daí não se segue que seja igualmente irrelevante a total dispensa de semelhante atividade. Sentença que não necessite, para satisfazer por completo a parte vencedora, de qualquer ato subsequente é sentença que se afasta incomparavelmente mais do modelo condenatório tradicional do que sentença que ainda necessite de algum ato, praticado que seja no mesmo processo. Não há quem não perceba a distância abissal entre os dois fenômenos. Acontece que existem, no nosso e noutros ordenamentos, sentenças dotadas da nota essencial que se acaba de apontar. Entre nós, *de lege lata*,

---

32 Ao ver de ARAKEN DE ASSIS, ob. cit., p. 47617. "o art. 461-A, *caput*, incorreu no equívoco" de pensar "que a simples modificação da estrutura transformaria todas as ações em executivas *lato sensu*": e adita que "à técnica do processo se revelará impossível transformar todas as pretensões em reais, a fortiori, a todo efeito executivo em imediato". Em nossa opinião, seja qual for o juízo que se faça da reforma, afigura-se temerário atribuir-lhe tão ambiciosos propósitos. Por outro lado, construções científicas não podem deixar de levar em conta os dados do *ius positum*, tal qual é, quer nos agrade, quer não. Se o direito positivo desautoriza uma classificação concebida *a priori*, é essa classificação que se tem de rever – e ajustar ao direito positivo. O mais são castelos no ar.

constitui perfeito exemplo a sentença a que se refere o art. 641 do Código de Processo Civil: "Condenado o devedor a emitir declaração de vontade, a sentença, uma vez transitada em julgado, produzirá todos os efeitos da declaração não emitida"[33]. Salta aos olhos que não é razoável encambulhar na mesma classe sentença desse teor com outras – do tipo da que decreta o despejo, ou da que julga procedente o pedido na ação de depósito. Aplicar o mesmo rótulo ("executivas", mesmo com o complemento "*lato sensu*" a todas essas sentenças é tomar indesejavelmente equívoca a expressão, que ora significará uma coisa, ora outra bem diferente.

Muito se tem discutido em doutrina sobre a qualificação da sentença agora em foco. Na Alemanha, com relação à figura correspondente predomina a opinião que a reputa condenatória[34]; e essa há de ser a opção de quem se apegue à letra da lei: tanto lá como cá, os textos usam o termo "condenado". Já na Itália, muitos autores preferem incluí-la entre as "constitutivas"[35]; e o mesmo, a despeito da dicção legal, vem ocorrendo entre nós[36].

---

33 Outro exemplo é o do art. 7º, § 7º, da Lei nº 9.307, de 23-9-1996: a sentença adversa ao contratante que resiste à instituição da arbitragem, apesar de haver no contrato cláusula compromissória, "valerá como compromisso arbitral", sem necessidade de praticar-se qualquer outro ato. No plano comparatístico, referência obrigatória é o § 894, nº l, princípio, da ZPO alemã, verbis: "*Ist der Schuldner zur Abgabe einer Willenserklärung verurteilt, so gilt die Erklärung als abgegeben, sobald das Urteil die Rechtskraft erlangt hat*". A fórmula brasileira tem a superioridade técnica de evitar o desnecessário recurso à ficção jurídica, atendo-se realisticamente à equiparação de efeitos: a respectiva adoção marcou sensível progresso em confronto com o estatuto processual de 1939, cujo art. 1.006, *caput*, rendia tributo, como o ordenamento tedesco, à ideia de ficção: "Condenado o devedor a emitir declaração de vontade, *será esta havida por enunciada* logo que a sentença de condenação passe em julgado".

34 Vide, por todos, ROSENBERG-SCHWAB-GOTTWALD, *Zivilprozessrecht*, 15ª ed. Munique. 1993, p. 527.

35 Nesse sentido pronunciava-se CHIOVENDA, no famoso ensaio Dell'azione nascente dal contratto preliminare, publicado em 1911 na *Rivista di diritto commerciale* e incorporado ao volume dos *Saggi di diritto processuale civile*. Roma, 1930, p. 101 e s. (o passo aqui relevante está na p. 110). Outras indicações em BARBOSA MOREIRA, Aspectos da "execução" em matéria de obrigação de emitir declaração de vontade, *in Estudos de Direito Processual em memória de Luiz Machado Guimarães*, Rio de Janeiro, 1999, p. 16, nota 22. Na própria Alemanha já houve quem outrora assim opinasse: para referências, *vide* SCHLOSSER, *Gestaltungsklagen und Gestaltungsurteile*, Bielefeld, 1966, p. 33, nota 19.

36 *V.g.*, na mais recente literatura, CÂNDIDO DINAMARCO, Instituições de Direito Processual Civil, v. III, 2ª ed. S. Paulo, 2002, p. 248, 252 e s.

A fisionomia da sentença não deixa de apresentar uma curiosidade. Do ponto de vista de sua eficácia, por dispensar qualquer atividade jurisdicional complementar para a satisfação concreta do autor vitorioso, ela sem dúvida se irmana às sentenças constitutivas. Já pelo conteúdo, afasta-se dessa classe e aproxima-se das condenatórias, por não dizer respeito a direito potestativo[37], e sim a direito a uma prestação (consistente, bem se vê, na emissão, recusada pelo devedor, da declaração de vontade). Em tal perspectiva, a escolha fica dependente do critério que se adote para fundar a classificação.

Mas é possível contornar o dilema. A sentença sob exame tem suficientes traços de singularidade para justificar uma qualificação própria. Se alguma faz jus a chamar-se "executiva", nenhuma outra lhe pode nisso levar a palma[38]. Não que ela deva ser embutida em classe dessa denominação, como se vem sustentando, junto com a de despejo, a de reintegração de posse e quantas mais se tornem efetivas mediante atividade jurisdicional complementar, distinta da execução de feitio "clássico" (sobretudo porque realizável no mesmo processo). Seria querer somar quantidades heterogêneas. A sentença do art. 641 do Código de Processo Civil e as que a ela se assimilem têm de ser enquadradas noutra moldura.

Cumpre, em todo caso, respeitar a regra básica de qualquer classificação: a de que o critério discretivo há de ser homogêneo. Juntando as pontas dos vários fios, pode-se armar esquema fundado nos efeitos das sentenças, de tal maneira que, de um lado, fiquem as que necessitam, para fazer efetiva a tutela, de uma atividade jurisdicional complementar (seja qual for a respectiva forma) e, de outro, as que prescindem de tal atividade. Como arrumar o conteúdo desta classe? Nela acharia espaço, é

---

37 É clássica a correlação entre sentença constitutiva e direito potestativo; remonta pelo menos a HELLWIG, *Lehrbuch des deutschen Zivilprozessrechts*, Aalen, 1968 (reimpressão), v. I, p. 393 e s.: *System*, cit., p. 273 e s.; e principalmente *Anspruch und Klagrecht*, Aalen, 1967 (reimpressão), p. 443 e s. Encampa-a, entre nós, CÂNDIDO DINAMARCO, ob. e v. cit., p. 249/50 – o que contradiz a opção do autor pela qualificação de constitutiva para a sentença do art. 641.

38 Há mais de setenta anos, é oportuno averbar, apontava CALAMANDREI na decisão de que se cuida um «ato de execução forçada» (*La sentenza come atto di esecuzione forzata*, ensaio publicado em 1931 e agora incorporado ao v. IX das *Opere giuridiche*, Nápoles, s.d., p. 344 e s.); acompanhou-o, no Brasil, BUENO VIDIGAL, *Da execução direta das obrigações de prestar declaração de vontade, in Direito Processual Civil*, S. Paulo, 1965, p. 176. Desse pensamento já nos aproximáramos desde o ensaio cit. na nota 34, *supra*, p. 216/7.

óbvio, a sentença meramente declaratória, que não será difícil distinguir das outras, porque tem efeito simplesmente certificativo: não influi na situação jurídica preexistente senão na medida em que lhe agrega uma certeza jurídica oficial. Dela se diferenciam as sentenças que (sempre por sua própria força, independentemente de qualquer atividade jurisdicional complementar) modificam a situação jurídica preexistente. Ao especificar estas últimas, não ofenderia a regra básica adotar critério de distinção fundado no conteúdo: não estaríamos misturando os dois critérios, senão apenas abrindo uma subdivisão, passando pois a nível diverso, segundo novo critério, também homogêneo. Assim teríamos, como subclasses, a sentença constitutiva e a sentença executiva, as quais se distinguiriam uma da outra por concernir aquela a direitos potestativos, esta a direitos a uma prestação. Se se quiser aplicar denominação própria à classe de que elas são subclasses, parecerá inadequada a de sentenças modificativas – entenda-se: modificativas do estado de direito, não do estado de fato.

A exigência capital, a que não nos podemos furtar, está em não enfiar no mesmo saco, sob a etiqueta despistadora e equívoca de "sentenças executivas *lato sensu*", figuras substancialmente díspares como são as sentenças do tipo da prevista no art. 641 do Código de Processo Civil, que se bastam a si mesmas como instrumento de tutela, e outras que ainda reclamam, para a satisfação concreta do vencedor, atividade jurisdicional complementar, a realizar-se – pouco importa aqui – por esta ou aquela forma, no mesmo processo ou em processo subsequente. Tenha-se em mente a lição carneluttiana consoante a qual o direito é "uma ciência de nomes e evite-se apor um único a realidades que estão muito longe de igualar-se.

Outubro de 2003.

COMENTÁRIOS DOS ATUALIZADORES

SENTENÇA EXECUTIVA?

Aluisio Gonçalves de Castro Mendes/Carolina Paes de Castro Mendes[39]

Em texto escrito em outubro de 2003, José Carlos Barbosa Moreira analisa a denominação "sentença executiva *lato sensu*", cunhagem atribuída a Pontes de Miranda em seu Tomo VII do Tratado das Ações[40], obra produzida ainda sob a égide do Código de Processo Civil de 1939, cujo Livro IV, Título I, artigos 298 a 301 previa e disciplinava a ação denominada "executiva".

As lições de José Carlos Barbosa Moreira, construídas à luz do Código de Processo Civil de 1973, permanecem relevantes e atuais diante da vigência Código de Processo Civil de 2015.

Como apontado pelo autor, ainda durante a vigência do Código de Processo Civil de 1973, com o advento da Lei nº 10.444, de 2002, tornou-se possível, em termos genéricos, diante da previsão contida no art. 273, antecipar efeitos da tutela jurisdicional, estabelecendo a tutela antecipada, com a prática imediata de atos destinados a efetivá-la, bem como, no regime da entrega de coisa pleiteada com fundamento em título judicial. Esta última, com a inclusão do artigo 461-A, prevendo a possibilidade de execução, no mesmo processo, para a entrega de coisa fundada em título judicial.

Poucos anos depois, em 2005, materializaram-se as alterações legislativas que começaram a ser elaboradas ainda em 2001, por uma comissão de juristas presidida pelo então Ministro do Superior Tribunal de Justiça (STJ) Athos Gusmão Carneiro. O objetivo era propor uma fase executiva dentro de um único processo, para que não houvesse a necessidade de se iniciar um novo processo, destinado à efetivação do julgado.

---

39 A atualização do texto contou com a fundamental participação e colaboração de **Larissa Clare Pochmann da Silva**, graduada e pós-doutora pela Faculdade de Direito da Universidade do Estado do Rio de Janeiro (UERJ), mestre, doutora, e professora do Programa de Pós-Graduação em Direito da Universidade Estácio de Sá (Unesa).

40 MIRANDA, Pontes de. *Tratado das Ações*. Tomo VII. São Paulo: RT, 1971.

Como decorrência dos trabalhos da comissão, foi sancionada a Lei nº 11.232/2005. A sistemática das sentenças condenatórias não exigiu mais, como regra, para a sua materialização, em caso de não cumprimento voluntário por parte do condenado, a instauração de um novo processo, de execução[41]. Pelo sistema reformado, a execução baseada em título executivo judicial (artigo 475-N do Código de Processo Civil de 1973), em face de particulares, ocorreria, em regra, no mesmo processo em que se formou o título exequendo, não se fazendo mais necessária, portanto, a instauração de processo autônomo, destinado especificamente a promover os atos executivos. Por isso, trata-se de execução imediata (ou *sine intervallo*), dentro de um processo único ou sincrético.

No Código de Processo Civil de 2015, a referida sistemática do cumprimento da sentença, ou dos títulos judiciais, nos termos do artigo 513 e seguintes, foi organizada no Título II, dentro do Livro I, que passou a indicar o caráter sincrético do processo no seu próprio título, com a referência expressa ao processo de conhecimento e ao cumprimento da sentença. No referido Título II, encontram-se, além das disposições gerais, normas específicas dispostas nos referidos capítulos, sobre o cumprimento provisório e definitivo de obrigação de pagar quantia certa, de prestar alimentos, contra a Fazenda Pública e de obrigação de fazer, de não fazer ou de entrega de coisa.

É de se registrar que os exemplos apontados por Barbosa Moreira no texto permaneceram vigentes, no Código de Processo Civil de 2015. Nesse sentido, *v.g.*, o procedimento especial das ações da manutenção e da reintegração de posse tem a liminar prevista no artigo 562, e, nos embargos de terceiro, a expedição de mandado de manutenção ou reintegração da posse contemplada no artigo 678 do CPC-2015. Por fim, o autor apontou, ainda, que a sentença de emissão de vontade, prevista no artigo 641 do Código de 1973, atualmente contemplada no artigo 501 do Código de Processo Civil, dispensa qualquer atividade jurisdicional complementar para a tutela do autor.

Em relação à efetivação da tutela antecipada, o Código de Processo Civil de 2015 contemplou o tema nas disposições sobre tutela provisória, prevendo, em seu artigo 297, parágrafo único, que a efetivação

41 MENDES, Aluisio Gonçalves de Castro. *Teoria geral do processo*. Rio de Janeiro: *Lumen Juris*, 2009.

da tutela provisória observará as normas referentes ao cumprimento provisório da sentença.

Quanto ao processo de execução, propriamente dito, o Código de Processo Civil de 2015 conferiu o Livro II da Parte Especial. Consignou, no entanto, no seu primeiro artigo, 771, nas disposições gerais, que o respectivo Livro regula o procedimento da execução fundada em título extrajudicial.

EM DEFESA DA REVISAO OBRIGATÓRIA DAS SENTENÇAS CONTRÁRIAS À FAZENDA PÚBLICA[1]

1. As sentenças contrárias à Fazenda Pública ficam obrigatoriamente sujeitas à revisão em segundo grau – agora, com as restrições introduzidas pela Lei nº 10.352, de 26-12-2001, que, modificando o art. 475 do Código de Processo Civil, excluiu a incidência da regra:

a) "sempre que a condenação, ou o direito controvertido, for de valor certo não excedente a 60 (sessenta) salários mínimos, bem como no caso de procedência dos embargos do devedor na execução de dívida ativa do mesmo valor" (atual § 2º do art. 475);

b) "quando a sentença estiver fundada em jurisprudência do plenário do Supremo Tribunal Federal ou em súmula deste Tribunal ou do tribunal Superior competente" (atual § 3º do art. 475). A redação do § 2º não é um primor de elegância e precisão. Fala em "dívida ativa do mesmo valor" para referir-se à dívida ativa (expressão, por sinal, já de si criticável, embora usual) de valor não superior ao limite fixado na primeira parte; melhor se diria "dívida ativa de valor não superior àquele limite", ou "ao mesmo limite". A rigor, poderia ser mais sucinto o dispositivo, e provavelmente não o é por ter querido acompanhar à risca o perfil redundante do *caput*. Com efeito, alude-se aí, no inciso I, à sentença "proferida contra a União, o Estado, o Distrito Federal, o Município e as respectivas autarquias e fundações de direito público", e no inciso II, à "que julgar procedentes, no todo ou em parte, os embargos à execução de dívida ativa da Fazenda Pública" – com superposição ao menos parcial, já que, se movida a execução fiscal por qualquer das entidades arroladas no inciso I, bastaria este para cobrir a hipótese de procedência dos embargos.

Deixemos de lado, porém, questões desse gênero e concentremo-nos na regra da obrigatoriedade da revisão. Dela, advirta-se, só nos ocuparemos aqui na extensão a que ficou reduzida, no Código, após a eli-

1 Versão revista de artigo publicado *in Rev. Dialética de Dir. Proc.*, nº 19, *Rev. de Dir. Renovar*, nº 30, *Rev. Síntese de Dir. Civ. e Proc. Civ.*, nº 32. *Ajuris*, nº 96, *Rev. da Proc.-Ger. do Estado do Rio de Janeiro*, v. 58: *Rev. da Proc.-Geral do Est. de S. Paulo*, nº 59/60, *Rev. da Proc.-Ger. do Est. do Acre*, nº 3.

minação, também por força da Lei nº 10.352, da outra hipótese prevista no texto primitivo, a saber, a da sentença que invalidasse o casamento (antigo inciso I do art. 475).

2. Cuidadosa investigação histórica, feita por estudioso de grande autoridade, concluiu que o instituto lança raízes no antigo processo penal português, e que sua consagração no processo civil brasileiro remonta ao art. 90 da Lei de 4-10-1831[2]. Ele aparecerá mais tarde na Consolidação das disposições legislativas e regulamentares concernentes ao processo civil, de 1876 (obra do Conselheiro RIBAS), art. 1.526, o qual faz remissão aos arts. 964, 966, 1.048 e 1.091; destes interessa em particular o art. 1.048, relativo às "causas fiscais", e nomeadamente ao caso de sentença que excedesse a alçada do juiz e fosse contrária à Fazenda Pública.

No período republicano, ao tempo da dualidade de competência para legislar sobre direito processual, cabe exemplificar com o art. 1.445, nº 3, do Código de Pernambuco (Lei nº 1.763, de 16-6-1925), atinente à "sentença proferida contra a Fazenda estadual ou municipal". Recebeu o instituto o Código nacional de 1939, no art. 822, parágrafo único, nº III, concernente às sentenças "proferidas contra a União, o Estado ou o Município" (os outros incisos diziam respeito a matérias diferentes). Leis extravagantes também o consagraram, v. g. o Decreto-lei nº 3.365 (Lei das Desapropriações), no art. 28, § 1º, em termos restritos, com referência à sentença que fixasse o preço da desapropriação "em quantia superior ao dobro da oferecida", e a Lei nº 1.533, de 31-12-1951, no tocante à sentença concessiva de mandado de segurança (art. 12, parágrafo único).

O Anteprojeto de novo Código de Processo Civil, redigido pelo mesmo jurista a que acima se aludiu e publicado em 1964, pretendeu abandonar a orientação tradicional. Procurou o autor justificar a guinada no item 34 da Exposição de Motivos apresentada ao Ministro da Justiça, com argumentos que a seu tempo se examinarão. Viria, contudo, a mudar de opinião ele próprio: o projeto encaminhado em 1972 ao Congresso Nacional, durante sua gestão como Ministro da Justiça, no art. 479, retomava o fio da tradição, sujeitando à revisão obrigatória em segundo grau a sentença "proferida contra a União, o Estado e o Município" (inciso II)

2 ALFREDO BUZAID. *Da apelação ex officio no sistema do Código do Processo Civil*, S. Paulo, 1951, p. 23 e s. (espec. 30 e 32/4).

e a que julgasse "improcedente a execução de dívida ativa da Fazenda Pública" (inciso III). A dicção, neste, era manifestamente atécnica, visto que não há lugar, na execução, para julgamento de improcedência: a sentença de que se queria falar era a que julgasse procedentes os embargos à execução fiscal - coisa bem diversa. O defeito subsistiu no art. 475, nº III, do Código de 1973[3], mas foi corrigido pela Lei nº 10.352.

3. Antes de passarmos ao tópico central deste trabalho - a saber, à tentativa de justificar-lhe o título -, diremos duas palavras sobre questão que fez derramar muita tinta, máxime sob o estatuto de 1939, mas que, ao nosso ver, sempre teve sabor exclusivamente acadêmico e está de todo superada. Trata-se da controvérsia sobre a natureza jurídica da revisão obrigatória.

As leis anteriores ao vigente estatuto processual costumavam empregar, ao propósito, a expressão "apelação necessária ou *ex officio*": assim, textualmente, o art. 822, *caput,* do Código de 1939. Ela se opunha à "apelação voluntária", e a seu respeito estabeleciam os textos que o próprio juiz a interporia na sentença (cf. o dispositivo citado, *fine*).

As óbvias dessemelhanças entre essa figura e a da denominada "apelação voluntária" levaram muitos a sustentar que não se cuidava de verdadeiro recurso. Mas a longa discussão travada ao propósito padecia de vício radical. Partiam os críticos de um conceito apriorístico de recurso; e, como a "apelação necessária" não se enquadrava em tal conceito, negavam-lhe foros de cidadania no terreno recursal. Havia aí patente inversão metodológica: tinha-se de partir, ao contrário, da sistemática legal, para, à luz dela, construir o conceito de recurso. Tomamos a liberdade de reproduzir aqui trecho de obra escrita há quase quarenta anos, mas representativo, ainda hoje, do nosso pensamento: "Não há nenhum céu de puras essências, onde se logre descobrir um conceito de recurso anterior ao que revela o sistema da lei. (...) Recurso, para o jurista brasileiro, há de ser tudo aquilo (e só aquilo) que o direito brasileiro considera recurso e como tal disciplina"[4]. Análogas observações - diga-se

---

3 Os comentadores não deixaram de assinalar a impropriedade: *vide*, por exemplo, ERNANE FIDÉLIS DOS SANTOS, *Comentários ao Código de Processo Civil*, v. III, t. 1, Rio de Janeiro, 1980, p. 349.

4 BARBOSA MOREIRA. *O juízo de admissibilidade no sistema dos recursos civis.* Rio de Janeiro, 1968, p. 10 (grifas do original).

de passagem – aplicam-se atualmente aos embargos de declaração, a que alguns se obstinam em negar índole recursal, a despeito da nítida opção (boa ou má, como se queira) do legislador de 1973, que assim deles tratou.

O que se podia legitimamente discutir era a conveniência, de lege ferenda, de manter a configuração tradicional da revisão obrigatória, ou de dar-lhe feição diversa. Optou o vigente código- e ao nosso ver andou bem – pelo segundo termo da alternativa. Agora, de *lege lata*, é insustentável a inclusão da figura entre os recursos. A descabida alusão do texto primitivo à "apelação voluntária da parte vencida" (como se outra espécie houvesse) no então parágrafo único do art. 475, era simples cochilo[5], que a Lei nº 10.352 em boa hora corrigiu: a redação do atual §1º fala de "apelação", tout court – e ninguém se enganará sobre o objeto da referência.

4. Vamos, então, ao principal. A obrigatoriedade do reexame em segundo grau das sentenças desfavoráveis à Fazenda Pública tem sido alvo de reiteradas e veementes críticas, feitas por diferentes ângulos, e algumas por vozes de grande autoridade. De vez em quando, por ocasião dos trabalhos preparatórios de alguma das constantes reformas do estatuto processual, surgem propostas de eliminação do instituto. Convém passar em revista os argumentos que se têm brandido para combatê-lo:

a) os incisos do art. 475 relativos às mencionadas sentenças seriam incompatíveis com o princípio constitucional da isonomia, por darem tratamento privilegiado a uma classe de litigantes[6];

---

5 Inconsistente o argumento que do mero adjetivo "voluntária" quis tirar PONTES DE MIRANDA, *Comentários ao Código de Processo Civil* (de 1973), t. V. Rio de Janeiro, 1974, p. 215: "Portanto, há a apelação de ofício, porque se fez implícita a referência, uma vez que se adjetivou a outra espécie de apelação (apelação voluntária). Se há apelação voluntária, há necessária ou de ofício" (grifado no original). Também SERGIO BERMUDES, *Comentários ao Código de Processo Civil*, v. VII, S. Paulo, 1977, p. 129, permaneceu fiel, sob o estatuto de 1973, à classificação "apelação voluntária – apelação necessária".

6 Assim, por exemplo, ADA PELLEGRINI GRINOVER. Os princípios constitucionais e o processo civil. S, Paulo. 1975. p. 42 e s.: ROGÉRIO LAURIA TUCCI-JOSÉ ROGÉRIO CRUZ E TUCCI, *Constituição de 1988 e processo*, S. Paulo, 1989, p. 56: ORESTE NESTOR DE SOUZA LAPRO, *Duplo grau de jurisdição no direito processual civil*. S. Paulo, 1995, p. 171; CÂNDIDO DINAMARCO, *A reforma da reforma*, S. Paulo. 4ª ed. 2002, p. 127: JOSÉ ROGÉRIO CRUZ E TUCCI, *Lineamentos da nova reforma do CPC*, S. Paulo, 2002, p. 46/8.

b) A obrigatoriedade da revisão constitui "estranhíssima peculiaridade do direito processual civil brasileiro, desconhecida em ordenamentos europeus de primeira linha[7];

c) Inclui-se o instituto entre "certos marcos autoritários da ditadura getuliana", herdados do "estatuto precedente", e "de visíveis moldes fascistas porque obsessivamente voltados à tutela do Estado"[8];

d) os interesses da Fazenda são suficientemente defendidos em juízo pelos procuradores das entidades públicas[9];

e) o supressão da obrigatoriedade aliviaria consideravelmente os tribunais[10] – contribuindo, presume-se, para diminuir a excessiva demora dos processos.

5. A autoridade dos críticos e o respeito intelectual que inspiram estão a exigir que se analisem com atenção os argumentos acima expostos em resumo. Passamos a examiná-los um por um:

a) já é cediça e dispensa demonstração a tese de que isonomia não significa tratamento sempre absolutamente igual, mas tratamento igual na medida da igualdade e desigual na medida da desigualdade. Em suma: o critério decisivo é o da igualdade substancial, e não o da igualdade formal. À Fazenda Pública atribuem-se prerrogativas, como a de prazos mais longos (ex.: art. 188 do CPC), "em obediência ao princípio da igualdade real e proporcional, que impõe tratamento desigual aos desiguais, a fim de se atingir a igualdade substancial"[11]. Ela não pode ser

7 CÂNDIDO DINAMARCO, ob. cit., p. 126. Segundo ORESTE NESTOR DE SOUZA LAPRO, ob. cit., p. 169, «trata-se de instituto sem parâmetros na legislação comparada»; abona-se o autor com passagem de ALFREDO BUZAID, ob. cit. na nota nº 1, *supra*, p. 7 ("instituto sem correspondência no direito comparado"), todavia escrita mais de meio século atrás e, conforme se demonstrará, desatualizada.

8 CÂNDIDO DINAMARCO, ob. cit., p. 126.

9 ALFREDO BUZAID, ob. cit., p. 57 (onde se agrega menção ao Ministério Público, que todavia exerce no processo, ao menos em nossos dias, funções distintas, inconfundíveis com a proteção dos interesses da Fazenda).

10 ALFREDO BUZAID, *ibid.*

11 As palavras transcritas são de ADA PELLEGRINI GRINOVER, ob. cit., p. 33, que porém tacha de excessivo o favorecimento da Fazenda no sistema do Código de 1973 e, como se averbou (nota 5, *supra*), inclui a revisão obrigatória das sentenças contrárias àquela entre os excessos condenáveis.

equiparada a um litigante qualquer, dada a natureza dos interesses que representa. Voltaremos ao ponto na análise do argumento indicado *sub c*.

Acrescentem-se *a latere* duas observações. Primeira: sendo o advento do Código anterior ao da atual Constituição da República, a rigor não se deveria falar em inconstitucionalidade, mas em revogação dos indigitados incisos do art. 475 pela Carta de 1988; a isso se objetará, porém, que a Constituição precedente (de 1969), sob a qual entrou em vigor o diploma de 1973, também consagrava o princípio da isonomia (art. 153, § 1º), de modo que o vício seria originário. Segunda: a esta altura, é puramente acadêmica a increpação; antes e depois da Carta de 1988, os tribunais brasileiros têm aplicado tranquilamente, com certeza milhares de vezes, as disposições em foco[12], e não consta sequer que a respectiva vigência ou validade haja sido formalmente impugnada perante eles. Estamos, pois, diante de *ius receptum*, a cujo respeito só *de lege ferenda* vale a pena contender.

b) A obrigatoriedade do reexame, nos casos que aqui interessam, não constitui peculiaridade do ordenamento brasileiro[13]. É certo que não a consagram as mais conhecidas legislações processuais civis europeias. Mas parece supérfluo obtemperar que um instituto não pode ser condenado apenas por não o adotarem essas legislações: do contrário, teríamos de expurgar do nosso sistema jurídico, por exemplo, o mandado de segurança, sem correspondente exato em nenhuma delas. Mais de um código estrangeiro torna necessária a revisão das sentenças contrárias aos entes públicos; entre eles figura o colombiano, de 1970 (art. 386, 1ª parte)[14], re-

12 O Superior Tribunal de Justiça. *v.g.*, incluiu na Súmula de sua jurisprudência predominante a proposição "No reexame necessário, é defeso, ao Tribunal agravar a condenação imposta à Fazenda Pública" – a qual, obviamente, pressupõe o reconhecimento da vigência e validade dos textos em questão. De modo mais direto, o Tribunal Regional Federal da 3ª Região proclamou que "o art. 475, inciso II, do Código de Processo Civil foi recepcionado pela vigente Constituição Federal" (Súmula nº 10).

13 Já há vários anos denunciamos o equívoco, exemplificando, no artigo intitulado *Juízo de retratação e reexame obrigatório em segundo grau* e inserto na Sétima Série dos *Temas de Direito Processual*, S. Paulo, 2001, p. 87 e s. (o trecho relevante está na p. 91).

14 Eis o texto, na redação dada pelo Decreto nº 2.282, de 1989, que modificou ligeiramente a anterior: "*Las sentencias de primera instancia adversas a la Nación, los departamentos, las intendencias, las comisarías, los distritos especiales y los municipios, deben consultar-se con el superior siempre que no sean apeladas por sus representantes o apoderados*" (consulta é a denominação espanhola do instituto).

conhecidamente um dos mais bem-feitos e progressistas da América Latina.

Por outro lado, a inexistência de disposição análoga às do art. 475 pátrio nas leis processuais europeias de maneira alguma significa que aqueles ordenamentos deem ao Poder Público, quando litiga, tratamento igual ao de qualquer outro litigante. A verdade é bem outra: o tratamento varia, sim, conquanto por formas diferentes, algumas até mais radicais que a visada pela crítica. Basta ver que diversos ordenamentos europeus, indubitavelmente "de primeira linha", chegam a subtrair à Justiça comum, em regra, os litígios em que seja parte a Administração Pública, para confiá-los a outro conjunto de órgãos, que não integram necessariamente o mecanismo judicial e podem fazer parte do próprio aparelho administrativo.

Exemplo clássico é o "contencioso administrativo" francês, cujos órgãos são ligados à Administração Pública e não se situam no âmbito da Justiça *stricto sensu*. O órgão de cúpula é o Conseil d' État, não a Cour de Cassation. Não estamos diante de mera separação formal: o processo, lá, assume fisionomia própria, tem características que nitidamente o distinguem do processo judicial[15]: por exemplo, nele, tradicionalmente, o princípio da publicidade não tem vigorado nos mesmos termos que em juízo[16]. Tal diferenciação resulta justamente da presença da Administração Pública na condição de parte[17]. A doutrina, *expressis verbis*, nega que seja total a igualdade entre o particular e a Administração; e aponta exemplos da diversidade de tratamento. Entre eles mencionam-

15 O *contentieux administratif* não se submete às regras do processo civil: «*Le Code de procédure civile est ainsi, et autant que le Code civil, sans autorité, en principe, à l'égard des juridictions administratives: elles ne sont pas plus tenues de juger selon les formes que prescrit le premier, qu'elles ne sont tenues de faire application des régles de fond du second*» (CHAPUS, *Droit du contentieux administratif*, 11ª ed., Paris, 2004, p. 191).

16 DEBBASCH, *Contentieux administratif*, 2ª ed. Paris, 1978, p. 16, via no processo do *contentieux administratif* uma "*procédure semi-secrete*". Cf. PERROT, *Institutions judiciaires*, 5ª ed., Paris, 1993, p. 529/30 (em tonalidade um tanto crítica). A situação modificou-se de modo sensível nos últimos tempos, sob o impacto da Convenção Europeia dos Direitos do Homem e do Code de Justice Administrative de 2000: *vide* VINCENT-GUINCHARO-MONTAGNIER-VARINARD, Institutions judiciaires, 7ª ed., 2003, p. 210; CHAPUS, ob. cit., p. 982 e s.

17 DEBBASCH, ob. cit., p. 18, reconhecia abertamente que o processo do contencioso administrativo "*est influencé par la présence dans l'instance d'un justiciable public*".

-se: a impossibilidade, em regra, de que o órgão do *contentieux administratif* dirija injunctions à Administração, como lhe é dado fazer quanto ao particular[18]; a exigência, feita a este, mas não àquela, para conseguir que o Conseil d 'État suspenda a execução da sentença apelada, de provar que a execução imediata acarretaria consequências dificilmente reparáveis; e o prazo mais longo de que dispõe a Administração, em certos casos, para apelar[19].

Semelhante ao francês é o ordenamento italiano, onde existe igualmente separação entre a Justiça ordinária e a chamada "Justiça administrativa". Em matéria de direitos subjetivos, propriamente ditos, aquela é competente mesmo que o direito do particular se dirija contra o Poder Público; mas há a vasta massa dos denominados "interesses legítimos", a cujo respeito se exclui a competência da Justiça comum e se outorga o poder de decidir aos tribunais administrativos regionais e, em instância superior, ao *Consiglio di Stato*[20]. Também a Espanha tem aparelho especial para o exercício da jurisdição no terreno do contencioso administrativo; regula a matéria a Lei nº 29, de 13-7-1998[21]. Na Alemanha há nada menos de três sistemas distintos do comum, para o processo e julgamento de litígios com o Poder Público: a *Verwaltungsgerichtsbarkeit* (jurisdição administrativa), a *Finanzgerichtsbarkeit* (jurisdição financeira) e a *Sozialgerichtsbarkeit* (jurisdição social)[22], cada qual regida por uma lei própria.

À vista de tudo isso, não parece espelhar a realidade a ideia de que o ordenamento brasileiro, por causa de disposições como as do art. 475, nº I e II, do Código de Processo Civil, atropele indevidamente o princípio da isonomia. Com maior exatidão até se poderia dizer que são menos intensas, em confronto com as de outros sistemas jurídicos, as atenuações que ele impõe aí à regra da igualdade formal.

---

18 CHAPUS, ob. cit., p. 919 e S.; VINCENT-GUINCHARD-MONTAGNIER-VARINARD, ob. cit., p. 125.

19 VINCENT-GUINCHARD-MONTAGNIER-VARINARD, ob. cit., p. 185/6.

20 Sobre a repartição da função jurisdicional entre a Justiça ordinária e a Justiça administrativa, extensamente, NIGRO, *Giustizia amministrativa*, Bolonha, 1976, p. 143 e s.

21 *Vide* RAMOS MÉNDEZ. *El sistema procesal español*, 5ª ed., Barcelona, 2000, p. 422.

22 O art. 95, (1), da *Grundgesetz* enumera os órgãos de cúpula dos diversos sistemas. Sobre a divisão dos mecanismos da Justiça, em termos gerais, *vide*, na literatura mais recente, ROSENBERG-SCHWAB-GOTTWALD, *Zivilprozessrecht*, 16ª ed., Munique, 2004, p. 60 e s.

c) Dizer que o instituto sob exame é herdado do "estatuto precedente" é enunciar meia verdade. Já se registrou, com base em autorizada exposição, que sua consagração no processo civil brasileiro data de 1831. Ele subsistiu por tempo superior a um século, ao longo das várias etapas subsequentes de nossa história, no Império e na República. Não constituiu inovação do Código de 1939, que se limitou a receber herança àquela altura mais que centenária.

Enxerga-se nele um dos "marcos autoritários da ditadura getuliana". Mas, primo, insista-se, ele vem de muito mais longe: do início da quarta década do século XIX! Além disso, é falsa a premissa implícita de que tem feição autoritária toda e qualquer medida legislativa tomada em período ditatorial ou semiditatorial. Não tiveram necessariamente tal caráter as reformas da ZPO alemã posteriores à ascensão dos nazistas ao poder[23]. Acerca de uma delas, a de 1933, que entre outras coisas introduziu o dever de veracidade para as partes e reforçou no juiz os poderes de esclarecimento e direção do processo, assinala estudo recente que suas raízes mergulhavam em trabalhos preparatórios da época da Constituição de Weimar e que a orientação nela adotada permaneceu inalterada mesmo depois de 1945[24]. Os pontos cardeais dessa reforma – aceleração, concentração, imediação, dever de veracidade, eliminação de superadas regras formais sobre prova – não suscitam objeção alguma do ponto de vista do Estado de direito[25]. Analogamente, já se demonstrou, em termos amplos e persuasivos[26], o erro dos que atribuem ao Código de processo civil italiano de 1940 inspiração essencialmente fascista.

Um dos traços salientes do Código brasileiro de 1939 consistiu, sem dúvida, no aumento dos poderes do órgão judicial. A tanto se reduz o seu "autoritarismo". A alusão, que se lê na Exposição de Motivos do Ministro Francisco Campos, ao regime do chamado "Estado Novo" e em particular

23 Com razão adverte POPP, *Die nazionalsozialistische Sicht einiger Institute des Zivilprozess – und Gerichtsveifassungsrechts.* Frankfurt-am-Main – Berna – Nova Iorque. 1986, p. 7, contra o equívoco de supor que fosse "tipicamente nacional-socialista" toda lei surgida entre 1933 e 1945.

24 BÖHM. *Processo civile e ideologia n ello stato nazionalsocialista,* trad. ital. de Marinelli, *in Riv. Trim. di dir. e proc. civ.*, v. LVIII (2004), p. 639. Cf., já antes, POPP, ob. cit., p. 11.

25 POPP, ob. e lug. cit. na nota anterior.

26 Pela autorizada e insuspeita voz de TARUFFO. *La giustizia civile in ltalia dal' 700 a oggi,* Bolonha, 1980, p. 255, 281 e s., espec. 286/8.

à "restauração da autoridade", por ele pretensamente efetuada, não passa de ornamento retórico, explicável à luz das circunstâncias[27].

Causa especial perplexidade, na crítica ao art. 475, a referência aos "visíveis moldes fascistas", a propósito da revisão obrigatória das sentenças contrárias à Fazenda Pública - instituto de que, entretanto, nenhum antecedente se aponta, como cumpria, na legislação imposta à Itália pelo fascismo. Tais "moldes" seriam fascistas porque "obsessivamente voltados à tutela do Estado". Mais correto, parece-nos, é ver no dispositivo em foco instrumento de tutela do *patrimônio público*. Não quer a lei, à evidência, que a Fazenda Pública saia sempre vitoriosa quando litiga contra particular: essa, sem dúvida, seria ideia absurda - fascista ou não. Quer a lei, porém, que a Fazenda Pública só fique vencida depois que o pleito se submeta a dois exames, em primeiro e em segundo graus de jurisdição; quer dizer: quando haja maior certeza de que é talo resultado justo. Semelhante ideia, ao contrário da outra, nada tem de absurdo; e ajunte-se que continuaria a nada ter de absurdo ainda que houvesse figurado no ideário fascista: o mérito ou demérito de uma ideia não se afere pela origem, senão pela substância. Pouco importa saber quem a pôs em circulação, ou quem a defende: importa apenas saber se ela, em si, merece defesa.

A proteção do patrimônio público, frise-se, é objetivo a ser perseguido sob regime político democrático não menos que sob qualquer outro regime. De resto, há no direito brasileiro instrumentos processuais forjados em tempos insuspeitos de "autoritarismo" e claramente destinados a essa proteção. Basta citar o exemplo da ação popular, contemplada na Constituição de 1946 em termos inequívocos: "Qualquer cidadão será parte legítima para pleitear a anulação ou a declaração de nulidade de atos lesivos do patrimônio da União, dos Estados, dos Municípios, das entidades autárquicas e das sociedades de economia mista". Seria francamente despropositado aludir a "moldes fascistas" a respeito desse instituto.

d) Se os interesses da Fazenda são ou não são suficientemente defendidos em juízo pelos procuradores das entidades públicas é questão

27 Pode-se afirmar a seu respeito, *mutatis mutandis*, o que afirma TARUFFO, ob. cit., p. 287, das proclamações contidas na Relazione do Ministro Grandi, pertinente ao código italiano de 1940: "*Clausole di stile apposte per esigenze politiche contingenti, o tentativi di rivendicare al fascismo aspetti della riforma che in realtà non sono affatto il frutto especifico dell'ideologia fascista*".

sobre a qual só seria lícito enunciar proposição categórica à vista de dados estatísticos, que não existem. Em todo caso, afigura-se provável que seja correta a resposta afirmativa; nesse sentido deporia sem hesitar o autor destas linhas, com base na experiência que teve durante os anos em que ocupou os cargos de procurador do antigo Estado da Guanabara (depois, do Estado do Rio de Janeiro) e de desembargador do TJRJ. Concedido que, em regra, os procuradores da Fazenda se mostrem diligentes no exercício de suas funções, disso não se deduz a impossibilidade de que algum deles, por este ou aquele motivo, deixe de interpor apelação contra sentença desfavorável. Será hipótese rara, mas não inconcebível. Pois bem: acode a tais casos a regra do art. 475, que para isso foi editada. E não se precisa dizer mais.

e) Sustentar que a supressão da revisão obrigatória acarretaria grande redução na carga de trabalho dos tribunais, observe-se desde logo, é contrariar logicamente o argumento que se acaba de analisar. Com efeito: se é verdade que, as mais das vezes, os procuradores apelam, então os tribunais terão mesmo, as mais das vezes, que reexaminar a causa, independentemente do disposto no art. 475. Ninguém pode utilizar simultaneamente ambos os argumentos, sob pena de contradizer-se a si próprio[28].

Admitida como mais provável a hipótese da interposição do recurso, é forçoso concluir que pouca repercussão prática terá a eliminação da obrigatoriedade do reexame ex art. 475. A causa subirá ao tribunal por força da apelação da Fazenda Pública, e em nada ficará simplificado o itinerário em segundo grau. O órgão ad quem não terá diminuído seu trabalho, nem poderá desincumbir-se dele com maior rapidez. Por conseguinte, em vão se esperará que a mudança produza consequências sensíveis no panorama atual, em matéria de duração dos processos.

6. É hora de recapitular e resumir. A obrigatoriedade do reexame em segundo grau das sentenças contrárias à Fazenda Pública não ofende o princípio da isonomia, corretamente entendido. A Fazenda não é um litigante qualquer. Não pode ser tratada como tal; nem assim a tratam outros ordenamentos jurídicos, mesmo no chamado Primeiro Mundo. O interesse público, justamente por ser público – ou seja, da coletividade como um todo – é merecedor de proteção especial, num Estado demo-

28 Assim. salvo engano, ALFREDO BUZAID, ob. cit., p. 57, conclusões b e d.

crático não menos que alhures. Nada tem de desprimorosamente "autoritária" a consagração de mecanismos processuais ordenados a essa proteção. O instituto de que se cuida, em particular, não nasceu sob inspiração ditatorial, e é arbitrário, tanto do ponto de vista histórico quanto do ideológico, atribuir-lhe caráter "fascista".

A Lei nº 10.352 estabeleceu duas restrições à incidência do art. 475 do Código de Processo Civil. A primeira (§ 2º), relacionada com o valor, não suscita objeção séria: é aceitável que se procure barrar, em certa medida, a subida de causas pouco significativas aos tribunais de segundo grau. Convém ressalvar que, a admitir-se como provável a interposição da apelação pelo procurador da entidade pública, essa restrição não deve influir muito na realidade forense. A segunda (§ 3º) reflete a tendência generalizada, constante nas reformas recentes da legislação processual, à valorização da jurisprudência, mesmo independentemente da adoção da chamada "súmula vinculante". É fenômeno que tem aspectos positivos e outros menos; não caberia aqui discutir a questão *ex professo*.

Um ponto, a nosso ver, resta firme: a inconveniência de eliminar o art. 475 em qualquer reforma futura do estatuto processual. Restrições podem ser admissíveis, e eventualmente dignas de aplauso, desde que justificadas no plano da razoabilidade. A supressão pura e simples, em que pese a críticos muito qualificados, constituiria grave erro.

Julho de 2004.

COMENTÁRIOS DOS ATUALIZADORES

EM DEFESA DA REVISÃO OBRIGATÓRIA DAS SENTENÇAS CONTRÁRIAS À FAZENDA PÚBLICA

Aluisio Gonçalves de Castro Mendes/Carolina Paes de Castro Mendes[29]

O texto "Em defesa da revisão obrigatória das sentenças contrárias à Fazenda Pública" já indica, pelo próprio título, o seu desiderato, ou seja, a defesa do instituto, que se tornara "alvo de reiteradas e veementes críticas, feitas por diferentes ângulos, e algumas por vozes de grande autoridade".

O artigo foi escrito em julho de 2004. Portanto, cerca de dois anos e meio após a edição da Lei nº 10.352, de 26-12-2001, que, modificando o art. 475 do Código de Processo Civil de 1973, excluiu a regra da revisão obrigatória em duas hipóteses: a) quando a condenação, ou o direito controvertido, fosse de valor inferior a 60 (sessenta) salários-mínimos, bem como no caso de procedência de embargos do devedor na execução de dívida ativa de valor não superior àquele limite; b) quando a sentença estiver fundada em jurisprudência do plenário do Supremo Tribunal Federal ou em súmula deste Tribunal ou do tribunal superior competente.

Com a propriedade que lhe é peculiar, José Carlos Barbosa Moreira apresenta, incialmente, os principais argumentos contrários à revisão obrigatória: i) contrariedade ao princípio da isonomia; ii) peculiaridade que seria desconhecida em ordenamentos europeus de primeira linha; iii) caráter autoritário da medida; iv) os interesses da Fazenda seriam suficientemente defendidos pelos procuradores das entidades públicas; e v) a supressão reduziria o volume de trabalho dos tribunais.

Em seguida, efetua a análise (crítica) de cada um destes pontos. Indica, assim, em síntese, que (i) a isonomia não significa tratamento sempre absolutamente igual e que a Fazenda Pública não pode ser

---

29 A atualização do texto contou com a fundamental participação e colaboração de **Larissa Clare Pochmann da Silva**, graduada e pós-doutora pela Faculdade de Direito da Universidade do Estado do Rio de Janeiro (UERJ), mestre, doutora, e professora do Programa de Pós-Graduação em Direito da Universidade Estácio de Sá (Unesa).

equiparada a um litigante qualquer, dada a natureza que representa; (ii) a eventual peculiaridade do ordenamento brasileiro não pode, por si só, ser motivo para a sua condenação (do contrário, o mandado de segurança teria que ser expurgado), bem como que a proteção à Fazenda Pública, na Europa, pode rocorrer de modo diverso, como na subtração das respectivas causas da Justiça comum, para colocá-las sob o crivo de órgãos não judiciais ou de uma "Justiça Administrativa"; (iii) com dados históricos, afasta a origem autoritária do instituto, ressaltando-se como necessária a proteção do patrimônio público, sob qualquer regime; (iv) a boa defesa feita pelos procuradores da Fazenda não pode ser tida como regra absoluta e a remessa necessária se justifica exatamente diante das exceções; e (v) se os procuradores já recorrem, na maioria dos casos, a remessa oficial não acaba acarretando aumento significativo de processos para os tribunais.

Por fim, o saudoso professor conclui pela "inconveniência de eliminar o art. 475 em qualquer reforma futura do estatuto processual. Restrições podem ser admissíveis, e eventualmente dignas de aplauso, desde que justificadas no plano da razoabilidade. A supressão pura e simples, em que pese a críticos muito qualificados, constituiria grave erro".

O Código de Processo Civil editado em 2015 parece ter seguido o comando da grande Mestre e da alteração sob comento neste artigo. Portanto, efetuou modificações exatamente na mesma direção da Lei nº 10.352/2001, no sentido de afastar, da revisão obrigatória, (a) as causas de menor significado, considerando, para tanto, limites mais elevados (mil, quinhentos e cem salários-mínimos, respectivamente, para a União, Estados/Distrito Federal e Municípios, bem como para as correspondentes autarquias e fundações de direito público[30]; e (b) a sentença que estiver fundada em súmula de tribunal superior, acórdão proferido pelo Supremo Tribunal Federal ou pelo Superior Tribunal de Justiça em

30 Art. 496, § 3º Não se aplica o disposto neste artigo quando a condenação ou o proveito econômico obtido na causa for de valor certo e líquido inferior a:
I - 1.000 (mil) salários-mínimos para a União e as respectivas autarquias e fundações de direito público;
II - 500 (quinhentos) salários-mínimos para os Estados, o Distrito Federal, as respectivas autarquias e fundações de direito público e os Municípios que constituam capitais dos Estados;
III - 100 (cem) salários-mínimos para todos os demais Municípios e respectivas autarquias e fundações de direito público.

julgamento de recursos repetitivos; entendimento firmado em incidente de resolução de demandas repetitivas ou de assunção de competência; e em entendimento coincidente com orientação vinculante firmada no âmbito administrativo do próprio ente público, consolidada em manifestação, parecer ou súmula administrativa[31].

31 Art. 496, § 4º Também não se aplica o disposto neste artigo quando a sentença estiver fundada em:
I - súmula de tribunal superior;
II - acórdão proferido pelo Supremo Tribunal Federal ou pelo Superior Tribunal de Justiça em julgamento de recursos repetitivos;
III - entendimento firmado em incidente de resolução de demandas repetitivas ou de assunção de competência;
IV - entendimento coincidente com orientação vinculante firmada no âmbito administrativo do próprio ente público, consolidada em manifestação, parecer ou súmula administrativa.

LA DEFINIZIONE DI COSA GIUDICATA SOSTANZIALE NEL CODICE DI PROCEDURA CIVILE BRASILIANO[1]

1. Omnis definitio in iure civile periculosa est: il legislatore brasiliano del 1973 non si è lasciato intimorire dalla multisecolare avvertenza. Il testo del nostro ormai trentenne codice di procedura civile abbonda di definizioni; ne sono esempi quelle di cause connesse (art. 103), di continenza (art. 104), dei vari provvedimenti del giudice (art. 162), di confessione (art. 348). Si è perfino osato di compiere un'impresa tanto difficile da scoraggiare la stragrande maggioranza dei legislatori di tutti i tempi: quella di definire la cosa giudicata sostanziale. In verità, non poche leggi si riferiscono a tal fenomeno, ma di solito non fanno che indicarne i presupposti[2], o gli effetti, od i limiti oggettivi e soggetivi di questi. Il codice brasiliano ha inteso andare oltre, per consacrare una vera e propria definizione.

Il risultato del tentativo si rispecchia nel tenore dell'art. 467, *verbis "Denomina-se coisa julgada material a eficácia, que torna imutável e indiscutível a sentença, não mais sujeita a recurso ordinário ou extraordinário"*. Un'analisi pur breve di questa formula porta necessariamente alla conclusione che sarebe stato meglio rispettare l'ammonizione della vecchia sapienza. È un giudizio facile da giustificare.

2. La prima osservazione che salta in mente riguarda il nucleo del concetto, da ravvisare nella parola "eficácia". Il giudicato sostanziale consisterebbe essenzialmente in una "efficacia". Orbene, di efficacia suol parlare il linguaggio giuridico per designare sia l'attitudine a produrre effetti, sia la produzione effettiva di questi. Ci si può riferire, per esempio, all'efficacia di un contratto per dire che esso è capace in abstracto di produrre tale o tale effetto ("L'efficacia del contratto di compravendita comprende l'obbligo del compratore di pagare il prezzo e l'obbligo del venditore di consegnare la cosa"), ma anche per dire che esso in concreto produce (o

1 Publicado no volume coletivo *Studi di dirito processuale civile in onore di Giuseppe Tarzia*, t. II. Milão. 2005, e também in Rev. de Proc., nº 117.

2 Lo fa, si noti, lo stesso codice brasiliano, art. 301, §§ 1º e 3º, a proposito dell'obbiezione di cosa giudicata che il convenuto può utilizzare a guisa di difesa.

meno) l' effetto di cui si tratta ("L' efficacia del contratto dipende dall' avverarsi della condizione sospensiva").

Tuttavia, chiunque parla di effetto non puo non parlare di causa, di qualcosa cioe cui si attribuisce la produzione dell' effetto: negli esempi succitati, il contratto. Non ha senso alludere ad un'efficacia senza chiarire da dove essa emana. Il testo dell' art. 467, però, è omesso al riguardo. Esso dice che la cosa giudicata sostanziale consiste in un'efficacia, ma non risponde a questa inevitabile domanda: efficacia di cosa?

Si è forse tentati di rispondere: efficacia della sentenza[3]. Ma la risposta sarebbe tutt'altro che soddisfacente. Se il giudicato sostanziale rende (in portoghese «toma») immutabile e indiscutibile la sentenza, e impensabile che questa sia la fonte dell' efficacia nella quale risiede l'essenza del giudicato stesso. Si avrebbe una sentenza di tipo "bumerang": causa e nel contempo oggetto dell' efficacia!

3. L'alternativa consiste nel ravvisare la fonte dell' efficacia nella preclusione dei mezzi di impugnazione. A tanto sembra spingerci la parte finale della disposizione *sub examine* ("*não mais sujeita a recurso ordinário ou extraordinário*"). Con ciò, a dire il vero, le difficoltà cambiano senz'altro, ma non cessano affatto.

Alla preclusione dei mezzi impugnativi si è da sempre ricollegata la cosa giudicata formale. Affermare che la sentenza non è più suscettibile di impugnazione significa affermare che essa è passata in giudicato formale.

Si dovrebbe allora concludere che la cosa giudicata sostanziale è un'effetto della cosa giudicata formale? Ma, poiché non tutte le sentenze che passano in giudicato formale, in virtù della preclusione dei mezzi di impugnazione, acquistano l' autorità della cosa giudicata sostanziale, resta pur dubbio il collegamento tra la suddetta preclusione e la formazione del giudicato sostanziale.

4. Vi è poi qualche questione di tecnica e di terminologia. L' art. 467 si riferisce a "recurso ordinário ou extraordinário". Non si capisce però l'uti-

3 Cosi, da recente, ARAUJO CINTRA, *Comentários ao Código de Processo Civil*, v. IV, 2ª ed., Rio de Janeiro, 2003, p. 310, dove però si critica molto giustamente la mancanza di chiarezza del testo legale.

lità di questo doppio riferimento. Siccome non è concepibile una terza classe di "recursos", che non siano né «ordinários» né «extraordinários», basterebbe ovviamente dire "recurso" tout court.

Il legislatore ha inoltre reso omaggio ad una classificazione priva, nel diritto brasiliano, di ogni valore scientifico. Infatti la contrapposizione tra "recursos ordinários" e "recursos extraordinários" e perfettamente giustificata in quelli ordinamenti che non subordinano il passaggio in giudicato della sentenza alla preclusione di tutti, ma soltanto di alcuni tra i mezzi di impugnazione[4]. In questa prospettiva, si possono legittimamente (ed utilmente) adoperare le denominazioni di "ordinari" e di "straordinari" per designare, rispettivamente, i mezzi che servono ad impugnare una sentenza non ancora passata in giudicato ed i mezzi che servono invece ad impugnare una sentenza già passata in giudicato. Questa nomenclatura e chiara e svolge una sua propria rilevante funzione. Non e il caso del diritto brasiliano.

La dottrina ha certo parlato – e talvolta parla ancora – di "*recursos ordinários*" e di "*recursos extraordinários*", ma non è mai riuscita a stabilire un criterio netto ed omogeneo di distinzione tra le due sedicenti "classi". Il criterio predominante in altri ordinamenti – quello cioè basato sull'anteriorità o posteriorità dell'impugnazione al passagio in giudicato – e incompatibile con il sistema del diritto processuale brasiliano, in cui tutti i "*recursos*", senza alcuna eccezione, sono proponibili esclusivamente rispetto a sentenze *non ancora* passate in giudicato, ed anzi producono appunto (purché ammissibili) l'effetto di impedire la formazione del giudicato. Perciò i vari autori che aderiscono alla classificazione hanno sempre trova to delle difficoltà per mettersi d'accordo sulla differenza tra "*recursos ordinários*" e "*recursos extraordinários*", cosicché, invece di gettare qualche luce sui problemi teorici e pratici della materia, la distinzione e stata sempre fonte di incertezze e di discussioni sterili. Particolarmente infelice si può quindi considerare l'opzione del legislatore nel redigere la parte finale dell'art. 467.

5. Le osservazioni finora esposte meritano due o tre parole di chiarimento. *Primo*: per la verità, esiste nel diritto brasiliano un mezzo di impugnazione denominato (non soltanto in sede dottrinale ma addiritura nella Costituzione) "*recurso extraordinário*". Questa figura, di origine norda-

4 Ad esempio quello italiano: art. 324 del codice di procedura civile.

mericana, è sorta dopo la proclamazione della Repubblica, quale mezzo volto ad assicurare l' integrità e l' applicazione uniforme della legislazione federale, le quali potevano correre il pericolo inerente all'esistenza di una pluralità di organi giurisdizionali federali e statali, ugualmente competenti per applicare norme giuridiche federali.

Per il tramite del "*recurso extraordinário*" era possibile inizialmente sollevare qualsiasi questione di diritto federale, anche quelle di natura costituzionale; questa situazone è stata modificata dalla Costituzione del 1988, che ha creato un'altro mezzo (il "*recurso especial*") per le questioni di diritto *infra*costituzionale, riservando il "*recurso extraordinário*" per le sole questioni costituzionali. Tal mezzo comunque ha avuto sempre, e continua ad avere, la caratteristica comune alle altre figure congeneri, quella cioè di servire all' impugnazione di sentenze non ancora passate in giudicato. Da questo punto di vista, la parte finale dell' art. 467 si conforma dunque alla sistematica tradizionale del nostro diritto, il che non lo esonera dalle critiche espresse in precedenza.

Secundo: anche nel diritto brasiliano, può darsi che una sentenza passata in giudicato sia, in certe ipotesi, tassativamente enumerate dalla legge, suscettibile di impugnazione. Il mezzo addatto, però, non si inserisce nell'elenco dei "*recursos*", ma costituisce un'azione autonoma, il cui esercizio dà nascita ad un nuovo processo, inconfondibile con quello in cui è stata emanata la sentenza impugnata. Il codice di procedura civile prevede e disciplina questa figura di azione autonoma di impugnazione sotto il nomen iuris di "*ação rescisória*" (artt. 485-495). Sarebbe un errore inescusabile, dal punto di vista tecnico, parlare di "recurso" (ordinario o straordinario che sia) ri guardo a tale azione.

6. Riprendiamo il filo del discorso. Dopo avere stabilito che l'essenza del giudicato sostanziale consiste in un' efficacia, l' art. 467 chiarisce che tale efficacia si traduce nel rendere la sentenza "imutável e indiscutível".

A dire il vero, sarebbe sufficiente il riferimento all'immutabilità. L'inammissibilità di ogni futura discussione è una mera conseguenza del fatto di essersi resa immutabile la sentenza. Infatti, qualsiasi discussione diventa inutile, se non esiste la possibilità di cambiare il risultato. Si tratta quindi di un' applicazione particolare del principio di economia processuale, secondo il quale non si devono realizzare atti inutili nel processo.

Chiunque volesse poi sottopone il testo ad un esame piu rigoroso sul piano tecnico, potrebbe osservare che in questo contesto la qualifica di indiscutibile conviene alla materia giudicata anziché alla sentenza stessa. Il giudicato sostanziale, finché sussiste, vieta che si rimetta in discussione cioè che è stato deciso, ma non esclude ogni possibilità di discutere sulla sentenza, il che può accadere tramite un'azione impugnativa qual'è appunto la suddetta *ação rescisória*. Se in essa poi si accoglie la domanda di rescissione (*iudicium rescindens*), il giudicato viene meno e così si riapre la possibilità di discutere la materia decisa (*iudicium rescissorium*).

7. Fa al caso investigare l'origine dell'art. 467. Il codice del 1973 si è basato su un avamprogetto del compianto processualista ALFREDO BUZAID, presentato al Ministro di Giustizia nel 1964. In questo avamprogetto la disposizione corrispondente a quella sub examine era l'art. 507, che recitava: "Chama-se coisa julgada material a qualidade, que torna imutável e indiscutível o efeito da sentença, não mais sujeita a recursos ordinário e extraordinário[5]. Vi è una differenza concettuale importante rispetto al testo definitivo; ma di ciò dirò più oltre.

Un punto si deve fin d'ora mettere in risalto. Nella Relazione al Ministro, osservava correttamente BUZAID che "o direito brasileiro não distingue recurso ordinário e extraordinário"[6]. Data questa osservazione, appare strano il doppio riferimento aggiunto alla parola "recursos" (al plurale), la quale sarebbe stata sufficiente. Il contesto indica che l'autore si è preoccupato di evitare ogni possibile dubbio, tenuto conto del fatto che ad avviso - sia pure erroneo - di una parte della dottrina, il passaggio in giudicato non era escluso dall'impugnabilità della sentenza a mezzo del "*recurso extraordinário*". Non si è accorto BUZAID che, proprio nell'incorporare nel nuovo codice le due espressioni ("*ordinário*" e "*extraordinário*"), finiva paradossalmente con rafforzare quella stessa posizione dottrinale che egli aveva ottime ragioni per criticare.

Alcuni anni più tardi, essendo BUZAID, a sua volta, Ministro di Giustizia, il Governo ha sottoposto il progetto del nuovo codice al Congresso Nazionale. Senonché nel progetto, che ha preso il numero 810/72, appariva modificata la stesura della disposizione, ormai rinumerata come art. 471: "Denomina-se coisa julgada material a eficácia, que torna imutável e indiscutível o efeito da sentença, não mais sujei-

5 *Vide* la pubblicazione ufficiale dell'*Anteprojeto de Código de Processo Civil*, Rio de Janeiro. 1964, p. 99.

6 *Ibid.*, p. 18.

ta a recurso ordinário ou extraordinário". Nella Relazione presentata al Presidente della Repubblica, il brano correlato e quasi uguale a quello della Relazione del 1964; il testo è stato però modificato in un punto importante. Non si parla più di "qualidade", ma di "eficácia".

8. Come molti sanno, ALFREDO BUZAID è stato uno dei più fedeli discepoli lasciati in Brasile da ENRICO TULLIO LIEBMAN, spinto dalla follia fascista verso l' altra riva dell'Atlantico. D' altronde uno dei capisaldi della costruzione dogmatica liebmaniana e appunto la sua concezione di cosa giudicata. Egli ha rifiutato la proposta di individuare il giudicato in uno degli effetti (o nell'efficacia) della sentenza e ha invece sostenuto che esso consistesse in una particolare "qualità o modo di essere" di tali effetti[7]. In termini più specifici: si potrebbe definire siffatta qualità come l'immutabilità degli effetti della sentenza[8]. Non può non venire in mente una domanda: e giusto ritenere che l'art. 467 del codice brasiliano abbia accolto l'insegnamento del Maestro?

A questa demanda ha dato una risposta decisamente affermativa lo stesso l'autore dell' avamprogetto. In uno scritto destinato appunto agli Studi in onore di Enrico Tullio Liebman, così si esprimeva BUZAID: "Il concetto di cosa giudicata materiale, nel Codice di Procedura Civile vigente, concorda, quindi, con la dottrina di Liebman: 'art. 465[9]. Si chiama cosa giudicata materiale I' efficacia che rende immutabile e indiscutibile la sentenza, non più soggetta a ricorso ordinario e straordinario'"[10].

Ma l'autore si e evidentemente reso conto della problematicità della sua asserzione, stante l'uso della parola "eficácia" nel testo legislativo, giacché LIEBMAN aveva proprio avuto cura di esorcizzare l'idea dell'identificazione tra giudicato ed efficacia. Ecco dunque che BUZAID si affretta ad avvertire: "Il Codice impiega la parola efficacia nel senso di qualità o modo in cui si manifestano o si producono gli effetti della sentenza stessa; o, in altre parole, posto che la sentenza abbia un comando, la sua immutabilità si identifica con l'efficacia dell'effetto dichiarato

7 Così, infatti, sin dall'introduzione della classica monografia Efficacia ed autorità della sentenza, p. 6 della ristampa della prima edizione, Milano, 1962.

8 *Vide*, tra tanti passi, op. cit., p. 39/40.

9 Ovvio lapsus calami: si legga art. 467.

10 L'influenza di Liebman sul diritto processuale civile brasiliano, in Studi in onore di Enrico Tullio Liebman, Milano, 1979, v. I, p. 27.

in quell'atto"[11]. A parte lo strano conio dell' espressione "efficacia dell' effetto", la spiegazione è tutt'altro che persuasiva: difficilmente si può accettare che la parola "efficacia" significhi una "qualità" o un "modo di essere" degli effetti. Se così fosse, tutta la discussione cui, lungo tanti anni, si è impegnato LIEBMAN si risolverebbe in una semplice ed anodina *querelle de mots*.

9. E valga il vere: la critica alla pretesa identificazione tra giudicato ed efficacia è stato il merito principale dell'insegnamento liebmaniano. Non è necessario aderire a tutte le proposte del Maestro per riconoscere ch'egli è riuscito a sgombrare il terreno da costruzioni artificiali come quella di stampo tedesco secondo cui la cosa giudicata sostanziale si ridurrebbe all'effetto della dichiarazione o dell'accertamento contenuto nella sentenza (*Feststellungswirkung*)[12].

Se la caratteristica essenziale della cosa giudicata risiede nell' immutabilità – il che nessuno oserebbe negare –, bisogna ammettere con LIEBMAN che "l'efficacia della sentenza deve logicamente e praticamente distinguersi dalla sua immutabilità"[13]. La sentenza, come ogni atto giuridico, tende a produrre effetti, ma non per natura sua a diventare immutabile. Gli ordinamenti giuridici di regola le attribuiscono, sotto certe condizioni, il segno dell'immutabilità; lo fanno per ragioni di ordine pratico, non in virtù di qualunque intrinseca necessità logica.

D'altra parte, l' immutabilità non va sempre a braccetto con l'efficacia: può darsi che la sentenza sia efficace prima di rendersi immutabile e vice-versa. Spetta alla legge fissare il momento in cui si producono gli effetti e quello in cui la sentenza si rende immutabile; se perlopiù questi due momenti coincidono, ciò si deve pure a motivi prarici presi in considerazione dal legislatore. Fatto sta che non mancano eccezioni alla regola della coincidenza, e tanto basta a dimostrare che questa è puramente contingente.

11 *Id., ibidem.*

12 Tesi prevalente ancora nella moderna dottrina tedesca: *vide* per tutti ROSENBERG-SCHWAB-GOTTWALD, *Zivilprozessrecht*, 15ª ed., München. 1993, p. 908, dove la cosa giudicata sostanziale (*materielle Rechtskraft*) è nettamente ricollegata alla "*Feststellung des Bestehens oder Nichtbestehens der von einer Partei beanspruchten Rechtsfolge*".

13 *Op. cit.*, p. 39.

10. La teoria di LIEBMAN ha acquistato in Brasile l' adesione di non poche voci autorevoli[14]. Essa è stata perfino applicata al processo penale[15]. Ma anche quelli che non l'accolgono in tutti i suoi aspetti concordano generalmente con la tesi secondo la quale sono cose distinte l' efficacia della sentenza e l'immutabilità caratteristica della cosa giudicata[16].

Non sembra opportuno discuttere qui la dottrina liebmaniana del giudicato. Quello che ora interessa e sapere se essa e stata davvero consacrata dall'art. 467 del codice brasiliano. Si è già ricordata la risposta che a questa domanda ha dato l'autore dell'avamprogetto; si e ugualmente rilevata la problematicità di siffatta asserzione (*supra*, nº 8). Per la verità non sono molti i processualisti che vi aderiscono: anche tra i fautori della teoria di LIEBMAN, alcuni si esprimono in modo più cauto o taciono addirittura[17].

È lecito ritenere che l›art. 507 dell›avamprogetto BUZAID accoglieva quella teoria. Vi si adoperava infatti l›espressione «qualidade» per designare l›essenza della cosa giudicata sostanziale. Non importa come si dovesse stimare la formula: valutazione a parte, era palese la fedeltà al pensiero liebmaniano. Tuttavia, dal momento in cui si è sostituita "qualidade" con "eficácia", la fedeltà è inesorabilmente mancata. Non si tratta di un cambiamento puramente formale, ma di un vero e proprio rovesciamento.

---

14 Ad esempio: JOSÉ FREDERICO MARQUES, *Instituições de Direito Processual Civil*, 1ª ed. aggiornata, S. Paulo, 2000, v. IV, p. 348 (con invocazione esplicita dell'insegnamento liebmaniano); id., *Manual de Direito Processual Civil*, v. III, 9ª ed., S. Paulo, 1987, p. 236 ("A coisa julgada não é efeito do julgamento final, e sim qualidade desses efeitos"); AMARAL SANTOS, Direito Processual Civil. 32 v., 15ª ed., S. Paulo, 1995, p. 52; CÂNDIDO DINAMARCO, *Instituições de Direito Processual Civil.* v. III, 2ª ed., S. Paulo, 2002, p. 301 s.

15 ADA PELLEGRINI GRINOVER, *Eficácia e autoridade da sentença penal.* S. Paulo, 1978.

16 Tale è la posizione dell'autore di questo articolo, quale è stata esposta in successivi scritti; il più recente, intitolato *Eficácia da sentença e autoridade da coisa julgada*, si può leggere negli *Studi in onore di Tito Carnacini*, Milano, 1984, v. II, 2, p. 891 e s., o *in Temas de Direito Processual* (Terceira Série), S. Paulo, 1984, p. 99 s. La distinzione è netta pure in ERNANE FIDÉLIS DOS ANJOS, *Manual de Direito Processual Civil*, v. I, 10ª ed., S. Paulo, 2003, p. 556.

17 AMARAL SANTOS, op. et loc. cit., sostiene expressis verbis che il legislatore ha accolto la dottrina liebmaniana. In senso radicalmente opposto, vide però MONIZ DE ARAGÃO, Sentença e coisa julgada, Rio de Janeiro, 1992, p. 239 (il codice ha "ripudiato" quella dottrina).

La definizione contenuta nell'art. 467 del codice brasiliano e indubbiamente difettosa. Ma bisogna dire senza reticenze che i suoi difetti poco o nulla hanno ache vedere con la dottrina liebmaniana. La tesi dell'una è l'antitesi dell'altra.

L' atteggiamento di BUZAID a questo riguardo si spiega forse per ragioni di scarsa consistenza giuridica. Il suo saggio si destinava alla raccolta di studi in onore di LIEBMAN ed aveva il proposito manifesto di celebrare il Maestro. Lo dichiara lo stesso BUZAID, in tono categorico, nella "conclusione": "Questo saggio non ha la pretesa di essere un'analisi critica della dottrina del Maestro; scrito sotto l' impulso dell'emozione, è la viva testimonianza del discepolo che, fin dal 1941, ascoltandone continuamente le lezioni, ha appreso a venerarlo come uomo, come professore e come maestro del diritto procesuale civile". Si capisce ch'egli abbia voluto attribuire all'influenza di LIEBMAN più di quanto ad essa in realtà doveva il codice – ed in materia particolarmente cara al Maestro. Le pur belle parole della «conclusione» rammentano il detto famoso di PASCAL: «Le coeur a des raisons que la raison ne connaît pas».

Fevereiro de 2004.

COMENTÁRIOS DOS ATUALIZADORES

LA DEFINIZIONE DI COSA GIUDICATA SOSTANZIALE NEL CODICE DI PROCEDURA CIVILE BRASILIANO

Aluisio Gonçalves de Castro Mendes/Carolina Paes de Castro Mendes[18]

Não nos cabe, e estaria acima das possibilidades destes atualizadores, tecer comentários sobre as abalizadas considerações lançadas pela insubstituível e precisa escrita de José Carlos Barbosa Moreira. As

18 A atualização do texto contou com a fundamental participação e colaboração de **Larissa Clare Pochmann da Silva**, graduada e pós-doutora pela Faculdade de Direito da Universidade do Estado do Rio de Janeiro (UERJ), mestre, doutora, e professora do Programa de Pós-Graduação em Direito da Universidade Estácio de Sá (Unesa).

suas observações seguem, sempre, um critério e rigor científico, terminológico e lógico. Não poderia ser diferente em relação às bem lançadas críticas quanto ao conceito legal adotado pelo Código de Processo Civil brasileiro de 1973, no seu art. 467, em relação à coisa julgada.

A primeira observação do grande mestre foi no sentido de que o CPC-1973 estaria desafiando a multissecular advertência de que toda definição em direito civil é perigosa. Nesse aspecto, o CPC-2015, fruto da construção de comissão de juristas composta de discípulos e admiradores de Barbosa Moreira, do qual o primeiro atualizador teve a honra de participar na fase de acompanhamento da redação final no Senado Federal, manteve a ousadia e o desafio.

Contudo, a nova redação[19], inscrita no art. 502, parece ter sido revista à luz dos ensinamentos do texto sob comento, nos dois aspectos essenciais da crítica produzida, ou seja, na retirada da "eficácia" como elemento central do conceito da coisa julgada e na supressão da qualificação do "recurso" como ordinário ou extraordinário.

Quanto à expressão "indiscutível", não havia por parte do eminente jurista uma objeção absoluta, mas, sim, o apelo pela aplicação particular do princípio da economia processual, ou seja, se tornaria redundante e desnecessária a indicação do caráter de indiscutível, se este já seria uma decorrência natural da imutabilidade. Sendo assim, a inclusão desta qualidade seria uma inutilidade.

Contudo, o foco e a atenção do ensaio estavam voltados centralmente para as duas primeiras partes assinaladas, ou seja, quanto à eficácia como elemento central do conceito da coisa julgada e da referência imprópria a determinados recursos, no caso o ordinário ou o extraordinário, quando, na verdade, o correto seria a menção a recurso, de modo geral[20].

---

19 Art. 502. Denomina-se coisa julgada material a autoridade que torna imutável e indiscutível a decisão de mérito não mais sujeita a recurso.

20 Ora, não pode sofrer dúvida que, entre nós, *todos* os recursos (admissíveis!) empecem à formação da coisa julgada: é o que já decorria, com nitidez cristalina, do disposto no art. 6°, § 3°, do Dec.-lei n° 4.657 (Lei de Introdução às normas do Direito Brasileiro), *verbis*: "Chama-se coisa julgada, ou caso julgado, a decisão judicial de que já não caiba recurso", em BARBOSA MOREIRA, José Carlos. *Comentários ao Código de Processo Civil: LEI N° 5.869, DE 11 DE JANEIRO DE 1973*, volume V (Arts. 476 a 565). 16ª edição, Rio de Janeiro: Forense, 2012, p. 231.

Como se sabe, a impugnação de um título judicial transitado em julgado é excepcional e, no ordenamento brasileiro, não é provocada mediante um recurso, mas, sim, por uma ação autônoma de impugnação, em que nasce um novo processo, a partir do ajuizamento de uma ação rescisória, cujas hipóteses, antes previstas no artigo 485 do Código de Processo Civil de 1973, estão atualmente contempladas no artigo 966 do Código de Processo Civil de 2015.

O texto vigente do CPC, desde 2016, utilizou-se, corretamente, da expressão "autoridade", no lugar de "eficácia", seguindo a terminologia utilizada por José Carlos Barbosa Moreira nos seus escritos[21]. Não se deveria confundir o conteúdo com os efeitos, especialmente em momento de definição legal do próprio instituto, como amplamente explanado pelo autor do artigo. A qualidade da autoridade é o ponto de nodal importância, sob o prisma da imutabilidade do pronunciamento judicial, cuja proteção é protegida constitucionalmente, nos termos do art. 5º, inciso XXXVI.

---

21 Vide, por exemplo: "autoridade de coisa julgada", "com força de coisa julgada", "*auctoritas rei iudicatae*" (p. 75), "a decisão reveste-se de coisa julgada no sentido *material*" (p. 92), "Não se deve supor que a sentença portadora de qualquer dos vícios enumerados no art. 485, porque rescindível, deixe de revestir-se da autoridade de coisa julgada. Bem ao contrário: é até *pressuposto* da rescisão o fato de ter-se ela revestido de tal autoridade." (p. 106), "O denominador comum ao pronunciamento do juiz nesses casos e à decisão que na verdade acolhe ou rejeita o pedido é a aptidão de ambos para revestir a autoridade de coisa julgada no sentido material: essa, provavelmente, a razão de tê-las catalogado o art. 269 como espécies do mesmo gênero.", "aptidão da sentença para adquirir a *auctoritas rei iudicatae*" (p. 109), "**77. Ofensa à coisa julgada** – A autoridade da coisa julgada, de que se tenha revestido uma decisão judicial, cria para o juiz um vínculo consistente na impossibilidade de emitir novo pronunciamento sobre a matéria já decidida." (p. 126), "*A fortiori*, o substituído que é ao mesmo tempo sucessor, como o adquirente da coisa ou cessionário do direito litigioso, a quem se estende a *auctoritas rei iudicatae* (e não apenas "os efeitos", conforme se lê no texto legal) ... O ordenamento brasileiro contempla em termos expressos outras hipóteses de extensão da autoridade da coisa julgada a terceiros ...", "Quanto aos efeitos – que não se confundem com a referida autoridade – o Código reconhece claramente, segundo revela o exame sistemático, que eles são capazes de atingir a esfera jurídica de terceiros, seja embora por via reflexa." (p. 168), "cuja *auctoritas rei iudicatae* fora ofendida" (p. 206), "suscetível de adquirir a *auctoritas rei iudicatae*", "ataques a autoridade da coisa julgada", "da autoridade da coisa julgada" (p. 223), "revestidas da *auctoritas rei iudicatae*" (p. 231), "não adquirem *auctoritas rei iudicatae*" (p. 355), todo em BARBOSA MOREIRA, José Carlos. *Op cit.*

SOLIDARIEDADE ATIVA: EFEITOS DA SENTENÇA E COISA JULGADA NA AÇÃO DE COBRANÇA PROPOSTA POR UM ÚNICO CREDOR[1]

1. Generalidades. **2.** Indicações de direito comparado. **3.** Direito brasileiro: o art. 274 do novo Código Civil. **4.** Direito brasileiro: algumas questões particulares. **4.1.** O art. 274 do Código Civil e o art. 472, 1ª parte, do Código de Processo Civil. **4.2.** A legitimação do credor estranho ao processo para a execução. **4.3.** Relevância do fundamento da sentença.

1. GENERALIDADES

Diz-se que há solidariedade ativa quando qualquer dos credores pode exigir do devedor toda a prestação. Nos termos do art. 267 do vigente Código Civil, "cada um dos credores solidários tem direito a exigir do devedor o cumprimento da prestação por inteiro"; correlatamente, "enquanto alguns dos credores solidários não demandarem o devedor comum, a qualquer daqueles poderá este pagar" (art. 268). Caso frequente de solidariedade ativa é a formada entre pessoas que são titulares da mesma conta-corrente bancária, "se se diz que qualquer delas a pode movimentar"[2]. É claro que nada impede aos credores solidários o ajuizamento conjunto de ação de cobrança em face do devedor comum (Código de Processo Civil, art. 46, nº I). À evidência, porém, o litisconsórcio ativo entre os cocredores não é necessário, mas facultativo[3]. Do próprio conceito de solidariedade ativa decorre a possibilidade de que um único dentre os credores solidários[4] tome a iniciativa da proposítu-

---

1 Publicado *in Rev. Trim. de Dir. Civ.*, v. 24, *Rev. Dialética de Dir. Proc.*, nº 36, *Rev. do Advogado*, n° 84.

2 PONTES DE MIRANDA, *Tratado de Direito Privado*, t. XXII, Rio de Janeiro, 1958, p. 323.

3 Conforme assinalamos em monografia publicada há mais de trinta anos, o litisconsórcio entre credores ou devedores solidários não é sequer unitário: *vide* BARBOSA MOREIRA, *Litisconsórcio unitário*, Rio de Janeiro, 1972, p. 125 (nota 21), 146 (nota 53), 225/6.

4 Na verdade, o que se diz adiante é aplicável também ao caso de demandar mais de um dentre os credores, mas nem todos. A referência a credor "único" atende à comodidade da exposição.

ra, sem que todos dela participem. Surge daí a questão de saber se – e em que medida – o resultado do processo influi na situação dos credores que dele permaneceram ausentes.

São basicamente concebíveis, em tese, três soluções:

a) os efeitos da sentença e a coisa julgada ficam sempre limitados ao credor que propôs a ação, jamais se estendem aos outros;

b) os efeitos da sentença e a coisa julgada, ao contrário, sempre se estendem aos credores que não participaram do feito;

c) os efeitos da sentença e a coisa julgada serão, em princípio, extensíveis aos outros credores *secundum eventum litis*, subordinada a extensão ao desfecho do pleito – com o óbvio desdobramento em duas hipóteses: (c.1) a de julgamento favorável (procedência do pedido) e (c.2) a de julgamento desfavorável (improcedência do pedido) ao credor demandante. Como oportunamente se verá, este tipo de solução admite variações.

2. INDICAÇÕES DE DIREITO COMPARADO

As soluções b e c.2 não têm sido prestigiadas pelos ordenamentos civis, por motivos de fácil compreensão. Se ficou vencido o credor demandante, sua derrota pode haver resultado de condução inábil do pleito, ou até de conluio com o devedor comum. Repugna à justiça e ao próprio bom senso subtrair aos outros credores, que não participaram do contraditório, não tiveram a oportunidade de arrazoar e produzir prova, a possibilidade de exigir a satisfação do crédito, prejudicando-os de modo definitivo[5]. A maior parte das legislações vêm optando entre a solução a (não extensão dos efeitos da sentença e da coisa julgada) e a solução c.1 (extensão só no caso de procedência do pedido).

No direito alemão, vigora a solução a[6]. O § 425, 2, *fine*, do BGB, atinente à solidariedade passiva, inclui a "sentença passada em julgado" entre os fatos que, em princípio – isto é, ressalvada a hipótese de dispor-se diversamente na relação obrigacional–, só produzem efeitos "contra ou a favor do devedor solidário, para cuja pessoa se realizam (nur für

5 Cf. ANTUNES VARELA, *Das obrigações em geral*, v. I, 10ª ed., Coimbra, 2000, p. 799.

6 *Vide*, por exemplo, entre as obras clássicas, VON TUHR, *Tratado de las obligaciones*, trad. esp. de W. Roces, t. II, Madri, 1934, p. 279 (na última linha do parágrafo inicial, por manifesto lapso, está "deudores" em vez de "acreedores"); na literatura mais moderna, MEDICUS, *Schuldrecht I*, Allgemeiner Teil, Munique, 1981, p. 323.

und gegen den Gesamtschuldner in dessen Person sie eintreten)". E o § 429, 3, faz aplicável essa norma, *mutatis mutandis*, à solidariedade ativa.

O codice civile italiano disciplina a matéria no art. 1.306, cuja primeira alínea enuncia regra de limitação dos efeitos da sentença, tanto na solidariedade passiva quanto na ativa: "*La sentenza pronunziata tra il creditore e uno dei debitori in solido, o tra il debitore e uno dei creditori in solido, non ha effetto contro gli altri debitori o contro gli altri creditori*". Mas a segunda alínea prevê a extensão, com restrições: "Gli altri debitori possono opporla al creditore, salvo che sai fondata sopra ragioni personali al condebitore: gli altri creditori possono farla valere contro il debitore, salve le eccezioni personali che questi può opporre a ciascuno di essi".

Cinjamo-nos ao caso da sentença favorável na ação de cobrança (que constitui o objeto do presente trabalho) intentada por um só credor, isto é, ao caso de obter este a condenação do devedor comum ao cumprimento da prestação. Em tal hipótese, opera-se a extensão dos efeitos da sentença aos outros credores, estranhos ao processo. Qualquer deles, portanto, e não apenas o demandante vitorioso, fica autorizado a promover a execução do devedor[7], sem prejuízo das "*eccezioni personali*" oponíveis por este. Outra será a disciplina na hipótese de sentença desfavorável ao credor demandante, ou seja, na de improcedência do pedido condenatório: aí, prevalece a disposição da primeira alínea, e qualquer dos outros credores solidários fica livre de, por sua vez, demandar o cumprimento da prestação por parte do devedor[8]. Adota-se na Itália, pois, a solução acima designada como c.1.

7 Curiosamente, a crer-se em CIAN-TRABUCCHI, *Commentario breve al codice civile*, 2ª ed., Pádua, 1984, p. 879 (com remissão a ensinamento de RUBINO), "*nella solid. attiva i consorti non possono direttamente avvalersi della s. di condanna ottenuta da uno di loro, ma debbono promuovere un nuovo giudizio, per far accertare il proprio dir. di avvalersi di tale giudicato quale titolo esecutivo*". Esse "*secondo giudizio*" parece de todo supérfluo, já que a lei, em termos expressos e inequívocos, assegura aos credores estranhos ao pleito o direito de "*far valere contra il debitore*" a sentença condenatória, cujo efeito precípuo consiste exatamente na possibilidade de promover a execução, Aí, consoante a ressalva final do dispositivo, poderá o devedor executado opor as "eccezioni personali" que tenha contra qualquer dos credores exequentes – e que não lhe teria sido possível opor no processo de conhecimento, pela intuitiva razão de que dele não participavam tais credores. Nesse sentido, rejeitando a "*inutile molteplicazione di processi di cognizione*", BUSNELLI, *La cosa giudicata nelle obbligazioni solidali, in Riv. trim. di dir. e proc. civ.*, XXVIII (1974), p. 432.

8 Eis como ao propósito se expressa GIORGIANNI, *Obbligazione solidale e parziaria, in Noviss. Dig. Ital.* v. XI, p. 68 J: "*Ipotesi, invero, assai stralla di giudicato, pratica-*

Lição muito autorizada nega que a coisa julgada material se inclua entre os efeitos da sentença[9]. A aceitar-se tal premissa, põe-se naturalmente a questão de saber se a segunda alínea do art. 1.306, que usa na primeira alínea a palavra "*effetto*" (da sentença), deve ou não interpretar-se como abrangente da *auctoritas rei iudicatae*. Em termos restritos, compatíveis com o objeto do presente estudo, perguntar-se-á: vencedor que seja em ação de cobrança um dos credores solidários, estarão os outros, que "*possono faria valere contra il debitore*", compreendidos não só na área coberta pela eficácia da sentença, mas também na colocada sob a proteção da coisa julgada material- de tal sorte, por exemplo, que fiquem imunes à eventual tentativa do devedor de obter em face de qualquer deles a declaração da inexistência da obrigação solidária? A resposta afirmativa encontraria obstáculo, ao menos aparente, na limitativa dicção do art. 2.909, de acordo com o qual "*l'accertamento contenuto nella sentenza passata in giudicato fa stato a ogni effetto tra le parti, i loro eredi o aventi causa*". É que os outros credores nem foram partes no processo, nem têm a posição de herdeiros ou sucessores do demandante vitorioso[10].

O obstáculo não se afigura intransponível, à luz da tendência doutrinária a considerar não taxativa a enumeração do art. 2.909[11]. Na moder-

---

mente, secundum eventum litis: ed invero, gli altri creditori invocheranno o meno il giudicato, a seconda che esso sia favorevole o sfavorevole" (destaque do original).

9 É a conhecida tese de LIEBMAN, que a propugnou desde a clássica monografia *Efficacia ed autorità della sentenza* (*vide* sobretudo as p. 9 e s. da reimpressão da lª ed., Milão, 1962). Aderimos à distinção, sem estender nossa concordância a toda a restante construção liebmaniana: *vide* nossos artigos *Ainda e sempre a coisa julgada, in Direito Processual Civil (Ensaios e pareceres),* Rio de Janeiro, 1971, p. 133 e s., e *Eficácia da sentença e autoridade da coisa julgada, in Temas de Direito Processual* (Terceira Série), S. Paulo, 1984, p. 99 e s.

10 BUSNELLI, art. cit., p. 416 e s. (espec. 419,421), pressuposta a diferenciação entre efeitos da sentença e coisa julgada, procura conciliar com a regra do art. 2.909 a extensão da *auctoritas rei iudicatae* aos cocredores (e também aos codevedores) ausentes nas hipóteses de obrigação solidária "*ad interesse comune*" (que ele distingue de outras espécies), sustentando que devem ser considerados partes "*in senso sostanziale*".

11 Assim, *expressis verbis,* CIAN-TRABUCCHI, ob. cit., p. 1.914; BIGLIAZZI-GERI-BUSNELLI-FERRUCCI, *Della tutela dei diritti*, Turim, s.d. (mas 1964), p. 228. Entre os processualistas, *vide* CARPI, *L'efficacia ultra partes della sentenza civile,* Milão, 1974, p. 283, onde se lê que "la regola dei limiti del giudicato è solo apparentemenle rigida" e que "ove ricorrano speciali esigenze, messe in luce da fattispecie ben precise, non dovrebbe essere impossibile superare la limitazione soggettiva,

na literatura processual, sustenta-se categoricamente, com fundamento no art. 1.306, a extensão da coisa julgada favorável ao cocredor (e ao codevedor) estranhos ao pleito – extensão, pois, *secundum eventum litis*[12]. Implica isso, em última análise, responder do mesmo modo, em termos afirmativos, a ambas as indagações: a referente à extensão dos efeitos da sentença e a concernente à extensão da coisa julgada.

Passemos ao direito português. Cuida do assunto o art. 531º do Código Civil, *verbis*: "O caso julgado entre um dos credores e o devedor não é oponível aos outros credores; mas pode ser oposto por estes ao devedor, sem prejuízo das exceções pessoais que o devedor tenha o direito de invocar em relação a cada um deles". Decompondo-se a disciplina nas distintas hipóteses concebíveis, tem-se que:

I – Se um dos credores solidários propõe a ação condenatória e vê julgado improcedente seu pedido, esse julgamento desfavorável não inibe os outros credores de demandar o devedor comum. Aqui prevalece, pura e simplesmente, o princípio tradicional da limitação da coisa julgada às partes do processo.

II – Se julgado procedente o pedido do credor demandante, e pois condenado o devedor, estende-se aos outros credores a coisa julgada que se formou sobre a sentença favorável ao demandante. A despeito da distinção, acima referida, entre coisa julgada e efeitos da sentença, deve entender-se que estes beneficiam igualmente os credores estranhos ao feito, de maneira que qualquer deles fica habilitado a promover a execu-

espressa come oggi, da una norma quale l'art. 2.909 c.c.: cf. p. 307: "*L'art. 2. 909 c.c. conserva la sua validità di norma generale di chiusura, ma non (...) d'impedimento a riconoscere i casi speciali di allargamento riconducibili ad espressa normativa*" (destaques do original): especificamente a respeito do art. 1.306, frisa o autor que "*si tratta di disciplina singolare, non dettata da ragioni tecniche e non riconducibile nell'alveo dei principi che governano il modo di operare del giudicato*" (p. 92). Para ATTARDI, *Diritto processuale civile*, Parte generale. 3ª ed. Pádua, 1999, p. 517 e s. (espec. 520), disposições especiais como a do art. 1.306 não contrariam a regra do art. 2.909.

12 Pelo maior desenvolvimento no trato do problema – inclusive com a justificação da solução como "dell tutto rispettosa del diritto di difesa del terzo" –, merece realce a monografia de MENCHINI, *Il giudicata civile*. Turim, s.d. (mas 1988), p. 157. Em igual sentido, ao que tudo indica, PROTO PISANI, *Lezioni di diritto processuale civile*, 4ª ed. Nápoles, 2002, p. 362: na doutrina menos recente, ZAPPULU. Il libro della tutela dei diritti, Milão, 1943, p. 687. Aliter, no tocante à sentença proferida contra um dos devedores solidários (única hipótese considerada no passo), COMOGLIO-FERRI-TARUFFO, *Lezione sul processo civile*, Bolonha, s.d. (mas 1995), p. 745.

ção do devedor comum, invocando em seu próprio favor o efeito executivo da sentença condenatória. Nessa execução, o devedor poderá opor ao exequente as exceções pessoais que contra ele tenha[13].

Como se verifica, em Portugal também se adotou a técnica da extensão *secundum eventum litis*. A disciplina não discrepa substancialmente da adotada no ordenamento italiano (solução c.1).

3. DIREITO BRASILEIRO: O ART. 274 DO NOVO CÓDIGO CIVIL

O Código Civil de 1916 era omisso acerca da matéria vertente. Referindo-se à eficácia da sentença na ação de cobrança proposta por um só credor, o maior tratadista do nosso direito privado sob o regime anterior negava em termos categóricos que ela se estendesse aos outros – ao que parece, tanto na hipótese de improcedência (*verbis* "a sentença só tem eficácia contra ele") como na de procedência ("Se favorável a sentença condenatória, (...), pode, sozinho, iniciar execução")[14]. Outro autor, silenciando quanto ao caso de vitória do credor demandante, ensinava que, se este ficasse vencido, tal desfecho não obstava à iniciativa dos outros; e invocava, em apoio do asserto, a inexistência de coisa julgada, "por ausência de um dos elementos da tríplice identidade (*eadem personae*)"[15]. Mas havia quem fizesse distinções, para sustentar que os efeitos da sentença e a *auctoritas rei iudicatae* se estendiam aos credores estranhos ao processo unicamente no caso de julgamento favorável àquele que demandar[16], e até quem estabelecesse diferenças em função

---

13 Insuscetíveis, evidentemente, de arguição no processo de conhecimento, de que não participava o credor contra o qual se dirige a exceção (cf. ANTUNES VARELA, ob. e v. cit., p. 800, *verbis* "e que não haja podido invocar contra o demandante").

14 PONTES DE MIRANDA, ob. e t. cit., p. 327. Mais nítido se torna o entendimento limitativo do mestre à vista da afirmação de que "o único efeito, quanto ao outro, ou aos outros credores, é o de não mais poder o devedor, desde a litispendência, pagar aos outros credores, ou a alguns, ou a algum deles (Código Civil, art. 899...)" (nossos todos os grifos).

15 WASHINGTON DE BARROS MONTEIRO, *Curso de Direito Civil*, 4º v., 2ª ed., S.Paulo, 1962, p. 167 (transcrição literal; cf. p. 206).

16 Assim, CARVALHO SANTOS. Código Civil brasileiro interpretado, v. XI. 9ª ed. Rio de Janeiro-S. Paulo, 1961, p. 196 e s. na trilha da opinião que apontava como a "dominante": ao que tudo indica, também CLÓVIS BEVILÁQUA, *Código Civil comentado*, v. IV, 10ª ed. (atualizada por Achilles Beviláqua e Isaias Beviláqua). Rio de Janeiro-S. Paulo-Belo Horizonte, 1955, p. 40 (onde é equivocada a referência ao direito alemão como filiado a essa corrente: vide, *supra*, nº 2, e aí a doutrina cit. na nota 5).

do fundamento da sentença[17] – posição que, em termos genéricos, se pode considerar precursora do regime consagrado pelo Código de 2002.

No art. 274, sem correspondente no direito anterior, estatui o vigente diploma: "O julgamento contrário a um dos credores solidários não atinge os demais; o julgamento favorável aproveita-lhes, a menos que se funde em exceção pessoal ao credor que o obteve". Adotou o novo Código, destarte, em linha de princípio, o regime da extensão *secundum eventum litis*: as consequências variam, conforme a sentença, na ação de cobrança intentada por um só credor, julgue improcedente ou procedente o pedido.

A primeira parte do dispositivo nada tem de original: segue a diretriz, comum aos outros ordenamentos examinados, de imunizar os credores ausentes do processo contra o respectivo resultado, desfavorável ao demandante. Deve entender-se, aqui também, que fica excluída a extensão da coisa julgada, embora semelhante expressão não figure no texto. Qualquer dos outros credores permanece livre de pleitear em juízo a condenação do devedor comum.

Já a redação da segunda parte, que trata do julgamento favorável ao credor demandante, não pode deixar de causar certa perplexidade[18]. Aí se alude à hipótese de sentença de procedência emitida em feito da iniciativa de um dos credores – sentença, pois, condenatória do devedor, na perspectiva em que se coloca o presente estudo. Para tal hipótese,

---

17 Estavam nesse caso EDUARDO ESPÍNOLA, Garantia e extinção das obrigações – Obrigações solidárias e indivisíveis, Rio de Janeiro-S. Paulo, 1951, p. 412, para quem a coisa julgada só aproveitaria aos cocredores solidários quando favorável ao demandante, "salvo se fundada em causa pessoal" a este; e M. I. CARVALHO DE MENDONÇA, Doutrina e prática das obrigações, 4ª ed. Rio de Janeiro, 1956, t. I, p. 321/2, que, respondendo à indagação "A decisão proferida em ação entre um dos credores solidários e o devedor comum pode ser oposta aos outros credores ou invocada por eles ou pelo devedor?", asseverava ter "vigor contra todos os credores, embora estranhos à lide", a sentença "proferida sobre a obrigação", mas afastava a regra na hipótese de "decisão (...) proferida sobre fato pessoal ou exceção peculiar a um dos credores somente". Tornaremos a aludir a tais pronunciamentos.

18 Dentre os autores que consultamos, o que dá mais clara impressão de haver percebido o problema é ATTILA DE SOUZA LEÃO ANDRADE JR. *Comentários ao novo Código Civil.* v. II. Rio de Janeiro, 2003, p. 47, quando, a propósito da parte final do art. 274, escreve: "a hipótese mais lógica seria a inversa, pois a exceção pessoal ao credor resultaria em julgamento contrário a um dos credores solidários e, neste caso, não poderia afetar deleteriamente aos demais". Como se ressaltará em nosso texto, essa é justamente a questão capital com que o texto desafia o intérprete.

enuncia-se a regra da extensão aos cocredores, qualquer dos quais ficará, em princípio, habilitado a promover a execução – entendendo-se aqui, igualmente, que não só aos efeitos da sentença, senão também à coisa julgada, se vinculam os cocredores. Faz-se, entretanto, uma ressalva: "a menos que [o julgamento] se funde em exceção pessoal ao credor que o obteve" (isto é, que saiu vitorioso). Nesse ponto é que o texto provoca estranheza e reclama esclarecimento.

Expliquemo-nos. A palavra "exceção" tem sido empregada em mais de uma acepção na linguagem jurídica[19], mas para designar, em todo caso, uma espécie de defesa. Cumpre ressalvar questões puramente processuais igualmente postas sob o rótulo de "exceções" e suscitáveis também pelo autor (Código de Processo Civil, art. 304)[20]. Contudo, à evidência, o art. 274 do Código Civil refere-se a "exceção" no plano substancial, a uma questão cujo desate influa na decisão sobre o mérito: o contexto não permite dúvida a tal respeito, e até raiaria pelo absurdo outro entendimento. Assim, quando o dispositivo fala em "exceção pessoal ao credor", deve estar cogitando – como fazem, vale registrar, os códigos italiano e português – de defesa de mérito oponível ao credor demandante pelo devedor-réu; não de argumento invocável por aquele[21]. Do contrário, adite-se, não seria "exceção pessoal ao credor", e sim "exceção

19 Vale a pena consultar ao propósito HÉLIO TORNAGHI. *Instituições de processo penal*, 1º v., S. Paulo, 1977, p. 407 e s., onde se encontra aquela que é, provavelmente, a mais clara e completa exposição da matéria, na literatura pátria.

20 O art. 304 do estatuto processual diz ser lícito "a qualquer das partes arguir, por meio de exceção, a incompetência (art. 112), o impedimento (arr. 134) ou a suspeição (art. 135)". Na verdade, conforme observamos alhures (*O novo processo civil brasileiro*. 23ª ed. Rio de Janeiro, 2005, p. 40/1), a exceção de incompetência (relativa: a absoluta não é matéria de exceção) somente é arguível pelo réu.

21 Como supõe, ao que parece, PAULO NADER, *Curso de Direito Civil*, v. 2. Obrigações, Rio de Janeiro, 2005, p. 192 ("salvo se o vencedor na causa valeu-se de exceção pessoal"). O autor não exemplifica; e, ao falar de ação proposta por dois dos credores solidários ("A" e "B"), que "vencem a demanda", emprega a expressão "também sem oposição de defesa pessoal". Mas bem se vê que "defesa" é algo próprio de réu, não de autor. De resto, quanto à solidariedade passiva, é indubitável que o art. 281 (reprodução quase *ipsis litteris* do art. 911 do Código de 1916) usa a palavra "exceções" no sentido de defesas: cf., para o direito anterior, entre outros, CLÓVIS BEVILÁQUA, ob. e v. cit., p. 49; CARVALHO SANTOS, ob. e v. cit., p. 256 e s.; PONTES DE MIRANDA, ob. e t. cit., p. 339 e s.; WASHINGTON DE BARROS MONTEIRO, ob. e v. cit., p. 203 e s.; SERPA LOPES, *Curso de Direito Civil*, v. II, 5ª ed., Rio de Janeiro-S. Paulo, p. 140; ORLANDO GOMES, Obrigações, Rio de Janeiro-S. Paulo, 1961, p. 57; para o atual, *vide* por todos o próprio PAULO NADER, ob. e v. cit., p. 198.

pessoal do credor", que razoavelmente se esperaria ler no art. 274. Ora, não se concebe que julgamento favorável ao credor demandante "se funde em exceção pessoal" a ele oposta pelo devedor-réu. Sentença que se funde em defesa será necessariamente favorável ao réu, jamais ao autor!

A tal raciocínio poderá objetar-se com o teor de pronunciamentos doutrinários emitidos sob o código anterior. Segundo oportunamente se averbou[22], neles se encontravam referências a "causa pessoal" ao credor demandante e a "fato pessoal ou exceção peculiar a um dos credores somente". O art. 274, argumentar-se-á, nada haveria feito senão colocar-se na mesma trilha. Voltaremos ao ponto; mas, seja como for, se quisermos ater-nos à acepção tradicional de "exceção", qual meio de defesa[23], então, para explicar a parte final do art. 274, será mister proceder a uma como inversão hermenêutica. O julgamento de que se cuida, em vez de fundar-se *na exceção*, terá de fundar-se na rejeição desta[24]. Aí há lugar para uma distinção. Concebe-se que a defesa do devedor réu seja tal que se faça oponível à totalidade dos credores solidários, ou tal que, ao contrário, se faça oponível exclusivamente ao credor demandante. Isso explica a variação do tratamento.

Vejamos o exemplo da prescrição, figura típica de exceção substancial[25]. Nos termos do art. 201 (cf. art. 171 do Código de 1916), "suspensa a prescrição em favor de um dos credores solidários, só aproveitam os outros se a obrigação for indivisível"; quer dizer: fora deste último

22 *Supra*, nota 14.

23 É oportuno frisar que a tal acepção manifestamente se atinham, ao tratar da solidariedade passiva, tanto EDUARDO ESPÍNOLA quanto M. I. CARVALHO DE MENDONÇA. Com efeito: o primeiro, sem usar embora a palavra "defesa", escrevia: "O devedor demandado pode opor ao credor as exceções que lhe forem pessoais e as comuns a todos" (ob. cit., p. 426, com remissão, na nota 34, ao art. 911 do antigo Código Civil): do contexto infere-se com toda a nitidez o que o autor designava aí por "exceções". O segundo era explícito: "Quando se fala de exceções oponíveis pelo devedor solidário à demanda da dívida pelo credor, está claro que se não refere à exceção no sentido técnico do processo e sim a quaisquer defesas" (ob. e t. cit., p. 341; nosso o grifo em "defesas").

24 ARNALDO RIZZARDO, *Direito das obrigações*, 2ª ed., Rio de Janeiro, 2004, p. 227, conquanto use a expressão ambígua "exceção pessoal própria do credor", não parece afastar-se da conclusão enunciada em nosso texto, à vista do exemplo que dá: o de crédito alegado pelo devedor contra o credor demandante, mas não reconhecido pelo juiz.

25 PONTES DE MIRANDA. ob. cit.. t. VI. Rio de Janeiro, 1955, p. 4, citava a "exceção de prescrição" logo no primeiro item do capítulo dedicado às exceções.

caso (indivisibilidade), a suspensão não se estende aos outros credores. Diferente é a disciplina da interrupção do prazo prescricional: operada quanto a um dos credores solidários, aproveita aos outros (art. 204, § 12, principio; cf. art. 176, § 12, do Código de 1916). Pois bem: suponhamos que, no processo da ação condenatória, o devedor réu alegue prescrição, mas o juiz rejeite a alegação e julgue procedente o pedido. Se ele assim decidir por entender que a prescrição fora interrompida, o julgamento aproveitará aos outros credores, uma vez que a interrupção se terá produzido em relação a todos. Qualquer credor, por conseguinte, poderá promover a execução do devedor. Se, ao contrário, a sentença de procedência houver repelido a arguição de prescrição com base na ocorrência de suspensão, de eficácia restrita ao credor demandante, por não ser indivisível a obrigação, o julgamento não aproveitará aos restantes credores, para os quais a ineficácia da suspensão significa que a prescrição se terá consumado. Aí unicamente o credor vitorioso ficará habilitado a promover a execução.

Olhadas as coisas de perto, o entendimento que se acaba de expor não se choca com o expresso na doutrina que se referia a "causa pessoal" ou a "fato pessoal" do credor demandante[26]. No exemplo relativo à suspensão da prescrição, terá havido "causa pessoal" ou "fato pessoa!", com repercussão limitada à esfera jurídica do credor demandante. A exceção do devedor réu não pode vingar, porque a prescrição, que ele alega, fora suspensa; o consequente julgamento favorável ao credor demandante, todavia, só a ele aproveita, já que a suspensão foi ineficaz para os outros credores. O mesmo não ocorrerá na hipótese de interrupção, pois não terá sido exclusivamente "pessoal" a causa ou o fato que interrompeu a prescrição: alegada esta pelo devedor réu, a sentença que repila a exceção aproveitará aos cocredores estranhos ao processo.

Quem se disponha a confrontar a disciplina exposta com o quadro geral das soluções concebíveis (*supra*, nº 1), verificará que o Código Civil de 2002 abraçou a solução c.1, mas em termos distintos dos que expusemos no tocante ao direito italiano e ao português. A distinção essencial

26 Quanto à locução empregada por M. I. CARVALHO DE MENDONÇA, ob. e lug. cit.. "exceção peculiar a um dos credores somente", pode perfeitamente entender-se como "exceção cuja apreciação pelo juiz pode surtir efeito para esse único credor" – conforme sucede com a exceção de prescrição, do devedor réu, eventualmente repelida com base na suspensão do prazo prescricional por alguma causa "peculiar" ao credor demandante, em obrigação divisível.

consiste em que estes, pelo menos *expressis verbis*, só cogitam da diferenciação do tratamento, baseada no caráter pessoal da exceção, após o julgamento favorável ao credor demandante: os textos, literalmente, pressupõem decisão proferida ("*sentenza pronunziata*", "caso julgado"). É na execução, pois, que se supõe aberta ao devedor a possibilidade de formular sua impugnação, alegando exceção pessoal oponível ao outro credor, agora exequente. Já o vigente ordenamento pátrio admite que o devedor argua antes a exceção, como evidencia a alusão a julgamento "que se funde" nela (*rectius*: na respectiva rejeição), logo a julgamento posterior a ela. Não significa isso, oportunamente se verá, que seja impossível ao devedor arguir a exceção para impugnar a execução (*vide, infra*, nº 4.2); de qualquer sorte, a regulamentação da matéria, no texto legislativo, é diferente da consagrada nos dois outros códigos.

4. DIREITO BRASILEIRO: ALGUMAS QUESTÕES PARTICULARES

4.1. O art. 274 do Código Civil e o art. 472, 1ª parte, do Código de Processo Civil

Reza o art. 472, 1ª parte, do Código de Processo Civil: "A sentença faz coisa julgada às partes entre as quais é dada, não beneficiando, nem prejudicando terceiros". A redação é pouco feliz. Gramaticalmente, o sujeito dos verbos no gerúndio ("beneficiando" e "prejudicando") deve ser o mesmo da oração principal, isto é, "a sentença". Mas, a ser assim, salta à vista a inexatidão do enunciado: é indubitável que no ordenamento processual brasileiro a sentença pode surtir efeitos (inclusive prejudiciais) para terceiros[27]; do contrário, não se compreenderia – para ficarmos em dois exemplos – a existência de institutos como a assistência (arts. 50 e 54) e o recurso de terceiro prejudicado (art. 499; atente-se na dicção da própria lei: "terceiro prejudicado"!).

Uma alternativa é interpretar as duas últimas orações como atinentes aos limites subjetivos não da eficácia da sentença, mas da coisa julga-

27 Cf., entre outros, WELLINGTON MOREIRA PIMENTEL, *Comentários ao Código de Processo Civil*, v. III, S. Paulo, 1979, p. 595 e s.; CÂNDIDO DINAMARCO, Instituições de Direito Processual Civil, v. III, 4ª ed., S. Paulo, 2004, p. 212 (embora qualifique de "excepcionais" as hipóteses de extensão subjetiva de eficácia); NELSON NERY JUNIOR e ROSA MARIA DE ANDRADE NERY, *Código de Processo Civil comentado e legislação extravagante*, 7ª ed., S. Paulo, 2003, p. 808 (com o exemplo da assistência *ex* art. 50).

da[28]. Em favor desse entendimento pode-se invocar a segunda parte do mesmo art. 472, que à coisa julgada, sem sombra de dúvida, diz respeito, não obstante fique longe, ela também, da desejável limpidez[29]. Seja como for, tampouco é absoluta, no direito pátrio, a regra tradicional da limitação subjetiva da *auctoritas rei iudicatae*[30]. Não se precisa, para demonstrá-lo, recorrer às disposições relativas à ação popular (Lei nº 4.717, de 29-6-1965, art. 18), à ação civil pública (Lei nº 7.347, de 24- 7-1985, art. 16) e a outras encontradiças em mais recentes diplomas. Ainda a fazer-se abstração delas, pelo menos um caso de extensão da coisa julgada a terceiros tem sido pacificamente admitido, há muito tempo, pela doutrina nacional (e estrangeira): o dos sucessores das partes[31]. De resto, o art. 487, nº II, em termos inequívocos, legitima o "terceiro interessado" à propositura de ação rescisória – o que necessariamente pressupõe a admissão de hipóteses em que se estende a terceiros a *auctoritas rei iudicatae*, pois de outro modo não se explicaria a possibilidade, que se lhes abre, de intentar ação primacialmente ordenada ao afastamento da coisa julgada: se nenhum terceiro ficasse jamais sujeito a esta, nenhum teria interesse em utilizar o remédio[32].

---

28 Pressuposta, é óbvio, a distinção entre os dois fenômenos: *vide, supra*, nota 8.

29 Vejam-se, por exemplo, as observações de MONIZ DE ARAGÃO. *Sentença e coisa julgada*, Rio de Janeiro, 1992, p. 309, 315.

30 De acordo, na mais recente literatura pátria, CÂNDIDO DINAMARCO, ob. e v. cit., p. 318.

31 Especioso a mais não poder o argumento de que se valeu LIEBMAN, ob. cit., p. 73, para tentar conciliar a sujeição do sucessor à coisa julgada com a tese da limitação às partes, por ele defendida: o sucessor não seria *"un terzo"*, porque, *"succedendo alla parte in un rapporto già deciso, subentra ad essa nella identica posizione giuridica e diviene titolare del rapporto, così come risulta configurato dalla sentenza anteriormente intervenuta"*. É confundir a titularidade no plano material com a condição de parte no processo em que se proferiu a sentença: o sucessor passa a ocupar o lugar da parte, sim, na relação jurídica substancial, não porém na relação processual já extinta! No processo não houve sucessão alguma, nem qualquer participação do sucessor, consoante reconhece afinal o próprio LIEBMAN, ao escrever, pouco adiante, que *"quando si forma la cosa giudicata, il futuro successore è tale solo in mente Dei e per il momento è un terzo estraneo come tutti gli altri individui"'* (nossos os destaques, salvo na expressão "in mente Dei").

32 Anote-se, de passagem, que a menção expressa e separada ao "sucessor", no inciso I, após a referência a "quem foi parte no processo", de um lado, corrobora o asserto de que a ele se estende a *auctoritas rei iudicatae* e, de outro, põe em relevo a sua não inclusão no conceito de "parte". Ademais, o confronto entre a cláusula final do inciso I e o inciso 11 põe de manifesto que há outros terceiros juridicamente interessados, além do sucessor: do contrário, seria supérflua a menção expressa a

Pois bem. Se existem casos em que terceiros ficam vinculados à *res iudicata*, não pode constituir motivo de escândalo que, na interpretação do art. 274, se repute extensiva aos credores estranhos ao processo não apenas os efeitos da sentença favorável àquele que demandou, senão também a autoridade da coisa julgada que tal sentença reveste. Será mais uma hipótese - excepcional, se assim se quiser dizer - de extensão, a acrescentar-se às outras já previstas em disposições legais ou reconhecidas no plano doutrinário, mercê de interpretação sistemática[33].

4.2. A legitimação do credor estranho ao processo para a execução

Concentremo-nos no caso de se estenderem aos credores solidários que não hajam participado do processo os efeitos da sentença favorável ao único demandante. Condenando o devedor ao cumprimento da prestação, ela produz o efeito característico, comum às sentenças condenatórias, de submeter o réu vencido à execução[34]. Dada a extensão da eficácia, não apenas o credor vitorioso, mas também os cocredores beneficiam-se desse efeito. Noutras palavras: qualquer deles fica habilitado a promover a execução.

É claro, no entanto, que nenhum outro credor, além do demandante, figurará no título executivo, que é a sentença condenatória: nesta não se aludirá a quem não haja sido parte no processo. Toma-se necessário compatibilizar com os dizeres dos arts. 566 e 567 do Código de Processo Civil, que enumeram os legitimados ativos à execução, o reconhecimento

---

este no inciso I - e não se presume que a lei contenha palavras inúteis. Não parece haver tomado em consideração esse ponto ERNANE FIDÉLIS DOS SANTOS, *Manual de Direito Processual Civil*, v. 1, 10ª ed. S. Paulo, 2003, p. 696: após corretamente escrever que: "O terceiro tem também legitimação, quando, não participando do processo, sofrer a eficácia da coisa julgada", aponta como primeiro exemplo o herdeiro - caso já previsto no inciso I, *fine*.

---

33 CÂNDIDO DINAMARCO, ob. e v. cit., p. 322/3, sem levar em conta o art. 274 do Código Civil, admite em qualquer hipótese de solidariedade, ativa ou passiva, a extensão não apenas dos efeitos da sentença, mas também da auctoritas rei iudicatae, aos credores ou devedores solidários que não hajam participado do processo (cf., quanto à eficácia da sentença, o que se lê na p. 212).

34 Com isso não se afirma que toda e qualquer sentença condenatória dê sempre ensejo a execução: *vide* nosso trabalho *Questões velhas e novas em matéria de classificação das sentenças, in Temas de Direito Processual* (Oitava Série), S. Paulo, 2004, p. 135. No presente texto estamos mirando *id quod plerumque accidit.*

da legitimação conferida aos outros credores solidários. E o único modo de fazê-lo é admitir que o art. 274 do Código Civil criou mais uma hipótese de legitimação ativa à execução, a acrescentar-se às contempladas no estatuto processual. O credor estranho ao feito poderá promover a execução invocando a sentença favorável a seu consorte.

Não fica o devedor impedido, naturalmente, de impugnar a execução, arguindo, pela via própria, exceção pessoal que tenha, oponível ao exequente. Até se concebe que o executado negue a própria qualidade, que este invoca, de credor solidário, e lhe rejeite, consequentemente, a legitimação para executar.

4.3. Relevância do fundamento da sentença

Visto que a sentença favorável ao credor demandante pode surtir efeitos e fazer coisa julgada, ou não, para os outros cocredores, segundo o fundamento adotado, é essencial que o juiz deixe o ponto perfeitamente explícito, na motivação. Toda omissão ou falta de clareza no particular terá corolários altamente indesejáveis. É preciso que o teor da decisão indique, em termos cristalinos, se o réu arguiu exceção, qual foi, que juízo se formou a respeito dela e com que base se chegou a semelhante conclusão. O descumprimento desses preceitos dará ensejo, obviamente, a embargos de declaração (Código de Processo Civil, art. 535, nº I e II).

Setembro de 2005.

COMENTÁRIOS DOS ATUALIZADORES

SOLIDARIEDADE ATIVA: EFEITOS DA SENTENÇA E COISA JULGADA NA AÇÃO DE COBRANÇA PROPOSTA POR UM ÚNICO CREDOR

Aluisio Gonçalves de Castro Mendes/Carolina Paes de Castro Mendes[35]

No texto, José Carlos Barbosa Moreira trata dos efeitos processuais da solidariedade ativa, analisando os dispositivos da legislação processual e material civil. Neste ponto, é importante destacar que, sob a ótica da legislação processual civil, o texto foi escrito à luz do Código de Processo Civil de 1973, cabendo atualizar a análise para as disposições do Código de Processo Civil de 2015. Já o Código Civil sofreu alterações em alguns dispositivos pontuais a partir do advento do Código de Processo Civil de 2015, sendo um único dispositivo pertinente ao tema tratado no texto, que será analisado.

O ajuizamento conjunto de ação por credores solidários em face do devedor comum levará à formação do instituto do litisconsórcio, em hipótese atualmente contemplada no artigo 113, inciso I, do Código de Processo Civil de 2015.

O texto sob comento analisa a redação original do artigo 274 do Código Civil, que foi alterada pelo artigo 1.068 do Código de Processo Civil[36]. A redação atual permite maior precisão quanto à exceção pessoal, de natureza processual, e caminha no sentido das ideias defendidas por José Carlos Barbosa Moreira.

Merece nota, também, que as exceções, no plano processual, não são mais meios de se suscitar questões processuais no Código de Processo Civil de 2015. Por exemplo, o artigo 304 do Código de

35 A atualização do texto contou com a fundamental participação e colaboração de **Larissa Clare Pochmann da Silva**, graduada e pós-doutora pela Faculdade de Direito da Universidade do Estado do Rio de Janeiro (UERJ), mestre, doutora, e professora do Programa de Pós-Graduação em Direito da Universidade Estácio de Sá (Unesa).

36 Art. 1.068. O art. 274 e o caput do art. 2.027 da Lei nº 10.406, de 10 de janeiro de 2002 (Código Civil), passam a vigorar com a seguinte redação: (Vigência)
" Art. 274. O julgamento contrário a um dos credores solidários não atinge os demais, mas o julgamento favorável aproveita-lhes, sem prejuízo de exceção pessoal que o devedor tenha direito de invocar em relação a qualquer deles." (NR)

Processo Civil de 1973, que dispunha que era alegável por exceção a incompetência, o impedimento ou a suspeição não possui correspondente no diploma processual vigente, tendo em vista que que a incompetência é alegável em preliminar de contestação (artigo 64, *caput*, do Código de Processo Civil de 2015[37]) e o impedimento e a suspeição por petição, conforme artigo 146 do Código de Processo Civil de 2015[38].

Por sua vez, no plano substancial, escreveu Clayton Maranhão[39] sobre a alteração da redação do artigo 274 do Código Civil a partir da vigência do Código de Processo Civil de 2015:

> a redação pretérita criava confusão terminológica ao afirmar que o julgamento beneficiaria os demais credores, "a menos que se funde em exceção pessoal ao credor que o obteve". Se a exceção pessoal dirigida contra o credor é forma de defesa do devedor, e a sentença nela se basear, estar-se-ia diante de hipótese de julgamento desfavorável ao pleito autoral e, portanto, estaria o art. 274 criando um texto contraditório internamente. A interpretação correta do dispositivo, então, seria a de que a sentença beneficiará a todos os demais credores solidários, não participantes do processo, exceto aqueles a quem se possa opor exceção pessoal.

Há que se fazer reparo, no entanto, à parte final da interpretação acima. O que foi preconizado por Barbosa Moreira e incorporado no CPC-2015 foi a denominada coisa julgada *secundum eventum litis*, ou seja, as consequências e a autoridade da coisa julgada variam conforme o resultado do pronunciamento judicial. Nesse sentido, se coloca a regra peculiar aos credores solidários. No entanto, as exceções de natureza pessoal, invocáveis pelo devedor, poderão sê-lo tanto em eventual processo de conhecimento quanto de execução. Deve-se perquirir, portanto, a natureza exceção, se pessoal, porque restrita ou dirigida somente a um dos credores ou se possui um caráter comum. Sendo assim, as matérias comuns favoráveis aos credores solidários estarão

---

37 Art. 64. A incompetência, absoluta ou relativa, será alegada como questão preliminar de contestação.

38 Art. 146. No prazo de 15 (quinze) dias, a contar do conhecimento do fato, a parte alegará o impedimento ou a suspeição, em petição específica dirigida ao juiz do processo, na qual indicará o fundamento da recusa, podendo instruí-la com documentos em que se fundar a alegação e com rol de testemunhas.

39 MARANHÃO, Clayton. *Comentários ao Código de Processo Civil.* Volume XVII. Artigos 1.045 ao 1.072. São Paulo: RT, 2016, p. 172.

acobertadas pela coisa julgada, inclusive para beneficiar credores de modo geral.

Há que se distinguir, assim, entre matérias ou exceções comuns e as que somente dizem respeito a determinado credor solidário. Os exemplos dados pelo autor, em relação à interrupção ou suspensão da prescrição, permitem o devido esclarecimento. Se, em uma demanda proposta por um credor solidário, for acolhida a interrupção da prescrição, esta, por força do disposto no art. 204, § 1º-A do Código Civil, será aproveitada por todos, ainda que tenha sido produzida por um deles, passando a compor o conteúdo do julgamento. No entanto, se tiver ocorrido tão somente a suspensão da prescrição, por força da atuação de apenas um dos credores solidários, em obrigação divisível, nos termos do art. 201 do CC, esta exceção terá caráter pessoal. Sendo assim, eventual decisão favorável a credor solidário, por exemplo em termos de interrupção da prescrição, não deixará de beneficiar os demais. Entretanto, isso não terá o condão de afastar a possibilidade do devedor alegar, e de serem reconhecidas em outra ação de conhecimento ou de execução, exceções materiais de caráter pessoal, como a da prescrição decorrente da inexistência de suspensão para um determinado credor solidário. Sendo assim, a sentença favorável, nos termos da parte final do art. 274, com a nova redação, poderá beneficiar a todos os credores solidários, mas não terá o condão de afastar a possibilidade do devedor arguir e do juiz acolher as exceções de caráter pessoal, porque não estariam estas últimas abarcadas pela coisa julgada, em razão da natureza peculiar e pertinente a cada credor, nos termos legais.

CONSIDERAÇÕES SOBRE A CHAMADA "RELATIVIZAÇAO" DA COISA JULGADA MATERIAL[1]

1. Observações terminológicas. **2.** Enquadramento dogmático da proposta: uma alternativa inafastável e os corolários da opção. **3.** A coisa julgada material como situação dotada de eficácia preclusiva. **4.** Significação do fenômeno do ponto de vista da política jurídica. **5.** A garantia constitucional da coisa julgada. **6.** A alegada existência de casos merecedores de tratamento diferenciado. Um critério inaceitável de identificação. **7.** O critério baseado na "impossibilidade jurídica dos efeitos substanciais da sentença". **8.** A "coisa julgada inconstitucional". **9.** Um caso realmente dotado de características especiais. **10.** A questão dos meios processuais utilizáveis para a "relativização". **11.** Prováveis consequências práticas da "relativização". **12.** E o processo penal? **13.** Considerações "de lege ferenda".

1. OBSERVAÇÕES TERMINOLÓGICAS

Vem ganhando espaço entre nós, nos últimos tempos, debate doutrinário, com alguns reflexos na jurisprudência, em tomo da proposta a que se tem chamado de "relativização" da coisa julgada material. E um dos tópicos mais salientes dessa discussão é o da denominada "coisa julgada inconstitucional". Utilizamos as aspas não apenas para indicar que ambas as expressões foram cunhadas por outros autores; elas indicam também, logo de saída, reservas de ordem terminológica que nos ocorrem.

Comecemos pela palavra "relativização". Não nos impressiona muito a circunstância de estar ela ausente da maioria dos dicionários, como ausente também está o verbo "relativizar": uma das formas da natural evolução da língua é a criação de vocábulos novos, e esses se afiguram forjados de maneira compatível com a índole do idioma português. Nossa estranheza tem outro motivo. É que, quando se afirma que algo deve ser "relativizado", logicamente se dá a entender que se está enxergando nesse algo um absoluto: não faz sentido que se pretenda "relativizar" o que já é relativo, Ora, até a mais superficial mirada ao ordenamento jurídico brasileiro mostra que nele está longe de ser absoluto o valor da coisa julgada material: para nos cingirmos, de caso pensado, aos dois exemplos

1 Publicado *in Rev. For.*, v. 377, *Rev. Dialética de Dir. Proc.*, nº 22, Gênesis – *Rev. de Dir. Proc. Civ.*, nº 34, *Rev. Síntese de Dir. Civ. e Proc. Civ.*, nº 33, Rev. de Dir. do TJRJ, v. 62.

mais ostensivos, eis aí, no campo civil, a ação rescisória e, no penal, a revisão criminal, destinadas ambas, primariamente, à eliminação da coisa julgada, O que se pode querer – e é o que no fundo se quer, com dicção imperfeita – é a ampliação do terreno "relativizado", o alargamento dos limites da "relativização.

Soa também inexata a locução "coisa julgada inconstitucional"[2], Como quer que se conceba, no plano teórico, a substância da coisa julgada material, é pacífico que ela se caracteriza essencialmente pela imutabilidade – pouco importando aqui as notórias divergências acerca daquilo que se toma imutável: o conteúdo da sentença, ou os respectivos efeitos, ou aquela e estes[3]. Pois bem: se "inconstitucional" significa "incompatível com a Constituição" (e que mais poderia significar?), não parece que se descreva de modo adequado o fenômeno que se tem em vista atribuindo à coisa julgada a qualificação de "inconstitucional".

Salvo engano, o que se concebe seja incompatível com a Constituição é a sentença (*lato sensu*): nela própria, e não na sua imutabilidade (ou na de seus efeitos, ou na de uma e outros), é que se poderá descobrir con-

---

2 Empregada, por exemplo, no título de volume coletivo organizado por CARLOS VALDER DO NASCIMENTO, Rio de Janeiro (1ª ed., 2002; 4ª ed., 2004) e em mais de um dos trabalhos aí reunidos.

3 A referência a ambos os elementos (conteúdo e efeitos) reflete com maior fidelidade o pensamento de LIEBMAN do que a alusão restritiva, que às vezes se faz nesse contexto, aos efeitos; *vide* a passagem do mestre italiano contida em sua última obra, *Manuale di diritto processuale civile*, v. II, 4ª ed., Milão, 1981, p. 420: "L'essenza della cosa giudicata è proprio nell'immutabilità della sentenza, del suo contenuto e dei suoi effetti"; mas cf., já na clássica monografia *Efficacia ed autorità della sentenza*, onde o problema fora tratado *ex professo*, a rubrica do § 3: "L'autorità della cosa giudicata come una qualità della sentenza e dei suoi effetti", p. 25 da reimpressão da lª ed., Milão, 1962 (todos os destaques são nossos). CÂNDIDO DINAMARCO, *Relativizar a coisa julgada material*, no volume citado na nota anterior, 1ª ed., p. 36, resume fielmente a concepção de LIEBMAN, ao aludir à "imutabilidade da sentença e de seus efeitos" – (grifado no original), e noutro lugar (p. 55) transcreve o lanço do *Manuale* onde é explícita a menção à imutabilidade do conteúdo da sentença; no resto do trabalho, porém, concentra-se exclusivamente na ideia da imutabilidade dos efeitos para fundamentar sua proposta de "relativização" (vide, especialmente, p, 37, 38, 58. 59, 60, 61, 62). Na medida em que restringe o alcance da coisa julgada material, limitando-a aos efeitos da sentença (com abstração, pelo menos aparente, do respectivo conteúdo), esse modo de falar afasta-se parcialmente do pensamento liebmaniano – o que por si só, é óbvio, não o compromete: também para nós, a teoria de LIEBMAN é aceitável só em parte (naquela em que se exclui do rol dos efeitos da sentença a *auctoritas rei iudicatae*),

trariedade a alguma norma constitucional. Se a sentença for contrária à Constituição, já o será antes mesmo de transitar em julgado[4], e não o será mais do que era depois desse momento. Dir-se-á que, com a coisa julgada material, a inconstitucionalidade se cristaliza, adquire estabilidade; mas continuará a ser verdade que o defeito lhe preexistia, não dependia dela para exsurgir.

Só se poderia justificar a dicção criticada se identificássemos a coisa julgada com a própria decisão, à maneira do que fazia o art. 6º, § 3º, da Lei de Introdução ao Código Civil ("Chama-se coisa julgada ou caso julgado a decisão judicial de que já não caiba recurso"). Hoje, todavia, o conceito legal é outro e repele a sinonímia (art. 467 do Código de Processo Civil).

2. ENQUADRAMENTO DOGMÁTICO DA PROPOSTA: UMA ALTERNATIVA INAFASTÁVEL E OS COROLÁRIOS DA OPÇÃO

Falando de maneira geral, a proposta de "relativização" refere-se a casos de injustiça vista como intolerável, por excessiva gravidade, bem como aos da (impropriamente) dita "coisa julgada inconstitucional". Adiante voltaremos ao assunto, para passar em revista os exemplos que se costumam invocar em prol da tese. Antes, porém, é oportuno indicar um ponto nem sempre bem esclarecido nos trabalhos que se vêm publicando a respeito, mas de grande importância no tocante às consequências.

Abrem-se dois caminhos a quem queira sustentar que, nas hipóteses de que se cuida, não há cogitar de obstáculo resultante da coisa julgada à reapreciação da matéria em juízo. Consiste um deles em negar a própria existência da coisa julgada material: esta, aí, não chegaria a formar-se, a despeito da preclusão total das vias utilizáveis para novo exame no mesmo processo[5]. Outro caminho consiste em reconhecer a

---

4 Ocioso, talvez, lembrar que existe um recurso especificamente ordenado à impugnação de decisões (ainda não transitadas em julgado) com fundamento na suposta contrariedade à Constituição: o extraordinário ex art. 105, nº III, letra *a*, da Carta da República. Cf., *infra*, nº 7.

5 Parece ser essa a posição de CÂNDIDO DINAMARCO, a julgar pelo seguinte passo: "sentença portadora de efeitos juridicamente impossíveis não se reputa jamais coberta pela *res judicata*, porque não tem efeitos suscetíveis de ficarem imunizados por essa autoridade" (trab. cit. na nota 2, *supra*, p. 61), certo como é que o autor põe na base de sua construção a tese de que certas sentenças, por incompatíveis com princípios fundamentais do ordenamento jurídico brasileiro, não são aptas à

existência da coisa julgada material, mas entender que é possível negar imutabilidade à sentença em razão do vício grave que a inquina; em outras palavras, entender que *a coisa julgada é suscetível de ser desconsiderada*[6]. Fora dessas duas, não vislumbramos maneira de configurar dogmaticamente o fenômeno. Para que se possa pôr de lado o empecilho, decorrente da *res iudicata*, à rediscussão e reapreciação da matéria em processo subsequente[7], ou se parte da premissa de que na espécie não há coisa julgada, ou se afirma que a coisa julgada, embora exista, comporta desconsideração. Se não nos enganamos, *tertium non datur*.

É imprescindível, a nosso ver, que se expliquem a tal propósito os fautores da «relativização», a fim de que se possa avaliar a coerência interna do pensamento de cada qual. Com efeito, em perspectiva de lege lata – que é, frise-se, a adotada neste passo –, para respeitar os ditames da lógica, será forçoso, segundo o caminho por que se opte, admitir determinados corolários e passá-los pela pedra de toque do direito positivo. Assim: quem sustente a inexistência da coisa julgada, terá coerentemente de rejeitar o cabimento de ação rescisória contra a sentença. O art. -485, *caput,* do estatuto processual limita esse cabimento, em termos inequívocos, aos casos de "sentença de mérito, transitada em

---

produção de efeitos (cf. p. 58 e s.) – e é precisamente por isso que não merecem o selo da imutabilidade. Todavia, no mesmo trabalho, p. 72, declara CÂNDIDO DINAMARCO, a nosso ver contraditoriamente, que aceita "a ideia da coisa julgada inconstitucional" (grifado no original).

---

6 Assim devem pensar os que se valem da expressão "coisa julgada inconstitucional", onde naturalmente se pressupõe a existência da coisa julgada. Com efeito, somente o que existe pode ser qualificado de inconstitucional; ao que não existe, um único adjetivo se mostra aplicável: inexistente.

7 A definição do art. 467 do Código de Processo Civil alude sucessivamente à imutabilidade e à indiscutibilidade da sentença trânsita em julgado. A rigor, bastaria aludir à imutabilidade, da qual, como já acentuamos noutros trabalhos (*vide* BARBOSA MOREIRA, *Coisa julgada e declaração, in Temas de Direito Processual* (Primeira Série), 2ª ed., S. Paulo, 1988, p. 88, nota 17; *Eficácia da sentença e autoridade da coisa julgada, in Temas* (Terceira Série), S. Paulo, 1984, p. 107), a indiscutibilidade constitui mera consequência: preexclui-se nova discussão porque não se poderia mudar o que fora decidido, e em tais condições discutir seria perder tempo e desperdiçar energias. Nosso pensamento nada tem aqui de novo: no início do século passado já assinalava HELLWIG, *System des deutschen Zivilprozessrechts,* Aalen, 1968 (reimpressão da edição de 1912), v. 1, p. 777: "*Die Bindung des Gerichrs ist das primäre; die Unbestreitbarkeit durch die Parteien ist die Folge* (O primário é a vinculação do órgão judicial; a indiscutibilidade pelas partes é a consequência").

julgado"[8]; e, no entendimento praticamente unânime da doutrina e da jurisprudência[9], a expressão significa aí "sentença revestida da autoridade de coisa julgada material". Destarte, paradoxalmente, a superlativa gravidade do vício (inclusive a ofensa à Constituição) não satisfará – ao contrário de vícios menos graves – o requisito básico da admissibilidade da rescisória: semelhante via estará fechada a quem queira impugnar a sentença, após a preclusão das vias recursais.

De outra parte, quem prefira trilhar o outro caminho, aceitando que a coisa julgada existe, mas pode ser posta de lado, precisará acertar as contas com disposições igualmente categóricas do Código de Processo Civil, a saber as dos arts. 471 e 474. Estabelece o primeiro: "Nenhum juiz decidirá novamente as questões já decididas, relativas à mesma lide[10], salvo: I – se, tratando-se de relação jurídica continuativa, sobreveio modificação do estado de fato ou de direito, caso em que poderá a parte pedir a revisão do que foi estatuído na sentença; II – nos demais casos prescritos em lei". Reza o segundo: "Passada em julgado a sentença de mérito, reputar-se-ão deduzidas e repelidas todas as alegações e defesas, que a parte poderia opor assim ao acolhimento como à rejeição do pedido".

Dos dois incisos que, no art. 471, abrem exceções, nenhum aqui se aplica. Quanto ao inciso I, não se está cogitando (*rectius*: não se está necessariamente cogitando) de relações jurídicas continuativas; e, a tratar-se de alguma relação desse gênero, nem por isso o problema se porá em termos diferentes, visto que a proposta de "relativização" não distingue entre as hipóteses indicadas no texto legal e outras quaisquer. Ademais,

---

8 Falando da sentença rescindível, frisa com toda a propriedade ADROALDO FURTADO FABRÍCIO, *Réu revel, querela nullitatis e ação rescisória, in Ensaios de Direito Processual*. Rio de Janeiro, 2003, p. 244, que "ela transitou em julgado (sem o que não seria passível de rescisão)" (grifamos).

9 O "praticamente" vai por conta da opinião (isolada) de PONTES DE MIRANDA, que continuou a sustentar, sob o vigente código, a concepção da rescisória como ação dirigida contra a *res iudicata* no sentido puramente formal (*Comentários ao Código de Processo Civil*, t. VI. 3ª ed., com atualização legislativa de Sergio Bermudes, Rio de Janeiro, 1998, p. 165; *Tratado da ação rescisória*. 5ª ed., Rio de Janeiro, 1976, p. 144).

10 Alude o texto à "mesma lide", não ao "mesmo processo": não restringe a este o veto à nova decisão. Corretissimamente, MUNIZ DE ARAGÃO. *Sentença e coisa julgada*, Rio de Janeiro, 1992, p. 266: "A primeira oração ('nenhum juiz decidirá') mostra que seus efeitos ultrapassam os lindes de um determinado processo e abrangem outro qualquer. Sob esse aspecto a regra afirma os princípios inerentes à coisa julgada material a que inquestionavelmente se refere".

não se apontam "casos prescritos em lei" (inciso II) em que se autorize, com a largueza preconizada, a revisão de decisões[11]. Assim – sempre de lege lata –, o art. 471 e seus incisos exigem daquela proposta credenciais que ela não parece capaz de exibir.

Vamos ao art. 474. Nele se consagra a eficácia preclusiva da coisa julgada material[12], utilizando-se a técnica (um tanto grosseira) da ficção jurídica. Diz o texto que se "reputarão" deduzidas e repelidas as alegações e defesas *ex utraque parte*, ainda quando fossem capazes, se deduzidas, de levar o processo a desfecho diverso. Noutras palavras, "fingir-se-á" que as deduziu o legitimado a tanto, mas o juiz não as acolheu. A rigor, nem essa formulação é exata: a eficácia preclusiva abrange também as questões (como as de direito) de que o próprio órgão judicial poderia haver conhecido *ex officio*, porém lhe escaparam à atenção.

Cumpre ressaltar a distinção entre a problemática da eficácia preclusiva e a dos limites objetivos da coisa julgada, regidos estes fundamentalmente, com dicção negativa, pelo art. 469 ("Não fazem coisa julgada: I – os motivos, ainda que importantes para determinar o alcance da parte dispositiva da sentença; II – a verdade dos fatos, estabelecida como fundamento da sentença; III – a apreciação da questão prejudicial, decidida incidentemente no processo"). São duas disciplinas inconfundíveis e, por assim dizer, complementares. De um lado, mesmo as questões efetivamente resolvidas, como pressupostos (fáticos e jurídicos) da decisão sobre o pedido, ficam fora do âmbito da res iudicata, e por isso podem ser livremente suscitadas e apreciadas em processo ulterior sobre lide diversa. De outro lado, até as questões não resolvidas subtraem-se a nova apreciação em processo ulterior sobre a mesma lide (ou, adite-se, sobre lide subordi-

---

11 Sem dúvida, na ação rescisória, procedente que seja o pedido de rescisão, pode caber (e cabe na maioria dos casos) o reexame da matéria julgada (art. 494), mas isso acontece precisamente porque se desfez, no *iudicium rescindens*, o óbice da *res iudicata*; acrescente-se que, segundo entendimento pacífico, é taxativo o rol dos possíveis fundamentos da rescisória, constante do art. 485 (*vide* BARBOSA MOREIRA, *Comentários ao Código de Processo Civil*, v. V, 11ª ed., Rio de Janeiro, 2003, p. 154, com outras indicações bibliográficas, do Brasil e de países que têm institutos análogos, na nota 126).

12 Sobre o assunto, permitimo-nos remeter o leitor ao nosso escrito *A eficácia preclusiva da coisa julgada material no sistema do processo civil brasileiro, in Temas* (Primeira Série), cit., p. 97 e s., onde o versamos com algum desenvolvimento.

nada). O que se protege com a autoridade da coisa julgada material (= o que se torna imutável) é só o resultado final do pleito; mas este fica protegido (= conserva-se imutável) sejam quais forem as questões que alguém pretenda suscitar para atacá-lo, ainda que delas se pudesse ter valido, no primeiro feito, como arma (de ataque ou de defesa), entretanto lá não utilizada[13].

Do exposto infere-se com facilidade que não é preciso "relativizar" o que quer que seja para negar a existência do obstáculo da *res iudicata* à cognição da matéria litigiosa em processo subsequente relativo a outra lide[14]. A coisa julgada (com sua eficácia preclusiva) unicamente prevalece dentro das fronteiras que o ordenamento positivo lhe traça. Reconhecer e respeitar essas fronteiras de modo algum equivale a "relativizá-la".

---

13 Merecem transcrição, pela clareza e precisão com que explicam o princípio segundo o qual "a coisa julgada cobre o deduzido e o deduzível", as palavras (aplicáveis ao direito brasileiro) de PROTO PISANI, *Lezioni di diritto processuale civile*, 4ª ed., Nápoles, 2002, p. 63: "Questo principio, se in leso in modo corretto (il che non sempre (avviene), non influisce in modo alcuno nel senso di restringere o ampliare i limiti oggettivi dei giudicato: individuato (alla stregua di criteri cui e dei tutto estraneo il principio ora in esame) l'ambito oggettivo del giudicato, il principio secondo cui il giudicato copre il dedotto e deducibile ci sta a dire solo che il risultato dei primo processo non potrá essere rimesso in discussione e peggio diminuito o disconosciuto attraverso la deduzione in non secondo giudizio di questioni (di fatto o di diritto, rilevabili d'ufficio o solo su eccezione di parte, di merito o di rito) rilevanti ai fini dell'oggetto del primo giudicato e che sono state proposte (dedotto) o che si sarebbero potute proporre (deducibile) nel corso del primo giudizio".

14 Foi o que fez ADA PELLEGRINI GRINOVER, no parecer publicado no nº 10 do *Informativo Incijur*, p. 5/6. É possível que a ilustre parecerista, em algum outro trabalho, que não conhecemos, haja aderido à tese da "relativização". Esse parecer, contudo, não é invocável a favor dela. Basta ler a ementa para verificar que a questão se cifrava em saber se a sentença de improcedência em ação de nulidade de escritura pública de reconhecimento de filiação obstava ao julgamento de outra ação declaratória da inexistência de relação de filiação fundada em ausência de vínculo biológico. A conclusão da autora foi a de que "o objeto do processo da ação anulatória da escritura de reconhecimento não é igual ao objeto do processo de ação declaratória de inexistência da relação de paternidade", e portanto "a improcedência da ação anulatória não impede a propositura e eventual procedência de ação declaratória de inexistência de relação de paternidade". Pode-se concordar ou discordar dessa conclusão; o que não se pode é enxergar nela adesão à proposta "relativizadora".

3. A COISA JULGADA MATERIAL COMO SITUAÇÃO DOTADA DE EFICÁCIA PRECLUSIVA

Convém explorar um pouco mais a fundo – embora, obviamente, sem a pretensão de esgotá-lo – o tema da coisa julgada material como situação dotada de eficácia preclusiva[15]. Há situações jurídicas que, ao se formarem, pressupõem desconformidade com a situação anterior, e delas se diz que têm eficácia constitutiva. Outras há que, ao contrário, pressupõem conformidade, ao menos no essencial, com a situação anterior; a respectiva eficácia é meramente declaratória. Mas ainda há uma terceira categoria, em que a nova situação jurídica independe da conformidade ou desconformidade com a anterior; e aí se tem a eficácia preclusiva. Nas situações dotadas desse terceiro tipo de eficácia, abstrai-se por completo do que ficou para trás: nada importa que se haja ou não divergido da situação preexistente; faz-se tábua rasa dessa situação; todo e qualquer efeito que haja de ser produzido emanará da nova situação. Opera-se, por assim dizer, uma cisão entre o que passou e o que agora existe, de modo que já não é possível remontar à fonte senão na estrita medida em que o direito positivo, a título excepcional, o permita.

A prescrição é exemplo típico, no plano material, dessa espécie de situações. Certamente, para fazê-la valer, é necessário, em regra, que o interessado a alegue (Código Civil, art. 194); se, contudo, ele o faz, e o juiz acolhe a arguição, despe-se de toda e qualquer relevância a questão de saber qual era, na verdade, a situação anterior. Pode ser que o crédito existisse, pode ser que não; pode ser que a pretensão fosse fundada, pode ser que não. Acolhendo a arguição de prescrição, o juiz dará por encerrada sua atividade cognitiva: nada mais tem que investigar, e errará gravemente se acrescentar, na sentença, o que quer que seja a respeito da relação jurídica litigiosa. Outro exemplo é a usucapião: uma vez consumada, não interessa perquirir se o usucapiente já era proprietário, a título diverso, ou se só agora adquiriu a propriedade. O passado tornou-se irrelevante.

Pois bem: é nessa terceira classe de situações que se enquadra a coisa julgada material. Desde que ela se configure, já não há lugar – sal-

15 A exposição que se segue baseia-se na contribuição de FALZEA, verbete *Accertamento – teoria generale, in Enciclopedia del diritto*, nº l, 1958, p. 208 e s., aproveitada por MACHADO GUIMARÃES. *Preclusão, coisa julgada, efeito preclusivo, in Estudos de Direito Processual Civil*, Rio de Janeiro-S. Paulo, 1969, p. 30/1.

vo expressa exceção legal – para indagação alguma acerca da situação anterior[16]. Não porque a *res iudicata* tenha a virtude mágica de transformar o falso em verdadeiro (ou, conforme diziam textos antigos em termos pitorescos, de fazer do quadrado redondo, ou do branco preto), mas simplesmente porque ela torna juridicamente irrelevante – sempre com a ressalva acima – a indagação sobre falso e verdadeiro, quadrado e redondo, branco e preto.

Naturalmente se concebe que, em algum caso, a coisa julgada se desvie daquilo que existia, segundo o direito material. Os juízes não gozam da prerrogativa da infalibilidade: podem apreciar mal a prova, resolver erroneamente as *quaestiones iuris*; ou talvez o interessado não estivesse em condições de demonstrar o fato constitutivo de seu direito, porque, digamos, fora destruído o documento decisivo. A sentença terá sido, porventura, injusta. De sua possível injustiça, todavia, só há cogitar se ainda é utilizável algum meio de tentar modificá-la. Formada a *res iudicata*, corre-se sobre a questão uma cortina opaca, que apenas disposição legal – a título excepcional, repita-se – pode consentir que se afaste.

A lei procura, não há dúvida, criar todas as condições para que o produto final da atividade cognitiva reflita com fidelidade a configuração jurídica da espécie. Com tal objetivo, ela enseja às partes amplas oportunidades de apresentar ao órgão julgador argumentos e provas: pode autorizá-lo (e, em nosso ordenamento, *expressis verbis* o autoriza: art. 130) a buscar por iniciativa própria elementos necessários à formação de seu convencimento; abre aos interessados a possibilidade de impugnar, uma ou mais vezes, as decisões que lhes parecerem incorretas; chega, em certas hipóteses (como, entre nós, as do art. 475 e dispositivos análogos), a fazer obrigatória a revisão, em grau superior, da matéria julgada. Há, porém, um momento em que à preocupação de fazer justiça se sobrepõe a de não deixar que o litígio se eternize. Desse momento em diante, impede a lei que se prossiga na investigação; e, se foi julgado o mérito (= foi composta a lide), proíbe que, em qualquer processo futuro, se ressuscite o assunto. Algumas legislações, como a nossa, nem mesmo aí põem um ponto final: permitem ainda a impugnação da decisão,

16 Sob o regime de 1939 (do qual não se afasta, na substância, o vigente), escrevia MACHADO GUIMARÃES, trab. cit. na nota 14, *supra*, p. 25: "Esta regra, da eficácia preclusiva, é de aplicação rigorosa, só derrogada em casos excepcionais expressamente dispostos na lei, como é, por exemplo, o previsto no inciso I do citado art. 1.010" (hoje, art. 741) do estatuto processual.

mas têm o cuidado de limitá-la a determinados casos, havidos por muito graves e taxativamente previstos, e, em geral, tratam de fixar um prazo fatal para a utilização da via impugnativa – consoante se dá, no direito brasileiro, com a ação rescisória (art. 495).

Fora de semelhantes lindes, simplesmente não tem propósito tentar repor em questão a justiça do julgamento. Ressalvadas as hipóteses legalmente contempladas, com a coisa julgada material chegou-se a um *point of no return*. Cortaram-se as pontes, queimaram-se as naves; é impraticável o regresso. Não se vai ao extremo bíblico de ameaçar com a transformação em estátua de sal quem pretender olhar para trás; mas adverte-se que nada do que se puder avistar, nessa mirada retrospectiva, será eficazmente utilizável como aríete contra a muralha erguida. Foi com tal objetivo que se inventou a coisa julgada material; e, se ela não servir para isso, a rigor nenhuma serventia terá. Subordinar a prevalência da *res iudicata*, em termos que extravasem do álveo do direito positivo, à justiça da decisão, a ser aferida depois do término do processo, é esvaziar o instituto do seu sentido essencial.

4. SIGNIFICAÇÃO DO FENÔMENO DO PONTO DE VISTA DA POLÍTICA JURÍDICA

É comum justificar-se o fenômeno da coisa julgada material, do ponto de vista da política jurídica, pela necessidade de segurança na vida social. Cumpre que as pessoas saibam em que pé estão no mundo do direito, para poderem pautar sua própria conduta por esse conhecimento. Surgindo uma crise, entrando em conflito interesses, instalando-se um litígio, e não sendo possível regularizar a situação no plano privado, o aparelho judiciário fica à disposição dos interessados para formular a norma jurídica concreta a ser observada (e, se preciso for, atuá-la praticamente)[17]. A atividade do órgão judicial, entretanto, seria vã – e não atingiria o fim a que visa – se o resultado conseguido ficasse indefinidamente à mercê de discussões e impugnações. A tanto obsta o mecanismo da res iudicata. Essas são noções elementares; mas a expressão "segurança" parece algo pálida para traduzir a significação inteira do

17 Remetemos aqui à definição de jurisdição proposta por LIEBMAN, *Manuale*, cit., v. 1, p. 6: "L'attività degli organi dello Stato diretta a formulare e ad attuare praticamente la regola giuridica concreta che, a norma del diritto vigente, disciplina una determinata situazione giuridica".

fenômeno[18]. Ele só se deixa apreender em toda a sua importância quando olhado por mais de um ângulo. Para as partes (e, eventualmente, para terceiros acaso sujeitos à coisa julgada, v.g. os sucessores das partes, o substituído nos casos de substituição processual), o aspecto que mais ressalta é na verdade o consistente na certeza de que, para todos os efeitos práticos, sua situação, *sub specie iuris*, é aquela definida na sentença, e não outra qualquer. A parte vencida pode e costuma lamentar semelhante resultado; no entanto, feita abstração dos acidentes psicológicos e emotivos que o desfecho do pleito possa haver desencadeado, não será pouco razoável pensar que até esse litigante algum proveito colheu: ele agora sabe em que termos e em que medida o seu interesse deve subordinar-se ao interesse do adversário -não menos, mas tampouco mais do que estatuiu a sentença.

Quanto ao vencedor, não há como deixar de reconhecer-lhe o direito à observância do julgado[19]. Ele recorreu ao Estado, proibido que estava de fazer justiça por suas próprias mãos; recebeu a prestação jurisdicional; essa conquista seria ilusória se subsistisse a possibilidade, fora dos casos legais, de escapar-lhe das mãos a vitória na próxima curva do caminho. Acrescente-se que a garantia é irrenunciável: nenhuma validade teria a declaração do litigante vitorioso de que, apesar da coisa julgada que o beneficia, ele "consente" em que a lide seja objeto de novo julgamento[20].

O interesse na preservação da res iudicata ultrapassa, contudo, o círculo das pessoas diretamente envolvidas[21]. A estabilidade das deci-

---

18 Com isso não pretendemos minimizar a importância desse elemento nem sua significação para a valoração das propostas "relativizadoras" – ponto que põe em relevo Luiz GUILHERME MARINONI, *O princípio da segurança dos atos jurisdicionais (a questão da relativização da coisa julgada material), in Genesis – Rev. de Dir. Proc. Civ.*, nº 31, p. 432 e s.

19 Como ensinava JOSÉ FREDERICO MARQUES, *Manual de Direito Processual Civil*, v. III, 9ª ed., S. Paulo, 1987, p. 239, existe em nosso ordenamento "o direito público subjetivo de ser exigido o respeito à coisa julgada".

20 Cf. HUMBERTO THEODORO JÚNIOR, *Curso de Direito Processual Civil*, v. 1, 41ª ed., Rio de Janeiro, 2004, p. 486: "A coisa julgada é instituto processual de ordem pública, de sorte que a parte não pode abrir mão dela". No mesmo sentido, em sede monográfica, JOSÉ MARIA TESHEINER, Eficácia da sentença e coisa julgada no processo civil. S. Paulo. 2002, p. 72. De resto, não há notícia de autor algum que, no Brasil, sustente o contrário.

21 "Die materielle Rechtskraft ist nicht nur im Interesse der einzelnen Partei angeordnet, sondern liegt ebensosehr im allgemeinen Interesse einer geordneten Rechtspflege und des Rechtsfriedens (A coisa julgada material não se ordena somente

sões é condição essencial para que possam os jurisdicionados confiar na seriedade e na eficiência do funcionamento da máquina judicial. Todos precisam saber que, se um dia houverem de recorrer a ela, seu pronunciamento terá algo mais que o fugidio perfil das nuvens. Sem essa confiança, crescerá fatalmente nos que se julguem lesados a tentação de reagir por seus próprios meios, à margem dos canais oficiais. Escusado sublinhar o dano que isso causará à tranquilidade social.

Last but not least, ao próprio Estado interessa que suas decisões jurisdicionais se armem de solidez. Corre-lhe o dever de prestar jurisdição; se já o cumpriu, *solutus est*: seria peso intolerável a necessidade de repetir a prestação quantas vezes lho vier a solicitar o inconformismo de algum insatisfeito com o teor da decisão. De resto, já ninguém hoje concebe o direito de ação como direito a uma sentença favorável: nem, por conseguinte, se há de conceber o dever de prestar jurisdição como o dever de dar ganho de causa a quem a requeira. Exercitado o direito de ação (ou o correlato direito de defesa), entregue a prestação jurisdicional, não se descobre com que fundamento será possível exigir a renovação da atividade estatal. Em relação àquela lide, já não subsiste direito de ação[22], nem dever de prestar jurisdição: toda reiteração não prevista em lei carecerá de base jurídica, será juridicamente ilegítima. Não é por acaso que o Código de Processo Civil ordena ao juiz que conheça de ofício da preliminar de coisa julgada (art. 301, nº VI e § 4º), recusando-se a examinar o mérito[23] quando a encontre fundada (art. 267, nº V); e inclui

---

ao interesse da parte singularmente considerada, senão igualmente ao interesse geral numa atividade judicial ordenada e na paz social)": JAUERNIG, *Zivilprozessrecht*, 24ª ed., Munique, 1993, p. 224. Em meados do século passado já aludia NIKISCH, *Zivilprozessrecht*, 2ª ed., Tübingen, 1952, p. 401, ao interesse geral na criação e conservação da paz social, à economia racional na asseguração da tutela judicial a cargo do Estado e à autoridade estatal inerente à decisão do juiz.

22 "O mais significativo efeito processual da coisa julgada material é a extinção do direito de ação" (CÂNDIDO DINAMARCO. *Instituições de Direito Processual Civil*, v. III. 4ª ed., S. Paulo, 2004. p. 103, grifos do autor).

23 Vale sublinhar que o juiz não fica unicamente impedido de julgar em sentido diverso. A vedação é mais radical: a lei o proíbe de julgar de novo (cf., com toda a correção aqui também. MONIZ DE ARAGÂO. *Sent. e coisa julgada*, cit., p. 215: "A 'ofensa' (...) consiste em simplesmente pronunciar-se. Desde que o faça, com isso ofende a coisa julgada, sendo irrelevante que o novo julgamento coincida ou não com o anterior" (grifado no original). Daí caber em ambos os casos a ação rescisória *ex* art. 485, nº IV: *vide* BARBOSA MOREIRA. Coment. ao CPC., V. V, cit., p. 128.

a ofensa à res iudicata entre as poucas (e taxativamente enumeradas) hipóteses de cabimento da ação rescisória (art. 485, nº IV). Nessa perspectiva, bem se compreende que o respeito à coisa julgada seja considerado elemento característico do Estado de direito[24].

À vista de tudo isso, deixa de produzir impressão mais funda a proclamação de que é absurdo «eternizar injustiças para evitar a eternização de incertezas[25]. Tal formulação, aliás, não espelha com fidelidade a clara opção do ordenamento: o que ele faz, para evitar a eternização de incertezas, é pré-excluir, de certo momento em diante, e com as ressalvas expressas a seu ver aceitáveis, que se volte a cogitar do dilema "justo ou injusto" no concernente ao teor da sentença. Se assim, num caso ou noutro, se leva à eternização de alguma injustiça, esse é preço que o ordenamento entendeu razoável pagar como contrapartida da preservação de outros valores.

5. A GARANTIA CONSTITUCIONAL DA COISA JULGADA

Até aqui, focalizamos o assunto no plano da legislação ordinária em vigor. A essa luz, não hesitamos em negar a possibilidade de toda e qualquer "relativização" da coisa julgada material além dos limites em que já a prevê o ordenamento positivo. É mister, porém, analisar o problema em nível constitucional.

A exemplo de suas antecessoras, estabelece a Carta de 1988 que "a lei não prejudicará o direito adquirido, o ato jurídico perfeito e a coisa julgada" (art. 5º, nº XXXVI), Leitura superficial desse texto verá nele simples regra de direito intertemporal: aí se consagra limitação tradicional à retroeficácia da lei[26]. Todavia, por sob o singelo enunciado, palpita realidade bem mais rica.

Salta aos olhos, desde logo, a colocação do dispositivo, no Capítulo I (Dos direitos e garantias individuais e coletivos) do Título I (Dos direi-

---

24 A coisa julgada material está constitucionalmente ancorada no "Rechtsstaatsprinzip", frisa a doutrina alemã: ROSENBERG-SCHWAB-GOTTWALD. *Zivilprozessrecht.* 16ª ed. Munique, 2004, p. 1.055. Cf., entre nós. NELSON NERY JUNIOR, *Coisa julgada e o Estado democrático de direito, in Rev. For.*, v. 375, p. 142/3.

25 CÂNDIDO DINAMARCO, trab. cit. na nota 2, *supra*, p. 68 (grifado no original).

26 Nesse sentido, HUMBERTO THEODORO JÚNIOR-JULIANA CORDEIRO DE F ARIA, *A coisa julgada inconstitucional e os instrumentos processuais para seu controle*, no volume coletivo cit. na nota 1 *supra*, 4ª ed. p. 83/4.

tos e garantias fundamentais). Importa identificar os destinatários e o objeto da garantia do art. 5º, nº XXXVI, *fine*. Destinatários da garantia são naturalmente, em primeiro lugar, as partes do processo em que se formou a coisa julgada, e os terceiros eventualmente sujeitos a ela. Mas não só esses: a garantia não é apenas individual, senão também coletiva. Protege-se igualmente a coletividade. Segundo já se registrou (*supra*, nº 4), esta igualmente tem interesse na regularidade do funcionamento da máquina judiciária (*rectius*: do aparelho estatal *in genere*). Tal regularidade engloba, entre outros itens, a estabilidade das decisões nos precisos termos da legislação processual.

A garantia da coisa julgada articula-se com a do devido processo legal (art. 5º, nº LIV). Como é pacífico, deve ser interpretada com largueza a disposição que a ele se refere: não é só a privação da liberdade ou dos bens que se subordina ao devido processo legal, mas toda e qualquer ingerência da atividade judicial na esfera das pessoas. A ingerência será legítima na medida em que prevista na lei, e realizada pelos meios e sob as condições que ela estatui; fora daí, será ilegítima. Se o Poder Judiciário já interferiu uma vez, não lhe é dado voltar a interferir senão quando a lei a tanto o autorize, e da maneira legalmente prescrita. As pessoas são postas a salvo de ingerências arbitrárias – e é arbitrária toda ingerência não contemplada no ordenamento positivo, inclusive a reiteração fora dos quadros nele fixados.

6. A ALEGADA EXISTÊNCIA DE CASOS MERECEDORES DE TRATAMENTO DIFERENCIADO. UM CRITÉRIO INACEITÁVEL DE IDENTIFICAÇÃO

Nos itens anteriores descrevemos um sistema, com fulcro em dados do nosso direito positivo, constitucional e *infra*constitucional. Neste ponto, contudo, devemos mudar de ângulo visual, para considerar a posição daqueles que, sem contestar que a coisa julgada material represente – ao menos em princípio – obstáculo à reapreciação da matéria decidida por sentença trânsita em julgado, afirmam a existência de casos especiais, merecedores de tratamento diferenciado, e em relação aos quais se impõe a "relativização" (ou, mais exatamente, a ampliação dela)[27]. Conforme se assinalou oportunamente (*supra*, nº 2),

27 Assim, CÂNDIDO DINAMARCO, trab. cit. na nota 2 *supra*, p. 72/3, que ressalta a excepcionalidade das hipóteses para as quais se sugere a "infringência" da coisa julgada.

dois são os caminhos trilhados para chegar à tese: ou se nega, nesses casos, a própria existência da res iudicata, ou se sustenta que, apesar de existir, ela comporta desconsideração. Impende examinar em separado cada um desses modos de pensar, com os argumentos empregados para servir-lhes de apoio. Logo de começo, porém, cabe um reparo de ordem genérica. Mesmo a doutrina favorável, em maior ou menor medida, à proposta «relativizadora" não pode deixar de advertir-se da insuficiência, para justificá-la, da mera invocação de eventual «injustiça» contida na sentença passada em julgado[28]. Condicionar a prevalência da coisa julgada, pura e simplesmente à verificação da justiça da sentença redunda em golpear de morte o próprio instituto. Poucas vezes a parte vencida se convence de que sua derrota foi justa. Se quisermos abrir-lhe sempre a possibilidade de obter novo julgamento da causa, com o exclusivo fundamento de que o anterior foi injusto, teremos de suportar uma série indefinida de processos com idêntico objeto: mal comparando, algo como uma sinfonia não apenas inacabada, como a de Schubert, mas inacabável - e bem menos bela[29].

Nem adianta muito restringir o alcance do substantivo "injustiça" apondo-lhe o adjetivo "grave"[30] ou outro equivalente ("flagrante", "abusiva", "absurda" e por aí além). Distinguir o que é e o que não é "grave" tem sido fonte constante de incômodas dificuldades práticas, ao longo do

---

28 Esse aspecto do problema é bem explorado por OVÍDIO A. BAPTISTA DA SILVA, *Coisa julgada relativa?, in Rev. Jurídica*, nº 316. p. 11 e s., cujas ponderações pedimos licença para subscrever. Dizia MACHADO GUIMARÃES, trab. cit. na nota 14, *supra*, p. 29, sob o regime anterior, mas em lição ainda válida hoje: "O direito positivo atribui igual disciplina, idêntica validade e imutabilidade à sentença revestida de autoridade de coisa julgada, seja ela justa ou injusta". E chegava ao ponto de afirmar que "a sentença injusta revestida da *auctoritas rei iudicatae* é a pedra-de-toque para aferir a natureza da coisa julgada".

29 Dá mostra de bom senso ALEXANDRE FREITAS CÂMARA, *Relativização da coisa julgada material*, no volume coletivo cit. na nota 1, *supra*, 4ª ed., p. 195, ao escrever: "não se pode simplesmente admitir que a parte vencida venha a juízo alegando que a sentença transitada em julgado está errada, ou é injusta, para que se admita o reexame do que ficou decidido". E adita: "a se admitir isso, estar-se-ia destruindo o conceito de coisa julgada, eis que a parte vencida sempre poderia fazer ressurgir a discussão sobre a matéria já definitivamente decidida, ficando qualquer juiz autorizado a reapreciar a matéria".

30 No trabalho de CÂNDIDO DINAMARCO cit. na nota 2, *supra*, p. 67/8, aparece a locução "injustiças graves". Mas o autor, a bem da verdade, não se satisfaz com esse inconfiável suporte: é mais requintada sua construção, que adiante examinaremos (*infra*, nº 6).

tempo. Haja vista, no direito das obrigações, a teoria da culpa: são bem conhecidas as oscilações e controvérsias que, por séculos a fio, perturbaram doutrina e jurisprudência empenhadas em diferençar os casos de "culpa grave" (*lata*) e os de "culpa leve" (e até "levíssima"). O empenho de traçar linhas fronteiriças na gradação da culpa produziu um emaranhado de critérios, de feição não raro bizantina. O Código Civil alemão (*Bürgerliches Gesetzbuch*) em boa hora pôs de lado as preocupações do direito anterior a tal respeito[31]; o ordenamento civil brasileiro também "afastou estas filigranas"[32]. Continuamos às voltas com o problema da caracterização do "dano grave" e da "lesão grave" (arts. 172, § 1º, 558, *caput,* 798). Seria lamentável que tivéssemos de desperdiçar mais tempo e energias no trato de questão análoga, a fim de discernir as hipóteses de "injustiça grave" e de "injustiça leve", aquelas suscetíveis, estas não (por quê?), de fundamentar a revisão do julgado – com o risco de nos enlearmos num casuísmo exacerbado... e exacerbante.

7. O CRITÉRIO BASEADO NA "IMPOSSIBILIDADE JURÍDICA DOS EFEITOS SUBSTANCIAIS DA SENTENÇA"

Uma das mais articuladas propostas de "relativização" procura individuar os casos merecedores de tratamento especial recorrendo à noção da coisa julgada como "imutabilidade dos efeitos substanciais da sentença"[33]. A essência da argumentação consiste na assertiva de que, "incidindo a auctoritas rei iudicatae sobre os efeitos substanciais da sentença, (...) onde esses efeitos inexistam, inexistirá também a coisa julgada material". Após rápida alusão às sentenças meramente terminativas, passa o autor a figurar outras que, sendo embora de mérito, não podem surtir aqueles efeitos, porque contrariam normas ou princípios de nível superior. E vem a exemplificação: sentença "que declarasse o recesso de algum Estado federado brasileiro"; sentença "que condenas-

31 *Vide*, por exemplo, ESSER-SCHMIDT, *Scluldrecht*, Allgemeiner Teil, 5ª ed., Heidelberg-Karlsruhe, 1977, v. 2, p. 44/5.

32 A expressão é de CAIO MÁRIO DA SILVA PEREIRA. Instituições de Direito Civil, 15ª ed., Rio de Janeiro, 1997, v. II, p. 233. O direito português deixou igualmente de atender "às distinções de sabor escolástico que os autores costumavam estabelecer entre *culpa lata (grave ou grosseira), culpa leve* e *culpa levíssima*" (ANTUNES VARELA. *Das obrigações em geral*, v. l, 10ª ed., Coimbra. 2000, p. 577, grifos do autor).

33 A locução entre aspas é de CÂNDIDO DINAMARCO, trab. cit. na nota 2, *supra*, p. 58, onde se inicia a exposição da tese do autor.

se uma pessoa a dar a outrem, em cumprimento de cláusula contratual, determinado peso de sua carne, em consequência de uma dívida não honrada"; sentença "que condenasse uma mulher a proporcionar préstimos de prostituta ao autor, em cumprimento ao disposto por ambos em cláusula contratual".

Reconheça-se desde logo que os exemplos são, por assim dizer (sem ironia), pitorescos. Outra questão é saber se existe alguma probabilidade de que hipóteses tão esdrúxulas se concretizem no mundo real. A da condenação a dar peso de carne foi extraída – e o autor explicita-o em nota – da obra de Shakespeare "O mercador de Veneza". Não se pode adivinhar o que pensaria o bardo de *Stratford-on-Avon* desse aproveitamento, séculos depois, de uma situação fictícia mesmo ao tempo em que lhe ocorreu fazer dela o eixo de sua peça. Com a devida vênia, e sem quebra do respeito à grande autoridade intelectual do jurista, os restantes exemplos parecem igualmente haver sido escolhidos a dedo, como outrora os livros destinados *ad usum Delphini christiani*. Não é esse, porém, o reparo maior que a tese suscita. Sua falha básica reside em fazer depender a conclusão (inexistência da coisa julgada material) de uma premissa teórica que nada tem de pacífica, a saber a de que a auctoritas rei iudicatae é algo que se vincula unicamente aos efeitos da sentença[34]. Pouco importa saber se a concepção exposta aí reflete ou não de modo exato a doutrina de que o autor, noutra obra, se confessa adepto[35]. Seja como for, a tese que no momento interessa é a da identificação entre coisa julgada e imutabilidade dos efeitos da sentença; é dessa que se vale a construção, logo essa é que fica sujeita ao crivo da crítica.

Parece-nos desnecessário (e fastidioso) reproduzir neste passo os argumentos com que nos animamos a contestar a ideia de uma vinculação entre a imutabilidade característica da *res iudicata* e os efeitos da sentença[36].

34 *Vide*, sobretudo, p. 59, último parágrafo, onde se diz que a coisa julgada "não tem dimensão própria, mas a dimensão dos efeitos substanciais da sentença", e portanto, sendo juridicamente impossíveis os efeitos, dessa inexistência "decorre logicamente a inexistência da coisa julgada material sobre a sentença que pretenda impô-los".

35 Ou seja, à de LIEBMAN, invocada *expressis verbis* em CÂNDIDO DINAMARCO, *Instit.*, v. III, cit., p. 304. *Vide* o que se observou na nota 2, *supra*.

36 Pedimos licença para remeter o leitor aos escritos em que versamos o tema *ex professo*: um deles, já citado na nota 6, *supra, Efic. da sent. e autor. da coisa julg.*, espec. p. 108 e s.: outro, anterior, intitulado *Ainda e sempre a coisa julgada, in Direito Processual Civil (Ensaios e pareceres)*, Rio de Janeiro, 1971, p. 133 e s., espec. 138/9.

O principal, no entanto, é que semelhante ideia não foi acolhida pelo ordenamento processual brasileiro: nos termos do art. 467, o que se torna "imutável e indiscutível", com a coisa julgada, é a própria sentença, não os respectivos efeitos[37]. À construção ora sob exame falta, pois, fundamento legal, além de apoio doutrinário maciço[38].

8. A "COISA JULGADA INCONSTITUCIONAL"

Já se notou (*supra*, nº 1) que a expressão "coisa julgada inconstitucional" é tecnicamente defeituosa: na sentença, e não em sua imu-

---

Na mais recente literatura pátria, vários são os autores que negam a correlação entre a coisa julgada e os efeitos da sentença: v.g., SÉRGIO GILBERTO PORTO, *Coisa julgada civil*, Rio de Janeiro, 1996, p. 54 (onde se atribuem à sentença trânsita em julgado as características da imutabilidade e indiscutibilidade); ARAKEN DE ASSIS, *Eficácia civil da sentença penal*, 2ª ed., S. Paulo, 2000, p. 124 e s.; JOSÉ MARIA TESHEINER, *Efic. da sent. e coisa julg. no proc. civ.*, cit., p. 72 e s.: JOSÉ IGNACIO BOTELHO DE MESQUITA, *A coisa julgada*, Rio de Janeiro, 2004, p. 11 e s.: NELSON NERY JUNIOR, art. cit., p. 145, nota 6. Bem recentemente, eis o que diz OVÍDIO A. BAPTISTA DA SILVA no artigo em que critica a tese da "relativização": *Coisa julg. relat.?* cit., p. 14: "A sugestão de LIEBMAN, propondo que a coisa julgada torne 'imutável' tanto o 'conteúdo' quanto os 'efeitos' da sentença, constitui nova fonte de enganos". Tampouco LUIZ FUX, *Curso de Direito Processual Civil*, 2ª ed., Rio de janeiro, 2004, p. 821 e s., estabelece qualquer vinculação entre coisa julgada material e efeitos da sentença.

---

37 Cf. MONIZ DE ARAGÃO, *Sent. e coisa julg.*, p. 239. Tratamos com algum desenvolvimento, da questão (à qual damos resposta negativa) de saber se o diploma de 1973 acolheu a teoria de LIEBMAN em artigo intitulado *La definizione di cosa giudicata sostanziale nel codice di procedura civile brasiliano*, destinado ao volume de estudos em homenagem a GIUSEPPE TARZIA e publicado *in Rev. de Proc.*, nº 117, p. 42 e s.

38 Seja-nos lícito registrar, de passagem, que nem sequer na moderna literatura italiana tem prevalecido a tese da correlação entre coisa julgada e efeitos da sentença. Em COMOGLIO-FERRI- TARUFFO, *Lezioni sul processo civile*. Bolonha, 1995, p. 742, ela se vê expressamente refutada. Salvo engano, também a rejeita MONTELEONE, *Diritto Processuale Civile*, v. II, Pádua, 1995, p. 202, onde se identifica a *auctoritas rei iudicatae* numa "*qualità della sentenza*" – não dos respectivos efeitos. PROTO PISANI, *Lezioni*, cit., p. 61/3, e MONTESANO-ARIETA, *Diritto Processuale Civile*, v. II, 2ª ed., Turim, 1997, p. 383 e s., tratam da coisa julgada material sem relacioná-la de modo algum com os efeitos da sentença. O mesmo acontece em monografias como as de MENCHINI. *Il giudicato civile*. Turim, 1988, e CAPONI, *L'efficacia del giudicato civile nel tempo*. Milão, 1991. Certo que uma questão científica não se resolve mediante votação – como tampouco se resolve, aliás, mediante consulta ao "homem da rua", cuja suposta opinião é invocada por CÂNDIDO DINAMARCO, trab. cit. na nota 2, *supra*, p. 68.

tabilidade, é que se pode conceber a existência de contrariedade à Constituição. A sentença que ofenda a Constituição comporta impugnação por meio de recursos previstos no ordenamento positivo; um deles se ordena precipuamente a essa impugnação: o recurso extraordinário *ex* art. 102, nº III, letra *a*, da Carta da República. Se porventura transitar em julgado com a mácula, caberá ação rescisória para desconstituí-la: é pacífico que o texto do art. 485, nº V, do Código de Processo Civil (verbis "literal disposição de lei") abrange a Constituição[39]. A admissibilidade da ação rescisória[40] milita contra a tese de que tal sentença é nula (no sentido próprio)[41]: não há necessidade de ação para desconstituir o que já é nulo"[42]; e, não havendo necessidade, não há interesse na propositura[43].

Seja como for, esses – e não outros quaisquer – são os meios de controle da constitucionalidade das decisões judiciais previstos no ordenamento. Difere, no particular, a sistemática do controle da constitucionalidade das leis, para o qual a própria Constituição traça regras expressas: arts. 52, nº X, 97, 102, nº 1, letra *a*, 103), tanto no que concerne ao controle difuso ou incidental quanto no que respeita ao controle concentrado ou abstrato. A diferença pode ser explicada pelo fato da cisão que a coisa julgada produz (*supra*, nº 3) entre a norma abstrata em que se baseou o juiz e a norma concreta resultante da aplicação daquela[44]. A partir do trânsito em julgado, a norma concreta contida na

39 *Vide*, por todos, PONTES DE MIRANDA, Coment. ao CPC, t. VI, cit., p. 227.

40 Reconhecida por HUMBERTO THEODORO JÚNIOR-JULIANA CORDEIRO DE FARIA, trab. cit. na nota 25, *supra*, p. 96.

41 Interessante notar que, na lição de CÂNDIDO DINAMARCO, um dos líderes da campanha em prol da "relativização", "não há sentenças nulas de pleno direito" (*Instit.*, v. III, cit., p. 684; grifado no original).

42 "O que é nulo, como se sabe, nenhum efeito produz e não reclama desconstituição judicial" (HUMBERTO THEODORO JÚNIOR. *Curso*, v. 1. cit.. p. 612).

43 Perfeitamente corretos os ensinamentos de HUMBERTO THEODORO JÚNIOR, Curso, v. I, cit., p. 55/6: "O interesse de agir (...) surge da necessidade de obter através do processo a proteção ao interesse substancial"; "Localiza-se o interesse processual não apenas na utilidade, mas especificamente na necessidade do processo como remédio apto à aplicação do direito objetivo no caso concreto, pois a tutela jurisdicional não é jamais outorgada sem uma necessidade" (grifos do autor).

44 Ainda aqui nos socorremos da lição de PROTO PISANI, Lezioni, p. 62: "A seguito del formarsi dei giudicato sostanziale la fattispecie da cui deriva il diritto fatto valere in giudizio rinviene la fonte della propria rilevanza giuridica unicamente nell'accertamento contenuto nella sentenza passata in giudicato e non più nella norma generale ed astratta".

sentença adquire, por assim dizer, vida própria e não é atingida pelas vicissitudes capazes de atingir a norma abstrata: nem é outra a razão pela qual, ainda que surta efeitos *ex tunc*, a declaração da inconstitucionalidade da lei não afeta a *auctoritas rei iudicatae* da sentença que a tenha aplicado[45].

No tocante às decisões proferidas pelo Supremo Tribunal Federal em ação direta de declaração de inconstitucionalidade ou em ação declaratória de inconstitucionalidade, tamanho foi o empenho do legislador na preservação da respectiva estabilidade, que se chegou ao extremo de pré-excluir o cabimento de ação rescisória (Lei nº 9.868, de 10-11-1999, art. 26, *fine*). Certamente, poderá alguém discordar da decisão, pensar que ela é errônea e fere a Lei Maior. Mas a discordância não terá relevância prática. Seria estranho paradoxo admitir a desconsideração de uma coisa julgada que nem sequer pela rescisória é possível atacar. Vem a pelo recordar a fórmula norte-americana segundo a qual a Constituição

---

45 GILMAR FERREIRA MENDES. *Controle de constitucionalidade,* S. Paulo, 1990, p. 280; CLÈMERSON MERLIN CLÈVE, *A fiscalização abstrata da constitucionalidade no direito brasileiro*, 2ª ed., S. Paulo, 2000, p. 252/3. Em obra mais recente, embora proclame a existência de "forte tendência à relativização", Luís ROBERTO BARROSO reconhece: "sempre se considerou que o respeito às situações protegidas pela autoridade da res iudicata figurava como limite à retroatividade do julgado [que pronuncia a inconstitucionalidade], a menos que haja a possibilidade legítima de desconstituí-la por via de ação rescisória"; e mais: "o entendimento que prevalece na doutrina é o de que, transcorrido o prazo decadencial de dois anos para a propositura de ação rescisória, já não será mais possível desfazer a decisão, ainda quando se constate posteriormente sua inconstitucionalidade, salvo em se tratando de matéria penal" (*O controle de constitucionalidade no direito brasileiro*, S. Paulo, 2004, p. 167, 169). ALFREDO BUZAID, Da ação direta de declaração de inconstitucionalidade no direito brasileiro, S. Paulo, 1958, p. 138, e TEORI ALBINO ZAVASCKI, Eficácia das sentenças na jurisdição constitucional, S. Paulo, 2001, p. 56, 149, só aludem à ação rescisória como meio de ataque à sentença proferida em desacordo com a declaração de inconstitucionalidade, pelo STP, da lei que o juiz aplicou; o segundo desses autores é categórico em afirmar que, "transcorrido o prazo decadencial para seu [isto é, da rescisória] ajuizamento, a situação jurídica, mesmo inconstitucional, restará consolidada e insuscetível de ajustamento". Cf., na jurisprudência do STF, os acórdãos de 31-5-1977, R.E. nº 86.056, e de 17-6-1983, Recl. nº 194. A Constituição portuguesa, conquanto atribua à declaração de inconstitucionalidade efeitos "desde a entrada em vigor da norma declarada inconstitucional", ressalva expressamente "os casos julgados, salvo decisão em contrário do Tribunal Constitucional quando a norma respeitar a matéria penal, disciplinar ou de ilícito de mera ordenação social e for de conteúdo menos favorável ao arguido" (art. 282, nº 1 e 3).

nada mais é que "*the Supreme Court's last guess*". Ao que tudo faz crer, cabe aditar, os meios de controle previstos no ordenamento positivo são suficientes para atingir o fim visado. Os exemplos (confessadamente excepcionais) que se costumam invocar para fundamentar a proposta de "relativização" ou têm sabor meramente acadêmico[46], ou não permitem juízo seguro, pela sumariedade dos dados que se ministram; conhecimento mais profundo das espécies poderia talvez revelar a possibilidade de dar remédio adequado à situação sem infringir o ordenamento positivo.

9. UM CASO REALMENTE DOTADO DE CARACTERÍSTICAS ESPECIAIS

Dentre a abundante (e não raro desconcertante) exemplificação invocada a favor da proposta "relativizadora"[47], há um caso que se distingue pela incontestável relevância. Para ele, por sinal, tem-se voltado com maior frequência, ao que nos consta, o olhar dos tribunais. Referimo-nos à possibilidade de que, transitada em julgado a sentença em ação de in-

46 Como é, note-se com a devida vênia, o da decisão que deferisse a secessão de Estado-membro, figurada por CÂNDIDO DINAMARCO, trab. cit. na nota 2, *supra*, p. 59: e são vários dos arrolados por JOSÉ AUGUSTO DELGADO, *Efeitos da coisa julgada e os princípios constitucionais*, no mesmo volume, p. 101 e s. (v.g., o da sentença "que não reconheça como brasileiros natos os nascidos no Brasil", ou "que proíba a União executar os serviços de polícia marítima, aeroportuária e fazendária"). Sempre com o máximo respeito aos ilustres autores, tomamos a liberdade de declarar que não nos impressiona minimamente esse tipo de argumentação *ad terrorem*. Impressiona-nos, por outro lado, a extensão da lista das hipóteses vistas pelo eminente Ministro do Superior Tribunal Federal – a quem prestamos a homenagem de nossa admiração e estima – como de sentenças "que nunca terão força de coisa julgada e que poderão, a qualquer tempo, ser desconstituídas": depara-se nela até "a reconhecedora da existência de um fato que não está adequado à realidade" (p. 101, letra e), isto é, a que contenha simples erro de fato, independentemente das circunstâncias que precisariam concorrer para tomá-la rescindível ex art. 485, nº IX e §§ 1º e 2º, do Código de Processo Civil. Dir-se-ia que somente juízes infalíveis são capazes de proferir sentenças merecedoras de revestir-se da *auctoritas rei iudicatae*...

47 A rigor, alguns dos exemplos nada têm que ver com o problema da apregoada "relativização" da coisa julgada material. Assim, o da sentença proferida sem a regular citação do réu, que permaneceu revel (CÂNDIDO DINAMARCO, trab. cit. na nota 2, *supra*, p. 70) – hipótese prevista e regulada no art. 741, nº I, do estatuto de 1973 (e, antes dele, no art. 1.010, nº I, do diploma de 1939). A questão não diz respeito ao teor da sentença, mas à sua validade, posta em xeque por vício do processo. Os embargos podem ser oferecidos tanto à execução definitiva quanto à provisória – o que evidencia a nenhuma influência da *res iudicata* no tratamento da matéria.

vestigação de paternidade, venha a realizar-se o exame designado pelas iniciais DNA, desconhecido ao tempo do processo, e daí resulte a comprovação, positiva ou negativa, da filiação biológica, em sentido inverso ao que se admitiu na sentença.

Impossível ignorar a importância social e jurídica do problema, ou minimizar o aspecto relacionado com os direitos da personalidade, do investigante e do investigado. A toda pessoa deve reconhecer-se o direito de ver declarada em termos verdadeiros a relação de filiação que a liga a outra, assim como a esta, reciprocamente, o direito de ver negada, em termos igualmente verdadeiros, a condição de pai daquela. A discrepância entre a motivação in facto da sentença e a realidade assume aí colorido mais chocante do que noutras hipóteses.

Não é, contudo, tal discrepância, por si só, que toma o caso tão especial. Afinal de contas, o que está em causa, como em todos os outros, é a eventual injustiça da solução dada ao litígio – e, por delicada que seja a matéria, já se mostrou que a injustiça não é razão suficiente para submeter a regime excepcional a sentença trânsita em julgado. O assunto demanda consideração mais cuidadosa.

Seja dito, antes de prosseguirmos, que estamos aqui presumindo, à guisa de hipótese de trabalho, a plena confiabilidade dos resultados do teste de DNA. Semelhante premissa não é incontroversa: têm-se suscitado dúvidas, no plano científico, sobre o grau de certeza que se pode esperar da prova, notadamente em vista de falhas técnicas suscetíveis de ocorrer no procedimento laboratorial[48]. De resto, conforme reconhecem autores favoráveis à "relativização", "a História demonstra quão instáveis são os enunciados científicos, e não são raras as descobertas de algo novo e de avanços nos mais variados setores da ciência, que fazem cair por terra resultados que chegaram a ser considerados como definitivos"[49]. Façamos, entretanto, abstração de tudo isso, e enfrentemos a questão nos termos que hoje parecem mais verossímeis.

O que particularmente chama a atenção do estudioso, no caso, não é tanto, repita-se, a eventual desconformidade entre a situação real e a aceita

48 Vide, por exemplo, ALFREDO GILBERTO BOEIRA. *O perfil de DNA como prova judicial – uma revisão crítica, in Rev. dos Trib.*, v. 714, p. 296, e ANETE RACHTENBERG, *O poder e as limitações dos testes sanguíneos na determinação de paternidade, in Ajuris,* nº 63, p. 324 e s.

49 TERESA ARRUDA ALVIM WAMBIER-JOSÉ MIGUEL GARCIA MEDINA, *O dogma da coisa julgada – hipóteses de relativização,* S. Paulo, 2003, p. 189.

como real pelo juiz. É, acima de tudo, a convicção de que tal desconformidade seria evitável se se pudesse contar com a prova científica, não disponível ao tempo do processo. Em regra, as divergências do gênero decorrem da omissão em produzir-se alguma prova (possível), ou da má apreciação da prova produzida; em suma, do comportamento insatisfatório da parte, do juiz ou de ambos. Aqui, não: por mais que se esforçassem o litigante e o órgão judicial, empenhados um e outro na cabal averiguação dos fatos, não teria havido a possibilidade de fazê-la completa e inequívoca, por causa da inexistência (ou – o que dá praticamente no mesmo – do desconhecimento, pela ciência) do meio mais idôneo à apuração da verdade.

O Código de Processo Civil contempla, como fundamento do pedido de rescisão, a obtenção, posterior à sentença, de documento novo, "cuja existência [o autor] ignorava, ou de que não pôde fazer uso, capaz, por si só, de lhe assegurar pronunciamento favorável" (art. 485, nº VII). Tem-se interpretado esse dispositivo como referente a documento que já existia quando da sentença rescindenda. Assim nos pronunciamos, ao comentar a norma, com o apoio de doutrina e jurisprudência praticamente unânimes, no Brasil e em países cujos ordenamentos contêm disposições análogas[50]. Tivemos o cuidado, todavia, de deixar expressa a ressalva "em princípio"; e em notas indicamos dois exemplos em que se abriu exceção à regra: um colhido em decisão do Superior Tribunal de Justiça (sentença penal absolutória superveniente ao primeiro processo), outro apontado na doutrina italiana e colhido na jurisprudência alemã (documento público formado posteriormente, comprobatório de fato alegado no primeiro feito, nomeadamente certidão de nascimento capaz de provar, a posteriori, adultério não reconhecido no processo de divórcio). Pois bem: o STJ vem admitindo a idoneidade do laudo de exame de DNA, obtido depois de findo o pleito de investigação de paternidade, para lastrear ação rescisória com invocação de "documento novo"[51].

---

50 BARBOSA MOREIRA, *Coment. ao C.P.C.*, v. V, cit., p. 136/7 (nas notas 89 e 90, as indicações bibliográficas e jurisprudenciais).

51 Nesse sentido, em data ainda muito recente, o acórdão de 28-4-2004, no REsp nº 300.084, *in D.J.* de 6-9-2004, cuja ementa reza: "O laudo do exame de DNA, mesmo posterior ao exercício da ação de investigação de paternidade, considera-se 'documento novo' para aparelhar ação rescisória (CPC. art. 485, VII). É que tal exame revela prova já existente, mas desconhecida até então. A prova do parentesco existe no interior da célula. Sua obtenção é que apenas se tornou possível quando a evolução científica concebeu o exame intracitológico". No texto da decisão disponível no site do STJ na internet, indicam-se outros precedentes.

Não é demais pôr em relevo que o Tribunal de modo algum declarou "nula" a sentença rescindenda, nem inventou novo meio de provocar o reexame da matéria. Limitou-se a enquadrar a espécie na lei processual, mediante a flexibilização, perfeitamente razoável, do conceito de "documento novo". Soube conciliar – e faz jus, por isso, a todos os louvores – uma alegada exigência de justiça com o respeito ao ordenamento positivo.

10. A QUESTÃO DOS MEIOS PROCESSUAIS UTILIZÁVEIS PARA A "RELATIVIZAÇÃO"

O direito positivo brasileiro conhece remédios processuais idôneos para desconstituir sentenças trânsitas em julgado, nalgumas hipóteses em atenção à gravidade de errares in iudicando: assim, v. g., na da ação rescisória ex art. 485, nº VI (sentença fundada em falsa prova). Os embargos à execução podem, excepcionalmente, levar à destruição de sentença trânsita em julgado: é o que sucede no caso do art. 741, nº I. Em relação a esse – que, importa sublinhar, não se relaciona com a injustiça, senão com a validade da sentença como ato processual[52] –, tem-se admitido, e com razão, a viabilidade de uma ação declaratória de nulidade e, paralelamente, a desnecessidade da rescisória[53]. Tem-se falado, ao propósito, da sobrevivência, no ordenamento atual, da antiga *querela nullitatis*[54]. Nunca é demais repetir que tais remédios não se correlacionam por força com a injustiça da sentença. A proferida à revelia do réu, não citado ou nulamente citado, nem por isso será, em todo e qualquer caso, injusta. A solução dada ao litígio pelo juiz, seja qual for, não entra em linha de conta, tamanha a gravidade, aos olhos da lei, do vício processual que macula a decisão. De jeito algum se tem de cogitar, para arredá-la,

---

52 Cf. a nota 46, *supra*.

53 *Vide*, na jurisprudência do STF, além do acórdão mencionado por CÂNDIDO DINAMARCO, trab. cit. na nota 2, *supra*, p. 70, nota 49, os coligidos por ALFREDO BUZAID, *A ação declaratória no direito brasileiro*, 2ª ed. S. Paulo, 1986, p. 257, nota 7. Do STJ pode citar-se, a título exemplificativo, o acórdão de 21-3-2002, REsp nº 331.850, publicado em 6-5-2002. Em sentido crítico no que tange à concepção da referida via como avatar da *querela nullitatis*, SERGIO BERMUDES, *Sindérese e coisa julgada inconstitucional*, no volume coletivo cit. na nota I, *supra*, 4ª ed., p. 235.

54 Na moderna literatura pátria, *vide* por exemplo o artigo de ADROALDO FURTADO FABRICIO cit. na nota 7, *supra*, e em sede monográfica ALEXANDER DOS SANTOS MACEDO, *Da querela nullitatis – sua subsistência no direito brasileiro*. Rio de Janeiro, 1998, ambos com outras indicações bibliográficas.

de seu conteúdo[55]. Significa isso que os remédios em foco não se ordenam de maneira específica a uma "relativização" que pretende situar-se e justificar-se no plano da desconformidade entre o *teor do julgamento*, de um lado, e a realidade substancial ou princípio jurídico superior, de outro. Para hipóteses tais é que se volta, em regra, a proposta "relativizadora", se bem que às vezes se misturem indevidamente as duas ordens de considerações, sobretudo no momento de exemplificar[56].

Da ação de declaração de nulidade vem-se cogitando como instrumento apto à concretização da proposta "relativizadora"[57]. Aqui, no entanto, a admitir-se a proposta, surgiria quando nada um problema de competência. Com relação ao caso do art. 741, nº I, assentou-se que a arguição não precisa dirigir-se "a um juízo de grau ou hierarquia superior à do prolator da sentença, mas a este mesmo"[58]. Por exemplo: se o vício (falta ou nulidade da citação do réu que permaneceu revel) ocorreu no primeiro grau de jurisdição – como em regra sucederá, ressalvados apenas os feitos da competência originária de algum tribunal –, o órgão *a quo* será competente para conhecer da "*querela nullitatis*", conquanto haja chegado o pleito anterior, sem que se tenha percebido o defeito, ao Supremo Tribunal Federal, e passado em julgado o acórdão deste. A conclusão não choca, porque o juiz de primeiro grau não será chamado

55 Mereceria exame em separado o caso do parágrafo único acrescentado ao art. 741 pela Medida Provisória nº 2.180-35, de 24-8-2001, *verbis*: "para o efeito do disposto no inciso II deste artigo, considera-se também inexigível o título judicial fundado em lei ou ato normativo declarados inconstitucionais pelo Supremo Tribunal Federal ou em aplicação ou interpretação tidas por incompatíveis com a Constituição Federal". São tantas e tão complexas, porém, as questões suscitadas por esse texto – a começar pelo entendimento que se deve dar ao enunciado legal–, que temos de renunciar aqui a enfrentar semelhante problemática. Digno de leitura e meditação, ao propósito, é o substancioso artigo de EDUARDO TALAMINI, *Embargos à execução de título judicial eivado de inconstitucionalidade (CPC, art. 741, parágrafo único)*, *in Rev. de Proc.*, nº 106, p. 38 e s.

56 CÂNDIDO DINAMARCO, *v.g.*, refere-se à hipótese do vício previsto no art. 741, nº 1, do Código, e à da "desobediência às regras do litisconsórcio necessário-unitário", no mesmo contexto em que figuram casos de natureza claramente diversa (trab. cit. na nota 2, *supra*, p. 70). É manifesto que àquelas hipóteses não se poderia aplicar em termos iguais o critério da "impossibilidade jurídica dos efeitos substanciais da sentença", em tomo do qual gira a construção do autor (*supra*, nº 6). Em direito, como em matemática, não se somam quantidades heterogêneas.

57 V.g., CÂNDIDO DINAMARCO, *ibid.*, p. 71; HUMBERTO THEODORO JÚNIOR-JULIANA CORDEIRO DE FARIA, trab. cit. na nota 25, *supra*, p. 97.

58 ADROALDO FURTADO FABRÍCIO, art. cit. na nota 7, *supra*, p. 259.

a controlar a correção ou incorreção, a justiça ou injustiça, da decisão da Corte Suprema, senão apenas a pronunciar-se sobre vício capaz de comprometer *ex radice* a validade do processo – e, por via de consequência, da sentença (*lato sensu*).

Bem diferente é a hipótese da "relativização": aí, o que se pretende é que o órgão judicial reexamine, na substância (não quanto aos corolários de mero *error in procedendo*), a matéria julgada; e não se perca de vista o fato de que, na grande maioria dos casos, a sentença de primeiro grau terá sido substituída por acórdão (art. 512). Ora, constituiria subversão inaceitável aceitar que juízo inferior revisse, no mérito, decisão proferida por tribunal (eventualmente, pelo STF). Para respeitar a hierarquia, o pedido de reexame teria de dirigir-se ao tribunal, como se dá na ação rescisória: ao STJ ou ao STF, respectivamente, se o acórdão acoimado de "injustiça grave" ou de "inconstitucionalidade" emanou de um ou de outro. Estaríamos, portanto, diante de causa da competência originária de um desses tribunais. A dificuldade consiste em que é taxativo o rol das hipóteses constitucionalmente previstas de tal competência: o elenco do art. 102, nº I, e o do art. 105, nº I, da Carta da República não comportam ampliação[59], nem mesmo por analogia; ora, nem um nem outro contempla o caso de que se cuida.

De maneira alguma há como aceitar, por outro lado, a possibilidade de arguir-se e apreciar-se incidentalmente a questão, em processo para cujo desfecho seja relevante a *auctoritas rei iudicatae* da sentença em foco. Diga-se desde logo que, para acolher semelhante possibilidade, seria necessário qualificar de nula (no sentido próprio) a sentença[60] – o que, por elementar imposição de coerência, pré-excluiria o cabimento

59 Cf., no tocante ao STF, JOSÉ CRETELLA JÚNIOR. Comentários à Constituição de 1988, v. VI, Rio de Janeiro, 1992: "É, pois, a Constituição, jamais a lei ordinária, o texto que fixa a competência da Corte Suprema, enumerando a regra jurídica constitucional, de modo taxativo. as hipóteses que ocorrem" (p. 3.076); "Enumera o inciso [nº I do art. 102], taxativamente, as causas que, pelo *status* das partes ou pela natureza relevante das questões, devem ser conhecidas, processadas e julgadas pelo Supremo Tribunal Federal, como primeira e única instância" (p. 3.078) (sem grifo no original salvo na palavra *status*); quanto ao STJ: "A Constituição vigente explicita, de modo exaustivo, a competência do Superior Tribunal de Justiça, no que diz respeito ao processamento e julgamento de causas" (p. 3.119: grifamos). O ponto não escapou à atenção de NELSON NERY JUNIOR, art. cit., p. 144.

60 Em desconformidade com o ensinamento de CÂNDIDO DINAMARCO recordado na nota 40, *supra*.

de ação rescisória para desconstituí-la[61]. Não parece que os partidários da "relativização" estejam dispostos a anuir a essa consequência, entretanto logicamente inevitável.

Ademais, subsistiria o problema hierárquico: será razoável autorizar juiz de primeiro grau a "desconsiderar", por exemplo, a coisa julgada de que se haja revestido acórdão do Supremo Tribunal Federal? A ideia assume feição particularmente alarmante se se levar em conta que os acórdãos da Corte Suprema, em determinados casos, não comportam sequer ataque por ação rescisória (Lei nº 9.868, de 10-11-1999, art. 26, *fine*; Lei nº 9.882, de 3-12-1999, art. 12, *fine*). Estaríamos diante de formidável paradoxo se admitíssemos que julgados insuscetíveis de rescisão pudessem ser, pura e simplesmente, postos de lado, mediante pronunciamento emitido *incidenter tantum*, por entender o órgão processante, digamos, que o Supremo Tribunal Federal incorrera em erro ao declarar constitucional (ou inconstitucional) esta ou aquela norma, e ao fazê-lo violara a Carta da República.

11. PROVÁVEIS CONSEQUÊNCIAS PRÁTICAS DA "RELATIVIZAÇÃO"

Suponhamos que um juiz, convencido da incompatibilidade entre certa sentença e a Constituição, ou da existência, naquela, de injustiça intolerável, se considere autorizado a decidir em sentido contrário. Fatalmente sua própria sentença ficará sujeita à crítica da parte agora vencida, a qual não deixará de considerá-la, por sua vez, inconstitucional ou intoleravelmente injusta. Pergunta-se: que impedirá esse litigante de impugnar em juízo a segunda sentença, e outro juiz de achar possível submetê-la ao crivo de seu próprio entendimento? O óbice concebível seria o da coisa julgada; mas, se ele pôde ser afastado com relação à primeira sentença, por que não poderá sê-lo quanto à segunda?[62]

É claro que a indagação não se porá uma única vez: a questão poderá repetir-se, em princípio, *ad infinitum*, enquanto a imaginação dos advogados for capaz de descobrir inconstitucionalidades ou injustiças intoleráveis nas sucessivas sentenças. Em hora como a presente,

61 Cf. a lição de HUMBERTO THEODORO JÚNIOR lembrada na nota 41, *supra*.

62 Também no particular subscrevemos as judiciosas observações de OVÍDIO A. BAPTISTA DA SILVA, art. cit. na nota 27, *supra*, p. 13, bem como as de JOSÉ IGNACIO BOTELHO DE MESQUITA, ob. cit. na nota 35, *supra*, p. 115/6.

em que universalmente se proclama a necessidade de abreviar os pleitos, inclusive mediante a redução das oportunidades de impugnar decisões, chega a ser irônico que se queira adotar um mecanismo cujo uso nenhuma contribuição promete trazer – bem ao contrário! – para que se consiga a suspirada abreviação. Outro tanto é possível dizer da carga de trabalho do Poder Judiciário. Ela já é reconhecidamente opressiva com um só processo, em princípio, para a composição de cada lide – sujeitos à rápida extinção, *ex vi* do art. 267, nº V, *fine*, combinado com o § 3º, do Código de Processo Civil, os que vierem porventura a veicular matéria coberta pela *res iudicata*. Aumentará de peso, obviamente, caso se permita aos litigantes insatisfeitos com o resultado pleitear nova prestação jurisdicional, que mais lhes agrade. E nem é preciso falar da exasperação das despesas e de outros inconvenientes práticos imagináveis com facilidade.

Pouco adianta ressalvar que nisso apenas se consentirá em hipóteses excepcionais, quando se tratar de "situações extraordinárias", para "afastar absurdos, injustiças flagrantes" etc.[63]. Tício, vencido, dificilmente deixará de reputar-se vítima de uma decisão absurda e de uma flagrante injustiça. Mesmo de inconstitucionalidade não será raro que cogite, haja vista o grande número de recursos extraordinários em que, sem base, se formula a alegação. Sob o regime vigente, se Tício procurar advogado e lhe pedir que reproponha a causa em juízo, a resposta que ouvirá, com maior probabilidade, é a de que não vale a pena instaurar novo feito para desafiar a coisa julgada: mero desperdício de tempo e dinheiro. Todavia, a partir do momento em que se acene com alguma possibilidade de êxito, não faltará quem se anime à tentativa. Aberta que seja a porteira, por onde passa um boi poderá passar uma boiada.

12. E O PROCESSO PENAL?

A coisa julgada não é instituto exclusivo do processo civil: opera em todo e qualquer tipo de processo, inclusive no penal[64]. E também no terreno penal concebe-se que a sentença trânsita em julgado contenha

63 Assim CÂNDIDO DINAMARCO, trab. cit. na nota 2, *supra*, p. 72.

64 Com todo o acerto ensinam ANTONIO CARLOS DE ARAÚJO CINTRA-ADA PELLEGRINI GRINOVER-CÂNDIDO DINAMARCO. *Teoria geral do processo*, 19ª ed., S. Paulo, 2003, p. 307, que "é realmente idêntica a natureza da coisa julgada, quer no processo civil, quer no penal, como ainda desnecessária a distinção da coisa julgada penal por ser a sentença condenatória ou absolutória".

decisão injusta ("gravemente" injusta, adite-se) ou incompatível com a Constituição. Segue-se que a doutrina "relativizadora" deve necessariamente passar pelo teste da aplicabilidade ao processo criminal, sob pena de estabelecer diferença de tratamento injustificável à luz da substancial identidade das situações. Se numa sentença penal se puder detectar injustiça "grave" ou violação de norma constitucional, por que razão qualquer desses vícios, intolerável no cível, seria tolerável no crime? A lógica mais elementar estaria a impor a uniformidade da solução.

Por outro lado, a injustiça ("grave", se se quiser adjetivá-la) ou a inconstitucionalidade pode existir, em princípio, tanto na sentença penal condenatória quanto na absolutória. (Em paralelismo, por sinal, com o processo civil: embora a exemplificação costumeira remeta em geral a sentenças de procedência, de jeito algum se legitimaria uma visão unilateral do fenômeno[65].) Assim, *v.g.*, se o juiz penal declara prescrita a pretensão punitiva em processo atinente a crime de racismo, infringe às escâncaras a regra do art. 5º, nº XLII, da Carta da República, que qualifica de imprescritível o delito.

O direito positivo admite a revisão da sentença condenatória passada em julgado, nas hipóteses do art. 621 do Código de Processo Penal, pacificamente consideradas como taxativas[66]. Só a admite em favor do réu condenado: ao contrário de diversas legislações estrangeiras, não contempla a possibilidade de rever-se sentença absolutória (a chamada revisão *pro societate*). Na perspectiva da doutrina "relativizadora", porém, dificilmente se sustentaria a limitação do expediente às sentenças condenatórias, como dificilmente se sustentaria a pré-exclusão da possibilidade de "relativização" em hipóteses não previstas no art. 621. Por conseguinte, para serem coerentes, os fautores da "relativização" devem:

---

65 Tomemos um dos exemplos de CÂNDIDO DINAMARCO, o da condenação da ré a prestar serviços de prostituta, contratados com o autor (*supra*, nº 6). Igualmente absurda, seria, obviamente, a sentença que julgasse improcedente pedido feito pela mulher em ação declaratória negativa da obrigação de prestar tais serviços.

66 *V.g.* EDUARDO ESPÍNOLA FILHO, *Código de Processo Penal brasileiro anotado*, Rio de Janeiro, 1976, v. VI, p. 367; HÉLIO TORNAGHI, *Curso de processo penal*, v. II, 7ª ed., S. Paulo, 1990, p. 364; JULIO FABBRINI MIRABETE, *Processo penal*, 4ª ed., S. Paulo, 1995, p. 668: FRANCISCO DE ASSIS DO RÊGO MONTEIRO ROCHA, *Curso de Direito Processual Penal*, Rio de Janeiro, 1999, p. 945. A acrescentar-se alguma hipótese, será a do art. 626, *fine*, a saber, a de vício processual invalidante (vide TOURINHO FILHO, *Processo penal*, 4º v., 12ª ed., S. Paulo, 1990, p. 460), também prevista *expressis verbis*.

a) negar caráter taxativo à enumeração do art. 621, para admitir a revisão noutras hipóteses, ou indicar outro remédio processual que nelas possa servir de veículo à "relativização";

b) afirmar a possibilidade de "relativizar" a coisa julgada das sentenças absolutórias, seja inculcando, *contra legem*, uma modalidade de revisão *pro societate*, seja excogitando outra via processual capaz de conduzir ao mesmo resultado.

Complicar-se-á o problema, à evidência, se se tratar de julgamento por júri. Mas não é preciso que nos embrenhemos em tão espinhoso caminho: o que ficou dito basta para alimentar a necessária reflexão sobre tópico relevante, até agora desprezado, ao que nos consta, por parte dos estudiosos, e especialmente dos que pretendem "relativizar" a coisa julgada material.

13. CONSIDERAÇÕES "*DE LEGE FERENDA*"

Voltemos ao processo civil. Até aqui, cuidamos do assunto em perspectiva de lege lata. Estamos convencidos de que não se compadece com o ordenamento positivo o aumento da dose de "relativização" da coisa julgada material que ele próprio já consagra. Não somos infensos, porém, à proposta de que tal dose, *de lege ferenda*, seja elevada em alguns casos.

O mais importante, ao menos do ponto de vista prático, é o da descoberta científica suscetível de demonstrar a erronia da solução dada anteriormente ao litígio, em época na qual não era possível contar com determinada prova. Para a hipótese do exame de DNA, como registrado, a jurisprudência já vem atenuando, por via interpretativa, o rigor do texto do Código (art. 485, nº VII), para admitir a rescisória com fundamento no laudo pericial, incluído no conceito de "documento novo"[67]. O socorro hermenêutico tem, contudo, alcance limitado: não serve para o caso de já haver decorrido o biênio decadencial Cart. 495) quando da realização do exame. Atenta a relevância da matéria, julgamos conveniente modificar aí a disciplina, não para abolir o pressuposto temporal – pois, com a ressalva que se fará adiante, relutamos em deixar a coisa julgada, indefinidamente, à mercê de impugnações –, mas para fixar o termo inicial do prazo no dia em que o interessado obtém o laudo, em vez do trânsito em julgado da sentença rescindenda.

67 *Vide supra*, nº 9.

Outro ponto merecedor de reparo é o da sentença violadora de disposição constitucional. São provavelmente raros os casos de sentença que transite em julgado com esse vício, até porque a questão da inconstitucionalidade normalmente terá feito chegar o processo, mediante recurso extraordinário' ao Supremo Tribunal Federal, a que precipuamente compete "a guarda da Constituição" (Carta da República, art. 102, *caput)*, Não nos inclinamos a sugerir que se elimine a imunidade da *res iudicata* à posterior declaração de inconstitucionalidade, mesmo no julgamento de ação direta[68]. Pode acontecer, no entanto, que a sentença em questão haja aplicado lei já então declarada inconstitucional pela Corte Suprema. A hipótese enquadra-se na cláusula do art. 485, nº V, do estatuto processual, visto que a sentença terá violado a Constituição. No entanto, a ação rescisória estará sujeita ao prazo decadencial; o interessado precisará propô-la dentro do biênio consecutivo ao trânsito em julgado. Em atenção à particular gravidade do vício, seria razoável abrandar essa exigência, permitindo, a título excepcional, o ajuizamento da rescisória a qualquer tempo.

No mais, pensamos que a disciplina atual já leva em suficiente conta os motivos capazes de justificar a "relativização" da coisa julgada material _ vale dizer, já a relativiza quantum satis. Não há lugar, ao nosso ver, para invocar, com o fito de aumentar a dosagem, quaisquer princípios supostamente desprezados pelo legislador. Atende o regime vigente, em especial, às exigências da razoabilidade normativa. Merece, em linhas gerais, apoio e preservação.

Outubro de 2004.

68 Cf., *supra*, nº 8.

COMENTÁRIOS DOS ATUALIZADORES

CONSIDERAÇÕES SOBRE A CHAMADA "RELATIVIZAÇÃO" DA COISA JULGADA MATERIAL

Aluisio Gonçalves de Castro Mendes/Carolina Paes de Castro Mendes[69]

No texto *Considerações sobre a chamada "relativização" da coisa julgada material*, escrito em outubro de 2004, José Carlos Barbosa Moreira analisa a denominada "relativização" da coisa julgada material.

As observações do saudoso professor e jurista permanecem atuais e pertinentes. A proposta de "relativização da coisa julgada" para os casos de injustiça da decisão, de "coisa julgada inconstitucional" e do caso peculiar do exame de DNA fizeram parte ou integram o repertório de pronunciamentos dos tribunais.

A flagrante injustiça da decisão, a partir de danos graves ou lesões de difícil reparação, expressão hoje contemplada nos artigos 212, §1° e 300, *caput*, do Código de Processo Civil de 2015, não podem servir como fundamento para a "relativização de coisa julgada" para além das hipóteses da ação rescisória. Esse viés foi inclusive consignado pelo Plenário do Supremo Tribunal Federal (STF), no ano de 2022, ao indicar, com destaque, a segurança jurídica, tal como defendido no texto ora comentado, para que a "relativização" da coisa julgada fosse analisada com cautela. Nesse sentido, o teor do julgamento do Plenário do STF:

> AGRAVO REGIMENTAL EM AÇÃO RESCISÓRIA. IRRESIGNAÇÃO QUANTO À MULTA APLICADA EM VIRTUDE DA OPOSIÇÃO DE SEGUNDOS EMBARGOS DECLARATÓRIOS CONSIDERADOS PROCRASTINATÓRIOS. ENUNCIADO Nº 343 DA SÚMULA DO STF. USO COMO SUCEDÂNEO RECURSAL: IMPOSSIBILIDADE.
> 1. Em vista da relevância do valor "segurança jurídica" para a ordem social, a possibilidade de relativização da coisa jul-

69 A atualização do texto contou com a fundamental participação e colaboração de **Larissa Clare Pochmann da Silva**, graduada e pós-doutora pela Faculdade de Direito da Universidade do Estado do Rio de Janeiro (UERJ), mestre, doutora, e professora do Programa de Pós-Graduação em Direito da Universidade Estácio de Sá (Unesa).

gada deve ser vista com extrema cautela, do que deriva a necessidade de interpretação restritiva das hipóteses de cabimento da ação rescisória.

2. O cabimento da ação rescisória fundada no art. 966, inc. V, do CPC pressupõe que a ofensa à ordem jurídica seja manifesta, caracterizada como violação frontal à norma jurídica (lei, princípio, entre outras espécies de norma) e evidenciada de plano, sem a necessidade de reexame de provas.

3. Incidência do enunciado nº 343 da Súmula do STF: "Não cabe ação rescisória por ofensa a literal disposição de lei, quando a decisão rescindenda se tiver baseado em texto legal de interpretação controvertida nos tribunais".

4. As situações de alegada injustiça da decisão ou de inadequado exame de provas, conforme sustentados pela parte autora, não se prestam, por si sós, a sustentar o pedido rescisório. Na espécie, o acórdão proferido no ARE nº 1.102.824/PE, que considerou os segundos embargos de declaração também procrastinatórios e promoveu a majoração da multa processual de 1% para 10%, não se caracteriza como manifesta ofensa à ordem jurídica, descabendo, portanto, o uso da ação rescisória como sucedâneo recursal.

5. Agravo regimental da União não provido e pedido de tutela provisória incidental prejudicado. Condenação da parte autora ao pagamento de honorários advocatícios, segundo os parâmetros do art. 85, § 3º e 4º, do CPC, nos termos assentados no voto. (STF. AR 2837 AgR. Rel. Min. André Mendonça. Tribunal Pleno. DJ: 08/08/2022)

Em relação à "coisa julgada inconstitucional", tal como as precisas lições de José Carlos Barbosa Moreira, o Pleno do STF, no ano de 2015, esclarece que o defeito é do provimento jurisdicional, e não de sua imutabilidade, reconhecendo as vias de impugnação sem alargar ainda mais os limites da "relativização" da coisa julgada material. Nesse sentido:

CONSTITUCIONAL E PROCESSUAL CIVIL. DECLARAÇÃO DE INCONSTITUCIONALIDADE DE PRECEITO NORMATIVO PELO SUPREMO TRIBUNAL FEDERAL. EFICÁCIA NORMATIVA E EFICÁCIA EXECUTIVA DA

DECISÃO: DISTINÇÕES. INEXISTÊNCIA DE EFEITOS AUTOMÁTICOS SOBRE AS SENTENÇAS JUDICIAIS ANTERIORMENTE PROFERIDAS EM SENTIDO CONTRÁRIO. INDISPENSABILIDADE DE INTERPOSIÇÃO DE RECURSO OU PROPOSITURA DE AÇÃO RESCISÓRIA PARA SUA REFORMA OU DESFAZIMENTO.

1. A sentença do Supremo Tribunal Federal que afirma a constitucionalidade ou a inconstitucionalidade de preceito normativo gera, no plano do ordenamento jurídico, a consequência (= eficácia normativa) de manter ou excluir a referida norma do sistema de direito. 2. Dessa sentença decorre também o efeito vinculante, consistente em atribuir ao julgado uma qualificada força impositiva e obrigatória em relação a supervenientes atos administrativos ou judiciais (= eficácia executiva ou instrumental), que, para viabilizar-se, tem como instrumento próprio, embora não único, o da reclamação prevista no art. 102, I, "l", da Carta Constitucional.

3. A eficácia executiva, por decorrer da sentença (e não da vigência da norma examinada), tem como termo inicial a data da publicação do acórdão do Supremo no Diário Oficial (art. 28 da Lei 9.868/1999). É, consequentemente, eficácia que atinge atos administrativos e decisões judiciais supervenientes a essa publicação, não os pretéritos, ainda que formados com suporte em norma posteriormente declarada inconstitucional.

4. Afirma-se, portanto, como tese de repercussão geral que a decisão do Supremo Tribunal Federal declarando a constitucionalidade ou a inconstitucionalidade de preceito normativo não produz a automática reforma ou rescisão das sentenças anteriores que tenham adotado entendimento diferente; para que tal ocorra, será indispensável a interposição do recurso próprio ou, se for o caso, a propositura da ação rescisória própria, nos termos do art. 485, V, do CPC, observado o respectivo prazo decadencial (CPC, art. 495). Ressalva-se desse entendimento, quanto à indispensabilidade da ação rescisória, a questão relacionada à execução de efeitos futuros da sentença proferida em caso concreto sobre relações jurídicas de trato continuado.

5. No caso, mais de dois anos se passaram entre o trânsito em julgado da sentença no caso concreto reconhecendo, in-

cidentalmente, a constitucionalidade do artigo 9º da Medida Provisória 2.164-41 (que acrescentou o artigo 29-C na Lei 8.036/90) e a superveniente decisão do STF que, em controle concentrado, declarou a inconstitucionalidade daquele preceito normativo, a significar, portanto, que aquela sentença é insuscetível de rescisão.

6. Recurso extraordinário a que se nega provimento.

(STF. RE 730.462. Rel. Min. Teori Albino Zavascki. Tribunal Pleno. DJ: 09/09/2015)

Por fim, mas não menos importante, o exemplo do exame de DNA, como bem pontuado por José Carlos Barbosa Moreira, é um caso de incontestável relevância, tendo contribuído para a construção de novas interpretações. A ação rescisória com fundamento em prova nova mencionada pelo jurista, que tem previsão atualmente no artigo 966, inciso VII, do Código de Processo Civil de 2015, permanece no ordenamento, ainda que com alguns ajustes importantes. Houve a dilação do prazo, de 2 (dois) para 5 (cinco) anos, contado do trânsito em julgado da última decisão proferida no processo, conforme artigo 975, § 2º da legislação processual vigente. Nesse sentido: "*A prova nova do art. 966, VII, do CPC/15 corresponde à prova já existente ao tempo da instrução, mas de que o autor não pôde fazer uso, por motivo que não lhe pode ser imputável*". (STJ. AR 5905 / PR. Rel. Min. Nancy Andrighi. Segunda Seção. DJ: 28/04/2021). Embora, como regra, nos termos do julgado supramencionado do Superior Tribunal de Justiça (STJ) a prova tenha que ser preexistente, há que respeitar a ressalva do saudoso mestre[70]: "O que particularmente chama a atenção do estudioso, no caso, não é tanto, repita-se, a eventual desconformidade entre a situação real e a aceita como real pelo juiz. É, acima de tudo, a convicção de que tal desconformidade *seria evitável* se se pudesse contar com a prova científica, não disponível ao tempo do processo".

O Tema nº 392 de Repercussão Geral do STF, que trata da "relativização da coisa julgada", teve tese fixada no sentido da possibilidade de "*repropositura de ação de investigação de paternidade, quando anterior demanda idêntica, entre as mesmas partes, foi julgada improcedente, por falta de provas, em razão da parte interessada não dispor de*

70 No próprio artigo sob comento, no item n. 9.

condições econômicas para realizar o exame de DNA e o Estado não ter custeado a produção dessa prova".

Destaca-se, inclusive, que essa tese é aplicada de forma excepcional hoje no âmbito do STF, em respeito à garantia da coisa julgada. A título de exemplo, menciona-se que no julgamento no STF do RE 1216309 AgR-segundo, de Relatoria do Min. Edson Fachin, julgado pela Segunda Turma em 17 de abril de 2020, restou consignado que

> Esta Corte já pacificou o entendimento de que deve ser relativizada a coisa julgada estabelecida em ações de investigação de paternidade em que não foi possível determinar-se a efetiva existência de vínculo genético a unir as partes, nos termos do decidido no RE 363.889-RG, processo submetido à sistemática da repercussão geral, Tema 392, oportunidade em que se firmou a orientação de se admitir a relativização da coisa julgada **apenas em hipóteses excepcionais**, o que não se configura nos autos. (grifo nosso)

Por fim, ressalte-se que o texto sob comento foi escrito em outubro de 2004. Portanto, antes das modificações empreendidas no Código de Processo Civil de 1973 pela Lei nº 11.232, de 2005, especialmente no que diz respeito aos artigos 475-L e seguintes e 741, quanto à inexigibilidade do título fundado em lei ou ato normativo declarados inconstitucionais pelo STF, ou fundado em aplicação ou interpretação da lei ou ato normativo tidas pelo STF como incompatíveis com a Constituição Federal. Era digno de nota a falta de parâmetros mais claros, inclusive sob o prisma da coisa julgada e da temporalidade, para a aplicação das inovações, gerando enorme insegurança jurídica.

O Código de Processo Civil de 2015, seguindo, de certa maneira, as lições de Barbosa Moreira, procurou estabelecer limites, como se pode constatar nos §§ 13, 14 e 15 do art. 525 e §§ 6º, 7º e 8º do art. 535. Estes preveem, basicamente, além da possibilidade de modulação pelo próprio STF, de modo a favorecer a segurança jurídica, que a decisão do STF sobre a constitucionalidade, em controle concentrado ou difuso, deve ter sido proferida antes do trânsito em julgado da decisão exequenda. Se após o trânsito em julgado, caberá ação rescisória, cujo prazo será contado do trânsito em julgada da decisão proferida pelo STF.

RESTRIÇÕES ILEGÍTIMAS AO CONHECIMENTO DOS RECURSOS[1]

1. Generalidades. **2.** Significação política do juízo negativo de admissibilidade. **3.** O cabimento. **4.** A tempestividade. **5.** A regularidade formal. **6.** O preparo.

1. GENERALIDADES

Razões bem conhecidas de política legislativa têm induzido a imensa maioria dos ordenamentos a consagrar, com tal ou qual amplitude, a possibilidade de impugnação de decisões judiciais. Podem variar, e efetivamente variam, de um sistema jurídico para outro, e até dentro de um único sistema, os instrumentos disponíveis para esse fim. Semelhanças e dessemelhanças de tipo diversificado abrem margem a classificações notórias. Uma das principais é a que resulta da distinção entre instrumentos cuja utilização acarreta o prosseguimento do mesmo processo em que se proferiu a decisão impugnada e instrumentos cujo emprego dá lugar à instauração de novo processo: no Brasil, reside exatamente nisso o traço discretivo entre os *recursos* e as *ações impugnativas autônomas,* das quais é protótipo a ação rescisória[2]. Como o presente estudo quer limitar-se ao direito pátrio, faremos abstração, aqui, de critérios diferentes, adotados por ordenamentos estrangeiros.

Outra noção de difundido conhecimento é a de que o recurso, como os atos postulatórios em geral, se submete basicamente a duas avaliações: uma pela qual se verifica se a impugnação pode *(rectius:* deve) ser apreciada em seu conteúdo, outra pela qual se examina esse conteúdo, em ordem a determinar, com os intuitivos corolários, se o recorrente tem ou não tem razão em impugnar a decisão recorrida. Segundo terminologia assente, à primeira avaliação corresponde o juízo *de admissibilidade,* à segunda, o juízo *de mérito.* Aquele é *preliminar* a este, no sentido de que, caso falte ao recurso algum requisito de admissibilidade, o órgão julgador – em princípio, colegiado – cessa aí sua atividade cognitiva e

---

1 Publicado in *Rev. For.*, v. 386, *Ajuris*, nº 100. *Rev. Magister de Dir. Civ. e Proc. Civ.*, nº 9, *Rev. IOB de Dir. Civ. e Proc. Civ.*, nº 39, *Rev. de Dir. do TJRJ*, V. 67, *Rev. da Esc. Nac. da Magister.*, nº 1.

2 BARBOSA MOREIRA, Comentários ao Código de Processo Civil, v. V, 12ª ed., Rio de Janeiro, 2005, p. 100/1, 2323.

abstém-se de examinar o mérito. Em tal hipótese, diz-se que o órgão *não conheceu* do recurso (juízo *negativo* de admissibilidade). Caso concorram todos os requisitos, o órgão *conhece* do recurso juízo *positivo* de admissibilidade), e em seguida, conforme lhe pareça fundada ou infundada a impugnação, dá-lhe ou nega-lhe *provimento*[3].

Há ordenamentos processuais em que se interpõe o recurso diretamente perante o órgão competente para julgá-lo (juízo *ad quem);* noutros, a interposição faz-se perante o órgão de que emanou a decisão impugnada (juízo *a quo).* Não se exclui, à evidência, a possibilidade de que, no mesmo ordenamento, ora se adote uma técnica, ora outra: é justamente o caso do Brasil, onde a regra é a interposição perante o juízo *a quo,* mas hoje com a notória exceção do agravo de instrumento (art. 524, na redação dada pela Lei nº 9.139, de 30-11-1995). Na primeira hipótese, por motivos de economia processual, fáceis de compreender, costuma-se atribuir ao juízo *a quo* uma função de *filtragem:* ele tem o poder de *reter* os recursos que a seu ver não preencham todos os requisitos de admissibilidade: recusa-lhes seguimento, não os remete ao órgão competente para o julgamento[4]. Assim se busca evitar uma atividade inútil da máquina judicial.

Entretanto, a avaliação do juízo *a quo* pode obviamente ser incorreta: bem se concebe que ele incida em erro, negando seguimento a recurso na verdade admissível, ou dando seguimento a recurso na verdade inadmissível. Para ensejar a correção do primeiro tipo de erro, a lei processual confere ao recorrente inconformado com a denegação *outro* recurso (ou remédio análogo), destinado a provocar a revisão do ponto pelo órgão *ad quem.* Para possibilitar a correção do segundo tipo de erro, ela dispõe, expressa ou tacitamente, que o mero encaminhamento do recurso ao órgão *ad quem* não subtrai a este o poder-dever de apurar-lhe a admissibilidade e, se for o caso, negar-lhe conhecimento, por entender configurada a falta de algum requisito, que haja escapado à vigilância do juízo *a quo.*

3 Sobre tudo isso e o que se segue no texto, inclusive para outras referências bibliográficas, *vide* também BARBOSA MOREIRA, ob. e v, cit., p. 261 e s.

4 Em caráter excepcional, a lei concede ao próprio órgão *a quo* a possibilidade de apreciar o mérito do recurso e, eventualmente, reformar sua decisão (juízo de retratação): é o que acontece no agravo.

2. SIGNIFICAÇÃO POLÍTICA DO JUÍZO NEGATIVO DE ADMISSIBILIDADE

Convém pôr em relevo especial a significação do juízo negativo de admissibilidade do ponto de vista da política jurídica. Hipotético ordenamento processual poderia facultar a impugnação de decisões judiciais por meio de recursos sem subordiná-la a requisito algum, seja relativo à escolha do recurso utilizado, seja à pessoa do recorrente, seja ao tempo ou à forma da interposição, e assim por diante. Logo se percebem as consequências negativas que semelhante liberalidade traria. Basta atentar no tópico atinente ao tempo: imagine-se o que representaria como fator de insegurança a eventualidade de ficar indefinidamente em aberto a matéria que constitui objeto da impugnação – talvez a própria solução final do litígio ajuizado. Noutros casos, seria clamorosamente inútil o exercício de atividade cognitiva por parte do órgão *ad quem*. A máquina judiciária, cuja manutenção reclama despesa pública vultosa, deve funcionar de maneira tão eficiente quão possível; e a ideia de eficiência implica por força a observância de parâmetros razoáveis quanto à duração, assim como a omissão de atos inidôneos para produzir resultado prático relevante.

Pode concretizar-se de dois modos principais o emprego do filtro do juízo negativo de admissibilidade:

a) atribuindo-se, como acima registrado, a fiscalização, num primeiro momento, ao juízo *a quo*, em ordem a impedir quanto antes o dispêndio vão de energias, e até o gasto injustificado de pecúnia com um recurso fadado a não dar fruto (tal objetivo, naturalmente, é atingido com maior facilidade quando o recorrente se conforma com a denegação do recurso);

b) destacando, no órgão colegiado *ad quem*, um juiz que se incumba de proceder de saída à apuração dos requisitos, com competência para negar seguimento ao recurso, do que decorre a vantagem de diminuir a pauta do colegiado e propiciar mais rápido desfecho. Se passar despercebida a esse juiz a ausência de algum requisito, então o colegiado, ao julgar o recurso, dele não conhecerá – simplificando-se, ainda assim, a respectiva atividade decisória.

Toda medalha tem seu reverso. Atividade judicial que deixe de conduzir à decisão do mérito (da causa ou do recurso) é causa de frustração. O ideal seria que sempre se pudesse chegar àquela etapa final. Isso obviamente ressalta quando se cuida do *meritum causae*, já que só o pronunciamento da Justiça acerca dele é capaz de resolver definitivamente o litígio e, tanto quanto possível, assegurar ou restaurar o império do direito. Mesmo a respeito de outras questões (interlocutórias), porém, seria sempre desejável, em linha de princípio, que o itinerário do recurso prosseguisse até a definição do *thema decidendum:* quando nada, isso contribuiria para a formação de um corpo de jurisprudência sobre questões (incidentes) que podem assumir ponderável relevância, como as concernentes à legitimidade *ad causam,* à admissibilidade de certa prova etc. É inevitável o travo de insatisfação deixado por decisões de não conhecimento; elas lembram refeições em que, após os aperitivos e os *hors d'oeuvre,* se despedissem os convidados sem o anunciado prato principal.

A essa luz, o que se espera da lei e de seus aplicadores é um tratamento cuidadoso e equilibrado da matéria, que não imponha sacrifício excessivo a um dos valores em jogo, em homenagem ao outro. Para usar palavras mais claras: negar conhecimento a recurso é atitude correta – e altamente recomendável- toda vez que esteja clara a ausência de qualquer dos requisitos de admissibilidade. Não devem os tribunais, contudo, exagerar na dose; por exemplo, arvorando em motivos de não conhecimento circunstâncias de que o texto legal não cogita, nem mesmo implicitamente, agravando sem razão consistente exigências por ele feitas, ou apressando- se a interpretar em desfavor do recorrente dúvidas suscetíveis de suprimento. Cumpre ter em mente que da opção entre conhecer ou não conhecer de um recurso podem advir consequências da maior importância prática: por exemplo, se alguém apela de sentença meramente terminativa, o conhecimento da apelação é pressuposto necessário (embora não suficiente) do prosseguimento da atividade cognitiva do tribunal, no sentido de julgar desde logo o mérito, não examinado no primeiro grau de jurisdição (art. 515, § 3º, acrescentado pela Lei nº 10.352, de 26-12-2001) desfecho preferível na medida em que importe, como não raro ocorrerá, a eliminação definitiva do litígio.

Na perspectiva indicada por essas considerações, impende arrolar e analisar, sucintamente, algumas questões que vêm provocando controvérsia e tendo às vezes desate infeliz. Vamos passá-las em revista a propósito de quatro requisitos genéricos de admissibilidade dos recursos: o cabimento, a tempestividade, a regularidade formal e o preparo.

3. O CABIMENTO

O cabimento é o primeiro pressuposto de admissibilidade de qualquer recurso. Antes de mais nada, tem-se de verificar se o ato é recorrível. A regra é que o seja, e a exceção está prevista no art. 504, para os "despachos de mero expediente". Deixando de lado, aqui, disquisições teóricas[5], é possível afirmar, em termos sintéticos, que tais atos se caracterizam por não *terem conteúdo decisório:* neles, o órgão judicial limita-se a dar impulso ao processo, como *v. g.* quando marca prazo para qualquer das partes falar nos autos, manda proceder à anotação de reconvenção ou de intervenção de terceiro pelo distribuidor (art. 253, parágrafo único), designa dia, hora e lugar para ouvir a parte ou a testemunha impossibilitada de comparecer à audiência (art. 336, parágrafo único) etc. Se o juiz *decide* alguma questão, o ato sai do âmbito dos despachos. Isso pode suceder inclusive quando alguém impugna a correção de um despacho: suscitou-se *questão,* a cujo respeito, já agora, o juiz tem de pronunciar-se, mediante *decisão.* Diga-se o mesmo da hipótese de insurgir-se alguém contra qualquer dos "atos meramente ordinatórios" cuja prática a lei atribui ao "servidor" (art. 162, § 4º, acrescentado pelas Lei nº 8.952, de 13-12-1994), mas que comportam revisão pelo juiz – ao qual, então, competirá *decidir.*

Revela o exame da jurisprudência que não poucas vezes se têm dado por irrecorríveis, com a falsa qualificação de "despachos de mero expediente", atos judiciais de nítido conteúdo decisório. Vejamos alguns exemplos: o ato que "indefere pedido para que sejam riscadas determinadas expressões nos autos", ou "fixa liminarmente os honorários do advogado, na ação de despejo por falta de pagamento", ou "concede prazo para complementar o depósito, na consignação em pagamento", ou "indefere pedido do autor para que o juízo o ajude a localizar o réu, ainda não citado", ou "determina ou indefere segunda perícia", ou "delibera a partilha, em inventário"[6]. Em mais de um caso, avulta a erronia: manifesto o caráter *decisório* de qualquer ato que *"indefere"* algum requerimento. *Indeferir* é, com toda a certeza, um dos possíveis modos de *decidir.*

---

5 Para a discussão sobre conceitos e terminologia, *vide* ainda BARBOSA MOREIRA, ob. e v. cit. p. 243 e s. 350/1.

6 Aproveitamos em parte a exemplificação dada por THEOTONIO NEGRÃO-JOSÉ ROBERTO F. GOUVÊA, *Código de Processo Civil e legislação processual em vigor,* 37ª ed., S. Paulo, 2005, p. 571/2, nota 2 ao art. 504.

Ilegítima a negação de conhecimento ao recurso interposto por quem haja visto indeferido o requerimento.

Assente a recorribilidade do ato, fica satisfeito o requisito do cabimento pela adequação do recurso que foi interposto à previsão legal; em outras palavras, diz-se cabível o recurso que corresponde ao indicado na lei para a hipótese em foco. Essa maneira de falar, no entanto, pressupõe que o ordenamento seja absolutamente claro na indicação do recurso utilizável em cada caso - se, é óbvio, algum existe. A verdade é que nem sempre se mostra perfeita a redação das leis, nesse e em tantos outros pontos. Pode acontecer que a falta de clareza justifique dúvida na escolha do recurso adequado, gerando incertezas que se refletem na doutrina e na jurisprudência. É também concebível que a dúvida se origine do teor da própria decisão: por exemplo, o juiz dá a denominação de "sentença" a uma decisão de discutível enquadramento na definição legal do ato (art. 162, § 1º), induzindo aquele que pretende impugná-la à opção, igualmente discutível, pelo recurso correspondente (apelação: art. 513).

Em semelhantes hipóteses, não se afigura razoável prejudicar o recorrente que opta por uma ou por outra das vias excogitáveis. Daí o bem conhecido expediente de admitir, sob certas condições, que se processe e se julgue o recurso efetivamente interposto, ainda que ao ver do órgão julgador outro devesse ter sido utilizado. Costuma-se aludir a isso empregando a expressão "fungibilidade" dos recursos[7].

O Código de Processo Civil de 1939 dispunha expressamente a tal respeito, no art. 810: "Salvo a hipótese de má-fé ou erro grosseiro, a parte não será prejudicada pela interposição de um recurso por outro, devendo os autos ser enviados à Câmara ou Turma, a que competir o julgamento". Não tendo o diploma de 1973 reproduzido a disposição, o silêncio causou divergências nos tribunais e, com menor frequência, na doutrina. Ao cabo de muitos vaivéns, que ainda não cessaram de todo, vem predominando a tese da aproveitabilidade do recurso interposto[8].

7 Com relação ao caso da decisão incorretamente proferida, fala-se na Alemanha de um *" Grulldsatz der Meistbegiinstigllng"*, traduzível por "princípio do favorecimento": *vide* por todos ROSENBERG-SCHWAB-GOTTWALD, *Zivilprozessrecht,* 16ª ed., Munique, 2004, p. 938.

8 Também aqui pedimos licença para remeter o leitor a nossos *Coment. ao C.P.C.*, cit.. p. 250/1, com abundantes referências bibliográficas e jurisprudenciais nas notas 28 a 31. Atente-se (nota 29) nos exemplos de acórdãos do STJ que negaram a aproveitabilidade do recurso erroneamente interposto, mas apenas por entender-se

A hipótese mais comum, na matéria, sempre foi a da escolha entre apelação e agravo. A reforma da disciplina deste, operada pela Lei nº 9.139, gerou um problema prático, relacionado com a circunstância de que agora os dois recursos se interpõem perante órgãos diferentes: a apelação, perante o juízo *a quo* (art. 514), o agravo (de instrumento), perante o juízo *ad quem* (art. 524)[9]. Pode suceder que o órgão da interposição receba a apelação como agravo, por enxergar nele o recurso cabível, ou vice-versa. E mais: também é concebível que o órgão julgador divirja desse entendimento e repute cabível o recurso originariamente interposto. Nenhuma dessas vicissitudes deve acarretar prejuízo ao recorrente: admitido o aproveitamento, hão de tirar-se dele todas as consequências lógicas, até o fim.

Como agir na prática? Se o recorrente apelou, e o juízo *a quo* pensa que o caso é de agravo, toca-lhe mandar que a petição seja desentranhada dos autos e remetida ao órgão *ad quem*, para o devido processamento como agravo, asseguradas naturalmente às partes todas as oportunidades previstas na lei para esse recurso. Vindo o tribunal a considerar que a hipótese era mesmo de decisão apelável, determinará a remessa do instrumento ao órgão inferior, para que o recurso seja processado como apelação. Tal providência pode ser tomada pelo próprio relator do recurso, por aplicação analógica do disposto no art. 527, nº II, quanto à conversão do agravo de instrumento em agravo retido. Vejamos o caso inverso: a parte interpôs agravo de instrumento, e o tribunal entendeu que a decisão era apelável. A solução é igualmente a remessa ao órgão *a*

---

grosseiro o erro cometido, sem excluir-se, em linha de princípio, a possibilidade do aproveitamento. Adite-se, mais recentemente, o ac. de 4-10-2005. Ag. Reg. no A.I. nº 690.352, *in D.J.* de 24-10-2005, p. 371. Na mesma linha, o STF, em ac. de 21-9-2005, E. decl. no Ag. Reg. no *MS* n" 23.605, *in D.J.* de 14-10-2005, p. 7.

9 Ainda após o advento da Lei nº 9.139, tem-se admitido o aproveitamento de apelação como agravo (STJ, 28-4-1998. REsp nº 164.170, *in Rev. do STJ*, nº 132, p. 425) e vice-versa (STJ. 23-10-2002, REsp nº 197.857, in D.J. de 16-12-2002. p. 235).
Lê-se no primeiro acórdão, da lavra do ilustre processualista Ministro Sálvio de Figueiredo Teixeira: "No que concerne à impossibilidade de adotar-se a fungibilidade, (...), em razão da nova sistemática de interposição do agravo, tenho que a simples modificação da forma de interposição (da primeira instância para a segunda) não seria suficiente para afastar o cabimento da antiga teoria do 'recurso indiferente'. Se se admite a interposição do agravo até mesmo via correio, não se justifica, a meu juízo, o obstáculo para a admissão da fungibilidade na espécie. Ao juiz bastaria, com efeito, ensejar à parte recorrente a possibilidade da sanação" (p. 428).

quo, para que faça processar o recurso como apelação. Nos mesmos termos acima expostos, pode o relator determinar a providência. Ilegítima seria, em todo caso, restrição ao conhecimento do recurso, desde que afastada a hipótese de "erro grosseiro".

4. A TEMPESTIVIDADE

Diz-se tempestivo o recurso cuja interposição ocorre no prazo legal. A regra geral, quanto à contagem do prazo, é a de que o termo inicial se localiza no dia da intimação da decisão recorrível, quer se trate de sentença, quer de decisão interlocutória, quer de acórdão: é quanto se extrai do teor, desnecessariamente complicado, do art. 506[10].

Tem-se entendido, com boas razões, que se equipara à intimação, para o efeito de fazer correr o prazo, qualquer ato de que se infira a inequívoca ciência da decisão *(v.g.,* a retirada dos autos de cartório pelo advogado). Realmente, aqui encontra boa aplicação o princípio da instrumentalidade das formas. A forma prescrita na lei deve em princípio ser observada, mas com a ressalva de que não cabe tirar consequências drásticas da inobservância, se apesar desta se atingiu o fim do ato, sem prejuízo para qualquer das partes. É o que, aliás, se conclui do exame sistemático de várias disposições do Código sobre a matéria (arts. 154, 244, 249, § 2º, 250).

O raciocínio acima exposto vale para o caso de interposição do recurso *anterior* à intimação da decisão ou à prática de ato a ela equiparável. Reiteradamente se tem julgado intempestivo o recurso quando interposto não só *além* do prazo, senão também *antes* que ele comece a fluir, nos estritos termos da lei. Argumenta-se que, nesse instante, ainda não existe juridicamente a decisão, de sorte que ao recurso faltaria objeto[11]. Ora, decisão *existe,* sim, desde que proferida – se emana

10 Uma vez mais, remetemos o leitor aos nossos *Coment. ao CPC,* cit., v. V, p. 359 e s. Atente-se na advertência da nota 151, *fine,* relativa às hipóteses especiais regidas pelo art. 498 e seu parágrafo único, na redação da Lei nº 10.352.

11 Vários exemplos dessa corrente jurisprudencial *in* THEOTONIO NEGRÃO-JOSÉ ROBERTO F. GOUVÊA, ob. cit., p. 326/7, nota 2ª ao art. 241, aos quais cabe acrescentar: STF, 31-8-2004, Ag. Reg. no AI. nº 437.174, *in Rev. Dialética de Dir. hoc.,* nº 22. p. 236: 2 J -9-2004, Ag. Reg. no A.I. nº 470.230, *in Rev. dos Trib.,* v. 835, p. 159: 29-6-2005, E. decl. no Ag. Reg, no R.E nº 267.899, *in D.J.* de 23-9-2005, p. 14, Registre-se, em sentido contrário, o acórdão (ao nosso ver correto) do STJ, de 10-9-2002, Ag, Reg. nos E. decl. no Ag. Reg. no R. Esp, nº 262.316, *in Rev. de Proc.,* nº 114, p. 263, com pertinente observação da relatora, Ministra Eliana Calmon: "no momento

de órgão colegiado, nem sequer é possível a modificação de voto, e menos ainda a do resultado, após a proclamação deste pelo presidente[12]; o que se pode discutir é o momento inicial da eficácia, Mas, se o recorrente foi capaz de impugná-la, é sinal certo de que já lhe conhece o teor; por conseguinte, alcançada está a finalidade essencial do ato destinado a dar ciência do pronunciamento aos interessados – pelo menos, no tocante a *esse* interessado. Não se descobre que prejuízo decorrerá da interposição antecipada para quem quer que seja. Ilegítima, pois, a restrição ao conhecimento do recurso.

Também se vem decidindo que o fato de faltar, na petição de interposição de recurso extraordinário, a data em que ela teria sido registrada no protocolo da secretaria do tribunal *a quo*[13], ou mesmo o de mostrar-se ilegível o carimbo do protocolo, com a data de apresentação do recurso, obsta a que dele se conheça, porque impede a aferição da tempestividade; e constitui óbice até ao conhecimento do segundo recurso (agravo) interposto contra o indeferimento respectivo, porquanto incompleta a formação do instrumento[14]. Entre as razões invocadas,

---

em que há publicações pela Internet, tendo criado o Tribunal, inclusive, a Revista Eletrônica, é um contrassenso falar de tempestividade recursal a partir da publicação pelo *DJU* (mais precisamente: só a partir da publicação). Em THEOTONIO NEGRÃO-JOSÉ ROBERTO F. GOLVÊA, ob. cit., p. 327, há notícia de outro acórdão no mesmo sentido, da Corte Especial de 17-11-2004, Ag. Reg. no REsp nº 492.461, ainda pendente de publicação: mais recentemente, adotaram igual posição dois acórdãos de 2-2-2005, E. div. no A.I. nº 522.249, e E. REsp nº 399.695, ambos *in Rev. Dialética de Dir. Proc.* nº 27, p. 134, e nº 29, p. 138, respectivamente. Oxalá esteja em curso uma reviravolta jurisprudencial!

---

12 Cf. nosso artigo *Julgamento colegiado – modificação de voto após proclamação do resultado?, in Temas de Direito Processual (Sétima Série).* S. Paulo. 2001, p. 107 c S., com crítica à decisão do STF, de 14-10-1993. Adin nº 903, publicada na *Rev. Trim. de Jur.*, v. 166, p, 406 e s., onde se admitiu que os Ministros, "excepcionalmente" (?), modifiquem, até o encerramento da sessão, os votos emitidos. De acordo com o texto, o ac. do STJ de 25-5-2004, REsp nº 351.881, *in Rev. do STl*, nº 188, p. 333.

13 STF, 7-8-2001, Ag. Reg, no A.I. nº 347.016, *in DJ* de 21-9-2001, p. 50.

14 Indicações da jurisprudência do STF, no tocante ao recurso extraordinário, e do STJ, quanto ao especiaL em nossos *Coment. ao CPC,* cit.. p. 365, nota 170. Ambos os tribunais perseveram na tese: do STF, há dois acórdãos recentes, de 16-8-2005, publicados no *DJ* de 9-9-2005: Ag. Reg. no A.I. nº 483.386 (p. 49), e Ag. Reg. no AJ. nº 529.844 (p. 38): do STJ, no *D.J.* de 29-8-2005 encontram-se três acórdãos no mesmo sentido, todos de 4-8-2005: Ag. Reg. no Ag. nº 628.169 (p. 277). Ag. Reg. no Ag. nº 567.588 (p. 399), Ag. Reg. nos E. decl. no Ag. nº 532.593 (p. 405). ATHOS GUS-

é comum a de que constitui ônus do recorrente a comprovação de ser tempestivo o recurso. Ora, em primeiro lugar, não é o recorrente que carimba o protocolo, e não parece justo fazer recair sobre ele a consequência de defeito do serviço judiciário, que lhe escapa ao controle. Só é concebível a existência de *ônus* em relação a ato que *à própria parte* incumba praticar! Acresce que não se tem sequer admitido o suprimento da falha, abrindo ao recorrente o ensejo de comprovar, por meio idôneo, que o recurso foi interposto a tempo. Chegou-se a negar relevância, para tal fim, até a certidão do órgão *a quo*[15]. É levar a extremo o formalismo: o tribunal deixa de conhecer de recurso *sabidamente tempestivo*, apenas em razão do *modo* como se tomou certa a satisfação do requisito.

Não se afigura impertinente notar, de passagem, que o conceito mesmo de "legibilidade" é relativo: dependendo da acuidade visual do observador, e até da atenção com que este o mira, será possível qualificar de legível ou de ilegível determinado documento. Nada adianta especificar, como às vezes se faz, que o carimbo deve ser "absolutamente legível": que se quer dizer, afinal, com isso? Que o carimbo há de comportar leitura sob luz forte ou fraca, por qualquer pessoa, enxergue bem ou enxergue mal – até, *v.g.*, por quem precise de lentes corretoras, mas não as esteja usando na ocasião?

Normalmente, toda vez que o órgão judicial se acha diante de ponto duvidoso, e existe meio de esclarecê-lo, sem detrimento para qualquer das partes, nem prejuízo sensível para a marcha do feito, impõe-se dissipar a dúvida. Nem é outra a razão pela qual se atribuem ao juiz poderes instrutórios, a serem exercidos até de ofício. De resto, mesmo na falta de dados estatísticos precisos, indica a experiência forense que a grande maioria dos recursos são tempestivamente interpostos. A presunção, portanto, há de ser favorável ao recorrente, com base na regra de experiência tirada da "observação do que ordinariamente acontece" (art. 335). Sobre o recorrido, caso queira negar a tempestividade, é que deveria recair o ônus da prova.

MÃO CARNEIRO. *Recurso especial. Agravos e agravo interno,* 4ª ed. Rio de Janeiro, 2005, fala com propriedade em "orientação de extremado formalismo" a propósito de acórdãos que não conheceram de agravo interposto contra o indeferimento de recurso especial em razão da suposta ilegibilidade do protocolo deste último.

15 *V.g.*, STJ, 26-11-2002, Ag. Reg. no A.I. nº 469.450, *in Rev. Dialética de Dir. Proc.* nº 6, p. 120: STF, 21-9-2004, Ag. Reg. no A.I. nº 507.321, *ibid.*, nº 21, p. 195.

5. A REGULARIDADE FORMAL

A lei regula a forma por que se há de interpor cada recurso, podendo estabelecer requisitos gerais – como é, no processo civil brasileiro, a interposição *por escrito* (com a ressalva do art. 523, § 3º, quanto ao agravo retido contra decisão proferida em audiência) – e requisitos específicos para este ou aquele recurso. Com frequência, indica elementos que o recurso precisa conter: por exemplo, os fundamentos da impugnação, isto é, os erros *in procedendo* ou *in iudicando*, de fato ou de direito, que ao ver do recorrente inquinam a decisão e justificam a respectiva anulação ou reforma: vejam-se, para a apelação, o art. 514, nº II; para o agravo, o art. 524, nº II; para os embargos de declaração, o art. 536, *verbis* "com indicação do ponto obscuro, contraditório ou omisso"; para o recurso extraordinário ou especial, o art. 541, nº III. Ainda quando silente o texto legal, entende-se que a fundamentação é indispensável, para que o recorrido e o próprio órgão *ad quem* se inteirem das razões efetivamente postas como base da impugnação, que talvez até não sejam as mesmas alegadas na instância inferior, na medida em que se faculta ao recorrente usar outra linha de argumentação jurídica, sem falar na possibilidade excepcional da proposição de novas *quaestiones facti* (art. 517). Mas, aqui como alhures, importa evitar exageros de formalismo: pode haver-se como suficiente a remissão, sem transcrição por extenso, aos argumentos utilizados no procedimento perante o juízo *a quo*[16].

Em princípio, a exposição das razões da impugnação deve constar da própria petição recursal. Também no particular, todavia, há lugar para temperamentos. Vozes autorizadas, bem como vários julgados, ao nosso ver merecedores de aplauso, têm admitido a juntada das razões depois de apresentada a petição, desde que ainda dentro do prazo recursal[17]. Rigidez excessiva aqui se traduz igualmente em restrição ilegítima ao conhecimento de recursos.

Aplica-se a observação a outro ponto, a assinatura do advogado: incorre em excesso de rigor o tribunal que nega conhecimento ao recurso pelo mero fato de não estarem assinadas as razões[18]. Nem será forçosa-

---

16 Indicações bibliográficas e jurisprudenciais em nossos *Coment.* ao *CPC*, v. cit., p. 426, nota 35.

17 *Vide*, ainda uma vez, exemplos em nossos *Coment. ao CPC*, v. cit., p. 429, nota 46.

18 Consoante fez o TJRS cm acórdão de 11-3-1987, Ap. nº *585.022.247*, *in* ALEXANDRE DE PAULA-GERALDO MAGELA ALVES. *Rep. de Jur. do CPC bras.*, v. IV, Rio de

mente insuprível a falta da assinatura do advogado na própria petição de interposição[19]. A tal respeito, averbe-se que não encontra amparo na lei a distinção entre instâncias, que se costuma fazer, para sustentar que o suprimento é viável até o segundo grau de jurisdição, mas deixa de o ser no recurso especial ou no extraordinário[20]. Nenhum texto legal consagra, em termos explícitos ou implícitos, a diferença de tratamento.

São oportunas duas ou três palavras acerca das peças que devem constar da petição de agravo de instrumento. O Código trata da matéria em dois dispositivos, um referente ao agravo contra decisões de primeiro grau (art. 525), outro, ao agravo contra o indeferimento de recurso extraordinário ou especial (art. 544, § 1º). Em ambos faz-se menção a peças *obrigatórias:* são as enumeradas no art. 525, inciso l, e no art. 544, § 1º, respectivamente; cabe registrar que, no segundo dispositivo citado, há cominação expressa de sanção para a falta de alguma peça obrigatória ("sob pena de não conhecimento"), mas a ausência de cláusula idêntica no primeiro não significa que o defeito deixe de produzir igual consequência. O próprio relator pode negar, nesse caso, seguimento ao recurso[21].

Janeiro, 1992, nº 602, p. 115. Melhor andou, no mesmo tribunaL o relator da Ap. *Cív.* nº 597.054.204, julgada em 7-8-1997, o qual, por despacho, determinou o suprimento da falha *(Rev. de Jur. do TJRS,* v. 184, p. 329). Cf. o ac. do STJ de 25-2-1992, REsp nº *18.729, in* D.J. de 20-4-1992, p. 5.258.

---

19 Ela foi relevada, como "simples irregularidade, que não impede o conhecimento do recurso", pelo TJPE, em 24-3-1987. Ap. Cív. nº 1.094/86, *in* ALEXANDRE DE PAULA, O *processo civil à luz da jurisprudência (nom série),* v. XIII, Rio de Janeiro, 1990, nº 29.166, p. 17, "desde que lançada em papel timbrado do (...) escritório e com as características típicas do instituto". Em igual sentido, TRF – 2ª R., 1º-12-2004, Ag. Int. na A.C. nº 2002.51.01.002625-9, *in Rev. Dialética de Dir. Civ.* nº 24, p. 233.

20 Na ementa de recente acórdão do STJ, por exemplo, lê-se que, "na instância especial, o recurso sem assinatura do advogado é considerado inexistente" (18-8-2005, Ag. Reg. no A.I. nº 663.618, *in* D.J. de 12-9-2005, p. 385).

21 Não se tem anuído na complementação do instrumento, mediante juntada, no juízo *ad quem,* de peça *obrigatória* faltante (nossos *Coment. ao CPC,* v. e lug. cit. na nota anterior). Esse rigor, seja dito de passagem, afigura-se excessivo. Sob o Código de 1939, criticou MACHADO GUIMARÃES acórdão do STF que negara conhecimento a agravo por não constarem do instrumento as peças que o art. 845 apontava como essenciais; ao ver do mestre, o que se deveria ter feito era converter o julgamento em diligência, para a devida complementação. Parecia-lhe "irrelevante a observação, contida no acórdão, de que só a parte tinha interesse em instruir completamente o seu recurso": e argumentava, com palavras que nos soam irrespondíveis: "E o interesse privado das partes, sem dúvida, que fixa o objeto do litígio e

Sublinhe-se que o rol das peças obrigatórias é *taxativo*[22], não *exemplificativo,* ao contrário do que se afirmou em mais de um acórdão.

Questão que se vem pondo, e nem sempre resolvendo bem, é a atinente às peças *não* obrigatórias. Alude o are 525, nº II, a "outras peças que o agravante entender úteis", para estabelecer que podem, "facultativamente", instruir a petição. O art. 544, § 1º, não repete a cláusula; ao falar, porém, das "peças apresentadas pelas partes", especifica as que "obrigatoriamente" constarão do instrumento, e com isso admite, sem sombra de dúvida, que se juntem outras: serão, é óbvio, aqui também, aquelas que "o agravante entender úteis". Concebe-se que ao relator, ou ao órgão julgador, pareça ainda obscuro algum ponto, em relação ao qual se presuma que haja elementos esclarecedores em peça não obrigatória nem juntada pelo agravante. A providência adequada consistirá em determinar que se junte a peça[23]; não andará bem o tribunal caso negue conhecimento ao recurso por causa da falta desta[24]. É pouco razoável exigir do agravante que preveja *in totum* as eventuais dúvidas do relator

---

estabelece os respectivos limites (...)mas, uma vez que surgiu o litígio, prepondera o interesse público em que seja ele decidido de acordo com a lei" *(Instrumento de agravo – Peças necessárias, in Estudos de Direito Processual Civil,* Rio de Janeiro-S. Paulo, 1969, p. 319 e s.).

---

22 *Vide* nossos *Coment. ao C.P.C.*, v. cit., p. 611, nota 77, a propósito da exigência, feita sem apoio legal antes que a Lei nº 10.352 a contemplasse, de prova da tempestividade da interposição do recurso extraordinário (ou especial).

23 Nesse sentido, o STJ, em acórdão de 15-5-2003, REsp nº 498.857, *in D.J.* de 9-6-2003. p. 260, onde corretamente se disse que o próprio relator pode *ex officio* ordenar a juntada, ou intimar o agravante para que o faça.

24 Como decidiu a Corte Especial do STJ, em acórdão de 18-8-2004. E. div. no REsp nº 577.841, *in D.J.* de 16-11-2004, p. 174, em cuja ementa se lê: "As peças de juntada facultativa, mas necessárias, devem, a exemplo do que acontece com as de colação obrigatória, acompanhar a inicial do agravo de instrumento, sob pena de não conhecimento do recurso, haja vista a impossibilidadc de dilação probatória". Estendeu-se assim, contrariando os princípios, a cominação, feita na lei *exclusivamente* para a hipótese de ausência de peça *obrigatória,* à de ausência de *peça facultativa.* Por outro lado, não está indicada a disposição legal de que se tiraria a suposta "impossibilidade de dilação probatória": e, se com tal expressão se quer preexcluir todo e qualquer aporte, na segunda instância, de elemento capaz de esclarecer ponto duvidoso, basta um olhar ao art. 527, nº IV para verificar que o ordenamento de jeito algum conforta a tese: que é, com efeito, a requisição de informações ao juiz da causa, pelo relator, senão meio de obter esclarecimentos? Eis aí providência prevista *expressis verbis,* que se presta otimamente à obtenção de cópia da peça desejada.

ou do órgão julgador, para juntar todas as peças que aquele ou este, por seu turno, venha acaso a reputar úteis, ou mesmo necessárias. Afinal de contas, a facilidade de compreensão varia enormemente de uma para outra pessoa.

Posto que não se trate propriamente de requisito de *forma,* cabem aqui alguns reparos concernentes à questão da representação da parte. Determina o art. 13, 1ª parte, do Código que, "verificando a incapacidade processual ou a irregularidade da representação das partes", o juiz suspenda o processo e marque "prazo razoável para ser sanado o defeito". Deve entender-se a disposição como abrangente de mais de uma hipótese: incapacidade de parte, não suprida pela presença do respectivo assistente ou representante legal, irregularidade nesse próprio suprimento *(v.g.,* pela não coincidência entre a pessoa que aparece como representante e aquela que a lei como tal indica), defeito da representação judicial (por exemplo, falta de procuração outorgada ao advogado)[25]. O art. 13 não contém restrição alguma quanto ao momento do processo, ou ao grau de jurisdição, em que se dá pelo defeito[26]. Como em tantos outros dispositivos, "juiz" aí significa o órgão judicial, de qualquer instância, perante o qual penda o feito.

Apesar disso, também no particular se vem adotando uma arbitrária distinção entre as instâncias "ordinárias", de um lado, e os recursos especial e extraordinário, de outro, para restringir àquelas a incidência do art. 13. Assim é que o STJ inseriu na *Súmula da Jurisprudência Predominante* este enunciado (nº 115): "Na instância especial é inexistente recurso interposto por advogado sem procuração nos autos"[27]. E

25 Cf. HÉLIO TORNAGHI. *Comentários ao Código de Processo Civil,* v. L, S. Paulo, 1978, p. 137: "(...) qualquer das partes é incapaz e precisa ser representada: ou (...) a representação do incapaz não se amolda aos ditames da lei: ou (...) falta a quem postula a capacidade de postular": no mesmo sentido, JOSÉ ROBERTO DOS SANTOS BEDAQUE, *in Código de Processo Civil interpretado* (org. Antonio Carlos Marcara), S. Paulo. 2004. p. 80. Em acórdão unânime de 26-5-1998, também redigido pelo Ministro Sálvio de Figueiredo Teixeira, assim se pronunciou o STJ: "A regra do art. 13 do CPC não cuida apenas de representação legal e da verificação de incapacidade processual, mas também da possibilidade de suprir omissões relativas à incapacidade postulatória" (REsp nº 102.423, *in D.I.* de 21-9-1998. p. 168).

26 Demasiado rigoroso o entendimento contrário de BERNARDO PIMENTEL DE SOUZA, *Introdução aos recursos cíveis e à ação rescisória,* 3ª ed., S. Paulo. 2004. p. 106/7.

27 A tese destoa do pensamento básico exposto, com toda a correção, no acórdão cit. na nota 24, *supra, verbis* "Conquanto a lei especial rotule como nulos os atos pra

o STF reza pela mesma cartilha, no tocante ao recurso extraordinário[28]. Numa ou noutra ocasião, chegou-se ao cúmulo de negar a possibilidade de sanação até em segundo grau, limitando-a ao primeiro[29]. Não se descobre razão na lei para semelhantes diferenças de tratamento. A oportunidade contemplada no art. 13 deve ser aberta em qualquer fase do processo, e a decisão de não conhecer do recurso ficar reservada para o caso de esgotar-se *in albis* o prazo fixado para a regularização. Fora daí, estamos diante de mais uma ilegítima restrição ao conhecimento.

6. O PREPARO

Consiste o preparo, como requisito de admissibilidade do recurso, no pagamento prévio das despesas relativas ao processamento deste. No sistema primitivo do Código de Processo Civil, ele se singularizava pelo fato de só precisar ser satisfeito *depois da interposição.* A Lei nº 8.950, de 13- 12-1994, alterou esse regime: hoje, quando exigível, o preparo deve *preceder* a interposição, cabendo ao recorrente, no comum dos casos, comprovar que o fez, mediante juntada do comprovante do pagamento à petição de recurso.

Visto que, em regra, se interpõe o recurso perante o juízo *a quo,* as mais das vezes incumbe a este verificar o cumprimento da exigência e, não a achando cumprida, indeferir o recurso. No agravo de instrumento, compete ao relator, se considerar não satisfeito o requisito, negar seguimento ao recurso (art. 527, *caput,* nº I, combinado com o art. 557; quanto ao agravo contra indeferimento de recurso especial ou extraordinário, *vide* art. 545, *principio).* Destarte, em geral, só quando o recorrente mal acolhido pelo juízo *a quo* ou pelo relator interpõe outro recurso para o

ticados no processo por advogados impedidos de advogar, a exegese dessa norma deve ser feita no contexto do sistema de nulidades disciplinadas pelo CPC, *que se orienta no sentido de aproveitar ao máximo os atos processuais, sendo necessário, portanto, ensejar oportunidade para sanar-se eventual irregularidade"* (grifamos).

28 É abundante a jurisprudência em tal sentido. Tomem-se como exemplos os acórdãos citados por THEOTONIO NEGRÃO-JOSÉ ROBERTO F. GOUVÊA, ob. cit., p. 149, nota lc ao art. 37.

29 *Vide* os acórdãos citados por NELSON NERY JUNIOR-ROSA MARIA DE ANDRADE NERY, *Código de Processo Civil comentado e legislação extravagante,* 7ª ed., S. Paulo, 2003, p. 364, sob a rubrica *Recurso. Inaplicação do CPC pelo tribunal.* A melhor doutrina sempre censurou essa "0rientação rcstritiva'·, por "demais formalista": CELSO AGRÍCOLA BARBI, *Comentários ao Código de Processo Civil,* v. I, 10ª ed., Rio de Janeiro, 1998, p. 120.

órgão colegiado é que este aprecia a questão. Por isso, a decisão de *não conhecimento* não é tão frequente como a respeito dos outros requisitos de admissibilidade. A maior parte da jurisprudência dos tribunais concerne a recursos declarados desertos, em razão da falta ou insuficiência de preparo, *antes* que a matéria haja sido analisada pelo colegiado. Em tais hipóteses, concordando com a decretação da deserção, o tribunal não dirá, é óbvio, que "não conhece" do recurso deserto. Aqui, entretanto, faremos abstração dessa diferença técnica.

De maneira geral, a jurisprudência não vem sendo excessivamente rigorosa na matéria vertente. Tem-se admitido, por exemplo, que o recorrente efetue o preparo no dia seguinte ao da interposição, se nessa data não funcionaram os bancos, ou já estava encerrado o expediente bancário (não, porém, o forense) no instante em que se interpôs o recurso[30].

Há uma questão, no entanto, em que se manifesta claramente o excesso de rigor. Pode suceder que, efetuado o preparo dentro do prazo recursal, o recorrente, por uma ou por outra razão, deixe de juntar à petição o comprovante do pagamento. Isso ocorrerá com maior probabilidade, mas não exclusivamente, quando o recurso seja interposto antes do *dies ad quem.* A jurisprudência firme do STJ repele a possibilidade de que aproveite ao recorrente a comprovação posterior da realização tempestiva do preparo: se o comprovante não acompanhou a petição de interposição, o recurso estará fatalmente deserto[31]. Parece-nos criticável o apego à letra do art. 511, *caput,* na redação dada pela Lei nº 9.756, de 17-1-1998. Ao nosso ver, o essencial é que o recurso seja preparado no prazo da interposição. Caso o haja sido, não há razão bastante para impedir que a simples comprovação venha depois[32].

Outubro de 2005.

---

30 Referências em nossos *Coment. ao C.P.C.*,v. cit.. p. 392, notas 221 e 222.

31 Nesse sentido, *v. g.,* os recentes acórdãos de 4-8-2005. Ag. Reg. no A.I. nº *623.786, in D.J.* de 5-9-2005, p. 401, e de 18-8-2005. REsp nº 733.681, *in D.J.* de 12-9-2005, p. 302.

32 Absolutamente rígida, na literatura recente, a posição de FLÁVIO CHEIM JORGE, *Teoria geral dos recursos cíveis,* Rio de Janeiro. 2003, p. 161/2 (com outras referências bibliográficas na nota 229, às quais se pode acrescentar BERNARDO PIMENTEL DE SOUZA, ob. cit., p. 110), onde se alega – exemplo de tecnicismo exacerbado – a ocorrência de preclusão consumativa para sustentar que em caso algum aproveita ao recorrente a comprovação posterior à interposição, ainda quando feita dentro do prazo desta. Contra, substancialmente de acordo com o nosso texto, CÂNDIDO DINAMARCO, *A reforma do Código de Processo Civil.* 3ª ed., S. Paulo, 1996. p. 164.

COMENTÁRIOS DOS ATUALIZADORES

RESTRIÇÕES ILEGÍTIMAS AO CONHECIMENTO DOS RECURSOS

Aluisio Gonçalves de Castro Mendes/Carolina Paes de Castro Mendes[33]

Em texto escrito em outubro de 2005, José Carlos Barbosa Moreira analisa as restrições ilegítimas ao conhecimento dos recursos, consignando que os tribunais devem se limitar, no juízo de admissibilidade, aos fundamentos de não conhecimento do recurso previstos em lei, sob pena de se afastar o acesso do jurisdicionado aos meios de impugnação assegurados no sistema jurídico.

Trata-se da denominada jurisprudência defensiva, nas palavras do Ministro do Superior Tribunal de Justiça (STJ) Humberto Gomes de Barros, *"consistente na criação de entraves e pretextos para impedir a chegada e o conhecimento dos recursos que lhes são dirigidos"*[34].

Com o advento do Código de Processo Civil de 2015, buscou-se, sempre que possível, superar vícios para que haja a apreciação do mérito do recurso, conforme se depreende do art. 932, parágrafo único, que dispõe sobre a sanabilidade dos vícios recursais.

O diploma vigente também modifica algumas disposições que integram os requisitos de admissibilidade dos recursos: em relação à tempestividade, consigna-se que, além de computar os prazos processuais em dias úteis, conforme art. 219, tem-se expresso que os atos praticados antes do prazo são tempestivos, nos termos do art. 218, §4º.

Na regularidade formal, nota-se que as peças que devem acompanhar o agravo de instrumento estão contempladas no art. 1.017 do atual diploma processual, diferenciando-se os autos físicos dos autos

33 A atualização do texto contou com a fundamental participação e colaboração de **Larissa Clare Pochmann da Silva**, graduada e pós-doutora pela Faculdade de Direito da Universidade do Estado do Rio de Janeiro (UERJ), mestre, doutora, e professora do Programa de Pós-Graduação em Direito da Universidade Estácio de Sá (Unesa).

34 Discurso do ministro Humberto Gomes de Barros, proferido em 7.4.2008, na solenidade de posse no cargo de Presidente do STJ para o biênio 2008/2010. A íntegra do discurso está disponível em https://bdjur.stj.jus.br/jspui/bitstream/2011/16933/Discurso_Posse_Gomes%20de%20Barros.pdf. Acesso em 20 jan. 2023.

eletrônicos. A falta de uma peça não acarreta o imediato não conhecimento do agravo de instrumento, devendo o tribunal oportunizar que o vício seja sanado, nos termos do art. 1.017, §3º do Código de Processo Civil de 2015.

Em relação ao preparo, a disposição do art. 1.007, § 2º, prevê a intimação do recorrente para que seja oportunizada a complementação do preparo insuficiente. Contudo, não o fazendo, no prazo de cinco dias, o recurso será considerado deserto. Nos termos do art. 1.007, § 4º, o recorrente que não comprovar, no ato de interposição do recurso, o recolhimento do preparo, será intimado, na pessoa do seu advogado, para realizar o recolhimento em dobro.

Porém, tal como analisado no texto, o juízo de admissibilidade deve estar adstrito às normas legais e desapegadas do excesso de formalismo. Nesse sentido, a denominação equivocada do pronunciamento, pelo órgão judicial, induzindo a parte a erro, gera dúvida objetiva que autoriza a aplicação da fungibilidade recursal. Esse entendimento, lastreado nas lições de Barbosa Moreira, vem sendo mantido pelo Superior Tribunal de Justiça (STJ), conforme se destaca: "*Indução a erro pelo juízo. Relativização da dúvida objetiva na restrita hipótese dos autos. Princípio da fungibilidade. Aplicabilidade*" (STJ. EAREsp 230380 / RN. Rel. Min. Paulo de Tarso Sanseverino. Segunda Seção. DJ: 13/09/2017).

Naturalmente, o Código de Processo Civil de 2015 não teve o condão de colocar fim às restrições ilegítimas na admissibilidade dos recursos. Por isso, as observações e o alerta de José Carlos Barbosa Moreira permanecem extremamente atuais no dia-a-dia forense.

QUESTÕES DE TÉCNICA DE JULGAMENTO NOS TRIBUNAIS[1]

1. introdução. **2.** Ação rescisória. **3.** Embargos de declaração. **4.** Recursos especial e extraordinário. **5.** Divergência na votação. **6.** A correção dos erros de técnica. **7.** Considerações finais.

1. INTRODUÇÃO

O excesso de tecnicismo, que às vezes tem ameaçado converter o estudo do processo num exercício de acrobacia intelectual sem compromisso com a realidade, produz ao menos duas consequências altamente indesejáveis. Consiste a primeira em ocupar com a inútil sutileza de filigranas dogmáticas tempo e energia que melhor se aplicariam noutras tarefas. A segunda, não menos nociva, consiste em provocar em muitos espíritos, à guisa de reação, certo desprezo pela técnica, instrumento de trabalho contudo imprescindível a quem quer que aspire a ultrapassar o plano do diletantismo amadorístico e fazer obra científica séria.

Os estudiosos do fenômeno processual já há muito se deram conta de que sua missão não podia resumir-se em conjugar com engenho e arte peças de textos legais para levantar construções arquitetonicamente majestosas. A tempo passaram a incluir em seu campo de observação elementos políticos, sociais, econômicos, culturais que permitissem o acesso a uma visão global e a uma perspectiva crítica mais fecunda. Era e é mister, porém, ter em mente a lei que governa o movimento do pêndulo: se o puxamos para um lado com força excessiva, ele tenderá, uma vez solto, a deslocar-se também excessivamente para o outro lado. Em ciência, como em tudo mais, exageros num sentido costumam provocar exageros no sentido oposto. É tão pernicioso minimizar a técnica quanto sacralizá-la[2]. E hoje

1 Texto de conferência (com o acréscimo de notas) pronunciada em Curitiba em 17 -12-2003. Publicado no volume coletivo *Estudos de Direito Processual Civil- Homenagem ao Professor Egas Dirceu Moniz de Aragão* (coord. Luiz Guilherme Marinoni), São Paulo, 2006, e também *in Rev. Dialética de Dir. Proc.*, nº 12, *Rev. Síntese de Dir. Civ. e Proc. Civ.*, nº 28, *Rev. de Dir. do TJRJ*, v. 59.

2 Há muito tempo vimos tratando de denunciar o equívoco de quem supõe que a preocupação com a boa técnica tome menos efetivo o processo: *vide*, por exemplo, o texto de conferência pronunciada em 12-12-1994, sob o título *Efetividade do processo e técnica processual*, publicada *in Temas de Direito Processual (Sexta Série)*, S. Paulo, 1997, p. 17 e s., espec. 22 e s.

em dia, em mais de um setor, há sinais de que o primeiro perigo talvez esteja superando o segundo.

Engana-se quem supõe que a obediência à boa técnica afaste os julgadores do caminho da justiça. Quinze anos de experiência judicante no Tribunal de Justiça do meu Estado convenceram-me de que, quando a solução à primeira vista tecnicamente correta de uma questão conduzia a decisão suspeita de injusta, era aconselhável rever as premissas e a articulação do raciocínio, onde não raro se escondia vício responsável pelo desvio. Como na medicina homeopática, os problemas da técnica podiam curar-se com uma dosagem adequada da própria técnica.

Semelhante reflexão encontra alimento na observação de anomalias que costumam deformar julgamentos dos tribunais. Para que o julgamento espelhe com fidelidade o pensamento do órgão colegiado, é necessário que a tomada dos votos se efetue de acordo com regras técnicas, cuja violação falseia o resultado e pode causar graves injustiças. Um dos pontos sensíveis dessa problemática localiza-se na distinção, que nem sempre se respeita, entre a decisão sobre admissibilidade e a decisão de mérito. O princípio fundamental, obviamente, é o de que não há confundir esses dois momentos: o primeiro precede forçosamente o segundo e até constitui condição *sine qua non* da possibilidade mesma de chegar-se a este, em relação ao qual funciona, para empregarmos expressão usual, como questão *preliminar*[3]. Ninguém deixará de perceber o grotesco de situações em que se computam simultaneamente votos relativos à preliminar e votos referentes ao mérito. No entanto, elas têm ocorrido, e amiúde. Examinemos alguns casos típicos.

2. AÇÃO RESCISÓRIA

Vítima frequente de equívocos do gênero é a ação rescisória. O julgamento desta, como se sabe, pode desdobrar-se em três etapas: o juízo de admissibilidade, em que se afere a presença das "condições da ação", inclusive o enquadramento da causa de pedir no elenco de motivos taxativamente previsto na lei (Código de Processo Civil, art. 485); o *iudicium rescindens,* em que se apura se a decisão contém o defeito alegado

3 Ao propósito, BARBOSA MOREIRA, Comentários ao Código de Processo Civil, v. V, 1ª ed., Rio de Janeiro, 2003, p. 26011. Sobre o conceito de questão preliminar, *ibid.,* p. 678/9.

por quem quer vê-la desconstituída; e o *iudicium rescissorium,* em que se rejulga a matéria que fora objeto do julgamento anterior[4]. Cada um desses juízos é preliminar em relação ao seguinte. Para que se passe ao *iudicium rescindens,* deve ter-se o tribunal certificado de que a rescisória é admissível; ao *iudicium rescissorium,* por sua vez, só se pode passar caso se haja desconstituído a decisão rescindenda, em consequência da verificação de que o defeito alegado realmente existia. Supérfluo registrar que, mesmo em tal hipótese, nem sempre tem cabimento o *iudicium rescissorium:* é possível que tudo se resolva com a mera desconstituição do julgamento anterior, por exemplo se se chega à conclusão de que ele próprio indevidamente rejulgar a causa já decidida por sentença trânsita em julgado.

O *iudicium rescindens* e o *iudicium rescissorium* fazem parte do mérito da rescisória. Cumpre identificá-lo com toda a nitidez, distinguindo-o da preliminar de admissibilidade, porque a distinção tem relevantes consequências práticas. Assim é que uma nova rescisória, contra a decisão do tribunal, apenas se admitirá se este houver julgado o mérito (Código de Processo Civil, art. 485, *caput, principio);* e, para o cabimento de embargos infringentes, é preciso que o pedido na rescisória tenha sido, por maioria de votos, julgado procedente (art. 530, na redação da Lei nº 10.352, de 26-12-2001), o que representa modalidade de decisão sobre o mérito. Importa muito, pois, que o tribunal, para evitar mal-entendidos, formule corretamente a conclusão de seu julgamento, dando por extinto o processo da rescisória, se a entender inadmissível *(v.g.,* porque *a decisão impugnada* não era de mérito), e aludindo à procedência ou à improcedência do pedido, a propósito do *iudicium rescindens* e – caso se chegue lá – do *iudicium rescissorium.*

É possível que o pedido de rescisão se funde em suposto vício *processual,* por exemplo na incompetência absoluta do juiz que proferiu a sentença rescindenda (art. 485, nº II, *fine).* Em tal hipótese, às vezes se ouve proclamar o resultado nos seguintes termos: "por unanimidade, rejeitou-se a preliminar de incompetência". Ora, aí, a incompetência fora arguida como causa de pedir da rescisão, de modo que a questão não era preliminar, mas de mérito. A mesma questão, com efeito, pode ser ora uma coisa, ora outra: a qualidade de preliminar nem sempre depende

4 Permitimo-nos, aqui também, remeter o leitor, para exposição mais desenvolvida, à obra e vol. cit. na nota anterior, p. 204 e s.

necessariamente do *objeto* da questão, senão *da função* que ela exerce na atividade cognitiva do órgão judicial[5]. Se o fundamento era o de incompetência e o tribunal o acolheu, isso significa que julgou procedente o pedido de rescisão. Preliminar seria, sim, questão que porventura se suscitasse acerca da competência do próprio tribunal que está julgando a rescisória.

Ponto importante é o que respeita à eventual existência de várias alegações contra a admissibilidade da rescisória: o réu alega, digamos, que a sentença rescindenda não é de mérito, e também que o autor não tem legitimidade para a causa. Cada uma dessas preliminares tem de ser posta em votação separadamente, sob pena de se pretender somar quantidades heterogêneas. Igual regra vale para o caso de se invocarem vícios diversos para pleitear a rescisão. Cada vício constitui uma *causa petendi,* de modo que, na verdade, o tribunal está diante de várias rescisórias cumuladas, conexas pelo objeto. É forçoso julgar cada qual de per si. Pode acontecer que, em órgão de cinco membros, dois juízes se manifestem no sentido de acolher o pedido de rescisão pelo fundamento da colusão entre as partes (art. 485, nº III, 2ª parte), e dois outros no sentido de acolhê-lo pelo fundamento da falsidade de prova (art. 485, nº VI). Seria palmar erronia adicionar os dois últimos aos dois primeiros, para dar como procedente o pedido, por maioria de quatro votos. A realidade é que não se acolheu nenhum dos pedidos das rescisórias cumuladas, e o verdadeiro resultado é o de improcedência.

3. EMBARGOS DE DECLARAÇÃO

Seja qual for a preferência de cada qual, no plano teórico, em nosso ordenamento jurídico os embargos de declaração constituem inequivocamente um recurso[6]. Estão disciplinados em capítulo do título do

5 Ampla ilustração, relativamente à questão da competência, em BARBOSA MOREIRA. *A competência como questão preliminar e como questão de mérito, in Temas de Dir. Proc. (Quarta Série),* S. Paulo, 1989, p. 95 e s.

6 Proposta recente, de voz muito autorizada, sugere que aos embargos de declaração só se deve reconhecer a natureza de recurso quando "abram caminho a alguma alte ração substancial no julgado", não assim quando visem pura e simplesmente "a aclaramentos": CÂNDIDO DINAMARCO, Os *embargos de declaração como recurso,* in *Rev. Da Associação dos Advogados do Rio de Janeiro,* v. III, p. 15 e s, A tese peca pela base: supõe a existência de um conceito apriorístico de recurso, no qual nem sempre se enquadrariam os embargos de declaração: daí a escassa (ou nenhuma) relevância que teria, aos olhos do autor, o fato – ao nosso ver, decisivo – de que o

Código atinente aos recursos; figuram de modo expresso na lista de recursos constantes do art. 496; e o art. 538 alude ao efeito interruptivo do "prazo para a interposição de outros recursos", expressão em que a palavra "outros" não faria sentido se não tivessem a mesma índole os embargos de declaração. Pouco importa que, em sistemas processuais estrangeiros, o remédio correspondente seja tratado de forma diversa[7]. O conceito de recurso não é *supra*legal: depende exclusivamente do direito positivo; e entre nós o legislador fez opção clara, que a qualquer de nós é lícito criticar, mas não desprezar.

No julgamento de recurso, é essencial a distinção entre o juízo de admissibilidade e o juízo de mérito: naquele, o tribunal verifica se concorrem os pressupostos que o habilitam a reexaminar a matéria impugnada; neste, averigua se há motivo bastante para dar guarida à impugnação. A terminologia tradicional no Brasil emprega locuções distintas para designar o resultado de cada um desses juízos: no plano da admissibilidade, diz-se que o tribunal *conhece ou não conhece* do recurso; no plano do mérito, que lhe *dá ou nega provimento.*

Curiosamente, generalizou-se entre nós o hábito de não usar essa linguagem no tocante aos embargos de declaração. Costuma-se dizer, simplesmente, que o tribunal "acolheu" ou "rejeitou" os embargos. Nada justifica o emprego dessas outras expressões, que passam ao largo da distinção entre os dois juízos. Dificilmente se deixará de perceber que o fenômeno é um quando, por exemplo, os embargos foram oferecidos fora do prazo, e é outro quando o órgão judicante se convenceu de que não estava certo o embargante em tachar de obscura, contraditória ou omissa a decisão embargada. No segundo caso, o embargante foi repelido *por não ter razão;* no primeiro, o tribunal disse apenas que *nem sequer lhe era dado apurar se o embargante tinha ou não tinha razão*[8].

---

direito positivo, "desenganadamente" (p. 16), trata a figura como recurso, De que "pureza conceitual" cabe falar a propósito dos embargos de declaração, com abstração do *ius positum?* Ademais, não se vê que vantagem teórica ou prática adviria dessa bipartição do instituto.

7 Algumas indicações de direito comparado em BARBOSA MOREIRA, *Coment. ao CPC.*, v. V cit., p. 543, nota 2.

8 Os próprios monografistas da matéria nem sempre versam o assunto com o devido cuidado. VICENTE MIRANDA. *Embargos de declaração no processo civil brasileiro,* S. Paulo, 1990, p. 73/4, estabelece distinção entre o juízo de admissibilidade e o juízo de procedência ou improcedência no julgamento dos embargos; mas, acer-

Aqui também, as consequências têm relevância prática. Nos dizeres do art. 538, "os embargos de declaração interrompem o prazo para a interposição de outros recursos, por qualquer das partes". Deve entender-se, porém, que tal efeito unicamente se produz quando os embargos sejam admissíveis e, portanto, hajam de ser conhecidos. O ponto salta aos olhos na hipótese de intempestividade. Todos compreendem que não seria razoável atribuir a embargos de declaração intempestivos o efeito de interromper o prazo para interpor outro recurso. Isso equivaleria a pôr nas mãos do embargante poderosíssima arma de chicana: ele teria a possibilidade de protelar indefinidamente a interposição do outro recurso, e por conseguinte procrastinar a seu bel-prazer o desfecho do pleito. Assim, se os embargos só vêm depois do quinquídio do art. 536, esbarram na preclusão consumada e não geram o efeito interruptivo.

Todavia, não há por que tratar de modo diferente embargos de declaração inadmissíveis por outra causa, diversa da intempestividade[9]. O recurso pode ser inadmissível porque o embargante invoca fundamento não contemplado na lei: cinge-se a afirmar, *v.g.*, que foi injusta a decisão

ca do primeiro, rende tributo à inadequada nomenclatura usual, ao dizer que o juiz "*rejeita* os embargos, proferindo um juízo de inadmissibilidade" (sem grifo no original); e, quanto ao segundo, omite o exame dos possíveis desdobramentos, de que trata adiante o nosso texto. SONIA MARCIA RASE DE ALMEIDA BAPTISTA, *Dos embargos de declaração,* 2ª ed., S. Paulo, 1993, p. 94 e s., distingue corretamente a admissibilidade dos embargos de declaração e o respectivo mérito, porém deixa de tirar as consequências cabíveis, quando descreve (em termos sumários) o julgamento do recurso (p. 190). ROBERTO LUIS LUCHI DEMO, *Embargos de declaração: aspectos processuais e procedimentais,* Rio de Janeiro, 2003, p. 58 e s., usa terminologia ao nosso ver imprópria, chamando "juízo de prelibação" ao de admissibilidade e "juízo de delibação" (?) ao de mérito, além de dilatar excessivamente o âmbito do primeiro, para fazê-lo abranger a hipótese de estar a "situação fática descrita nos embargos (...) divorciada da realidade processual" – matéria, para nós, de mérito.

9 Como faz uma parte da jurisprudência, que só afasta o efeito interruptivo (no sistema primitivo do Código, suspensivo) no caso de serem os embargos oferecidos fora de prazo: assim, *v.g.*, STJ, 29-4-1998, REsp nº 153.324, in *D.J.* de 22-6-1998, p. 94 (efeito reconhecido em caso considerado de descabimento; vale ressalvar que, segundo parece, na espécie a rigor se cuidava de embargos repelidos *de meritis).* Diversamente, STJ, 13-11-2000, REsp nº 328.388, *in D.J.* de 4-2-2002, p. 489 ("Só a interposição de embargos conhecidos, ainda que rejeitados, é que ensejaria a contagem do prazo remanescente após cessada a suspensão", onde a referência a "suspensão" há de ser vista como *lapsus calami).*

embargada, e por isso merece refom1a. Os embargos de declaração não se prestam a tal fim, e deles, na espécie, não se deve conhecer. Convém frisar que a falta de cabimento é, a rigor, defeito logicamente *anterior e superior* ao da intempestividade: o cabimento é o primeiro requisito de admissibilidade de qualquer recurso. A pergunta básica a que se tem de responder, quando se analisa problema deste gênero, é a seguinte: que recurso cabe contra a decisão em foco? Somente depois, à vista da resposta, é que se passa a inquirir do prazo. Como nem todos os prazos são iguais, formular a indagação acerca da tempestividade antes de formular a relativa ao cabimento é colocar o carro adiante dos bois.

Dito isso, convém ressaltar que o julgamento dos embargos de declaração deve seguir o mesmo esquema aplicável a qualquer outro recurso. No juízo de admissibilidade, verificará o tribunal se estão satisfeitos os respectivos pressupostos, intrínsecos e extrínsecos. Quanto ao pressuposto do cabimento – feita abstração de certa tendência a admitir a utilização do recurso para produzir efeitos modificativos da decisão embargada –, o que ao tribunal compete é verificar se o embargante alega um ou mais dos defeitos típicos enumerados no art. 535: obscuridade, contradição ou omissão. No caso afirmativo, concorrendo os demais pressupostos, o tribunal conhecerá dos embargos; no caso negativo, terá de negar-lhes conhecimento.

Transposta que seja a preliminar, no juízo de mérito caberá ao tribunal averiguar se realmente existe o defeito e, se existir, corrigi-lo, dissipando a obscuridade, resolvendo a contradição ou suprindo a omissão. Pode acontecer que com isso se atenda plenamente ao que queria o embargante, e em tal hipótese os embargos terão provimento integral. É também concebível, no entanto, que, ao dissipar a obscuridade, resolver a contradição ou suprir a omissão, o tribunal chegue a resultado diferente daquele que pretendia alcançar o embargante: por exemplo: vem desfavorável a este o acréscimo feito para suprimento da omissão. O caso, aí, é de provimento *parcial:* atendeu-se ao embargante na medida em que se reconheceu e declarou o defeito por ele apontado, mas decidiu-se contra ele na maneira de corrigir o defeito. Ocioso aditar que, se nem sequer reconhece a existência do defeito, o tribunal negará provimento ao recurso.

4. RECURSOS ESPECIAL E EXTRAORDINÁRIO

Uma das tradicionais hipóteses de recorribilidade extraordinária é a da incompatibilidade entre a tese da decisão impugnada e alguma norma jurídica federal. Até 1988, a norma invocada como padrão podia ser constitucional ou *infra*constitucional; com a nova Constituição, ninguém o ignora, cindiu-se o antigo recurso extraordinário, assim como se cindiu a competência: a denominação anterior ficou reservada para o caso de arguir-se ofensa a norma constitucional, permanecendo competente para o julgamento o Supremo Tribunal Federal, enquanto o recurso fundado na alegação de ofensa a norma infraconstitucional passou a denominar-se especial e se deslocou para a área de competência do então criado Superior Tribunal de Justiça.

Consoante uso antigo, que o Superior Tribunal de Justiça imitou, o Supremo Tribunal Federal, no julgamento do recurso extraordinário interposto com invocação de ofensa à Constituição, vinha há muito tempo adotando técnica singular: quando achava fundada a impugnação do recorrente, isto é, quando a decisão recorrida efetivamente se pusera em contraste com a Lei Maior, provia o recurso; no caso contrário, entretanto, dizia "não conhecer" dele. A simples enunciação do esquema evidenciava-lhe a deformidade: era incompreensível que o tribunal fosse posto ante a alternativa de *não conhecer* do recurso ou *dar-lhe provimento;* impunha a lógica que, preliminarmente, ele decidisse *conhecer ou não conhecer,* para depois, na segunda hipótese, *prover ou desprover* o recurso. Não fazia sentido, aliás, que o tribunal declarasse "não conhecer" do recurso depois de haver examinado toda a matéria discutida pelo recorrente, para negar-lhe razão: que sobraria para o juízo de mérito?[10]

---

10 A melhor doutrina sempre criticou o procedimento habitual: *vide,* entre outros, PONTES DE MIRANDA, *Comentários ao Código de Processo Civil* (de 1973), Rio de Janeiro, t. VI, 3ª ed., p. 172/3, e t. VIII, 2ª ed., 2000, p. 156. 184/5 (atualização legislativa de Sergio Bermudes); LOPES DA COSTA, *Direito Processual Civil brasileiro.* 2ª ed., v. III. Rio de Janeiro, 1979, p. 419/20; JOSÉ AFONSO DA SILVA. *Do recurso extraordinário no direito processual brasileiro,* S. Paulo, 1963, p. 300, 302/3: RODOLFO DE CAMARGO MANCUSO. *Recurso extraordinário e recurso especial,* 8ª ed., S. Paulo, 2003. p. 176/8; NELSON LUIZ PINTO, *Recurso especial para o STJ,* 2ª ed., S. Paulo, 1996, p. 118 e s.: BERNARDO PIMENTEL SOUZA, *Introdução aos recursos cíveis e à ação rescisória,* 2ª ed. Belo Horizonte. 2001, p. 442; TERESA ARRUDA ALVIM WAMBIER, *Controle das decisões judiciais por meio de recurso de estrito direito e de ação rescisória,* S. Paulo, 2001, p. 173 e s. Versamos o tema em mais de um trabalho: limitamo-nos aqui a remeter o leitor ao v. V dos *Coment. ao C.P.C.*, cit., p. 581/2 e 613 e s. No próprio Supremo Tribunal Federal, Ministros houve que se bateram pela obediência à boa técnica: leiam-se, por exemplo, os lúcidos votos de EDMUNDO LINS, no R.E. nº 1.384 e no R.E. nº 1.337 (em grau de embargos), *in Rev. do STF,* v. 27, p. 76, e v. 38, p. 74 e s., respectivamente, nos quais já se distinguia, com toda a precisão, entre o *não conhecimento* e o *desprovimento* do recurso extraordinário, nas hipóteses em foco.

A má técnica gerava feias consequências. Uma delas concernia ao objeto da ação rescisória acaso proponível. Como ninguém ignora, quando o órgão *ad quem* não conhece de recurso, terá transitado em julgado o pronunciamento recorrido. Por conseguinte, tomando-se *ut verba sonant* o julgamento do Supremo Tribunal Federal, a rescisória teria de dirigir-se à impugnação da decisão do órgão *a quo,* não ao acórdão daquela corte. O desconchavo era manifesto; e, no propósito de evitá-lo, incluiu-se na *Súmula da Jurisprudência Predominante* proposição (nº 249) assim redigida: "É competente o Supremo Tribunal Federal para a ação rescisória quando, embora não tendo conhecido do recurso extraordinário, ou havendo negado provimento ao agravo, tiver apreciado a questão federal controvertida". Ora, por definição, apreciar a questão federal controvertida nada mais era (e é) que julgar o mérito do recurso extraordinário, de sorte que o enunciado continha verdadeira *contradictio in terminis.* Tentou-se corrigir um erro por meio de outro!

A partir da entrada em vigor do Código de Processo Civil, mais um problema haveria de surgir: o referente ao recurso extraordinário adesivo. Na conformidade do art. 500, *caput,* nº III, o não conhecimento do recurso principal acarreta o não conhecimento também do adesivo. Destarte, a receber-se a dicção empregada pela corte, quando o Supremo Tribunal Federal declarava "não conhecer" do recurso extraordinário principal, apesar de examinada a *federal question,* a rigor só lhe seria lícito conhecer do eventual recurso extraordinário adesivo pondo de lado a regra do art. 500, *caput,* nº III. A não ser assim, poderia estar negando conhecimento a recurso adesivo que satisfazia todos os requisitos legais de admissibilidade.

É certo que a letra do texto constitucional pode ser vista, em certa medida, como atenuante da erronia. Com efeito, ali se lê que a decisão é passível de recurso extraordinário quando "contrariar dispositivo desta Constituição" (art. 102, nº III, *a),* e de recurso especial quando "contrariar tratado ou lei federal, ou negar-lhes vigência" (art. 105, nº III, *a).* O que se impunha, todavia, era dar interpretação adequada a essas disposições, para entender que em ambas o "contrariar" significa "alegar-se que contraria", bastando a alegação de contrariedade para tornar cabível o recurso[11].

11 É interessante registrar que um autor estrangeiro, comentando o art. 101, nº III, letra *a,* da Constituição de 1946, mostrou haver bem compreendido o problema quando escreveu: *"How is it possible to determine, before the judgment of the Supreme Court is rendered, whether the decision appealed from was 'contrary' to the federal law or*

O erro de técnica resistiu por muitas décadas às críticas da doutrina e à argumentação irrespondível de alguns Ministros do próprio Supremo Tribunal Federal. Recentemente, contudo, o panorama começou a mudar. Os primeiros sinais da evolução manifestaram-se no Superior Tribunal de Justiça; desde 1998, várias vezes conheceu-se do recurso especial mas negou-se-lhe provimento, por não se haver descoberto na decisão impugnada a suposta violação de lei federal: assim, *v.g.*, nos acórdãos de 10-2-1998, REsp nº 120.668, de 17-4-1998, REsp nº 115.063, de 5-5-1998, REsp nº 165.946, e de 15-9-1998, REsp nº 179.541[12].

Demorou mais o Supremo Tribunal Federal para rever sua posição. Só há poucos meses veio a adotar a boa técnica, mudança de que tenho notícia com relação a dois julgados da mesma data, 6-8-2003, o R. E. nº 298.694 e o R.E. nº 299.799, ambos relatados pelo eminente Ministro Sepúlveda Pertence[13]. Lê-se nas ementas (idênticas) desses acórdãos: "Recurso extraordinário: letra *a:* alteração da tradicional orientação jurisprudencial do STF, segundo a qual só se conhece do RE, *a,* se for para dar-lhe provimento: distinção necessária entre o *juízo de admissibilidade do RE, a* – para o qual é suficiente que o recorrente alegue adequadamente a contrariedade pelo acórdão recorrido de dispositivos da Constituição nele prequestionados – e o *juízo de mérito,* que envolve a verificação da compatibilidade ou não entre a decisão recorrida e a Constituição, ainda que sob prisma diverso daquele em que se hajam baseado o Tribunal *a quo* e o recurso extraordinário". Merece aplauso o Supremo Tribunal por haver-se animado a romper com uso tão errôneo quão arraigado. Resta formular o voto de que a evolução se consolide, e a técnica correta prevaleça no futuro.

---

not? The constitutional provision should be understood as saying: 'When the decision is allegedly contrary'" (WAGNER, *The Federal States and Their Judiciary.* T'Gravenhage, 1959, p. 324, nota 2).

12 O segundo acórdão foi publicado *na Rev. do STJ* nº 111, p. 57. A indicação dos outros devemo-la à gentileza do Ministro JOSÉ DELGADO, a quem mais uma vez consignamos nosso cordial agradecimento. Lamentavelmente, ainda remanescem casos de apego ao velho e equivocado método: *v.g.*, 20-2-2003, E. decl. no REsp nº 442.778, *in D.J.* de 5-5-2003, p. 291, acórdão onde se lê que, nas hipóteses da letra *a,* o tribunaL "conhecido o recurso especial, (...) lhe dá provimento necessariamente, podendo o não conhecimento do recurso se dar por razões processuais ou de mérito" (!).

13 *Vide Informativo STF* nº 316 e 319, respectivamente.

5. DIVERGÊNCIA NA VOTAÇÃO

Circunstância que tem causado problemas é a de existir divergência na votação. Ela pode assumir relevância capital, por exemplo, para aferir- se o cabimento de recurso, como é o caso dos embargos infringentes (art. 530). Já se averbou que não é concebível o cômputo de votos heterogêneos. Todos os membros do tribunal, a qualquer momento, hão de estar-se pronunciando sobre igual matéria: ou a mesma preliminar, ou o mesmo aspecto do mérito, se mais de um existe. Nem sempre, porém, todos os votantes se mostram inteiramente atentos a essa necessidade, e nem sempre toma o presidente da sessão a iniciativa de assegurar ou restabelecer a ordem. É descuido de que podem decorrer grandes e inúteis complicações.

Tem-se lido em acórdãos, por exemplo, a declaração de que tal ou qual recurso foi provido por maioria de votos, vencido X, que dele não conhecia. Era o que se dava, convém notar, sob o impróprio regime de julgamento que o Supremo Tribunal Federal e o Superior Tribunal de Justiça adotavam para recursos interpostos pela letra *a* do dispositivo constitucional. Mas entra pelos olhos que não faz sentido a colheita simultânea de votos, quanto a parte do colegiado, sobre questão preliminar, e quanto a outra palie, sobre o mérito do recurso. O presidente de sessão que assim aja viola a lei e, antes dela, o bom senso.

Reza o art. 560 do estatuto processual que "qualquer questão preliminar suscitada no julgamento será decidida antes do mérito, deste não se conhecendo se incompatível com a decisão daquela". Suponha-se que algum dos membros do colégio judicante suscite preliminar de intempestividade do recurso. Cumpre que sobre tal questão se pronunciem todos os votantes; se a maioria acolher a preliminar, encerra-se com isso o julgamento, negando-se conhecimento ao recurso; no caso contrário, o julgamento prossegue, para apreciação do mérito, e de novo é mister colher os votos de todos os membros do colégio, sem exceção daquele(s) que porventura se haja(m) manifestado pelo acolhimento da preliminar, consoante estabelece o art. 561 do Código. Pode acontecer que só se venha a suscitar a preliminar depois de proferidos votos acerca do mérito. Compete ao presidente reiniciar o procedimento da votação, dando a todos os votantes a oportunidade de pronunciar-se a respeito da preliminar. Caso a acolha a maioria do colégio, perdem toda e qualquer relevância os votos que porventura já se hajam proferido sobre o mérito. Na redação do acórdão, e na própria minuta de julgamento, nem sequer se deve aludir a eles. O resultado será, pura e simplesmente, o não conhecimento do recurso, por maioria ou por unanimidade – pois nada impede que adiram todos, inclusive os que já tinham votado *de meritis,* à manifestação de quem haja levantado a preliminar.

É igualmente passível de censura acórdão que contenha a declaração de não se haver conhecido do recurso, por maioria, vencido X, que lhe dava provimento. Se a maioria vota pelo não conhecimento, nenhum dos membros do colegiado pode enunciar o que quer que seja acerca do mérito: nem os que se haviam pronunciado a favor do acolhimento da preliminar, nem os que a tinham rejeitado.

Tudo isso parece óbvio, e na realidade o é. Às vezes, no entanto, as coisas óbvias passam despercebidas – aos tribunais, altos que sejam, não menos que ao comum dos mortais. A responsabilidade maior, aí, toca ao presidente da sessão. É ele que deve anunciar, com absoluta clareza, qual vai ser o objeto da votação que se segue; e jamais poderá levar em conta, nela, voto que tenha objeto diverso. Caso haja várias preliminares, o presidente as porá em votação uma por uma, declarando o resultado correspondente a cada qual[14], a não ser que de alguma desde logo decorra o não conhecimento do recurso, liquidando o assunto. Sendo o mérito divisível em dois ou mais capítulos, também separadamente será cada um submetido à votação[15].

6. A CORREÇÃO DOS ERROS DE TÉCNICA

Depois de assim compendiarmos, *per summa capita,* as questões mais frequentes nessa matéria, passemos a indicar os remédios de que se pode lançar mão para corrigir os erros.

---

14 Aqui também, é errado misturar votos relativos a uma preliminar com votos atinentes a outra: se se argúi de inadmissível o recurso, por intempestividade, por falta de legitimação do recorrente e por existência de aceitação tácita da decisão, e cada um dos três julgadores acolhe uma única das preliminares, rejeitando as demais, seria grave equívoco dizer que o recurso foi declarado inadmissível: na verdade, todas as preliminares foram rejeitadas (por dois votos contra um): BARBOSA MOREIRA, *Coment. ao C.P.C.,* v. V, cit., p. 682, com outras referências bibliográficas na nota 79.

15 Ultrapassa os lindes do necessário NAUROIS, *La procédure de vote du tribunal collégial, in Mélanges dédiés à Jean Vincent.* Paris, 1981, p. *251/2,* quando postula a cisão da votação em tantas etapas quantas sejam as questões (de fato e de direito) que cumpre resolver.

O caso mais fácil é o do erro que se reduz ao emprego de terminologia imprópria: correto o pensamento, mas falseado na expressão. Aí, não raro, a impropriedade é passível de ser corrigida mediante interpretação. Um pronunciamento judicial é um ato jurídico, e como tal não só pode, mas deve ser interpretado. Isso, aliás, não é coisa que só aconteça com pronunciamentos de tribunais, ou de membros de tribunais: igualmente se manifesta com relação a sentenças proferidas por juízos de primeiro grau. Muitas vezes se deparam sentenças que dizem extinguir o processo julgando o autor "carecedor de ação" quando, na verdade, apreciaram o mérito. Em instância superior, seria oportuno, se ainda não suficientemente explorado, voltar ao exemplo dos acórdãos do Supremo Tribunal Federal que declaravam "não conhecer" do recurso extraordinário apesar de haverem examinado e resolvido (em desfavor do recorrente) a questão federal controvertida.

Restabelecido por via hermenêutica o autêntico sentido do acórdão ou do voto, cumprirá dar à espécie o tratamento que lhe caberia se não padecesse do defeito técnico. A rigor, a proposição nº 249 da *Súmula,* há pouco referida, nada mais era que uma tentativa, indireta e canhestra, de consagrar semelhante tese: o que ali se lê não significa outra coisa senão que se deve entender em sede de interpretação, naquela hipótese, o dito "não conhecimento" por "desprovimento", e tirar daí os corolários cabíveis, entre os quais o atinente à competência para a eventual ação rescisória. Com a mudança de orientação da Corte, o enunciado acabará por perder a utilidade, quando não o próprio sentido.

De outras vezes, o vício reside no enunciado da conclusão, que não condiz com o teor dos votos colhidos. Suponhamos, *v.g.,* que se trate de anulação de testamento, pleiteada por três diversas *causae petendi;* na Câmara, ao julgar-se a apelação, cada um dos três juízes acolhia o pedido por um único fundamento, mas rejeitava-o quanto aos demais. O verdadeiro resultado é o de *improcedência,* pois cada qual das três ações cumuladas fora repelida por dois votos contra um. Se, por equívoco, se proclamar decretada a anulação, e assim constar do acórdão, o engano será corrigível por meio de embargos de declaração, desde que a contradição seja inequivocamente apurável pelo confronto entre o teor do acórdão e algum elemento que revele de modo seguro o que resultara da votação (minuta de julgamento, ata, notas taquigráficas etc.)[16].

16 Indicações de jurisprudência, ao propósito, em BARBOSA MOREIRA. *Coment. ao C.P.C.,* v. V, cit., p. 55l. nota 21.

Infelizmente, nem sempre se conseguirá resolver o problema com tanta simplicidade. Há casos, com efeito, em que o erro não se limita à expressão, mas remonta à concepção. É o que se dá quando, por desatenção de algum votante e do presidente da sessão, vem o acórdão assinalado por deformidade do tipo da que acima se denunciou: "por maioria, deu-se provimento ao recurso, vencido X, que dele não conhecia"; ou, inversamente, "por maioria, não se conheceu do recurso, vencido Y, que lhe dava provimento".

Decisões desse tipo são ilegais: vulneram (ou podem vulnerar) mais de um dispositivo do Código de Processo Civil. O art. 555, *caput,* ordena que, no julgamento de apelação ou de agravo, a decisão seja tomada "pelo voto de três juízes". Por decisão, aí, entende-se todo e qualquer pronunciamento com teor decisório, seja concernente à preliminar, seja relativo ao mérito, se possível a respectiva apreciação. Viola-se a lei processual quando *nem todos* os membros do colégio votam a preliminar, ou o mérito; para que ela seja respeitada, é preciso que todos se manifestem sobre a preliminar e, em lá se chegando, sobre o mérito. Estatui por sua vez, o art. 560, *caput,* que qualquer preliminar será decidida antes do mérito, do qual não se conhecerá se o respectivo exame for incompatível com a decisão tomada a respeito da preliminar. Se, por conseguinte, a maioria acolheu a preliminar, não pode sobrevir voto algum atinente ao mérito: a totalidade dos juízes está obrigada a respeitar aquela decisão, e a nenhum é lícito ultrapassar essa barreira, para pronunciar-se a respeito do mérito. Qualquer afastamento desse padrão contravém à lei. Igualmente se concebe transgressão do preceito insculpido na parte final do art. 561: "Rejeitada a preliminar, ou se com ela for compatível a apreciação do mérito, seguir-se-ão a discussão e julgamento da matéria principal, *pronunciando-se sobre esta os juízes vencidos na preliminar".* Se algum que votara pelo não conhecimento do recurso deixa de votar no tocante ao mérito, a rigor o julgamento não se completou, e consumou-se a ilegalidade.

Em qualquer dessas hipóteses, o acórdão pode sofrer impugnação mediante recurso especial, com arrimo no art. 105, nº III, letra *a,* da Constituição da República. Mais: o vício é suscetível de conhecimento *ex officio* e gera nulidade, que pode e deve ser declarada por órgão a que se dirija recurso com diferente fundamento e objeto, desde que – e na medida em que – o órgão *ad quem* conheça desse recurso. Por exemplo: o colegiado competente para o julgamento de embargos infringentes verifica que, no acórdão da apelação, há defeito da espécie de que se cuida. Satisfeitos que estejam os requisitos de admissibilidade dos embargos, o órgão *ad quem* deles conhecerá, mas, em seguida, decretará a nulidade e restituirá os autos ao órgão *a quo*, para que proceda a novo (e regular) julgamento.

Transitada em julgado, por hipótese, a decisão viciada, resta ainda a possibilidade de vir a ser desconstituída, no biênio, por meio de ação rescisória, que buscará apoio no art. 485, nº V, cabendo naturalmente ao autor apontar o dispositivo (ou os dispositivos) que entende violado(s).

7. CONSIDERAÇÕES FINAIS

As observações feitas até aqui poderiam estender-se sem dificuldade. Quanto ficou dito, entretanto, parece-nos suficiente para pôr em relevo a gravidade do assunto. Têm importância teórica, sem dúvida, mas também e sobretudo prática, os erros de técnica acima denunciados e outros que costumam insinuar-se nas decisões dos tribunais. Preocupar-se com eles e indicar as vias disponíveis para a respectiva correção está longe de ser atitude que mereça ser qualificada de fuga aos problemas concretos que gravam o funcionamento da Justiça nos dias de hoje. Deveria certamente escolher outro caminho o processualista que quisesse encerrar-se na famosa torre de marfim.

A quem, como o autor da palestra, teve sob sua responsabilidade a direção de numerosos julgamentos, durante os anos em que exerceu a judicatura no Tribunal de Justiça do Estado do Rio de Janeiro, resta a esperança de haver evitado, tanto quanto lhe permitiam os conhecimentos e a atenção – parcos aqueles, não há dúvida, mas permanentemente convocada esta, posso assegurar-lhes –, a ocorrência muito frequente de semelhantes equívocos. E, com a expressão desse retrospectivo desejo, dou por encerrada a tarefa, cujo prolongamento, concebível em tese, exigiria do palestrante muito mais ciência, e do auditório muito mais paciência.

Novembro de 2003.

COMENTÁRIOS DOS ATUALIZADORES

QUESTÕES DE TÉCNICA DE JULGAMENTO NOS TRIBUNAIS

Aluisio Gonçalves de Castro Mendes/Carolina Paes de Castro Mendes[17]

Em texto elaborado a partir de conferência pronunciada em Curitiba no ano de 2003, José Carlos Barbosa Moreira analisa a relevância da técnica de julgamento nos tribunais, não sem antes alertar para a distinção entre o excesso de tecnicismo e a utilização da boa técnica em prol da lógica, qualidade e justiça do julgamento. Como proclamado pelo saudoso Mestre[18]: "É tão pernicioso minimizar a técnica quanto sacralizá-la. E hoje em dia, em mais de um setor, há sinais de que o primeiro perigo talvez esteja superando o segundo".

Os atualizadores desconhecem a existência de pesquisas que se debrucem e revelem dados sobre o problema apontado, que poderia ser feito, naturalmente, por amostragem, até mesmo por força de estudos de pós-graduação, pelas Escolas Judiciais ou por outros órgãos relacionados ao Poder Judiciário[19].

---

17 A atualização do texto contou com a fundamental participação e colaboração de **Larissa Clare Pochmann da Silva**, graduada e pós-doutora pela Faculdade de Direito da Universidade do Estado do Rio de Janeiro (UERJ), mestre, doutora, e professora do Programa de Pós-Graduação em Direito da Universidade Estácio de Sá (Unesa).

18 No texto sob atualização, p. 284, primeiro parágrafo.

19 É de se registrar, aqui, a existência, nos Estados Unidos da América, do *Federal Judicial Center* (*FJC*), que tem, dentre as suas finalidades, a "condução de pesquisas e relatórios sobre as atividades judiciárias" (tradução livre dos atualizadores), conforme se pode constatar em https://www.fjc.gov/, acesso em 22/01/2023. Como pode constatar o primeiro atualizador, em visita realizada por convite do *FJC*, este centro realiza estudos muito interessantes, em torno de questões de grande importância prática para o dia a dia do funcionamento, organização e realização da atividade judicante. Por exemplo, são feitos estudos empíricos para a identificação da estrutura ideal para cada órgão judicial especializado, a partir da realidade, de modo a apontar os recursos humanos e materiais necessários para uma boa prestação jurisdicional. Sendo assim, a criação e manutenção dos órgãos judiciais e respectivos aportes, de juízes e funcionários, são feitos a partir destes estudos, para que se possa estabelecer, esperar e cobrar uma produção condizente, evitando-se a distribuição aleatória ou a partir de critérios subjetivos ou políticos dissociados das necessidades reais. O tema sob comento parece ser importante de ser pesquisado, também, para se confirmar o problema, dimensioná-lo e corrigi-lo.

A experiência do primeiro atualizador, em razão da sua atuação no Tribunal Regional Federal da 2ª Região, permite afirmar que o problema central apontado no artigo – a devida separação e votação das questões e fundamentos pertinentes à admissibilidade e mérito dos recursos – continua sendo um desafio para os tribunais e órgãos colegiados. E que passa a ter ainda maior relevância diante do volume de processos instaurados no país, de modo crescente em boa parte dos últimos anos das duas décadas passadas. Sendo uma dificuldade que se retroalimenta, porque a falha técnica dos julgamentos pode acarretar não somente a injustiça, como no resultado erroneamente pronunciado diante da colheita equivocada dos votos, mas, também, a proliferação de novos recursos ou outros meios de impugnação visando a correção do *error in procedendo*, sobrecarregando ainda mais a estrutura judiciária, o que tem o potencial de ocasionar o incremento de novas falhas.

No que toca à ação rescisória, as questões levantadas no artigo ainda continuam a se fazer presentes no quotidiano dos julgamentos nos tribunais brasileiros, especialmente quanto à correta separação nas três etapas (juízo de admissibilidade, *iudicium rescindens* e *iudicium rescissorium*) e ao procedimento em separado de cada uma das causas de pedir. Há que assinalar que o Código de Processo Civil de 2015 efetuou o devido ajuste na terminologia utilizada no art. 974, ao substituir a referência do "julgamento da ação", que constava no antigo art. 494, pelo julgamento do pedido, seguindo as lições de Barbosa Moreira.

No âmbito dos embargos de declaração, o correto enquadramento enquanto recurso, mantido no art. 994 do CPC-2015, como consta no texto sob atualização, recomenda que se empreguem, na espécie, a sistemática e correspondente terminologia utilizada para o gênero. Sendo assim, os embargos devem ser admitidos ou inadmitidos, ou seja, conhecidos ou não conhecidos. Trata-se, naturalmente, do juízo preliminar de admissibilidade, em que se afere a presença dos requisitos intrínsecos e extrínsecos do recurso. Havendo um juízo positivo de admissibilidade, se passará à fase seguinte, ou seja, do julgamento do mérito dos Embargos de Declaração, e o resultado poderá ser o improvimento ou o provimento parcial ou total do recurso. Na espécie, para se esclarecer a obscuridade, se eliminar a contradição, se suprir a omissão ou se corrigir o erro material, como previsto no art. 1.022 do CPC. Contudo, a utilização generalizada de outras expressões, como a de acolhimento ou rejeição dos embargos[20], de modo a não propiciar a devida distinção entre o juízo de admissibilidade ou mérito do recurso, continua sendo amplamente empregada, não obstante o maior emprego da terminologia técnica[21] nos últimos tempos.

Como exposto por Barbosa Moreira, a diferenciação acima possui relevância prática, no que diz respeito ao efeito interruptivo dos embargos de declaração, previsto no art. 1.026, *caput*, parte final: "Deve entender-se, porém, que tal efeito unicamente se produz quando os embargos sejam admissíveis e, portanto, hajam de ser conhecidos".

A existência dos requisitos de admissibilidade, de certo modo como nos pressupostos processuais e nas condições da ação, possui um

---

20 No Supremo Tribunal, utilizando-se a expressão rejeitados para os embargos de declaração: ADI 6968 ED. Tribunal Pleno. DJ: 22/08/2022; ADI 3033 ED--segundos. Tribunal Pleno. DJ: 29/03/2021; ADI 4445 ED. Tribunal Pleno. DJ: 03/03/2020; AI 786427 AgR-ED. Tribunal Pleno. DJ: 14/10/2016; Rcl 43246 ED--AgR-ED. Primeira Turma. DJ: 05/09/2022; Rcl 44814 AgR-ED. Primeira Turma. DJ: 20/09/2021; Rcl 41759 AgR-ED. Primeira Turma. DJ: 21/12/2020; ARE 902487 AgR-ED. Segunda Turma. DJ: 29/09/2015; RE 663822 AgR-ED. Segunda Turma. DJ: 27/03/2012; RE 611403 AgR-ED. Segunda Turma. DJ: 04/10/2011. No Superior Tribunal de Justiça: EDcl na HDE 4071 / EX. Corte Especial. DJ: 13/12/2022; EDcl no AgInt nos EREsp 1903273 / PR. Corte Especial. DJ: 22/11/2022; EDcl no AgInt nos EDcl no RE no AgInt na Pet 13744 / SP. Corte Especial. DJ: 12/04/2022; EDcl no AgInt na SLS 2513 / PR. Corte Especial. DJ: 01/12/2021; EDcl nos EDcl no AgInt nos EAREsp 1664133 / DF. Corte Especial. DJ: 23/11/2021; EDcl na ProAfR no REsp 1914902 / SP. Primeira Seção. DJ: 23/11/2022; EDcl nos EAREsp 31084 / MS. Primeira Seção. DJ: 30/08/2022; EDcl nos EDcl no AgInt nos EDv nos EAREsp 1596685 / RJ. Primeira Seção. DJ: 09/11/2021; EDcl no AgInt nos EDv nos EREsp 1368935 / SC. Primeira Seção. DJ: 12/05/2021; EDcl no AgInt na AR 4858 / RS. Primeira Seção. DJ: 17/03/2020; EDcl nos EDcl nos EDcl no REsp 1338942 / SP. Primeira Seção. DJ: 27/03/2019; EDcl no AgInt nos EDcl na PET na Rcl 8668 / GO. Segunda Seção. DJ: 20/09/2022; EDcl no AgInt na Rcl 41796 / RJ. Segunda Seção. DJ: 23/02/2022; EDcl nos EDcl no AgInt nos EAREsp 1558514 / DF. Segunda Seção. DJ: 30/11/2021; EDcl no AgInt nos EDcl no CC 163375 / RS. Segunda Seção. DJ: 05/05/2020; EDcl no REsp 1312736 / RS. Segunda Seção. DJ: 27/02/2019.

21 No âmbito do Supremo Tribunal Federal, referindo-se aos embargos de declaração como desprovidos: ARE 1300979 AgR-ED. Tribunal Pleno. DJ: 09/05/2022; RE 159180 ED. Tribunal Pleno. DJ: 03/08/2021; RE 1290467 AgR-ED. Primeira Turma. DJ: 03/08/2021; RE 362097 ARE 1086878 AgR-ED. Segunda Turma. DJ: 31/05/2019; Rcl 16717 ED-ED-segundos. Primeira Turma. DJ: 18/02/2014. No Superior Tribunal de Justiça: EDcl na AR 3285 / SC. Terceira Seção. DJ: 12/08/2015; EDcl no AgRg no RMS 65988 / GO. Quinta Turma. DJ: 13/12/2021; EDcl no AgInt no REsp 1825318 / RS. Segunda Turma. DJ: 28/09/2020.

papel de grande relevo no sistema, ou seja, o de impedir a tramitação de recursos e de processos que não possuem condições mínimas para o julgamento do mérito. Sendo que, nos recursos, isso significa a perspectiva de prolongamento ou não do processo, podendo ser um meio de chicana processual, afrontando a efetividade do processo, o direito alheio, a garantia constitucional da duração razoável dos processos e a atuação do Poder Judiciário. O efeito interruptivo previsto na norma, se atribuível a recursos inadmissíveis e não conhecidos, pode ensejar a interposição sucessiva de embargos de declaração e a eternização dos litígios, não sendo talvez suficientes sequer as sanções previstas nos §§ 2º a 4º do art. 1.026.

Em relação ao tema, cumpre fazer uma breve retrospectiva história dos julgamentos que se sucederam à elaboração do presente texto a partir da ótica do Superior Tribunal de Justiça (STJ) e do Supremo Tribunal Federal (STF).

Em maio de 2004, os Ministros da Corte Especial do Superior Tribunal de Justiça decidiram que *"os embargos de declaração, ainda que considerados incabíveis, interrompem o prazo para a interposição de outros recursos; a penalidade prevista pela protelação é apenas pecuniária."* (STJ. EREsp nº 302177 / SP. Rel. Min. Francisco Peçanha Martins. Corte Especial. DJ: 19/05/2004). No ano seguinte, a Corte Especial reiterou o entendimento de que *"Os Embargos de Declaração, ainda quando não conhecidos, interrompem o prazo para a interposição dos recursos"* (STJ. Bem-DivREsp 4.534.493-MG. Rel. Min. Ari Pargendler. Corte Especial. DJ: 20/04/2005). Porém, em 2009, esse entendimento veio a ser modificado e a própria Corte Especial, citando precedente da Quarta Turma[22] do Superior Tribunal de Justiça, decidiu que: *"A interrupção do prazo recursal, prevista no art. 538 do CPC, constitui efeito que se opera nos casos em que o recurso aclaratório é conhecido"* (STJ. AgRg nos Embargos de Divergência em REsp nº 858.910 – SP. Rel. Min. Eliana Calmon. Corte Especial. DJ: 01/04/2009). Em 2015, a Corte Especial do Superior Tribunal de Justiça reiterou que situações de não conhecimento dos embargos de declaração acabariam por não interromper o prazo recursal, como se menciona: *"Os embargos de declaração interrompem o prazo de interposição de qual-*

22 STJ. AgRg nos EDcl no Ag 949.298/RS. Rel. Min. Luís Felipe Salomão. Quarta Turma. DJ: 20/11/2008.

quer outro recurso cabível, salvo em situações peculiares como a de intempestividade ou não cabimento do recurso integrativo" (STJ. EREsp 1352199 / MG. Rel. Min. João Otávio de Noronha. Corte Especial. DJ: 16/09/2015).

Também no ano de 2015, o Pleno do Supremo Tribunal Federal já havia consignado que, quando incabíveis, os embargos de declaração não interromperiam o prazo recursal no julgamento do ARE 903247 AgR. Rel. Min. Ricardo Lewandowski. Tribunal Pleno. DJ: 22/10/2015, o que veio a ser reiterado em 2017 no julgamento do ARE 774095 AgR-ED-AgR-AgR-segundo, de relatoria da Ministra Carmen Lúcia, julgado em 24 de novembro de 2017. Em 2020, o Pleno do Supremo Tribunal Federal reafirmou o entendimento de que os embargos de declaração não conhecidos não interromperiam o prazo recursal nos julgamentos do RE 1157318 Ag. Rel. Min. Dias Toffoli. DJ: 22/10/2020 e do ARE 1278369 AgR. Rel. Min. Luiz Fux. Tribunal Pleno. DJ: 23/11/2020. Este entendimento, no mesmo sentido das lições de José Carlos Barbosa Moreira, veio, ainda, a ser reiterado pelo Pleno do Supremo Tribunal Federal nos anos de 2021 e de 2022, sendo o atual posicionamento da Corte, como se destaca dos julgados: ARE 1333494 ED-AgR. Rel. Min. Luiz Fux. Tribunal Pleno. DJ: 04/10/2021 e ARE 1371051 ED-AgR. Rel. Min. Luiz Fux. Tribunal Pleno. DJ: 09/05/2022.

SÚMULA, JURISPRUDÊNCIA, PRECEDENTE: UMA ESCALADA E SEUS RISCOS[1]

1. Introdução. **2.** O moderno direito brasileiro. **3.** Eficácia vinculante na Constituição da República e na Emenda Constitucional nº 45, de 2004. **4.** Os novos projetos de reforma do Código de Processo Civil. **5.** Uma visão panorâmica. **6.** Observações finais.

1. INTRODUÇÃO

Tem variado bastante entre nós, ao longo dos anos, o peso da jurisprudência sobre o sentido em que deve julgar o juiz. O velho direito lusitano conheceu a figura dos "assentos": um colegiado de Desembargadores (a "Mesa grande") fixava o entendimento que se devia dar a determinada ordenação, e que se inscrevia no "livro da Relação", "para depois não vir em dúvida". Daí em diante, o magistrado que deixasse de observar aquele entendimento sujeitava-se até a ser suspenso[2]. O instituto subsistiu por muito tempo: consoante o art. 2º do Código Civil português, "nos casos declarados na lei", poderiam os tribunais "fixar, por meio de assentos, doutrina com força obrigatória geral". Esse dispositivo, contudo, foi revogado pelo Decreto-lei nº 329-A, de 12-12-1995.

No Brasil imperial, o Supremo Tribunal de Justiça tinha competência para "tomar assentos para a inteligência das leis civis, comerciais e criminais", quando na respectiva aplicação ocorressem "dúvidas manifestadas por julgamentos divergentes"[3]. A República não recolheu esse legado; em todo caso, na Constituição de 1891, o art. 59, § 2º, determinava que a justiça federal consultasse a jurisprudência dos tribunais locais, quando houvesse de aplicar leis dos Estados, e vice-versa: as justiças

---

1 Publicado em *Rev. Dialética de Dir. Proc.*, nº 27, *Rev. de Dir. Renovar*, nº 31, *Rev. Síntese de Dir. Civ. e Proc. Civ.*, nº 35, *Rev. de Dir. do TJRJ*, v. 64, *Juris Plenum*, nº 4.

2 Ord. Fil., L. I, T. V, § 5º. Sobre a força dos assentos da Casa de Suplicação, *vide* os Decretos de 4-2-1684 e de 20-6-1703, bem como o § 6º da Lei de 18-8-1769. Na doutrina pátria, cuida extensamente do assunto RODOLFO DE CAMARGO MANCUSO, *Divergência jurisprudencial e súmula vinculante*, 2ª ed., S. Paulo, 2001, p. 206 e s.

3 Consolidação das Disposições Legislativas e Regulamentares concernentes ao processo civil, de RIBAS, aprovada pela Resolução de 21-12-1876, art. 156, § 3º, cuja parte final remete aos Decretos nº 2.684, de 23-10-1875, e nº 6.142, de 10-3-1876.

estaduais deveriam consultar a jurisprudência dos tribunais federais, quando lhes coubesse interpretar leis da União.

Na verdade, a jurisprudência nunca perdeu por completo o valor de guia para os julgamentos. Ainda onde se repeliu, em teoria, a vinculação dos juízes aos precedentes, estes continuaram na prática a funcionar como pontos de referência, sobretudo quando emanados dos mais altos órgãos da Justiça. Em nosso país, quem examinar os acórdãos proferidos, inclusive pelos tribunais superiores, verificará que, na grande maioria, a fundamentação dá singular realce à existência de decisões anteriores que hajam resolvido as questões de direito atinentes à espécie *sub iudice*. Não raro, a motivação *reduz-se* à enumeração de precedentes: o tribunal dispensa-se de analisar as regras legais e os princípios jurídicos pertinentes – operação a que estaria obrigado, a bem da verdade, nos termos do art. 458, nº II, do Código de Processo Civil, aplicável aos acórdãos nos termos do art. 158 – e substitui o seu próprio raciocínio pela mera invocação de julgados anteriores.

2. O MODERNO DIREITO BRASILEIRO

A evolução recente do direito brasileiro, no particular, teve marco importante na criação, em 1963, da *Súmula da Jurisprudência Predominante* do Supremo Tribunal Federal. Inspirava-se ela no propósito de atenuar o crônico problema da sobrecarga de trabalho da Corte Suprema – e, indiretamente, do Judiciário como um todo. Normas regimentais atribuíram efeitos relevantes à inclusão de uma tese jurídica na *Súmula;* ela chegou a influir na questão do cabimento do recurso extraordinário, na época em que o Supremo Tribunal Federal se viu constitucionalmente autorizado a regular a matéria: assim, as restrições a que se submetia o cabimento não prevaleciam nos casos de divergência entre a decisão impugnada e a *Súmula*[4].

Embora nenhuma disposição legal conferisse eficácia vinculativa às proposições insertas na *Súmula,* ela veio a exercer, na prática, enorme influência nos julgamentos, quer de juízos de primeiro grau, quer de tribunais. Não foram frequentes as sentenças e acórdãos que se animaram a discrepar de alguma tese constante da *Súmula.* Juízes havia, e

4 *Vide,* por exemplo, o art. 325, nº II, do Regimento Interno, na redação da Emenda nº 2, de 1985.

não só na primeira instância, que se limitavam a aludir à *Súmula* como fundamento de suas decisões, se bem que a rigor, insista-se, semelhante referência não satisfizesse o requisito legal (e depois constitucional) da motivação. É pena que não se haja tomado a iniciativa de colher dados e elaborar estatísticas, a cuja luz se pudesse medir objetivamente o impacto produzido pela instituição da *Súmula* na quantidade de processos e na respectiva duração: como sói acontecer entre nós, e sem embargo do juízo favorável que predominou nos meios judiciais, ficamos imersos na penumbra do impressionismo – ignorantes, *v.g.*, do número de recursos extraordinários arquivados por decisão do relator, porque contrária à *Súmula* a tese do recorrente, ou da diminuição do tempo empregado pelo Supremo Tribunal Federal para julgar os recursos que remanesciam.

O anteprojeto do Código de Processo Civil, de autoria de ALFREDO BUZAID, intentou ressuscitar o mecanismo dos antigos assentos. Resolvido o incidente da uniformização da jurisprudência, a decisão sobre a tese jurídica tornada pela maioria absoluta dos membros efetivos do tribunal – do Supremo Tribunal Federal ou do Tribunal de Justiça, conforme se tratasse, respectivamente, de norma jurídica federal ou estadual –, seria obrigatória enquanto não modificada por outro acórdão proferido na mesma forma. Caberia ao presidente do tribunal, em obediência ao decidido, baixar assento, que teria força de lei 45 dias após a publicação oficial (arts. 518, 519 e 520, parágrafo único). Tal sistemática foi criticada em sede doutrinária, antes de mais nada por inconstitucional. O projeto abandonou a solução dos assentos com força de lei e deu à matéria nova feição, inspirada na *Súmula* do Supremo Tribunal Federal e conservada, com alterações de pormenor, pelo Congresso Nacional. Todavia, o expediente da uniformização de jurisprudência, regulado nos arts. 476 e s. do Código, jamais alcançou a desejada eficiência; e outro tanto se pode afirmar, já agora à luz da experiência de alguns anos, do mecanismo introduzido no art. 555, § 1º, pela Lei nº 10.352, de 27-12-2001.

Reformas sucessivas, levadas a cabo por diversas leis, foram acentuando, com intensidade crescente, o valor da jurisprudência, paralelamente alargando – registre-se *a latere* – a competência do relator para apreciar, sozinho, a matéria *sub iudice*. A Lei nº 8.038, de 28-5-1990, tornou-o competente, no Supremo Tribunal Federal e no Superior Tribunal de Justiça, para negar seguimento a pedido ou recurso que contrariasse, "nas questões predominantemente de direito, *Súmula* do respectivo tribunal". Sobreveio a Lei nº 9.139, de 30-11-1995, que, mediante alteração do art. 557 do Código, estendeu aos tribunais em geral a atribuição de competência ao relator para negar seguimento a qualquer recurso "contrário à súmula do respectivo tribunal ou de tribunal superior". Novos e largos passos daria no mesmo sentido a Lei nº 9.756, de 17-12-1998. Fez ela competente o relator, em certos casos, não apenas para "negar seguimento" a recurso, quando "em confronto com súmula ou com jurisprudência predominante do respectivo tribunal, do Supremo Tribunal Federal ou de Tribunal Superior", senão para dar-lhe provimento, por decisão monocrática, sempre que a recorrida se achasse "em manifesto confronto com súmula ou jurisprudência dominante do Supremo Tribunal Federal, ou de Tribunal Superior" (arts. 544, § 3º, e 557, *caput* e § 1º-A, na redação dada pelo citado diploma legal)[5]. Também autorizou o relator do conflito de competência a decidi-lo de plano, sempre que exista "jurisprudência dominante do tribunal sobre a questão suscitada" (parágrafo único acrescentado ao art. 120 do CPC).

3. EFICÁCIA VINCULANTE NA CONSTITUIÇÃO DA REPÚBLICA E NA EMENDA CONSTITUCIONAL Nº 45, DE 2004

Compreensivelmente, sobe de ponto a preocupação com a uniformidade em se tratando de matéria constitucional. Já não representa novidade a atribuição de eficácia *erga omnes* e vinculante às decisões do Supremo Tribunal Federal, proferidas em ação direta de declaração de constitucionalidade ou inconstitucionalidade de lei ou de outro ato normativo[6]. A Emenda Constitucional nº 45, de 8-12-2004, engendrou novo mecanismo vinculativo, por meio de acréscimo à Carta da República, da qual se tomou o art. 103-A. De acordo com o texto, poderá o Supremo

---

5 Sobre toda essa evolução, BARBOSA MOREIRA, *Algumas inovações da Lei* nº 9. 756 *em matéria de recursos civis, in Temas de Direito Processual (Sétima Série)*, S. Paulo, 2001, p. 71 e s., espec. 73/5, e *Reformas do CPC em matéria de recursos*, in *Temas (Oitava Série)*, S. Paulo, 2004, p. 143 e s., espec. 150/1, trabalhos aos quais remetemos o leitor, inclusive para a crítica da terminologia imprópria e, em geral, da deficiente técnica legislativa empregada nesses diplomas.

6 *Vide* o art. 102, § 2º, da Constituição da República, acrescentado pela Emenda Constitucional nº 3, de 17-3-1993, o art. 28, parágrafo único, da Lei nº 9.868, de 10-11-1999, e o art. 10, § 3º, da Lei nº 9.882, de 3-12-1999. Mesmo antes, quanto à ação direta de declaração *de inconstitucionalidade*, que preexistia, sempre se entendeu que a decisão do Supremo Tribunal Federal produzia aqueles efeitos. Cf., agora, o art. 102, § 2º, da Carta Federal, na redação dada pela Emenda Constitucional nº 45, de 8-12-2004.

Tribunal Federal, mediante decisão de dois terços de seus membros, "após reiteradas decisões sobre a matéria, aprovar súmula que, a partir de sua publicação na imprensa oficial, terá efeito vinculante em relação aos demais órgãos do Poder Judiciário e à administração pública direta e indireta, nas esferas federal, estadual e municipal". Constitui pressuposto desse ato a existência de "controvérsia atual entre órgãos judiciários ou entre esses e a administração pública", acerca da validade, interpretação e eficácia "de normas determinadas", a qual "acarrete grave insegurança jurídica e relevante multiplicação de processos sobre questão idêntica".

A criação da impropriamente chamada "súmula vinculante"[7], como é notório, provocou (e continua a provocar) fortes controvérsias; há quem a defenda com veemência e quem a critique apaixonadamente – com argumentos, de uma e de outra banda, diga-se de passagem, nem sempre consistentes. Chegou-se a propor a alternativa de configurar diversamente a eficácia vinculante: em vez de compelir-se o órgão judicial a adotar a tese consagrada – o que, ao ver de muitos, atentaria contra a independência do juiz –, tornar-se-ia inadmissível o recurso porventura interposto contra decisão que àquela tese se afeiçoasse; a isso se chamou "súmula impeditiva de recurso". Semelhante providência, conjugada com o poder, atribuído ao relator pelo art. 557, § 12-A, do Código de Processo Civil, de dar provimento a recurso interposto contra decisão divergente de súmula ou de jurisprudência dominante do Supremo Tribunal Federal ou de Tribunal Superior, bastaria – argumenta-se – para atingir os objetivos que se têm em vista, e seria até mais eficiente, em tal perspectiva, do que a "súmula vinculante"[8]. A proposta foi acolhida no Senado, com relação ao Superior Tribunal de Justiça (art. 105-A) e ao Tribunal Superior do Trabalho (art. 112-A); mas nesses pontos,

---

7 Justifica-se o "impropriamente" pelo fato de que a palavra "súmula", inclusive em documentos oficiais (como o Regimento Interno do STF, arts. 102 e 103), não é empregada com referência a *cada uma* das proposições ou teses jurídicas consagradas pela Corte (ou, ajunte-se, por qualquer tribunal), senão para designar o respectivo *conjunto,* que lhe resume a jurisprudência: essa, aliás, a acepção abonada pela etimologia e acolhida pelos dicionários: *vide,* por exemplo, o verbete pertinente do *Novo Aurélio,* que define "súmula" como "pequena suma: breve resumo: epítome, sinopse".

8 Nesse sentido, por exemplo, ALEXANDRE NERY DE OLIVEIRA. *Súmula: efeito impeditivo de recursos* versus *efeito vinculante,* no volume *Reforma do Judiciário* (coletânea de propostas encaminhadas aos senadores pela Associação dos Magistrados Brasileiros), p. 59 e s.

que representam inovações em relação ao que a Câmara dos Deputados aprovara, o projeto de emenda constitucional teve de voltar àquela casa do Congresso[9].

Seja como for, a eficácia vinculante, no texto da Carta da República, tal como resultou da Emenda nº *45,* está rigorosamente limitada às hipóteses previstas no art. 103-A e subordinada ao concurso (que o Supremo Tribunal Federal não pode dispensar) dos pressupostos ali enumerados. A inclusão de qualquer proposição sem observância de tais limites e pressupostos violará a Constituição. As proposições que já constavam da *Súmula* da Corte só adquirirão eficácia vinculante se e quando forem confirmadas por dois terços, no mínimo, dos Ministros (art. 8º da Emenda nº 45) – confirmação que terá de levar em conta os requisitos do art. 103-A, exigíveis com relação àquelas não menos que às proposições supervenientes.

4. OS NOVOS PROJETOS DE REFORMA DO CÓDIGO DE PROCESSO CIVIL

Em fins de 2004, o Executivo federal encaminhou ao Congresso Nacional uma série de projetos de lei ordenados à reforma, em diversos pontos, do Código de Processo Civil. Vários desses projetos reforçam, em termos enérgicos, a tendência a prestigiar ao máximo a jurisprudência e os precedentes.

Um deles autoriza o órgão judicial a suspender o processo "quando a controvérsia a ser decidida na sentença versar matéria pendente de julgamento perante o Supremo Tribunal Federal ou Tribunal Superior, cumprindo ao juiz comunicar a suspensão ao Presidente do tribunal onde está em curso o processo análogo" (inciso VI a ser acrescentado ao art. 265). Não fica explícita a razão de ser de tal suspensão, que é facultativa (§ 6º). Segundo a conjectura mais plausível, no entanto, espera-se do juiz que venha oportunamente a conformar a sentença, na causa cujo andamento se suspendeu, à tese abraçada pelo acórdão do Supremo Tribunal Federal ou do Tribunal Superior.

Outro projeto visa a inserir no Código um art. 543-A, para instituir mecanismo a que não cairá mal a denominação de "recurso extraordi-

9 Acerca dos debates que se travaram na matéria, e bem assim dos antecedentes da PEC nº 29 (de que se originou a Emenda nº 45), *vide* RODOLFO DE CAMARGO MANCUSO, ob. cit., p. 324 e s. 354 e s.

nário por amostragem". "Quando se verificar multiplicidade de recursos com fundamento em idêntica controvérsia", reza o *caput*, "caberá ao Presidente do Tribunal de origem selecionar um ou mais recursos representativos da controvérsia, que serão encaminhados ao Supremo Tribunal Federal, ficando suspensos os demais processos até o pronunciamento definitivo dessa Corte" (§ 1º). Publicado que seja o acórdão do Supremo Tribunal Federal (que presumivelmente há de julgar em conjunto os recursos-amostras, se mais de um houver), "os recursos sobrestados serão apreciados pelos Tribunais, Turma de Uniformização ou Turmas Recursais, que poderão exercer o juízo de retratação ou declará-los prejudicados" (§ 6º). Entende-se que o "juízo de retratação" terá lugar nos casos em que o órgão haja adotado, na decisão extraordinariamente recorrida, tese diferente da esposada quando do julgamento dos "recursos-amostras"; se, ao contrário, forem coincidentes as teses, os recursos sobrestados se haverão por "prejudicados" – transitando em julgado, consequentemente, os acórdãos contra os quais tinham eles sido interpostos. Contempla o projeto, entretanto, a possibilidade de que, na primeira hipótese, o órgão *a quo*, em vez de retratar-se, mantenha a decisão. Diante disso, o Supremo Tribunal Federal "poderá determinar sumariamente a cassação das decisões contrárias à orientação firmada no acórdão" (§ 7º); não diz o projeto, em termos expressos, o que acontecerá com o processo suspenso em que se "cassarem" as decisões, nem, em particular, o *que as substituirá*.

Sempre de acordo com o mesmo projeto, o relator do recurso extraordinário, "verificada a plausibilidade do direito invocado e havendo fundado receio da ocorrência de dano de difícil reparação, em especial quando a decisão recorrida contrariar súmula ou jurisprudência dominante do Supremo Tribunal Federal", poderá "conceder, de ofício ou a requerimento do interessado, *ad referendum* do Plenário, medida liminar para determinar a suspensão, na origem, dos processos nos quais a controvérsia esteja estabelecida, até o pronunciamento dessa Corte sobre a matéria" (§ 9º). A premissa implícita é a de que os juízes desses processos terão de observar depois, no momento de proferir a sentença, a tese prestigiada pela súmula ou pela jurisprudência dominante do Supremo Tribunal Federal. Não esclarece o texto que mecanismo se usará para identificar, no país inteiro, os feitos em que esteja configurada a controvérsia.

Ainda outro projeto mira a dar ao art. 518 do estatuto processual um parágrafo a cuja luz "o juiz não receberá o recurso de apelação quando a sentença estiver em conformidade com súmula do Superior Tribunal de Justiça ou do Supremo Tribunal Federal". Fica evidente que se deseja antecipar, por via da legislação ordinária, algo (ou muito) de proposta constante do projeto de reforma da Constituição, na parte que pende da reapreciação pela Câmara dos Deputados, a saber, a denominada "súmula impeditiva de recurso" *(supra,* item 3). Não deixa isso de ser curioso: ou a inovação prescinde de autorização constitucional, e não se percebe o porquê de sua inserção naquele projeto, ou precisa dela, e simples lei ordinária não pode consagrá-la sem ferir a Carta da República.

Last but not least, projeta-se novo acréscimo ao texto do Código, sob a forma de um art. 285-A, com o seguinte teor: "Quando a matéria controvertida for unicamente de direito, em processos repetitivos e sem qualquer singularidade, e no juízo já houver sentença de total improcedência em caso análogo, poderá ser dispensada a citação e proferida sentença reproduzindo a anteriormente prolatada".

5. UMA VISÃO PANORÂMICA

O panorama espelhado nas anotações acima sugere que se tem exagerado em medida considerável o alcance da criação da chamada "súmula vinculante" por meio da Emenda nº 45. Tanto os seus defensores quanto os seus detratores dão a impressão de enxergar nela uma carga de novidade bastante para justificar a ideia de autêntico divisor de águas: em matéria de eficácia vinculante, a história do direito brasileiro estará marcada por algo semelhante à decisão de Júlio César de atravessar o Rubicon. Haverá o "antes da Emenda" e o "depois da Emenda": duas eras nitidamente contrapostas.

Essa impressão tende a desvanecer-se quando se olha mais de perto a realidade. Primeiro, porque mesmo no período anterior já era fortíssima, na prática judiciária, a propensão dos órgãos judiciais de primeiro e segundo grau a conformar-se à jurisprudência dos tribunais mais altos – notadamente à do Supremo Tribunal Federal, e não apenas no campo delimitado pelo novo art. 103-A da Constituição *(supra,* item 1). Se vier a ocorrer grande diferença prática, ela não resultará do comportamento de juízes e tribunais, mas do efeito inibitório a ser exercido pela "súmula vinculante" sobre os órgãos da Administração Pública, obrigados a respeitar as proposições revestidas desse atributo, e em especial a abster-se de litigar em sentido contrário a elas. Em verdade, tem-se imputado àqueles órgãos a responsabilidade por boa parte do ingurgitamento das vias judiciais, à vista da obstinação com que continuam a sustentar em juízo posições já muitas vezes rechaçadas pela jurisprudência - embora não necessariamente errôneas, convém ressalvar. A imputação nem sempre vem amparada, como seria de desejar, em dados estatísticos merecedores de total confiança; mas esse não é o único terreno em que costuma manifestar- se, no Brasil, aquilo a que um autor arguto designou como *"the political tradition of making empirical arguments without empirical support"*[10].

Por outro lado, no que tange aos órgãos judiciais, dose nada desprezível do que se quis inovar com a Emenda Constitucional nº 45 já vinha sendo paulatinamente inoculada, com mão de gato, por meio de leis ordinárias que reformaram o Código de Processo Civil *(vide supra,* nº 2)[11]. Em certos aspectos, até se foi mais longe: várias das leis reformadoras atribuíram influência decisiva - bem pouco diversa, em perspectiva prática, da eficácia vinculante prevista no atual art. 103-A da Carta da República- a *quaisquer* proposições sumuladas e mesmo, em termos gerais, à jurisprudência "predominante" ou "dominante", ainda quando *nela* entronizada em *Súmula, nem* emanada do Supremo Tribunal Federal.

Que pensar dos novos projetos, em tramitação no Congresso Nacional? As referências feitas oportunamente *(supra,* nº 4) evidenciam que se tenciona ampliar o transbordamento; as margens fixadas pela Emenda Constitucional nº 45 afiguram-se estreitas demais aos reformadores. Caricaturando um pouco (mas só um pouco), dia virá em que, a vingarem todas as propostas veiculadas – e outras que decerto estarão por vir, sempre no mesmo rumo –, teremos dificuldade em identificar *algum* caso em que *não* haja vinculação e se conceda a juízes e tribunais, por especial favor, a liberdade de julgar de acordo com seu próprio convencimento.

Proclama-se com ênfase que, onde existam, os possíveis inconvenientes de tal evolução (ou será melhor dizer escalada?) são e serão lar-

---

10 RUSSELL HARDIN, *Liberalism. Constitutionalism, and Democracy,* Oxford. 2003, p. 123.

11 Tivemos ocasião de dar relevo ao ponto em escrito que já data de mais de seis anos, concluído com estas palavras: "Emenda constitucional, para estabelecer que as Súmulas, sob certas condições, passarão a vincular os outros órgãos judiciários? Ora, mas se já vamos além, e ao custo - muito mais baixo - de meras leis ordinárias (será que somente na acepção técnica da palavra?). O mingau está sendo comido pelas beiradas, e é duvidoso que a projetada emenda constitucional ainda encontre no prato o bastante para satisfazer seu apetite..." (BARBOSA MOREIRA, *Algumas inovações da Lei nº* 9. 756... cit. Na nota nº 4, *supra,* p. 86).

gamente compensados pelo ganho na celeridade do funcionamento da máquina judiciária. Aqui também nos defrontamos com uma dificuldade de avaliação. Já que só se podem comparar grandezas conhecidas, para chegarmos à conclusão segura acerca da repercussão de uma reforma na duração dos pleitos necessitaríamos de dois dados: um relativo ao período *anterior* à reforma, outro, ao período *posterior* a ela. Quanto duravam os processos (ou os recursos) antes da reforma e quanto passaram a durar depois dela? Sem dispormos de respostas para semelhantes perguntas, poderemos certamente colher *impressões* da experiência vivida ou observada; mas nada mais do que isso. Qualquer afirmação categórica ficará exposta à censura a que se sujeita o "argumento empírico sem base empírica".

Ora, admitamos que se venha a tratar, no futuro, de coligir dados capazes de refletir fielmente a realidade forense, no que concerne ao tempo consumido pela tramitação de processos ou de recursos. Mesmo nessa panglossiana hipótese, a comparação esbarrará na falta de dados análogos com referência ao passado. Com efeito: que sabemos ao certo, *hoje*, sobre o assunto? No Banco Nacional de Dados do Poder Judiciário, a que se tem acesso no *site* do Supremo Tribunal Federal, encontram--se números de processos e de recursos distribuídos e julgados, ano por ano; nada se descobre, contudo, no tocante à respectiva duração[12]. O então presidente da Corte, em resolução datada de 22-3-2004 e publicada no *Diário Oficial* de 24 do mesmo mês, instituiu nova sistemática, aumentando o elenco de itens a serem armazenados no Banco; entre eles figuram os chamados "indicadores judiciários", nos quais se incluem o "tempo médio para o julgamento final na instância, contado do recebimento do processo" e o "tempo médio da data do julgamento até a publicação da sentença ou acórdão". Decorrido um ano, esses "indicadores judiciários" permanecem ausentes do Banco. Sem eles, como será possível, daqui a algum tempo, emitir juízo que não se reduza a mero "palpite" acerca, digamos, do benefício que a adoção da chamada "súmula vinculante" supostamente trará para o ritmo da Justiça?

É de desejar com fervor que se vejam concretizadas, a esse respeito, as róseas esperanças de muitos. Parece lógico o raciocínio subjacente: atenta a improbabilidade (para não dizer a impossibilidade) de vitória, deixarão de ser ajuizadas quaisquer causas em que se faria necessário

12 Consulta feita em 25-3-2005.

sustentar tese jurídica incompatível com a «súmula vinculante». O consequente alívio na carga de trabalho permitirá que juízes e tribunais realizem mais depressa as tarefas que lhes incumbem: menos processos, maior rapidez.

Sem nenhum intuito de desempenhar o antipático papel de "desmancha- prazeres", tomamos a liberdade de registrar que a experiência dos Estados Unidos – vistos como o *habitat* por excelência dos "precedentes vinculantes" – não confirma por inteiro, ao contrário do que às vezes se supõe, tão otimísticas expectativas. Comecemos pelo suspirado "efeito dissuasório": dois cientistas políticos norte-americanos, mercê de extensa e cuidadosa pesquisa, verificaram que a *Supreme Court,* só entre 1946 e 1990 – ou seja, em menos de meio século –, repudiou *("overruled) 115* vezes precedentes seus[13]. Ora, reflitamos: a Corte não se pronuncia *ex officio,* senão apenas diante de caso concreto, que chegue a seu conhecimento. Para que ela haja tido a oportunidade de reexaminar sua posição, é fora de dúvida que a isso terá sido provocada pela iniciativa de algum interessado. De outra parte, afigura-se extremamente provável que o número de tentativas frustradas seja muito maior do que o das coroadas de êxito; presumir o contrário seria imaginar um aberto repúdio *do próprio sistema* dos *binding precedents.* Logo, pode-se asseverar, sem temor de erro, que bem mais de 115 vezes se propuseram ações com fundamento em tese jurídica oposta à de anterior decisão da Corte. Isto é: os interessados se recusaram, com frequência digna de nota, a deixar-se inibir pela existência de precedente contrário, supostamente dotado de eficácia vinculante. Não possuindo bola de cristal, temos de reservar o juízo sobre o que acontecerá no Brasil; em todo caso, porém, atrevemo-nos a sugerir que roça pela imprudência apostar muito alto no bom sucesso da mudança – e isso, a supor-se que um dia venhamos a saber com exatidão o que dela terá resultado.

Seja como for, ousamos acrescentar – decerto também para surpresa de muitos – que o processo nos Estados Unidos não é exatamente um modelo de celeridade. Por esse prisma, a situação deve ser bastante variável de um Estado para outro, visto que cada qual tem não apenas

13 BRENNER-SPAETH, *Stare Indecisis,* Cambridge, 1995, p. 22. Como facilmente perceberá o leitor familiarizado com o assunto, o título da obra contém alusão irônica à tese (nela questionada) da fidelidade da Corte aos precedentes, a cujo respeito é correntia a expressão latina *"stare decisis",* traduzível como "permanecer fiel àquilo que se decidiu".

sua organização judiciária, mas igualmente sua legislação processual própria. Todavia, não são entusiasmantes os dados de que se dispõe sobre a Justiça Federal: no ano de 2004, foi de 22,6 meses (isto é, quase 2 anos) a duração média dos pleitos que, em primeiro grau de jurisdição, percorreram todo o itinerário previsto, até o *trial;* e 12,6% do total de processos pendiam há mais de 3 anos[14]. A crer-se em fontes autorizadas, conquanto menos recentes, aquela duração poderia atingir, em muitos lugares, 3 a 5 anos[15]. Ressalve-se que a grande maioria dos pleitos termina sem *tria/,* as mais das vezes por acordo das partes; mas a eficiência da máquina melhor se afere, ao nosso ver, à luz dos casos de que ela se incumbe do começo ao fim. Aliás, não faltam na doutrina norte-americana[16] sugestões de que a frequência das soluções consensuais se deve, em boa parte, à escassa disposição dos litigantes para enfrentar os inconvenientes do *trial-* entre os quais, sem dúvida, a demora.

6. OBSERVAÇÕES FINAIS

Abra-se um item para duas observações críticas que nos parecem particularmente importantes. A primeira diz respeito à vida da jurisprudência. Ninguém negará que é indispensável reservar a esta a margem de flexibilidade de que necessita para ajustar-se à realidade cambiante do mundo exterior. Ora, as incessantes mutações da sociedade são captadas mais depressa e mais intensamente pelos órgãos judiciais de nível inferior, convocados a lidar antes dos outros com os conflitos de interesses que as novas condições sociais, políticas, econômicas, culturais vão desenhando. As grandes inflexões jurisprudenciais da história de nosso direito – *v.g.,* o abandono da exigência, literalmente formulada pelo art. 1.523 do antigo Código Civil, da prova da culpa ou negligência do patrão para acarretar-lhe a responsabilidade pela reparação dos danos

14 Dados colhidos no *site* www.uscourts.gov/cgi-bin/cmsd2004.pl, em 25-3-2005.

15 Informação coincidente encontrada em CARP-STIDHAM, *Judicial Process in America,* Washington, 1993, p. 207, e HAZARD-TARCFFO. *La giustizia civile negli Stati Uniti,* Bolonha, 1993, p. 259 (desta obra, escrita em colaboração por um jurista norte-americano e outro italiano, que tem lecionado e pesquisado com frequência nos Estados Unidos, há versão em inglês, publicada naquele país).

16 *V.g.,* CARP-STIDHAM, ob. cit., p. 208: FRIEDENTHAL-KANE-MILLER, *Civil Procedure,* 3ª ed., 1ª reimpr. St. PauL 2001, p. 474; TEPLIN-WHITTEN, *Civil Procedure.* 2ª ed., Nova Iorque, 2000, p. 16; NOLAN-HALEY. *Alternative Dispute Resolution,* St. PauL 1992, p. 4.

que o empregado causasse; ou a proteção dispensada à concubina, sob as vestes técnicas da "sociedade de fato" – começaram com certeza por decisões dos juízos de primeiro grau; só mais tarde é que receberam a chancela dos tribunais.

Bloquear, de forma direta ou indireta, na produção dos órgãos situados na base da pirâmide judiciária, os eventuais desvios das teses firmadas em grau superior significa, em certos casos, barrar precocemente um movimento, talvez salutar, de renovação da jurisprudência. A chamada "súmula vinculante", em si, não se afigura muito perigosa por esse ângulo, graças às prudentes limitações que a Emenda nº 45 estabeleceu ao introduzir o art. 103-A no texto constitucional. O mesmo não se poderá dizer, entretanto, da denominada "súmula impeditiva de recurso", em qualquer dos formatos cogitados, nem de outras inovações já consagradas em leis, ou previstas em projetos de reforma do estatuto processual, que nos ameaçam com uma espécie, nada promissora, de "imobilismo" jurisprudencial. Os mecanismos previstos para a revisão dos paradigmas, ao nosso ver, não exorcizam suficientemente o risco, dada a notória relutância dos tribunais em recuar de posições consolidadas.

Restaria a questão – a que só em termos esquemáticos, para não dizer perfunctórios, nos é dado aludir aqui – de saber em que medida é *realmente desejável* que um órgão superior fixe o entendimento a ser adotado de maneira uniforme pelos outros órgãos judiciais na aplicação deste ou daquele texto legal. De certas normas todos reconhecem com facilidade que devem ser aplicadas do mesmo modo em todo o território nacional; entre elas, sem dúvida, em linha de princípio, as normas constitucionais. Já com relação a outras pode mostrar-se mais aconselhável dar espaço a porção menor ou maior de flexibilidade interpretativa, capaz de levar em conta variáveis regionais ou locais, a cuja luz também se justifique uma variação nas soluções. É o que sucede, por exemplo, com disposições legais que se valham de conceitos jurídicos indeterminados – como "bons costumes", "conduta desonrosa", "elevado valor" e outros cuja concretização se sujeite à influência de fatores culturais dificilmente redutíveis à uniformidade, sobretudo em país com as dimensões e as desigualdades do nosso[17].

17 Mesmo na Alemanha, com fundamento em critérios teleológicos, tem-se negado a *Revision* (recurso em princípio ordenado, entre outros fins, a assegurar a uniformidade da jurisprudência: *ZPO.* § 543, 2ª alínea nº 2), quando se cuida de questões de direito caracterizadas por forte particularismo, tal que exclui a idoneidade da solu-

Outro ponto digno de reparo especial é a autorização, que se pretende dar ao juiz, para sentenciar de plano, reproduzindo decisão anterior, quando já houver julgado improcedente o pedido em feito análogo. Aí não é sequer de prestigiar a jurisprudência que se trata: pressuposto bastante é a existência de *um único* precedente, do mesmo juízo. Dificilmente se concebe incentivo maior à preguiça, ou, em termos menos severos, ao comodismo do julgador, que poderá valer-se da franquia para desvencilhar-se rapidamente do estorvo de novo processo, com a pura e simples baixa de um arquivo do computador. Dir-se-á que o texto projetado restringe a possibilidade às hipóteses em que não haja "qualquer singularidade" na causa agora ajuizada; mas a lei do menor esforço quase fatalmente induzirá o juiz menos consciencioso a enxergar identidade onde talvez não exista mais que vaga semelhança. A tentação da facilidade será forte demais, sobretudo quando grande a carga de trabalho que estiver assoberbando o magistrado. Em não poucos casos, ante a primeira impressão do *déjà vu,* a própria leitura da petição inicial corre o perigo de ver-se truncada, ou reduzida a sumária olhadela, desatenta a argumentos porventura novos que o autor suscite. Não se poderá contar muito, por parte do juiz, com o empenho – tão desejável- numa reflexão constantemente renovada sobre as questões de direito que lhe incumbe enfrentar.

Uma palavra final. Parece claro que a progressiva exaltação do precedente tende a tomar o funcionamento da Justiça brasileira, em tema relevante, mais parecido com o da Justiça norte-americana, ou quando nada com a imagem que desta se generalizou[18]. A ser assim, alguns se sentirão tentados a perguntar a quem mais interessa a assemelhação e se, levada às últimas consequências, ela não poderá servir de instrumento àquilo que em certos setores se tem designado por "neocolonialismo". É assunto para ser discutido por cientistas políticos; sem autoridade na matéria, cingimo-nos a propô-lo à meditação dos leitores.

Março de 2005.

ção apropriada a um caso para servir de exemplo em outros feitos: *vide,* por todos, ROSENBERG-SCHWAB-GOTTWALD, *Zivilprozessrecht.* 16ª ed. Munique, 2004, p. 1.011/2.

18 Vai a ressalva por conta da posição "heterodoxa" de autores que, nos próprios Estados Unidos, se inclinam a minimizar a importância *real* do precedente na produção jurisdicional da *Supreme Court:* assim, na literatura recente, SPAETH-SEGAL. *Majority Rule of Minority Will,* Cambridge. 2000 (reimpressão), *passim,* espec. p. 314/5.

COMENTÁRIOS DOS ATUALIZADORES

SÚMULA, JURISPRUDÊNCIA, PRECEDENTE: UMA ESCALADA E SEUS RISCOS

Aluisio Gonçalves de Castro Mendes/Carolina Paes de Castro Mendes[19]

Os alunos do Professor José Carlos Barbosa Moreira tiveram o privilégio de ouvir ensinamentos e comentários que indicavam o caráter e a honestidade intelectual do grande Mestre. As suas observações sempre foram uma lição de equilíbrio e de reflexão diante de tantos "modismos", "achismos" e proposições desprovidas do respectivo embasamento fático, porque não fundadas em evidências. Ele prestava atenção, pesquisava ou já havia estudado o assunto, procurava pensar a matéria sob diversos aspectos e ângulos, para não se deixar "encantar" por falsas ilusões, especialmente no que dizia respeito ao Direito Processual. Esta era a sua postura diante de todo o Direito ou mesmo sobre temas que extrapolavam as fronteiras jurídicas. Compartilhava as suas balizadas preocupações com os seus alunos, ouvintes e leitores, contribuindo para a formação de uma "massa crítica", evoluída, atenta e reflexiva e que se diferenciava do "lugar comum". Não se deixava contaminar pelo ufanismo acrítico, pelo elogio fácil ou pelos antagonismos desprovidos de razão. Refletia, sempre, sobre o que ouvia e lia, expunha as suas dúvidas e questionava o que não lhe parecia verossímil, sempre com muita argúcia, elegância e argumentos lastreados no seu conhecimento amplo, na sua cultura universal, na inteligência ímpar e no raciocínio da sua mente brilhante. Embora negasse, com veemência, a sua capacidade de previsão do futuro, a sua sensibilidade profunda e a espetacular capacidade de processamento e análise dos fatos do passado e do presente, o dotavam de um sentido de direção e de seleção do que seria relevante não somente no mundo contemporâneo. As suas palestras, aulas e textos parecem ecoar na linha do tempo, tornando-se atemporais e atuais dez, vinte ou cinquenta anos depois.

19 A atualização do texto contou com a fundamental participação e colaboração de **Larissa Clare Pochmann da Silva**, graduada e pós-doutora pela Faculdade de Direito da Universidade do Estado do Rio de Janeiro (UERJ), mestre, doutora, e professora do Programa de Pós-Graduação em Direito da Universidade Estácio de Sá (Unesa).

O texto sob comento (SÚMULA, JURISPRUDÊNCIA, PRECEDENTE: UMA ESCALADA E SEUS RISCOS) poderia ter vindo a lume duas décadas atrás, como foi, quando da edição do Código de Processo Civil de 2015 ou nos dias de hoje, pela sua atualidade. Isso porque tratou de institutos que vem seguindo uma linha de evolução (ou escalada) no cenário histórico do Direito Processual brasileiro, com origem no ordenamento português, nas influências mais recentes do *common law* e nas reformas processuais que se desenvolveram nas últimas décadas no país. E este é um dos aspectos apontados pelo autor.

O tema em voga naquele momento, ou seja, nos idos de 2004/2005, era o da denominada "súmula vinculante", estabelecida pela Emenda Constitucional nº 45, de 2004. Entretanto, não se tratava, como preconizado, de um fenômeno ou movimento completamente novo. Pelo contrário, se situava em um ponto de uma caminhada, em que os enunciados vinculativos da "nova" súmula criada se entrelaçava com as medidas de fortalecimento da jurisprudência e/ou dos precedentes.

A afirmação de Barbosa Moreira evidenciou-se correta não somente naquele momento, mas também depois, com a continuidade desta trajetória, especialmente diante de outras reformas empreendidas no Código de Processo Civil de 1973, da edição do Código de Processo Civil de 2015, com a sistematização do chamado sistema brasileiro de precedentes, e, mais recentemente, a Emenda Constitucional nº 125, de 2022.

No CPC de 1973, depois da publicação do artigo em comento, podem ser indicadas, dentre outras, as inovações legislativas relacionadas com o fortalecimento da jurisprudência ou dos precedentes, em sentido *lato*. Nesse sentido, cabe destacar as seguintes normas reformadoras editadas que tiveram especial relevância sobre o tratamento dado à jurisprudência e aos precedentes no âmbito do estatuto anterior: Leis n.º. 11.418, de 2006, e nº11.672, de 2008.

A Lei nº 11.418/2006 regulamentou a repercussão geral criada pela Emenda Constitucional nº 45/2004 e sistematizou o denominado recurso extraordinário repetitivo, nos termos do art. 543-B do CPC-1973, com a possibilidade de o tribunal de origem selecionar um ou mais recursos representativos da controvérsia, para o encaminhamento ao Supremo Tribunal Federal, com o sobrestamento dos demais até o pronunciamento definitivo da Corte[20]. Nos termos dos §§ 2º a 4º, se

20 Conforme § 1º do art. 543-B.

previu, também, a metodologia de aplicação do resultado proferido do recurso representativo da controvérsia aos demais recursos sobrestados, tanto no que diz respeito à admissibilidade quanto ao mérito. Era o prenúncio de um regime que se estenderia para o recurso especial e que seria ampliado e sistematizado com o Código de Processo Civil de 2015.

A Lei nº 11.672/2008, por sua vez, como supramencionado, inseriu o art. 543-C no CPC-1973, não somente para estabelecer a modalidade denominada de "recurso repetitivo" também no âmbito do recurso especial, como criou outras regras relacionadas ao funcionamento do respectivo sistema. Por exemplo, consignou, expressamente, a possibilidade do próprio relator do Superior Tribunal de Justiça, ao identificar que sobre a controvérsia já existe jurisprudência dominante ou que a matéria já está afeta ao Tribunal Superior, determinar a suspensão, nos tribunais de segunda instância, dos recursos nos quais a controvérsia esteja já afetada. Do mesmo modo, consignou que o relator também poderia solicitar informações aos tribunais de segundo grau sobre a controvérsia, a admissão de *amici curiae* no procedimento de julgamento do recurso representativo da controvérsia e maior detalhamento no processamento e julgamento do recurso representativo e dos recursos suspensos.

Com a edição do novo Código de Processo Civil, pode-se dizer que há um sistema de pronunciamentos qualificados, ou de jurisprudência e de precedentes definido legalmente e que, nestes termos, não pode ser considerado como um regime típico de *stare decisis*, ou seja, que os precedentes em geral passam a ter um caráter vinculativo no sentido vertical e horizontal. Mas, por outro lado, não existe apenas um mero efeito persuasivo nas hipóteses indicadas nos cinco incisos do art. 927. No entanto, as duas primeiras situações não constituam inovação, porque já se encontravam anteriormente previstas na própria Constituição da República.

O art. 927 estabeleceu as hipóteses de precedentes qualificados. Em primeiro lugar, as decisões do Supremo Tribunal Federal em controle concentrado de constitucionalidade possuem efeito *erga omnes* e caráter vinculativo para os órgãos judiciais e da Administração Pública, no âmbito federal, estadual e municipal, por determinação da própria Constituição da República, nos termos dos artigos 102, § 1º, e 103-A. Não poderia ser de outra maneira, ainda que não houvesse previsão expressa, porque o controle concentrado serve exatamente para isso, ou seja, se estabelecer uma decisão e segurança jurídica geral, e não apenas em relação às partes, quanto à constitucionalidade ou não da norma questionada. Do contrário, não haveria controle concentrado e abstrato nas ações diretas de constitucionalidade e de inconstitucionalidade.

Do mesmo modo, os enunciados da súmula vinculante do STF prescindiriam da previsão contida no art. 927. A sua inserção, portanto, procurou apenas consolidar o sistema, permitindo-se, assim, uma imediata visualização das hipóteses vinculativas.

Mas, o Código pretendeu ir além. Em primeiro lugar, ainda que constando do inciso IV, e não chegando a estabelecer uma vinculação em relação a todas as decisões proferidas pelo Supremo Tribunal Federal e pelos Tribunais Superiores, ampliou a abrangência para os enunciados das respectivas súmulas, desde que versando sobre matéria constitucional, as do Supremo Tribunal Federal, e de matéria infraconstitucional, para as do Superior Tribunal de Justiça. Preservaram-se, assim, as respectivas funções jurisdicionais, procurando-se evitar a possibilidade de dupla vinculação ou de sobreposição de comandos, ainda que, na prática, possa existir certa controvérsia sobre a natureza da matéria sumulada.

O inciso III trata, basicamente, de três institutos: a) recursos repetitivos; b) incidente de resolução de demandas repetitivas (*rectius de questões comuns)* (IRDR); e incidente de assunção de competência (IAC). Nas duas primeiras, adotou-se uma técnica de concentração, a partir de casos ou questões comuns, respectivamente, com a suspensão dos demais. Naturalmente, somente farão sentido os dois instrumentos (recursos repetitivos e IRDR), se a decisão proferida de modo concentrado for aplicada aos processos dependentes do pronunciamento concentrado. Representa técnica inspirada no *Musterverfahren* (procedimento modelo) alemão, ainda que com algumas peculiaridades. Como apontado por Barbosa Moreira, o Poder Judiciário precisa adotar medidas de economia processual, principalmente diante do elevado número de processos existentes no Brasil, sem, contudo, descuidar da preservação do devido processo legal e dos direitos das partes e interessados. O incidente de assunção de competência, nos termos do art. 947 do CPC, prevê o deslocamento para órgãos mais amplos, que devem ter a competência para a uniformização da jurisprudência, para decidir questão de direito com grande repercussão social. O inciso V do art. 927, indica, também como precedente qualificado, a orientação do plenário ou do órgão especial aos quais estiverem os órgãos judiciais vinculados, em fórmula um tanto ampla e que tende a ser limitada no alcance dos respectivos pronunciamentos, pois dificilmente se poderá considerar todo e qualquer pronunciamento com o caráter de precedente vinculativo, mas tão somente aqueles que tenham as características dos demais indicados no art. 927, como procedimento preparado para a resolução de uma questão comum de direito controversa.

A Emenda Constitucional nº 125/2022 criou o denominado filtro de relevância para os recursos especiais, com incidência principalmente para os processos cíveis, como requisito de admissibilidade. Naturalmente, a inovação também se enquadra deste movimento de fortalecimento de um sistema de precedentes, no qual os Tribunais Superiores se limitam a conhecer e julgar as questões de maior repercussão geral ou relevância.

Por fim, é de ressaltar que as preocupações do Professor José Carlos Barbosa Moreira permanecem relevantes e atuais no sentido de não se pretender dar aos institutos dos precedentes e da jurisprudência uma capacidade, além dos seus limites, para resolver todos os problemas do Poder Judiciário ou do Direito Processual brasileiro. Esta supervalorização parece ter permanecido presente nos pronunciamentos da doutrina e dos integrantes dos órgãos judiciais. Por outro lado, não se pode também como apontado pelo inesquecível Mestre, desprezar o papel do julgador de primeiro grau e dos tribunais de segundo grau no julgamento de casos concretos. Estes podem não se enquadrar na moldura dos precedentes, contendo elementos jurídicos e fáticos individualizadores que se distanciam das circunstâncias fundamentais do caso formador do precedente. Do mesmo modo, não se pode desprezar o surgimento de novos fundamentos, a partir de normas supervenientes, de nova realidade política, econômica, social ou cultural, bem como da própria autocrítica, dignos de superação de precedentes anteriormente firmados.

"CUMPRIMENTO" E "EXECUÇÃO" DE SENTENÇA: NECESSIDADE DE ESCLARECIMENTOS CONCEITUAIS[1]

1. O novo processo sincrético ". **2.**"Cumprimento" e "execução ": relação entre as denominações no texto reformado. **3.** Traços comuns a ambas as espécies de "cumprimento": A. **4.** Traços comuns a ambas as espécies de "cumprimento": B. **5.** O emprego da expressão "cumprimento". **6.** Uma consequência lógica. **7.** Possível objeção ao uso da palavra "cumprimento". **8.** Considerações sobre a palavra "execução" e seu emprego em relação a "processos sincréticos". **9.** Reflexos na classificação das sentenças?

1. O NOVO "PROCESSO SINCRÉTICO"

Convicção assente nos meios jurídicos é a de que a novidade capital introduzida pela Lei nº 11.232, de 22-11- 2005, consiste na junção das atividades jurisdicionais cognitiva e executiva, eliminando-se a diferenciação formal entre o processo de conhecimento e o de execução, ressalvadas as hipóteses do art. 475-N, parágrafo único, do Código de Processo Civil e a de ser devedora a Fazenda Pública. Em vez de dois processos sucessivos, teremos um só, no qual se sucederão, ao longo de duas fases, mas praticamente sem solução de continuidade, os atos de uma e de outra espécie. O Livro I do estatuto processual, consagrado ao "processo de conhecimento", passa agora a conter, em capítulo novo, sob a rubrica "Do cumprimento da sentença" (Capítulo X do Título VIII), bom número de disposições estranhas à atividade cognitiva, em grande palie oriundas do Livro II, intitulado "Do processo de execução". Assim se adota um modelo processual misto, ao qual se vem aplicando a denominação de "processo sincrético"[2].

Raiaria pelo absurdo, note-se, pensar que a Lei nº 11.232 pura e simplesmente "aboliu a execução". O que ela aboliu, dentro de certos limites, foi a necessidade de instaurar-se novo processo, formalmente diferenciado, após o julgamento da causa, para dar efetividade à sentença – em linguagem carneluttiana, para fazer que realmente *seja* aquilo que

---

1 Publicado *in Rev. Dialética de Dir. Proc.*, nº 42, *Rev. da Acad. Bras. de Letras Jur.*, v. 28.

2 *V.g.*, CASSIO SCARPINELLA BUENO, *A nova etapa da reforma do Código de Processo Civil*, v. I, S. Paulo, 2006, p. 12.

deve ser, de acordo com o teor do pronunciamento judicial. Um dos fatores capazes de perturbar o raciocínio do intérprete e fazê-lo perder-se em labirinto sem Ariadne que o socorra com o fio providencial é a falsa igualação de duas coisas perfeitamente distintas: *execução* e *processo de execução*"[3]. Ela transparece nos escrúpulos que sentem alguns em utilizar a palavra "execução" com referência a quaisquer casos em que os atos ordenados à efetivação do julgado se praticam sem necessidade de instaurar-se processo de execução formalmente diferenciado. Mas, como se verá melhor adiante, tais escrúpulos são injustificáveis.

Não parece adequada, por sinal, a localização do novo Capítulo X, inserto no Título VIII do Livro 1. A colocação nesse Livro já se mostra problemática, atenta a respectiva rubrica, que continuou a ser, ainda depois da reforma, "Do processo de conhecimento" – matéria da qual extravasa, a olhos vistos, todo o conjunto de disposições contidas no *supra*citado capítulo. Agrava-se o defeito, no entanto, com a inserção de tais disposi-

3 Corretamente, ALEXANDRE FREITAS CÂMARA, *A nova execução de sentença*, Rio de Janeiro, 2006, p. 90: "Execução não é o nome de um tipo de processo, mas a denominação de uma atividade jurisdicional. Nos casos em que se faz necessário instaurar um processo para que tal atividade seja exercida, ter-se-á processo de execução". A distinção entre "processo de execução" e "execução forçada", assim como entre "atos executivos" e "processo de execução" está bem clara em HUMBERTO THEODORO JÚNIOR, *Curso de Direito Processual Civil*, v. II, 39ª ed. Rio de Janeiro, 2006, p. 122 e 124, respectivamente. A ela também se reportam CARREIRA ALVIM E LUCIANA GONTUO CARREIRA ALVIM CABRAL. *Cumprimento da sentença*, Curitiba, 2006, p. 61, frisando que "a reforma não suprimiu a execução, mas o *processo de execução*, na medida em que ela se faz agora no curso de simples procedimento executório" (grifado no original). Falando da sentença de procedência em ação relativa a obrigação de entregar coisa, escreve EDSON RIBAS MALACHINI, *As ações (e sentenças) condenatórias, mandamentais e executivas*, in *Rev. For.*, v. 379, p. 95: "É preciso esclarecer, aqui, que a inexistência do processo de execução (do Livro II) da sentença não significa, evidentemente, inexistência da simples *execução* dessa mesma sentença" (grifado no original). *Vide* também EVARISTO ARAGÃO SANTOS, *Breves notas sobre o "novo" regime de cumprimento da sentença*, no volume coletivo *Processo de execução civil* (coord. de Paulo Hoffman e Leonardo Ferres da Silva Ribeiro), São Paulo, 2006, p. 39, onde se frisa que "a atividade destinada a concretizar (executar, cumprir, efetivar) as prestações fixadas" nas sentenças a que alude o autor "tem natureza essencialmente executória, *aconteça ou não num processo autônomo*" (grifas nossos). *Last but not least*, LEONARDO GRECO. *Primeiros comentários sobre a reforma da execução oriunda da Lei 11.232/05, in Rev. Dialética de Dir. Proc.*, nº 36, p. 71: "... a atividade prática desenvolvida depois da sentença para concretizar a satisfação do crédito do vencedor é verdadeiramente uma *execução*, ainda que não gere um processo autônomo com esse nome" (grifado no original).

ções em título pertinente ao *procedimento ordinário.* Vê-se com facilidade que também sentenças proferidas em procedimento *sumário* podem apresentar características iguais àquelas a que diz respeito o Capítulo X, e por conseguinte merecem igual tratamento: basta recordar que muitas causas só em razão do valor, sem outra peculiaridade, se submetem àquele rito (art. 275, nº I). O mesmo se dirá de sentenças prolatadas em ações de procedimento *especial:* por exemplo, a do al1. 899, § 2º. Não existe razão para excluí-las do âmbito de atuação do "processo sincrético", nem, portanto, para subtraí-las à aplicação dos arts. 475-I e s.

2. "CUMPRIMENTO" E "EXECUÇÃO"; RELAÇÃO ENTRE AS DENOMINAÇÕES NO TEXTO REFORMADO

A rubrica do novo Capítulo X é "Do cumprimento da sentença". Poderia imaginar-se, pois, que todas as disposições dele constantes estabelecessem regras genericamente aplicáveis a certa modalidade, assim batizada, de efetivação do julgado. Mas o *caput* do primeiro dispositivo do Capítulo, o art. 475-I, logo cuida de advertir: "O cumprimento da sentença far-se-á conforme os arts. 461 e 461-A desta Lei, ou, tratando-se de obrigação por quantia certa, por execução, nos termos dos demais artigos deste Capítulo".

Que se tira, imediatamente, da leitura desse texto? Que "cumprimento da sentença", expressão usada na rubrica, é noção abrangente de mais de uma figura: autêntico *gênero* dividido em *espécies.* Invertendo a ordem adotada na redação, tem-se uma espécie de cumprimento peculiar à "obrigação por quantia certa"; e a tal espécie, unicamente a ela, se dá aí o nome de "execução". A parte inicial do dispositivo cinge-se a remeter aos arts. 461 e 461-A, determinando que o cumprimento se realize na conformidade do que um e outro dispõem: o primeiro, sobre "ações que tenham por objeto o cumprimento de obrigação de fazer ou não fazer", o segundo, para a "ação que tenha por objeto a entrega de coisa" – subentendida em ambos os casos, é óbvio, a procedência do pedido. O art. 475-1, *caput,* abstém-se de indicar denominação específica para esse(s) tipo(s) de cumprimento; dá a entender, porém, *a contrario sensu,* que a nenhum dos dois convém o *nomen iuris* de "execução". Em suma: sob a designação genérica de "cumprimento", distinguem-se (no conceito e no regime): o cumprimento "por execução", supostamente limitado à hipótese de "obrigação por quantia certa", e um cumprimento sem denominação própria (dividido em duas subespécies), para os casos dos arts. 461 e 46l-A.

Seria talvez possível, à vista disso, designar o cumprimento-gênero (a que alude a rubrica do Capítulo) como cumprimento *lato sensu,* e o cumprimento-espécie (a modalidade – ou as modalidades – a que o *caput* do art. 475-1 não quer chamar execução) como cumprimento *stricto sensu.* Os complementos *(lato sensu, stricto sensu)* assumiriam aqui significação muito mais nítida do que na expressão, frequente na doutrina contemporânea, "sentença executiva *lato sensu*", que ninguém se dá o trabalho de explicar de que maneira se põe diante de uma hipotética (e nunca definida) "sentença executiva *stricto sensu*"... Ficariam evidentes, num caso, a existência e o sentido da relação de gênero a espécie, que no outro caso não se tem cuidado de esclarecer.

3. TRAÇOS COMUNS A AMBAS AS ESPÉCIES DE "CUMPRIMENTO": A

Por elementar imposição lógica, todas as espécies de um mesmo gênero devem apresentar características comuns, e cada uma delas características próprias. Na matéria sob exame, é manifesto um traço comum às várias hipóteses contempladas no art. 475-1; o que se quer é sempre dar efetividade, mediante a realização de atos complementares, a sentenças incapazes, por si sós, de proporcionar na prática ao litigante dotado de razão o gozo pleno do direito (o "bem da vida", em linguagem chiovendiana) que lhe reconheceu o juiz.

Recorde-se que, em certas hipóteses, o litigante não pretende senão o estabelecimento da certeza oficial sobre determinada relação jurídica ou sobre a autenticidade ou falsidade de documento, ou então a modificação da situação jurídica em que se encontra. Esses são benefícios que se podem concretizar no plano *puramente jurídico,* onde, por isso mesmo, a sentença de procedência (meramente declaratória no primeiro caso, constitutiva no segundo), em princípio tem aptidão para satisfazer por completo o autor vitorioso. Está ao alcance do órgão judicial, ultimando sua atividade cognitiva, tornar oficialmente certo que entre as partes existe (ou não existe) determinado vínculo contratual, assim como está ao seu alcance anular um contrato. Se a tanto se limita o litígio, e com a ressalva de condenações acessórias, nada mais é preciso fazer para proporcionar ao vencedor tudo a que ele aspirava.

Noutras hipóteses isso não acontece, pelo motivo simples e intuitivo de que a satisfação do direito postulado não se exaure (= não pode exaurir-se, pela natureza das coisas) no plano puramente jurídico, mas, ao contrário, requer modificações do mundo físico, material, concreto, ou como se lhe queira chamar[4]. Por exemplo: é mister que se desfaça construção irregularmente erguida, que se traslade um veículo das mãos do devedor para as do credor, que se entregue a este a importância devida – eventualmente, por meio da apreensão e alienação de bens do devedor; e assim por diante. Só um exercício lúdico (e desvairado) de imaginação seria capaz de atribuir à sentença a virtude de, por si mesma, fazer ruir a construção irregular, deslocar o veículo da garagem do vencido para a do vencedor, ou transferir da conta bancária daquele para a deste o numerário bastante à solução da dívida. O juiz não tem poderes mágicos: nada que diga na sentença conseguirá transformar o mundo exterior. Far-se-á indispensável uma atividade subsequente, de natureza diversa da exercitada até ali.

É a esse grupo de hipóteses, quase ocioso salientar, que respeita o art. 475-I, tanto no que concerne às previstas nos arts. 461 e 461-A quanto com referência às mencionadas na segunda parte do *caput* (sentenças que versam sobre "obrigação por quantia certa" e cujo "cumprimento" se leva a cabo mediante "execução"). Conforme sem dificuldade se compreende, pode variar ao extremo o teor da atividade suplementar ordenada à satisfação concreta do litigante vitm1Oso: para evidenciá-lo nada mais é preciso que um rápido olhar à enumeração, aliás exemplificativa[5], do art. 461, § 5º. Semelhante variação não obscurece o fato fundamental e constante: a necessidade da prática de atos materiais destinados a conferir efetividade concreta àquilo que se haja decidido.

4. TRAÇOS COMUNS A AMBAS AS ESPÉCIES DE "CUMPRIMENTO": B

Antes da Lei nº 11.232, era mais notável a diferença entre as espécies indicadas no art. 475-1. Justamente na hipótese de crédito pecuniário ("obrigação por quantia certa", na dicção legal), para conseguir, em nível prático, a vantagem a que, de acordo com a sentença, faz jus,

4 Ao falar de "satisfação do direito postulado", pensamos tornar claro que estamos deixando fora de nosso campo visual, no momento (e, em geral, no presente estudo) as medidas cautelares, que EDSON RIBAS MALACHINI, no art. cit. na nota 2, *supra,* p. 82, pondera serem também capazes "de causar alguma alteração no mundo exterior.

5 Cf., por todos, EDUARDO TALAMINI. *Tutela relativa aos deveres de fazer e não fazer,* S. Paulo, 2001, p. 264/5, com outras indicações bibliográficas na nota 8.

precisava em regra o vencedor provocar a instauração de segundo processo, com nova citação do devedor e uma série de formalidades que lhe tomavam penoso o itinerário até a plena satisfação. A disciplina desse segundo processo continha-se no Livro II, subordinado à rubrica "Do processo de execução"; especificamente para a "execução por quantia certa (contra devedor solvente)", nos arts. 646 e s.[6]

O novel diploma legal, repita-se, eliminou a dualidade de processos. Doravante, os atos materiais serão praticados, em regra, no próprio feito em que se sentenciou, à guisa de continuação do processo de conhecimento; este passa a assumir, pois, o caráter híbrido ao qual remete a expressão, acima aludida, "processo sincrético". Com as ressalvas já consignadas, o mesmo processo abrangerá a atividade cognitiva, que normalmente culmina na sentença, e aqueloutra atividade complementar, necessária para dar-lhe efetividade *de facto* – não apenas em se tratando de obrigação de fazer ou não fazer, ou de entregar coisa, senão também quando se cuide de obrigação de pagar dinheiro[7].

6 A distribuição da matéria no Código de Processo Civil não correspondia à do Código Civil quanto à classificação das obrigações conforme a natureza da prestação: sob a rubrica "Das modalidades das obrigações", tanto no diploma de 1916 quanto no de 2002, as disposições do título pertinente (naquele, o Título I do Livro UI; neste, o Título I do Livro I – sempre da Parte Especial) distribuem-se em capítulos relativos às "obrigações de dar", às "obrigações de fazer" e às "obrigações de não fazer". O estatuto processual de 1973 dedicou, no Título n do Livro n, um capítulo à "execução para entrega de coisa", outro à "execução das obrigações de fazer e de não fazer" e um terceiro à "execução por quantia certa contra devedor solvente", disciplinando à parte, no Título IV do Livro II, a "execução por quantia celta contra devedor insolvente".

7 A obrigação pecuniária é espécie do gênero "obrigação de dar". A legislação civil brasileira, antiga ou atual, não lhe dedica um grupo específico de regras, provavelmente por entender que "não existe uma obrigação que se qualifique em especial como *de dinheiro*" (assim, CAIO MÁRIO DA SILVA PEREIRA, *Instituições de Direito Civil*, v. II, *Teoria geral das obrigações*, atualização de Luiz Roldão de Freitas Gomes, 20ª ed., Rio de Janeiro, 2003, p. 131). Mas tem havido quem dê realce à matéria, reputando-a merecedora "de consideração especiaL devido a importantes particularidades": era o que dizia ORLANDO GOMES, *Obrigações*, Rio de Janeiro-S. Paulo, 1961), consagrando capítulo separado ao estudo das "prestações especiais", entre as quais incluía a "prestação pecuniária" (p. 74 e s.). Também PONTES DE MIRANDA, *Tratado de Direito Privado*, t. XXII, Rio de Janeiro, 1958, no capítulo consagrado às obrigações de dar, reservava parágrafo específico (nº 2.696, p. 92 e s.) para o tratamento das "dívidas pecuniárias". Cf., na literatura portuguesa, ANTUNES VARELA, *Das obrigações elll geral*, v. I, 10ª ed., Coimbra, 2000, p. 845 e s., sob a rubrica "Obrigações pecuniárias".

Claro está que a cada uma dessas hipóteses corresponderá um tipo próprio de atividade complementar, e os tipos – repita-se – poderão '-:iriar enormemente. A esta altura, todavia, o essencial é sublinhar a imprescindibilidade, comum a todos os casos, da prática de atos subsequentes à sentença, para proporcionar satisfação concreta ao litigante vitorioso.

5. O EMPREGO DA EXPRESSÃO" CUMPRIMENTO"

Indagação que não se pode deixar de pôr é a atinente à preferência da Lei nº 11.232 pelo emprego da palavra "cumprimento" no Capítulo X, que acrescentou ao Título VIII do Livro 1. Segundo já se observou *(supra,* nº 2), a rigor, são *dois* os sentidos que o novo texto atribui a essa palavra: na rubrica do capítulo, ela tem alcance *genérico,* a compreender todas as hipóteses em que seja necessária a atividade complementar antes referida (cumprimento *lato sensu);* no art. 475-1, fica limitada a extensão do conceito, mercê da cláusula excludente das hipóteses de "obrigação por quantia certa", para as quais se prevê "execução", em vez de "cumprimento" *(stricto sensu).* A conjunção "ou" indica alternatividade: onde houver "cumprimento" *(stricto sensu),* não haveria "execução", e vice-versa; as duas figuras seriam reciprocamente excludentes[8].

A leitura atenta de outros dispositivos mostra que o legislador nem sempre se manteve fiel a esse critério. Vamos a um exemplo bem expressivo. O inciso I do art. 475-N enumera entre os "títulos executivos judiciais", e em primeiro lugar, "a sentença proferida no processo civil que reconheça a existência de obrigação de fazer, não fazer, entregar coisa ou pagar quantia". Não entraremos aqui na discussão, que vem grassando, sobre a possível atribuição de efeito executivo – desde que satisfeitos determinados requisitos – a sentenças meramente declaratórias[9]. O que

8 Assim, se não nos enganamos, CARREIRA ALVIM e LUCIANA GONTIJO CARREIRA ALVIM CABRAL. ob. cit.. p. 58.

9 *Vide,* no sentido afirmativo. HUMBERTO THEODORO JÚNIOR. ob. e v. cit., p. 70/1; FREDIE DIDIER JR. *Curso de Direito Processual Civil,* v. I, 6ª ed. Salvador, 2006, p. 193/4; ERNANE FIDÉLIS DOS SANTOS, *As reformas de 2005 do Código de Processo Civil.* S. Paulo, 2006, p. 29/30; PAULO HENRIQUE DOS SANTOS LUCON, *Sentença e liquidação no CPC (Lei nº 11.232/2005),* no volume coletivo *Processo e Constituição* (org. Luiz Fux. Nelson Nery Junior e Teresa Arruda Alvim Wambier), S. Paulo, 2006, p. 915; JOSÉ MIGUEL GARCIA MEDINA, *A sentença declaratória como título executivo – considerações sobre o art. 475-N, inciso* I, *do CPC,* no volume coletivo cit. na nota 2, *supra,* p. 95 e s., espec. 119 e s.; SÉRGIO LUIZ WETZEL DE MATTOS,

pretendemos ressaltar é que o texto exclui qualquer distinção baseada na espécie de obrigação reconhecida pelo juiz: seja ela qual for, a sentença de procedência constituirá "título executivo". Não se restringe o inciso I aos casos de obrigação de "pagar quantia": bem ao contrário, menciona *expressis verbis* os de obrigação de fazer, de não fazer e de entregar coisa.

Ora, se todas essas sentenças são "títulos executivos judiciais", conclui- se que todas elas servem de base a execução! Com efeito, a locução "título executivo" significa, e só pode significar, título hábil para dar fundamento a uma execução. Assim, o conceito de execução, expulso pela porta, volta pela janela ao recinto onde se situam as sentenças atinentes a obrigações que *não* são "por quantia certa". A impressão, dada pelo teor literal do art. 475-1, *caput,* de que essas outras não se *executam,* mas se *cumprem* (no sentido estrito do termo), fica bastante atenuada, quando não apagada, pela afirmação, contida no art. 475-N, nº I, de que todas elas são "títulos executivos", tais como as concernentes à "obrigação de pagar quantia". Por conseguinte, não entrará em conflito com a lei quem usar, acerca de qualquer delas, a palavra "execução". Para cada espécie, naturalmente, haverá uma determinada modalidade de execução; isso, contudo, não altera em substância os termos da equação.

Uma inferência, porém, desde logo se pode extrair do que ficou dito. Visto que todas as sentenças arroladas no inciso I do art. 475-N constituem títulos executivos - em outras palavras, comportam execução -, talvez fosse mais apropriado fazer *deste conceito* o gênero, relegando ao nível das subdivisões as várias espécies de execução, cada qual com as peculiaridades resultantes da natureza da obrigação em jogo. A discrepante opção do legislador suscita algumas conjecturas.

É concebível que se tenha querido, de maneira categórica, afastar da cogitação de intérpretes e aplicadores do texto reformado toda e qualquer reminiscência da sistemática anterior, notadamente da cisão formal entre processo de conhecimento e processo de execução. Continuar a falar de «execução» geraria o risco de suscitar nas mentes

no volume coletivo *A nova execução* (coord. De Carlos Alberto Alvaro de Oliveira). Rio de Janeiro, 2006, p. 170 e s.; em termos menos categóricos, ATHOS GUSMÃO CARNEIRO, *Do "cumprimento da sentença ", conforme a Lei nº 11.232. Parcial retorno ao medievalismo? Por que não? in Rev. Dialética de Dir. Proc.*, nº 38, p. 34/5; no sentido negativo. ARAKEN DE ASSIS, *Cumprimento de sentença,* Rio de Janeiro, 2006, p. 204/5; CASSIO SCARPINELLA BUENO, ob. e v. cit., p. 132 e s., espec. 136; ALEXANDRE FREITAS CÂMARA, ob. cit., p. 92 e s., espec. 97.

dos juízes e advogados tal ou qual apego sentimental a um passado com que se quis romper. Pôr a ruptura em evidência no plano terminológico serviria para, através dele – quem sabe –, atingir o psicológico... Maior clareza de ideias acerca da diversidade semântica entre *execução* e *processo de execução* (formalmente distinto) bastaria para conjurar o risco, sem necessidade de bulir na nomenclatura tradicional.

Mas a explicação mais provável da opção terminológica é a tendência a traçar linha divisória nítida entre duas formas de efetivação do *dictum* judicial: aquela a que tradicionalmente se chamava (e se chama) *execução* e a consistente em medidas diferentes, embora ordenadas a fim análogo – a satisfação concreta do litigante vitorioso. Que medidas são essas, e em que reside a diferença entre elas e a execução "clássica"? O art. 461 fornece uma exemplificação, que já se registrou não ser exaustiva: medidas destinadas a efetivar a sentença que julgue procedente pedido relacionado com obrigação de fazer ou não fazer; o art. 461-A ajunta as providências conducentes à efetivação da sentença que acolhe pedido de entrega de coisa. Caberia acrescentar ao rol algumas sentenças de procedência em ações de procedimento especial, *v.g.*, a de despejo e as possessórias. A diferença essencial entre as medidas tendentes a dar efetividade concreta a tais sentenças e a execução tradicional residiria, ao que parece, no fato de que para a respectiva realização não se precisa instaurar novo processo, formalmente diferenciado: a atividade jurisdicional prossegue, embora com caráter distinto, no mesmo feito em que se proferiu a sentença[10]. Propõe-se, então, para esta a denominação de *sentença executiva,* quase sempre acompanhada do complemento *lato sensu,* cujo sentido – reitere-se – apenas se tomaria claro se assinalasse a distinção entre a figura em foco e uma sentença executiva *stricto sensu,* todavia jamais definida[11].

10 Segundo CÂNDIDO DINAMARCO, *Instituições de Direito Processual Civil,* v. III, 4ª ed., S. Paulo, 2004. p. 224, "deixa-se de lado a clássica ruptura entre o conhecimento e o executivo, para que, *em um processo só e unitário,* seja decidido o *meritum causae* mediante sentença condenatória e logo em seguida realizadas as medidas de caráter executivo destinadas à satisfação do credor" (grifos do original). *Vide* as considerações críticas que fizemos ao propósito em *Sentença executiva? in Estudos em homenagem à Professora Ada Pellegrini Grinover.* S. Paulo, 2005, p. 630 e s., onde comentamos também outros critérios discretivos, sugeridos por EDUARDO TALAMINI e por OVÍDIO A. BAPTISTA DA SILVA, mas aos quais não se costuma dar tanta ênfase.

11 Varia a relação que se pretende estabelecer entre as sentenças executivas *(lato sensu,* conforme a maneira habitual de dizer) e as condenatórias. Há quem veja

6. UMA CONSEQUÊNCIA LÓGICA

A partir-se da premissa de que a nota característica das sentenças executivas consiste em se realizarem no mesmo feito, sem necessidade de instaurar-se novo processo, as medidas complementares ordenadas à satisfação do litigante vitorioso, a reforma operada pela Lei nº 11.232 gera uma consequência lógica em que não se vem costumando reparar. É que, agora, a dispensa da realização desse segundo processo (o de execução) fica estendida ao caso da sentença de procedência em ação relativa a "obrigação por quantia certa", para empregar a terminologia do art. 475-I. Enxerga-se até nesse ponto, consoante registrado de início *(supra,* nº 1), a inovação *por excelência* do mencionado diploma legal.

Ora, se assim for, tal sentença passaria a merecer um lugar na classe das executivas[12]: apresenta, com efeito, a característica geralmente apontada como peculiar à classe: o julgamento da causa e a respectiva efetivação mediante atos concretos estarão agregados num só processo, a que calha a designação de "sincrético". Quem quiser negar a qualificação de "executiva" à sentença em foco terá por força de desprezar o critério discretivo baseado na unidade ou dualidade de processos e adotar outro que prescinda desse traço.

---

naquelas uma subespécie destas: assim CÂNDIDO DINAMARCO, ob. e v. cit., p. *243/4;* em substância, HUMBERTO THEODORO JÚNIOR, ob. cit., v. 1, 44ª ed. Rio de Janeiro. 2006, p. 565/6: mas há quem prefira fazer daquelas uma classe autônoma: assim OVIDIO A. BAPTISTA DA SILVA. *Eficácias da semença e coisa julgada, in Sentença e coisa julgada,* Rio de Janeiro, 2003, p. 77: EDUARDO TALAMINI, ob. cit., p. 186 e s. Remonta entre nós a PONTES DE MIRANDA a proposta de classificar as sentenças em cinco categorias, aditando-se às três classes tradicionais (declaratórias, constitutivas e condenatórias) a das mandamentais e a das executivas: *vide,* principalmente, o Capítulo III da Parte II do *Tratado das ações,* t. I, S. Paulo, 1970, p. 197 e s. Das mandamentais – tema de estudo anterior, *A sentença mandamental – da Alemanha ao Brasil, in Temas de Direito Processual (Sétima Série),* S. Paulo, 2001, p. 53 e s. –, não nos ocuparemos no presente escrito. Quanto às executivas, cingimo-nos a frisar que PONTES DE MIRANDA em regra se abstinha de usar o complemento *"lato sensu"* – o qual, tanto quanto pudemos apurar, só excepcionalmente aparece, em passo do t. VII do *Trat.,* cit., p. 293.

12 Sem chegar a enunciar a ilação em termos categóricos, diz ATHOS GUSMÃO CARNEIRO, art. cit. na nota 7, *supra,* p. 25, que "a sentença condenatória (...) passou a ser também de prevalecente *eficácia execlltiva",* por autorizar "o emprego imediato dos meios executivos adequados à efetiva 'satisfação' do credor, sem que a parte vencedora necessite ajuizar nenhum outro processo, sucessivo e autônomo" (grifos do autor).

Mas, bem pesadas as coisas, reduz-se com isso a muito pouco – estaríamos tentados a dizer: a nada – a diferença entre as figuras do "cumprimento" e da "execução" mencionadas no *caput* do art. 475-I. Em qualquer caso, tratar-se-á de sentença cuja efetivação, mediante atos materiais, se conterá por inteiro no mesmo processo em que se houver julgado. Nessa perspectiva, não admira que já se sustente em doutrina, pura e simplesmente, a sinonímia entre aqueles dois *nomina iuris*[13].

7. POSSÍVEL OBJEÇÃO AO USO DA PALAVRA "CUMPRIMENTO"

Recapitulemos: é patente que, em todos os casos do art. 475-1, estamos diante de sentenças a que se devem seguir, sem necessidade de novo processo, medidas concretas tendentes à satisfação do litigante vencedor. Ocioso repisar que elas \ariarão de modo considerável de uma para outra hipótese; isso, entretanto, não tem sabor de novidade, visto que, ainda no sistema primitivo do Código de 1973, já era manifesta a diversificação das modalidades de processo executivo ("execução para a entrega de coisa", "execução das obrigações de fazer e de não fazer", "execução por quantia certa") – conquanto, salvo engano de nossa parte, nunca se haja cristalizado na doutrina uma divisão de classes rigorosamente distintas, cada qual com denominação própria, para as sentenças a que correspondiam as diferentes modalidades.

Faz-se oportuna agora uma indagação sobre a propriedade do uso da palavra "cumprimento" no texto reformado, seja na rubrica do capítulo ("cumprimento" *lato sensu),* seja no art. 475-I, *caput* ("cumprimento" *stricto sensu).* É que as providências de que se cogita, em todas as hipóteses, são adotáveis independentemente da vontade do vencido e com dispensa de sua colaboração; até, eventualmente, com recurso à "força policial" (art. 461, § *5º, fine).* Quando o juiz dispõe que se retirem "painéis publicitários ofensivos a regras legais ou contratuais de concorrência"[14], e o vencido se mantém omisso, a providência terá de ser

13 Enfaticamente, CASSIO SCARPINELLA BUENO, ob. cit., p. 68: "Para todos os fins, a palavra 'execução' e a expressão 'cumprimento da sentença' podem e *devem* ser tidas como *sinônimas"* (grifos do autor). Cf. EVARISTO ARAGÃO SANTOS, trab. cit., p. 23 e s. (lê-se na p. 25 que *"cumprir* e *executar* são, aqui, seguramente, expressões sinônimas"; grifado no original). Noutro contexto, ARAKEN DE ASSIS, ob. cit., p. 194, nega relevância à "troca de nome (cumprimento em lugar de execução)".

14 Exemplo colhido em EDUARDO TALAMINI, ob. cit., p. 269.

efetivada por outra via. O mesmo se dirá do desfazimento de construção irregularmente erguida e de outras tantas medidas previstas no art. 461 ou acrescentáveis à sua enumeração, que – vale insistir – não é taxativa. Nisso as hipóteses dos arts. 461 e 461-A de jeito algum se distanciam de quaisquer outras em que a prolação da sentença não basta, por si só, para satisfazer a parte vitoriosa – inclusive a condenação pecuniária. Antes da Lei nº 11.232, a diferença estaria em precisar-se ou não de outro processo; mas essa diferença já não subsiste.

É evidente que o vencido pode resolver colaborar: espontaneamente, ou sob a pressão de medida coercitiva, como a multa prevista no § 5º do art. 461. Nenhuma providência complementar de ordem material será então necessária – tanto melhor. Não é razoável, todavia, contar sempre com essa feliz eventualidade. Aqui nos interessa, de maneira precípua, a hipótese contrária, a da persistente recalcitrância do vencido. E com relação a ela é lícito duvidar que seja apropriada a denominação "cumprimento".

Expliquemo-nos. Na tradição da linguagem jurídica brasileira, "cumprimento" é vocábulo empregado para designar um comportamento *voluntário*[15]. Comecemos pela doutrina civilística. No direito civil, quando se diz que o devedor *cumpriu* a obrigação, o que se quer normalmente dizer é que ele realizou por sua vontade a prestação a que se obrigara. Em obra clássica, da primeira metade do século XX, ao se enumerarem os modos de extinção das obrigações, indicavam-se logo de começo "os modos que consistem no cumprimento da obrigação – pagamento e consignação judicial"; e pouco adiante definia-se: "Pagamento é em acepção própria e restrita o cumprimento da obrigação"[16]. Em data bem mais próxima, com igual autoridade, dizia-se: "Nascem as obrigações para ser cumpridas. Mas, no exato momento em que se cumprem,

15 Também na da portuguesa, como neste passo de ANTUNES VARELA, ob. e v. cit., p. 128: "É o cumprimento do dever de prestar que, satisfazendo o interesse do credor, extingue em regra o direito à prestação. Por outro lado, a satisfação do interesse do credor é o efeito normal do cumprimento do dever que recai sobre o obrigado". Cf., de resto, o art. 762, nº 1, do Código Civil luso: "O devedor cumpre a obrigação quando realiza a prestação a que está vinculado", disposição situada em seção ("Cumprimento") de capítulo cuja rubrica é "Cumprimento e não cumprimento das obrigações".

16 LACERDA DE ALMEIDA, *Obrigações*, 2ª ed., Rio de Janeiro, 1916, p. 293 e 295, respectivamente: cf. da mesma pena, *Dos efeitos das obrigações*, Rio de Janeiro, 1934, p. 39, onde se repete: "*pagamento* é em acepção própria e restrita o cumprimento da obrigação, cumprimento vário conforme a natureza do direito conferido» (do autor o grifo).

extinguem-se"; e, páginas adiante, ensinava-se: "A satisfação da prestação devida é indispensável ao cumprimento exato da obrigação"[17]. "O desfecho natural da obrigação é o seu cumprimento", lê-se no período inicial do item consagrado à matéria em exposição doutrinária merecidamente prestigiosa; e linhas abaixo o autor esclarece que "a palavra *pagamento* (...) significa o cumprimento voluntário da obrigação"[18]. Na mesma trilha caminha outra obra de primeira linha: "O fim da obrigação (...) é o seu cumprimento, por meio do qual se alcança o objeto por ela perseguido" – trecho a que se segue a identificação entre "cumprimento" e "adimplemento da obrigação[19]. Trabalho muito recente curva-se à tradição, quando afirma que, nas obrigações decorrentes de contrato, o "resultado final (...) é o cumprimento daquilo a que cada um se obrigou"[20]. Em termos inequívocos expressa-se outro expositor do nosso vigente ordenamento civil: "Pagamento, pois, ou cumprimento da obrigação, conceitua-se como a realização voluntária da prestação que alguém deve, satisfazendo o crédito do credor"[21].

Mas não se trata apenas de uma opção doutrinária. A própria lei aponta em igual direção, Atente-se na redação dos arts, 389, 408, 413, 476, 810, 1.337, 1.348, nº IV, 1.980 e outros do novo Código Civil: facilmente se verificará que nessas disposições o verbo "cumprir" ou palavras cognatas designam comportamentos voluntários.

Não muda o panorama quando voltamos o olhar para o Código de Processo Civil. Vejam-se, entre outros, os arts. 13, 2ª parte ("Não sendo cumprido o despacho"...), 39, parágrafo único ("Se o advogado não cumprir o disposto no nº I deste artigo,... "), 63 ("... em cumprimento de instruções de terceiro"), 210 ("modo de seu cumprimento"), 284, parágrafo único ("Se o autor não cumprir a diligência,... "), 288 ("o devedor puder cumprir a obrigação de mais de um modo"), 657 ("Cumprida a exigência do artigo antecedente,... "), 834, parágrafo único ("Se o requerido não cumprir a sentença no prazo estabelecido... "), 904, parágrafo único ("Não sendo cumprido o mandado,... "), 980 ("... cumprido o dis-

17 ORLANDO GOMES, ob. cit., p. 107 e 115, respectivamente.

18 CAIO MÁRIO DA SILVA PEREIRA. ob. e v, cit., p. 167 (grifado no original).

19 SILVIO RODRIGUES. *Direito Civil,* v. 2, S. Paulo, 2002, p. 123/4.

20 CELSO QUINTELLA ALEIXO, *Pagamento,* no volume coletivo *Obrigações* (coord. de Gustavo Tepedino), Rio de Janeiro-S. Paulo-Recife, 2005, p. 276.

21 ARNALDO RIZZARDO, *Direito das obrigações,* 2ª ed., Rio de Janeiro, 2006, p. 295.

posto no art. 965"). A exemplificação, que poderia alongar-se, basta para evidenciar que o Código, em todos esses dispositivos, se refere a ato voluntário de alguém. Nem se objete que, em vários casos, a prática do ato corresponde a dever jurídico (ou a ônus), e que a lei estabelece para a omissão uma consequência desfavorável a quem tinha de praticá-lo. Tal não elimina o caráter voluntário do cumprimento. O comprador que paga pontualmente ao vendedor o preço da coisa tinha o dever jurídico de fazê-lo; nem por isso deixa de ser voluntário o pagamento[22].

Consulte-se o dicionário. No verbete "cumprimento" de um dos mais reputados, deparam-se os seguintes exemplos: "cumprimento de um dever, de uma promessa"; no verbete "cumprir", estes outros: "Cumpriu religiosamente as últimas vontades do pai; cumprir ordens; cumprir a missão"[23]. Conforme se vê, a linguagem comum afina-se pelo mesmo diapasão da técnico-jurídica: em ambas soa a nota da voluntariedade, seja ou não passível de sanção o descumprimento.

No sentido acima indicado, o cumprimento da sentença dispensa a realização coativa de atos materiais, concretos, destinados a conformar o mundo exterior ao *dictum* judicial. Se o vencido, logo após a sentença, ou no prazo por ela fixado, retira voluntariamente o painel publicitário ilegal, *tollitur quaestio.* Não se chega a configurar o "processo sincrético"; toma-se despropositada qualquer das medidas a que alude o § 5º do art. 461. Análoga observação, à evidência, cabe no tocante ao pagamento da importância devida ao credor, caso o devedor o efetue no prazo do art.

---

22 Valem para o direito vigente as palavras de LIEBMAN, em obra relativa ao nosso ordenamento processual de 1939: "... o cumprimento espontâneo da obrigação (...) não é execução em sentido técnico, e representa de certo modo seu oposto: não é atividade do órgão processual e sim do próprio obrigado, que por livre determinação de sua vontade realiza os atos, ou fatos, a que o credor tem direito. Pode ser que o obrigado se sinta compelido ao cumprimento por motivo da existência do vínculo obrigatório que contraiu, e para evitar a execução que o ameaça: a sua vontade juridicamente vinculada não deixa por isso de ser praticamente livrc de escolher entre o adimplemento e as consequências decorrentes da atitude contrária: e os atos pelos quais ele realiza o conteúdo da obrigação nada perdem de sua significação jurídica" *(Processo de execução,* 4ª ed., com notas de atualização de Joaquim Munhoz de Mello. S. Paulo, 1980, p. 5/6).

23 *Novo Aurélio.* 3ª ed., Rio de Janeiro, 1999. Obra mais antiga, mas nem por isso menos autorizada, o *Dicionário de verbos e regimes,* de FRANCISCO FERNANDES, 6ª ed. Rio de Janeiro-Porto Alegre-S. Paulo, verbete "cumprir", reproduz este passo de ALEXANDRE HERCULANO: "Pois se o sabes, *cumpre* o teu dever, alcaide do castelo de Faria!", e estoutro de VIEIRA: "Se bem *cumprimos* essa promessa não sei" (grifos do original).

475-J, *caput:* não haverá que cogitar da aplicação dos dispositivos subsequentes. São razões, todas essas, bastantes para suscitar dúvidas acerca da propriedade da terminologia pela qual optou a reforma.

8. CONSIDERAÇÕES SOBRE A PALAVRA "EXECUÇÃO" E SEU EMPREGO EM RELAÇÃO AOS "PROCESSOS SINCRÉTICOS"

Vale a pena colocarmo-nos noutro ponto de vista para examinar a matéria. A redação do art. 475-1, *caput,* dá a entender que a palavra "execução" só é adequada para designar o conjunto de atos tendentes a tomar efetiva a sentença de procedência em ação relativa a "obrigação por quantia certa"; seria imprópria em se tratando de sentença de procedência referente a ações que digam respeito a obrigações de fazer ou não fazer, ou a entrega de coisa.

A razão desse entendimento poderia consistir, antes da Lei nº 11.232, no fato de que as providências jurisdicionais complementares, de índole material, concreta, destinadas à satisfação do vencedor, prescindiriam da instauração de segundo processo, realizando-se à guisa de prosseguimento daquele mesmo em que se julgara a causa. Semelhante razão, no entanto – a admitir-se que bastasse antes –, já não pode ser invocada sob o novo regime. Com efeito, dispensando o segundo processo para a atividade ordenada à satisfação do credor de "obrigação por quantia certa", a Lei nº 11.232 equiparou, por esse ângulo, todos os casos *supra*citados. Passou a ser igualmente "sincrético" o processo atinente à espécie de obrigação apontada na segunda parte do dispositivo. Significa isso que desapareceu aquele possível fundamento para a distinção tem1inológica.

Aliás, como já se ressaltou, o texto decorrente da reforma não mantém coerência no particular. Apontamos oportunamente o art. 475-N, que irmana as sentenças concernentes às diversas espécies de obrigações (de fazer, não fazer, entregar coisa ou pagar quantia), todas qualificadas como "títulos executivos judiciais", isto é, como títulos capazes de servir de base a uma execução – desprezada aí a dicotomia "cumprimento-execução" do art. 475-1, *caput.* Mas não é a única disposição invocável: no art. 475- P, *v.g.,* onde se regula, na dicção do *caput,* a competência para o "cumprimento da sentença", o parágrafo único usa os termos "exequente" e "executado", cognatos de "execução"[24]. Afasta-se

---

24 Outros exemplos em LEONARDO GRECO, art. cit. na nota 2, *supra,* p. 71.

uma vez mais a ideia da incompatibilidade entre esta noção e os processos "sincréticos", isto é, aqueles em que a atividade complementar indispensável para afeiçoar o mundo exterior ao *dictum* judicial se leva a cabo sem necessidade de segundo feito, formalmente diferenciado.

De resto, sempre se aludiu em tal contexto a "execução" e se usaram vocábulos cognatos, sem que a ninguém lembrasse gritar "aqui del-rei!". Veja-se o caso da ação de despejo, com frequência apontada como exemplo daquelas em que a efetivação da sentença favorável ao autor dispensa a instauração de novo processo[25]. A Lei nº 8.245, de 18-10-1991, emprega em mais de um dispositivo palavras da referida família: assim, no art. 63, § 4º ("A sentença que decretar o despejo fixará o valor da caução para o caso de ser *executada* provisoriamente"), no art. 64, *caput* ("Salvo nas hipóteses das ações fundadas nos incisos I, II e IV do art. 9º, a *execução* provisória do despejo... ") e § 1 º ("A caução... será prestada no autos da *execução* provisória"), 65, § 2º ("O despejo não poderá ser *executado... ").*

Dir-se-á: são deslizes terminológicos do legislador, sem peso científico. Vamos, então, à doutrina, à do mesmo grande mestre cujos ensinamentos é de praxe trazer à colação na matéria. No capítulo dedicado à ação de despejo, não se furtou ele a usar várias vezes o termo "execução" e cognatos, para aludir à atividade complementar, que torna efetivo o julgamento. Senão, confira-se: "No terreno da ciência, a questão está em se saber se a ação de despejo é ação executiva *lato sensu,* em que a *execução* é posposta»; «A *execução* tem prazo de dez dias"; "Se as ações de despejo têm fundamentos diferentes e se *executa* a sentença proferida numa delas,..."; "A adoção da notificação para a *execução* do despejo..."; "a *execução* é fase, e não *actio iudicati";* "a sentença de despejo não pode ser *executada";* "Despejo não se *executa* com prejuízo para a saúde pública"[26].

Não estamos desprezando aqui a pluralidade de efeitos que o autor atribuía a todas as sentenças[27], nem o seu reconhecimento expresso da presença de elemento condenatório no despejo[28]. Outro é o ponto que nos

---

25 "Sentença executiva", portanto: já assim, PONTES DE MIRAl'iDA. *Tratado das ações.* t. VII. Rio de Janeiro. 1978, p. 317 e s.

26 PONTES DE MIRANDA. *Trat. das ações.* cit.. t. VII, respectivamente p. 322, 323, 331, 333, 336 (duas citações), 345 (nossos os grifos, salvo em *"lato sensu"* e em *"actio iudicati").*

27 Chamando, como é notório, força à eficácia preponderante: *vide,* entre muitos passos, *Trat. das ações,* cit., t. I, p. 128.

28 *Id., Trat. das ações,* cit., t. VII, p. 324.

está interessando no momento: a saber, a necessidade ou desnecessidade de segundo processo, formalmente diferenciado, para efetivar o *dictum* judicial. No despejo, a atividade complementar dispensa esse segundo processo, embora de modo algum dispense a prática de uma sequência de atos, consoante evidencia o disposto nos arts. 63 e s. da Lei nº 8.245, notadamente a eventual desocupação forçada do imóvel (art. 65)[29]. Isso não pareceu ao excelso jurista obstáculo ao uso do *nomen iuris* "execução"[30].

9. REFLEXOS NA CLASSIFICAÇÃO DAS SENTENÇAS?

Noutra ocasião[31] já formulamos nossas críticas à doutrina que atribui a denominação de «sentença executiva» (com frequência acompanhada do enigmático complemento *"lato sensu")* a determinada classe, ora caracterizada – e é o caso mais comum – pela desnecessidade de processo de execução formalmente diferenciado para a realização dos atos indispensáveis à efetivação do julgado, ora por outros critérios invocados menos amiúde, inclusive relacionados com o direito material. Também já observamos, no presente escrito *(supra,* nº 6), que, a adotar-se o critério mais generalizado, teremos logicamente de incluir entre as

---

29 Confessamos nossa dificuldade em entender o conceito de sentença executiva – categoria em que inclui a de despejo – exposto por OVÍDIO A. BAPTISTA DA SILVA, *Eficácias da sentença e coisa julgada, in Sentença e coisa julgada,* Rio de Janeiro. 2003, p. 77: "Sentença executiva é toda aquela que contém, imanente em si mesma, como eficácia interna que lhe é própria, o poder de operar uma mudança no mundo exterior". Ao que nos parece, no caso em foco, a "mudança no mundo exterior" – abstraindo-se da desocupação voluntária do imóvel pelo locatário (cumprimento, na acepção própria) – não resulta *ipso facto* da decretação do despejo, à maneira de algo *interior* à sentença («imanente em si mesma»), logo conteúdo dela, e sim da efetivação do mandado *de evacuando.* Com toda a razão ARAKEN DE ASSIS, ob. cit., p. 217: "Suponha-se que o locador João pretenda reaver o imóvel do locatário Pedro. A procedência do pedido não lhe entrega a posse do imóvel. Torna-se necessária uma atividade complementar e subsequente ao provimento (final ou antecipado): a desocupação voluntária, no prazo assinado pelo juiz, ou a desocupação forçada".

30 Em trabalhos recentíssimos, ARRUDA ALVIM, *Cumprimento de sentença condenatória por quantia certa – Lei nº* 11.232, *de 22-12-2005 – Anotações de uma primeira leitura,* no volume coletivo *Processo e Constituição,* cit. na nota 7 *supra,* p. 288 e 289, e CELSO ANICET LISBOA, *A reforma do Código de Processo Civil,* Rio de Janeiro, 2006, p. 53, continuam a falar de "execução" com referência às sentenças sobre obrigações de fazer ou não fazer, igualmente proferidas em processos "sincréticos".

31 *Vide* o art. Cit. na nota 9, *supra, passim,* espec. p. 630 e s.

"sentenças executivas" a de que trata a segunda parte do *caput* do art. 475-I, visto que também ela passou a dispensar um processo de execução formalmente diferenciado.

Recomendava a sabedoria antiga: *"Entia non sunt multiplicanda praeter necessitarem"*. A nosso ver, decisiva é a linha limítrofe que separa, de um lado, as sentenças bastantes em si mesmas para proporcionar ao litigante vitorioso toda a tutela a que aspiram (sentenças meramente declaratórias e constitutivas), e de outro, as que necessitam de atividade complementar – variável por mais de um aspecto – tendente a adaptar o mundo fático ao *dictum* judicial. Nessa perspectiva, não vemos razão para atribuir consequências apocalípticas à circunstância de levar-se a cabo no mesmo processo ou em processo formalmente diferenciado essa atividade complementar – nem, adite-se *a latere*, para proscrever, em relação a tal ou qual caso, o *nomen iuris* que tradicionalmente se lhe tem aplicado, no Brasil e alhures: *execução*.

A união ou a separação de processos é aí assunto entregue à mera opção do legislador, tomada ao nível da política jurídica, e sujeita a variações contingentes no tempo e no espaço. Não fosse assim, e não se explicaria que a Lei nº 11.232 haja retirado a sentença de procedência em ação relativa a "obrigação por quantia certa" do âmbito daquelas que – salvo cumprimento (voluntário) do devedor – reclamavam a instauração de novo processo, formalmente diferenciado, para a efetiva satisfação do credor, e a tenha deslocado para a área das que prescindem da dualidade de feitos. Podia, à evidência, fazê-lo, sem afetar qualquer princípio superior ou imposição substancial: tão legítima quanto a anterior é a "arrumação" atual; o que resta a discutir é a superioridade prática de uma ou de outra. A Lei nº 11.232 decerto fez o que fez por entender que a eliminação de certas formalidades, entre as quais a nova citação da parte vencida, facilitará e abreviará aquela satisfação – resultado que, se comprovadamente for atingido, à luz de elementos objetivos, colhidos na experiência forense, deporá com eloquência a favor da reforma. Mas decididamente não é por essa via que se poderá construir uma classe homogênea de sentenças merecedoras da designação de "executivas"[32], com ou sem o esdrúxulo complemento *"lato sensu"*.

Julho de 2006.

---

32 No art. cit. na nota 9, *supra*, p. 636/8, chegamos a sugerir que mais merece tal designação a sentença do antigo art. 641 e do novo art. 466-A. A fim de não alongar demasiado o presente trabalho, pedimos licença para remeter àquele o leitor interessado.

COMENTÁRIOS DOS ATUALIZADORES

"CUMPRIMENTO" E "EXECUÇÃO" DE SENTENÇA: NECESSIDADE DE ESCLARECIMENTOS CONCEITUAIS

Aluisio Gonçalves de Castro Mendes/Carolina Paes de Castro Mendes[33]

Como o próprio título do texto já sugere, as modificações introduzidas pela Lei nº 11.232/2005 trouxeram à tona a necessidade de esclarecimentos conceituais. As lições de Barbosa Moreira são precisas e indicam a importância da correta utilização do vernáculo, e das respectivas definições, para que haja coerência e compreensão das normas. Do contrário, restará um emaranhado de previsões, organizadas indevidamente e desprovidas de sentido. As alterações ampliaram o papel e a abrangência do denominado "processo sincrético", ao consolidar em um único processo as atividades cognitivas e executivas, que, até então, em regra, vinham separadas em processos consecutivos. O saudoso Mestre não descartou as possibilidades de um resultado prático positivo, a ser confirmado ou não mediante a colheita de dados objetivos, com a tentativa de abreviação e facilitação a partir da eliminação de certas formalidades decorrentes da separação, como a de nova citação da parte vencida.

A atualização ora empreendida estará, portanto, limitada aos aspectos tratados por Barbosa Moreira, até porque nada mais se faria necessário, ou possível, por parte dos atualizadores, diante do seu preciso e insubstituível texto. Nesse sentido, se fará o cotejo, basicamente, com as mudanças advindas do Código de Processo Civil de 2015.

Logo na denominação do Livro I, da Parte Especial do CPC-2015, pode-se constatar que o legislador escutou, com os ouvidos e o apoio da Comissão de Juristas que elaborou o respectivo anteprojeto, a observação lançada no ensaio sob comento. De fato, se a reforma de 2005 pretendeu fundir as atividades cognitiva e executiva em um processo sincrético, não haveria sentido e coerência na inclusão do novo

33 A atualização do texto contou com a fundamental participação e colaboração de **Larissa Clare Pochmann da Silva**, graduada e pós-doutora pela Faculdade de Direito da Universidade do Estado do Rio de Janeiro (UERJ), mestre, doutora, e professora do Programa de Pós-Graduação em Direito da Universidade Estácio de Sá (Unesa).

Capítulo X, no Título VIII do Livro I, com a manutenção da rubrica deste como sendo "DO PROCESSO DE CONHECIMENTO". Sendo assim, o Livro I da Parte Especial do CPC-2015, efetuou a fusão das duas atividades sob a rubrica "DO PROCESSO DE CONHECIMENTO E DO CUMPRIMENTO DA SENTENÇA".

Do mesmo modo, parece ter se manifestado a vontade de correção quanto à dicotomia no uso de denominações diversas ("cumprimento" e "execução") no Estatuto reformado de 1973. No CPC-2015, o Título II do Livro I da Parte Especial recebeu a rubrica "DO CUMPRIMENTO DA SENTENÇA", subdividindo-se em seis capítulos. O Capítulo I foi destinado às "DISPOSIÇÕES GERAIS", enquanto os demais às suas ramificações. Os Capítulos II e III trataram, respectivamente, do "cumprimento" provisório e definitivo da sentença que reconhece a exigibilidade de obrigação de pagar quantia certa. Nos Capítulos IV e V, se dispôs também quanto ao "cumprimento" do título judicial com obrigação de pagar quantia certa, mas, especificamente, para a prestação, pela ordem, de alimentos e de quantia certa devida pela Fazenda Pública. Por fim, o Capítulo VI reuniu as normas pertinentes ao "cumprimento" de sentença que reconheça a exigibilidade de obrigação de fazer, de não fazer ou de entrega de coisa.

No entanto, quanto ao emprego da expressão "cumprimento", propriamente dita, utilizada no estatuto anterior e no atual, não obstante as abalizadas observações lançadas no texto sob comento, no sentido de a sua noção, na tradição jurídica brasileira, estaria relacionada ao comportamento *voluntário*, a opção do CPC-2015 foi pela manutenção. Como se pode abstrair dos parágrafos anteriores, o seu uso foi ampliado e sistematizado, ainda que com significado peculiar, que não se configura compatível com as noções clássicas contidas nos dicionários da língua culta e na sua utilização no âmbito jurídico fora do contexto iniciado com a Lei nº 11.232/2005 e perpetuado no CPC-2015.

NOTAS SOBRE RECONHECIMENTO E EXECUÇÃO DE SENTENÇAS ESTRANGEIRAS[1]

1. Eficácia da sentença estrangeira: uma distinção fundamental. **2.** Um fator de confusão. **3.** Execução e reconhecimento: razão de ser e significado da distinção. **4.** Uma consequência relevante. **5.** A questão no direito brasileiro. **6.** Breves considerações "de lege ferenda".

1. EFICÁCIA DA SENTENÇA ESTRANGEIRA: UMA DISTINÇÃO FUNDAMENTAL

A sentença estrangeira pode vir a ser invocada para mais de um fim. É possível que o interessado queira unicamente fazer valer-lhe a autoridade em processo em curso perante a Justiça nacional, por exemplo para fundamentar uma defesa preliminar de coisa julgada. Também é possível que ele queira promover, no território nacional, atos materiais tendentes à realização prática do que se decidiu no outro país: v. g., a apreensão e a alienação forçada de bens pertencentes ao devedor, lá condenado ao pagamento de certa importância.

Trata-se, como é intuitivo, de diferentes manifestações da eficácia da sentença, ou, noutras palavras, de diferentes efeitos desta[2]. No último grupo de casos, o que está em jogo é o efeito executivo, peculiar, como ninguém ignora, às sentenças condenatórias. Nos restantes, outros serão os efeitos que se pretende fazer produzir no território nacional – para repetir fórmula sugestiva, que se pretende "importar"[3].

---

1 Publicado no volume coletivo *O Direito Intemacional contemporâneo – Estudos em homenagem ao Professor Jacob Dolinger* (org. Carmen Tiburcio e Luís Roberto Barroso), Rio de Janeiro-S. Paulo-Recife, 2006, e também in *Rev.* de Proc., nº 124, *Rev.* Síntese de Dir. Civ. e Proc. Civ., nº 37.

2 A rigor, a autoridade da coisa julgada não constitui um dos efeitos da sentença: demonstrou-o, há bons setenta anos, LIEBMAN, na conhecida monografia *Efficacia ed autorità della sentenza*, publicada em 1935 e reimpressa em 1962, Milão. A essa posição aderimos em termos expressos: *vide*, por exemplo, nosso ensaio *Eficácia da sentença e autoridade da coisa julgada, in Temas de Direito Processual* (Terceira Série), S. Paulo, 1984, p. 99 c s., espec. 102/3. No presente texto, porém, para não tornar mais pesada a exposição, empregamos em sentido lato a palavra eficácia, como é de costume quando se versa a problemática do tratamento dado à sentença estrangeira.

3 PONTES DE MIRANDA, v. g., falava – e bem – de "importação de eficácia" a propósito da homologação da sentença estrangeira: *Comentários ao Código de Processo*

Mais de um ordenamento jurídico estabelece disciplinas distintas para os dois grupos de casos. Isso torna superlativamente importante o emprego de uma terminologia apta a distingui-los. O termo "execução" deve ficar reservado exclusivamente para as hipóteses em que se quer atuar praticamente a norma concreta estatuída na sentença estrangeira – tal como se diz, aliás, com relação à sentença condenatória[4] proferida por órgão nacional. Para as outras hipóteses, o nomen iuris adequado, segundo a linguagem utilizada em leis tecnicamente bem feitas e na melhor doutrina, é reconhecimento (*reconocimiento* em espanhol, *riconoscimento* em italiano, *reconnaissance* em francês, *recognition* em inglês, *Anerkennung* em alemão)[5].

2. UM FATOR DE CONFUSÃO

Um fator contribui bastante para a confusão que ocorre com frequência nesta matéria. "Execução", vale repetir, é denominação que se deveria reservar para designar a atividade jurisdicional consistente na prática de atos materiais destinados a dar eficácia concreta à sentença – nacional ou estrangeira que seja. Lamentavelmente, nem as leis, nem a própria doutrina costumam ser rigorosas na terminologia. Fala-se de "execução", muitas vezes, a propósito de efeitos sentenciais, *in genere*, ou de algum efeito específico, despido de natureza tecnicamente qualificável como executiva.

Semelhante imprecisão reflete-se na localização de disposições legais. Não raro se encontram, na parte de um código processual dedica-

---

Civil (de 1973), t. VI, 3ª ed., Rio de Janeiro, 1998 (com atualização legislativa de Sergio Bermudes), p. 175.

---

4 Atemo-nos aqui à regra geral, deixando de lado a questão de saber se na verdade a toda sentença condenatória se segue (ou pode seguir-se) execução, seja em processo diferenciado, seja em complementação *ex officio*, no mesmo processo, da atividade do órgão judicial. Para ligeira referência ao tópico, *vide* BARBOSA MOREIRA, *Questões velhas e novas em matéria de classificação das sentenças, in Temas* (Oitava Série), S. Paulo. 2004. p. 135/6

5 Modelar, na matéria, é o Código General del Proceso uruguaio (inspirado no Código-modelo de Processo Civil para a Ibero-América, arts. 385 e s.), no qual a distinção se faz com absoluta clareza, desde a rubrica do capítulo consagrado ao assunto ("*Del reconocimiento y ejecución de las sentencias extranjeras*"): *vide* em especial os números 3 e 4 do art. 538, que definem as duas figuras, e os arts. 540 e 541, que regulam em separado uma e outra.

da à execução, textos que com esta, a rigor, nada têm que ver. Exemplo típico é o dos arts. 639 a 641 do nosso estatuto de 1973. Aí se regula a eficácia das sentenças proferidas em ações tendentes ao cumprimento de obrigações de emitir declaração de vontade. Quando a sentença de procedência, em ação desse gênero, transita em julgado, produz por si só, independentemente da colaboração do vencido, e bem assim de qualquer ato material incidente sobre seu patrimônio, os mesmos efeitos que teria a declaração de vontade devida mas não emitida. Deixando de lado a notória controvérsia sobre a qualificação de tal sentença – que alguns incluem entre as condenatórias, outros entre as constitutivas[6], é manifesto que, com ressalva de eventuais condenações acessórias, nenhuma atividade executiva se realiza (ou sequer se concebe) aí. E, no entanto, o legislador houve por bem situar os dispositivos *supra*citados no Livro I, consagrado ao processo de execução[7].

Não surpreende muito, à vista disso, que a disciplina do regime a que se sujeita a sentença estrangeira igualmente se veja colocada, em mais de um código, na parte que trata da execução, como se fossem exequíveis, na acepção tecnicamente correta, todas as decisões alienígenas cuja eficácia se quer "importar". Na Argentina, *v.g.*, o *Código Procesal Civil y Comercial de la Nación* cuida do assunto nos arts. 517 a 519, que compõem o Capítulo II do Título I ("*Ejecución de sentencias*") do Livro III ("*Procesos de ejecución*"). O ponto é tanto mais digno de nota quanto fácil verificar que o diploma consagra em termos nítidos a distinção entre a execução (no sentido técnico) e o simples reconhecimento da sentença estrangeira. Realmente: o art. 518 regula o procedimento a ser observa-

---

6 Indicações bibliográficas, num sentido e noutro, em BARBOSA MOREIRA, *Aspectos da "execução" em matéria de obrigação de emitir declaração de vontade, in Estudos de Direito Processual em memória de Luiz Machado Guimarães*, Rio de Janeiro, 1999, p. 216, notas 22 e 23, às quais se pode acrescentar, com ênfase na afirmação da índole constitutiva, CÂNDIDO DINAMARCO, *Instituições de Direito Processual Civil*, v. III, 4ª ed., S. Paulo, p. 248, 25214. Já tivemos ocasião de sugerir (*rectius*: de aderir à sugestão formulada por outros autores) que, a admitir-se uma classe de sentenças com a denominação de "executivas", nela mereceria lugar de honra a sentença em foco: art. cit., p. 21617: mais recentemente, *Sentença executiva? in Estudos em homenagem à Professora Ada Pellegrini Grinover*, S. Paulo, 2005, p. 636/8

7 Para uma crítica *ex professo* da opção do Código, remetemos o leitor ao primeiro artigo cit. na nota anterior, espec. p. 215. Igual defeito no seu predecessor, o diploma de 1939, art. 1.006 (inserto no Livro VIII, "Da execução"), e, antes dele, em nada menos que a ZPO alemã, § 894, também colocado no livro referente à execução (*Zwangsvoll-streckung*).

do quando se pretende fazer executar a decisão alienígena, ao passo que o art. 519 cuida da invocação, em juízo, da "autoridad de una sentencia extranjera" – obviamente, para fins outros que não a respectiva execução. O texto não emprega a palavra "reconocimiento", mas a diferença entre os dois casos fica evidente, e a doutrina não deixa de dar-lhe o relevo cabível[8].

Tampouco surpreende que mais de um texto legislativo empregue, mesmo fora da parte concernente à execução, esse substantivo, ou algum de seus cognados, para designar *in genere* a eficácia da sentença estrangeira, ainda quando não se cogite necessariamente da prática de atos materiais a serem realizados no território nacional. Foi o que aconteceu em nosso país, com o Código de Processo Civil de 1939: os arts. 785 e 790 – situados, averbe-se de passagem, no Livro VI ("Dos processos da competência originária dos Tribunais"), e não no Livro VIII ("Da execução") –, não obstante falarem, respectivamente, de sentenças "exequíveis" e de "execução", foram interpretados pela melhor doutrina[9] como atinentes a toda a eficácia sentencial, de modo que as sentenças estrangeiras meramente declaratórias ou constitutivas se subordinavam, como as condenatórias, à homologação pelo Supremo Tribunal Federal. Quando dos trabalhos preparatórios do novo Código, a preocupação de não abrir margem a dúvidas refletiu-se no teor do art. 525 do anteprojeto elaborado por ALFREDO BUZAID: "A sentença, proferida por tribunal estrangeiro, não terá eficácia e execução no Brasil, senão depois de homologada pelo Supremo Tribunal Federal". A redação era obviamente redundante: a execução vem a ser uma dentre as possíveis manifestações da eficácia: espécie deste gênero. Sugeriu a Comissão Revisora que se suprimissem as palavras "e execução"; já com a supressão passou o dispositivo ao projeto, e assim o aprovou o Congresso.

---

8 De "reconocimiento incidental", a propósito do art. 519, fala v. g. PALACIO. *Derecho Procesal Civil*, t. VII, Buenos Aires, s, d., p. 317/8, onde se exemplifica com a hipótese de invocar alguém a "eficacia de cosa julgada" da sentença estrangeira, "*durante el trâmite de un proceso*". Forrou-se ao erro de localização o Código General del Proceso uruguaio, que trata do reconocimiento e da ejecución de decisões alienígenas no Capítulo IV do Título X ("Normas procesales intemacionales") do Livro II ("Desarrollo de los procesos"), enquanto o processo de execução é disciplinado no Título V do mesmo Livro

9 Para referências bibliográficas, *vide* BARBOSA MOREIRA, *Comentários ao Código de Processo Civil*, v, V, 11 ª ed., Rio de Janeiro, 2003, p. 76 e nota 61. Cf. o que aí se informa (p. 76/7) acerca da expressão 'forza esecutiva' que constava do art. 941 do velho *codice di procedura civile* italiano de 1865.

3. EXECUÇÃO E RECONHECIMENTO: RAZÃO DE SER E SIGNIFICADO DA DISTINÇÃO

Postos de lado os países – hoje, poucos, ao menos no mundo ocidental- que mantêm seus territórios fechados à produção de efeitos por sentenças oriundas do exterior, bem se compreende que os outros subordinem a abertura à satisfação de certos requisitos, tidos por indispensáveis para que a Justiça nacional prestigie tais sentenças e preste cooperação no sentido de "importar-lhes" a eficácia. Esses requisitos não diferem muito de legislação para legislação, abstraindo-se, aqui, da disciplina especial prevista em tratados bilaterais ou multilaterais: eles se destinam a assegurar, tanto quanto possível, que na formação do julgamento alienígena se hajam observado suficientes garantias de seriedade e de respeito aos direitos das partes. Quer-se ter por certo, ou quando nada por muito provável, que não se está diante de decisão arbitrária, emitida sem aquele mínimo de escrúpulos e de cuidados que se espera de um aparelho judicial "civilizado". É comum, *v.g.*, exigir-se que a sentença haja emanado de Justiça competente para decidir o litígio, que ao réu se tenha dado a possibilidade de defesa eficaz, e assim por diante.

Amiúde também se reclama que a decisão haja atingido certo grau de estabilidade no país de origem. Daí impor mais de um ordenamento que ela tenha transitado em julgado. Serve de exemplo o Código de Processo Civil português, cujo art. 1.094 inclui, entre os requisitos necessários para que a sentença estrangeira seja "confirmada", o respectivo trânsito em julgado "segundo a lei do país em que foi proferida" (letra *b*).

Conhecem-se exemplos de rigor ainda maior. Já se chegou ao ponto de submeter a sentença estrangeira à análise do respectivo conteúdo, em ordem a verificar se o litígio fora ou não decidido de modo justo. Era o sistema vigente na França, até o famoso Arrêt Munzer, de 1964, pelo qual a Cour de Cassation, mudando o rumo de sua jurisprudência, sepultou a *révision au fond* (embora subsistisse o requisito de haver-se aplicado, no Estado de origem, a lei competente de acordo com as regras francesas de conflito). Semelhante extremo não passa atualmente de relíquia pouco venerada.

Por outro lado – e o ponto é capital –, perfeitamente se concebe que o nível de exigência varie em função do fim para o qual se pretende "importar" a eficácia da decisão alienígena. Já se mostrou acima (item 1) que esse fim nem sempre é o mesmo. Se o interessado unicamente pretende que, num feito qualquer, o juiz leve em conta a autoridade daquela decisão, pode parecer razoável, aos olhos da lei, exigir menos do que exigirá caso aquele queira fazer realizar no território nacional atos materiais (apreensão e alienação forçada de bens, por exemplo) para dar efetividade concreta à sentença estrangeira. Não será despropositado comparar a situação com a do viajante que deseja ingressar no país: se seu propósito é meramente turístico, apenas se lhe pedirá que exiba passaporte válido; se tenciona, porém, exercer ali atividade profissional, poderá ser-lhe exigido, a mais, um visto consular.

Contudo, em regra, a "importação" da eficácia da decisão alienígena sempre se subordina à satisfação dos mesmos requisitos. A grande diferença reside em que, para tornar cabível a execução, será necessário que o interessado faça instaurar, perante a Justiça nacional[10], processo tendente à prolação de sentença que permita à sentença estrangeira manifestar sua exequibilidade no território do Estado "importador". Na técnica do direito brasileiro, chama-se a isso "homologação" (exigível aqui, reitere-se, não só para as sentenças condenatórias, mas também para as restantes: cf. o item 2, *supra*, e o item 5, *infra*); noutros sistemas jurídicos, o nomen iuris é *exequatur*. Diversamente, o reconhecimento, onde previsto, dispensa ato formal precedido de processo específico: o órgão judicial competente para a causa, seja ela qual for, verifica se a decisão alienígena invocada satisfaz os pressupostos da "importação" ("delibação incidental"): no caso afirmativo, adota, como premissa de sua conclusão, o pronunciamento do juiz estrangeiro; no caso negativo, abstém-se do reconhecimento, para apreciar e resolver a questão, ele próprio, dando-lhe a solução a seu ver acertada.

4. UMA CONSEQUÊNCIA RELEVANTE

A dessemelhança de tratamento pode e costuma gerar consequência relevante no plano da coisa julgada. Ela se produz sempre que o ordenamento – no rumo de orientação generalizada hoje em dia – restringe à

10 Cada ordenamento é livre, naturalmente, de concentrar num único órgão a competência para homologar quaisquer sentenças estrangeiras, ou de distribuí-la por uma pluralidade de órgãos. No Brasil vigora o primeiro sistema: competente era só o Supremo Tribunal Federal e, após a Emenda Constitucional nº 45, de 2004, competente é só o Superior Tribunal de Justiça (art. 105, nº 1, letra *i*, princípio, da Carta da República, na redação atual). *Vide*, sobre a questão, BARBOSA MOREIRA, *Coment.* ao C.P.C., cit., p. 81 e s.

conclusão da sentença, ou seja, à final decisão sobre o pedido, o âmbito da res iudicata, do qual fica excluída a solução de questões cujo exame serve unicamente para assentar os fundamentos dessa decisão. É, por sinal, a diretriz adotada pelo vigente Código pátrio, conforme ressalta do disposto, em termos categóricos e até redundantes[11], no art. 469.

Analisemos a hipótese de algum órgão judicial - se e na medida em que o direito de seu país a isso o autorize - limitar-se a reconhecer a autoridade da decisão alienígena, como pressuposto da solução da lide submetida a seu julgamento, mercê de "delibação incidental" que o convença da satisfação dos requisitos legais. O pronunciamento final do órgão sobre a lide, esse, será suscetível de adquirir a auctoritas rei iudicatae; o emitido incidenter tantum, que reconheceu a sentença estrangeira, de maneira nenhuma. Seu papel cingir-se-á a ministrar fundamento à decisão que componha a lide. Não o alcançará, todavia, a autoridade da coisa julgada que venha a cobrir semelhante decisão. Quer isso dizer que, noutro processo, onde se trate de lide diversa (isto é, onde outro seja o pedido, ou seja outra a *causa petendi*, e ainda que as partes sejam as mesmas), o respectivo juiz será livre de reexaminar a questão de estarem ou não satisfeitos os requisitos do reconhecimento e, eventualmente, negá-lo, por entender que falta algum deles. E vice-versa: em feito atinente a outra lide, poderá vir a ser reconhecida a decisão alienígena a que se negou reconhecimento no processo anterior.

Vamos a um exemplo, tirado de campo onde se exclui com maior frequência - como revela o direito comparado - a necessidade da homologação: o das sentenças relativas ao estado das pessoas[12]. Suponhamos que se pleiteie em juízo a declaração da nulidade do casamento de Caio e Tícia, com a alegação de que Caio já se casara noutro país. Caio nega estar ainda casado e exibe sentença que, naquele país, lhe decretara o divórcio. O juiz, *ex hypothesi*, verifica que a decisão estrangeira preenche

11 Cf. o que escrevemos no artigo *Os limites objetivos da coisa julgada no sistema do novo Código de Processo Civil, in Temas* (Primeira Série), 2ª ed., S. Paulo. 1988, p. 92.

12 Mesmo na França, onde o sistema da *révision au fond* perdurou até 1964, as sentenças referentes ao estado (e à capacidade) podiam, desde meados do século XIX, ser eficazmente invocadas sem precisarem de *exequatur*, salvo quando determinassem medidas de constrição de bens ou de pessoas: vide ALEXANDRE, *Les pouvoirs du juge de l'exequatur*, Paris, 1970, p. 44 e s. Cf., quanto ao direito espanhol, REMIRO BROTONS, *Ejecución de sentencias extranjeras en Espana*. Madri, 1974. p. 167 e s.

todos os requisitos para ser reconhecida, de sorte que se deve atribuir a Caio o estado de divorciado; logo, o impedimento não existia, e tem-se de julgar improcedente o pedido. Pois bem: transitada em julgado que seja tal decisão, o reconhecimento não fica protegido pela auctoritas rei iudicatae, e por conseguinte, se amanhã ou depois se vier a ajuizar outra lide, nada obstará a que se discuta de novo a questão do estado civil de Caio, nem a que o órgão julgador desse segundo processo se recuse a reconhecer a sentença de divórcio. Haverá, naturalmente, contradição lógica entre as duas decisões; a posterior, no entanto, não terá ofendido a coisa julgada que se formara sobre a anterior, restrita à declaração de não ser nulo o casamento de Caio e Tícia.

5. A QUESTÃO NO DIREITO BRASILEIRO

A problemática indicada no item precedente não tem, hoje, importância prática no Brasil. Consoante já se registrou, à luz do art. 483 do Código de Processo Civil, toda a eficácia da sentença estrangeira, como ato decisório, depende da homologação para produzir-se no território brasileiro; e isso vale para as sentenças relativas ao estado como para quaisquer outras. Não há lugar, em nosso vigente ordenamento, para "delibação incidental", seja qual for a matéria de que se cogite[13]. Inexiste uma figura de reconhecimento, distinta da homologação.

É verdade que a Lei de Introdução ao Código Civil (Dec.-lei nº 4.657, de 4-9-1942) dispôs no art. 15, parágrafo único: «Não dependem de homologação as sentenças meramente declaratórias do estado das pessoas». Entretanto, feita abstração da compatibilidade, que se pôs em dúvida, dessa regra com a Constituição[14], certo parece que ela foi, quan-

13 Vide BARBOSA MOREIRA, *Coment.* ao C.PC., cit., v. V. p. 78/9. Tal é a posição largamente predominante na doutrina: por exemplo, HAROLDO VALLADÃO, *Direito Internacional Privado,* v. III, Rio de Janeiro, 1978, p. 190 e s.; JOSÉ FREDERICO MARQUES. Manual de Direito Processual Civil, 3º v., 2ª parte. 9ª ed., S. Paulo. 1987, p. 252/3; PAULO CEZAR ARAGÃO, in ROBERTO ROSAS-PAULO CEZAR ARAGAO, *Comentários ao Código de Processo Civil,* vol. V, S. Paulo, 1975, p. 158 e s.; NELSON NERY JUNIOR-ROSA MARIA DE ANDRADE NERY, *Código de Processo Civil comentado.* 7ª ed. S. Paulo, 2003, p. 826; NÁDIA DE ARAUJO, *Direito Internacional Privado.* 2ª ed., Rio de Janeiro-S. Paulo-Recife, 2004, p. 271.

14 Dizia, *v.g.*, PONTES DE MIRANDA. ob. e t. cit. (nota 2, *supra*), p. 369: "Diante do texto constitucional, de hoje e de antes, não se podia nem se pode admitir que alguma lei abra exceção ao princípio da necessária homologação das sentenças estrangeiras" (grifado no original).

do menos, revogada pelo *supra*mencionado dispositivo do estatuto processual de 1973[15].

O Supremo Tribunal Federal, que reproduzira a norma no Regimento Interno de 18-6-1970, manteve-a na Emenda Regimental nº 4, de 4-51977, já na vigência do atual Código; mas veio depois a suprimi-la: ela não apareceu no art. 215 do Regimento em vigor[16]. Além disso, em mais de um acórdão aderiu a Corte à tese da revogação e afirmou, sem rebuços, a necessidade da homologação para toda e qualquer sentença estrangeira, declaratória ou não, inclusive as relativas ao estado das pessoas[17].

Cabe observar que o art. 15, parágrafo único, da Lei de Introdução ao Código Civil foi invocado para dispensar-se a homologação com referência a decisões alienígenas sobre estado que de jeito algum podiam ser classificadas como "meramente declaratórias". Ilustrativo o acórdão do Tribunal de Justiça do então Distrito Federal, de 22-5-1953, na Apelação Cível nº 21.343[18], de cuja ementa constam estas palavras: "A sentença estrangeira de divórcio não depende de homologação quando meramente declaratória do estado da pessoa". Pergunta-se: quando será "meramente declaratória" a sentença de divórcio? A resposta só pode ser uma: nunca. A sentença de divórcio contém, como todas, um elemento declaratório: ela declara o direito (potestativo) do autor ou da autora à dissolução do vínculo conjugal. Mas não se cinge a isso: modifica a situação jurídica das partes, que eram casadas e passam a ser divorciadas. É uma sentença tipicamente constitutiva, à semelhança, entre outras, da que decreta a separação do casal e da que anula o casamento.

---

15 Nesse sentido, todos os autores cit. na nota 12, *supra*. Silenciava sobre o ponto OSCAR TENÓRIO, *Direito Internacional Privado*, v. II,11ª ed., Rio de Janeiro, 1976, p. 379 e s., mas é sugestivo o fato de que o autor, embora se referisse (havendo-os naturalmente por subsistentes) a vários dispositivos da Lei de Introdução ao Código Civil, entre eles não incluía o art. 15, parágrafo único; ademais, ao indicar "as espécies de sentenças que devem ser homologadas", aludia, sem qualquer ressalva, às "sentenças cíveis", *in genere* (p. 381)

16 Tampouco figura a disposição no texto da Resolução nº 9, de 4-5-2005, pela qual o Presidente do Superior Tribunal de Justiça, atendendo à modificação constitucional da competência, regulou provisoriamente a matéria "*ad referendum* do Plenário".

17 Por exemplo: 30-9-1987. Sent. Estr. nº 3.742, in *Rev.* Trim. de Jur., v. 124, p. 471; 5-11-1997, Pet. nº 16, in *DJ* de 14-11-1997, p. 58.824.

18 Transcrito em OSCAR TENÓRIO, *Lei de Introdução ao Código Civil brasileiro*, 2ª ed., Rio de Janeiro, 1955, p. 434/6, nota 4.

6. BREVES CONSIDERAÇÕES "DE LEGE FERENDA"

Deve manter-se, ao nosso ver, o regime em vigor no Brasil. Não temos simpatia pela proposta de ressuscitar a disciplina do art. 15, parágrafo único, da Lei de Introdução ao Código Civil. Sem embargo dos exemplos que se colhem no direito comparado, parece-nos ilógico exigir a homologação para a sentença estrangeira que haja condenado o réu ao pagamento de pequena importância e dispensá-la para a que defina o estado de pessoas – assunto muito mais importante do ponto de vista social.

Caso vingue alguma tentativa de mudança, há de ter-se em vista que a eventual reprodução da fórmula do malsinado dispositivo se sujeitará às mesmas controvérsias que a respeito dele se manifestaram. Em todo caso, é menos provável, hoje em dia, que se incida em equívocos como o de tomar por "meramente declaratórias" sentenças como a de divórcio e outras que tais: a despeito das discussões que o tema ainda suscita noutros aspectos, estão mais difundidos os conhecimentos relativos à classificação das sentenças. Se se pretende dispensar o processo da homologação não só para as meramente declaratórias, senão também para as outras relativas ao estado das pessoas, a redação da lei terá de afeiçoar-se a tal objetivo. Consequência inevitável de adotar-se a técnica do simples reconhecimento para determinada classe de sentenças será a indicada no item 4, *supra*. Não ficará excluída a possibilidade de contradição lógica entre decisões judiciais. Para aproveitarmos o exemplo ali figurado, poderá acontecer que se tenha Caio por divorciado num processo e por ainda casado noutro. São pontos sobre os quais o legislador bem andará em refletir, ao pesar os prós e os contras da reforma.

Abril de 2005.

COMENTÁRIOS DOS ATUALIZADORES

NOTAS SOBRE RECONHECIMENTO E EXECUÇÃO DE SENTENÇAS ESTRANGEIRAS

Aluisio Gonçalves de Castro Mendes/Carolina Paes de Castro Mendes[19]

O texto de José Carlos Barbosa Moreira, datado de abril de 2005, trata dos efeitos dos pronunciamentos judiciais proferidos no estrangeiro em território nacional. As notas, ou lições, permanecem extremamente oportunas e atuais, especialmente na necessidade de distinção entre os casos de reconhecimento e de execução, diante de certa confusão que pode pairar em termos de terminologia e na legislação de diferentes países.

Em termos de atualização, pode-se apontar, obedecendo-se a sequência do texto, a manutenção da referência ao Direito Processual argentino; o tratamento dado pelo Código de Processo Civil português de 2013; no Brasil, a alteração do teor da Lei de Introdução ao Código Civil, depois denominada de Lei de Introdução às normas do Direito brasileiro, e o CPC-2015.

O Código de Processo Civil de Portugal atualmente vigente, aprovado pela Lei nº 41/2013, dispõe, de modo concentrado, sobre a eficácia das sentenças estrangeiras, no Título XIV (Da revisão de sentenças estrangeiras), do Livro V (Dos Processos Especiais), nos artigos 978 a 985. O Estatuto de 2013 manteve, no art. 980, alínea *b*, entre os requisitos necessários para que a sentença estrangeira seja "confirmada", o trânsito em julgado segundo a lei do país em que foi proferida. Interessante notar que a "homologação" em Portugal, sob a denominação de "revisão", encontra-se sob a competência do "tribunal da Relação da área em que esteja domiciliada a pessoa contra quem se pretende fazer valer a sentença", nos termos do art. 979.

No direito brasileiro, o Código de Processo Civil de 2015 continuou prevendo um capítulo (VI) dentro do título (I) e do livro (III)

19 A atualização do texto contou com a fundamental participação e colaboração de **Larissa Clare Pochmann da Silva**, graduada e pós-doutora pela Faculdade de Direito da Universidade do Estado do Rio de Janeiro (UERJ), mestre, doutora, e professora do Programa de Pós-Graduação em Direito da Universidade Estácio de Sá (Unesa).

destinado aos tribunais. Entretanto, compatível com as mudanças estabelecidas para o próprio direito nacional[20], passou a tratar a matéria sob a rubrica de "HOMOLOGAÇÃO DE DECISÃO ESTRANTEIRA". Nos termos do art. 960, a homologação de decisão estrangeira será requerida por ação de homologação de decisão estrangeira, salvo disposição especial em sentido contrário prevista em tratado. É de se notar, assim, que o novo estatuto processual brasileiro não faz menção à sentença, mas à decisão, que poderá ser não somente a que finaliza a fase processual (sentença), como algumas que antecipam os efeitos ou julgam parcialmente o mérito, dando-se, assim, uma abrangência em relação aos atos decisórios.

Registre-se, também, que houve desdobramento legislativo quanto à questão apontada pelo saudoso jurista, no item 5 do seu texto, no que diz respeito ao caráter cogente da homologação de sentença estrangeira, para que possa produzir *toda* a eficácia da sentença estrangeira, à luz do art. 483 do CPC-1973. Como se pode constatar na redação do art. 960 do CPC-2015, a norma subsequente parece ter sido menos rígida do que a estabelecida anteriormente, no que diz respeito à ausência de expressa vedação de efeitos no Brasil, e, também, quanto à ressalva em sentido contrário prevista em tratado, *caput*, e à possibilidade da decisão interlocutória estrangeira poder ser executada no Brasil por meio de carta rogatória, nos termos do § 1°. Por outro lado, há que se ressaltar que houve antes da edição do CPC-2015 a revogação[21] do art. 15 da anteriormente denominada Lei de Introdução ao Código Civil, cujo teor suscitava a indagação no texto, sendo substituída pela previsão contida no §6°, com a redação dada pela Lei n° 12.036/2009, do art. 7° do Decreto-Lei n° 4.657, denominado como Lei de Introdução às normas do Direito brasileiro, por força da Lei n° 12.376/2010. Sendo assim, com a inovação de 2009, o divórcio realizado no estrangeiro, se um ou ambos os cônjuges forem brasileiros, só será reconhecido no Brasil depois de 1 (um) ano da data da sentença, salvo se houver sido antecedida de separação judicial por igual prazo, caso em que a homologação produzirá efeito imediato, obedecidas as condições estabelecidas para a eficácia das sentenças estrangeiras no país. O Superior

20 Vide sobre decisões interlocutórias, em sentido estrito, que podem antecipar os efeitos ou mesmo julgar parcialmente o mérito, os arts. 303, 304, 311 e 356 do CPC-2015.

21 Nos termos da Lei n° 12.036, de 2009.

Tribunal de Justiça (STJ), na forma de seu regimento interno[22], poderá reexaminar, a requerimento do interessado, decisões já proferidas em pedidos de homologação de sentenças estrangeiras de divórcio de brasileiros, a fim de que passem a produzir todos os efeitos legais. Por sua vez, o artigo 515, inciso VIII, do CPC-2015, manteve a sentença estrangeira homologada pelo Superior Tribunal de Justiça no rol dos títulos executivos judiciais, tal como previsto no estatuto anterior.

22 Vide os artigos 216-A a 216-N do Regimento Interno do Superior Tribunal de Justiça.

BREVES OBSERVAÇÕES SOBRE A EXECUÇÃO DE SENTENÇA ESTRANGEIRA À LUZ DAS RECENTES REFORMAS DO CPC[1]

1. GENERALIDADES

Como é notório, a Lei nº 11.232, de 22-12-2005, aboliu a separação formal entre o processo de conhecimento e o de execução, com ressalva da intentada contra a Fazenda Pública (arts. 741 e s. do Código de Processo Civil)[2]. Deu assim prosseguimento, agora no que concerne às obrigações "por quantia certa", à mudança anteriormente operada com referência às ações que tenham por objeto o cumprimento de obrigações de fazer ou não fazer e a entrega de coisa (arts. 461 e 461-A do estatuto processual, respectivamente). A atividade executiva continua, à evidência, a distinguir-se da cognitiva, segundo a natureza de cada qual; mas, quando necessária, passa a ser exercida logo em seguida, sem a solução de continuidade característica do primitivo sistema do Código, no qual a execução de sentença configurava processo distinto daquele em que proferido o julgamento. Haverá fases distintas, mas um único processo.

Relaciona-se com isso, entre outras coisas, o descabimento de citação do litigante vencido, a ser promovida, antes do mencionado diploma legal, por iniciativa do vencedor, conforme decorria da conjugação dos arts. 580 e 652, *caput,* do Código de Processo Civil. A citação, com efeito, era o ato pelo qual se ultimava a instauração do novo (e formalmente distinto) processo. Se agora continua a fluir o mesmo processo, ainda que mude a natureza da atividade realizada, não há por que citar mais uma vez quem já foi citado *ab initio*. A iniciativa da parte só se faz necessária, nos termos do art. 475-J, *fine*, para a expedição do mandado de penhora e avaliação, uma vez transcorrido in albis o prazo de quinze dias que se concede ao devedor para o pagamento.

A nova sistemática, entretanto, intuitivamente pressupõe a existência de sentença civil proferida por órgão de nossa Justiça. Apenas nessa

1 Trabalho destinado ao volume em homenagem ao Professor Araken de Assis. Publicado também *in Rev. de Proc.*, nº 138, *Rev. IDB de Dir. Civ. e Proc. Civ.*, nº 42.

2 *Vide*, ao propósito, CASSIO SCARPINELLA BUENO, *A nova etapa da reforma do Código de Processo Civil*, v. 1, S. Paulo, 2006, p. 184.

hipótese, com efeito, é que se torna viável o processo sincrético, a abranger a atividade cognitiva e a executiva; não assim quando a primeira se haja consumado fora de tal âmbito. Não havendo processo civil fluente, apto a prosseguir, a execução terá de realizar-se em outro. Subsistirá, pois, a necessidade de um processo executivo formalmente diferenciado ou autônomo. É o caso da execução de sentença estrangeira homologada.

Tal como anteriormente, em qualquer hipótese, a execução, para ser regular, deve fundar-se em título idôneo. O rol dos títulos executivos judiciais, que constava do art. 584 do Código de Processo Civil (revogado pela Lei nº 11.232), encontra-se agora no art. 475-N. A respectiva leitura dá a perceber, de imediato, três hipóteses especiais: as contempladas nos incisos II, IV e VI. O inciso II refere-se à sentença penal condenatória, civilmente exequível para o fim de proporcionar ao ofendido a reparação do dano resultante do crime; o inciso IV alude à sentença arbitral; o inciso VI, justamente, à sentença estrangeira homologada pelo Superior Tribunal de Justiça.

A Lei nº 11.232 previu disciplina específica para as três hipóteses *supra*mencionadas: em qualquer delas, ex vi do parágrafo único do art. 475-N, "o mandado inicial (art. 475-J) incluirá a ordem de citação do devedor, no juízo cível, para liquidação ou execução, conforme o caso". A necessidade da liquidação é manifesta em se tratando de sentença penal, que não determina o montante do ressarcimento devido pelo réu[3]; mas também pode ocorrer, excepcionalmente embora, nas outras duas hipóteses. Seja como for, o texto transcrito formula a alternativa: "liquidação ou execução", da qual, todavia, faremos abstração no presente escrito, para focalizar exclusivamente aspectos da execução da sentença estrangeira.

2. A SENTENÇA ESTRANGEIRA COMO TÍTULO EXECUTIVO

Para tornar-se eficaz no território brasileiro, a sentença estrangeira precisa ser homologada pelo Superior Tribunal de Justiça. Tradicionalmente, cabia ao Supremo Tribunal Federal a competência para a homologação; a mudança foi operada, como se sabe, pela Emenda Constitucional nº 45, de 8-12-2004, que revogou o art. 102, nº I, letra *h*, da Carta de 1988 e acrescentou a letra **i** do art. 105, nº I. Mediante a homo-

3 Cf. HUMBERTO THEODORO J ÚNIOR, As novas reformas do Código de Processo Civil. Rio de Janeiro, 2006, p. 153: "A sentença penal é sempre ilíquida, porque não cabe ao juiz criminal fixar o valor da reparação civil *ex delicto*".

logação, a sentença estrangeira adquire idoneidade para surtir no Brasil os efeitos que lhe são característicos. Não é a homologação, note-se, que lhe confere a eficácia própria do ato decisório: ela somente permite que essa eficácia se manifeste em nosso território; isto é, importa-a[4].

Tendo a sentença, de acordo com o ordenamento de origem, efeito executivo, uma vez homologada toma-se exequível no Brasil. Tal efeito, convém ressaltar, não é o único que depende da homologação para ser "importado": entre nós, de lege lata, vige a regra para quaisquer efeitos da sentença alienígena como ato decisório: o art. 483, *caput,* do estatuto processual não distingue ("A sentença proferida por tribunal estrangeiro não terá eficácia no Brasil senão depois de homologada"). Aqui, porém, só nos interessará a eficácia executiva, mercê da qual se vê incluída tal decisão entre os títulos executivos judiciais (art. 475-N) – sem que o adjetivo "judiciais" exclua a possibilidade de submeter a igual regime atos praticados, no país de onde provêm, por órgãos estranhos ao Poder Judiciário, desde que no exercício de função judicante[5].

3. COMPETÊNCIA PARA A EXECUÇÃO

A competência para o "cumprimento da sentença" é matéria do art. 475-P, que a Lei nº 11.232 introduziu no texto do Código de Processo Civil. Na expressão "cumprimento" sem dúvida compreende-se a execução em sentido estrito, própria, na dicção legal, das obrigações por quantia certa (art. 475-1, *caput).* Quanto à sentença estrangeira, o inciso III do art. 475-P faz referência ao "juízo cível competente".

Em tese, à luz da sistemática do Código, seria concebível que a execução do julgado alienígena se processasse perante o Superior Tribunal de Justiça. Semelhante atribuição consonaria com o disposto no art. 475-P, nº I, à luz do qual o cumprimento da sentença se efetua perante "os

4 A expressão é de PONTES DE MIRANDA, *Comentários ao Código de Processo Civil (de 1973)*, t. VI. 3ª ed., Rio de Janeiro, p. 364: "Quanto ao requisito da homologação, não concerne ele à produção de eficácia da decisão estrangeira, mas só à sua importação" (grifado no original).

5 *Vide* sobre o ponto BARBOSA MOREIRA, *Comentários ao Código de Processo Civil*, v. V, 12ª ed., Rio de Janeiro, p. 65, com vários exemplos extraídos da jurisprudência. Na Resolução nº 9, de 4-5-2005, do Presidente do Superior Tribunal de Justiça, que atualmente disciplina a matéria, lê-se no art. 42, § 12: "Serão homologados os provimentos não judiciais que, pela lei brasileira, tenham natureza de sentença".

tribunais, nas causas de sua competência originária". Realmente, a homologação de sentença estrangeira, a partir da Emenda Constitucional nº 45, passou a ser causa da competência originária daquele Tribunal. Não obstante, a Carta da República impunha outra solução, no art. 109, nº X, que confia aos juízes federais (de primeiro grau) a execução do julgado alienígena homologado. Ao legislador ordinário cumpria, obviamente, respeitar a opção.

O que ficou dito, porém, não resolve de todo a questão da competência. Aqui como alhures, é mister observar a dupla perspectiva que se desdobra na matéria: primeiro, cumpre determinar o foro competente, em seguida o órgão judicial que, dentro desse foro, atuará (o "juízo" propriamente dito).

Apura-se a competência de foro à luz das normas contidas na Constituição e no Código de Processo Civil. Podem interessar, no texto constitucional, as disposições constantes dos §§ 1º e 2º do art. 109[6], conquanto muito escassa a probabilidade de sentença estrangeira em pleito no qual seja parte a União Federal. No Código, devem consultar-se os arts. 94 e s., aplicáveis no que couber. O caso mais comum será, provavelmente, o da competência do foro onde tenha domicílio o devedor. Tratando-se de critério territorial, será relativa a incompetência de outro foro, em que porventura se peça a execução. Aplicar-se-á por conseguinte a disciplina estatuída nos arts. 112 e 114 do diploma processual, concebendo-se em princípio a prorrogação[7].

A competência do juízo depende da estrutura da Justiça Federal no foro. Pode acontecer que, na subseção ou circunscrição territorial haja um único órgão dessa Justiça, o qual será, então, o juízo competente. Se houver dois ou mais órgãos da Justiça Federal, segue-se nova etapa da pesquisa. É possível que alguma norma de especialização designe o juízo competente para a execução de que se cogita. Se tal não se der (é o que nos consta neste momento) e existirem dois ou mais juízos com competência concorrente, ter-se-á de proceder à distribuição (art. 251)[8].

---

6 CÂNDIDO DINAMARCO, Execução civil, 5ª ed. S. Paulo, 1997, p. 213/4.

7 Corretamente ERNANE FIDÉLIS DOS SANTOS. *As reformas de 2005 do Código de Processo Civil*. S. Paulo, 2006, p. 93/4

8 Cf. MONIZ DE ARAGÃO, *Comentários ao Código de Processo Civil*, v. I, 10ª ed., Rio de Janeiro, 2004, p. 337: "Para que haja distribuição é indispensável que à pluralidade de órgãos corresponda uma unidade de atribuições. Se a cada juízo se der, porém, uma competência específica, não há necessidade de distribuição".

No plano doutrinário, ao nosso ver, a competência dos juízes federais para a execução da sentença estrangeira homologada não se baseia no critério funcional, senão no atinente à matéria. Por motivos expostos em algum desenvolvimento noutro trabalho[9], preferimos reservar a denominação de funcional para a competência decorrente da divisão de funções exercitáveis por diferentes órgãos judiciais no mesmo processo. Ora, no caso em tela, não é possível considerar a execução da sentença estrangeira homologada como simples prosseguimento do processo da homologação, à semelhança do que ordinariamente sucede consoante a nova sistemática implantada pela Lei nº 11.232. Cuida-se, aí, de outro processo, e por isso mesmo é que se exige a citação do devedor (art. 475-N, parágrafo único).

4. O INSTRUMENTO DA EXECUÇÃO

Reza o art. 484 do Código de Processo Civil, na parte inicial: "A execução far-se-á por carta de sentença extraída dos autos da homologação". Coerente com essa é a regra enunciada no art. 12 da Resolução nº 9 do Presidente do Superior Tribunal de Justiça: "A sentença estrangeira homologada será executada por carta de sentença, no Juízo Federal competente".

Aqui surge um problema, decorrente do fato de haver a Lei nº 11.232, no art. 9º, revogado os arts. 589 e 590 do Código. Ambos diziam respeito à carta de sentença, que era antes o instrumento da execução provisória; o art. 590 indicava as peças que deviam integrá-la. A despeito da revogação, subsistiram no Código alusões à carta, uma das quais, justamente, no art. 484[10].

Por outro lado, o Regimento Interno do Superior Tribunal de Justiça tem capítulo (nº II do Título XII da Parte II) com a rubrica "Da carta de sentença", composto de quatro dispositivos, os arts. 306 a 309. Embora o art. 306 não inclua a hipótese sob exame entre as de extração da carta

9 BARBOSA MOREIRA, A expressão "competência funcional " no art. 2º da Lei da Ação Civil Pública, no volume coletivo *A ação civil pública após 20 anos: efetividade e desafios* (coord. de Édis Milaré), S. Paulo, 2005, p. 247 e s., ou *in Rev. For.*, v. 380, p. 179 e s.

10 Outra é a do art. 521, fine. Em linguagem pitoresca, sugere ARAKEN DE ASSIS, *Cumprimento de sentença*, Rio de Janeiro, 2006, p. 163, que talvez seja prematuro "o sepultamento da carta de sentença", pois "o defunto soergue-se do túmulo" nos dois textos citados.

para execução, há de entender-se que o art. 484 do Código, enquanto não revogado ou modificado, supre a omissão, aplicando-se, no que couber, as outras normas regimentais.

A carta será extraída dos autos da homologação, a requerimento do interessado. Se não houve contestação, a decisão homologatória terá sido proferida pelo Presidente do Tribunal, e a ele se dirigirá o requerimento; se a houve, a competência era da Corte Especial, e o requerimento será dirigido ao relator (art. 307 do Regimento Interno, combinado com os arts. 2º e 9º, § 1º, da Resolução nº 9). De acordo com o art. 308, deveria a carta conter "as peças indicadas na lei processual"; mas, revogado o art. 590 do Código, já não faz sentido a remissão às indicações que ali se deparavam. Para a execução provisória, a enumeração foi substituída pela do atual art. 475-0, § 3º, ao qual pensamos que se deve recorrer, por analogia.

São as seguintes as peças que hão de instruir, em cópias autenticadas, o requerimento de execução provisória, nos termos do citado dispositivo: "sentença ou acórdão exequendo" (nº I), "certidão de interposição do recurso não dotado de efeito suspensivo" (nº II), "procurações outorgadas pelas partes" (nº III), "decisão de habilitação, se for o caso" (nº IV); "facultativamente, outras peças processuais que o exequente considere necessárias" (nº V). Segundo o *caput,* poderá o advogado "valer-se do disposto na parte final do art. 544, § 1º", isto é: declarar autênticas, ele próprio, as cópias, "sob sua responsabilidade pessoal".

Para o fim de que estamos cuidando, é óbvio que a carta deve obrigatoriamente conter cópias das peças indicadas nos incisos I, III e IV. No que tange ao inciso I, compreende-se a expressão utilizada no texto como abrangente da sentença estrangeira e da decisão (monocrática ou colegiada) que a homologou, pois nem esta, nem aquela, por si só, constituiria título executivo: executa-se a sentença estrangeira homologada[11]. Supérfluo notar, acerca do inciso III, que, se não tiver havido contestação, tampouco haverá, em princípio, procuração outorgada pelo requerido. Quanto ao inciso II, dificilmente se concebe que assuma relevância aqui: contra a decisão do Superior Tribunal de Justiça: o

11 Parece-nos que o caso se insere entre os de complexidade subjetiva: o produto final resulta da conjugação da sentença proferida pelo tribunal estrangeiro com a decisão homologatória, do Presidente do Superior Tribunal de Justiça ou da Corte Especial. Vide, sobre o assunto, o clássico ensaio de CALAMANDREI, *La sentenza soggettivamente complessa, in Opere Giuridiche,* v. I, Nápoles, 1965, p. 106 e s.

único recurso de que se poderia cogitar é o extraordinário, mas não se afigura provável que ocorra qualquer das hipóteses do art. 102, nº III, da Constituição da República. Ao requerente é lícito indicar outras peças a seu ver necessárias (art. 475-O, § 3º, inciso V, e art. 308 do Regimento Interno). Nos termos desta última disposição, a carta "será autenticada pelo funcionário encarregado e pelo Diretor-Geral da Secretaria e assinada pelo Presidente ou relator", consoante o julgado alienígena – entende-se – haja sido homologado, respectivamente, por aquele ou pela Corte Especial.

5. PROCEDIMENTO DA EXECUÇÃO

Na conformidade do art. 484, segunda parte, do Código de Processo Civil, a execução da sentença estrangeira "obedecerá às regras estabelecidas para a execução da sentença nacional da mesma natureza". A execução, no sentido estrito que ora lhe atribui o art. 475-1, *caput,* introduzido pela Lei nº 11.232, cinge-se aos casos de "obrigação por quantia certa". Incidem, destarte, os arts. 475-J e seguintes, com a peculiaridade, a que já se aludiu, de incluir-se no mandado inicial a ordem de citação do devedor (art. 475-N, parágrafo único, combinado com o inciso VI). Reitere-se que aqui, diversamente do que passou a acontecer em regra, a execução não constitui mero prosseguimento do mesmo processo em que proferida a decisão exequenda, senão que se efetua em outro.

Cabe ao interessado em fazer executar a sentença estrangeira a iniciativa da instauração desse outro processo. Tem ele o ônus de promovê-la, apresentando ao juízo competente (ou oferecendo à distribuição, se mais de um houver) a petição inicial, devidamente instruída. Caso falte algum documento indispensável, o juiz determinará a complementação, no prazo de dez dias, sob pena de indeferimento da inicial (art. 284 e seu parágrafo único). Deferida que seja a petição, expedir-se-á O mandado na forma prevista no parágrafo único do art. 475-N, a saber, com inclusão da ordem de citação do devedor. A citação, diz o texto, será "para liquidação ou execução, conforme o caso"; de ordinário, como bem se compreende, para execução.

Não basta, pois, a intimação do devedor. A comunicação que lhe tem de ser feita o será na modalidade mais solene, pela forma cabível. Fica excluída a possibilidade de citação pelo correio (art. 222, *d*). Incidem as disposições pertinentes do Livro I (art. 598).

Há quem sustente que "os atos iniciais de penhora e avaliação, desde que o título executivo seja válido formalmente, devem ser praticados previamente, com posterior citação"[12]. Ao nosso ver, não é esse o melhor entendimento. Parece-nos que a primeira providência a ser efetivada é a citação do devedor, e por duas razões. Antes de mais nada, o próprio texto legal sugere com clareza a ordem dos atos: cita-se o devedor "para liquidação ou execução" – para algo que está por vir, que vai realizar-se, mas ainda não começou. Além disso, visto que a execução aí configura novo processo, formalmente diferenciado, deve respeitar-se o princípio tradicional a cuja luz a relação jurídica processual só se estende ao destinatário da citação com o cumprimento desse ato; antes de ser citado, o devedor ainda não está no processo, e não soa razoável que já possa sofrer o constrangimento da penhora. Impende levar em conta a diferença essencial entre os casos em que continua a fluir o mesmo processo onde se julgou e aqueles em que, ao contrário, a execução implica a formação de outro processo.

Algumas questões merecem consideração específica. Uma delas concerne à matéria regulada no art. 475-L, que arrola, em enumeração taxativa (verbo "somente"), os fundamentos invocáveis pelo executado para impugnar a execução. O inciso I menciona a "falta ou nulidade da citação, se o processo correu à revelia". O defeito há de respeitar ao processo da homologação; não cabe, a essa altura, cogitar de sua ocorrência no processo em que se proferiu a sentença estrangeira: é ponto que já se terá examinado como requisito de homologabilidade (Lei de Introdução ao Código Civil, art. 15, *caput,* letra a; cf. a Resolução nº 9, art. 5º, nº II), e a decisão homologatória naturalmente pressupõe que o Superior Tribunal de Justiça não haja encontrado vício capaz de impedir o acolhimento do pedido.

O inciso VI do art. 475-L inclui entre os possíveis fundamentos da impugnação "qualquer causa impeditiva, modificativa ou extintiva da obrigação (...), desde que superveniente à sentença". A "sentença", aí, é a estrangeira: basta que o fato alegado seja posterior a ela; não é necessário (embora suficiente) que também o seja à decisão homologatória. Intuitiva a razão: trata-se de questão que não constituiu, nem poderia ter constituí do, objeto da cognição do Superior Tribunal de Justiça no processo de homologação, no qual é inadmissível defesa que não verse

12 Nesse sentido, ERNANE FIDÉLIS DOS SANTOS, ob. cit., p. 59.

sobre autenticidade dos documentos apresentados pelo requerente, inteligência da decisão e observância dos requisitos de homologabilidade (Resolução nº 9, art. 9º, *caput)*. A matéria é nova, suscitável pela primeira vez na impugnação à execução.

Outra questão diz respeito às decisões que o juiz federal venha a proferir no curso do processo executivo. Interlocutórias que são, sujeitam-se a impugnação mediante agravo. A Lei nº 11.187, de 19-10-2005, modificou profundamente a disciplina desse recurso. À vista da nova redação que deu ao art. 522, *caput,* do Código, a regra passou a ser a da interposição na forma retida; em seu teor literal o dispositivo excetua apenas os casos de "decisão suscetível de causar à parte lesão grave e de difícil reparação", os de "inadmissão da apelação" e os "relativos aos efeitos em que a apelação é recebida", nos quais será admitida a interposição por instrumento.

Sugere o bom senso, porém, que na redação do novo texto o legislador se ateve ao universo das interlocutórias proferidas no processo de conhecimento – ou, para adotarmos linguagem mais adequada à nova sistemática resultante da Lei nº 11.232, à fase cognitiva do pleito. Tenha-se em vista que o agravo retido se destina a ser apreciado, pelo órgão ad quem, "preliminarmente, por ocasião do julgamento da apelação" (art. 523, *caput)*; pressupõe-se que à interlocutória haja de sobrevir sentença, e que contra esta alguém interponha apelação. Tanto assim, que o § 1 º do citado artigo impõe ao agravante, sob pena de não conhecimento do recurso, o ônus de "requerer expressamente, nas razões ou na resposta da apelação, a sua apreciação pelo tribunal".

Ora, é certo que, nos termos do art. 795, "A extinção [da execução] só produz efeito quando declarada por sentença". Todavia, essa sentença não se equipara àquela em que culmina a atividade cognitiva do órgão judicial, e só excepcionalmente será objeto de apelação. Por isso, a doutrina vem-se manifestando, ao nosso ver com acerto, no sentido de reputar sempre cabível, na execução, a interposição do agravo por instrumento[13]. A questão tem óbvia afinidade com a da retenção do recurso

---

13 Assim, *v.g.*, HUMBERTO THEODORO JÚNIOR. *Curso de Direito Processual Civil.* v. 1, 44ª ed. Rio de Janeiro. 2006. p. 652: CASSIO SCARPINELLA BUENO, ob. cit., p. 207: LUIZ RODRIGUES WAMBIER-TERESA ARRUDA ALVIM-WAMBIER-JOSÉ MIGUEL GARCIA MEDINA, *Breves comentários à nova sistemática processual civil.* S. Paulo, 2006, p. 255: ATHOS GUSMÃO CARNEIRO, *Do recurso de agravo ante a Lei nº 11.187/2005, in Rev. For.,* v. 384. p. 15.

extraordinário ou especial, disciplinada no § 3º que a Lei nº 9.756, de 17-12-1998, acrescentou ao art. 542: aí, o texto mesmo cuidou de tomar claro que o recurso unicamente ficará retido quando interposto "contra decisão interlocutória em processo de conhecimento, cautelar, ou embargos à execução", deixando de fora as proferidas no processo executivo propriamente dito. As razões, num caso e noutro, são idênticas, e a solução não deve variar.

Competente para julgar o agravo de instrumento será o Tribunal Regional Federal a que estiver subordinado o juiz da execução (Constituição Federal, art. 108, nº II).

Junho de 2006.

COMENTÁRIOS DOS ATUALIZADORES

BREVES OBSERVAÇÕES SOBRE A EXECUÇÃO DE SENTENÇA ESTRANGEIRA À LUZ DAS RECENTES REFORMAS DO CPC

Aluisio Gonçalves de Castro Mendes/Carolina Paes de Castro Mendes[14]

Em texto elaborado em homenagem ao Professor Araken de Assis, datado de 2006, José Carlos Barbosa Moreira trata da execução de sentença estrangeira à luz das "reformas" ocorridas ainda durante a vigência do Código de Processo Civil de 1973, quando foi ampliada a sistemática do "processo sincrético".

No âmbito do Superior Tribunal de Justiça, as atualizações são apenas de ordem formal. A Resolução nº 9, de 4 de maio de 2005, mencionada no texto, foi revogada. Em virtude da Emenda Regimental n. 18 de 17 de dezembro de 2014, a homologação de sentença estrangeira encontra-se atualmente regulada nos artigos 216-A a 216-N,

14 A atualização do texto contou com a fundamental participação e colaboração de **Larissa Clare Pochmann da Silva**, graduada e pós-doutora pela Faculdade de Direito da Universidade do Estado do Rio de Janeiro (UERJ), mestre, doutora, e professora do Programa de Pós-Graduação em Direito da Universidade Estácio de Sá (Unesa).

do Regimento Interno do Superior Tribunal de Justiça. O artigo 306, referido por Barbosa Moreira, continua sendo a norma interna que trata da carta de sentença, mas, ainda que em matéria penal, pode servir de base, no que for pertinente, como já indicado no artigo.

No Código de Processo Civil de 2015, a referida sistemática, nos termos dos artigos 513 e seguintes, foi organizada no Título II, dentro do Livro I, que passou a indicar o caráter sincrético do processo no seu próprio título, com a referência expressa ao processo de conhecimento e ao cumprimento da sentença. No referido Título II, encontram-se, além das disposições gerais, normas específicas dispostas nos referidos capítulos, sobre o cumprimento provisório e definitivo de obrigação de pagar quantia certa, de prestar alimentos, contra a Fazenda Pública e de obrigação de fazer, de não fazer ou de entrega de coisa.

O diploma hoje vigente, ao tratar dos títulos executivos judiciais no artigo 515, mantém, em seu parágrafo primeiro, as três hipóteses especiais mencionadas por Barbosa Moreira: a sentença penal condenatória, a sentença arbitral e a sentença estrangeira homologada pelo Superior Tribunal de Justiça (STJ). Nestes casos, bem como no do acórdão proferido pelo Tribunal Marítimo, prevê o Código de Processo Civil de 2015 que o "cumprimento da sentença" efetuar-se-á perante o juízo cível competente, nos termos do art. 516, inciso II.

Como assinalado anteriormente pelo eminente e saudoso autor do artigo, a rigor há, no caso da sentença estrangeira, como também nas demais hipóteses do inciso II do art. 516, um novo processo, pois não se trata, naturalmente, do mesmo processo instaurado no exterior ou também o da homologação no STJ. Portanto, no caso, o emprego da expressão "cumprimento" parece estar eivado da falta de propriedade por duplo fundamento: o que foi apontado no texto anterior desta nona série e ao da própria ideia de *sincretismo* processual. No mais, cabe reiterar a observação do Mestre, de que a competência será do juízo federal de primeira instância, conforme artigo 109, inciso X, da Constituição.

A competência territorial, no caso, é concorrente, nos termos do parágrafo único do art. 516, pois o exequente poderá optar pelo foro do atual domicílio do executado, pelo do local onde se encontram os bens sujeitos à execução ou onde deva ser executada a obrigação de fazer ou de não fazer, casos em que a remessa dos autos do processo será solicitada ao juízo de origem. De qualquer modo, a eventual incompetência será relativa, como apontado por Barbosa Moreira no artigo sob comento.

Poderá haver norma que atribua, a um ou mais órgãos judiciais do foro em que instaurado o processo, a competência para o processamento das execuções de sentenças estrangeiras. Se houver, como apontado no texto sob comento, um único órgão competente para a matéria, o processo deverá ser dirigido a este. Do contrário, havendo mais de um, a petição deverá ser encaminhada para a devida distribuição.

A impugnação das decisões interlocutórias na fase de liquidação ou de execução de decisão estrangeira será cabível mediante agravo de instrumento, nos termos do artigo 1.015, inciso XIII, do Código de Processo Civil de 2015, enquanto a sentença, pela apelação, conforme art. 1.009.

A EXPRESSÃO "COMPETÊNCIA FUNCIONAL" NO ART. 2º DA LEI DA AÇÃO CIVIL PÚBLICA[1]

1. Introdução. **2.** A expressão no Código de Processo Civil. **3.** Origem alemã do conceito de "competência funcional". **4.** A doutrina italiana. **5.** Observações críticas sobre essa doutrina. **6.** A doutrina brasileira. **7.** A legislação brasileira. **8.** Conclusões.

1. INTRODUÇÃO

Reza o *caput* do art. 2° da Lei nº 7.347, de 24-7-1985, que disciplina a ação civil pública: "As ações previstas nesta lei serão propostas no foro do local onde ocorrer o dano, cujo juízo terá competência funcional para processar e julgar a causa". Em torno dessa regra tem-se travado mais de uma discussão, a começar pela atinente à própria subsistência do dispositivo. Poderia cogitar-se, com efeito, da respectiva revogação, à vista do art. 93 da Lei nº 8.078, de 11-9-1990, aplicável à ação civil pública por força do art. 21 que este último diploma legal (art. 117) introduziu na Lei nº 7.347. É que a disciplina da competência constante do citado art. 93 não coincide com a enunciada no art. 2° da Lei nº 7.347. Apesar disso, predominou a opinião (ao nosso ver correta) contrária à revogação![2] Não nos deteremos nesse ponto, nem no exame da problemática relativa à compatibilização entre o dispositivo em foco e regras sobre competência insertas na Constituição da República, a não ser para repetir o óbvio: as normas constitucionais prevalecem sempre sobre a da Lei nº 7.347, como sobre quaisquer outras disposições contidas em leis ordinárias. O escopo do presente trabalho é restrito: aqui se pretende unicamente tecer alguns comentários acerca do emprego da expressão «competência funcional» no texto do art. 2º.

---

1 Publicado no volume coletivo *A ação civil pública após 20 anos: efetividade e desafios* (coord. Édis Milaré), S. Paulo, 2005, e também *in Rev. For.*, v. 380.

2 *Vide*, por exemplo: ALUISIO GONÇALVES DE CASTRO MENDES, *Ações coletivas no direito comparado e nacional,* S. Paulo, 2002, p. 231-2, e – ao que se infere do contexto, embora sem análise específica da questão – ADA PELLEGRINI GRINOVER, Código Brasileiro de Defesa do Consumidor, 7ª ed., Rio de Janeiro, 2001, p. 806-7. Cf., na jurisprudência do STF, o ac. de 14-4-2000, R.E. nº 228.955, *in* D.J. de 14-4-2000, p. 56.

2. A EXPRESSÃO NO CÓDIGO DE PROCESSO CIVIL

A expressão "competência funcional", pouco frequente em textos legais, figura na rubrica da Seção 11 do Capítulo III do Título IV do Livro I do CPC e no respectivo art. 93, o único aí localizado. O dispositivo não contém definição; limita-se a estatuir: "Regem a competência dos tribunais as normas da Constituição da República e de organização judiciária. A competência funcional dos juízes de primeiro grau é disciplinada neste Código". Sem embargo desta última cláusula, em vão se procurará no estatuto de 1973 um conjunto articulado de normas sobre a "competência funcional" dos órgãos de primeiro grau, semelhante ao que nele trata da "competência territorial" (arts. 94 e s.).

Com a ressalva que a seu tempo virá (*infra*, item 7, principio), as disposições codificadas sobre possibilidade ou impossibilidade de modificação da competência não fazem referência específica à funcional. Uma dessas disposições é o art. 95, situado na seção atinente à competência territorial, que estabelece na segunda parte: "Pode o autor (...) optar pelo foro do domicílio ou de eleição, não recaindo o litígio sobre direito de propriedade, vizinhança, servidão, posse, divisão e demarcação de terras e nunciação de obra nova". Na Seção IV, "Das modificações da competência", diz o art. 102: "A competência em razão do valor e do território poderá modificar-se pela conexão ou continência, observado o disposto nos artigos seguintes". Estatui, por sua vez, o art. 111, *caput:* "A competência em razão da matéria e da hierarquia é inderrogável por convenção das partes; mas estas podem modificar a competência em razão do valor e do território, elegendo foro onde serão propostas as ações oriundas de direitos e obrigações".

Da conjugação de tais normas tira-se a regra geral de que a admissibilidade de modificações é peculiar ao âmbito delimitado pelos critérios *ratione loci* e *ratione valoris*[3]. A essa luz, afigura-se supérflua, a rigor, a autorização constante do início da segunda parte do art. 95: sendo territorial a competência, o regime aplicável é, *ipso facto*, o da admissibilidade. Necessária seria, sim, apenas a cláusula final, que abre exceções à regra, para excluir modificações nas hipóteses arroladas. Seja como for, entende-se impossível modificar a competência firmada à luz de critério

3 Assinala-se com razão que a regra não é absoluta: "meramente aproximativa" é como a qualificam ARAÚJO CINTRA-ADA PELLEGRINI GRINOVER-CÂNDIDO DINAMARCO, *Teoria geral do processo*, 19ª ed., S. Paulo, 2003, p. 243.

que não se baseie no valor ou no território. Atente-se, em particular, na alusão que faz o art. 111, *caput,* à competência "em razão da hierarquia": como oportunamente se registrará, esse é o caso por excelência de determinação da competência funcional. Os dados acima alinhados fornecem uma pista para que se compreenda o emprego da expressão no art. 22 da Lei nº 7.347. O completo esclarecimento da questão, todavia, reclama excurso histórico, breve que seja, sobre o conceito a que corresponde a locução e as vicissitudes semânticas ocorridas ao longo do tempo.

3. ORIGEM ALEMÃ DO CONCEITO DE "COMPETÊNCIA FUNCIONAL"

O conceito de "competência funcional" foi forjado, ao que tudo indica, pela doutrina processual alemã de fins do século XIX. Ele aparece, com perfeita nitidez, em exposição clássica do processo civil[4], onde se lê que "a limitação funcional da competência consiste em atribuir determinadas funções distintas numa mesma causa a órgãos competentes para conhecer dela em razão da matéria e do lugar", e que a finalidade de tal limitação "é (...) a cooperação de diferentes órgãos numa mesma causa". Acrescenta o autor que a "manifestação mais importante" desse critério "é o escalonamento hierárquico dos órgãos judiciais em órgãos de primeira instância e órgãos de instância superior, chamados tribunais recursais".

Não respeita ao critério funcional a "limitação espacial" da competência; dizendo de outro modo, a competência funcional não se determina em razão de elemento topológico (ou geográfico) relevante para a escolha do foro em que se deve propor a ação. Ela entra em jogo depois da propositura, no curso do processo, à medida que neste se exercitem atribuições diferentes, as quais podem ser conferidas a órgãos também diferentes (por exemplo, juízos de primeiro e de segundo grau). Atrevemo-nos a intercalar aqui uma imagem que talvez ajude na compreensão da diferença: o critério territorial reparte a *massa dos feitos*

4 Referimo-nos ao *Handbuch des Deutschen Civilprozessrechts* (grafia da época) de WACH, de 1885. Não tendo podido consultar o original, citamos neste trabalho a tradução espanhola de Tomás A. Banzhaf, publicada sob o título *Manual de Derecho Procesal Civil*, Buenos Aires, 1977. O trecho a que aludimos aqui acha-se na p. 55 do v. II. Pusemos "órgãos" em lugar de "tribunales", como está na tradução espanhola, para evitar malentendidos, visto que enrre nós a palavra "tribunal" designa mais comumente órgão colegiado de instância superior.

com cortes longitudinais; o critério funcional reparte *cada feito singularmente considerado com cortes transversais.*

O conceito de competência funcional assim fixado subsiste sem alteração na moderna literatura alemã. A mais completa exposição sistemática do processo civil tedesco esclarece, logo no início do capítulo dedicado ao tema, que a "*funktionelle Zuständigkeit*" se determina "mediante a espécie de atividade que o órgão judicial deve exercitar na causa situada no círculo dos assuntos que lhe cabem"[5] Adiante, esclarece: "A *competência funcional* reparte as diversas funções jurisdicionais na mesma causa entre diferentes órgãos judiciais e limita as funções de um órgão em relação às dos outros que atuam na mesma causa"[6].

4. A DOUTRINA ITALIANA

Em geral, quando se vem do norte para o sul da Europa, o tempo fica mais claro e o sol mediterrâneo dissolve as brumas setentrionais: é, pelo menos, a experiência turística do autor destas linhas. No caso, porém, aconteceu o contrário. Ao atravessar os Alpes, o conceito desenhado com tanta nitidez no céu jurídico alemão toldou-se de nuvens e fez-se lamentavelmente ambíguo na Itália. É curioso que isso haja ocor-

---

5 ROSENBERG-SCHWAB-GOTTWALD, *Zivilprozessrecht*, 16ª ed., Munique, 2004, p. 173. No original: "*durch die Art der Tütigkeit, die das Gericht in der Zu ihrem Geschäftskreis gehörigen Sache entfalten soll*".

6 *Ibid.*, p. 174. No original: "*Die funktionelle Zuständigkeit verteill die verschiedenen Rechtspflege funktionen in derselben Sache an verschiedene Rechtspflegeorgane und grenzt die Funktionen des einen Organs von denen der anderen in derselben Sache tätig werdenden Organe ab*" (destaque do autor). Cf. o lanço da p. 176: "*Es handelt sich um die Verteilung verschiedener Rechtspflegefunktionen unter verschiedene Rechtspflegeorgane in derselben Sache* (Trata-se da repartição de diferentes funções jurisdicionais entre diferentes órgãos judiciais, na mesma causa)". Em igual sentido, na Austria, RECHBERGER-SIMOTTA, *Zivilprozessrecht*, 6ª ed., Viena, 2003, p. 78: "*Die funktionelle Zuständigkeit verteilt verschiedene Rechtspflegefunktionen in derselben Rechtssache na verschiedene Rechtspflegeorgane* (A competência funcional reparte diversas funções jurisdicionais na mesma causa entre diversos órgãos judiciais)" (destaques do original); na Suíça, STAEHELIN-SUTTER, *Zivilprozessrecht*, Zurique, 1992, p. 46, onde se usa também a denominação "*graduelle Zuständigkeit*": "*Die Regeln* über *die funktionelle oder graduelle Zuständigkeit bestimmen, welches Gerichlsorgan innerhalb des gleichen Prozesses in den verschiedenen Verfahrensstadien zuständig ist* (As regras sobre competência funcional ou gradual determinam que órgão judicial é competente, dentro do mesmo processo, nas diferentes fases do procedimento)".

rido por obra de alguém que todos (ou quase todos) consideram um dos mais notáveis – quando não o mais notável – dentre os processualistas da história da península, e celebrado com muita justiça pela clareza de seus escritos.

A expressão "*competenza funzionale*" e o conceito a ela correspondente parecem haver sido introduzidos na doutrina italiana por um artigo de 1905, contribuição chiovendiana ao volume de estudos em honra de Carlo Fadda[7]. Nesse trabalho, mantinha-se o autor fiel à concepção alemã: aludia àquele critério de determinação da competência como a uma "repartição, entre diversos órgãos, das funções necessárias na mesma causa"[8].

Na primeira grande exposição sistemática do processo civil italiano, contudo – sem justificação expressa da mudança –, passavam a propor-se dois conceitos alternativos para a "*competenza funzionale*": um correspondente à tradição, outro diferente e, mais do que isso, em nada parecido, na substância, com o primeiro. De acordo com esse segundo conceito, falar-se-ia também de "*competenza funzionale*" quando se atribuísse uma causa ao juiz de determinado território pelo fato de que o exercício de sua função fosse nele mais fácil ou mais eficaz: seriam exemplos o da execução no lugar onde se encontram os bens, o do processo de falência no lugar do principal estabelecimento comercial[9]. Registrava o autor que, assim, a "*competenza funzionale*" se aproximava, de um lado, da "*competenza per materia*", por outro, da "*competenza territoriale*"; e aditava que, ainda neste caso, a "*competenza funzionale*" era "sempre absoluta e improrrogável", residindo aí a sua característica e a importância prática da categoria[10].

7 O próprio CHIOVENDA, nos Principii di diritto processuale civile, Nápoles, 1965 (reimpressão), p. 525, nota 2, informava: "*Il conceito e il nome della* (talvez melhor *nella*: cochilo de revisão?) *letteratura italiana trovasi prima nel nostro scritto Cosa giudicata e competenza (negli scritti in onore di C. FADDA, vol. II)*".

8 *Cosa giudicata e competenza, in Saggi di diritto processuale civile,* v. II. Milão, 1993, p. 423. No original: "*ripartizione fra diversi organi delle funzioni necessarie in una stessa causa*" (destaques do original).

9 *Principii*, p. 525. Já se anunciava a dualidade de sentidos no parágrafo consagrado aos "conceitos gerais" sobre competência: *vide* p. 484.

10 *Ibid.*, p. 526. A exposição vĩu-se reiterada, praticamente *ipsis verbis*, nas *Instituições de Direito Processual Civil*, trad. de J. Guimarães Menegale, 2ª ed., V. II, S. Paulo. 1965. p. 187-8.

5. OBSERVAÇÕES CRÍTICAS SOBRE ESSA DOUTRINA

Cumpre pôr em relevo o motivo e o escopo da nova construção. O que se queria era assinalar como insuscetíveis de alteração certos casos de competência baseada em elemento topológico. A regra, no entanto, era a de que, em casos desse tipo, a competência (territorial) comportava modificação: assim se entendia à vista do disposto no art. 187 do velho *codice di procedura civile* de 1865, então em vigor[11]. Destarte, pareceu necessário retirar do âmbito da competência territorial as hipóteses em que se colimava abrir exceção à regra, e inseri-los noutra categoria, de que o código aliás não cuidava em termos gerais e abrangentes[12]: a da competência funcional, caracterizada precisamente pela impossibilidade de modificar-se.

A solução foi infeliz, e por mais de uma razão. Criou-se entidade bifronte: o rótulo *competenza funzionale* ora se aplicava a uma coisa, ora a outra bem diversa. E, visto que o elemento determinante, numa delas, continuava a ser topológico, não fazia sentido deslocar do âmbito da competência territorial essas hipóteses em que se pré-excluía a modificação. O que se recomendava era pugnar por interpretação restritiva da cláusula do art. 187, para sustentar que nem todos os casos de competência territorial tinham disciplina modificável; ou, se inviável essa proposta, preconizar de *lege ferenda* a mudança do sistema.

Além disso, olhada mais de perto a realidade, verifica-se que a lei, quando regula a competência pelo território, com grande frequência se deixa guiar justamente pela consideração de que o órgão judicial de de-

---

11 Cf. MORTARA. *Commentario del codice e delle leggi di procedura civile*, v. II, 3ª ed., Milão, s.d., p. 400/401, 422. Na verdade, o dispositivo não dizia respeito diretamente à competência territorial: estatuía, quanto à competência por matéria ou valor, que a "*eccezione d'incompetenza*" podia ser oferecida em qualquer estado e grau do processo, e a questão era suscetível de conhecimento *ex officio*, ao passo que, nos oUlros casos (inclusive, é claro, no da competência em razão do território), a arguição devia ser feita "*prima di ogni altra istanza*", e ao juiz era vedado pronunciar de ofício a incompetência.

12 Posto que contivesse regras específicas sobre a competência recursal: por exemplo, a do art. 87 ("*Le corti di appello conoscono di tutte le cause giudicate in prima istanza dai tribunali civili e dai tribunali di commercio, o dagli arbitri nei limiti della competenza di essi tribunali e salvo il disposto dell'articolo 28*") e a do art. 88 ("*La corte di cassazione conosce dei ricorsi per annullamento delle sentenze, a norma del'articolo 517*"). Falava-se, ao propósito, de "*competenza per gradi di giudizio*": assim MORTARA, ob. e v. cit., p. 18.

terminado foro se presume em condições de exercer nele sua função de modo "mais fácil ou mais eficaz": assim, *v.g.*, ao designar como competente o foro do domicílio do autor da herança "para o inventário, a partilha, a arrecadação, o cumprimento das disposições de última vontade e todas as ações em que o espólio for réu" (CPC brasileiro, art. 96, *caput)*, ou o foro "onde se acha a agência ou sucursal", para as ações relativas a obrigações aí contraídas pela pessoa jurídica (CPC brasileiro, art. 100, nº IV, *b*). A não ser por causa da possibilidade de modificação, todos esses casos teriam então, à luz do segundo conceito chiovendiano, de deslocar-se para o âmbito da competência funcional.

Tamanho era o prestígio do patrono da sugestão, entretanto, que, apesar de sua intrínseca fraqueza, ela exerceu influência duradoura sobre a doutrina posterior. Em obra da segunda metade do século passado, oriunda de pena não menos autorizada, falava-se de "*competenza per territorio*" para dar nome a dois critérios de determinação: um inspirado no propósito de facilitar e tomar mais cômoda a defesa das partes, especialmente a do réu; outro, no de fazer realizar o processo perante o órgão judicial que, por sua sede, possa exercitar suas funções "da maneira mais eficiente". E estabelecia-se distinção terminológica entre os dois grupos de casos: para o segundo, empregava-se a expressão "competenza territoriale funzionale", para o outro "*competenza per territorio semplice*". A diferença prática essencial residiria na possibilidade (segundo grupo) ou impossibilidade (primeiro grupo) de modificação pela vontade das partes[13].

Duas observações cabem aqui. *Primo*, abertamente se reconhecia que é territorial o critério de determinação da competência baseado na eficiência supostamente maior com que exerceria as funções necessárias o órgão com sede em determinado lugar: a "*competenza territoriale funzionale*" ficava reduzida a uma espécie do gênero "competenza per territorio"[14]. *Secundo*, em vão se procurará, ao longo da seção do livro dedicada à competência, o nomen iuris "competência funcional" aplicado ao critério da repartição de funções por órgãos diversos no mesmo processo – ou seja, precisamente ao critério em que se baseara a doutrina alemã para forjar o conceito e a denominação![15]

13 LIEBMAN, *Manuale di diritto processuale civile*, v. I, 4ª ed., Milão, 1980, p. 55 e s. A locução "*competenza per territorio semplice*" figura na p. 62.

14 Assim, expressamente, LIEBMAN, ob. e v. cit., p. 50.

15 E que, vale recordar, CHIOVENDA retivera, embora lhe haja posto ao lado o outro: *vide* os passos cit. nas notas 8 e 9, *supra*.

Em suma: a classificação originária dos critérios de determinação da competência perdeu a nitidez primitiva, e a expressão "competência funcional" passou a ser equivocamente usada, ao gosto pessoal de cada autor. Exposição recentíssima do processo civil italiano retoma a dicotomia chiovendiana: a locução "*competenza funzionale*" poderia aplicar-se quer à *competenza per territorio* inderrogável, quer a muitos outros casos em que o elemento decisivo diz respeito "a uma determinada relação entre o juiz e a causa" (exemplifica-se com a competência recursal)[16]. Mas está longe de ser uniforme na península o panorama hodierno: há até obras, e importantes, que pura e simplesmente se abstêm de empregar a locução[17].

6. A DOUTRINA BRASILEIRA

Vejamos agora o que sucedeu quando o assunto cruzou o Atlântico e chegou a estas plagas. Nos autores brasileiros menos recentes não se costuma deparar a expressão "competência funcional". Não significa isso que haja passado despercebido o fenômeno da repartição de atribuições por órgãos distintos no mesmo processo. Em livro do início do século XX, falava-se da "competência em grau de recurso"[18], conquanto não se lhe reservasse denominação específica. O mesmo autor advertiu-se da possibilidade de serem competentes juízos diversos para exercer, no mesmo pleito e até no mesmo grau de jurisdição, funções também diversas; buscou exemplo no processo penal, onde os "juízes inferiores" podem ter competência "plena ou limitada: plena, quando processam e julgam toda causa e ação (*sic*); limitada, quando processam os atos preparatórios até a pronúncia, ou quando julgam apenas de direito, ficando ao Júri o julgamento do fato"[19]. Aí estava perfeitamente caracterizado o critério funcional de determinação da competência; só faltou o nome.

Todavia, na literatura mais moderna volta o tema a envolver-se de névoas. Autores há que, trilhando o reto caminho apontado pela dou-

16 BALENA, *Elementi di diritto processuale civile*, v. I, Bati, 2004, p. 115.

17 Salvo engano, a denominação "competenza funzionale" está ausente, v.g" das *Institution di diritto processuale,* de FAZZALARI. 8ª ed., Pádua, 1996; do *Diritto processuale civile*, de LUISO, 3ª ed., Milão, 2000; das *Lezioni di diritto processuale civile*, de PROTO PISANI, 4ª ed., Nápoles, 2002.

18 JOÃO MENDES DE ALMEIDA JUNIOR, *Direito judiciário brasileiro*, p. 43 (citamos a 3ª ed., Rio de Janeiro-S. Paulo, 1940, mas a gênese da obra remonta a 1910).

19 *Id., ibid.*, p. 50.

trina alemã, aplicam o nomen iuris "competência funcional" ao critério baseado na repartição das atividades exercidas, no mesmo processo, por diferentes órgãos judiciais[20]. Na sistematização da matéria, discriminam-se três grupos de casos: o relativo às fases do procedimento, o atinente aos graus de jurisdição (a rigor, contido no anterior) e o consistente na divisão das atribuições em função do objeto do juízo (por exemplo: no incidente de uniformização da jurisprudência, cabe a um órgão a fixação prévia da tese jurídica, e a outro a respectiva aplicação ao caso concreto).

Há, no entanto, quem continue a ater-se ao esquema chiovendiano, com sua dualidade conceptual[21]. Ao propósito, afigura-se exata a observação de que "o enquadramento no gênero do critério funcional-territorial vem açambarcando uma imensidão de casos, talvez para afirmar uma natureza absoluta, fugindo, assim, da relatividade como regra no critério territorial"[22]. Voltaremos oportunamente ao tópico.

---

20 Assim, entre outros, HÉLIO TORNAGUI, *Comentários ao Código de Processo Civil*, v. I, S. Paulo, 1974, p. 315 e s.; PINTO FERREIRA, *Código de Processo Civil comentado*, 1º v., S. Paulo, 1995, p. 241; JOSÉ FREDERICO MARQUES, *Manual de Direito Processual Civil*, v. 1, 13ª ed., 1990, p. 201, 229 e s. (*vide*, sobretudo, este trecho da p. 229: "Procura-se, portanto, na competência funcional, repartir as funções jurisdicionais, entre órgãos judiciários, dentro de um mesmo processo" – sem grifo no original); AMARAL SANTOS, Direito Processual Civil, Iº v., 18ª ed., S. Paulo, 1995, p. 238; HUMBERTO THEODORO JÚNIOR, *Curso de Direito Processual Civil*, v. I, 41ª ed., Rio de Janeiro, 2004, p. 159. Menos nítida a posição de CÂNDIDO DINAMARCO, *Instituições de Direito Processual Civil*. v. 1, 4ª ed., S. Paulo, 2004, p. 433/4, para quem se diz funcional a competência "quando a lei a determina automaticamente, a partir do simples fato de algum órgão jurisdicional ter oficiado em determinado processo com atividade que de alguma forma esteja interligada com essa para a qual se procura estabelecer qual o juiz competente", e as regras de compe(ência funcional "levam em conta afLUlção já exercida num processo, para estabelecer a quem compete algum outro processo interligado funcionalmente a este ou a quem compete outra fase do mesmo processo» (grifos do autor). A cláusula derradeira entrosa-se na tradicional concepção alemã; dela se afasta, porém, a referência a «outro processo interligado» (nosso o grifo em «outro»). Cf. a p. 436 da mesma obra; onde também se alude a «um processo subsequente ou simultâneo a outro já instaurado».

21 Por exemplo: CELSO AGRÍCOLA BARBI, *Comentários ao Código de Processo Civil*, v. I, 10ª ed., Rio de Janeiro, 1998, p. 306/7; SERGIO BERMUDES, *Introdução ao processo civil*, Rio de Janeiro, 1995, p. 63/4. Procede, a nosso ver, a crítica de CÂNDIDO DINAMARCO, ob. e v. cit., p. 434, à "ampliação" proposta por CHIOVENDA, "responsável pelas incertezas que ainda hoje minam o conceito de competência funcional, que até hoje não chegou a um ponto satisfatório e definitivo".

22 ALUISIO GONÇALVES DE CASTRO MENDES, ob. cit., p. 226.

7. A LEGISLAÇÃO BRASILEIRA

Já ficou registrado que o vigente CPC acolheu a expressão "competência funcional", sem defini-la. Absteve-se de usá-la no art. 87, relativo à *perpetuatio iurisdictionis*, cuja parte final declara relevantes as "modificações do estado de fato ou de direito" posteriores à propositura da ação, quando "(...) alterarem a competência em razão da matéria ou da hierarquia" (funcional, portanto).

De maneira alguma trata o Código da competência funcional como de espécie do gênero "competência territorial": esta se acha regulada na Seção III do Capítulo I do Título IV do Livro I (arts. 94 e s.), ao passo que aquela é assunto da Seção II, formada por um único dispositivo, o art. 93. Em mais de um caso, também já se notou, a competência territorial é sem dúvida estabelecida em razão da maior (presumivelmente) facilidade e eficiência do exercício da atividade jurisdicional em determinado lugar: demos dois exemplos, que poderiam multiplicar-se, no item 5, *supra*. Não se descobre no Código, pois, fundamento para a consideração de hipóteses desse tipo como de competência funcional, e menos ainda para a aceitação de uma categoria híbrida qual a da competência "territorial-funcional". Soa exagerada, destarte, a imputação feita ao legislador de 1973, em tom crítico, de "grande fidelidade ao modelo chiovendiano"[23].

Alude o art. 93, em separado, à "competência dos tribunais" (1ª parte) e à dos "juízes de primeiro grau" (2ª parte). Não emprega o adjetivo "funcional" senão na 2ª parte, mas é óbvio que, no tocante aos tribunais, apenas se refere, do mesmo modo, à respectiva competência funcional, que não inculca como a única possível. De jeito nenhum se extrai do art. 93 que o Código inclua na categoria funcional toda e qualquer competência outorgada a tribunais[24]. Podem eles ser competentes em virtude

23 A expressão é de CÂNDIDO DINAMARCO, ob. e v. cit., p. 439.

24 Conforme entendiam, entre outros, PONTES DE MIRANDA, *Comentários ao Código de Processo Civil*, t. II, 3ª ed. (com atualização legislativa de Sergio Bermudes), Rio de Janeiro, 1995, p. 238 e s. – ajulgar pela extensa exemplificação – e CELSO AGRÍCOLA BARBI, ob. e v. cit., p. 307 ("No que se refere aos tribunais, considera-se de natureza funcional tanto sua competência recursal quanto a originária"). Corretamente interpretava o dispositivo HÉLIO TORNAGHI, ob. e v. cit., p. 319. Quanto a CÂNDIDO DINAMARCO, ob. e v. cit., p. 435, embora opine que "o art. 93 pretende afirmar como funcional toda a competência dos tribunais – seja a originária, seja a recursal" (grifado no original), tacha de "arbitrário" o enquadramento indiscriminado daquela competência na categoria funcional. Ao nosso ver, a injustificável arbitrariedade pode ser afastada por via hermenêutica.

da repartição de atribuições por órgãos diversos num mesmo processo; mas também o podem ser em função de outros elementos. Unicamente ao primeiro caso respeita a 1ª parte do art. 93, conforme resulta não só da rubrica, senão também da conveniência (para não dizer da necessidade) de uniformizar nas duas partes a compreensão do texto. As normas da Constituição da República e de organização judiciária regem, sim, a competência funcional dos tribunais; isso não exclui que umas e outras outorguem a tribunais, além disso, competências determinadas à luz de outro critério.

Veja-se, por exemplo, o caso da competência do Supremo Tribunal Federal para processar e julgar a "ação direta de inconstitucionalidade de lei ou ato normativo federal ou estadual" (Constituição da República, art. i02, n" l, a). Tal processo desenvolve-se todo perante o mesmo tribunal; e não há supor que este tenha condições de exercer com maior facilidade ou eficiência as suas funções no lugar onde está sediado do que em qualquer outro. A hipótese é típica, como as que mais o sejam, de competência determinada em razão da matéria.

Também nos parece material o critério cuja aplicação atribui a determinado tribunal competência para a ação rescisória julgada por ele próprio ou por órgão de grau inferior, ou a competência para mandado de segurança impetrado contra ato jurisdicional[25]. Achamos conveniente preservar a pureza conceptual que limita o critério funcional de distribuição da competência à repartição das funções exercidas num mesmo processo. Ora, nem a ação rescisória, nem o mandado de segurança contra ato jurisdicional se situam no mesmo processo em que se proferiu a decisão rescindenda ou se praticou o ato impugnado.

Não se nega com isso que o critério funcional de divisão da competência possa adquirir relevância em processo da competência originária de tribunal. Basta pensar na possibilidade de caber recurso, contra a decisão de um órgão, para outro do mesmo tribunal. Hipóteses tais contêm-se no campo demarcado segundo o critério proposto na Alemanha, a saber: divisão da competência em razão de *diferentes* funções exercidas por órgãos distintos, dentro do mesmo feito. O que não consideramos próprio da competência funcional, porque não resulta da aplicação

25 Para CÂNDIDO DINAMARCO, ob. e v. cit., p. 435, é funcional o critério em ambas as hipóteses, porque se cuida de processos "interligados" (cf., *supra*, a nota 19, onde se expõe o entendimento desse autor).

daquele critério, é a indicação de um tribunal como o órgão perante o qual a ação deve ser intentada.

Por outro lado, não é só na Carta da República e em leis de organização judiciária que se encontram disposições sobre competência funcional. Elas aparecem igualmente em Constituições estaduais (*v.g.*, no art. 158, n" VI, do Estado do Rio de Janeiro, que incumbe o Tribunal de Justiça de "julgar, em grau de recurso, as causas decididas em primeira instância, no âmbito de sua competência") e nos regimentos internos de tribunais, com apoio no art. 96, nº I, *a*, da Constituição Federal (por exemplo: consoante o art. 6°, nº IV, do Regimento Interno do Supremo Tribunal Federal, compete ao Plenário "julgar, em grau de embargos, os processos decididos pelo Plenário ou pelas Turmas").

No que tange à competência funcional dos juízes de primeiro grau, o art. 93 simplesmente anuncia – de maneira supérflua, ao nosso ver – que o próprio Código a disciplina. Consoante já se averbou, não há tratamento sistemático da matéria: ao longo do texto codificado aparecem, aqui e ali, disposições concernentes à distribuição funcional da competência. Servem de exemplos as relativas à prática de atos processuais que hajam de realizar-se, por meio de ema, "fora dos limites territoriais da comarca" (art. 200) e à competência, repartida entre juízo deprecante e juízo deprecado, para processar e julgar os embargos à execução promovida mediante carta (art. 747). Observe-se que o critério funcional de divisão da competência é, em geral, pouco relevante na primeira instância, onde a regra é a de que todos os atos judiciais (despacho da petição inicial, ordem de citação, saneamento do processo, determinação e colheita de provas, audiência preliminar e de instrução e julgamento, sentença etc.) sejam praticados, desde o início até o fim do procedimento, pelo mesmo órgão – embora não necessariamente pelo mesmo juiz.

8. CONCLUSÕES

É hora de voltar ao art. 22 da Lei nº 7.347. Levando em consideração quanto se expôs, pode-se concluir que:

a) Do ponto de vista técnico, o emprego da expressão "competência funcional" sem dúvida se harmoniza com a construção chiovendiana, correspondendo ao segundo critério proposto pelo autor italiano. Com efeito, é de presumir que tenha melhores condições para exercer as funções necessárias o juízo do "foro do local onde ocorrer o dano".

Diversamente, o emprego da expressão não se harmoniza com a construção originária da Alemanha e adotada pela maior parte da doutrina brasileira (cf., *supra*, o item 6 e, aí, a nota 17). Tampouco se afigura consentâneo com a sistemática do CPC – ou, pelo menos, não é necessário à luz dela.

b) Ao ângulo prático, o objetivo do legislador foi certamente o de excluir a possibilidade de modificação pela vontade das partes. Aplica-se ao caso o regime o art. 113 do CPC: a incompetência deve ser declarada de ofício e pode ser alegada em qualquer tempo, independentemente de exceção. Além disso, não será válida convenção de eleição de foro destinada a submeter o pleito à apreciação de outro que não o indicado na lei.[26] Em outras palavras: a redação do art. 2º visou a tomar absolutamente incompetentes todos os foros diversos do indicado no texto.

É manifesto, porém, que se poderia atingir o objetivo pura e simplesmente com a introdução de cláusula que excluísse em termos expressos a possibilidade de modificação. Afinal de contas, havia o exemplo da cláusula final da 2ª parte do art. 95 do CPC. As leis recorrem às vezes, sem necessidade nem vantagem, a expedientes oblíquos para chegar a resultados diretamente atingíveis. Um desses expedientes consiste em colar etiqueta imprópria a determinada situação, no intuito de submetê-la ao mesmo regime previsto para outra situação, à qual se aplica a etiqueta com propriedade. Por trás do equívoco terminológico, há um problema de disciplina legal, que mereceria solução diversa.

A competência funcional já foi rotulada entre nós de "categoria enigmática"[27]. Está ao alcance do legislador contribuir para a decifração do enigma. A contribuição decisiva consistiria, queremos crer, em adotar um conceito unívoco desse tipo de competência, abstendo-se de usar o *nomen iuris* para designar fenômenos que nele não se enquadrem. E a melhor opção seria a de reservar a expressão "competência funcional" para os casos de repartição de funções a serem exercidas por diversos órgãos judiciais no mesmo feito. A volta às origens constituiria aqui autêntico progresso.

Janeiro de 2005.

---

26 ADA PELLEGRINI GRINOVER, ob. cit., p. 807.

27 CÂNDIDO DINAMARCO, ob. e v. cit, p. 435.

COMENTÁRIOS DOS ATUALIZADORES

A EXPRESSÃO "COMPETÊNCIA FUNCIONAL" NO ART. 2º DA LEI DA AÇÃO CIVIL PÚBLICA

Aluisio Gonçalves de Castro Mendes/Carolina Paes de Castro Mendes

Em texto escrito em janeiro de 2005, José Carlos Barbosa Moreira analisa o emprego da expressão "competência funcional" no artigo 2º da Lei da Ação Civil Pública (Lei nº 7.347/1985) à luz da doutrina e das normas processuais.

Parece não ter ocorrido modificação ou inovação significativa, digna de ser ressaltada sobre o assunto abordado no presente ensaio.

Sobre o tema do texto, o primeiro atualizador[28] teve a oportunidade de lançar algumas considerações, que, para a nossa honra, já haviam sido mencionadas no artigo sob comento. Em edição mais recente, o entendimento esposado continuava seguindo as lições do saudoso Mestre:

> Explicando o que seria o critério funcional, Chiovenda afirmou que "extrai-se da natureza especial e das exigências especiais das funções que se chama o magistrado a exercer num processo. Tais funções podem repartir-se entre diversos órgãos na mesma causa (assim, há juízes de primeiro grau e segundo grau, juízes da cognição, juízes da execução), ou devem confiar-se ao juiz de dado território, em vista, exatamente, de suas exigências, abrindo lugar a uma competência em que o elemento funcional concorre com o territorial".[29] No sentido traçado na parte final do texto, em que há concorrência dos elementos funcional e territorial, é perfeitamente possível apontar-se, por exemplo, a competência para o cumprimento das cartas rogatórias, de ordem e precatórias, in-

28 MENDES, Aluisio Gonçalves de Castro. , *Ações coletivas e meios de resolução coletiva de conflitos no direito comparado e nacional.* 4.ed. São Paulo: RT, 2014, p. 241-242.

29 Instituições..., cit., p. 214.

cluindo-se nestas últimas a chamada execução por carta,[30] em que, na realidade, podem ser deprecadas a penhora, a avaliação e a arrematação. Todavia, o enquadramento no gênero do critério funcional-territorial vem açambarcando uma imensidão de casos, talvez para afirmar uma natureza absoluta, fugindo, assim, da relatividade como regra no critério territorial. A competência no mandado de segurança, na ação civil pública e até nas hipóteses de incompetência absoluta do art. 95 do CPC[31] tem sido colocada no rol. Nada há, entretanto, de função, mas, tão somente, de elemento territorial nos casos acima apontados. Por outro lado, a regra da competência modificável em razão do valor e do território pode ser ressalvada para o caso em questão, por determinação legal, tal como feito na parte final do art. 95, sem que, para tanto, haja a necessidade de violação dos conceitos.

(...)

A fixação da competência para as ações coletivas, em geral, foi prevista em dois dispositivos legais: no art. 2º da Lei 7.347/1985 e no art. 93 da Lei 8.078/90. O primeiro prevê, como visto anteriormente, que as ações civis públicas devem ser propostas no foro do local onde ocorrer o dano, cujo juízo "terá competência funcional para processar e julgar a causa". Por sua vez, o art. 90 da Lei de Defesa do Consumidor determinou a aplicação das normas estabelecidas na Lei da Ação Civil Pública às ações previstas no Título III da Lei 8.078/1990, incluindo-se neste rol a defesa coletiva estatuída no art. 81. No entanto, a Lei de Defesa do Consumidor também regulou o tema:

"Art. 93. Ressalvada a competência da Justiça Federal, é competente para a causa a justiça local:

I - no foro do lugar onde ocorreu ou deva ocorrer o dano, quando de âmbito local;

30 Vide CPC, art. 747, parte inicial, na redação do CPC-1973, atualmente com previsão no art. 914, § 2º, do CPC-2015.

31 Referência ao CPC de 1973, cujo teor se mantém no novo Estatuto, no art. 47, *caput* e § 1º, do CPC-2015.

II - no foro da Capital do Estado ou no do Distrito Federal, para os danos de âmbito nacional ou regional, aplicando-se as regras do Código de Processo Civil aos casos de competência concorrente".

Procurando manter a sintonia entre as normas contidas na Lei da Ação Civil Pública e de Defesa do Consumidor, tratou o legislador de incluir, no art. 21 do segundo estatuto, norma semelhante a assentada no art. 90 da Lei 8.078/1990, porém em direção inversa, estabelecendo que as disposições destas são aplicáveis às ações civis públicas, naquilo em que não for contrário.

O legislador teria andado melhor, talvez, se houvesse revogado expressamente o art. 2º da Lei da Ação Civil Pública, não se omitindo, na nova disposição, menção quanto à inderrogabilidade da competência, marca da previsão mais antiga. Mas, não o fazendo, cabe ao aplicador do direito decidir sore a subsistência ou não do mencionado comando. Por força das duas regras ampliativas aludidas, não se pode dizer que haja diferenciação sob o prisma do âmbito de incidência. O único argumento que seria invocável – o fato de o art. 93 da Lei de Defesa do Consumidor estar disposto no Capítulo II – Das ações coletivas para a defesa de direitos individuais homogêneos – é por demasiado fraco na medida em que não haveria sentido em se estabelecer normas específicas apenas para esta espécie de interesse coletivo deixando de lado as duas outras categorias. Nesse sentido, a doutrina é uníssona, valendo destacar, por todos, as palavras de Ada Pellegrini Grinover:

"Embora inserido no capítulo atinente às 'ações coletivas em defesa de interesses individuais homogêneos', o art. 93 do CDC rege todo e qualquer processo coletivo, estendendo-se às ações em defesa de interesses difusos e coletivos. Não há como não utilizar, aqui, o método integrativo, destinado ao preenchimento da lacuna da lei, tanto pela interpretação extensiva (extensiva do significado da norma) como pela analogia (extensiva da intenção do legislador).

Ubi eadem ratio, ibi eadem juris dispositio. É a necessária coerência interna do sistema jurídico que exige a formulação de regras idênticas em que se verifica a identidade de razão.

Se o art. 93 do CDC fosse aplicável apenas aos interesses individuais homogêneos, o resultado seria a regra de competência territorial de âmbito nacional ou regional só para as ações em defesa dos aludidos direitos, enquanto nos processos coletivos para a tutela de interesses difusos e coletivos a competência nacional ou regional ficaria fora do alcance da lei. O absurdo do resultado dessa posição é evidente, levando a seu repúdio pela razão e pelo bom senso, para o resguardo do ordenamento".

Porém, como não houve revogação expressa e as contradições não se presumem, cabe ao hermeneuta a tarefa de tentar harmonizar os dois dispositivos legais. O antigo, como já mencionado diversas vezes neste trabalho, pretendeu acima de tudo fixar que a competência territorial, na espécie, seria inderrogável, fugindo assim à regra inscrita no art. 114 do CPC[32]. Fincou, ainda, que o foro local onde ocorreu o dano seria o competente. Na regulamentação do art. 93 da Lei 8.078/90, não se faz menção expressa à incompetência absoluta, mantendo-se a indicação do foro do lugar onde ocorreu ou deva ocorrer o dano, quando de âmbito local, com fulcro no inciso I. Todavia, se de âmbito nacional ou regional, a competência será do foro da Capital do Estado ou do Distrito Federal. A conciliação seria assim possível, a partir da manutenção do caráter absoluto da incompetência, previsto na norma antiga, alterando-se tão somente a fixação da regra pertinente às causas decorrentes de danos de âmbito nacional ou regional, que estariam entregues ao foro da Capital ou do Distrito Federal.

32 Referência ao CPC de 1973, com teor mantido no art. 65 do CPC-2015

O PROBLEMA DA DURAÇÃO DOS PROCESSOS: PREMISSAS PARA UMA DISCUSSÃO SÉRIA[1]

1. A longa duração dos processos vem-se convertendo em alvo de grande atenção, e não só nos círculos especializados. Dela costumam ocupar-se os meios de comunicação social, não raro em termos lamentavelmente superficiais e inexatos. Tem-se com frequência a impressão de que, para muitos, aí está o problema por excelência da Justiça: em avaliação bastante discutível, tende-se em geral a sobrepor a necessidade de acelerar a prestação jurisdicional à de aprimorar-lhe a qualidade. Além disso, o problema tem-se visto obscurecido além de toda medida razoável por uma teia de ideias preconcebidas, sem base empírica, que geram visão distorcida da realidade e conduzem à utilização de estratégias inadequadas e por isso ineficazes. O primeiro cuidado no tratamento da matéria deve consistir na denúncia dessas ideias: uma espécie de limpeza do campo, indispensável para que se possa observar o fenômeno com alguma clareza e formular diagnóstico menos aleatório.

Antes de mais nada, cumpre salientar a absoluta irrelevância daquilo a que se pode chamar a "exemplificação anedótica". Quase sempre, quando se traz o assunto à balha, alguém supõe contribuir valiosamente para o debate citando determinado caso em que pessoa da família, ou do grupo de amigos, se viu envolvida em pleito de longa duração: "Minha tia é parte num processo que se arrasta há mais de vinte anos". Deveria ser desnecessário sublinhar que comentários desse tipo em nada contribuem para o equacionamento correto do problema. Não precisamos de exemplos acidentais; precisamos, sim, de dados estatísticos colhidos e tratados com boa técnica. A estatística, todos sabemos, lida com grandes números; quando se despreza tal princípio, chega-se a conclusões tão risíveis como seria tachar de criminosos 100% da população estrangeira de certa cidade, porque o único estrangeiro nela residente cometeu um delito.

---

1 Texto de palestra (com o acréscimo de notas) proferida no Conselho Técnico da Confederação Nacional do Comércio, em 18-4-2006. Publicado na *Carta Mensal*, v. 51, nº 612, e também *in Seleções Jurídicas ADV*, maio de 2006.

No Brasil não tem havido interesse na elaboração de estatísticas sobre duração de processos[2]. Nenhum elemento fornece a tal respeito o Banco Nacional de Dados do Poder Judiciário, acessível no sítio do Supremo Tribunal Federal da internet. Não chegou a ser implementada uma resolução do então Presidente da Corte, de março de 2004, segundo a qual seriam ali obrigatoriamente incluídos os chamados "indicadores judiciários", entre os quais o "tempo médio para o julgamento final na instância" e o "tempo médio da data do julgamento até a publicação da sentença ou do acórdão". Há meses, realizou-se pesquisa sobre o panorama judicial brasileiro, sob o sugestivo título "A Justiça em números"; os relatórios dela oriundos continham dados sobre diferentes tópicos, como o número de feitos, não porém sobre a respectiva duração.

A Emenda Constitucional nº 45, de 8-12-2004, criou um Conselho Nacional de Justiça, órgão ao qual cometeu, entre outras incumbências, a de elaborar relatórios estatísticos sobre a matéria. O Conselho tem uma Comissão de Estatísticas, e mediante a Resolução nº 4, de 16-8-2005, instituiu um "Sistema de Estatísticas do Poder Judiciário". Entretanto, no relatório anual de 2005, divulgado pelo Conselho, encontram-se numerosas informações de conteúdo bastante diversificado, mas quase nada de índole temporal: salvo engano, o único dado concreto desse tipo concerne ao Superior Tribunal de Justiça, onde se diz, sem quaisquer especificações, que, nos cinco meses anteriores a novembro de 2005, 70% dos processos tramitaram em 180 dias. Informou-me o Professor Joaquim Falcão, membro da Comissão de Estatísticas, que ainda se está tratando de fixar conceitos básicos capazes de fundamentar critérios técnicos homogêneos para o tratamento de dados provenientes dos vários setores da Justiça, no plano federal e nos Estados.

A tarefa é reconhecidamente difícil. Temos de aguardar que surjam elementos mais substanciosos. Como todos compreendem, eles são imprescindíveis para a identificação dos fatores de retardamento e do peso de cada qual. Só assim se poderá traçar estratégia que evite o risco de investirmos quixotescamente contra moinhos de vento, deixando em paz

2 A carência parece não ser exclusividade nossa; em obra recente, nota professor holandês, da Universidade de Maastricht: "The study of the causes of undue delay in civil litigation is not an easy topic. Empirical data are often not available" (VAN RHEE, *The Law's Delay: an Introduction*, no volume coletivo *The Law's Delay*, ed. Van RHEE, Antuérpia-Oxford-Nova Iorque, 2004, p. 4; cf. p. 11: "*empirical research*" in this respect is often lacking").

e sossego os verdadeiros inimigos. Enquanto isso, é oportuno desmentir algumas falsas proposições que costumam perturbar o raciocínio de quem se interessa pelo problema. Passo a enumerar cinco dos mais frequentes equívocos na matéria.

2. Primeiro equívoco: O problema da excessiva duração dos processos é peculiar ao nosso tempo. Na verdade, ele é multissecular. Para não ir mais longe – e sem esquecer a extrema diversidade das circunstâncias históricas, que tomam arriscado qualquer confronto com a situação atual –, recordarei que no início do século XIV as reiteradas queixas sobre a lentidão do processo canônico levaram o Papa Clemente V a criar, mediante a bula conhecida pela denominação de *Clementina Saepe*, um rito simplificado, sem muitas formalidades, que os historiadores do direito incluem entre os antecedentes dos atuais procedimentos sumários ou sumaríssimos.

O que se pode e deve reconhecer é que o problema assume hoje em dia mais vultosas proporções, ou é percebido como mais grave[3]. Para tanto concorre, entre outros fatores, a expansão constante da demanda de prestação jurisdicional – fenômeno para cuja manifestação a rigor bastaria o crescimento da população em todo o mundo, mas que se vê magnificado pela proliferação de conflitos de interesses, corolário inevitável da complexidade cada vez maior das atividades econômicas e das relações sociais, e pela incessante expansão da área em que a Justiça é chamada a atuar: temas como o da proteção do consumidor e o da defesa do ambiente não costumavam ser levados senão excepcionalmente à apreciação judicial, ao passo que agora respondem por parcela bastante ponderável do trabalho que os juízes têm de enfrentar no seu dia a dia. O Judiciário vê-se convocado a tentar solucionar uma série de problemas que tradicionalmente se deixavam aos cuidados da Administração Pública; e o fenômeno amplia-se a cada hora. Tudo indica ter razão quem prevê que a carga de trabalho dos juízes não parará de crescer[4]. Junta-se a isso a enorme difi-

---

3 Atente-se nestas palavras do Presidente da Associação Internacional de Direito Processual: "*It is my conviction that the problem of tardiness in procedural matters has been with us for centuries but that awareness of this situation had not been borne in upon us until the eighties of the twentieth century*" (STORME, *Introductory Address*, no volume coletivo cit. na nota anterior, p. III).

4 *Vide* por exemplo, na doutrina contemporânea. FISS, *The Law as It Could Be*, Nova Iorque-Londres, 2003, p. 84: "The need for judicial intervention will always be great; the caseload of the judiciary will constantly grow".

culdade, para não dizer a impossibilidade, de aumentar em termos correspondentes a oferta do serviço, mediante a indefinida multiplicação, inviável por motivos óbvios, de órgãos judiciais. Por outro lado, as sociedades contemporâneas tendem a conformar-se menos que as antigas com dilações julgadas incompatíveis com o dinamismo e a velocidade típicos de uma era tão fortemente marcada pelo progresso tecnológico. A pressa em obter resultados e a intolerância com qualquer demora são traços psicológicos bem visíveis no homem de nossos dias.

3. Segundo equívoco: A excessiva duração dos processos é mazela tipicamente brasileira. Nada mais distante da verdade. Há décadas participo de congressos internacionais sobre temas ligados ao processo, e em nenhum deixei de ouvir lamentações, partidas de todos os quadrantes do planeta, quanto à morosidade da Justiça. Sucessivas reformas da legislação, nos mais diferentes países, põem em evidência insatisfação generalizada com o desempenho da máquina judiciária, sobretudo no que concerne ao respectivo ritmo.

Nem se suponha que o mal é peculiar a zonas menos desenvolvidas do globo. O exemplo da Itália é significativo. Trata-se de país do primeiro mundo, ao qual unanimemente se atribui posição de enorme relevo no campo da ciência jurídica, e de maneira particular no da processual. Pois bem: é notória e crônica a lentidão da Justiça italiana – motivo, entre outras coisas, de numerosas condenações impostas pela Corte Europeia de Direitos Humanos: só em 2002, consoante informação fidedigna, atingiram elas a cifra de 289[5]. O relatório do Primeiro Presidente da *Corte di Cassazione* na inauguração do ano judiciário de 2006, disponível na internet, refere-se a uma duração média de 35 meses (quase três anos) na primeira instância e de 65 meses (cerca de cinco anos e meio) em grau de apelação[6]: os dados precisariam de alguma especificação para fundamentar avaliação mais rigorosa, mas nem por isso são menos sugestivos.

Acostumados a ver na sociedade norte-americana modelo onímodo de eficiência, e impressionados por sequências de algumas películas cinematográficas, inclinamo-nos a supor muito rápida a Justiça nos

5 TARUFFO, *Recent and Current Reforms of Civil Procedure in Italy*, no volume coletivo *The Reform of Civil Procedure in Comparative Perspective*, ed. Trocker e Varano, Turim, 2005, p. 225.

6 Fonte: www.giustizia.it/uffici/inaugag/ag2006/cass2006 index.htm.

Estados Unidos. É suposição que não resiste à pesquisa em fontes confiáveis. Basta consultar a literatura lá produzida na matéria. Informa obra prestigiosa que em muitos órgãos é necessária uma espera de quatro ou cinco anos para chegar ao julgamento[7], embora ressalve que isso acontece principalmente nos casos submetidos a júri – regime ainda bastante utilizado naquele país em matéria civil, ao arrepio da tendência dominante noutros ordenamentos do chamado common law, inclusive na Inglaterra. Em livros posteriores continuam a ver-se referências ao *"delay of modern American litigation"* e à consequente preferência de interessados por novos modelos de composição de conflitos, que se costumam reunir sob a designação de *"Alternative Dispute Resolution"* (abreviadamente, ADR)[8].

Devem ser recebidos com o clássico grão de salas dados estatísticos referentes aos Estados Unidos. Primeiro, porque o panorama é provavelmente muito variado, em razão da pluralidade de sistemas processuais: ao lado da Justiça Federal, cada Estado tem a sua, e cada qual é regida por leis próprias. Ademais, o movimento forense varia imensamente de um para outro Estado, o que por si já tomaria pouco significativa qualquer conclusão abrangente, ainda que dispuséssemos de dados relativos a todos eles. Importa registrar, por fim, que poucos processos chegam a percorrer todo o itinerário teoricamente previsto: os civis, pela grande frequência de acordos (*settlements*) no curso da tramitação; os penais, pela alta percentagem de soluções também consensuais, resultantes do chamado *plea bargaining*, negociação por força da qual o réu concorda em reconhecer-se culpado, em troca de vantagens proporcionadas pela acusação, como a limitação da denúncia a um dos vários delitos em tese apontáveis, o pedido de aplicação de pena mais branda e assim por diante[9]. Em todo caso, estatísticas divulgadas na internet e atinentes à Justiça federal mostram, com referência aos processos civis, que no ano de 2005 foi de 22 meses e meio (quase dois anos) a duração média dos feitos de itinerário completo em primeira instância, e 39.600 pleitos (cerca de

7 FRIEDENTHAL- KANE- MILLER, *Civil Procedure*, 3ª ed., 1ª tiragem, St. Paul, 2001, p. 472

8 ROWE, JR.-SHERRY-TIDMARSH, *Civil Procedure*, Nova Iorque, 2004, p. 26; NOLAN--HALEY, *Alternative Dispuite Resolution*, St. Paul, 1992, p. 4.

9 Vide BARBOSA MOREIRA, *O processo penal norte-americano e sua influência, in Temas de Direito Processual* (Oitava Série), S. Paulo, 2004, p. 223 e s., espec. 225/7.

15% do total) duravam mais de três anos[10]. São dados, repita-se, de limitada significação, sobretudo quando olhados isoladamente, mas talvez bastantes para sugerir a escassa consistência de certas crenças otimísticas desprovidas de base empírica.

4. Terceiro equívoco: Ambas as partes de qualquer processo aspiram fortemente a um desfecho rápido e se sentem frustradas pelo retardamento. Trata-se de uma das ideias mais falsas dentre as que circulam sobre o assunto. Há boas razões para antes supor coisa bem diferente: pelo menos um dos litigantes prefere ver demorar o resultado do pleito[11]. Isso é óbvio no processo penal, quanto ao réu que se sabe culpado; mas também ocorre no campo civil, principalmente se a conjuntura econômica toma menos gravoso com o correr do tempo, para o devedor em mora, o desembolso da importância devida.

O desejo de prolongar o feito costuma provocar, por parte do interessado, manobras dilatórias de vária feição. Uma das mais comuns é a interposição de recursos sabidamente infundados, ou mesmo inadmissíveis, contra toda e qualquer decisão proferida no processo. As leis esforçam-se em prover o órgão judicial de meios de combater a chicana; na prática, todavia, as providências cabíveis são muitas vezes ineficazes ou insuficientes para debelar o mal. Seja como for, é oportuno registrar que, em determinadas hipóteses, o comportamento das partes (e/ou de seus advogados) contribui de modo nada desprezível para a excessiva duração do processo.

Nem é indispensável, para que tal suceda, um intuito malicioso. O Código de Processo Civil, no art. 265, nº II, permite que o feito se suspenda "por convenção das partes". Com frequência, elas tomam semelhante iniciativa por haverem iniciado tratativas tendentes a uma solução consensual. Essas tratativas podem arrastar-se por tempo maior que o previsto; embora a lei fixe um prazo máximo de seis meses para a suspensão (art. 265, § 3°), nem sempre é possível fiscalizar com rigor o cumprimento dessa regra, e a paralisação acaba por esten-

10 Fonte: www.uscourts.gov/cai-binlcmsd2005.pl (consultada em 14 jan. 2006).

11 CARRINGTON. *Asbestos liligalion in the United States: Delay in Court and Premature Adjudication*, no volume coletivo cit. na nota 1, *supra*, p. 70, recorda este passo de VANDERBILT, *The Challenge of Law Reform*, Princeton, 1955, p. 77: "*in almost everylawsuit, there is at least one party, generally the defendant, who is wholeheartedly in favour of the law's delay*".

der-se indefinidamente – nessa, como noutras hipóteses, por obra dos próprios litigantes.

5. Quarto equívoco: A chave para abreviar a duração dos processos consiste exclusivamente, ou principalmente, em mudanças na legislação processual. Semelhante ilusão responde pela espantosa catadupa de reformas legislativas, no Brasil e noutros países, ao longo dos últimos tempos, com resultados às vezes melancolicamente decepcionantes. É certo que o malogro de muitas tentativas pode decorrer, ao menos em parte, de causas variáveis e acidentais: equívoco na identificação dos tópicos mais relevantes (consequência lógica da já apontada falta de dados estatísticos), qualidade tecnicamente ruim da legislação editada, insuficiente utilização, pelos órgãos judiciais, de instrumentos colocados à sua disposição, e assim por diante. Nunca será demais insistir, contudo, em que é enganosa a ideia mesma de uma solução satisfatória por via legislativa[12].

Entre nós, a Emenda Constitucional nº 45, de 8-12-2004, introduziu no art. 5ºda Carta da República novo inciso, de nº LXXVIII, com o seguinte teor: "A todos, no âmbito judicial e administrativo, são assegurados a razoável duração do processo e os meios que garantam a celeridade de sua tramitação". Para não reduzir a bem intencionada disposição à reles condição de mera "regra programática", sem impacto real na vida do foro, ê preciso atribuir-lhe, quando nada, a virtude de conferir ao prejudicado pela demora excessiva da prestação jurisdicional o direito ao ressarcimento dos danos sofridos. Isso, todavia, pode surtir efeito diametralmente oposto ao visado: uma possível enxurrada de ações com tal fundamento contra o Poder Público agravaria o ingurgitamento das vias judiciais e terminaria por tomar mais lento o funcionamento da máquina.[13]

Algo do gênero parece ter acontecido na Itália. Nesse país, a Lei nº 89, de 24-3-2001, criou o direito a uma "*equariparazione*" a favor de quem sofra dano resultante da violação do disposto sobre o assunto na Convenção europeia para salvaguarda dos direitos do homem e das liberdades fundamentais (Tratado de Roma, de 4-11-1950). Pois bem: se-

12 Cf. VAN RHEE. trab. cit. na nota 1, *supra*, p. 19: "*It is, I think, clear to many professional lawyers that a reduction of delay cannot be achieved, or cannot be achieved only by introducing new rules of procedure*".

13 Reitera-se aqui o que já foi dito em BARBOSA MOREIRA, A Emenda Constitucional nº 45 e o processo, in Rev. For., v. 383, p. 183/4.

gundo fonte digna de crédito, só no período de ano e meio entre março de 2001 e setembro de 2002, foram ajuizadas 9.385 ações com invocação da mencionada lei[14]. Fácil imaginar as consequências perversas em matéria de desempenho do aparelho judicial.

Não chega a configurar paradoxo o fato de uma mesma providência legislativa produzir efeitos diferentes e até contraditórios segundo o tempo e o lugar. Exemplo sugestivo é o da chamada "audiência preliminar", instituída pelo Código austríaco de 1895[15], com a finalidade precípua de dividir bem cedo a massa dos processos em duas classes: a dos que podiam e a dos que não podiam ser decididos sem a discussão do mérito da causa pelas partes, de tal modo que o juiz desde logo se desembaraçasse daqueles, para concentrar nestes sua atenção. Era amplo o conteúdo da audiência: abrangia o exame de várias questões preliminares e até uma tentativa de conciliação. Reforma de 1983 tornou facultativa a realização do ato, naturalmente por haver-se chegado à conclusão de que nem sempre valia a pena praticá-lo. Apesar disso, o instituto continuou a gozar de grande prestígio nos círculos acadêmicos internacionais, e mais de uma legislação, inclusive a brasileira"[16], seguiu, com maior on menor fidelidade, o modelo austríaco. Com surpresa para muitos, no país de origem ela veio a ser, pura e simplesmente, suprimida em 2002, e a supressão justificada exatamente pela necessidade de abreviar o procedimento"[17]. O caso serve de advertência contra certo açodamento na importação de modelos estrangeiros, e também contra a ingênua crença num receituário fixo, válido sob quaisquer circunstâncias, para o combate à demora excessiva da prestação jurisdicional.

Não falta quem critique a incontinência com que legisladores, em diferentes países, parecem disputar a primazia em alimentar uma espécie de inflação normativa, que a bem pouco ou a nada conduz de positivo. Chega-se a sugerir que a redução do número de regras e regulamentos

14 TARUFFO. trab. cit. na nota 4, *supra*, p. 223.

15 *Vide*, inclusive para indicações de doutrina austríaca, BARBOSA MOREIRA, *Saneamento do processo e audiência preliminar; in Temas* (Quarta Série), S. Paulo, 1989, p. 120 e s.

16 Quanto à evolução do instituto em nosso país, BARBOSA MOREIRA, *Vicissitudes da audiência preliminar; in Rev. For.*, v. 374, p. 143 e s.

17 RECHBERGER-SIMOITA, *Zivilprozessrecht*, 6ª ed., Viena, 2003, prefácio, p. V.

talvez tornasse mais sadio o sistema judicial[18]. Advertências desse tipo deveriam merecer a atenção dos promotores das intermináveis reformas do Código de Processo Civil, levadas a cabo atualmente em nosso país.

Peço licença para inserir neste ponto o registro de experiência pessoal. Exerci a judicatura por cerca de quinze anos no Tribunal de Justiça do Rio de Janeiro. As diversas Câmaras recebiam igual número de processos e trabalhavam sob a mesma lei processual e o mesmo regimento interno. Apesar disso, os resultados consideravelmente diferiam. Enquanto uma Câmara julgava recurso de apelação em um ou dois meses, outras gastavam muitos, às vezes mais de um ano, para executar trabalho equivalente. Do que ficou dito não se infere, é claro, que toda e qualquer mudança na legislação seja irrelevante ou, pior, contraproducente. Infere-se, apenas, que devemos estar prevenidos contra a tentação de jogar todas as nossas fichas nessa aposta.

6. Quinto equívoco: Modo seguríssimo de acelerar a máquina judiciária é a utilização dos denominados meios alternativos de solução de conflitos, nomeadamente a conciliação extrajudicial, a mediação e a arbitragem. A ideia subjacente é a de que assim se conseguirá desviar dos canais da Justiça estatal grande percentagem de pleitos, e por conseguinte, aliviando-lhe a carga de trabalho, aumentar-lhe a eficiência.

Há boas razões para duvidar da correção desse raciocínio. Experiências realizadas em diferentes lugares não confirmam a rósea expectativa[19]. Em termos específicos, no que tange à arbitragem, o que se pode razoavelmente esperar é que a ela se submetam conflitos que encontrariam com dificuldade outra sede adequada para exame e desate, na hipótese de não se lograr solução consensual. Afigura-se menos provável que ela consiga atrair para fora da esfera judicial parcela muito grande dos litígios que costumam atravancá-la.

O recurso ao juízo arbitral nem sempre constitui alternativa sedutora para o litigante comum, para o "homem da rua". Basta pensar na

18 VAN RHEE, no volume coletivo cit. na nota 1, *supra*, p. 6, que justificadamente se declara alarmado com o fato de que "*the amount of legislation that is being poured out over the citizen is growing more quickly than ever before*".

19 Cf. VAN RHEE, *ibid.*, p. 17: "*It should be a caveat for current law reformers that the results of conciliation in the past were minimal, leading to its abolition shortly after its introduction*" (destaque do original em "*caveat*").

questão dos custos: para instaurar processo perante o juiz estatal, ou defender-se de urna ação, pessoa desprovida de meios pode utilizar-se, e utiliza-se com frequência, dos serviços de assistência judiciária. Ocupação não falta às defensorias públicas. Nada de semelhante existe no âmbito da arbitragem. De jeito algum surpreende que ele sirva de escoadouro, em regra, a problemas de entidades economicamente poderosas, que sem essa possibilidade talvez se abstivessem pura e simplesmente de litigar. É claro que não será ganho desprezível; mas pequeno impacto produzirá na atividade do Poder Judiciário. Ajunte-se que estão *a priori* excluídos da arbitragem os conflitos atinentes a relações jurídicas indisponíveis, os quais representam percentagem considerável da carga de trabalho dos juízes.

7. Não convém alongar demais esta resenha, que nenhum objetivo teve senão o de alertar para os riscos em que se costuma incorrer ao supervalorizar tal ou qual aspecto de problemática extremamente complexa. Aqui corno alhures, talvez mais do que alhures, o simplismo é inimigo do traçado de uma estratégia eficaz. Deixar-se fascinar por determinada proposta, atribuindo-lhe potencialidades miraculosas, desemboca geralmente em amarga decepção.

Espero que ninguém me cobre, desatento ao título da palestra, a indicação de receituário perfeito. Primeiro, porque é coisa que provavelmente não existe: cumpre que sejamos modestos e nos conformemos com a necessidade de experiências menos ambiciosas, combinando, em prudente dosagem, ingredientes variáveis, escolhidos à vista das peculiaridades de cada ordenamento processual e de cada momento histórico, e sobretudo abstendo-nos de alimentar expectativas demasiado otimísticas.

Tenhamos em mente a advertência de autor norte-americano: construir um sistema de Justiça é como construir uma estrada; quanto melhor for a estrada, maior será o tráfego; e quanto maior o tráfego, mais depressa a estrada acusará o inevitável desgaste. Nem é outra a lição que aprendemos com a vida dos chamados Juizados Especiais, previstos na Constituição de 1988 (art. 98, nº I) e disciplinados pelas Leis nº 9.099, de 26-9-1995, no âmbito estadual, e 10.250, de 12-7-2001, para a Justiça federal. A rapidez no processamento das causas, notável nos primeiros tempos de funcionamento, atuou como chamariz para grande leva de interessados na solução de problemas. Se me permitem ilustração cômica, narro-lhes o que ouvi do juiz de um desses órgãos, situado em Copacabana: senhora idosa, que lá apareceu certo dia, fez a seguinte pergunta ao funcionário que a atendeu: "Moço, de que é que eu posso reclamar aqui?"... A afluência da população não demorou a fazer-se sentir sob a forma de um acúmulo de trabalho que em breve repercutiria negativamente no prazo para marcação das audiências. E é bem provável que, ao menos em pontos de grande movimento, o fenômeno se agrave, principalmente se muitos imitarem a anciã na procura de ouvidos receptivos a uma ladainha de queixas pessoais...

Last but not least, é mais que hora de nos compenetrarmos da superlativa dificuldade, para não dizer da impossibilidade, de conciliar de modo perfeito o ideal da celeridade processual e a preservação de certas garantias básicas para as partes, que a consciência jurídica e ética de nosso tempo não tem como relegar a plano secundário. Também se lê na Constituição, e desde o seu primeiro momento de vida, que "aos litigantes, em processo judicial ou administrativo, e aos acusados em geral são assegurados o contraditório e ampla defesa, com os meios e recursos a ela inerentes" (art. 52, inciso LV). A norma introduzida pela Emenda Constitucional nº 45 terá de conviver com essa e não poderá fazer dela tábua rasa. Um processo informado por preocupações garantísticas necessariamente será menos rápido que um processo que as ponha de lado. No terreno penal, por exemplo, alguém poderia ser tentado a enxergar a imagem por excelência da rapidez no linchamento do suspeito: julgamento instantâneo e execução imediata; mas é muito duvidoso, felizmente, que se proponha com êxito semelhante modelo à consideração dos legisladores contemporâneos....

Abril de 2006.

COMENTÁRIOS DOS ATUALIZADORES

O PROBLEMA DA DURAÇÃO DOS PROCESSOS: PREMISSAS PARA UMA DISCUSSÃO SÉRIA

Aluisio Gonçalves de Castro Mendes/Carolina Paes de Castro Mendes[20]

Em texto escrito em abril de 2006, José Carlos Barbosa Moreira procura analisar o tema da duração razoável do processo. Para tanto, estabelece premissas para uma discussão séria, ao levantar cinco equívocos frequentes na matéria: a) que o problema seria peculiar ao nosso tempo, quando, na verdade, seria multissecular; b) que seria uma mazela tipicamente brasileira, pois estaria presente em todos os quadrantes do planeta; c) que ambas as partes desejariam um desfecho rápido para o processo, pois se pode supor que pelo menos um dos litigante possa preferir o contrário; d) que a solução estaria, de modo exclusivo ou principal, em mudanças na legislação processual, enquanto a realidade indicaria, por exemplo, órgãos julgadores que recebem a mesma distribuição apresentam resultados consideravelmente diferentes, conforme a sua experiência pessoal permitia registrar que "uma Câmara julgava recurso de apelação em um ou dois meses, outras gastavam muitos, às vezes mais de um ano, para executar trabalho equivalente"; e) que os denominados meios alternativos, notadamente a conciliação, mediação e arbitragem, seriam modo de acelerar a máquina judiciária, ao desviar pleitos para outros canais, o que não se confirma em levantamentos realizados em diferentes lugares.

A premissa de que o problema da excessiva duração dos processos é multissecular, não se revelando peculiar apenas ao nosso tempo, permanece. Tema recorrente em congressos há muitos anos, as previsões contidas em documentos e cartas elaboradas décadas ou séculos atrás, bem como relatos em livros e artigos indicam a assertiva da afirmação.

A segunda premissa extraída do texto de Barbosa Moreira, de que a excessiva duração dos processos é um problema internacional e não

---

20 A atualização do texto contou com a fundamental participação e colaboração de **Larissa Clare Pochmann da Silva**, graduada e pós-doutora pela Faculdade de Direito da Universidade do Estado do Rio de Janeiro (UERJ), mestre, doutora, e professora do Programa de Pós-Graduação em Direito da Universidade Estácio de Sá (Unesa).

apenas nacional, também permanece presente na realidade contemporânea e exposta em números.

Os dados sobre a duração dos processos judiciais atualmente são disponibilizados por diversos países. Na Europa, por exemplo, o tempo médio de tramitação dos processos está disponível no *European Justice Scoreboard*[21], em relatório que é divulgado anualmente. No Brasil, o tempo médio de tramitação dos processos em cada instância está disponível no Relatório Justiça em Números, divulgado anualmente pelo Conselho Nacional de Justiça (CNJ), desde o ano de 2016 (ano base 2015)[22], sem prejuízo da divulgação feita na página de cada tribunal.

Em solo brasileiro, segundo dados do Conselho Nacional[23] disponibilizados no ano de 2022, ano-base 2021, os processos possuem um tempo médio de 3 (três) anos e 4 (quatro) meses até terem baixa na Justiça Estadual, 2 (dois) anos e 2 (dois) meses na Justiça Federal e 1 (um) ano na Justiça do Trabalho.

A Espanha possui um tempo médio de 400 (quatrocentos) dias para a solução de casos cíveis; a Itália de 500 (quinhentos) dias, a França de quase 600 (seiscentos) dias e a Holanda um tempo médio inferior a 100 (cem) dias. O país europeu com menor tempo de tramitação dos processos é a Dinamarca, cujos processos cíveis não chegam a 50 (cinquenta) dias de duração, enquanto no outro extremo se encontra Chipre, cuja duração ultrapassa 1.000 (mil) dias.

Quanto ao número de processos novos por centena de habitantes, a Dinamarca teve, no ano de 2020, menos de 1 (um) caso cível para cada 100 (cem) habitantes; a Espanha aproximadamente 3 (três) novas ações cíveis; a Itália a mesma proporção; na França menos de 2 (duas) e na Holanda menos de 1 (um) para cada 100 (cem) habitantes.

No Brasil, no mesmo período, em números absolutos, foram 16.922.580 casos novos na Justiça Estadual, 3.809.039 na Justiça Federal

21 Disponível em https://commission.europa.eu/system/files/2022-05/eu_justice_scoreboard_2022.pdf. Acesso em 21 jan. 2022.

22 Disponível em https://www.cnj.jus.br/wp-content/uploads/2011/02/b8f46be3dbbff344931a933579915488.pdf. Acesso em 21 jan. 2022.

23 CONSELHO NACIONAL DE JUSTIÇA (CNJ). *Programa Justiça em Números*. 2022, ano base 2021. Brasília: CNJ, 2021, p. 201. Disponível em https://www.cnj.jus.br/wp-content/uploads/2021/11/relatorio-justica-em-numeros2021-221121.pdf. Acesso em 31 jan. 2023.

e 2.975.899 na Justiça do Trabalho, apresentando uma média de 1.067,5 processos novos para cada 100 habitantes, com números, absolutos e proporcionais, muito superiores aos encontrados na União Europeia.

Por sua vez, em termos de estrutura do Poder Judiciário, havia aproximadamente 20 (vinte) juízes para cada 100.000 (cem mil) habitantes no Chipre; 15 (quinze) juízes na Espanha e na França; 17 (dezessete) na Itália e 15 (quinze) juízes na Holanda, enquanto no Brasil são 8,55 magistrados para cada 100.000 (cem mil) habitantes.

Nota-se, no Brasil, uma menor quantidade de magistrados, em contraposição a uma maior quantidade de casos novos ingressando anualmente no Poder Judiciário, gerando um tempo maior de tramitação dos processos. Por outro lado, o Conselho Nacional de Justiça (CNJ) vem estabelecendo metas[24] para o Poder Judiciário, considerando critérios estabelecidos, como o ano em que foi instaurado o processo, bem como o alcance da demanda, como nas ações coletivas.

Quanto à terceira premissa, a preocupação em evitar posturas protelatórias dos litigantes reflete-se em algumas previsões contidas no Código de Processo Civil de 2015. Como exemplo, pode ser apontada a responsabilidade das partes por dano processual, nos termos do art. 79 e seguintes, com destaque no art. 80, inciso VI, diante da provocação de incidente manifestamente infundado, e, no inciso VIII, o recurso protelatório para postergar o trânsito em julgado para cumprimento definitivo da obrigação. Do mesmo modo, a majoração dos honorários sucumbenciais. Ademais, o artigo 5º contempla a atuação de boa-fé dos sujeitos processuais e o artigo 6º a cooperação para que se obtenha, em tempo razoável, decisão de mérito justa e efetiva.

No que diz respeito à quarta premissa, pode-se apontar para outras medidas de gestão, que podem melhorar a produtividade e a duração dos processos. A formação e o aprimoramento do conhecimento dos juízes, em termos não somente jurídicos; o controle da produtividade; a especialização de órgãos judiciais conforme a matéria e a divulgação e transparência quanto à produtividade dos órgãos judiciais podem ser medidas concretas, além de outras, para a melhoria do resultado na prestação jurisdicional.

---

24 As metas podem ser consultadas em https://www.cnj.jus.br/gestao-estrategica-e-planejamento/metas/. Acesso em 31 jan. 2023.

APÊNDICE

O DIREITO DO NASCITURO À VIDA[1]

1. INTRODUÇÃO

Dispõe o art. 2º do novo Código Civil, que reproduz na substância a do art. 4º do estatuto de 1916: "A personalidade civil da pessoa começa do nascimento com vida; mas a lei põe a salvo, desde a concepção, os direitos do nascituro". Essa norma, sobretudo na segunda parte, tem por fito dar solução jurídica a problema extremamente complexo em mais de um aspecto. As questões com que se relaciona o dispositivo envolvem ideias, convicções, sentimentos, juízos de vária natureza: biológica, filosófica, religiosa, política e até econômica. Não é de surpreender que a ciência do direito se haja deixado emedar numa intrincada malha sempre que procurou dar ao fenômeno enquadramento técnico.

Empenhados em determinar o sentido e o alcance da proteção dispensada ao nascituro, e particularmente em compatibilizá-la com princípios tradicionalmente consagrados e com técnicas de aceitação generalizada no mundo do direito, afainaram-se juristas de todos os tempos em construções teóricas capazes de explicar algo que punha em xeque noções correntias. Antes mesmo de enfrentar diretamente tal problemática, entendeu-se de tomar partido em matéria de começo da personalidade; e aí se contrapuseram duas teses: a que o situava na concepção e a que o localizava no nascimento – concepcionista e natalista, segundo as denominações usuais em doutrina[2]. Ambas precisaram acertar contas com o fato de que o direito positivo, praticamente em toda parte, cuidava (e cuida) de proteger interesses do nascituro. Como se compadeceria isso com a negação categórica, em diversos sistemas jurídicos, da personalidade do *nondum natus?* Por outro lado, como reconhecer personalidade a ente que ainda não tem existência separada,

---

1 Publicado no volume coletivo Direito fundamental à vida (coord. Ives Gandra da Silva Martins), S. Paulo, 2005, e também in Rev. Jur., nº 340, Rev. de Dir. Renovar, nº 34, Rev. Magister de Dir. Civ. e Proc. Civ., nº 10, Rev. da Acad. Bras. de Letras Jur., v. 23, Rev. Bras. de Dir. de Família, nº 34.

2 *Vide* ao propósito, em nossa mais recente literatura, com abundantes indicações legislativas e bibliográficas, WANDERLEI DE PAULA BARRETO, *in Comentários ao Código Civil brasileiro* (coord. de Arruda Alvim e Thereza Alvim), Parte Geral, v. I, Rio de Janeiro, 2005, p. 46 e s.

autônoma, e pode nunca vir a tê-la, ou não ser apto para mantê-la, ainda que por brevíssimo tempo?

Ao longo dos séculos, exsurgiram numerosas teorias, apostadas em decifrar o aparente enigma. Ora se recorreu à ideia de ficção jurídica, ora se falou de direitos sem sujeito, de direitos com sujeito indeterminado, de personalidade submetida a condição, de sujeito despersonalizado, e assim por diante[3]. As teorias chegaram por vezes a extremos de sutileza, sem que lograssem evitar sempre a queda em mal disfarçado artificialismo[4]. Não parece arbitrário observar que, em mais de um caso, se instilou no tratamento do tema uma dose de complexidade bem superior à que lhe era inerente. Talvez se consigam resultados mais significativos mirando a realidade normativa com olhar menos pretensioso e menos turvado por névoas dogmáticas.

2. O NASCITURO E SEUS DIREITOS NO CÓDIGO CIVIL DE 2002

Feita abstração de deslizes ocasionais, o Código Civil de 2002 é diploma escrupuloso no emprego da linguagem técnico-jurídica[5]. Quando estatuiu, na segunda parte do art. 2Q, que "a lei põe a salvo, desde a concepção, os direitos do nascituro", não há de ter usado impensadamente, sem compromisso com a propriedade terminológica, a palavra "direitos". Poderia ter dito "interesses"; não o fez, preferiu dizer "direitos", e a opção não pode deixar de ter significação. "Direitos" é termo técnico, e em princípio deve ser entendido na acepção técnica; sobre quem o conteste, em todo caso, recairá o ônus da prova. Pena de inexcedível autoridade,

---

3 Para uma enumeração extensa, com indicação dos mais renomados propugnadores das diferentes teses (até meados do século XX), vide PONTES DE MIRANDA, Tratado de Direito Privado, t. I. Rio de Janeiro, 1954-69, p. 167 e s., 175 e s.

4 "Cerebrinas" é como lhes chama, com boas razões, PAULO NADER, *Curso de Direito Civil*, Parte Geral, Rio de Janeiro, 2003, p. 186.

5 Em matéria de invalidade e ineficácia, *v.g.*, o novo Código teve o cuidado de corrigir mais de uma impropriedade constante do anterior: vide a respeito BARBOSA MOREIRA, *Invalidade e ineficácia do negócio jurídico, in Rev. Síntese de Dir. Civ. e Proc. Civ.*, nº 23; Rev. de Dir. Priv., v. 15; *Rev. de Dir. Renovar*, v. 25; Rev. de Dir. do TJRJ, v. 58. Outro exemplo: corrigida foi também, no art. 214, a terminologia do Código de Processo Civil, art. 352, que usava (mal) o particípio "revogada", em vez de "anulada", como agora se diz, acerca da confissão inquinada de vício do consentimento: assinalamos o progresso em nosso volume de Comentários ao Código de Processo Civil, 12ª ed., Rio de Janeiro, 2005, p. 142, nota 100.

muito atenta ao rigor técnico da terminologia, escreveu (sob o Código anterior, mas com perfeita aplicação ao vigente) que, "em se tratando de interesses do ser ainda não nascido, a lei o considera capaz de direitos"[6].

Pouco importa, aqui, o modo pelo qual, no plano dogmático, se justificará a atribuição de direitos a alguém que, nos termos da primeira parte do dispositivo, ainda não tem personalidade. É assunto para disquisições teóricas, sem dúvida importantes e sedutoras. Seja como for, porém, nenhuma proposta nesse plano poderá minimizar, nem *a fortiori* desprezar, o dado claro e inequívoco do texto legal: é de direitos que se cuida, e não de qualquer outra figura jurídica. Visto que a lei promete

6 PONTES DE MIRANDA, ob. cit., t. IX, p. 52 (sem grifo no original). Noutra passagem do mesmo tomo, p. 35 1, acerca do an. 462 do estatuto de 1916 (reproduzido em substância no atual art. 1.779), lê-se que, "se faltar o pai c a mãe grávida não tiver o pátrio poder [denominação hoje substituída por "poder familiar"], não pode o nascituro ficar à mercê de azares quanto aos seus direitos e interesses" (grifas nossos) – e mais essa menção separada a "direitos e interesses" é sinal seguro de que, no pensamento do egrégio autor, uma coisa não se identificava com a outra, e ao nascituro não se hão de reconhecer apenas simples "interesses", senão também "direitos", evidentemente no sentido técnico da palavra. De resto, já aparecia a expressão no t. I, p. 178: "No direito público, também se ressalvam os direitos do nascituro" (sem grifo no original). Cf., sob o Código vigente, FÁBIO ULHOA COELHO, *Curso de Direito Civil*. v. I, S. Paulo, 2003, p. 145: "O bomem e a mulher, enquanto se encontram em processo de gestação no útero materno (nascituros), são já sujeitos de direito, embora não sejam ainda pessoas. (...) antes do nascimento com vida, o homem e a mulher não têm personalidade, mas, como já titularizam os direitos postos a salvo pela lei, são sujeitos de direitos" (grifas do autor). Afigura-se contraditório RAFAEL GAROA RODRIGUES, *A pessoa e o ser humano no novo Código Civil, in A Parte Geral do novo Código Civil* (coord. de Gustavo Tepedino), Rio de Janeiro-S. Paulo, 2002: na p. 5 escreve que, "muito embora o nascituro não seja pessoa, o ordenamento jurídico lhe confere proteção, seus direitos e interesses são protegidos", e na p. 6 que, "iniciando-se (...) a personalidade no momento do nascimento com vida, somente a partir de então existe pessoa e a possibilidade de ser titular de direitos e obrigações" (nossos os grifos); isto é, no primeiro lanço, reconhecem-se direitos ao nascituro (a quem se refere obviamente o possessivo "seus"), enquanto no segundo se lhe nega "a possibilidade de ser titular de direitos e obrigações". Na substanciosa obra de GUSTAVO TEPEDINO-HELOISA HELENA BARBOZA-MARIA CELINA BODIN DE MORAES, *Código Civil interpretado*, v. I, Rio de Janeiro-S. Paulo-Recife, 2004, p. 6 e s., deparam-se interessantes dados de direito comparado, copiosas indicações de doutrina e jurisprudência, mas, salvo engano, não se descobre resposta categórica à pergunta capital, inevitável "no tratamento do delicado tema" (p. 7): tem ou não tem direitos – e não só interesses – o nascituro? Ao nosso ver, a resposta é dada em termos nítidos, insofismáveis, pelo art. 22, segunda parte.

pôr "a salvo os direitos do nascituro"; a lógica mais elementar impõe admitir que o nascituro tem direitos. Negá-lo é fazer tábua rasa de disposição cristalina. As construções têm de partir desse ponto firme; se não partem dele, são construções erguidas sobre areia. Dizer, por exemplo, que "não há titular [de direitos] sem personalidade jurídica[7]· é petição de princípio: dá-se por demonstrado o que se precisaria demonstrar – e qualquer tentativa de demonstração esbarraria no obstáculo legal.

O que impende deixar assente é que a comparação entre as duas partes do art. 2º coloca o intérprete ante esta alternativa: ou aceita a possibilidade de ser titular de direitos um ente desprovido de personalidade, ou imputa ao Código contradição insolúvel, violação escancarada de um dos primeiros princípios da razão especulativa. *Tertium non datur*.

E, por falar em princípios: no plano jurídico, nenhum princípio a priori, vale sublinhar, exige que se identifiquem "personalidade" e "possibilidade de ser titular de direitos". É questão deixada a critério do legislador, que pode optar pela identificação ou pela separação conceptual. A circunstância de ser mais comumente adotada a primeira solução não obriga o jurista a aderir a ela, salvo quando está expondo ordenamento que a ela adira. O *ius positum* é que, livremente, decide. Conforme ressalta do confronto entre as duas partes do art. 22 do Código de 2002, o direito brasileiro, à evidência, preferiu não identificar os conceitos.

De resto, esse não é o único texto relevante. Quem quer que tenha alguma familiaridade com o direito processual sabe que, em vários casos, entes desprovidos de personalidade podem ser partes em processo, c nessa qualidade são titulares de direitos. O art. 12 do Código de Processo Civil alude à massa falida (inciso III), à herança jacente ou vacante (inciso IV), ao espólio (inciso V), ao condomínio (inciso IX) e – como de propósito' – às "sociedades sem personalidade jurídica" (inciso VII). Mais: no próprio campo civil, há o caso notório do denominado "condomínio edilício", autorizado, mediante representação pelo síndico, a praticar, "em juízo ou fora dele, os atos necessários à defesa dos interesses comuns" (art. 1.348, nº II). Apesar de não incluído no rol das pessoas jurídicas de direito privado (art. 44)[8], é trivial a existência

7 Assim, PAULO NADER, ob. cit., p. 185 (grifado no original).

8 O ponto já era objeto de atenção (e de controvérsias) sob o direito anterior: *vide* a respeito, por todos, CAIO MARIO DA SILVA PEREIRA, *Condomínio e incorporações*, Rio de Janeiro, s. d., p. 61 e s., espec. (sobre a atribuição ou não de personalidade jurídica ao condomínio) 71 e s.

de relações jurídicas entre o condomínio e terceiros (*v.g.*, empregados, empreiteiros, fornecedores de materiais), das quais decorrem, para ele, direitos e obrigações.

Objetará alguém que, se o nascituro tem direitos, são aqueles, e só aqueles, previstos em dispositivos esparsos do Código. Realmente, aqui e ali se deparam regras expressas de proteção ao *nondum natus* em assuntos específicos. Assim, o art. 542 ("A doação feita ao nascituro valerá, sendo aceita pelo seu representante legal")[9], o art. 1.609, parágrafo único ("O reconhecimento pode preceder o nascimento do filho ou ser posterior ao seu falecimento, se ele deixar descendentes"), o art. 1.779 ("Dar-se-á curador ao nascituro, se o pai falecer estando grávida a mulher, e não tendo o poder familiar; Parágrafo único: Se a mulher estiver interdita, seu curador será o do nascituro"). O art. 1.798 ("Legitimam-se a suceder as pessoas já nascidas ou já concebidas no momento da abertura da sucessão"). Seria exaustivo, argumentar-se-á, o elenco dessas hipóteses especiais; fora delas, não haveria como reconhecer a existência de direitos do nascituro.

Semelhante entendimento padece de vício capital: a ser exato, tornaria inteiramente supérflua – o que não se presume, consoante tradicional regra hermenêutica – a segunda parte do art. 2º. Com efeito: de que serviria dizer que "a lei põe a salvo, desde a concepção, os direitos do nascituro", se não lhe assistissem mais direitos que os já assegurados, caso a caso, em disposições taxativamente formuladas? Imagine-se, por um momento, que não se tivesse inserido no Código a segunda parte do art. 2º: nem por isso se cancelariam as normas de proteção contidas nos textos específicos. Nessa óptica, o art. 2º, segunda parte, não faria a menor falta.

Ora, o dispositivo há de significar alguma coisa, sob pena de reduzir-se a ornamento despiciendo – e seria tachar o Código, sem fundamento sólido, de imperdoável defeito técnico. O mesmo caberia dizer, e efetivamente se disse, acerca do texto correspondente, no estatuto de 1916, ao atual art. 2º, segunda parte: o então art. 4º, segunda parte. São do maior tratadista do nosso anterior direito civil estas palavras: "não se pode reduzir a nada o art. 4º, 2ª parte". Segue-se a conclusão irrefutável: "O art. 4º, 2ª parte, é revelação de princípio geral de direito"[10].

---

9 Choca-se de frente com o direito positivo o asserto de ARNALDO RIZZARDO, Parte Geral do Código Civil, 2ª ed., Rio de Janeiro, 2003, p. 135, segundo o qual "o nascituro (...) impedido está (...) de receber doações".

10 PONTES DE MIRANDA, ob. cit., t. I, p. 178 (sem grifo no original).

Nem é outra a razão por que a jurisprudência tem admitido, em favor do nascituro, formas de proteção não expressamente contempladas na lei.

O velho Código, tal como o novo, não previa *expressis verbis* a propositura da ação de investigação de paternidade em nome do nondum natus. Não obstante, em acórdão de 24-4-1984, o Tribunal de Justiça do Rio Grande do Sul, ao julgar a Apelação Cível nº 583052204, decidiu que "ao nascituro assiste, no plano do direito processual, capacidade para ser parte", podendo a mãe, como sua representante, exercitar a ação investigatória[11].

Em suma: no ordenamento brasileiro, seja qual for a explicação dogmática, o nascituro, conquanto ainda não haja adquirido personalidade, tem direitos[12]; e estes *não* são apenas os indicados em disposições específicas. Põe-se, em consequência, a questão fundamentai: quais são os direitos protegidos pela lei, desde a concepção, de acordo com o art. 2°, segunda parte, do Código Civil?

3. O DIREITO À VIDA

Na perspectiva do presente trabalho, não é imperioso dar resposta exaustiva à indagação. Aqui só nos interessa um direito do nascituro, dentre os passíveis de enumeração: o direito à vida. Se o nascituro tem direitos, não pode deixar de ter, antes e acima de quaisquer outros, esse direito, pressuposto necessário de todos os restantes: não é por acaso que a Constituição da República, no *caput* do art. 5º, o menciona em primeiro lugar ("Todos são iguais perante a lei, sem distinção de qualquer natureza, garantindo-se aos brasileiros e aos estrangeiros residentes no

11 Disponível na internet, no sítio www.tj.rs.gov.br (consulta em: 19 jul. 2oo5). Foi relator o depois Ministro do Superior Tribunal de Justiça ATHOS GUSMÃO CARNEIRO.

12 Precatemo-nos contra afinnações em sentido contrário de juristas – inclusive de juristas muito autorizados – que, ao se pronunciarem, estão simplesmente expondo o *ius positum* dos respectivos países. Assim, v.g., quando VON TUHR, *Der Allgemeine Teil des Deutschen Bürgerlichen Rechts*, Berlim, 1957, v. I, p. 380, escrevia que "*der nasciturus keine Rechte haben kann* (o nascituro nenhum direito pode ter)", nada mais fazia que extrair ilação fácil do disposto no § 1 do BGB alemão – que todavia não é igual ao art. 22 do nosso Código Civil. Assertos que tais de modo algum são invocáveis na interprelação do direito brasileiro, onde é expressa e inequívoca a referência a "direitos do nascituro".

País a inviolabilidade do direito à vida, à liberdade, à igualdade, à segurança e à propriedade... ")[13]. Recusar ao nascituro o direito à vida, a rigor, importa recusar-lhe qualquer direito, contrariando frontalmente o disposto no art. 2º, segunda parte, do Código Civil. Mais: importa considerar que o nascituro, pelo fato de viver, está fruindo (ilegitimamente?) direito... de que não é titular! Cumpre, no entanto, para prevenir equívocos, dar algumas explicações que tomem bem claro o que se está a afirmar.

Desde logo, parece ocioso frisar que o nascituro tem vida. Que nos conste, ninguém jamais objetou à propriedade da expressão "vida intrauterina". Escrevia ainda o mestre acima citado: "protege-se o feto, como ser vivo, como se protege o ser humano já nascido"[14]. Cuida-se, é óbvio, de um tipo de vida diferente daquele a que dá acesso o parto; mas, em todo caso, vida. Quando o art. 2º, primeira parte, se refere a "nascimento com vida", o que há de novo é o prolongamento – seja embora por pouquíssimo tempo – da vida (que já existia), agora sob outra forma, após a saída do feto do corpo da mulher.

Convém pôr em relevo a alusão ao tempo. No direito romano, e mesmo em legislações modernas[15], a aquisição da personalidade requeria, além do nascimento com vida, a viabilidade, isto é, a normal aptidão do neonato, dada sua compleição anatômica e fisiológica, para continuar vivo por certo tempo. O ordenamento brasileiro desconhece esse requisito: o mais mínimo intervalo entre o nascimento e a morte basta para haver-se como consubstanciada a personalidade – o que pode revestir extrema importância no campo do direito sucessório[16]. Daí é lícito in-

13 Na exata dicção de JOSÉ AFONSO DA SILVA, *Curso de Direito Constitucional positivo*, 9ª ed., S. Paulo, 1992, p. 182, a vida "constitui a fonte primária de todos os outros bens jurídicos". Acrescenta o autor: "De nada adiantaria a Constituição assegurar outros direitos fundamentais, como a igualdade, a intimidade, a liberdade, o bem-estar, se não erigisse a vida humana num desses direitos".

14 PONTES DE MIRANDA, ob. cit., t. I, p. 172 (grifamos).

15 Exemplo: Código Civil espanhol, art. 29, 1ª parte ("*El nacimiento determina la personalidad*"), combinado com o art. 30 ("*Para los efectos civiles, sólo se reputará nacido el feto que tuviere figura humana y viviere veinticuatro horas enteramente desprendido del seno materno*"). Para o direito francês, *vide* por exemplo CAPITANT, *Introduction à l'étude du droit civil*, 4ªª ed., Paris, s. d., p. 135/6.

16 Dá ênfase ao ponto FÁBIO ULHOA COELHO, ob. e v. cit., p. 146: «Uma só breve respiração basta para que o direito considere pessoa o recém-nascido. É indiferente se a minúscula vida vivida apresenta, ou não, perspeclivas reais de evolução. Tendo vivido um segundo que seja após nascer, o nascituro terá preservado todos

ferir que, no Brasil, em nada repercute na titularidade de direitos a expectativa de vida do titular, ou sua real duração, longa ou breve que seja. Destarte, a questão dos direitos do nascituro deve ser posta e resolvida com total abstração da circunstância de haver razão, por mais forte que se revele, para presumir que ele virá a morrer poucos dias, poucas horas, poucos minutos ou poucos segundos – ou até uma fração de segundo – após o nascimento. Esse dado é absolutamente irrelevante, para o nascituro não menos que para o neonato"[17]: nem um, nem outro necessita ser viável para ter direitos – sem exceção, à evidência, do direito à vida.

O que acaba de ser dito importa muito no que tange aos fetos anencéfalos. Em geral, nas discussões sobre o tema, parte-se da premissa de que tais seres não são aptos a viver senão pouco tempo após o parto. Não vem ao caso entrar em pormenores sobre a duração, maior ou menor, de sua vida extrauterina, aliás insuscetível de ser prognosticada com exatidão. O ponto será relevante por outros prismas, causará porventura fenômenos humanamente dignos de toda a atenção: pode, *v.g.*, provocar reações emocionais na mãe, ou em ambos os pais, ou em outrem. Grifamos o "pode" porque, dada a extrema variabilidade do psiquismo humano, tudo nesse campo tem boa dose de imprevisível – ou não existem mulheres dispostas a "desembaraçar-se" de filhos, já nascidos ou não, inclusive de filhos perfeitamente hígidos? Mas o dado temporal não influi na configuração jurídica da espécie, o que nos dispensa de insistir na questão.

Em seguida, é oportuno esclarecer o que se entende aqui por "direito à vida". De alguns entendimentos acaso em tese concebíveis, o mero enunciado põe a nu o absurdo. Não faz sentido, por exemplo, entender o direito à vida como o direito de viver indefinidamente, ou de permanecer vivo por determinado lapso de tempo: seria algo manifestamente incompatível com a realidade humana. Ao que nos parece, pode-se e de-

os seus direitos desde a concepção. Isto é, receberá direitos de quem for sucessor e, se vier a falecer logo em seguida, os transmitirá a seus próprios sucessores». Cf. PAULO NADER, ob. cit., p. 186.

17 Cf. PONTES DE MIRANDA, ob. cit., t. I, p. 163: "A viabilidade, isto é, a aptidão a continuar de viver, não é de exigir-se. Se a ciência médica responde que nasceu vivo, porém seria impossível viver mais tempo, foi pessoa, no curto trato de tempo em que viveu" (sem grifo no original). Essa proposição é aplicável, *mutatis mutandis*, ao nascituro.

ve-se conceber o direito à vida, em última análise, como o direito de não tê-la abreviada por ato voluntário (não necessariamente intencional) de outrem[18]. Assim visto – e sem excluir-se a possibilidade de outros desdobramentos – o direito de alguém à vida, em seu "núcleo duro", resolve-se num direito à abstenção, por qualquer outra pessoa, de comportamento voluntário que cause a morte desse alguém. Do lado passivo, corresponde-lhe um dever de abstenção, atribuído a todos[19].

Outra observação: nos precisos termos do art. II do vigente Código, "com exceção dos casos previstos em lei, os direitos da personalidade são intransmissíveis e irrenunciáveis, não podendo o seu exercício sofrer limitação voluntária"[20]. O direito à vida é, em linha de princípio, espécie do gênero "direitos da personalidade"; no caso do nascituro, que ainda não tem personalidade, mas – conforme se procurou demonstrar no item 2, *supra* – tem direito à vida, aplica-se por analogia a norma do art. 11. De manifestação de vontade do próprio nascituro não seria possível cogitar; mas a regra torna ineficaz a manifestação de vontade de quem quer que se entenda representá-lo e queira praticar ato de disposição. Significa isso que – com a ressalva que adiante se fará – não produz efeito a declaração da gestante, nem a do pai, nem a de ambos, nem a do curador ex art. 1.779[21], no sentido de autorizar a interrupção da gravidez.

No terreno criminal, o consentimento da gestante, segundo emerge do confronto entre os arts. 125 e 126 do Código Penal, importa para diminuir a pena cominada a quem provoque abono; não, contudo, para

---

18 JOSÉ AFONSO DA SILVA, ob. e lug. cit., prefere esta fórmula: "direito de não ter interrompido o processo vital senão pela morte espontânea e inevitável".

19 Na linguagem de PONTES DE MIRANDA, caberia falar aí em "sujeito passivo total": *vide*, por exemplo, a rubrica do § 610, ob. cit., t. V, p. 441; especificamente sobre o direito à vida, t. VII, p. 16. Diz a doutrina alemã que "*Persönlichkeitsrechte sind gegenüber jedermann durchsetzhar; sie zählen somit zu den absoluten Rechten* (Os direitos da personalidade são exercitáveis em face de todos; incluem-se, portanto, entre os direitos absolutos)"; BAHR, Grundzüge des Bürgerlichen Rechts, 10ª ed., Munique. 2004, p. 54.

20 Assim já se entendia sob o Código de 1916, omisso no particular: *vide* por todos PONTES DE MIRANDA, ob. cit, v. VII, p. 7/8. Idem, noutros ordenamentos jurídicos: cf., na Itália, DE CUPIS, *I diritti della personalità*, Milão, 1973. 1.1, p. 81 e s.

21 No caso do curador, ressaltaria o disparate: por definição, a finalidade da curatela é a proteção do nascituro. Daí ensinar PONTES DE MIRANDA, ob. cit., v. IX, p. 353: "O curador não tem qualquer legitimação para afirmar e provar contra o feto. (...) O que lhe é dado é favorecer; não, desfavorecer" (grifado no original).

descriminar o comportamento. Também importa para excluir a punibilidade do médico que pratica o abono, como na hipótese de gravidez resultante de estupro (art. 128, nº II); trata-se de *lex specialis*, cuja incidência não comporta extensão a outros casos. (Fazemos abstração aqui da questão de saber se tais dispositivos se compadecem com o do art. 5º da Constituição da República, que assegura "a inviolabilidade do direito à vida".)

4. CONCLUSÕES

O problema dos fetos anencéfalos comporta notoriamente mais de uma abordagem. Neste breve trabalho, procuramos versá-lo, em termos sucintos, pelo exclusivo prisma jurídico, à luz do ordenamento civil em vigor no país. Poderíamos argumentar com outros textos, como o da Convenção Americana sobre Direitos Humanos (Pacto de San José), de que o Brasil é signatário, e cujo art. 42, nº I, principio, reza: "Toda pessoa tem direito de que se respeite sua vida. Esse direito deve ser protegido pela lei e, em geral, desde o momento da concepção". Deixamo-lo de lado para não abrir flanco à objeção de que o nascituro, entre nós, não é pessoa, ex vi do art. 22, primeira parte, do Código Civil.

Mas as razões que até aqui expusemos parecem-nos suficientes para justificar as seguintes conclusões:

1ª) no direito brasileiro, conquanto desprovido de personalidade, o nascituro é titular de direitos;

2ª) entre esses direitos, inclui-se necessariamente, e em posição de realce, o direito à vida;

3ª) a existência do direito à vida não se subordina a qualquer conjectura, seja qual for o grau de probabilidade, atinente ao tempo que durará a vida extrauterina;

4ª) tal direito é, em princípio, indisponível; e, fora das hipóteses expressamente previstas em lei (admitida, *ad argumentandum*, a respectiva compatibilidade com a Constituição), é ineficaz a autorização de quem quer que seja para a prática de ato que o viole.

Julho de 2005.

POVO E POPULISMO[22]

Permitam-me começar pela etimologia. "Povo" e "populismo" têm raiz comum no latim *populus*, que deu origem, igualmente, ao italiano *popolo*, ao espanhol *pueblo*, ao francês *peuple*, ao romeno *popor* e até ao inglês *people*, evidente importação da França. Interessante registrar que só no português ficaram reduzidas a duas as consoantes latinas: em todas as outras línguas, inclusive no inglês, conservaram-se as três primitivas, embora transformado o segundo p em b no espanhol, e o l em r no romeno. De "povo" derivam, entre outras palavras, o verbo povoar e os substantivos povoação e povoamento. Filiam-se mais diretamente ao étimo latino, por outro lado, popular, população e populismo. Já se nota aí sinal de ambivalência que se repetirá em outros aspectos da matéria: há, por assim dizer, uma linhagem vulgar e uma linhagem erudita[23]. O significado e o uso da palavra "povo" vão ecoar, ainda que em pauta diversa, eminentemente semântica, uma dualidade em contraponto.

Ao longo dos tempos, os detentores do poder mostraram constante preocupação em associar a si mesmos o povo, enxergado decerto como fonte de legitimação. É bem conhecida a fórmula *Senatus Populusque Romanus*, que outrora autenticava, por assim dizer, atos oficiais e, reduzida às iniciais SPQR, se vê inscrita não só em monumentos e fachadas de prédios públicos, mas até nas tampas das cavidades por onde passam as tubulações subterrâneas da Cidade Eterna – sinal de que o vezo antigo resistiu à erosão dos séculos e veio contaminar autoridades modernas. Os preâmbulos de nossas Constituições nunca deixam de conter a declaração de que os constituintes editam tais Cartas na condição de "representantes do povo brasileiro". Mais pretensiosos os norte-americanos: o preâmbulo da Constituição de 1787 abre com as palavras "*We, the people of the United States...*": a redação sugere que os convencio-

22 Texto de palestra (com o acréscimo de notas) proferida no Conselho Técnico da Confederação Nacional do Comércio, em 22-3-2005. Publicado na *Revista Brasileira de Estudos Políticos*, nº 89.

23 O fenômeno é bastante comum. Dele se ocupa, entre muitos, HENRIETTE WALTER, *L'aventure des langues en Occident*, Paris, 1994: "*Des quantités de mots du latin ont ainsi pris deux chemins pour aboutir aux langues romanes: la voie populaire, en évoluant naturellement dans la langue parlée, et la voie savante, par emprunt direct ou latin classique*" (p. 121). Exemplifica a autora com as palavras francesas *eau* e *aquatique, oeil* e *oculaire, frère* e *fraternel* (p. 241).

nais de Filadélfia eram mais que simples representantes: eram o próprio povo dos Estados Unidos, neles encarnado. O texto é capaz de fazer soar uma corda irônica no espírito de quem esteja a par de certos aspectos nitidamente elitistas da convenção: basta recordar que as deliberações eram secretas, e o sigilo foi mantido até que falecessem todos os convencionais[24].

Continua viva a ideia de assimilação entre a autoridade e o povo na maneira pela qual, em vários Estados norte-americanos, se designam os processos penais: "*People x X*". Apresenta-se o órgão acusador como identificado com o povo. Na França, segundo fórmula legal (*code de procédure civile*, art. 454, *caput*), as sentenças são pronunciadas "au nom du peuple français". Não fica atrás a Itália: de acordo com o disposto no art. 474, 1º, do *codice di procedura penale*, a sentença deve conter, entre outros elementos, "*l'intestazione al nome del popolo italiano*". Aí é o órgão julgador, a Justiça, que se propõe à visão geral como intérprete e porta-voz de um pronunciamento popular.

A teoria juspublicística tradicional costumava incluir o povo (ou população) entre os elementos integrantes do Estado, junto com o território e o governo[25]. Não deixavam, porém, de manifestar-se incertezas: nem sempre ficava claro se os autores queriam referir-se ao conjunto integral das pessoas sujeitas à soberania, ou apenas aos nacionais. Complica-se a questão quando se tem em vista o emprego usual de "povo" para nomear grupos humanos unidos por vínculos étnicos, religiosos e culturais, com inteira abstração da pertinência a este ou aquele Estado: assim, por exemplo, o povo judeu e o povo cigano.

Atinge o auge a imprecisão na conhecida frase que pretende conceituar a democracia como "o governo do povo, pelo povo e para o povo". Ela pode ser atraente do ponto de vista literário, mas daí não passa: no plano científico, resolve-se em autêntico engodo. Com efeito, mesmo em Estados politicamente democráticos, nem é o povo que governa, nem é pelo povo que se governa, nem – sobretudo – se governa sempre para o povo. Talvez mais realístico, em certa medida, ao menos na visão dos que o proclamam, seja o lema que, em viagem ainda recente ao México, tive ocasião de ler em faixas espalhadas pelo território do Estado de

24 Cf. HARDIK, *Liberalism, Constitutionalism, and Democracy*, Nova Iorque, 1999, p. 111.

25 *Vide*, por exemplo, na doutrina pátria. QUEIROZ LIMA, *Teoria do Estado*, 4ª ed. Rio de Janeiro, 1943, p. 162 e s.

Chiapas, sede do movimento zapatista: "Aquí el pueblo manda y el gobierno obedece".

Não só juristas e cientistas políticos têm tomado o povo como objeto de consideração. Dele já cuidaram filósofos e teólogos. É notória a contribuição de Francisco Suárez, figura de prol da escolástica barroca, à filosofia política: foi quem primeiro ressaltou, em termos expressos e explícitos, na famosa obra *De legibus ac Deo legislatore*, o papel do povo no processo de transmissão da autoridade. Contrariando os teólogos protestantes, que sustentavam a origem diretamente divina do poder dos reis, afirmou Suárez que Deus é, sim, a fonte primária, mas mediata, do poder político, enquanto a fonte imediata é o povo, que escolhe os governantes ou a eles se submete tacitamente. Ao propósito, por mais discutível que seja a conjectura de uma ligação histórica, não pode deixar de acudir à mente o velho provérbio "A voz do povo é a voz de Deus": a ideia que o inspira não está muito longe da que inspirou Suárez.

Olhadas as coisas mais de perto, verifica-se com facilidade uma indeterminação semântica muito relevante. É que ora se alude a "povo" para designar a totalidade das pessoas envolvidas, ora para designar apenas uma parte desse todo. Se a alusão não soa inadequada aqui, atrevo-me a lembrar a repercussão que teve, anos atrás, em determinados meios, a sentença do carnavalesco Joãozinho Trinta: "O povo gosta de luxo, quem gosta de miséria são os intelectuais". Nesse juízo não se contém mera distinção, mas autêntica oposição entre a entidade "povo" e o grupo a que se aplica a denominação de "intelectuais" – seja lá o que for que isso signifique. O conceito de "povo" tem extensão parcial, não abrange tudo que se poderia supor; e a ele se contrapõe outra parte do mesmo todo. De um lado, o povo; do lado oposto, os "intelectuais", excluídos do povo, exilados do reino luminoso em que ele domina e pontifica.

Às vezes é perceptível a diferença entre o sentido «desejado» ou «pretendido» e o sentido «possível» da locução: quem fala ou escreve gostaria que sua referência se universalizasse – e pretende, ou finge pretender, que isso seja possível –, embora saiba, ou deva saber, que é inevitável a parcialização. Assim, por exemplo, Getúlio Vargas, eleito presidente da República em 1950, declarou que o povo subiria com ele as escadas do Palácio do Catete. Muitos enxergarão aí pura e vulgar figura de retórica; mas não é inconcebível que o autor da frase estivesse a expressar metaforicamente o desejo ou pretensão de obter para seu governo, eleito que fora por maioria relativa, uma legitimação inequívoca por meio da adesão popular – conquanto fosse óbvio (inclusive, sem dúvida alguma, para o próprio Getúlio) que, naquela atmosfera carregada de paixão política, boa parcela da população jamais lhe corresponderia ao aceno.

Para outro personagem importante da história política sul-americana, Juan Domingo Perón, "povo" era a porção menos bem aquinhoada dos argentinos, os carentes de recursos, os "descamisados". A eles se opunha algo formado, ao ver de Perón, pelas oligarquias dominantes: a nata socioeconômica a que sua mulher Evita chamava, em tom depreciativo, "*la gente bien*". Não se mirava o todo: viam-se duas partes distintas e contrapostas, fadadas a enfrentar-se como inimigos inconciliáveis.

Caso prefiram exemplos mais nobres, queiram atentar no emprego do adjetivo "popular" em expressões como "música popular": aí também está ínsita uma distinção entre dois tipos da realidade designada pelo substantivo. Nem toda música será popular: só um tipo, isto é, uma parte da produção musical- a que se opõe outro tipo, outra parte, a impropriamente chamada "música clássica". Observação análoga caberia no que tange ao Partido Popular: não obstante a natural aspiração a conquistar o maior número possível de eleitores (no limite, todo o eleitorado), o simples fato de atuar sob o rótulo de "partido" implica logicamente o autorreconhecimento como fração de um todo. Com efeito, "partido único", equiparado à totalidade, é figura irracional, monstrengo característico de regimes que não por acaso recebem a qualificação de "totalitários".

Tanto "povo" como "popular" têm assim oscilado entre uma concepção mais ampla e outra mais restrita. "Povo" será o todo, "popular" o que se refira a esse todo? Ou "povo" será uma parte, e "popular" o que seja peculiar a essa parte? O uso contempla, na variedade da linguagem, técnica ou vulgar, ambos os termos da alternativa. Consoante o art. 301 do nosso Código de Processo Penal, "qualquer do povo poderá (...) prender quem quer que seja encontrado em flagrante delito". "Qualquer do povo": nenhuma limitação ou restrição. Já a ação popular, prevista na Constituição da República (art. 5°, inciso LXXIII), é privativa do "cidadão", isto é, do nacional no gozo de seus direitos políticos, portanto de uma categoria diferenciada, inconfundível com o povo *tout court*; coerentemente, o art. 10, § 3º, da Lei nº 4.717, de 29-6-1965, que regula a matéria, exige que a petição inicial seja instruída com o título eleitoral do autor "ou com documento que a ele corresponda" – por exemplo, certidão da Justiça Eleitoral.

Momentos históricos houve em que chegou a extremos a tendência à concepção restritiva. Assim ocorreu em ordenamentos bárbaros implantados nas terras romanas após a queda do Império: o "povo" germânico era composto exclusivamente dos homens armados (*Heermänner*), ou seja, dos indivíduos do sexo masculino capazes de combater com armas[26]. No alemão de nosso tempo, vem a propósito lembrar a palavra Volkswagen -literalmente, "carro do povo". Aí também fica bastante claro que destinatária não é a totalidade da população, mas uma parcela não muito abonada, sem meios suficientes para adquirir veículos de maior porte e requinte.

Digno de registro é o emprego da palavra "povo" flexionada no grau, sob as formas "povão" e "zé-povinho", ambas utilizadas para designar aproximadamente a mesma entidade: a parte do todo situada em patamar baixo na hierarquia socioeconômica e cultural. Aumentativo e diminutivo praticamente se equivalem na significação; quanto ao "zé", anteposto a "povinho", trata-se de resquício de uma época em que "José" gozava da preferência de pais comuns, sem maior refinamento na escolha de prenomes para os filhos, ou sob a influência de uma crença religiosa que tinha em conta particularmente alta a figura de São José. Escusado ajuntar que hoje a progressiva sofisticação do gosto e a crescente atração dos estrangeirismos fazem proliferar, em vez dos "Josés", os "Jeffersons" e os "Washingtons" – tão frequentes, por exemplo, nos times de futebol.

Mas é hora de passar do "povo" ao "populismo". Lê-se em obra respeitabilíssima que as políticas populistas podem ser definidas como aquelas para as quais "fonte precípua de inspiração e termo constante de referência é o povo, considerado como agregado social homogêneo e como depositário exclusivo de valores específicos e permanentes"[27]. O ponto fraco dessa definição, ao que penso, reside na noção de povo que ela pressupõe. Já se viu, com efeito, quão longe de ser tranquila está a conceituação do povo como algo "homogêneo".

Se por "povo" se entendesse a totalidade das pessoas envolvidas, e por "populismo" a política inspirada no povo e para ele voltada, seria

26 COLLINA, verbete *Popolo*, no *Dizionario di Politica* de BOBBIO, MATTEUCCI e PASQUINO, Turim, 2004.

27 INCISA DI CAMERANA, verbete *Populismo*, no *Dizionario di Politica* cit. na nota anterior.

eminentemente positiva a ideia de uma política populista. Realmente: o fim da atividade política deve consistir, em teoria, na promoção do bem comum do povo. Entretanto, não é bem isso que nos acode ao espírito quando tachamos de "populista" determinada política: a expressão traz consigo certa conotação pejorativa. Fica implícito, quando não explícito, que, no pensamento de quem a emprega, a política em foco antes merece crítica que aprovação. A nota dominante é a de algo puramente interesseiro, em particular do ponto de vista eleitoral: para cortejar a opinião e o apoio de outros, alguém está propondo um modo de agir que, não obstante o possível apelo imediato, é potencialmente causador de danos. Uma proposta "demagógica", para empregar outra expressão muito difundida. Exemplo comum será a concessão, simplesmente prometida ou efetivada, de benefícios excessivos, capazes de comprometer a saúde das finanças públicas.

É infalível, compreende-se, a invocação do «povo» para justificar a adoção de políticas desse gênero. A política populista, no entanto, como todos percebem sem dificuldade, abstém-se, em regra, de especificações. Para ela, o «povo» é entidade vaga, nebulosa, de contorno impreciso e ondulante – invólucro dentro do qual pode caber tudo, e cuja substância pode abrigar, de um a outro caso, os mais variados e até contraditórios elementos. Conforme sublinha a mesma obra acima citada, «o povo é assumido como mito, para além de exata definição terminológica, em nível lírico e emotivo»[28].

Todavia, em geral não é ao povo, como entidade global e supostamente homogênea, que se endereça a política populista. Ao contrário, ela se alimenta, as mais das vezes, da existência de fraturas, de brechas, de hiatos existentes entre uma e outra parte do todo. Pode tratar-se de um grande desnível socioeconômico, que oponha – simplificando um pouco – ricos e pobres. Ou de acentuada diversidade étnica, v. g. a que se manifesta em países ou regiões multirraciais; ou da convivência forçada entre seguidores radicais desta e daquela religião – fundamentalistas, como se tornou usual dizer; ou, ainda, da divergência entre promotores da modernização de uma sociedade e conservadores apostados em defender a todo custo valores tradicionais; e assim por diante.

Não é pequena a variedade de situações históricas em que se formam desenhos desse gênero. Pequena tampouco é, por conseguinte, a

---

28 *Id., ibid.*

frequência com que emergem movimentos de tipo populista. Eles germinam nos mais diversos tempos e lugares, em' alguns casos às escâncaras, outras vezes de modo latente, sob disfarces mais ou menos despistadores. Nem se deve pensar que estejam necessariamente relacionados com uma atitude politicamente progressista ou com uma tendência reacionária - para empregar, *commoditatis causa*, duas palavras bastante desgastadas pelo abuso. A história mostra que traços populistas podem assinalar, com maior ou menor intensidade, políticos (e políticas) "de esquerda" e "de direita" - se é lícito recorrer, aqui também, a locuções cuja antiga nitidez semântica se desvaneceu consideravelmente, sobretudo depois das radicais modificações por que passou o mundo a partir do fim do século XX. Para citar apenas fenômenos contemporâneos, ou ainda recentes, em toda a extensa gama que vai do nazifascismo ao castrismo, por mais opostos que se apresentem, ou tentem apresentar-se, é possível discernir rasgos populistas.

Vale a pena insistir em que o populismo entra em propostas políticas ora como ingrediente principal, ora como simples tempero. Nem sempre se faz justiça a uma política dizendo que ela é populista, ou que não o é: bem pode suceder que o seja em determinado aspecto e não o seja noutro.

A nota comum reside provavelmente na exploração de uma ou de várias divisões do corpo social. O populismo encontra seu caldo de cultura ideal em sociedades marcadas por um fracionamento gerador de insatisfações profundas e mágoas azedas. Sua dinâmica implica em regra a galvanização dos insatisfeitos e magoados por um líder carismático, que dela faz, ou se esforça por fazer, instrumento da conquista do poder[29]. Esse líder costuma jogar com a hostilidade, ou até com o ódio, de massas humanas em face de um inimigo real ou suposto, indicado como o "antipovo" ou o "não povo"[30], que precisa ser derrotado, ou mes-

29 O trabalho cit. nas notas precedentes sublinha com acerto a presença constante, nos movimentos populistas, de "*una leadership di tipo carismatico*". Adite-se que semelhante liderança em regra despreza as clássicas instituições intennediárias, como os parlamentos (em certos casos, até os partidos políticos), e prefere uma ligação "direta" com a comunidade cujo apoio quer obter para a consecução de seus objetivos.

30 É ainda o mesmo verbete que prefere a locução "*non popolo*", caracterizado como "*tutto ciò che sta al di fuori di un popolo determinado storicamente, territorialmente e qualitativamente*". No caso do nazismo, predominava o critério "qualitativo": o "povo" era formado pelos "arianos", o "não povo", pelos desprovidos da "qualidade" da "pureza racial".

mo exterminado, a fim de que se desobstrua o caminho para a grandeza e para a felicidade – noutras palavras: a fim de que "o povo" cumpra um destino anunciado como glorioso. Não é preciso grande acuidade para reconhecer nisso tudo cores típicas do velho maniqueísmo[31].

Vem a calhar, em tal perspectiva, o exemplo nazista. Hitler soube explorar o ressentimento de muitos alemães com as consequências da Primeira Guerra Mundial e canalizá-lo para a aversão e a perseguição aos judeus e outros "*Untermenschen*" ("sub-homens"), postos na condição de bodes expiatórios. Decerto não foi esse o único fator do nascimento e crescimento do nazismo; desempenhou, contudo, papel de primacial importância. É interessante lembrar que o jornal utilizado como porta-voz do partido, desde seus primeiros tempos, se chamava, significativamente, *Völkischer Beobachter*, quer dizer, Observador Popular[32]. Soa irônico o fato de que o mesmo adjetivo, "popular", figurava no título do jornal do nosso Partido Comunista, sob o regime de 1946. A invocação do povo, mais urna vez se comprova, pode e costuma servir de lema e bandeira a facções localizadas, ao menos na aparência, em extremos opostos do espectro político-ideológico.

A América Latina, com suas fundas e dolorosas divisões e contradições, tem sido terreno propício ao florescimento de várias formas de populismo. Boa parte dos homens públicos latino-americanos de grande prestígio praticaram uma política populista ao longo de suas carreiras, ou quando nada em algum momento delas. Para não remontar a épocas mais distantes, bastará recordar os já citados Perón e Getúlio, nomes aos quais cabe acrescentar, em nosso país, o de Adernar de Barros, o de Jânio Quadros, o de João Goulart, o do atual Presidente da República, o do recém-falecido Leonel Brizola e, em só aparente paradoxo, o de Fernando Collor, que se apresentava, entre outras coisas, como "caçador de marajás", convertidos estes numa espécie de "antipovo", que era imperioso abater... Fora do Brasil, o protótipo do político populista será talvez, hoje em dia, o venezuelano Hugo Chávez. O próprio Fidel Castro, porém, sem

31 Cite-se mais uma vez o verbete redigido por INCISA DI CAMERANA: o populismo "*diventa manicheo, mirando espulsione radicale del sistema politico e sociale di ciò che non è popolo quale genne parassitario e corruttore*".

32 Na verdade, como informa JOACHIN C. FEST, *Hitler*, trad. de Analúcia Teixeira Ribeiro e outros, Rio de Janeiro, 1976, p. 162, o título preexistia à aquisição do jornal pelos nazistas, em 1920. Mas o fato de o terem mantido demonstra que o julgaram adequado à propaganda das ideias e da posição do partido.

prejuízo das peculiaridades de sua posição ideológica, mereceria um lugar na lista.

Mas o dito "primeiro mundo" não fica imune ao fenômeno. Deixando de lado casos mais antigos, é oportuno lembrar duas figuras da segunda metade do século XX: na França, Pierre Poujade, que por algum tempo contou com ponderável número de seguidores; nos Estados Unidos, Huey Long, governador do Alabama que acabou assassinado e em cuja vida se inspirou o filme exibido entre nós sob o título "A grande ilusão", veículo para o talento do ator Broderick Crawford, ganhador do "Oscar" daquele ano, na respectiva categoria. Se recuássemos mais, encontraríamos no mesmo país um partido denominado justamente "populista", ativo nos últimos anos do século XIX e nos primeiros do século XX.

Nessa matéria como noutras, são perigosas as generalizações. Entretanto, não parece arbitrário, à luz da experiência histórica, discernir uma correlação constante entre populismo e desigualdade – econômica, social, cultural, étnica, religiosa ou qualquer outra que se preste à exploração política. As sociedades mais homogêneas, como atualmente as escandinavas, constituem solo menos favorável a eclosões de populismo.

Se é exato o que acaba de ser dito, infelizmente não se justifica uma esperança muito grande de que em países como o nosso, a curto prazo, o fenômeno desapareça, ou tenha reduzido o seu âmbito de ação a mais estreita margem. Enquanto persistir o grau de injustiça que oprime considerável parcela da sociedade brasileira, persistirão ressentimentos amargos, persistirá a atribuição de culpas, correta ou incorreta, a uma parcela detentora de privilégios reais ou supostos, persistirá a tendência de políticos mal intencionados a utilizar tudo isso como trampolim para realizar ambições. Já sofremos, mais de uma vez, a praga de líderes "carismáticos"; nada garante que estejamos eficazmente vacinados contra recaídas.

Março de 2005

DOIS CIENTISTAS POLÍTICOS, TRÊS ECONOMISTAS E A JUSTIÇA BRASILEIRA[33]

1. Um ensaio sobre a "incerteza jurisdicional" brasileira e suas consequências econômicas. **2.** A suposta fome do convencimento dos três economistas acerca da "incerteza jurisdicional". **3.** Uma grande ironia.

1. UM ENSAIO SOBRE A "INCERTEZA JURISDICIONAL" BRASILEIRA E SUAS CONSEQUÊNCIAS ECONÔMICAS

Tomei conhecimento há pouco tempo de um ensaio assinado por três economistas bastante conhecidos - Persio Arida, Edmar Lisboa Bacha e André Lara-Resende -, escrito em inglês, sob o título *Credit, Interest, and Jurisdictional Uncertainty: Conjectures on the Case of Brazil.* Com a ajuda do amigo Julian Chacel, tive acesso ao texto, na internet, no sítio www.cebrap.org.brlpdf. Consta de nota de rodapé que o trabalho (revisto em 28-5-2004) se destina a integrar a coletânea *Inflation Targeting and Debt: the Case of Brazil*, a ser publicada (ou já publicada) pela MIT Press.

O título despertou-me a curiosidade sobretudo pela referência a uma "incerteza jurisdicional", expressão cujo sentido não me pareceu claro. Supus que os autores quisessem aludir ao fato de que os órgãos judiciais brasileiros não raro divergem na interpretação e aplicação de normas legais, e com isso dificultam a previsão do julgamento que hão de proferir sobre determinado assunto. Se tinham lido Machado de Assis, talvez se lembrassem de como inquietava Rubião, em momento de ansiedade relacionada com o testamento do amigo, "a variedade das opiniões jurídicas sobre uma só matéria"[34]. A bem dizer, nos últimos tempos, sofreu certa atenuação a probabilidade das oscilações jurisprudenciais, mercê de reformas legislativas que foram dando progressiva rigidez à observância dos precedentes[35]. O fenômeno tomou proporções consideráveis antes

33 Texto de palestra (com o acréscimo de notas) proferida no Conselho Técnico na Confederação Nacional do Comércio, em 12-7-2005. Publicado na *Carta Mensal*, v. 605, nº 51, e também na *Rev. Bras. de Estudos Políticos*, nº 91.

34 Quincas Borba, cap. XLVIII.

35 *Vide* o art. 38 da Lei nº 8.038, de 28-5-1990; a Lei nº 9.139, de 30-11-1995, que modificou o art. 557 do Código de Processo Civil: a Lei nº 9.756, de 17-12-1998,

mesmo que a Emenda Constitucional nº 45, de 8-12-2004, consagrasse a (mal) chamada "súmula vinculante"[36], mecanismo que toma obrigatório, para os outros órgãos da Justiça nacional, assim como para a administração pública, conformar-se à tese que o Supremo Tribunal Federal, sob certas condições, venha a fixar em matéria constitucional[37]. Em todo caso, os autores do ensaio podiam ter em vista a ocorrência, apesar de tudo sempre concebível, de julgamentos discordantes, ou até contraditórios, na solução de questões de direito, e achar que valia a pena estudar os efeitos de tal possibilidade em alguns setores da economia.

A leitura do trabalho não confirmou minha expectativa. Não era o risco de variações da jurisprudência que estava preocupando os três economistas. Nem soa despropositado afirmar que, com a locução "*jurisdictional uncertainty*", queriam eles designar justamente o contrário de uma variação: o que na verdade os incomodava era algo em que viam uma constante na atuação do Estado, e em particular da Justiça brasileira. Para melhor explicar o ponto, convém resumir o pensamento dos autores – o que procurarei fazer com a cautela imposta por minha ignorância enciclopédica no ramo do conhecimento humano em que eles são especialistas, limitando-me ao aspecto específico que aqui interessa e evitando imitar a temeridade do famoso sapateiro de Apeles, que se atreveu a ir além das sandálias na crítica à pintura.

Pois bem. O aspecto que aqui interessa respeita aos investimentos de longo prazo em nosso país. Assevera-se no ensaio que eles são escas-

---

que de novo alterou o *caput* desse dispositivo e lhe introduziu o § 1º-A, além de modificar o § 3º do art. 544 e de dar um parágrafo único ao art. 120 – tudo isso no mesmo sentido: o de aumentar a influência dos precedentes.

36 A rigor (e de acordo com os documentos oficiais), "súmula" é o conjunto das teses que compõem a jurisprudência predominante do tribunal, não cada uma das proposições que as expressam. Tecnicamente falando, o Supremo Tribunal Federal tem uma única Súmula da Jurisprudência Predominante, que data de 1963, e assim é mencionada, no singular, nos arts. 99, 102 e 103 do Regimento Interno da Corte.

37 Eis o texto do *caput* do novo art. 103-A da Constituição da República, acrescentado pela Emenda nº 45: "O Supremo Tribunal Federal poderá, de ofício ou por provocação, mediante decisão de dois terços dos seus membros, após reiteradas decisões sobre matéria constitucional, aprovar súmula que, a partir de sua publicação na imprensa oficial, terá efeito vinculante em relação aos demais órgãos do Poder Judiciário e à administração pública direla e indireta, nas esferas federal, estadual e municipal, bem como proceder à sua revisão ou cancelamento, na forma estabelecida em lei".

sos, para não dizer inexistentes[38], e tenciona-se investigar as causas de tal situação. Fiel à diretriz que me tracei, deixo de lado uma série de observações técnicas contidas no trabalho, que me falta competência para avaliar, e cinjo-me ao ponto menos estranho a minhas normais cogitações.

Na opinião dos autores, uma das causas principais, senão a principal, do retraimento dos possíveis investidores de longo prazo reside na tendência, apontada como dominante entre nós, a favorecer o devedor em eventual conflito com o credor, na execução dos contratos em que se regula aquele gênero de investimentos. Essa tendência seria comum a todos os setores do poder público[39], mas, conforme ficará patente, assumiria maior gravidade no Judiciário. Têm os três economistas o cuidado de assinalar que o problema não surge quando o conflito haja de ser decidido no exterior[40], independentemente do domicílio do credor e da moeda do contrato, decerto porque os poderes públicos (e em especial os tribunais) de outros países não compartilhariam a propensão dos nossos para o *favor debitoris*. A conclusão, em suma, é a de que os investidores em perspectiva não se sentem estimulados a investir, por não se reputarem suficientemente resguardados de prejuízos porventura decorrentes da relutância dos devedores em cumprir à risca as cláusulas contratuais e suportar sem resistir as consequências previstas para o caso de inadimplemento[41]. Em nossa habitual complacência para com

---

38 Logo no início do item 3, lê-se que "*'it is first necessary to call attention to a relatively forgotten aspect in lhe debate on high interest rates: the inexistence of local long-term bond and credit marks*".

39 "*It is an uncertainty of a diffuse character; which permeates the decisions of the Executive, Legislative, and Judicial), and manifests itself predominamty as an anti-saver and anti-credor bias". (...) 'The debtor is viewed on a socially positive form, as the one that generates jobs and wealth or appeals to the bank to cope with adverse life condition*".

40 "*There is however a large long-term credit market to Brazilian debtors when the jurisdiction is foreign". (...) "Irrespectively of the residence of the creditor or of the currency of denomination of lhe contract, long-term credit is only available if the jurisdiction is foreign. It is the jurisdiction – the uncertainties associated to the settlement of contracts in the Brazilian jurisdiction that is at tlle root of fhe inexistence of a large long-term domestic credit market", (...) "The critical divide is the jurisdiction, not the denomination currency*", (item 3),

41 "Jurisdictional uncertainty is, therefore, the reason behind the inexistence of long--term credit and long-term financial instruments. (...) Savers do not accept to hold long-term financial contracts due to the non-measurable risks involved in the presentation of financial contracts' values over longer time periods. (...) Jurisdictional

esses devedores, fruto de um preconceito contra os credores - e não, como de início me ocorrera, na eventualidade de vaivéns jurisprudenciais - é que residiria a "incerteza jurisdicional" denunciada desde o título do trabalho.

2. A SUPOSTA FONTE DO CONVENCIMENTO DOS TRÊS ECONOMISTAS ACERCA DA "INCERTEZA JURISDICIONAL"

Afirmar que a Justiça brasileira se inclina habitualmente a favorecer o devedor é formular proposição que necessita, à evidência, de suporte empírico. A leitura do ensaio acendeu-me no espírito, por isso, nova curiosidade: não mais, agora, sobre o significado da expressão "*jurisdictional uncertainty*", mas sobre o fundamento da convicção apresentada pelos autores qual premissa de suas conjecturas. Como teriam eles adquirido a certeza de que aquela é a tendência permanente dos nossos órgãos judiciais?

Rebusquei o trabalho com toda a atenção e verifiquei que os três economistas, para sustentar a profundidade desse preconceito no Brasil ("*the depth of this bias in Brazil*"), se basearam em pesquisa levada a cabo em 2002 por dois cientistas políticos, Bolívar Lamounier e Amary de Souza, de cujo relatório o ensaio reproduz alguns dados. Incapaz de satisfazer-me com essas magras referências, busquei na internet o texto do relatório, que localizei no sítio www.augurium.com.br/termometro.php. Nele, porém, não encontrei o que esperava.

É que o relatório, na parte que interessa, não visa a refletir uma convicção própria de seus autores, mas simplesmente a registrar, consoante está dito em termos expressos na Apresentação, «as percepções e avaliações da ‹elite› brasileira sobre o passado recente e a situação atual do Brasil, bem como sobre desafios que o país previsivelmente terá de enfrentar no decorrer da presente década». Isso explica a ausência de qualquer tentativa de demonstrar a suposta tendência dos tribunais

uncertainty reduces the overall availability of credit and precludes the existence of a large long-term financial market. Secured debt contracts are not suficiente to stimulate credit supply where the judicial system renders difficult the right of creditors to repossess lhe collatera! The quality of enforcement of guarantees is poor as both laws and jurisprudence are biased towards lhe debtor" (item 5). A reiterada menção ao Judiciário (que assinalamos com o destaque gráfico) evidencia o particular relevo que os autores atribuem ao respectivo "bias".

brasileiros, no tocante aos contratos de financiamento a longo prazo. Os dois cientistas políticos não aderem à tese do costumeiro favorecimento dos devedores, ao menos explicitamente: cingem-se, invocando respostas dadas a um questionário, a dizê-la acolhida por aquilo a que chamam a «elite brasileira» – universo que daqui a pouco se verá de que maneira foi pesquisado.

Convém, antes de mais nada, reproduzir textualmente a indagação proposta pelos pesquisadores a membros daquela "elite". Ei-la: "Na aplicação da lei, existe frequentemente uma tensão entre contratos, que precisam ser observados, e os interesses de segmentos sociais menos favorecidos [atente-se no delicado eufemismo!], que precisam ser atendidos. Considerando o conflito que surge nesses casos entre esses dois objetivos, duas posições opostas têm sido defendidas. Uns dizem que os contratos devem ser respeitados, independentemente de suas repercussões sociais. Outros afirmam que o juiz tem um papel social a cumprir, e a busca da justiça social justifica decisões que violem contratos. Com qual dessas afirmações o Sr.(a) concorda mais?". Veja-se bem que, a rigor, não se perguntou aos entrevistados se a seu ver predomina entre os juízes brasileiros a atitude mencionada em segundo lugar. Não: o que se lhes perguntou foi qual das duas atitudes merecia a concordância dos próprios entrevistados. O resultado da pesquisa, portanto, nunca poderia aspirar a refletir o entendimento da chamada "elite brasileira" sobre o modo usual de decidir da nossa Justiça, no tema em pauta. Poderia, se tanto, aspirar a refletir o entendimento da referida "elite" sobre a maneira por que a nossa Justiça deveria decidir. Em outras palavras: os entrevistados não disseram, nem aliás lhes foi perguntado, se os juízes brasileiros tendem (ou não tendem), na verdade, a favorecer os devedores. É falsa qualquer interpretação dos resultados da pesquisa que lhes atribua a virtude de revelar uma opinião predominante, neste ou naquele sentido, acerca do que realmente acontece no dia a dia forense.

Cabe advertir que, se o trabalho dos dois cientistas políticos pretendesse sustentar a tese do real favorecimento dos devedores, bradaria aos céus a respectiva fragilidade. Com efeito: para identificar esta ou aquela tendência na atividade judicante de tribunais, muito mais importante do que indagar de certo número de pessoas como supõem, *in abstracto*, que eles devam decidir é averiguar como, *in concreto*, eles têm decidido. No caso, portanto, a pesquisa teria forçosamente de começar por um levantamento tão completo quão possível da jurisprudência de nossos tribunais, sobretudo dos superiores, dos quais em regra provém a última palavra sobre os conflitos de interesses levados a juízo. Tomaria o levantamento como alvo as decisões proferidas sobre contratos de financiamento a longo prazo, e delas coligiria número suficiente para legitimar a redução a estatísticas. Não seria, hoje, tarefa muito difícil: quem não queira dar-se a fadiga de consultar repositórios de jurisprudência, nas diversas revistas especializadas, pode alcançar o mesmo objetivo, com maior comodidade, recorrendo à internet: o Supremo Tribunal Federal, o Superior Tribunal de Justiça e quase todos os tribunais estaduais de segundo grau mantêm sítios onde se divulgam os textos integrais de seus acórdãos, e ninguém precisa ser grande conhecedor de informática para ter acesso aos referentes a este ou aquele assunto.

Feito o levantamento, a tarefa seguinte seria, é claro, a comparação cuidadosa das decisões, na conclusão e na fundamentação. Assim, e só assim, seria possível inferir com alguma segurança: a) se existe uma tendência nítida em tema de contratos de financiamento de longo prazo; b) se ela se deixa apreender em termos gerais, independentemente das circunstâncias, sem dúvida extremamente variáveis, que diferenciam entre si os casos apreciados; c) na hipótese de serem afirmativas as duas primeiras respostas, quais os percentuais representativos das decisões favoráveis ao devedor e das favoráveis ao credor. Esses, a meu ver, os passos obrigatórios de qualquer trabalho sério que tivesse o objetivo figurado.

Tal não era, repita-se, o intuito dos dois cientistas políticos – motivo pelo qual, decerto, nada fornecem do que se poderia exigir noutras circunstâncias. Nem por isso deixa o relatório de encerrar curiosidades dignas de menção. Logo na primeira página, informa-se o leitor de que ele se baseia "em 500 entrevistas, representando nove diferentes setores de atividade e as cinco grandes regiões do país". A Introdução, no item I (Conceitos e metodologia), acrescenta um esclarecimento: o universo levado em conta na pesquisa abrangeu nove "segmentos sociais", constituídos por (1) "grandes empresários", (2) "lideranças do segmento pequena e média empresa", (3) "sindicatos trabalhistas", (4) "senadores e deputados federais", (5) "altos administradores políticos", (6) "membros do Judiciário e do Ministério Público" (englobados sob o rótulo "sistema de justiça", onde eram maioria, "integrantes dos tribunais superiores e do Ministério Público federal"), (7) "jornalistas vinculados aos principais veículos da imprensa nacional e regional", (8) "intelectuais", assim designados "economistas, juristas, cientistas sociais e ciências exatas" (*sic*); (9) representantes da denominada "sociedade civil", como "líderes religiosos e associativos e dirigentes de organizações não governamentais, alto clero católico, outros líderes religiosos e líderes do chamado 'Terceiro Setor'".

Aventuro-me a fazer uma observação que não creio seja fruto de corporativismo: desses nove "segmentos sociais", o mais habilitado a opinar – não em razão de uma pretensa superioridade de qualquer tipo, mas da quotidiana vivência profissional – era o dos membros daquilo a que se deu o nome de "sistema de justiça", e particularmente dos magistrados. Com efeito: as pessoas que, por dever de ofício, emitem decisões, devem saber melhor que outras quaisquer como é que se inclinam a decidir. Ajunto que não é provável a hipótese de dizerem os magistrados uma coisa por outra, para passarem pelo que não são aos olhos dos pesquisadores, até porque estes prudentemente se abstiveram de emitir juízos de valor: seu único fim, reitere-se uma vez mais, era o de colher "percepções e avaliações" da "elite" brasileira. Ademais, não se revelaram os nomes dos entrevistados, de sorte que viria a frustrar-se totalmente qualquer intento de autopromoção.

Pois bem. Das 500 pessoas consultadas, só 44 (cerca de 8% do total) pertenciam ao setor do "sistema de justiça", incluídas no "Judiciário" no quadro sob o título "Perfil dos Entrevistados" (Introdução, nº 2). E, conforme antes explicado, no "sistema de justiça" figuravam, além de juízes, membros do Ministério Público, que não integram o Judiciário. Não se fica sabendo, pois, quantos magistrados foram ouvidos, mas é absolutamente certo que não chegaram a 44[42]. Os componentes desse heterogêneo "segmento social" estão, no quadro, abaixo dos "intelectuais" (116), dos grandes empresários (71), dos jornalistas (60), dos membros do Executivo (53) e do Congresso Nacional (46). Além disso, como proclamam os pesquisadores, "mais de 80% de nossa amostra concentra-se nas regiões Sudeste e Centro-Oeste" – o que significa que se fez quase completa abstração das enormes diversidades econômicas, sociais e culturais do país. Tudo isso justifica, a meu ver, uma reserva cautelosa quanto à representatividade do universo estudado.

---

42 É oportuno advertir que, de acordo com o Banco Nacional de Dados do Poder Judiciário, acessível no sítio do Supremo Tribunal Federal, no ano de 2002 (em que foi feita a pesquisa) o Brasil tinha mais de 7.000 juízes, contando-se apenas os de 1º grau da Justiça comum (6.380), os desembargadores (686) e os juízes dos então existentes Tribunais de Alçada (295) – excluídos, por conseguinte, os membros das chamadas Justiças especiais e os dos Tribunais Superiores.

Passemos ao tópico específico objeto destas considerações. A Tabela nº 17 pretende espelhar o resultado obtido na consulta, à luz das respostas dos entrevistados, ante o dilema expressamente figurado nesta contraposição literal: "Respeito aos Contratos x Atenção a Segmentos Sociais Menos Privilegiados". Eis agora o resultado a que chegaram os pesquisadores, em suas próprias palavras: "Pela primeira alternativa manifestaram-se majoritariamente os integrantes do Executivo (77%), os empresários (72%), os jornalistas (52%) e os intelectuais (50%). Pela segunda, os líderes sindicais (73%), os juízes e integrantes do Ministério Público (61 %), os líderes religiosos e dirigentes de ONGs (53%) e os líderes do segmento PMEs [pequenas e médias empresas] (50%)". A mesma opção pelo respeito escrupuloso aos contratos, independentemente das repercussões sociais, prevaleceu entre os membros do Poder Legislativo (44% contra 39% no sentido oposto).

Um dado interessante: dos 44 membros do "sistema de justiça" entrevistados, nada menos de 32% rejeitaram o dilema e deram "outras respostas". Isso se compreende sem dificuldade à vista da formulação simplista, para não dizer simplória, da consulta. Os pesquisadores mesmos, em certa medida, o reconhecem, quando explicam: "Solicitamos o posicionamento dos entrevistados entre duas alternativas igualmente difíceis" (item 4). Para falar com maior propriedade, não havia "duas alternativas", senão "uma alternativa" entre duas respostas apresentadas, ao menos na aparência, como reciprocamente excludentes.

É salutar, anote-se de passagem, que um número não desprezível de juízes e membros do Ministério Público haja reagido a essa forma de pôr a questão e preferido emitir opinião presumivelmente menos esquemática. Os pesquisadores dão a impressão de pensar que problema de tamanha complexidade, capaz de assumir matizes variadíssimos em função de ampla gama de fatores, possa ser resolvido na base do «sim» ou «não», do «certo» ou «errado». Se questões jurídicas do gênero fossem passíveis de solução em termos abstratos, universais e definitivos, por uma espécie de mecanismo binário, os computadores decerto substituiriam com vantagem seres humanos na tarefa de julgar. Haverá quem sonhe com um mundo assim. Quanto a mim, se porventura fosse entrevistado, com certeza me enfileiraria entre os que deram «outras respostas»; ou, pensando melhor, talvez optasse por não dar resposta alguma: não consigo ver-me sobrepondo em quaisquer circunstâncias o valor «respeito aos contratos» ao valor «necessidades sociais», ou vice-versa. E permito-me duvidar de que, postos diante de casos concretos e singulares, que lhes incumbisse julgar, muitos dos que deram alguma das duas respostas se animassem a guardar sempre rigorosa e inflexível coerência com a resposta dada.

Seja como for, apesar da discutível metodologia usada, os dois cientistas políticos devem ser absolvidos de qualquer acusação de haver afirmado a existência do preconceito contra o credor na Justiça brasileira. Se os três economistas invocam a pesquisa para afirmá-la, é porque a leram – ouso dizê-lo com a devida vênia – através das lentes de seus próprios preconceitos. A absolvição, portanto, não lhes pode ser estendida. Eles incidiram em pecado grave para cultores de qualquer ciência social: utilizaram argumento empírico sem base empírica[43].

É certo, e já se registrou, que o ensaio não imputa somente a juízes a inclinação favorável aos devedores; ao contrário, aponta na consequente «incerteza jurisdicional» um «caráter difuso, que permeia as decisões do Executivo, do Legislativo e do Judiciário»[44]. Todavia, parece claro que a responsabilidade maior recai sobre os ombros do Judiciário, visto que os atos praticados pelos outros poderes se sujeitam ao controle judicial, ao passo que a recíproca não é verdadeira. Saliente-se que, na Tabela nº 17 do relatório dos cientistas políticos (reproduzida no ensaio dos economistas), predominou nas manifestações dos membros do Executivo e do Legislativo – diversamente do que aconteceu na área do "sistema de justiça" – a incondicional prevalência do estrito respeito aos contratos, com abstração de considerações de ordem social; quer dizer: no Executivo e no Legislativo, os credores poderiam contar com maior simpatia e, por conseguinte, sentir-se mais seguros. *Last but not least*: afinal de contas, é aos juízes – não aos membros dos outros poderes, menos ainda aos empresários, aos jornalistas, aos intelectuais, ou ao "alto clero católico" – que toca dar a última palavra sobre eventuais conflitos entre credores e devedores.

3. UMA GRANDE IRONIA

Há nisso tudo uma grande ironia. Os autores dos trabalhos pouquíssima atenção dedicaram ao dado jurídico-normativo. No relatório dos

43 A linguagem é de RUSSELL HARDIN, *Liberalism, Constitutionalism, and* Democracy, Oxford, 2003, p. 123, onde se denuncia "*the political tradition of making empirical arguments without empirical support*".

44 *Vide, supra*, nota 4.

dois cientistas políticos, é compreensível que não se veja alusão alguma a leis, considerado o objetivo que perseguiam: investigar "percepções e avaliações" da chamada "elite brasileira". Quanto ao ensaio dos três economistas, embora inclua o Poder Legislativo entre os setores afetados pelo preconceito contra os credores, as únicas referências ao ordenamento positivo são: no item 5, uma vaga alusão a "*laws*", sem qualquer especificação ou exemplificação[45]; e, no item 3, uma crítica severa à Constituição de 1988, à qual se imputa o agravamento da "incerteza jurisdicional", por haver introduzido "mudanças na ênfase interpretativa entre princípios constitucionais conflitantes, particularmente a subordinação da propriedade privada à respectiva função social" (sic). Seria um exemplo sugestivo dos malefícios que gera a "tentativa paternalística de substituir o governo ao mercado na alocação de recursos de longo prazo"[46]. Desgostou aos três economistas ler no art. 52, nº XXIII, esta prescrição singela: "A propriedade atenderá a sua função social". Teriam sem dúvida preferido encontrar algo semelhante à definição de propriedade consagrada no bicentenário Código Civil francês, cujo art. 544 reza: "*La propriété est le droit de jouir et disposer des choses de la manière la plus absolue, pourvu qu'on n'en fasse pas un usage prohibé par les lois ou par les reglements*".

Pois bem: se os autores do ensaio se sentiram estomagados com o texto constitucional atinente à propriedade, é o caso de conjecturar como se sentiriam se houvessem lançado um olhar ao novo Código Civil, do mesmo ano (2002) em que se fez a pesquisa tomada por base do trabalho. Esse diploma, por sinal, presumivelmente lhes interessaria mais de perto, porque nele, e não na Constituição, é que se acham disposições específicas referentes a contratos – matéria central nas especulações dos três economistas. Pode-se imaginar a carranca que armariam se lessem o art. 421: "A liberdade de contratar será exercida em razão e nos limites da função social do contrato". Nem quero pensar no trauma que sofreriam diante de dispositivos como o que faz anulável o negócio jurídico

45 *Vide, supra*, nota 6.

46 No original: "Jurisdictional uncertaint)' worsened after lhe 1988 Constitution introduced the possibility of changes in the interpretative emphasis between conflicting constitutional principles, particularly the subordination of private property to its social function. The Constitution of 1988 is a striking example of how the paternalistic attempt to substitute the government for the market in the allocation of long-term resources aggravates jurisdictional uncertainty".

quando se configura lesão, isto é, quando um dos contratantes, "premido da necessidade de salvar-se, ou a pessoa de sua família, de grave dano conhecido pela outra parte, assume obrigação excessivamente onerosa" (art. 156, *caput,* combinado com o art. 171, nº II); ou como o que sanciona o abuso do direito, verbis "Também comete ato ilícito o titular de um direito que, ao exercê-lo, excede manifestamente os limites impostos pelo seu fim econômico ou social, pela boa-fé ou pelos bons costumes" (art. 187); ou como o que impõe ao juiz reduzir equitativamente a penalidade prevista em cláusula contratual para o descumprimento da obrigação, se o respectivo montante "for manifestamente excessivo, tendo-se em vista a natureza e a finalidade do negócio" (art. 413). Desnecessário ir adiante, para evidenciar que, gostem ou não gostem os autores do ensaio, o ordenamento jurídico brasileiro decididamente não adota uma concepção sacralizada do contrato, e em não poucas hipóteses autoriza ou até obriga o órgão judicial a interferir na disciplina contratual, a fim de mitigar o rigor de estipulações dela constantes. Não se trata, aliás, de novidade: há longo tempo se vem manifestando o fenômeno, em evolução que as resistências de alguns não conseguiram, nem conseguirão deter: basta recordar o notório exemplo da "teoria da imprevisão", que se impôs no direito brasileiro, e não só nele, muitas décadas atrás.

Apostado em não resvalar para a perversidade, não chego a aconselhar os três economistas – que, de resto, provavelmente jamais tomarão conhecimento destas linhas – a consultar o Código de Defesa do Consumidor, aprovado pela Lei nº 8.078, de 11-9-1990, e todo ele impregnado do propósito de proteger o contratante visto como mais fraco, segundo ressalta, v. g., desde a enumeração dos "direitos básicos do consumidor" (art. 6º) até a das "cláusulas abusivas" de contratos relativos ao "fornecimento de produtos e serviços", declaradas "nulas de pleno direito" (art. 51). Tampouco sugiro que leiam a conferência pronunciada pelo Ministro aposentado e ex-Presidente do Supremo Tribunal José Carlos Moreira Alves (absolutamente insuspeito, diga-se de passagem, de qualquer laivo de "esquerdismo"), por ocasião do recebimento do título de Doutor honoris causa da Universidade de Roma 2 (*Tor Vergata*), onde se demonstra, com abundante exemplificação tirada de legislações antigas e modernas, que o *favor debitoris* constitui um "princípio geral do direito", ao menos em todo o vasto campo dos ordenamentos de origem romana'4 Onde está, perguntará alguém, a "grande ironia" a que fiz menção há pouco? Fácil responder: os três economistas não apresentaram provas da propensão da Justiça brasileira para favorecer os devedores; utilizaram, para repetir a fórmula já recordada, "argumento empírico sem apoio empírico". Mas a verdade nua e crua é que, caso examinassem a legislação em vigor, encontrariam nela alguma base para sustentar que, em certa medida – insisto: em certa medida –, tal propensão é recomendada aos juízes. Quer dizer: conforme as circunstâncias, se eles estão mesmo favorecendo devedores, nem sempre fazem mais do que aplicar, como lhes cumpre, o direito vigente. Vem a propósito lembrar aqui o velho dito: os três economistas atiraram no que viram e acertaram o que não viram.

Junho de 2005.

ÍNDICE ONOMÁSTICO

ÍNDICE ALFABÉTICO-REMISSIVO